中国社会科学院民族文学研究所
广 西 壮 学 学 会
百　色　学　院　　主办
广西田阳县布洛陀文化研究会

布洛陀文化
研究文集

—— 第二辑 ——

主编：梁庭望　罗志发　　副主编：黄明标　李斯颖

学苑出版社

图书在版编目（CIP）数据

布洛陀文化研究文集.第二辑/梁庭望等主编.—北京：学苑出版社，2019.3
　ISBN 978-7-5077-5675-3

Ⅰ.①布… Ⅱ.①梁… Ⅲ.①壮族—原始宗教—宗教文化—中国—文集 Ⅳ.①B933-53

中国版本图书馆CIP数据核字（2019）第053053号

责任编辑：张　芳
装帧设计：逸品书装设计
出版发行：学苑出版社
社　　址：北京市丰台区南方庄2号院1号楼
邮政编码：100079
网　　址：www.book001.com
电子信箱：xueyuanpress@163.com
联系电话：010-67601101（营销部）、010-67603091（总编室）
经　　销：新华书店
印　刷　厂：北京建宏印刷有限公司
开本尺寸：787×1092mm　　1/16
印　　张：33.125
字　　数：570千字
版　　次：2019年3月北京第1版
印　　次：2019年3月北京第1次印刷
定　　价：198.00元

前 言

由中国社会科学院民族文学研究所、广西壮学学会、百色学院、田阳县人民政府共同举办的"2018年壮学与布洛陀文化论坛"于2018年4月21日在田阳布洛陀文化中心隆重召开。来自北京、广西、云南、贵州、海南、湖北、湖南、江苏、天津、上海的140多位专家学者出席了会议。本届论坛以"推进壮学发展,深化布洛陀文化研究,探讨壮侗语族始祖信仰,传承壮族优秀文化,助推'一带一路'建设,构筑人类命运共同体"为主题,着眼于聚集地方历史文化资源,彰显壮学研究特色,借助各民族专家智慧,深化壮侗语族研究,加快民族地区协调发展,促进壮族优秀文化传承发展。

论坛开幕式由百色学院副校长吕嵩崧教授主持,田阳县人民政府黄国哲县长、百色学院副校长罗志发教授、中国社会科学院民族文学研究所南方研究室主任吴晓东研究员、贵州省布依学会常务副会长周国茂教授、云南省壮学学会副会长王俊先生、海南省黎族学会副会长高泽强研究员、广西壮学学会副会长黄桂宁先生分别在开幕式上致辞。黄国哲县长对论坛的召开表示祝贺,对专家学者们长期支持田阳布洛陀文化研究、促进布洛陀文化的保护与开发、推动田阳县域经济发展表示衷心感谢。北京、云南、贵州、海南、广西的代表在致辞中,高度肯定了在布洛陀文化圣地田阳举办"壮学与布洛陀文化论坛"具有重要的学术价值和现实意义。希望通过本次论坛的研讨,拓展和深化壮学与布洛陀文化及壮侗语民族文化的传承与发展研究,增强壮侗语民族始祖认同和中华民族共同体意识。

论坛围绕始祖信仰、布洛陀文化的当代价值、麽经布洛陀研究、民族文化传承与发展等论题,进行了热烈讨论。有10位学者在大会上做了主旨发言。在交流大会上,来自全国各高校、研究机构的专家学者踊跃发言,各抒己见,深入探讨，许多重要问题取得了共识。

本届论坛有以下几个特点：（一）创新模式，精心筹备。自2004年以来，布洛陀文化学术研讨会作为百色市布洛陀民俗文化旅游节的重要内容，已连续举办了13年。为了适应壮学与布洛陀文化研究发展的需要，使更多学科的学者参加研讨会，需要创新研讨会形式，拓展研讨领域，丰富研讨内容，扩大研究队伍。因此，将今年的研讨会更名为"壮学与布洛陀文化论坛"，由拥有雄厚科研资源的百色学院领衔主办，由具有多年承办经验的田阳县人民政府承办。在论坛筹备过程中，从研讨论题、联系专家，到组织和编印论文、会务安排、会场布置等，都做了周密准备，确保了论坛的顺利召开。（二）参会踊跃，专家云集。本届论坛原定规模为60人，而实际出席会议的专家学者共140多位，除了历年参加会议的来自北京、广西、云南、贵州、海南的学者外，湖北、湖南、江苏、天津、上海及香港的学者也慕名远道而来，其中既有充满活力的中青年学者，也有大批资深教授、博导、研究员。（三）论文丰富，视角新颖。本届论坛共收到论文56篇，内容涉及"布洛陀与壮侗语族始祖信仰研究""壮族创世史诗麽经布洛陀研究""壮族文化当代传承创新研究""壮学发展研究""壮族与其他民族关系研究""民族文化传承与发展研究"等。无论是在论题和研究视角，还是研究的广度和深度乃至观点的新颖性方面，都有了拓展和深化。（四）交流踊跃，探讨深入。本届论坛虽然只有一天时间，但与会学者十分珍惜这一机会，踊跃发言，畅谈自己的研究论题与观点，既有对壮族始祖信仰、壮学和布洛陀文化的本体研究，也有对麽经布洛陀整理、翻译的研究，还有对布洛陀文化当代价值及民族文化的传承与创新研究。云南、贵州、海南学者还对壮族布洛陀崇拜与黎族袍隆扣崇拜、布依族布洛陀崇拜、云南壮族布洛陀崇拜及文化做了比较研究，肯定了始祖布洛陀信仰在壮侗语民族中的主体地位。论坛上交流论题广泛、内容丰富、精彩纷呈，专家们对今后进一步加强和深化壮侗语民族文化研究和对麽经布洛陀内涵的全面揭示提出了许多建设性意见和建议。（五）把握时代特征，强化创新意识。学者们在构筑人类命运共同体、实现中华民族复兴之梦和"一带一路"建设的背景下，对布洛陀文化与壮族地区中华民族共同体意识的培育、布洛陀文化的当代价值、民族文化的传承与发展等问题进行了热烈讨论和深入探讨，体现了学者们的民族责任感、时代使命感、学术创新意识和开阔的学术视野。

百色学院副校长罗志发教授主持论坛闭幕式。广西壮学学会会长覃彩銮研究员做本届论坛小结,他总结收获,归纳特点,认为这是一次成功的学术研讨会,学者们不仅参会踊跃,积极撰写和提交论文,而且发言踊跃,畅所欲言,观点新颖,特别是对始祖信仰的定义、内涵和文化构成方面,从理论和实践上做了深入探讨和充分交流,取得了共识。

覃彩銮
2018 年 9 月

目 录

布洛陀神话与麽经文本研究

002	王宪昭	论《布洛陀》神话母题的叙事结构与表达技巧 ——以《中国民间故事集成》(广西卷)文本为例
013	何思源	明清时期壮族社会对"京城""皇帝"与"广东"的想象 ——基于麽经布洛陀的分析
029	黄家信	《布洛陀经诗》与泗城巫调所请诸神的比较
037	韦玖灵	麽经布洛陀"全息"记载壮族社会历史文化变迁及 管理思想道德观念
049	林安宁	壮族《麽经》灵魂叙事与花山岩画研究的新途径
064	伍忠纲 肖忠宇	从《摩当经》看摩经的历史文化价值
076	王宪昭	壮族神话中布洛陀典型母题的类型与构成

布洛陀文化与历史研究

092	王明富	布洛陀麽教创世神形象及其精神文明传承探究
104	周艳鲜	从古代礼器看骆越民族的审美意趣
117	李斯颖	民族文化记忆的能动发展:壮族布洛陀叙事的历史化与 经典化
130	何思源	布洛陀麽经民族关系的历史解读
137	陆月媚	布洛陀与壮侗语族始祖信仰研究

146 | 兰天明　壮族始祖布洛陀与句町文化的渊源值得探究

布洛陀文化综合与比较研究

162 | 周国茂　论布依族麽教戏剧
179 | 黄桂秋　壮族麽教神灵谱系的再梳理
191 | 高泽强　黎族袍隆扣神话与我国同语族相关创世神话关系初探
204 | 杨杰宏　稻作史诗与祭天史诗：《布洛陀》与《崇般图》的比较研究
218 | 黄　玲　中越民族神话的历史景深与文化生态
　　　　　　——以壮族岱侬族为例
229 | 韦　慎　壮族布洛陀崇拜与黎族袍隆扣崇拜比较研究
239 | 潘敏文　壮族文化和黎族文化相似点探析
244 | 陆青映　论壮族麽经与壮族民间文学艺术之间的关系

布洛陀译注与文本译介研究

262 | 黄中习　壮族布洛陀文化典籍整理翻译的又一巨作
　　　　　　——简评三卷本《壮族麽经布洛陀遗本影印译注》
269 | 王宪昭　论少数民族民间古籍手抄本发掘整理的文化价值
　　　　　　——兼论黄明标等《壮族麽经布洛陀遗本影印译注》
279 | 吴晓东　文本译注的学理性思考
　　　　　　——兼评《壮族麽经布洛陀遗本影印译注》
287 | 杨杰宏　神灵、祭祀仪式与民间叙事传统
　　　　　　——兼评《壮族麽经布洛陀遗本影印译注》的多元价值
300 | 黄金东　论少数民族古籍整理工作的挑战与机遇
　　　　　　——兼评黄明标主编《壮族麽经布洛陀遗本影印译注》
309 | 何思源　研究的深入从重视文本做起
　　　　　　——读《壮族麽经布洛陀遗本影印译注》有感
314 | 李斯颖　壮族史诗搜集整理的历程与观念嬗变
　　　　　　——兼论《壮族麽经布洛陀遗本影印译注》的出版
328 | 覃祥周　韦运益　试论布洛陀经诗的翻译

342 | 黄中习　《壮族麽经布洛陀遗本影印译注》汉译译注研究
354 | 陈树坤　黄中习　民族典籍翻译的生态语言分析
　　　　　　　——以《布洛陀》两个译本为例

布洛陀文化的当代传承与意义

370 | 覃彩銮　论布洛陀文化的当代价值
378 | 毛巧晖　非物质文化遗产与民俗节庆文化的建构
　　　　　　——基于广西百色市布洛陀民俗文化旅游节的考察
387 | 赵明龙　浅谈布洛陀文化权属与保护传承
394 | 黄明标　布洛陀文化与壮族社会和谐
407 | 陆　勇　壮族布洛陀文化"走出去"路径研究
416 | 彭冬宁　神圣与世俗
　　　　　　——"圣""俗"观念下的敢壮山布洛陀祭祀
425 | 黄家信　广西地域文化研究的争论问题刍议
430 | 陈洪波　陈佳男　重构布洛陀文化的历史依据和当代价值
441 | 刘　婷　民族文化当代重构的实践理性
　　　　　　——以壮族布洛陀文化为例
456 | 潘云峰　蓝　武　城镇化背景下布洛陀信仰实践的转变及其建构的困境
468 | 陆青映　布洛陀文化遗产的保护与传承浅析
476 | 罗祖虞　罗洪庆　陈　燕　罗源泰　布洛陀文化与越人、百越民族之民族精神
484 | 王仲坤　王　键　布洛陀族群与华夏文化构建
491 | 杨奕鸿　覃翠柏　广西田阳县布洛陀文化信仰及当代价值研究
503 | 周伊辰　壮族布洛陀文化大众传播分析

519 | 后记

布洛陀神话与麽经文本研究

论《布洛陀》神话母题的叙事结构与表达技巧
——以《中国民间故事集成》（广西卷）文本为例

王宪昭

关于布洛陀的神话传说在广大壮族地区流传非常广泛。本文试图以《中国民间故事集成》（广西卷）采录的《布洛陀》①为案例，对《布洛陀》神话母题的叙事逻辑与文化特征做些分析。该文本显示的相关信息是，讲述者为周朝珍，壮族，男，80岁，籍贯是广西壮族自治区河池市巴马瑶族自治县所略乡所略村，身份是农民兼道公，识汉字和古壮文。该县与广西的田阳、田东、平果、大化、东兰、凤山、凌云等市县相邻。文本的采录翻译者为何承文，壮族，男，33岁，身份是平果县文化馆干部，大学学历。文本采录的时间地点是1980年于周朝珍家中。从文本的来源看，具有分析价值。

一、《布洛陀》神话母题的基本构成

该文本全文共7129字，划分出32个自然段。大致可以划分出如下几个相对完整的叙事情节：（1）第1段主要描述布洛陀产生的背景。（2）第2—6段叙述布洛陀带领大家造天地。（3）第7—8段是布洛陀给花草树木、鸟兽鱼虫、人和畜类安名定姓，规定人和动物的生活规则，特别是以老虎为例，介绍了老虎一窝就只能生一个崽的来历。（4）第9—11段，主要叙述了火的发现，火的获取，失而

---

① 《布洛陀》，见中国民间文学集成全国编辑委员会编《中国民间故事集成》（广西卷），中国ISBN中心，2001年，第30—37页。

复得与火的保存等，记录了布洛陀带领大家走向文明的开端。（5）第 12—19 段，主要叙述大洪水发生之后，布洛陀带领众人开河道，治水患，特别是对断犁滩、鹰山狗岩滩、红水河等风物的来历做出解释。（5）第 20—24 段，叙述布洛陀排除各种艰难困阻挖塘养鱼、造田种地、播种五谷的经历。（6）第 25—30 段，叙述布洛陀为了改进农耕不辞劳苦造牛和驯养牛。（7）第 31—32 段，叙述布洛陀造房子及最后死亡。

下面以《中国神话母题 W 编目》[①] 中的有关母题为参考，对《布洛陀》文本中一些具有代表性的母题分解表述如下。

段落	基本母题	衍生或相关母题示例	母题作用	原文叙事述要
1	W1100 天地的产生	W1316 天地的距离；W1317 天地原来离得很近；W6779.1 从老人那里获得智慧	交代布洛陀出现的背景	远古时，天和地叠在一块，分开后，天很低，地上又热又吵，人们无法生活，只好找智慧过人、神力无限的布洛陀想办法。
2	W1300 天的升高		表现布洛陀的智慧	布洛陀决定把天顶高。
3	W1300 天的升高		衬托布洛陀的超人胆识	人们不相信能顶天。
4	W1360 天地的修整	W1330 天柱（顶天的柱子）	表现布洛陀的智慧	布洛陀让人们到树林里找最高最大的老铁木来做顶天柱。
5	W1331 天柱的制造者	W0655 祖先有特殊能力	表现布洛陀的神力	众人砍不倒造顶天柱的老铁木，布洛陀扛起大板斧连砍三下，铁木倒下。
6	W1396.4 重新改天造地	W1361 天小地大；W1393.1 地的缩小（缩地）	表现布洛陀再造天地的业绩	天柱造好后，众人扛不起。布洛陀把洛陀山当柱脚竖起铁木柱。布洛陀看到天小地大时，抓地成坡，重新造成了新的天地。
7	W1535 万物的名称	W1535.2 神或神性人物为万物命名；W3670 植物特征的成因；W3050 动物特征的成因；W2751 人的特征的产生	表现布洛陀创造文明	天地造好后，布洛陀为无名的花草树木、鸟兽鱼虫、人和畜类命名，并规定禾苗的生长规则，动物的体征与繁殖时间，以及人的交欢次数等。

---

① 本文使用的母题代码与母题表述，参见王宪昭：《中国神话母题 W 编目》，中国社会科学出版社，2013 年。

续表

段落	基本母题	衍生或相关母题示例	母题作用	原文叙事述要
8	W3050 动物特征的成因	W3158 虎生育少的原因；W3089 动物的仇敌失误造成特征	生活化的讲述	布洛陀因生气规定老虎一窝生一个仔。老虎怨恨黄猄让自己记错了生仔数量，总想吃黄猄。
9	W4585 火的产生	W6950.3 雷击枯树产生火；W6145.4 熟食的产生	表现布洛陀发现火，引导文明	人们开始很害怕雷公送来的火。布洛陀大胆取来火种，不但能取暖、烤烧好吃的食物，还能驱赶野兽。
10	W6932 火是发明的	W6950 击打取火；W6966 火的保存	表现布洛陀发现火	大雨把火淋灭，布洛陀手举神斧劈砍大榕树，重新找到火，并把火拿到岩洞里养起来。
11	W8620 火灾	W3495.2 萤火虫的特征的来历	生活化的讲述	人没有把火看管好，萤火虫拿了火到处玩耍造成火灾，萤火虫屁股上带着火被赶到山上。
12	W8100 洪水	W1827 山的位置的确定；W8500 洪水的消除	布洛陀治理洪水的功绩	发生洪水后，布洛陀用赶山鞭和撬山棍带领幸存的人开凿河道时，造成大山向南面或北面斜歪。
13	W8500 洪水的消除	W9960 特定风物的来历	生活化的讲述	布洛陀带领人们治水时形成了今天都安县都阳乡吉发村堵娘滩。
14	W8500 洪水的消除	W9960 特定风物的来历	生活化的讲述	布洛陀带领人们治水时曾到今天东兰县长乐乡可考村的雷公滩。
15	W8500 洪水的消除	W9960 特定风物的来历；W1915 特定的人物造江河；W1935.1 犁出江河	生活化的讲述	布洛陀带领人们治水时感动天帝，得到神牛和神犁，开河时犁头弄断形成断犁滩。
16	W8500 洪水的消除	W9960 特定风物的来历；W0603 文化英雄降妖捉怪	表现布洛陀的英勇	布洛陀带领人们治水时除掉干扰开河的恶鹰恶狗，形成的一个险滩取名鹰山狗岩滩。
17	W8500 洪水的消除	W9960 特定风物的来历	生活化的讲述	布洛陀带领人们治水时，神牛休息的地方，形成今天马山县贡川乡一带的卧牛滩。
18	W8500 洪水的消除	W9960 特定风物的来历	生活化的讲述	神牛死后，由人拉犁开河，形成今天马山和都安交界处的十五滩。

续表

段落	基本母题	衍生或相关母题示例	母题作用	原文叙事述要
19	W8500 洪水的消除	W9960 特定风物的来历；W1943.2a 红水河	用红水河证明布洛陀的真实性	布洛陀带领人们治水开通河道，形成现在的红水河。
20	W6040 耕种的产生（农业的产生）	W3841.1.2 以前作物长得很大；W3965 动物盗粮种（动物取粮种）	布洛陀发明农业和养殖	以前谷穗很大，洪水后丢失。布洛陀派斑鸠、山鸡、老鼠等游过大海取谷种，没有回来。布洛陀亲自去取。
21	W3958 祖先取粮种	W3994.2 特定的动物取粮种不成功；W9919.2 失信遭惩罚	生活化的讲述	布洛陀历尽艰辛来到谷种所在地。决心找斑鸠、山鸡和老鼠问罪。
22	W3958 祖先取粮种	W9614 智慧方面的难题考验	表现布洛陀的智慧	布洛陀采用妙法捉住斑鸠、山鸡和老鼠，从它们的腹中找到仅存的三颗旱谷和四颗水稻。
23	W3840 作物的产生	W3841.3 作物果实变小；W6051.11 肥料的来历	表现布洛陀发明作物种植	取来的谷种弄碎后变成玉米、稗草、黏米、黄心米、籼米、粳米和糯米种子，布洛陀告诉人们如何施肥和除虫害。
24	W9425 报恩	W6371 神与神性人物崇拜；W6601 节日庆典的来历	表现布洛陀在人们心目中的地位	大家为感谢布洛陀为自己带来好日子，过年过节，都拿糯米做粽粑送给布洛陀。
25	W6040 耕种的产生（农业的产生）	W6050.1 人以前亲自拉犁耙	表现布洛陀的慈悲	神牛死后，只得用人拉犁耕田，布洛陀心中难过。
26	W3200 牛的产生	W3202.1 牛的创造者；W3202.4 文化英雄造牛；W3213.1 黄牛是用黄泥造的；W3219.3 水牛的产生；W6053 驯养动物的起源	表现布洛陀造物	布洛陀用黄泥捏了一头黄牛，又到河边用黑泥糊了一头水牛，并告诉人们用麻绳牵牛鼻子。
27	W3200 牛的产生	W3216 牛的生育		布洛陀造的两头种牛繁衍出很多牛。
28	W6040 耕种的产生（农业的产生）	W6049.1 牛耕田（轭牛耕田的来历）	在回顾人的生活变化中感激布洛陀的恩德	有了牛以后，人们种田和养孩子变得容易。

续表

段落	基本母题	衍生或相关母题示例	母题作用	原文叙事述要
29	W6991 集市的产生	W6990.1 以物换物的来历；W9958 交换	衍生出的生活叙事	牛得了瘟疫死光后，人们到外寨用物品换来一公一母两头种牛。
30	W8657 瘟疫（疾病）的消除	W8657.2 神性人物治病	表现布洛陀无所不能	布洛陀为牛治病后，人的生活又好起来了。
31	W6204 房屋的建造	W6178.2 人住山洞；W6205.2 文化始祖造房屋	表现布洛陀的高超创造力和有求必应	古代的壮人没有屋，布洛陀就想办法建造更好的房屋，他有求必应，为大家造新房。人们从山洞移到房屋中居住。
32	W0658.4 祖先的死亡	W5991 规矩的产生；W0627.1 文化英雄劳累而死	歌颂布洛陀的舍己为人	布洛陀造房子讲究"春不伐木，秋冬砍树"，他为人们精心造房屋，最后却死在自己简陋的岩洞里。

从上面的母题叙事不难看出，在塑造一个完整的人文始祖的过程中，围绕对祖先的记忆，注意到了点面结合。其中在叙事上并没有讲求面面俱到，而是巧妙地选择诸如造天地万物、火的发明、治理洪水、兴起农耕、建造房屋等几个人类文明进程中最有代表意义的"点"，将布洛陀的事迹有机地串联起来，塑造出一个有血有肉非常饱满的文化祖先形象。

二、《布洛陀》神话母题结构的内在逻辑

很多人无论是读神话，还是听神话，往往会带着一种先验的主观情感去判断，认为神话无非是人类早期凭着不成熟的想象或者幻想创造出来的内容，是不必认真的假话、瞎话。甚至在谈到神话的结构逻辑时，也认为是讲述人凭借天马行空的思维而信口开河。事实果真如此吗？事实胜于雄辩。《布洛陀》文本在母题的选择与表述方面是符合文学创作与受众接受逻辑的。

首先，从母题的叙事时间维度看《布洛陀》神话母题结构的逻辑。从神话创作的本质讲，由于神话传导的古老文化理念，是解释人类生存与发展重大问题的神圣叙事，因而并不会过多关注于具体的叙事时间以及按时间为维度的叙事脉络。但这并不是就可以说，神话母题的排列可以随心所欲地乱点鸳鸯谱，叙

事结构杂乱无章。就流传于广西巴马县的《布洛陀》而言，在母题排列顺序上具有与人类产生发展相一致的特定事件排列规则，遵循了人们所共知的叙事时间要求。如开篇设置的"W1100 天地的产生""W1360 天地的修整"等，与其他民族乃至世界性关于文化祖先创世的神话叙事高度一致；其后的"W1535 万物的名称""W3050 动物的特征的成因"等，所交代的布洛陀为动植物和人命名和规定特征，则是开天辟地后必须解决的一个重要问题，俗话说"名不正则言不顺"，若世界万物没有名称，下面的神话叙事就无从谈起；接下来，关于"W4585 火的产生"是人类进入文明阶段的标志；作为本神话叙事主体的"W8100 洪水"与"W8500 洪水的消除"，则是任何一个民族在历史发展过程中都不能摆脱的记忆，这个连接历史与当今的母题也成为布洛陀神话众多母题展开的平台；洪水过后则是人类重建家园进入生产生活的又一新的时期，所以无论是"W6040 耕种的产生（农业的产生）""W3958 祖先取粮种"，还是"W3200 牛的产生""W6991 集市的产生""W6204 房屋的建造"等，都是人类在文明发展史上的不断进步；最后的结局则是"W0658.4 祖先的死亡"。我们把上述母题按文本中的出现顺序排列在一起，就很容易看出《布洛陀》神话清楚有序的母题时间结构。

其次，从母题叙事的空间维度看《布洛陀》神话母题结构的逻辑。从《布洛陀》涉及的众多母题的空间维度看，有两种明显的链接形式。第一种是以人物活动为线索构成叙事的空间，如因为刚形成的天地距离很近，太阳晒得人无法生存，雷公的鼾声叫声吵得人无法安宁的背景下，布洛陀向大家提出顶天把天升高的方法，于是空间的变化也随时转移，首先围绕"W1332 天柱的材料"母题和"W9932 寻找特定的物"把空间转移到"到树林里去选一根最高最大的老铁木"来做顶天柱，并根据当地地理环境勾勒出"众人爬了九百九十九座山头"的场景。关于如何把天柱立起来和立在何处，则围绕"W1337 天柱立在特定的地方"的母题，出现了"布洛陀把顶天柱扛到肩上，大家抬着树头、树尾，把它抬到洛陀山顶"的叙事，因为山顶最高，在最高处把天顶高合情合理，将生产生活中的规则自觉地运用到布洛陀造天柱、立天柱的叙事中，给受众展现出一幅幅立体的有生活内涵的画面。第二种是以特定的事件为线索构成发散式的空间。如人们开始挖塘养鱼、造田种地、播种五谷的时代，又遇到大水灾，只有案州那个地方还没有被淹，郎老坡和邀山还露出水面，郎汉的房子还没有着水。所有的"谷米和青菜都跑到那里躲水灾了"，这个地点的设置是非常明确的。因此围绕"W3950 盗取种子（取种）"这个母题，描述了三个不同的叙事空间，包括（1）"W3961 特定名字的人取粮种"，情形是"有人撑着竹筏，漂洋过海去要谷种"，结果有去无回。（2）"W3965 动物盗粮种（动物取粮种）"，情形是布洛陀"派斑鸠和山鸡飞过大海，派老鼠游过大海，两路并进"，结果是它们只顾自己吃个饱，不管他人腹中饥。在前两种情况不能奏效的情况下，出现了（3）"W3958 祖先取粮种"，围绕这个母题，不但出现了"布洛陀走过九十九座山头，跨过九十九条河道，抓住一条蛟龙，骑上蛟龙往案州去"的宏大叙事，又在特定的空间中生发出布洛陀"找斑鸠、山鸡和老鼠问罪"的场面，如布洛陀为了捉住躲起来的这些动物，"把圈套布在邀山的路口上，拿木夹摆在郎老坡的草丛里"，这些场景直接再现出人们生产劳动中对付斑鸠、山鸡和老鼠的经验，这样的空间结构也拉近了讲述人与听众的距离。

再次，从典型母题本身内在逻辑性看《布洛陀》神话母题结构的逻辑。《布洛陀》文本在母题的排列与构成上除了时间与空间的维度，还有叙事本身的逻辑性。这类逻辑一般而言是不受时间、空间限制的，能够更为有力地反映出神话创作的"想象力"。布洛陀诸多母题的无缝连接主要基于文化祖先在建构民族民间信仰中的重要作用上。神话的世代流传与经久不衰并不是因为它遵循了某些今天文学评论所定义的创作技巧，相反，它的内在逻辑更在于朴实的群体潜意识，是以最浅显易懂的话语深入浅出地表达出特定群体所共同维护的文化理念或生活信仰，同时也暗合着人们与自然、社会的和谐相处观念。一则神话若没有明确的主题就会成为容易风化的记忆，所以一则优秀的神话一定深深植根于民间信仰和群体性理念的建构中。不同壮族地区对布洛陀叙事的普遍认可与接收，不仅反映出传统文学艺术的一般性创作规律，很大程度上依赖于布洛陀神话所表现的主题已远远超越了狭隘的文化价值观，更多地体现出人类生存的梦想与追求，其传统的文化母题连缀而成超越现实的叙事中，将人们人类对当下生活的思考与美好生活的诉求融合在一起，一般而言，这类神话母题的数量与结构又是开放性的，既有对民族历史的记忆功能，又有对生产生存经验的传递功能，还有对今后文化实践的指导功能，等等。所以这种关于布洛陀的出现、布洛陀的事迹乃至布洛陀的死亡等系列母题看似是开放的、随意的和不稳定的，但任何一个母题或多个母题构成的细节、情节，又是围绕在布洛陀创世、布洛陀改造世界、布洛陀美化世界、布洛陀造福世界等这些主线明确的统一主题上。

三、《布洛陀》神话母题的叙事技巧

在一般研究者看来，尽管认为神话是用语言创作的古老艺术，但同时又从文学艺术的角度忽视神话的叙事技巧，认为神话的创作是完全凭借想象或幻想进行的没有严格艺术标准的行为，带有集体性、民间性、口头性和不稳定性的特点，所以往往在分析或研究神话时，会自觉或不自觉地绕开神话的叙事艺术，更关注它的内容与文化内涵。事实上，正如马克思在1857年为《政治经济学批判》写的"总导言"中所提出的，"大家知道，希腊神话不只是希腊艺术的武库，而且是它的土壤"[1]。在谈到希腊神话对后世艺术的深刻影响时，还进一步指出："它们何以仍然能够给我们以艺术享受，而且就某方面说还是一种规范和高不可及的范本。"[2] 毫无疑问，马克思关于神话价值的论述，绝不是单单指神话的内容，对神话的艺术性也是高度肯定的。那么，《中国民间故事集成》（广西卷）所采录的《布洛陀》文本，在叙事技巧方面又有哪些值得关注的问题呢？可以选取以下几个角度做些简单分析。

1. 创世语境模式的合理运用。从人们能够接受的叙事模式而言，一般都要交代清楚事情的来龙去脉。而关于祖先溯源的神话，其核心内容是关于世界万物起源的古老记忆，要明确表达关于祖先生平事迹的文化溯源的时空概念，就必须找到一个起点，而作为人类文明起点的创世大神或文化祖先也就自然成为不能回避的问题。因此，《布洛陀》神话叙事的背景自然会交代这些问题。如该神话开篇第一段叙述："远古的时候，天和地紧紧叠在一起，结在一块，后来，突然一声霹雳，裂成了两大片。上面一片往上升，成了雷公住的天；下面一片往下落，成了人住的地。从此，天上有了风云，地上有了万物。可是那时候的天很低，爬到山顶上，伸手可以摘下星星，扯下云彩。天地靠得近，人的日子很难过，太阳一照热死人；雷公打鼾吵得人睡不着，要是雷公大吼大叫，就像天崩地裂一样使人又惊又烦。洛陀山有个老人，名叫布洛陀，他智慧过人，神力无限，大家找他商量治理天地的办法。"如果单从这一段叙事表达的内容分析，似乎游离了布洛

---

[1] 马克思：《〈政治经济学批判〉导言》，见《马克思恩格斯全集》第12卷，人民出版社，1962年，第760—761页。

[2] 马克思：《〈政治经济学批判〉导言》，见《马克思恩格斯全集》第12卷，人民出版社，1962年，第761—762页。

陀作为主人公塑造的主题，表面上看，无论是 W1300 天的升高、W1100 天地的产生、W1360 天地的修整等基本母题，还是 W1316 天地的距离、W1317 天地原来离得很近、W1275 天地的分开、W0328.1 雷公住天上、W8604 太阳造成旱灾等具体母题，但这种叙述方式恰恰契合了中华民族凡事都希望追本溯源的接受习惯，这种情况在许多民族的创世型神话史诗中都有充分的体现，如阿昌族的《遮帕麻和遮咪麻》、瑶族布努支系的《密洛陀》、景颇族的《目瑙斋瓦》、苗族的《亚鲁王》、纳西族的《创世纪》、彝族的《梅葛》等，都会在祖先神出现之前先铺垫出开天辟地的宏大叙事。这就像很多有关历史叙事的作品或说书艺人讲书时所惯用的"自从盘古开天地，三皇五帝到如今"之类的话语，有的可能只是把天地万物的来源作为一个讲述的噱头，但关于文化祖先的神话叙事却将所要颂扬的主人公放置在一个融入其中的语境中。如《布洛陀》文本中之所以要介绍天地的产生与天地的不完善，其作用至少有三个方面，一是把布洛陀产生的时间框定到世界刚刚产生的远古，这样就在受众心中形成了相对明确的叙事时间；二是布洛陀的出现原因框定到改天换地或重新创造世界的重大需求，人类要避免被太阳晒死或雷声的干扰，就要找布洛陀去商量，因为布洛陀神力无限，有治理天地的办法；三是框定叙事发生的地点，文本中明确介绍布洛陀是洛陀山上的老人，这样就使这部作品具有的本土化的叙事基础，从接受者的角度看，也为下面建构与布洛陀有关的地方性风物描述做好了前提和铺垫，这种情形在许多不同地区关于布洛陀的叙事具有异曲同工之妙，非常有利于受众的接受与传承。

2. 文化祖先叙事的形散而神聚。布洛陀神话叙事是一个完整的结构，这个结构中由许多母题组成不同的母题链，每个母题链又是相对封闭而又开放的，所谓"封闭"因为它围绕的是一个关于塑造文化祖先布洛陀的明确的主题，即"神聚"，而"形散"主要表现为不同的母题在应用与选择上又是开放的，甚至说神话母题的不稳定会导致关于《布洛陀》文本的多样性以及大量的异文的产生，如与《中国民间故事集成》（广西卷）所采录的流传于巴马瑶族自治县的《布洛陀》文本不同，如本文本附录中所介绍的，在《布洛陀经诗》中先叙唱的是"造天地"，因为原来的天和地混合一起，布洛陀就派出盘古王开天地日月。布洛陀在上方看到造出的日月星辰不明亮，又派天王氏造天，使天变得明亮，并为太阳、北斗星、月亮、星星安排了位置。然后叙述布洛陀造人，说布洛陀第一放下鸡，第二放下狗，第三放下猪，第四放下羊，第五放下水牛，第六放下马，第七放下人。这在很大程度上与其他民族的"造物主造物"母题或"女娲造人"母题的组织形式非常相似,在选择叙述对象的结构上,强调了时间的维度,生发出相应的叙事,如流传于黑龙江省牡丹江市绥芬河市的回族神话《阿丹人祖》①中说,安拉在第一天创造了天和地,第二天空气和云雨,第三天创造了水系与草木,第四天创造了日月星辰,第五天造万物,第六天造人祖阿丹,第七天休息。流传于中原一带的汉族神话《女娲捏泥造人畜》中说,女娲娘娘第一天捏的是鸡子,第二天捏了狗,第三天捏了羊,第四天捏了猪,第五天捏了马,第六天捏了牛,第七天捏人,第八天捏了五谷,第九天捏了瓜果,第十天捏了蔬菜。②这类叙事维度具有民间约定俗成的特点,特别是在口耳相传的过程中,既方便了讲述者的记忆与发挥,也适合接受者的认知习惯,有时关于哪一天具体做的事情可能会出现置换、增减甚至顺序颠倒,但是在表现一个大家共同关注的主题方面,并不影响人们对事物的认知,因为所有的听众内心都非常清楚,无论哪一天也无论做了什么事情,都是在颂扬文化祖先或文化英雄的不凡业绩,激发的是油然而生的敬佩之情。

3. 生活化叙事的巧妙选择。任何文化产品包括文学作品,一旦脱离生活就会失去生命力。一部神话能否具有生命力并流传久远,具有其多种因素的共同作用,特别是像神话这种产生较早并经过长期时间积淀的民间口头作品,如果没有相应的生活化的关联,就会在日趋变化的后世语境中逐渐消失。显然,这则流传于广西的《布洛陀》神话像其他许多地区的布洛陀叙事一样,并没有简单地重复或机械地复制某些布洛陀经诗中的固定内容,而是将关于布洛陀行为事迹的叙述融入人们生产生活中一些可见可感的风物或事物中,如原来的人间诸物秩序混乱,难以生存时,布洛陀就一一给它们安名定姓,还规定:"禾苗的叶子不能长得太繁盛,不能光长叶不抽穗","猪不能生独崽","狗不能生六七个崽","鸡不能和鸭相配","鸡鸭不能一次屙两个蛋,母鸡不能夜啼,也不能到别的鸡窝里孵蛋","母牛只许一年发一次情","兔子可以四十天生一窝"以及"女人不能在娘家生孩子"等,既涉及人们日常见到的各种动物特性的产生,也涉及人们的生活习俗的来历。特别是说到布洛陀带领众人开河治理洪水的事件时,更是用了八个自然段近千字的篇幅不厌其烦地将人们耳熟能详的地方性风物做出介绍,如神话中说到"有一天,布洛陀来到一座大山前,一鞭把大山劈成两半,再往两边

---

① 杨明岱讲,周爱民采录:《阿丹人祖》,见中国民间文学集成全国编辑委员会编:《中国民间故事集成》(黑龙江卷),中国 ISBN 中心,2005 年,第 20 页。

② 陈明绍讲,冬禾搜集整理:《女娲捏泥造人畜》,见陶阳、钟秀编:《中国神话》(下),商务印书馆,2008 年,第 1192—1193 页。

撬开。恰在这时，有个跟着布洛陀造河的妇女，掉到河里死了，众人下水打捞尸体总捞不着。死者的女儿很伤心，对布洛陀说，这个地方河道开大了，如果她母亲的尸体被水冲走，就再也捞不到了。布洛陀很同情她，就把两爿山撬回来，只留一个夹道，让水通过，叫她堵住山口捞尸体。这个夹道的出水口，就成了堵娘滩"。所说的"堵娘滩"，今天在都安县都阳乡吉发村到大化县羌圩乡古龙村之间，又名"土良滩"，神话中巧妙地利用布洛陀"劈山"与"堵水"两个与治水有关的事件，加上了截流寻母的生活化故事，并很合理地解释了"堵娘滩"名称的来历，让受众感觉布洛陀形象的真实和亲切，这种手法在介绍不同风物的来历中反复出现，如接下来关于东兰县长乐乡可考村"雷公滩"的描述，布洛陀驾着神犁到过的大化县江南乡的白马的经历，今马山县贡川乡的鹰山狗岩的境况，今马山县贡川乡到大化县大化镇之间"卧牛滩"的来历，以及今马山县和都安县交界的地的"十五滩"等等，都将布洛陀形象和鲜活的历史记忆巧妙地结合在一起。由此，一个有智慧、有神力又亲民的老祖先呈现在眼前心间，他的影子始终没有离开人们的身边。

  布洛陀神话母题像其他有关祖先神话一样，通过巧妙的结构编织出一个祖先创世的叙事，表达出一种积极向上的中华民族文化精神，正如习近平总书记在《在第十三届全国人民代表大会第一次会议上的讲话》中指出的："在几千年历史长河中，中国人民始终心怀梦想、不懈追求，我们不仅形成了小康生活的理念，而且秉持天下为公的情怀，盘古开天、女娲补天、伏羲画卦、神农尝草、夸父追日、精卫填海、愚公移山等我国古代神话深刻反映了中国人民勇于追求和实现梦想的执着精神。"[①] 毫无疑问，我们只有准确分析和科学运用布洛陀神话中的那些充满"勇于追求"和敢于"实现梦想"的文化精髓，才能为中华民族文化的伟大复兴增砖添瓦，贡献出义不容辞的文化力量。

〔王宪昭：中国社会科学院民族文学研究所研究员、文学博士〕

[①] 习近平：《在第十三届全国人民代表大会第一次会议上的讲话》（2018年3月20日），http://www.xinhuanet.com/politics/2018-03/20/c_1122566452.htm。

明清时期壮族社会
对"京城""皇帝"与"广东"的想象
—— 基于麽经布洛陀的分析

何思源

一、引言

麽经是壮族布麽用方块壮字书写的民间宗教经典。先后整理翻译出版的《壮族麽经布洛陀影印译注》和《壮族麽经布洛陀遗本影印译注》比较完整地向世人展示了麽经布洛陀手抄本的原貌,为我们从本土视角探讨壮族社会历史文化提供了丰富的原始素材。麽经布洛陀包含了以布洛陀为创世主的各种神话故事和以他为始祖的壮族"根基历史",构成了壮民族共同的"祖源记忆",这是壮民族认同的基础。民族认同一般会上升为国家认同,但近年的麽经研究中几乎未见对壮民族国家认同的涉及。当然,麽经不是传统意义上的历史文献,但是在"历史记忆"研究的视野中可以看到隐藏在宗教文本背后的"当代情境"。成书并保留至今的抄本大多产生于明清时期[①],而这一时期正是我国封建社会发展的巅峰,其最大历史特点在于中央集权的高度集中与资本主义萌芽的产生与夭折。壮族社会是如何经历这一历史阶段、如何形成对王权及国家的认同、其与外界的经济联系等历史情境是如何体现在"自观"的麽经书写中,均是有意义的议题。

---

① 李小文:《壮族麽经布洛陀文本产生的年代及其"当代情境"》,《中央民族大学学报》(哲学社会科学版)2005年第6期;何思源:《〈壮族麽经布洛陀影印译注〉所收录抄本年代上限考》,《民族古籍研究》2012年第1期。

"国家认同"的概念、定义与内涵，最早由西方学者提出并进行了阐释。我国学者后来进行了深入研究和阐释。多数学者认为，国家认同是一个政治概念，是近代民族主义发展的产物，指的是一个国家的公民对自己归属哪个国家以及对这个国家的构成的认知。国家认同是一种重要的国民意识，是安邦定国的思想保障。从规范意义上讲，国家认同即近现代公民对国家的归属和忠诚。但我们不能忽视的是："中国"的概念，已延续两千多年，实是一个文化、经济与政治三个接口的体系，其内涵的复杂程度与系统性，不是单一接口的体系可比；中国曾经在其所在地区（欧亚大陆东部）的社会、经济、文化等方面长期居于领先地位，形成了一个向周边文化扩散和具有独特认同意识（华夷之辨）的文明体系。它的文化主脉绵延持续了几千年之久。在这个多民族国家里，壮民族的国家认同经历了一个长期培育、积累和提升的过程。在这一历史过程中，壮族的国家认同来源于地方与中央的互动与博弈以及中华文明的强大辐射力。本文尝试从麽经布洛陀抄本中发现壮族的国家认同的形成，就教于学界方家。

二、分类及分析

出处	页码	皇帝	京（城）	广东
《遗本》（上）	65		初萠居江京 Coh mwngz geiq gyang Ging co⁶ mɯŋ² ki⁵ tɕaːŋ¹ kiŋ¹ 名 你 记 中 京 你的名字传京城 名萠居江廣 Coh mwngz geiq gyang Guengj co⁶ mɯŋ² ki⁵ tɕaːŋ¹ kuaŋ³ 名 你 记 中 广东	初萠居江京 Coh mwngz geiq gyang Ging co⁶ mɯŋ² ki⁵ tɕaːŋ¹ kiŋ¹ 名 你 记 中 京 你的名字传京城 名萠居江廣 Coh mwngz geiq gyang Guengj co⁶ mɯŋ² ki⁵ tɕaːŋ¹ kuaŋ³ 名 你 记 中 广东
《遗本》（上）	225		硉江京阬兵 Lauq gyang Ging roengz beng laːu⁵ tɕaːŋ¹ kiŋ¹ loŋ² peːŋ¹ 攞 中 京 下 禳除 拿京城禳来禳除 埕江廣斗民 Cingz gyang Guengj daeuj beng ciŋ² tɕaːŋ¹ kuaŋ³ tau³ peːŋ¹ 埕 中 广 来 禳除 拿广东坛来禳除	硉江京阬兵 Lauq gyang Ging roengz beng laːu⁵ tɕaːŋ¹ kiŋ¹ loŋ² peːŋ¹ 攞 中 京 下 禳除 拿京城禳来禳除 埕江廣斗民 Cingz gyang Guengj daeuj beng ciŋ² tɕaːŋ¹ kuaŋ³ tau³ peːŋ¹ 埕 中 广 来 禳除 拿广东坛来禳除
《遗本》（上）	343		硉增京隆送 Lauq gyang Ging roengz soengq laːu⁵ tɕaːŋ¹ kiŋ¹ loŋ² soŋ⁵ 攞 城 京 下 送 就用京城挪来送 埕增廣隆送 Cingz gyang Guengj roengz soengq ciŋ² tɕaːŋ¹ kuaŋ³ loŋ² soŋ⁵ 埕 中 广 下 送 就用广东埕来送	硉增京隆送 Lauq gyang Ging roengz soengq laːu⁵ tɕaːŋ¹ kiŋ¹ loŋ² soŋ⁵ 攞 城 京 下 送 就用京城挪来送 埕增廣隆送 Cingz gyang Guengj roengz soengq ciŋ² tɕaːŋ¹ kuaŋ³ loŋ² soŋ⁵ 埕 中 广 下 送 就用广东埕来送

续表

出处	页码	皇帝	京（城）	广东
《遗本》（中）	39		老疴 京 斗 兵 Lauq oq Ging daeuj beng la:u¹ o⁵ kiŋ¹ tau³ peːŋ⁶ 䗶 炽热 京城 来 填除 京城热䗶来填除	㞢疴 廣 斗 兵 Cingz oq Guengj daeuj beng ciŋ² o⁵ kuaŋ³ tau³ peːŋ⁶ 䗶 炽热 广东 来 填除 广东热䗶来填除
《遗本》（中）	282		碗何碗初孟欲江京 Duix ho duix coh mwngz youq gyang Ging tuːi⁴ ho² tuːi⁴ ɕo⁶ mɯŋ² ju⁵ tɕaːŋ¹ kiŋ¹ 碗 碗 你 在 中 京 你的名声在京城 名 孟 欲 江 廣 Mingz mwngz youq gyang Guengj miŋ² mɯŋ² u⁵ tɕaːŋ¹ kuaŋ³ 名 你 在 中 广 你的名声在广	碗何碗初孟欲江京 Duix ho duix coh mwngz youq gyang Ging tuːi⁴ ho² tuːi⁴ ɕo⁶ mɯŋ² ju⁵ tɕaːŋ¹ kiŋ¹ 碗 碗 名 你 在 中 京 你的名声在京城 名 孟 欲 江 廣 Mingz mwngz youq gyang Guengj miŋ² mɯŋ² u⁵ tɕaːŋ¹ kuaŋ³ 名 你 在 中 广 你的名声在广东
《遗本》（下）	49	扐 皇 帝 國 妑 Lwg vuengz daeq guh baz lɯk⁸ wuaŋ² tai⁵ kuak⁸ pa² 儿 皇 帝 做 妻 姥娶皇帝女为妻 曺 也 吽 咘 咀 Cauz yej naeuz mbouj caeuz tɕaːu² je³ nau² bau⁰ ɕau² 曹 也 说 不 接受 王曹还说不愿意		
《遗本》（下）	89	立 夭 城 皇 帝 Laep yeuj singz vuengz daeq lap⁷ jeːu³ ɕiŋ² wuaŋ² tai⁵ 䲭 暗 城 皇 帝 天刚黑才进王城 皇 帝 許 擤 罵 Vuengz daeq hawj mwngz ma wuaŋ² tai⁵ hai³ muŋ² ma¹ 皇 帝 给 你 来 皇帝叫你进城来		
《遗本》（下）	111		郝 廣 西 罵 吊 Hak Guengj sae ma diuh haːk⁷ kuaŋ³ tai¹ ma¹ tiːu⁶ 官 广 西 来 调 广西大官来调兵 吊 留 避 贼 京 Diuh raeuz bae caeg Ging tiːu⁶ rau² pai¹ ɕak⁸ kiŋ¹ 调 我们 去 贼 京城 调我进京城当兵	
《译注》	197	叭 刎 栈 皇 帝 Gyat yuh canz vuengz daeq tɕaːt⁷ juː⁶ ɕaːn² wuaŋ² tai⁵ 㫘怪 住 晒台 皇 帝		

续表

出处	页码	皇帝	京（城）	广东
《译注》	252	裂 字 沙 王 帝 Lenj sw sa vuengz daeq lek³ tsɯ¹ ta¹ vuaŋ² tai⁵ 烧 书 纸 皇 帝 裂 跨 谷 字 纷 Lenj daengz goek sw fonx lek³ taŋ² kok⁷ sɯ¹ fon⁴ 烧 到 根源 书 黑色		
《译注》	285	怀 口 那 王 帝 Vaiz haeuj naz vuengz daeq vai² hau³ na² vuaŋ² tai⁵ 牛 进入 水田 皇 帝 竿 个 造 丕 累 Gaeuj ga caux bae baeh kɐm³ ka¹ cau⁴ pai¹ tai⁵ 敢 卡 就 去 赶 王 帝 造 丕 坟 Vuengz daeq caux bae faenj vuaŋ² tai⁵ cau⁴ pai¹ fan³ 皇 帝 就 去 砍		
《译注》	365	召 貫 茂 提 道 Ciuh gonq mbaeux dwz dauh ciu⁶ kɔn⁵ bau⁴ tɯ² tau⁶ 代 前 不 遵循 规矩 司 王 帝 茂 碧 Sw vuengz daeq mbaeux bik tsɯ¹ vuaŋ² tai⁵ bau⁴ pik⁷ 书 皇 帝 不 有 曆 王 帝 茂 造 Lig vuengz daeq mbaeux caux lik⁸ vuaŋ² tai⁵ bau⁴ cau⁴ 历 书 皇 帝 不 造		
《译注》	365	司 王 曆 茂 眉 Sw vuengz lig mbaeux miz tsɯ¹ vuaŋ² lik⁸ bau⁴ mi² 书 皇 历 没 有 甲 子 司 茂 眉 Gyap cij sw mbaeux miz ɕap⁷ ci³ tsɯ¹ bau⁴ mi² 甲 子 书 没 有 辰 俐 亦 茂 鲁 Cwz leix yag mbaeux lox ɕɯ² li⁴ jaː⁸ bau⁴ lo⁴ 辰 涛 亦 茂 鲁		
《译注》	370	曆 王 帝 造 塑 Lig vuengz daeq caux bik lik⁸ vuaŋ² tai⁵ cau⁴ pik⁷ 历(书) 皇 帝 才 好		

续表

出处	页码	皇帝	京（城）	广东
《译注》	377	提 批 浔 江 那 Dwz bae dwk gyang naz tɯ² pai¹ tuk² tɕaːŋ¹ na² 拿 去 放在 里面 田 劳 烺 那 王 帝 Lau lemj naz vuengz daeq laːu¹ leːm³ na² vuəŋ² tai⁵ 又怕 烧 田 皇 帝		
《译注》	431		章 布 得 贼 郝 佢 行 Lwz baeuq dwk caeg hak yij hingz 传说 祖公 打 贼 官人 出 赢 章 布 得 贼 京 也 秀 Lwz baeuq dwk caeg ging yij loengq 传说 祖公 打 贼 京 也 均 郝 忑 狠 骂 擂 Hak laj hwnj ma baex 官人 下方 上 来 请 廣 西 狠 骂 調 Gueng sae hwnj ma diuh 广 西 上 来 調兵	
《译注》	432		調 闭 得 贼 京 Diuh bae dwk caeg ging 調兵 去 打 贼 京 卬 闭 得 贼 郝 In bae dwk caeg hak 廩 去 打 贼 官 得 城 郝 佢 行 Dwk caeg hak yij hingz 打 贼 官 也 赢 得 贼 京 也 秀 Dwk caeg ging yij loengq 打 贼 京 也 均	
《译注》	743	王 提 噢 皇 帝 Vuengz bae naeuz vuengz daeq 漢王 去 说（求） 皇 帝 皇 帝 將 書 麻 Vuengz daeq cuengq sw ma 皇 帝 放 书 来		

续表

出处	页码	皇帝	京（城）	广东
《译注》	799	(古恩当冠使/我起身先于土官；宜王帝巾呆/和皇帝吃早饭；王帝出古来/皇帝催我出来；王帝差古斗/皇帝差遣我来；许古斗律怂/让我来赶妖；许古斗送怪/让我来送怪)		
《译注》	909	(提批礽江那/拿去放中间水田；劳废那皇帝/伯烧水田皇帝)		
《译注》	935		(得贼郝可行/打贼官府也赢；得贼京可败/打贼京城也败)	
《译注》	961	(召贯增提道/世前未曾遵循道理；司王帝增肩/书皇帝未曾有；历王帝增造/历书皇帝未曾造)		

续表

出处	页码	皇帝	京（城）	广东
《译注》	966	司 王 帝 造 屑 Sw vuengz daeq caux miz ɬɯ⁴ vuəŋ² tai⁵ cau⁴ mi² 书 皇 帝 才 有 历 王 帝 造 了 Lig vuengz daeq caux leux lik⁸ vuəŋ² tai⁵ cau⁴ le:u⁴ 历书 皇 帝 造 完 司 召 老 造 至 Sw ciuh laux caux ɬɯ⁴ ɕiu⁴ la:u⁴ cau⁴ 书 世 前 才 制 俍 歇 印 旁 㚢 Saeg aeu ing bangx yieng ɬaɯ³ au¹ iŋ¹ ba:ŋ⁴ jiəŋ¹ 土司 要（拿）印 怕 乱 也 歇 司 你 干 Yej aeu sw nix ganj je³ au¹ ɬɯ⁴ ni⁴ ka:n³ 也 要 书 这（来）管		
《译注》	967	皇 帝 送 司 麻 Vuengz daeq soengq sw ma vuəŋ² tai⁵ ɬoŋ⁵ ɬɯ⁴ ma¹ 皇 帝 送 书 来 干 哥 送 司 斗 Ganj ga soengq sw daeuj ka:n³ ka¹ ɬoŋ⁵ ɬɯ⁴ tau³ 敢 卡 送 书 来 許 甫 傍 甫 地 Haej bux biengx bux dih hai³ pu⁴ piəŋ⁴ pu⁴ ti⁶ 给 人 天下 人 地方 司 批 通 天 下 Sw bae doeng dien yah ɬɯ⁴ pai¹ toŋ¹ tiən¹ ja⁶ 书 去 通 天 下		
《译注》	969	他 提 司 王 帝 De dwz sw vuengz daeq te¹ tɯ² ɬɯ⁴ vuəŋ² tai⁵ 他 信奉 书 皇 帝 他 提 黎 召 柳 De dwz laex ciuh ndux te¹ tɯ² lai⁴ ɕiu⁴ du⁴ 他 行 礼仪 世 古		
《译注》	977	除 王 帝 恩 楞 Ciez vuengz daeq hwnj lanz ciə² vuəŋ² tai⁵ huɯn³ la:n² 邀 皇 帝 起 干栏 造 平 安 富 贵 Caux bingz an fungh gviq cau⁴ piŋ² an¹ fuŋ⁶ kvi⁵ 才 平 安 富 贵		

续表

出处	页码	皇帝	京（城）	广东
《译注》	1026	甲 初 山 王 帝 Gyat uq canz vuengz daeq kaau⁷ u⁵ ɕaːn² vuəŋ² tai⁵ 映怪 在 晒台 皇 帝 到 批 山 王 帝 Daeuj bae canz vuengz daeq tau³ pai¹ ɕaːn² vuəŋ² tai⁵ 回 去 晒台 皇 帝		
《译注》	1036	救 贫 城 王 帝 Gyaeu baenz cingz vuengz daeq tɕau¹ pan² ɕiŋ² vuəŋ² tai⁵ 长寿 似 城 皇 帝		
《译注》	1587			廣 州 旺 礼 娄 Gvangq cu gvak ndi raeuh kvaːŋ⁵ ɕu¹ kvak⁷ di¹ rau⁶ 广 州 地方 好 多 瓩 地 猛 玉 对 Gvak de mungh iq doiq kvak⁷ te¹ muŋ⁶ iː⁵ toi⁵ 地方 那 选 靓 女 伴 雷 州 旺 礼 娄 Leoeiz cu gvak ndi mungh lui² ɕu¹ kvak⁷ di¹ muŋ⁶ 雷 州 地方 好 多 Gvak de mungh pa ba kvak⁷ te¹ muŋ⁶ paː¹ paː¹ 地方 那 女子 守 山
《译注》	1609			每 州 卜 芬 亡 Haz cu bux nungz lungz ha² ɕu¹ pu⁴ nuŋ² luŋ² 梧 州 人 干档 大 仆 他 艮 口 登 口 台 Bux de ngaenz gong doengj gong daez pu⁴ te¹ ŋan² kuak⁸ toŋ³ kuak⁸ tai² 人 那 (用)银 做 凳 做 桌
《译注》	1920	康 界 拉 古 習 Ginq gaiq rab goj sib kiŋ⁵ kaːi⁵ raːp⁸ ko³ ɕi¹ 讲 那 时 古 事 西 家 保 王 帝 Si gya baeu vuengz ti ɕi¹ kaː¹ pau⁵ vuəŋ² ti¹ 说 家 宝 皇 帝 王 帝 为 臣 造 Yangz diq vih caenz caux jvəŋ² ti⁵ vi⁶ ɕan² ɕau⁴ 皇 帝 未 曾 造 家 保 为 臣 造 Gyaq baeu vih caenz caux kaː⁵ pau⁵ vi⁶ ɕan² ɕau⁴ 家 宝 未 曾 制		

续表

出处	页码	皇帝	京（城）	广东
《译注》	1879	(图)	(图)	
《译注》	1876	(图)		
《译注》	2416		(图)	
《译注》	2417		(图)	
《译注》	2458		(图)	

续表

出处	页码	皇帝	京（城）	广东
《译注》	2481	功 章 肛 皇 帝 Goeng cweng daengz vuengz daeq koŋ¹ cweŋ¹ taeŋ² vuəŋ² tai⁵ 呈奉 奏章 到 皇 帝 祖 王 执 床 冤 Coj vuengz caep congz ien ɕo³ vuəŋ² ɕap⁷ ɕoŋ² ien¹ 祖 王 办 神台 (解)冤		
《译注》	2591	皇 帝 郭 司 麻 Vuengz daeq gueg sw ma vuəŋ² tai⁵ kuak⁸ ɬɯ¹ ma¹ 皇 帝 做 书 来 干 歌 国 司 孚 Goenj ga gueg sw daeuj kɯn³ ka¹ kuak⁸ ɬɯ¹ tau³ 敢 卡 做 书 来 许 退 印 个 皇 Haej doiq inq gaiq vuengz hai³ toi⁵ in⁵ kai⁵ vuəŋ² 让 退 印 给 溪王 许 退 佨 个 敉 Haej doiq biengz gaiq hix hai³ toi⁵ piəŋ² kai⁵ ɕi⁴ 让 退 天下 给 兄长		
《译注》	2613		批 七 昙 提 跌 Bae caet ngoenz dih died pai¹ ɕat⁷ ŋon² ti⁶ tiət⁸ 去 七 天 匆 匆 昙 八 造 騰 京 Ngoenz bet caux daengz ging ŋon² pet⁷ ɕau⁴ taeŋ² kiŋ¹ 天 (第)八 才 到 京城	
	2614	皇 帝 郭 司 麻 Vuengz daeq gueg sw ma vuəŋ² tai⁵ kuak⁸ ɬɯ¹ ma¹ 皇 帝 做 书 来 干 个 国 司 斗 Goenj ga gueg sw daeuj kɯn³ ka¹ kuak⁸ ɬɯ¹ tau³ 敢 卡 做 书 来 许 退 印 个 王 Haej doiq inq gaiq vuengz hai³ toi⁵ in⁵ kai⁵ vuəŋ² 让 退 印 给 王		
《译注》	2650		得 界 更 苶 经 Dwk gyaiq geng nep ging tɯk⁷ kjai⁵ keŋ¹ nep⁸ kiŋ¹ 打 界 更 逼近 京城 得 四 城 平 落 Dwk siq cingz bingz lak tɯk⁷ ɬi⁵ ɕiŋ² piŋ² lak⁸ 打 润 城 陷 落	

续表

出处	页码	皇帝	京（城）	广东
《译注》	2660		器 批 得 耿 京 Heuh bae dwk caek ging heu⁶ pai¹ tuk⁷ cak⁸ kiŋ¹ 喊 去 打 贼 京城 黎 批 得 耿 郝 Laez bae dwk caek hak lai² pai¹ tuk⁷ cak⁸ hak⁸ 叫 去 打 贼 官府 器 委 批 耿 京 Heuh laeuz bae caek ging heu⁶ lau² pai¹ cak⁸ kiŋ¹ 喊 我们 去(打) 贼 京城 黎 委 批 耿 郝 Laez laeuz bae caek hak lai² lau² pai¹ cak⁸ hak⁸ 叫 我们 去(打) 贼 官府	
《译注》	2713-2714		茄 他 嗨 反 王 Giez de naeuz fanj vuengz kiə² te¹ nau² faːn³ vuəŋ² 地方 那 说 反 头人 傍 他 嗨 反 使 Biengz de naeuz fanj saeq piəŋ² te¹ nau² faːn³ łai⁵ 地方 那 说 反 土司 艮 官 务 不 告 Ngaenz guenh mu mbaeux gaeu ŋan² kuan⁶ mu¹ bau⁴ kau⁵ 银子 官 赋 不 交 艮 小 粮 不 工 Ngaenz siuj biengz mbaeux goengq ŋan² łiu³ piəŋ² bau⁴ koŋ⁵ 银子 缺少 粮 不 进贡 初 王 流 腾 京 Coh vuengz liuz daengz ging ço⁶ vuəŋ² liu² taŋ² kiŋ¹ 名字 王曹 传 到 京城 名 王 流 腾 廣 Mingz vuengz liuz daengz gvangq miŋ² vuəŋ² liu² taŋ² kwaːŋ⁵ 名字 王曹 传 到 广西 廣 西 梨 到 器 Gvangq sae leeng ma heuh kwaːŋ⁵ łai¹ leŋ¹ maː¹ heu⁶ 广 西 上 来 叫 器 王 批 耿 京 Heuh vuengz bae caek ging heu⁶ vuəŋ² pai¹ cak⁸ kiŋ¹ 叫 王曹 去 贼 京城	

续表

出处	页码	皇帝	京（城）	广东
《译注》	2984	那 你 那 皇 帝 Naz nix naz vuengz daeq na² ni¹ na² vueŋ² tai⁵ 水田 这 水田 皇 帝 塍 咟 宠 大 一 Daengz bak du daih it taŋ² pak⁷ tu¹ ta:i⁶ it⁷ 到 口 门 第 一 敌 他 敌 甫 茫 Baih de baih bux manz pa:i¹ te¹ pa:i¹ pu⁴ ma:n² 地方 那 地方 人 盆 傍 他 傍 甫 郝① Biengz de biengz bux hak piəŋ² te¹ piəŋ² pu⁴ ha:k⁷ 地方 那 地方 人 官人		
《译注》	3004	塘 皇 帝 将 岜 Daemz vuengz daeq ciengx gya tam² vueŋ² tai⁵ ciəŋ⁴ gya 塘 皇 帝 养 鱼 塘 王 曹 将 怪 Daemz vuengz cauz ciengx gvaiq tam² vueŋ² ca:u² ciəŋ⁴ kva:i⁵ 塘 王 曹 养 怪		
《译注》	3005	双 伏 多 樆 杆 Song fag doq lanz ganq ɬo:ŋ¹ fa:k⁸ to⁵ la:n² ka:n⁵ 两 边 制 栏 杆 散 固 塘 皇 帝 San haep daemz vuengz daeq ɬa:n¹ hap⁷ tam² vueŋ² tai⁵ 编(竹篱)筑 塘 皇 帝		
《译注》	3066	皇 帝 的 字 属 Vuengz daeq ruz sw ma vueŋ² tai⁵ ruz² ɬɯ¹ ma¹ 皇 帝 拿 书 来 干 歌 的 字 斗 Gaem ka ruz sw daeuj kam¹ ka¹ ruz² ɬɯ¹ tau³ 敢 卡 拿 书 来 字 斗 闾 楞 邙 Sw daeuj gaiq laeng inq ɬɯ¹ tau³ ka:i⁵ laŋ¹ in⁵ 书 来 我 们 珍情 信 斗 滕 大 红 Sinq daeuj daengz daih hoengz ɬin⁵ tau³ taŋ² ta:i⁶ hoŋ² 书信 来 到 天 井 皇 帝 色 欧 妚 Vuengz daeq yaek aeu bax vueŋ² tai⁵ jak⁷ au¹ pa³ 皇 帝 要 娶 妻		

注：（1）抄本多处提到"王""皇"，但几乎并不具体指代政权最高统治者。"皇帝""王帝""皇帝"则基本能从上下文断定指的是最高统治者，当然，"皇帝神农"这样的中定结构指向特定称谓的除外。另有"万岁"这样的称谓，但由于语义指向模糊而不纳入统计。还有很多

描述如"印百灵"等指的是皇帝赐予土司的印章，但这种从具体内容判断与皇权有关的描述实在太多，难以统计，只好排除在外。

（2）"京"在抄本中是一个特定称谓，基本指代"京城"（以"京"来记音的除外），此外还有少量"经"，从上下文判断能确定指的是"京城"。

（3）经文的"朝廷"也大多与"京城"有关，但为了减小工作难度，本文未把"朝廷"纳入统计。

（4）经文的"广"，在注释中有时候指广东，有时候指广西，本文只选取释义为"广东"的。经文提及的地名确定为广东的也纳入统计中。由于经文提及广东相对较少，临近广东的"梧州"的描述我们也纳入其中进行考察。

从图表的分类归纳中，我们可看到几个特点：

1. 皇帝代表了秩序、权威、尊贵和荣耀。"司皇帝"（皇帝的历书）是立天下之本，没有它就没有规矩和秩序；兄弟相争"印皇帝"（皇帝赐给土司的印章）以树立自己继承权、管辖权的正统性和唯一性；奏章上呈皇帝，是对公正性的最终诉求；"皇帝送书"（皇帝颁布诏书）意味着最高的仲裁；"那皇帝"（皇帝的水田）、"塘皇帝"（皇帝的水塘）和"山皇帝"（皇帝的晒台）是神圣不可侵犯的，"殃怪"降临这些地方，说明灾祸的最大化；"城皇帝"（皇帝的城墙）坚不可摧，"寿比城墙"是对人的美好祝福；受到皇帝邀请并与之共饮酒是莫大的荣耀；娶皇帝的女儿为妻或生下的孩子是皇帝的血脉，是无与伦比的尊贵等等。

2. 京城是最高统治所在地，同样代表了权威、富庶、尊贵和牢固。但同时它又不是神圣不可侵犯的，出现了多处打"贼京"（京城的军队）及围攻京城的描述。

3. 广东也是另一个权威所在，名声传遍广东也是相当大的荣耀。广东生产的物品质量好且具有某种威力。广州、雷州都是富庶之地，临近广东的梧州也是干栏高立、遍地金银。

我们知道，直到辛亥革命推翻帝制以前，中国历史上的"国家"基本上都是王朝国家。所谓的国家，不过就是一个个的王朝政治体系，国家以王朝的名义命名，政权掌握在以皇帝为代表的王朝手中。这样的王朝国家，当然不具有近代以来作为世界体系之基本单元的民族国家的特点。既然中国历史上占统治地位的国家形态是王朝国家，所以中国传统政治文化中的国家认同也是王朝认同。汉地的百姓把自己归属于某个王朝，效忠于某个皇帝，认为自己是某个王朝的百姓，是某个皇帝的子民。而某个王朝在历史的长河中都只是一个短暂的存在，并在不断更替，所以人们的王朝认同也在不断变化，追溯历史上多种多样的王朝认同，给人某种应接不暇之感觉。① 壮族社会的国家认同显然也是通过效忠皇帝来实现的，却并不指明具体哪个朝代、哪个皇帝。这说明壮族民众的认同体系和效忠对象，与核心区的中央集权、皇帝集所有权力于一身、全体臣民效忠"天子"的体系是不同的。边缘区的部落首领和民众既不熟悉也不接受核心区的中央集权的政治模式，"皇帝"是边缘区与核心区的连接点，也是壮族社会所能接受的最高权威。唐以来羁縻制和土司世袭制的推行，既确保了壮族首领的原有地位、利益和传统权威，也维持了壮族地区的稳定。被中央政府委以官职、并听命和服从中央政府的壮族首领阶层，产生了国家认同意识，进而影响到所辖的百姓。

随着汉族文化传播的逐渐深入，"皇权至尊"观念深入壮族人心。京城皇权所在地，是政治统治中心、军事指挥中心、经济管理中心、文化礼仪活动中心，是国家的"缩影"。壮族人民对都城的认知和想象，是皇权至尊思想文化传统的吸引力与都城文化魅力的一种融合，集中体现了对中原王朝的国家认同。在对皇帝和京城的想象中，壮族人民认为皇帝也有水田，也有晒台，也住"干栏"，这表明对中原王朝的想象不是被动的，而是具有主动改造的观念，带有农耕民族的浓厚特色，单纯而朴素。与之相映成趣的是，汉族民间对朝廷特别是皇家的生活也有同样受限于自身的鲜明想象，例如山东吕剧（下陈州）里有"东宫娘娘烙大饼，西宫娘娘卷大葱"的唱词，还有"皇帝用金锄头耕地，用金碗盛炒豆子"的段子等等。不同的是，壮族在强慕汉风的同时，又有对中原王朝统治弊端的反抗。打京城兵勇、围攻京城等描述就是最集中的体现。抄本中并没有对皇权压迫统治罪恶的控诉，但有多处"不交纳贡"的描写。汉族民间虽然也对皇帝神圣以及皇帝的道德品格产生质疑，对其不受约束的暴虐权力也有不满，但仍依据传统的道义观念、家天下思想及礼制、孝道精神，找出功臣、清官、皇亲，赋予他们监督制约皇帝的合法权力。这些能管皇帝的大人物，大多以先王或太后御封的形式获得统治者的合法性认可，所以并不是作为皇权的反对者、对立面出现，是一种地道的监督制约权力。② 壮族社会对中原朝廷的反抗显然更直接，这固然与封建统治的弊端有关，同时也与土司势力独大一方与朝廷对抗是分不开的。土司制度毕竟是相对独立于皇权直接管理体系之外的一套治理结构，具有相对的独立性，常与中央王朝处于一种博弈的状态当中。土司对朝廷的认同不仅与朝廷和土

---

① 周平：《论中国的国家认同建设》，《学术探索》2009年第6期。
② 赵震野：《历史演义戏曲中的皇权约束想象》，《邢台学院学报》2007年第4期。

司之间的政治同盟、利益互惠有关，还与朝廷对土司的强大政治军事威慑和文化影响有关。中央政府的力量足够强大并能有效遏制土司的独立性时，边疆土司才能够忠顺朝廷，忠于职守，一心向化。但明代以来中央王朝对壮族地区过于频繁而沉重的兵役徭役激起了壮族社会的不满。明代是广西壮族地区爆发反抗斗争最为激烈、次数最多、最为频繁的一个朝代，同时也是壮族民族认同及其聚合力空前增强的时代。① 每一次起义斗争，最后都被朝廷调遣的官军所镇压，以失败告终。这一历史情境不可避免会在麽经里有所反映。对皇权既尊崇又反抗是这一时期壮族社会共同心理的产物，一种集体意志的表露倾诉。

经济方面，中央政府通过修筑栈道、移民戍边等政策打破了边疆民族地区的封闭状态。尤其是明代，随着卫所屯田的开展，大量汉族移民通过军事、民屯、商屯、流寓等形式进入广西，改变了广西的人口结构。清代由于多次海禁，广东沿海汉族移民沿西江溯流而上大规模迁入，促进了广东与壮族地区在经济上的联系。麽经抄本有多处提到"客"来自海边、来本地不幸染恶疾身亡、灵魂要引渡领到海边这样的细节，正是对沿海移民内迁的反映。麽经还提到"广州""雷州""梧州"都是好地方，富庶而不愁吃穿，广东出产的罐子作为法器具有特殊法力，正是广东经济巨大的影响力的折射。商品经济的发展把广东和广西密切连接起来，这对巩固和强化壮族社会对王朝国家的认同也起到了不容忽视的作用。

三、结语

我们上述分析的侧重点不是从麽经抄本中萃取"史实"，而是力求将这些文献记载视为一种社会记忆，从中尝试体认叙述、书写者的情感、意图及其所处社会的认同情境。麽经布洛陀抄本所"陈述的"并非历史事实，但其"流露的"却是族群对等合作、区分与彼此对抗的生态。麽经布洛陀抄本产生的明清时期，是桂西壮族传统社会发生转型的关键时期。明中叶后，壮族地区政体发生了大转折，中央王朝加强了对土司的控制，形成了土、流并存的格局。土司政权对中央王朝既归附又游离，既寻求支持又不时反抗，在博弈过程中壮族社会的国家认同意识逐渐清晰。也就是说，古典意义上少数民族的国家认同始终是与对君主和王朝的认同联系在一起的。清雍正年间，大规模的改土归流实施，至此，壮族地区在总

---

① 覃彩銮：《壮族的国家认同与边疆稳定》，《广西民族研究》2010年第4期。

体上被纳入了国家统一的行政制度之内，广大壮族群众脱离了对土司的人身依附，解放了生产力，加快了壮族地区经济的发展。在统一的政治制度下，增进了各民族间的经济交往和文化交流，促进了民族融合，进一步增强了壮族的国家意识和国家认同。[①] 明清时期桂西商品经济也开始得到发展，对外交往日益增多。依托西江水系，广东与桂西的经济往来日益加深，广东富庶的观念深入壮族民众人心。隐藏在麽经宗教语言背后的"当代情境"曲折反映了这个转型时代，桂西壮族的政治经济面貌和地域文化特征。

我们在经书抄本里没看到在抵抗外族侵略中形成的国家认同，也就是说，麽经布洛陀的国家认同意识，更多属于国内层面的国家认同、含有文化认同成分的国家认同，经济联系所赋予的国家认同成分刚刚出现却未能进一步发展壮大。

在现代意义上，国家是在超越以文化、民族、宗教等原生性纽带联结的局限性基础之上，通过领土、中央权威和政治法律规范的统一等次生性政治联结纽带，实现了包容众多族类共同体的历史建构。而在前现代中国内部生成的凝聚力，却发挥着类似现代民族主义的"中国认同"。早在民族国家或国民国家、近现代主权国家的理论传入中国之前，桂西壮族已经在积极参与构建多民族国家。国家认同的形成历程实际上也是中央王朝对壮族社会不断整合的过程，二者相辅相成，互为因果。中国的王朝国家随着清朝的灭亡而终结，构建民族国家的进程继之而起。从效忠皇帝转向效忠民族国家，需要稳定的"国家认同"，而这一衔接与转换，离不开之前形成的认同基础。

〔何思源：中央民族大学语言研究院讲师、语言学博士〕

---

① 覃彩銮：《壮族的国家认同与边疆稳定》，《广西民族研究》2010年第4期。

《布洛陀经诗》与泗城巫调所请诸神的比较

黄家信

牟钟鉴认为"壮族布洛陀信仰属于原生型巫教,可称为原生型民族民间宗教"①,笔者认为此论甚当。他指导时国轻撰写的博士学位论文《广西壮族民族民间信仰的恢复和重建——以田阳县布洛陀信仰研究为例》,从宗教学理论上推动了人们对珠江流域人文始祖、壮族始祖神布洛陀的研究。壮族布洛陀信仰与巫教有千丝万缕的联系,上古时期布洛陀信仰属于原始巫教信仰范畴。后来,随着人们社会等级和阶级的分化,巫觋分离,传承原来巫角色的大抵由女性充当,偶尔也会有男性承继(如泗城巫调就有较多的男性);觋则沿着制度化准宗教、宗教的方向发展,并且主要由男性充当,壮族对这类男觋称为布麽或麽公。随着文化的日积月累,布麽逐渐掌握经书和古壮字,慢慢地构建属于自己民族民间传统的麽教体系,他们的主要职能由从事占卜,开始转变为负责超度死者亡灵和主持丧葬法事,在举办活动的时候,布麽不再邀请神灵附体,主要依赖经书和特定的符咒解决实际问题。女巫(包括部分男觋)继承上古巫教传统,保持阴传,邀请神灵附体,继续以占卜、问卜、驱鬼、招魂、治病等方式,为人间释疑解惑,但不参与布麽的任何超度法事。麽管超度,巫管占卜,二者分工,互不干涉,偶尔交集,主要是当女巫解决不了大问题,往往由法力更高的布麽"终极处理"。

在壮族民间社会里,女巫主事通神和问卜,壮语称"娅禁";男巫壮语叫"卜禁"或"禁特"(意为"公巫")。② 男、女巫可通称为"禁"或"卜禁"。一般人们认

---

① 牟钟鉴:《从宗教学看壮族布洛陀信仰》,《广西民族研究》2005 年第 2 期。
② 黄桂秋:《壮族民间麽教与布洛陀文化》,《广西民族研究》2003 年第 3 期。

为，壮族地区后来出现的布麽，就是由男巫（觋）发展演变而来，他们除了继承原来的卜卦能力，还通过法事为人们驱邪赶鬼、禳解灾厄，完成从原始巫教向民族民间宗教的转变。

巫教的请神仪式，一般都会有特定的程序，大致可以分为必要准备、恭请诸神、人神交流和送走诸神几个阶段。请神是开坛办事的重要环节，也反映了巫师所供奉的神灵体系及其信仰特点。

张声震主编《布洛陀经诗译注》①"序歌（二）"里，布麽请来诸神如下：阴间的、主家的、庭院的土地神，渡口的大肚神、洗干鱼的神、管大鱼的神，俯卧肚子朝下的神、仰卧肚子朝上的神，能捅破铁肚子的神、能挖破铜肚子的神、卖鱼的神、破铁签的神、深埋木桩的神、插硬木桩的神、立柱的神、刮痧的神、三朝婆神、始祖神、先祖神、姓韦的神、勒茅草的神、张鱼网的神、招魂的神，"去请三十二种神，去请七十二种社神"，堕胎的人、尸首浮到渡口的女神，通天大王、莫一大王、老师公、老巫婆，管山中清泉的神、尝清泉的神、火边神、吃无花果当饭的神、吃麻根当餐的神、没有子女的神、不做农活的神、头发蓬乱的神、披头散发的神、卖锄头的神、造手镯的神、染布的神、上门入赘的神、早产的女神、带身孕进森林的女神、带身孕进岩洞的女神、向暖如火的女神、正直好心的神、难产的女神、丧偶的孤独神、戴孝在身的神、造秤的神、管水槽的神、半夜打更的神、捏制扁坛的神、雕画瓷坛的神、破绵竹做篱笆的神、打铁钉的神、赶街的神、挑担的神、拉风箱的神、上坛孝敬祖宗的神、杀牛啃骨头的神、宰牛吃肠的神，"天下的神全请齐，千家百姓都请完"，最后请出布洛陀和麽渌甲，他们是"神仙和圣王"。

黄兰芬、唐远明编著《凌云泗城壮族巫调》第三章第一节"二、发帖请白·发帖请诸神"②，女巫所请诸神如下：土地神，仙鹤，三皇、二皇，太上老君，中府、高官、周弓、更丧、马闷、学官、敢花、学西、补省祖师、道师官、议呆老、官员、医神、昌圩、昌糖、盘古、祖公龙川、虽按、寸花、冷朵冷倒，合南大官、旧州高官，观音，十八奶娘，河神洪又、府怨、伦哥伦累，祖师那丧、那况可弄、补钟、永乐四爷、虽他端，贵州祖神、中度哥、散斋神，三清神，散宝神、大官神农、洪文昌、东兰、蛮逻沙、弄树官、六哄神府、囊摁妹妹、囊议

---

① 张声震：《布洛陀经诗译注》，广西人民出版社，1991年，第46—70页。
② 黄兰芬、唐远明：《凌云泗城壮族巫调》，广西民族出版社，2009年，第152—189页。

妹妹、四公、拉岁，诺丈、冷雾、捧钉、虽花浩、冷露叔、勒闷、云台山、洪钉倒、虽相历、要了、虽历，合番医神、可卜可旁、破散交、虽拉庙，补天官、补省官，诗贵诗线等，"请到三十六府居，请到七十二高官"。里面夹杂有太上老君、盘古、观音等外来神，更多的是与当地有关的、原泗城岑氏土司管辖或影响范围有关的地方神，比如几个与"虽"有关的社神。"虽"是壮语对"官"的称呼，"虽花浩"就是"白裤官"，在凌云县城附近的啸天龙岩洞，里面埋葬有明末土官岑云汉夫妇。所列的72个巫名，既是72个神府，也是72个社神。即使不完全都是社神，可以肯定，绝大多数应该都是当地的社神，否则无法理解这么多的地名，以及与这些地名相对应的"七十二高官"，即72个神灵。

2011年7月16日下午，笔者带四名广西民族大学民族学本科实习生，到凌云县朝里瑶族乡九联村那荷屯录制岑美凤自己升坛做巫的仪式，她唱了大约19分钟。以下是她用壮话唱的巫调前半部分，笔者自己翻译：

开始了，今年几样几好
不听到外面
到人间咯
洗手拿花巾
右手拿抹手干净

（拿起手帕、折扇）
请三十万兵马罗
请七十二边的人
去不停不断
请到九十九万八的皇兵
岑老师，点兵马我们去
点皇兵来对
骡跟骡齐走
马跟马齐行
不让一只掉路旁
不让一只掉半坡
点完点齐

师可去新请
请到七十二堂官
请到八十二只当儿郎
新官穿着新帽丝帽
穿红帽等官
来到安旧州弄府他办案
到安旧州弄府办事
人间有事多
子孙有事问
请到玉皇官
请到包公官
请到休闲官
请到七仙女
请到始师母
请到以前官
请到关核王
请到管果王（指生育）
（手帕擦脸）
请到观音母
请到地理师
请到恭喜他
请他们来到
骑马快来到
去请别的人
三人三上气
四人四上力
来跟官办事
请到啊
请到齐
（讲瑶［布努瑶］话）
请人间老师始

请到红山官

请到官施他

请到百色官

请到南宁官

请到贵州人

请到桂林官

请到东兰、凤山官

请到悬崖、悬挂官

请官三年脸不洗

请官四年不梳头

请到官火铺三个角不转

请到完到齐

大家骑马快来
老师请新地
老师请我地

（讲瑶［布努瑶］话）

请到敢花官

请到造敢花（水源洞姑娘）

请到中桥岑大将军

请到云台山

来跟新官坐坛

来跟师坐案

新师不会就学

老师我们有事才叫

一齐快快来

瞬时来到老师

我们一起办事

上边我请全

下边我请齐

不剩下那一方
请到土地官
请到寨主官
注你哩寨主
开闸给大家
开门给官来
提门给官过
让官过得去
老师去办事
高官坐在前
低官坐在右
我们一起休息
有钱我们买饼
有钱我们买糖
我们一起休息

休息地方好
抽烟后再走
到我家门口

奈（感谢）门口案桌
奈百核案桌
奈高桌祖宗（作揖）
奈外面祖宗
新官来到家
新官步行坐坛
求你咧，祖宗（作揖）
皇帝兵留在前
兵马快快留
老师要办事
一起来休息

大家坐大、高凳

　　给子孙讨（问）事

　　请问：侄有何事要问新官

　　讲给我听听

　　老师请师了

　　老师请师齐

在开坛仪式阶段，布洛陀经诗和泗城壮族巫调首先都要邀请土地神，进而邀请72种社神，虽然名称不同，地域色彩明显，然而许多内容应该有相似性。

首先，要请的土地神有细微区别。布洛陀经诗要请阴间的、主家的、庭院的土地神，从名称上看，这三个土地神各自司职的范围大小不等，最大的是司职阴间的，司职主家的可能处于中等，司职庭院的应该最小。在泗城壮族巫调中，只笼统地称为土地神，没有更细的划分，也许是要跟后面邀请的72府神（土地神）明显区别，或者是为了方便女巫到任一地方"做禁"，以指该地方的土地神。

其次，要请的一些神可能是土司神。布洛陀经诗要请的一些神，比如住在河池九圩那沙大庙的莫一大王，姓韦的神。泗城巫调中，虽他端、东兰、六哄神府、虽花浩、虽历，可能就是泗城土司或与土司有关的神。"六哄"属于现在的泗城镇蒙作村，壮族称"保六哄"（六哄爷），这里埋葬岑兆祯。兆祯是岑云汉的长子，生长在明朝末年。据泗城民间相传，兆祯被官府征调到外地执行军务，返回泗城的时候，刚回到朝阳关（今镇洪），突然看到路上有一碗水，上面摆放三把尖刀，觉得事情蹊跷，但回家心切，并未放在心上，一段时间之后，竟然被妻子毒死。因为他含冤致死，当地人民同情他的遭遇，奉他为神。"虽历"就是"利州官"，利州岑氏与泗城岑氏同宗，明初被泗城兼并，土官及其族人被屠，人们同情利州土官，也奉他为神。

布洛陀经诗和泗城壮族巫调，为何要请出那么多的社神？

改土归流之前，壮族地区秦汉以前自主发展，秦汉大一统之后大多数地方"以其故俗治"，先后实行羁縻制度、土司制度，人民不立神庙，不崇神佛。比如，清康熙时期西隆州"土人不立庙，不崇神，惟知祭鬼信巫而已"[1]。改土归流之后，大约到了清代中期，在府、州、县、巡检司等各级管辖区的治所，地方官

---

[1] 王誉命：《西隆州志书·祀典》，广西壮族自治区第二图书馆藏本，康熙十二年版。

员逐渐引入汉族地区各种各样的坛庙，以树立国家正统形象。作为府、县治所的泗城，先后建立了社稷坛、先农坛，云雨、风雷、山川、城隍坛，厉坛、真武庙、城隍庙、关帝庙等。到民国时期，还有文庙、武庙、关岳庙、火神庙、文昌庙、府城隍庙、县城隍庙、玄坛庙、三元宫、神农庙、北帝庙、三界庙、龙神庙、雷祖庙、李真人庙、魁星楼、文昌阁、将军庙、三清庙、迎晖寺、云台寺、崙山寺、岑襄勤专祠、昭忠祠等。① 后来，历经中华民国、中华人民共和国初期的多次政治运动，这些坛庙几乎全被捣毁，很少还能保留。泗城坛庙发展的历程和遭遇，也是壮族地区各区域行政中心的普遍现象，大同小异。

至于壮族地区广大的农村，与区域中心林林总总的坛庙分布有所不同，几乎没有太多的坛庙。人们接触最多的，应该是寨寨都有的后龙山和社神，这是他们能看见、能祭祀的区域禁忌地，也只有这些地方的神灵，才有可能长期地、连续地进入他们日常生活。而能够成为各地社神的，往往是当地最早的入住者和开拓者，主要还是区域的英雄祖先。正因如此，壮族地区各村各寨的土地神是不一样的，神灵的头衔、职衔也不相同。以桂西北分布最多的岑大将军庙（社）为例，有岑王、岑侯、岑三爷、岑怀远、岑大、岑二、岑三、岑大将军等等诸多牌位。有的有历史根据，有的完全是当地群众的主观想象，自己创造自己的信仰对象。

布洛陀经诗和泗城壮族巫调，反映的是壮族地区巫教执仪者布麼和女巫的神灵世界，自然而然地与壮族地区历史上经历的"众建土司"等格式化管理相一致，管理区碎片化，神灵世界也是碎片化，一个土司管辖区域对应一个神灵，甚至对应多个神灵。但是，土司时代之前，他们的神灵世界如何建构，人们已经无法知晓，更不可能还原。

壮族的麼教与巫教同源异流，这一点在布洛陀经诗和泗城壮族巫调都有所反映。首先，所请神灵体系非常相近，所请主神都是土地神，这是同源的结果。其次，他们所请的土地神大小不同，麼教布洛陀经诗所请土地神体系更为庞大，所请诸神大多数是现实生活中的人，或者说是现实生活中人们的"样子"折射到了信仰世界，而巫调体现出较多的图腾崇拜因子，渗入较多的区域变迁的历史，特别是作为英雄祖先的土司著名人物的历史。

〔黄家信：广西民族大学民族学与社会学学院教授、广西壮学学会副会长〕

---

① 罗增麒：《广西凌云县县志》，黄国庆重抄本，1981年，第420—427页。

麽经布洛陀"全息"记载壮族
社会历史文化变迁及管理思想道德观念

韦玖灵

壮族是中国少数民族中人口最多的一个民族,在数千年与自然和社会的斗争中,战胜各种艰难险阻而生存、发展,创造了丰富多彩的物质文明和辉煌灿烂的精神文明。《麽经布洛陀》博大精深,内容丰富。它不仅在宗教语言背后实际上"全息"记载了壮族的社会历史文化变迁,还包含丰富的管理思想与道德观念。

一、《麽经布洛陀》在宗教语言背后"全息"记载壮族社会历史文化变迁

某个民族的思想观念产生之初,总是零星的、琐碎的,它散见于神话传统之中。随着社会的不断发展,人类思维能力的逐步提高,人们总是力图把零散的思想观念加以整理、加工、提炼、升华,使之趋于系统、完整。

十几年前整理出版的《壮族麽经布洛陀影印译注》(一至八卷,广西人民出版社,2004年,以下简称《麽经布洛陀》),是对广西右江流域、红水河中上游以及云南文山州壮族地区搜集到的39本麽教经书进行精选汇集而成的,比较系统地反映了先秦时期壮族先民的思想观念。可以说,《麽经布洛陀》是这一时期壮族先民初步萌芽的思想观念的集大成者。

《麽经布洛陀》为我们从土著视角探讨壮族思想提供了丰富的原始素材。

台湾地区学者王明珂结合社会记忆理论和族群认同理论,在探索"华夏"及"羌族"认同的本质及其形成过程的历史人类学研究中,强调"历史记忆"研究,

主张以"记忆"观点来看待史料，发掘隐藏在文字背后的"当代史实"[①]。他指出，作为一种研究方法，"历史记忆"在史学研究中的应用，不是要解构我们既有的历史知识，而是以一种新的态度来对待史料——将史料作为一种社会记忆遗存。然后由史料分析，我们重新建构对"史实"的了解。我们由此所获知的史实，不只是那些史料表面所陈述的人物与事件；更重要的是从史料文本的选择、描述与建构中，探索其背后所隐藏的当代情境[②]。

把麽经视为一个文本，用"历史记忆"理论来分析，不难发现，在宗教语言背后实际上"全息"记载了壮族的社会历史文化变迁。一方面，根据王明珂的看法，"历史记忆"中较为重要的一部分，便是此"历史"的起始部分，也就是群体的共同"起源历史"，它们以神话、传说或被视为学术的"历史"与"考古"论述等形式流传。麽经号称壮族的史诗，包含了以布洛陀为创世主的各种神话故事和以他为始祖的壮族"根基历史"，构成了壮族共同的"祖源记忆"，这是壮族认同的基础。从这个意义上说，麽经首次向世人展示了壮族古代先民心目中的精神偶像布洛陀，作为创世神、祖先神、宗教神的神格面貌及其演化过程，"从总体上和本质上看，可视为壮族原生态文化的百科全书，是一项极其珍贵的文化遗产"[③]。

另一方面，王明珂认为，把一篇历史文献述说的许多"过去"，将之视为一种"社会记忆或历史记忆"，我们所要了解的主要是留下这记忆的"当代情境"。由多元资料间产生的"异例"即一些相异的、矛盾的或反常的现象，我们可以了解一个时代社会"情境"的复杂结构，以及一个"当代情境"与另一个"当代情境"间的延续与变迁。从表面上看，麽经使用的是超然的宗教语言，强调的是人神相通的祈求，但如同其他所有的文化创造一样，"民间信仰任何内容和意义的转换，都有其社会生活变迁的现实基础，宗教语言反映的常常是现实的地域支配关系的种种诉求"[④]。麽经讲述的是"过去"的神话故事，那些故事并非就是真实的"历史活化石"，这不是我们关注的问题。我们视其为麽经产生时代的一种社会记忆遗存，并以此来重新建构我们对壮族社会"史实"的了解。我们由此所获知的史实，不只是那些麽经表面所陈述的神话人物与神话故事，更重要的是通过

---

① 王明珂：《华夏边缘——历史记忆与族群认同》，（台北）允晨出版公司，1997年。
② 王明珂：《历史事实、历史记忆与历史心性》，《历史研究》2001年第5期。
③ 张声震：《布洛陀经诗译注》，广西人民出版社，1991年。
④ 郑振满、陈春声：《国家意识与民间文化的传承》，《开放时代》2001年第10期。

对史料文本的解读，来了解其背后所隐藏的当代情境。

早在90多年前，古史辨派的领军人物顾颉刚对孟姜女故事的研究已经树立了一个范例。他的精辟分析让我们看到，每个时代都有不同的"孟姜女"故事，后来的孟姜女哭长城、秦始皇暴政等等情节是后来者一步步叠加在最原始的信息上面。一个事情就是通过流传，不管是在口头上还是在文献上一层层地加上了很多后人的一些和当时的情境结合起来的人为的东西。如果我们想找到一个"真实"，就要一层层地剥离历代黏附在上面的东西。但同时更为重要的是，他也指出，传说本身也是一个历史的过程。这个一层层叠加、黏附的过程本身也非常值得重视。顾颉刚的这种方法已经为我们提供了一个范例。① 这一理论使他在"正史"之外，把歌谣、方言、谚语、谜语、唱本、风俗和宗教等均视为史料的积淀而加以利用，从而扩大了史料的范围。② 麽经从巫术咒语式的口头传承，到形成韵文体口头承传，再到用文字形式抄录的经典流传，经历了漫长的历史发展过程。依据古史辨派的"层累"假说，我们可以把麽经视为史料的积淀，在口头传承年代，不断有后人结合当代情境，一层层添加了许多新的内容。这样，通过研究麽经的成书年代，我们就清楚叠加在最上面的那层信息所反映的"当代情境"。

有关布洛陀的神话故事在壮族民间流传甚广，在长期的口头传承过程中被人们加工改造，因而不断发生变化。在口碑传承年代，神话故事随着时间和空间的变化而产生变异，这是常见的历史现象。即使这样，神话传说的演变，神话故事流传扩大了新地域，就会把该地的事迹加添到故事中去，因此渲染本地之色彩及本时代之色彩于异时异地之中，所以故事的主人公虽变，但反映当地事物却仍极真实。③ 神话故事一旦转化成神圣的宗教典籍，其内容就不会随意改变，一般会相对稳定。美国学者魏捷兹比较了从广西壮族两个不同方言区大化和靖西所收集到的民间道教科仪文本，结果发现道教科仪文本在壮族的南北不同方言区产生差异，但在壮族的同一方言区域保持一致性。④ 这一研究成果说明民间宗教文本，在传抄和流传过程中，一般不会被随意篡改和删减，因而具有较高的历史价值。因此，我们认为，麽经在什么年代编纂成书，就必然反映那个年代的社会面貌

---

① 《顾颉刚古史论文集》，中华书局，1988年，第38页。
② 赵世瑜：《传说·历史·历史记忆——从20世纪的新史学到后现代史学》，《中国社会科学》2003年第2期。
③ 李亦园：《宗教与神话》，广西师范大学出版社，2004年，第237页。
④ 袁少芬：《汉族地域文化研究》，广西人民出版社，1999年，第405页。

和时代特征。对于这个问题，没有引起壮学学界的重视，也没有人进行过专题研究，需要进一步加以探讨。

由于现存的麽经手抄本没有记载编写时间，我们对麽经的成书年代不得而知，壮学学者对此语焉不详。因此，要了解其背后的"当代情境"，首先要研究麽经文本产生的年代。

可以肯定，《麽经布洛陀》并非一时一地一人的作品，它本身就是一个从口头传承到不断加工、书写、编纂、汇集和逐渐定型的过程。《麽经布洛陀》的《序文》认为："《布洛陀经诗》产生和流传年代已经久远。从它的内容分析，它可能起源于母系氏族社会向父系氏族社会转变的时代，尚带有母系氏族社会的痕迹，随后又经历了奴隶社会、封建社会，一直延传到今天。"① 同书的《代序》指出："《麽经布洛陀》明显是阶级社会出现后的产物，但它离远古时代未远，所以有很多对古代事物的回忆。"② 《麽经布洛陀》的《前言》则说："其产生的源头，可以追溯到壮族远古原始社会巫术盛行的时代，大约从汉代起，一直到宋代。"③ 由此可知，壮学界只注意到口头传承的麽经产生于远古时期，这是没有疑义的，因为几乎所有的神话传说都诞生于那个人类的"童年时代"。问题是，他们忽略了这样一个更有意义的问题，那就是，用古壮字书写的麽经文本产生于什么年代。

在已经出版的两个麽经版本中，《布洛陀经诗译注》是 20 世纪 80 年代以来，在广西西部收集到的 22 个布洛陀麽经手抄本，经过专家精选、整理翻译，汇集成 120 万字的经诗出版，初步展示了桂西壮族民间宗教经典的风貌。遗憾的是，《布洛陀经诗译注》是节选本，而且没有标明原手抄本记载的抄写时间。最近，广西民族古籍整理办公室把自 20 世纪 80 年代以来从右江流域、红水河中上游、桂西边陲及云南文山州壮族地区搜集到的民间布麽用古壮字手抄、历代传承的麽教经书 39 本，精选出 29 种，重新整理翻译，影印成八卷本 500 多万字的《麽经布洛陀》出版，比《布洛陀经诗译注》更完整地展示了壮族麽经的全貌，为壮学研究提供了丰富的基础性资料。④ 由于该书对原手抄本采取影印方式，使我们可以看到原抄者及抄书时间，这对我们的研究很有意义。据统计，《麽经布洛陀》收入的 29 种麽经手抄本，"抄写年代最早的是清嘉庆十八年（1814 年），最晚的

---

① 张声震：《布洛陀经诗译注·序言》，广西人民出版社，1991 年，第 11 页。
② 张声震：《布洛陀经诗译注·序言》，广西人民出版社，1991 年，第 34 页。
③ 张声震：《壮族麽经布洛陀影印译注·前言》，广西民族出版社，2004 年，第 48 页。
④ 覃乃昌：《布洛陀文化体系述论》，《广西民族研究》2003 年第 3 期。

有20世纪80年代重抄的"①。据李小文教授考证,《麽经布洛陀》注明有抄写者或收藏者并且抄写年代较早的几种手抄本排列如下②:

《狼麽再冤》(百色本):据说该抄本原抄者为邓道祥,是从邓道宣本转抄,邓道宣本标明年代是嘉庆十八年(1814年)八月初四抄完。③

《本麽叭》(百色本):原抄者为邓道祥,而邓道祥本是从邓道宝本转抄,而邓道宝本抄于清嘉庆十八年(1814年)八月初四。④

《麽破塘》(百色本):经文末记有"光绪七辛巳年(1881年)九完笔,韦善经手笔。"⑤

《麽使虫郎甲科》(田阳本):陆道玉于光绪二十一乙未年(1896年)仲夏五月上浣初三日抄⑥。

《麽请布洛陀》(巴马本):该抄本未注明抄写年时间。据原收藏人布麽李正业1986年称,他是该抄本的第七代传人。按30年一代推算,该抄本的时间应在两百年以前,即大约在乾隆年间。⑦

《汉皇一科》(巴马本):该本封面写有罗玄真,没有注明年代。罗玄真是原收藏人罗子祥(1986年)的五代世祖,按30年一代推算,该抄本已有150年历史了,即大约在道光年间。⑧

从上述收藏者的自述和手抄本记载的抄写时间来分析,迄今为止收集到的麽经手抄本,最早的两个版本在嘉庆十八年(1814年)。由此我们明确了一点,就是麽经编纂成书的年代,下限当在清中叶的嘉庆以前,这是在麽经文本中有明确记载的。据收藏者介绍的时间推算,还可能更早一些,大约在清前期的康熙、乾隆年间。至于上限在什么时间,因为麽经本身没有明确记载,尚需进一步分析。

从古壮字(俗称土俗字)的产生和运用来看,"古壮字作为书面语的出现和应用,则是兴于唐宋而盛于明清时期"⑨。宋元时期,汉籍中开始有这方面的记载。

---

① 黄桂秋:《壮族民间麽教与布洛陀文化》,《广西民族研究》2003年第3期。
② 李小文:《壮族麽经布洛陀文本产生的年代及其"当代情境"》,《中央民族大学学报》2005年第6期。
③ 张声震:《壮族麽经布洛陀影印译注》,广西民族出版社,2004年,第1290页。
④ 张声震:《壮族麽经布洛陀影印译注》,广西民族出版社,2004年,第1110页。
⑤ 张声震:《壮族麽经布洛陀影印译注》,广西民族出版社,2004年,第2941页。
⑥ 张声震:《壮族麽经布洛陀影印译注》,广西民族出版社,2004年,第784页。
⑦ 张声震:《壮族麽经布洛陀影印译注》,广西民族出版社,2004年,第2页。
⑧ 张声震:《壮族麽经布洛陀影印译注》,广西民族出版社,2004年,第2383页。
⑨ 潘其旭:《壮族麽经布洛陀的文化价值》,《广西民族研究》2003年第4期。

宋范成大记载："边远俗陋，牒诉券约专用土俗书，桂林诸邑皆然……予阅讼牒二年，习见之。"① 说明宋代汉文化较早传入的桂林地区，使用土俗字已经不是个别现象。但是，当时地处偏僻闭塞的桂西地区，尚未发现土俗字被民间使用的证据。古壮字"到了宋元明七八百年中间才在广西壮人中间逐渐通行"②。清初，政府曾经在左右江壮族地区专门收罗这种方块壮字，收入《太平府夷语通译》，说明此时桂西已经使用古壮字。陆祚蕃是康熙朝进士，其督学广西时详细记录了桂西青年使用土字来记录山歌、题词赠人的生动情景："獞人生于深山穷谷，异言殊服，其歌字皆土音韵，则天籁译而通其意，殆亦工于为词者……男馈女以扁担一条，镌歌数首，字仅如绳头，间以金彩作花卉于上，沐以漆，盖其俗女子力作所必须也……狼之为歌，五言八句，唱时叠作十二句，多用古韵，平仄互压，或隔越跳叶，曲折婉转，喃喃呢呢，间有一二佳语，颇类六朝情艳，但其中土字土语，十常八九，不译而翻之不能晓也。"③ 这个材料说明迟至康熙年间桂西壮族地区古壮字已经流行开来，被用来编写、记录山歌。这就意味着，它同样有可能被用来记载、编纂麽经，也就是说，用古壮字书写的麽经文本，一般会在这种文字在当地出现、使用的年代同时产生和流传开来。

从麽经记载的内容来分析，诗经中多处同时谈到皇帝、流官和土司，以及他们统治的地域。例如，在《造土官皇帝篇》就有这样的记载："造出土司管天下，造出皇帝管国家，统管一万二千个山谷国，治理十七处地方，全天下听从他管理，众人全听他作主，造了官又造府，建了州又建县。"④ 众所周知，土、流并存的双重体制是明中叶以后，由于开始在部分土司统治的地区实行改土归流才出现的，到雍正年间大规模的改土归流宣告完成，至此土司势力已经名存实亡。这个材料反映了土、流并存的时代背景，说明麽经文本只能在此间或其后产生。

麽经还记载了一个在牛圩买牛的神话故事。《赎水牛魂黄牛魂和马魂经》记载："哪里有牛卖，哪里有牛圩，贩子回答道，商人回答说，郎中有牛卖，郎寨有牛圩。清早天蒙蒙亮，王父子煮热饭，父亲媳妇煮早饭，王带钱放在身上，王带银放进口袋。去到郎寨圩，去到郎中那地方，郎中有牛卖，郎寨有牛圩。买一头 17 个月龄的母牛，买一头 18 个月龄的公牛，用天秤来称，拿龙头来套，得了

---

① （宋）范成大：《桂海虞衡志》。
② 韦庆隐：《广西壮族的方块文字》，《中国语文》1953 年第 1 期。
③ （清）陆祚蕃：《粤西偶记》一卷，北京师范大学图书馆藏，清康熙刻说铃本。
④ 张声震：《布洛陀经诗译注》，广西人民出版社，1991 年，第 188—189 页。

牛地达牵回来，牵着牛地达走回来。拿来养做种，拿来留做本。"① 这个故事所记载的圩镇、牛市、买卖，与明清史料记载相符。明后期以后的地方文献记载，桂西的百色城"市肆喧闹，舟载马驮，百货云集"②。横州每当圩市集期，"荷担贸易；百货塞途"③。康熙年间，宾州"猿妇独美，尝绣衣骑牛入市贸易"④。宁明州"在道光以前，牛墟之设，一距城三十里，属土恩州地，名旧牛墟。一距城十八里，近明江，名新牛墟"⑤。由此可知，麽经反映了明中后期以来，尤其是清前期壮族地区商品经济的活跃和圩镇市场开始发育形成的历史，这是麽经产生于这个时期的又一个证据。

值得一提的是，麽经记载有玉米和红薯这两个中后期从外来引进的新物种。《赎谷魂经》记载："有一粒播在脚坎，它变成玉米。"⑥《唱罕王》则记载："罕王去造薯，祖王去吃根。"⑦ 番薯和玉米都是原产于热带美洲的粮食作物，一般认为传入我国的时间，大约在明中期的正德嘉靖之际⑧。广西的番薯大约是在明末传入，至清中叶普遍种植。玉米出现比番薯略早，广西在嘉靖十年已见玉米⑨。乾隆时，广西西部地区的镇安府"汉土各属皆种之"⑩。麽经文本的产生应在玉米、红薯等外来农作物引进之后，也就是在明代嘉靖以后。

据此推算麽经文本产生的时间上限在明末，其中一个重要的旁证，是其他用古壮字书写的古文献，都在此后才出现，而且几乎产生于明清之际。

综上所述，麽经成书的年代，当在明代晚期至清前期这一段时间。考虑到一些证据比如麽经记载的红薯引入桂西的时间大约在明末，而有的麽经手抄本据收藏者自述可以追溯到清初的康乾年间，因此，麽经文本的产生年代很有可能具体到明末清初这一时段。

可以想见，在历代壮族人民的心目中，《麽经布洛陀》就是一部历史教材和

---

① 张声震：《布洛陀经诗译注》，广西人民出版社，1991年，第340—344页。
② （清）华本松：《百色厅志》卷三，光绪十七年增刻本。
③ （明）王济：《君子堂日询手镜》。
④ （清）陆祚蕃：《粤西偶记》一卷，北京师范大学图书馆藏，清康熙刻说铃本。
⑤ 光绪《宁明州志》卷上。
⑥ 张声震：《布洛陀经诗译注》，广西人民出版社，1991年，第291页。
⑦ 张声震：《布洛陀经诗译注》，广西人民出版社，1991年，第691页。
⑧ 陈树平：《玉米和番薯在中国传播情况研究》，《中国社会科学》1980年第3期。
⑨ 周宏伟：《清代两广农业地理》，湖南教育出版社，1998年，第172、174页。
⑩ 光绪《镇安府志》卷十二。

百科全书，它在宗教语言背后实际上"全息"记载了壮族的社会历史文化变迁，在过去整个壮族的精神生活里，占有特殊的重要地位和神秘力量。

二、管理思想

在原始氏族社会里，人们过着共同劳动、共同消费的群体生活，以集体主义精神来维护氏族部落的利益。自从有财产产生、阶级分化、氏族社会解体以后，社会如何有效地管理并使之有序化，这是关系到每个社会成员的利益和保障社会的正常运转而引起大家关注的重要问题。这就需要有管理的人和管理制度。《麽经布洛陀》中有"造皇帝造土官"的专章，说的就是在"造天地"以后，还需要建立社会管理制度整治社会秩序，这体现了治理有方的管理观，亦反映了壮族地区的历史制度文化的发展轨迹。如《麽叭科仪》第四章叙述地方土官的产生过程，摘译如下：

> 古时篱笆无桩无门，从前天下无官无主；篱笆无桩会倒会散，天下无官无主会紊乱；有事找不到人倾诉，出事找不到人管理；反逆就出现，有相斗相杀；恶人与强人，抢夺吃天下；大群吃小群，无人来管理；天下千繁万乱，不成天不成地；因为有祖神，才开天辟地；造太阳月亮，造山川天地；造一人做主，造一人做官；造个"郎"掌印，造土官管地方，造王管族域；天下十二个部族，全部十七方天下；全地方听从他管辖，全天下服从他管理。
>
> 由于有了土官，设州置县，天下才有了主，出事有人报告，冲犯有人管理，坏人拿来上枷，恶人拿来捆绑，再无相斗相杀和欺人坑人的事。全天下要支持主人，全天下要扶持土官，土官才能管理族域。

通过这节"造土官"经文，我们从一个侧面了解到壮族地区从原始氏族部落社会瓦解向阶级社会转化的阶段，曾出现过"强人吃弱人，大群吃小群"的混乱局面。于是，为顺应民心，治理社会，就要"造一人做主，造一人做官"。其所谓"造"者，按照壮语的本意，就是"产生"的意思。就是说，为了治理当时混乱的局面，使人们能够安居乐业，和睦相处，就必然要产生出能够治理社会的官吏，这就是壮族麽经"造土官"所要表达的管理社会的思想观念。很显然，这是社会的进步，历史的必然。而从这些管理者的名称中，我们也可以了解到壮族历史社会结构和管理体制的演变情况。

在《麽经布洛陀》中，提到社会管理者的称谓频率最高的是"布"和"王"。各本麽经的多数章节，在祈问布洛陀和姆六甲前，都以"板眉布韦布，傍眉王韦王"开头，意即"村寨有长老就去问长老，地方有王就去问王"。紧接着是"去问布洛陀，去问姆六甲，布洛陀就说，姆六甲就讲"。由此可见，"布"是管理"板"（村寨）的长老，为小聚落族群的自然首领，实行的是"都老"制，即大首领的管理制度。"王"是管理"傍"（地方），即大区域的首领。这里需要说明的是，壮语的"板"原义为聚落区、居住地或村庄。此义现仍保留在东南亚的老、泰语中。历来这些民族据"那"（水田）而作，依"那"而居，故称之为"板"，而译为"村寨"，则是城镇出现以后与之相对的引义。壮族旧时自称"布板"，意为住在"板"地方的人，进而把讲壮话亦称为"罡板"，即"讲板话"。只有住城镇的外来汉人，才把"布板""罡板"译称为"乡下人""讲乡下话"。再者，"傍"现译为地方，指大区域。此称源于"茫"，即水渠。壮族是稻作民族，古时以开沟渠灌区为界，其中包括多个"板"的聚落区，故以转音"傍"为大地方、大区域、天下之称。在壮语南部方言和老、泰语中，称大区域、流域。由此可见，"板"和"傍"的称谓和建制，是"那"文化的产物，为稻作文明的制度文化体制。

"郎"，古称"郎火"，郎火，古代僚族部落对酋长或有权力者的称呼。宋范成大《桂海虞衡志·志蛮》："（獠）在右江溪洞之外，俗谓之山獠。……无年甲姓名，一村中惟有事力者曰郎火，馀但称火。"明人邝露《赤雅》载："峒中推有力者役属之，名曰郎火，余止曰火。""郎火"是由民众民主推举的"首领"或"头领"。上面引的"造个'郎'掌印"，意思就是"推举一个头领来管理"。而这个主政的"郎火"仍然是无酬禄、不世袭的德高望重者。

《麽经布洛陀》中又说到"造使（土官、土司）来管傍（地方）"。土官、土司制度是在唐宋时期的建置，由中央王朝任命原来的地方首领担任，按划分的地域管辖并收取贡赋，由王朝授予官印，可世袭传承。而其中提到的"主""王""官"，只是对以上主政当权者的尊称或泛称。如"板"中的"布"（长老）亦可称为"召板"，即村寨之主，或"波板"，即村寨之父。管辖众多个"板"的"郎"，亦可称为"王"。"官"是汉语称谓，如"村官""州官""府官"。

综上所述，壮族历史上的社会制度和组织结构，经过了由自然首领的"布"（长老）、"都老"（大长老），到民主推选的"郎"（部落首领），再到王朝任命的

"使"（土官、土司），使族域的社会管理逐步完善，地方治理有序，部落族群和睦相处。这就逐步形成了壮族地区治理有方的管理理念，尽管这些管理理念在当时不可能完全实现，但是能提出这样的理念已经是非常难能可贵的了。

三、道德观念

孝敬父母，兄友弟恭，是最基本的道德伦常，是维护家庭关系的精神纽带。

原始氏族社会不可能制定法规，全靠在人与人之间的接触交往中逐渐总结出一种平衡的相互关系，约定俗成的行为准则，才能和睦相处，团结协作，去同大自然以及外来侵敌做斗争。在《麽经布洛陀》中，这种伦理道德观念得到了充分的反映和表现。布洛陀不仅是智慧超凡的创造神，也是品德高尚的道德神。布洛陀创造世界万物和人类，是为了世界变得生机盎然，蓬勃发展，繁荣昌盛。因此，布洛陀在创造万物和人类的同时，也规定了天地之间、万物之间和人类之间的关系，妥善合理地安排了万物和人类的秩序。天在上，地在下；鸟在天上飞，兽在地上走，鱼在水中游；牛为人拉犁，马供人骑用，等等，全是布洛陀的安排。而作为万物之灵的人类，由于他们的智慧比禽兽高，能力比飞禽走兽强，彼此关系更为复杂。布洛陀特别教诲人类，要人类懂得上下尊卑关系，互敬互爱，互相帮助，和睦相处，使人间变得和谐，使生活过得美好。

孝敬父母是人最基本的伦常。孝敬父母，莫过于生时敬养，死后安葬。壮族民间传说，古时的人不懂安葬去世的父母，在父母老死时叫众人来分吃他们的肉，这是蒙昧野蛮时代的产物。而童灵是壮族历史上首创孝规的人，是壮族从野蛮走向文明的象征。他第一个造棺材安葬去世的母亲，并且为母亲守孝，成为壮族人后来普遍遵守的礼俗。《麽经布洛陀·唱童灵》篇记述了这个传说：

> 从前没伦理，人不懂葬礼，鸟死鸟吃毛，人死人吃肉。
> 童灵乖孩子，放牛山坡上，见母牛生崽，眼看心中想。
> 母牛跪又趴，生崽多辛苦，回家报母亲，还告诉众人。
> 母亲对他说，母牛不算苦，我当年生你，才真正艰难。
> 牛头尖而长，痛一阵就生，人头圆又大，痛三天三夜。
> 童灵听此话，牢记在心坎，传给下三寨，又传上五村。
> 上得五块板，下得六块木，修板砰砰声，敲板嗒嗒响。

> 寨里人问他，修啥这样响，童灵回答道，样样都要修。
> 修谷桶装谷，修米柜装米，修围栏关猪，修笼关鸡鸭。
> 母亲去世后，装棺材钉好，放灵堂守灵，放竹楼守孝。
> 尸烂才讲出，肉臭才报讯，全寨人赶来，全村人赶到。
> 要吃死人肉，要分肉回家，童灵无奈何，对众人说话。
> 我母肉已臭，我该如何办，杀父我不忍，猪牛我相送。
> 父肉各人有，兄肉各自吃，童灵有礼仪，牛肝代人肝。
> 牛胆代人胆，牛肉代人肉，向众人致意，众人不同意。
> 去问布洛陀，去问姆六甲，布洛陀就讲，姆六甲就说：
> 牛肝代母肝，牛胆代父胆，可招待众人，向众人致意。
> 童灵杀了牛，把酒坛打开，请众人吃牛，请众人喝酒。[①]

这段经文说古时候有人死了就分其肉吃的风气，是一种传说。历史上是否存在此风，存在多长时间，没有充足的文献资料做确切考证。或许只是民间传说中为加强反衬而做的铺垫性叙述。但是，童灵带头用棺材安葬去世的母亲，又以牛肉代替人肉招待全寨的人，不让众人分吃自己母亲的肉，是敬爱自己生母，对养生自己的母亲有孝敬之心。这是人类伦理道德意识的最初觉醒。由于有这种觉醒，尽管是初步的，从此人们改变了吃人肉的恶习陋俗，进而孝顺双亲，尊敬长辈，讲究道德，从野蛮步入文明社会。

伦理道德还体现在家庭伦常方面，从《麽经布洛陀》中解父子冤、母女冤、婆媳冤、兄弟冤等篇章，可以看到要维护一个家庭的团结是多么重要。俗话说，家和万事兴。远古时代的壮族先民不可能有这样的认识。从母系氏族过渡到父氏社会，一个一个的家庭已经产生。家庭的团结和睦显得越来越重要。但是，在《麽经布洛陀》中，要维护这种团结和睦，却是通过对鬼神灵魂的崇拜产生一种禁忌来达到的。比如，对老人的崇敬，《麽经布洛陀》里讲到的就是老人的话有灵验，老人的话像药物那样可以使人得到报应。母女冤就讲母亲对女儿诅咒，是因为女儿来争财产权而引起矛盾造成冤仇的。这就告诉我们，在远古社会里，女儿有财产继承权，否则女儿就不会来争财产。这应该是母系社会的产物。随着历史的前进，社会的发展，人类的进步，父权氏族社会代替了母权氏族社会，女儿

---

① 根据《壮族麽经布洛陀》"唱童灵"原文意译，广西民族出版社2004年版。

出嫁离家，男儿娶妻在家。这个时候，财产继承权应该归男人来继承。因而女儿回来争夺家庭财产就不符合新的道德伦常了。这种不合理的道德伦常要改正过来，必须通过鬼神崇拜和巫术来进行。在麽经里表现出来就是母亲对女儿诅咒，诅咒出现了效应，女儿家被神鬼所惩罚，于是便形成一种禁忌习俗，谁违反了这种禁忌习俗，就要遭到神鬼惩罚。久而久之，男子财产继承权这种新的伦理道德观念就得到确立、巩固了。

在《麽经布洛陀》中的《唱罕王》，还反映了财产继承权这种伦理道德观念变化的一些情况。每个民族在氏族社会末期有所谓幼子继承制。这种制度的特点是，父母和最年幼的儿子一起住，死后其财产由同住的幼子继承。这种制度产生的原因是：在氏族社会时代，产生了家庭。由于生产力低下，要父母同时抚养几个孩子是困难的，所以到孩子长大成人后就分家，要前面生的大孩子出去独自成家立业，让幼子与父母同住在一起。由于幼子还不能自食其力，还需要父母共同劳动来抚养，到幼子长大成人后，父母也就年老而丧失了劳动力，就由幼子负担赡养之责。因此，到父母去世后，其家庭财产理所当然由幼子继承。在那个时代，这是合理的，因而幼子继承权也就成了当时的伦理道德观念。但是后来生产力提高了，所收获的食物财产增多，就不需要把长子分发出去另居了。于是到父母去世，其财产就该由大家来共同继承。这样，幼子继承的伦理道德观念，就不适应社会的发展了。但作为一种旧的伦理道德观念，不会自动退出历史舞台，需要经过激烈的斗争才能改变，使新的道德伦常得以确立。麽经中的《唱罕王》就通过罕王与祖王的激烈斗争来表现这种伦理道德观念的变化。麽经中叙述幼子祖王继承父母的财产时，是由村寨的父老评定的，幼子祖王得好田好地和强壮有力气的奴隶劳动力。而长子罕王分到贫瘠的田地和衰老又丧失劳动能力的奴隶。因而引起长子和幼子的激烈斗争，甚至兵戎相见，直到打败了幼子祖王，才承认兄长的财产继承权。可见，一种新道德观念的产生、确立，并得到社会的承认，是经过激烈的斗争才能实现的。

《麽经布洛陀》还有丰富的思想内容，包括探求世界奥秘的"王造三界说"、物质本原的宇宙观、物我统一的生命观、共存转化的联系观、一神崇拜的宗教观、探源索本的求知观和创造进化的历史观。笔者择机另文论述。

〔韦玖灵：广西大学教授、硕士生导师，中国少数民族哲学社会思想史学会副秘书长〕

壮族《麽经》灵魂叙事与花山岩画研究的新途径*

林安宁

壮族《麽经》(《壮族麽经布洛陀影印译注》①一书的简称)作为壮族百科全书式民族经典,内容非常丰富,梁庭望和段宝林等专家对它的重要价值曾给予了充分肯定。②此文就《麽经》的灵魂类别做较详细的归纳,然后就花山岩画的主要图像类型,论述《麽经》灵魂与花山岩画研究的新途径。

一、壮族《麽经》灵魂叙事与视角表达冲动

(一)壮族《麽经》灵魂的类别

按《汤普森母题索引》③所指示,壮族《麽经》的灵魂母题相应可归入:"死

---

* 基金项目:广西民族文化保护与传承中心项目"右江流域壮族师公唱本资料的搜集、整理研究"课题(项目批准号2015KFYB02)的阶段性研究成果。

① 张声震:《壮族麽经布洛陀影印译注》,广西民族出版社,2004年。

② 梁庭望在《古壮字结出的硕果——对〈壮族麽经布洛陀影印译注〉的初步研究》(载《广西民族研究》2005年第1期,第80页)中指出,《麽经》虽为宗教经书,但内容却是远古神话。由于比较完整地保存了神话传说和古老习俗,因而十分珍贵,有很高的研究价值。段宝林在《神话史诗〈布洛陀〉的世界意义》(载《广西民族研究》2006年第1期,第73—74页)中肯定《麽经》的多学科价值,特别是它的"神话史诗"研究价值。

③ Stith Thompson, Motif—Index of Folk—Literature, Helsinki, 1932.

亡的起源"（A1335①）、"复活"（E0）、"肢解后复活"（E14）、"死者回来实施虐待"（E230）、"鬼魂惩罚不给他们提供祭牲"（E246）、"残忍的亡魂"（E250）、"吸血鬼吃尸体"（E251.3.1）、"其他恶意的亡魂"（E260）、"在葬礼上警惕亡魂"（E431）、"欺骗出没的鬼魂，让他找不到回来的路"（E432.1）、"鬼魂被祭品抚慰"（E433）等等②。《麽经》灵魂母题众多，按一定的标准加以归类，可分为为数不多的类别。

从灵魂的对象进行分类，可分为"人类的灵魂""动物与植物的灵魂"和"其他灵魂"等。其中"人类的灵魂"在灵魂母题中占了绝大多数内容。

1. 人类的灵魂

《麽经》以超度亡魂及禳灾祈福为主，有极为丰富的人类灵魂内容。以上所列的42个灵魂母题，有35个与人类的灵魂有关系，占了其中83%。它们分别是：

A1335、死亡的起源；E0、复活；E230、死者回来实施虐待；E246、鬼魂惩罚不给他们提供祭牲；E250、残忍的亡魂；E251.3.1、吸血鬼吃尸体；E260、其他恶意的亡魂；E431、在葬礼上警惕亡魂；E432.1、欺骗出没的鬼魂，让他找不到回来的路；E433、鬼魂被祭品抚慰等。

以上所列母题中的灵魂，大部分是指亡魂。这些母题大部分集中在《麽经》异文《麽送放》和《正一文事巫书书解五楼川送鸦到共集》等异文中。原因是这两个异文都以超度亡魂的内容为主。据《麽经》的译注者所述，"在壮族麽教的法事仪式中，超度亡灵即'送放'是规模较大，程式较齐全的法事仪式。对于正常死亡者来说，其仪式过程一般包括'请师''祭棺''开丧''转场''送仙''嘱咐'等环节，而每个环节都有相应的经文。壮族麽教认为，人死后，通过'送放'仪式，亡灵即可升入幽冥世界中的极乐'境界'。《麽送放》是属于超度正常死亡者的经书"③。《正一文事巫书书解五楼川送鸦到共集》也是"丧葬法事麽经"，它的主要内容是："布麽唱述主家灾变病亡的缘由，皆因那些勾魂鬼、吃人肉的邪鸦和雌雄二鬼作祟，致使亡魂落入'楼川'（阴森荒野）或游散，祷问于祖神布洛陀和麽渌甲，作法以牲酒供祭鬼神，解难除凶，用弓箭驱鬼送妖，赎魂回归，度送安

---

① "A1335"是《汤普森母题索引》一书的母题编号，下同。母题编号是类似图书馆管理中对图书的编号，它呈现出开放的系统，每个母题可作为单独的母题，也可为一类母题向下延伸。有关此书母题的特点，详见陈建宪的《神话解读——母题分析方法探索》（湖北教育出版社，1996年）。

② 林安宁：《壮族〈麽经〉神话探析》，线装书局，2016年，第173—174页。

③ 张声震：《壮族麽经布洛陀影印译注》，广西民族出版社，2004年，第1409页。

葬，祈家人六畜安生。"①《麽荷泰》也是超度亡魂时所用的经文，亡魂也作为灵魂主要的内容。以上异文以《麽送放》的文本篇幅为最长，它在八卷本的《麽经》中就单列一本，其灵魂的内容也最为丰富。例如在"死者美丽的土地"（E481.4）这个母题中，布麽指点亡魂到一个像大州府（梧州、广州等）那样富足的地方居住，那地方没有偷盗，还有情人相伴，能过上无忧无虑的生活，这是根据当时的条件，《麽经》给亡魂想象出来的天堂生活。在亡魂中，除了正常死亡人的亡魂，还有殇者之魂。

《麽经》的某些鬼魂由人的灵魂变成，它们对人残暴地攻击，是被驱除的对象。《正一文事巫书书解五楼川送鸦到共集》中的"勾魂鬼"（E752.2、灵魂被魔鬼抢走）即属此类。②

图 1　布麽念经"招生魂"
图片来源：黄桂秋著《壮族麽文化研究》的插图

《麽经》还涉及活人的灵魂，《麽经》认为家人生病时，是活人的灵魂遭到了鬼怪的侵扰，布麽帮忙把鬼怪驱逐，主家的灵魂才得以安好。如母题"E713、灵魂藏在一系列隐蔽物里"中，如前所述，"王"的灵魂由于被"七郎"施加巫术，致使灵魂被幽禁而致"王"生病，做了禳解之后，"王"的病才好转。此外，由于《麽经》认为灵魂不死，人死后会进入花婆主管的花园中，再转世到人间，"转世"的母题也是与活人相关的母题。与活人灵魂相关的母题有 E0、复活；E443、灵魂被以祈祷或符咒驱除和埋葬；E600、转世；E713、灵魂藏在一系列隐蔽物

---

① 张声震：《壮族麽经布洛陀影印译注》，广西民族出版社，2004 年，第 2886 页。
② 《正一文事巫书书解五楼川送鸦到共集》叙述"勾魂鬼"是亡魂未经麽教超度而变成的恶鬼，见《麽经》第 2935 页。

里；E721.2、灵魂离去，身体昏迷；E721.3、灵魂离去导致身体生病；E752.1、灵魂离开身体后处于危险状态；等等。

此外，《麽经》中祖宗的灵魂，则与一般的亡魂差别较大，它已被提升到神的地位了。祖宗之魂的祭拜集中在《布洛陀孝亲唱本》和《占杀牛祭祖宗》等异文中。

2. 动物、植物灵魂等其他灵魂

《麽经》中"动物的灵魂"母题中，以牛魂、鸡魂、狗魂和猪魂等灵魂母题较为集中。如上文所提，《本麽叭》① 叙述水牛被杀死，牛魂消散，布洛陀指点"王"做禳解，把牛魂招回来，这样才能让水牛繁殖，"王"家就有牛使用。这里的内容即属于牛魂的灵魂母题。《麽经》中大部分与动物相关的灵魂母题都是对家畜灵魂的保护与拯救，家畜的灵魂属正面的形象居多，如在"动物的灵魂""狗魂""猪魂"和"拯救灵魂"中的家畜灵魂即是如此。但也有一些灵魂对人类具有侵害性，如在"肢解后复活"这灵魂母题中的内容即是如此。异文《正一文事巫书书解五楼川送鸦到共集》叙述一只羊死在山崖，阿加用弓箭射它，将羊肚、羊肠丢田峒，羊死了变成蜈沙鬼，阿加射蜈沙鬼，蜈沙鬼死后，它的骨头变成纸乌鸦吃人肉。在这里，羊的灵魂变成了蜈沙鬼，蜈沙鬼又变成了吃人肉的纸乌鸦。② 这里的羊魂对人而言是恶鬼，这内容属"吸血鬼吃尸体"和"其他恶意的亡魂"母题。

《麽经》中"植物的灵魂"母题主要是"谷米的灵魂"。稻谷是壮族地区的主要农作物，因此，壮族民众对它也是爱护有加，通过保护稻谷的灵魂来祈求禾苗茁壮成长，期盼谷子获得好收成。在禾苗生长不顺时，为稻魂禳灾祈福。《麽经》中与"谷米的灵魂"母题相关的内容还比较多："神农造稻谷魂"；"高祖辈造魂"③；谷子不长，经布洛陀指点赎谷魂后，稻谷又长成④；神农婆管谷子，布洛陀指示"王"，让老鼠与鸟去要回稻谷，稻谷太大，舂了之后，稻谷魂散了，做各样不成，布洛陀指点赎谷魂，"王"家各样又好⑤；"王"种得足够吃的稻谷，但多妾相争，布洛陀说稻谷魂散，要做禳解，布道（麽）与神农接谷魂，招回各样农作物的魂，稻谷又长成⑥；从前未造稻谷，布洛陀指点，说稻谷在神农谷仓，

---

① 张声震：《壮族麽经布洛陀影印译注》，广西民族出版社，2004年，第1238—1243页。
② 张声震：《壮族麽经布洛陀影印译注》，广西民族出版社，2004年，第2905—2911页。
③ 张声震：《壮族麽经布洛陀影印译注》，广西民族出版社，2004年，第261页。
④ 张声震：《壮族麽经布洛陀影印译注》，广西民族出版社，2004年，第276—279页。
⑤ 张声震：《壮族麽经布洛陀影印译注》，广西民族出版社，2004年，第581—592页。
⑥ 张声震：《壮族麽经布洛陀影印译注》，广西民族出版社，2004年，第1090—1098页。

让老鼠与鸟去找，种下稻谷，得好吃，但婆媳的争吵导致稻谷无收成，布洛陀指点赎谷魂，后来稻谷死了，稻谷要跟鬼神同住，土地神帮招谷魂，上天下地也把它找回[①]；从前未造稻谷，一老伯告知让鸟和老鼠去神农谷仓取得稻谷，两妻相骂，谷魂散，布洛陀指示赎谷魂[②]；从前未造稻谷，布洛陀指示让鸟和老鼠去神农谷仓取得稻谷，稻谷像柚子一样大，谷子落到孤儿与寡妇家，谷魂逃散，"王"遵循布洛陀话语赎魂，土地神放稻魂回来[③]，等等。

其他的灵魂主要是火和铜鼓的灵魂。壮族人民对火既热爱又敬畏，给火赋予了灵魂。《麽经》中铜鼓也是有魂之物。在"E439、其他对亡魂的护卫"中，《麽经》叙述：铜鼓陪葬，成为护佑灵魂的家族神，铜鼓可以挡其他鬼怪，给仙人开路，并进入坟墓（二次葬）与灵魂同住[④]；恶鬼也来缠着要吃斉的母亲的尸体，公铜鼓把鬼赶走[⑤]；铜鼓送亡灵出门，路上赶鬼，并报信给仙人[⑥]；铜鼓做祖宗长老，吓凶鬼[⑦]；斉造做姜、灯芯和谷把等护佑坟墓，还让工匠铸造做铜鼓陪送埋葬[⑧]。由此可知，铜鼓作为灵物，它起到这几方面的作用：护佑阴间灵魂，是亡魂的陪葬品；赶鬼；给仙人报信，让亡魂与仙人共度生活。

图 2　世代被壮族民众视为神灵的铜鼓

图片来源：吴伟峰等主编：《河池铜鼓》，广西民族出版社，2009 年，第 427 页。

[①] 张声震：《壮族麽经布洛陀影印译注》，广西民族出版社，2004 年，第 1215—1233 页。
[②] 张声震：《壮族麽经布洛陀影印译注》，广西民族出版社，2004 年，第 1373—1385 页。
[③] 张声震：《壮族麽经布洛陀影印译注》，广西民族出版社，2004 年，第 1391—1406 页。
[④] 张声震：《壮族麽经布洛陀影印译注》，广西民族出版社，2004 年，第 1491—1493 页。
[⑤] 张声震：《壮族麽经布洛陀影印译注》，广西民族出版社，2004 年，第 1551—1552 页。
[⑥] 张声震：《壮族麽经布洛陀影印译注》，广西民族出版社，2004 年，第 1614—1616 页。
[⑦] 张声震：《壮族麽经布洛陀影印译注》，广西民族出版社，2004 年，第 1616—1618 页。
[⑧] 张声震：《壮族麽经布洛陀影印译注》，广西民族出版社，2004 年，第 1619 页。

(二)《麽经》灵魂叙事中的强烈视角意识

《麽经》通过一系列的比喻和铺陈，使灵魂的形态和行为具有强烈的视觉冲击力。如《麽经》中有关"火的灵魂"叙述：火有灵魂，摩擦生出的火星被称为"火雷""火图额""火虎"和"火鬼"等；（从前）未造火，兄弟造成火，变成"精"与"怪"，布洛陀指点做禳解；摩擦生火生出火雷和"火额"；造出火后，做成火灶，但打烂坛子成鱼殃怪等殃怪；一坛破了，变成殃怪鱼、殃怪神台、殃怪神龛和"殃怪火灶口"等；火也可挡吓鬼神，点火报给神仙，做家族神；给亡魂三（九）座山，到了仙家……用芭芒点火，变"火疯阗""火鬼"和"亡父的火"。《麽经》中火的灵魂母题中，火被作为壮族重大的发明对象来看待，因为它是生活的重要依赖对象。在摩擦生火后，生出的火被称为"火雷""火图额""火虎"等。由于火具有巨大的威力，因而把它当作善良的神灵对待，火也可挡吓鬼神，做家族神。用芭芒点出的火，成了"亡父的火"，它还可以送亡灵上路。由于火具有破坏性，火灾的记忆在壮族同样印象深刻，因而，火的另一面是它的不确定性，火也具有可怕的一面，会对人造成伤害。火也变成"火鬼""精""怪""殃怪火灶口"和"火疯阗"，这些破坏性的灵魂或精怪需要经过梳理才能把它们的危害消除。对于火之魂的叙述，《麽经》极尽比喻之能事，把火比喻成老虎、图额、雷王。老虎、图额和雷王，本来是壮族麽教宇宙空间的三界之王，以他们分别来形容火魂，一方面是突出火之威力，另外也旨在加强火魂之视角感。火魂在保护人们时威力无穷，在加害人们时又有无穷的破坏力。通过这些铺陈，人们感到了火魂的真切存在，火魂不再空洞无物，而是以具象呈现于人们面前。

在对人的灵魂的叙述中，《麽经》通过长篇陈述，把抽象的灵魂具象化。《麽破塘》《麽王曹么塘》和《麽王曹科》等异文是为各种殃死者赎魂，让灵魂归位，让家人得到平安的，它们包含着"拯救灵魂"（E754）母题的大量内容。如《麽破塘》叙述若不赎魂，则血塘里的魂要勾新妻的魂[①]；到血塘赎魂时，让稻草人代替主衣人在血塘生活，让主衣的魂得以回来[②]；土地神到血塘帮赎魂[③]；赎魂时把

[①] 张声震：《壮族麽经布洛陀影印译注》，广西民族出版社，2004年，第3012—3013页。
[②] 张声震：《壮族麽经布洛陀影印译注》，广西民族出版社，2004年，第3029—3030页。
[③] 张声震：《壮族麽经布洛陀影印译注》，广西民族出版社，2004年，第3019—3034页。

塘挖破，把魂"拿、提"上岸①；出十一塘要钱财与鸭鹅替身赎命②；到第八塘要破塘才能把魂赎回③，以上内容以因难产等意外事故死去的人为赎魂的对象，其灵魂落入了"血塘"的殇者之魂。通过一系列带模拟性的叙述，人的灵魂（包括亡魂和活人之魂）都活灵活现，如在眼前。

《麽经》流传中的辅助物的民间宗教挂图等器物中，则直接以图像辅助口头叙事。（见以下附图）麽教三界中的老虎，人们较为熟知，它与羊、马等动物出现在麽教挂图中。较为抽象的雷王和图额，在神图及布麽使用的铜印中也分别辅以图像。有趣的是，作为壮族的水神，图额的形象既像龙又像鱼，这明显也带着《麽经》叙事的色彩。图额有龙的形象，这与其他民族对水神的造型有相似之处。图额像鱼，则是因为《麽经》中提到，图额曾是一条鱼，他化作一个小伙子与人间女子结婚，生下了王曹（阴曹地府之王）。在雷王铜印中，雷王威力无穷，他有一双牛角，尾巴又像是蛇，这与《麽经》中带着牛图腾和蛇痕迹的内容也不无关系。麽教挂图中的神谱，则直接是对麽教三界神谱的解释。三界神灵中，既接受了道教三清的观念，又保持着壮族传统巫信仰的性质，让人们对麽信仰有了较直观的认识。

图3　壮族麽教神图长卷中的下界水神图额　　　　图4　广西东兰县壮族布麽使用的雷王铜印
图片来源：黄桂秋著《壮族麽文化研究》的插图　　　　图片来源：黄桂秋著《壮族麽文化研究》的插图

---

① 张声震：《壮族麽经布洛陀影印译注》，广西民族出版社，2004年，第3033页。
② 张声震：《壮族麽经布洛陀影印译注》，广西民族出版社，2004年，第3036页。
③ 张声震：《壮族麽经布洛陀影印译注》，广西民族出版社，2004年，第3037页。

图 4　壮族麽教神图长卷中的洪水过后姑侄结婚再造人类图
图片来源：黄桂秋著《壮族麽文化研究》的插图

图 5　壮族麽教挂图
《麽经布洛陀影印译注》的彩页图中有 12 个人身动物首的形象。正数第四排中间是神灵"花婆圣母"。

（三）壮族傩书与傩戏是口头叙事与造型艺术的完美结合

如果说《麽经》的灵魂叙事具备了一定的图像意识，那么在壮族的师公唱本（傩书）叙事中，已有意识地把口头叙事与图像叙事融为一体。由于壮族傩书（师公唱本）内容丰富，只能另文详述。壮族师公信仰与壮族麽教信仰，同属壮族最重要的民间信仰，但与麽教信仰有所不同，师公信仰中视角表达更为丰富与直接，它把壮族傩书叙事与傩戏表演相结合，图像叙事由静止的陈述变为动态的陈述，因而深入人心，至今仍生生不息。在平果县凤梧镇师公韦锦利家中的上百个面具，每个面具都与傩书（师公唱本）的内容相关，这些面具都为师公法事所用。图中的关公、蓝友等面具，均是在丧场上表演用的。师公面具形象逼真，其中不乏夸张、变形等艺术手法。如"特罗"这面具不仅在丧场表演中令人过目难忘，即使不是在丧场中，也不能随便佩带，因为使用不当，很可能吓着自家的孩子，让其晚上哭闹不已。

图6 师公面具——特罗

图片来源：林安宁等摄于平果县凤梧镇韦锦利师公家中

图7 在丧场中的关公与扫堂神

图片来源：林安宁等摄于平果县城丧场法事现场

图8 在丧场中的蓝陆与蓝友

图片来源：林安宁等摄于平果县城丧场法事现场

图9 壮族师公面具

图片来源：林安宁等摄于平果县凤梧镇韦锦利师公家中

二、花山岩画的图像类型及与《麽经》灵魂观的关联可能

中国广西左江花山岩画艺术文化景观作为中国唯一一项文化遗产入围2016年世界文化遗产名录。"花山岩画主要分布于广西崇左市宁明、龙州、江州、扶绥4县（区）范围内左江及其支流明江两岸长200多公里的岩壁之上。经调查，目前已发现79个地点共178处计289组，其中以宁明县明江河畔的花山岩画规模最为宏大，在临江一面长210多米、高约50米的陡峭悬崖上，可辨认各种赭红色图像多达1800个，是中国乃至世界上发现的画面最大、图像最多的一处岩

画,堪称世界岩画史上的珍品。""经研究,花山岩画是战国至东汉时期当地壮族先民骆越人群体祭祀遗留下来的遗迹、国内外著名的古代涂绘类岩画点,距今有2000多年的历史,和与其依存的山体、河流、台地共同构成了壮丽的左江花山岩画文化景观。"①

关于花山岩画的研究论文很多,学者们见仁见智,提出了很多真知灼见,观点也各不相同,甚至相去甚远。但较为统一的意见是:花山岩画与祭祀仪式有关。世界各地的岩画,大多与各族人们的民间信仰仪式有关。基于这样的普遍规律,学者们将花山岩画与壮族的民间信仰仪式联系到一起,那是最自然不过的事了。其中较有影响的论文有:《壮族古代犬祭初探——广西左江崖壁画动物图像辨释》②《壮族先民的祭祖圣地——花山崖壁画主题探索》③《左江崖壁画与骆越人之生殖崇拜》④《花山崖壁画——祭祀蛙神的圣地》⑤《花山崖壁画——图腾入社仪式的艺术再现和演化》⑥和《水神祭祀与左江崖壁画》⑦等等。

以上的论文中,或提到花山岩画与壮族的水神崇拜,或论及花山岩画与壮族的动物崇拜,或提及花山岩画与壮族的祖先崇拜,还有学者论及花山岩画的铜鼓崇拜,不一而足。但以上成果的论证思路,都是局限于对花山岩画某一类图像的推测,较少涉及图像的整体性特征研究。

由于花山岩画的图像种类繁杂,为了便于研究,有的学者对之进行了归类。

有学者指出广西宁明花山岩画图像分为人物图像、动物图像和其他图像三个部分,其中人物图像分为正面人像和侧身人像;动物图像分为兽类图像和禽类图像。兽类图像的外形,以似狗、狼、矮马、豹子、黄猄、獐子、鹿、猪和羊等等。禽类图像以鸟状图形居多;器物状图像主要是各类圆形器物图像。除此之外,还有像铜鼓架子的架子状器物图像,似钟、铃之类的小三角形器物图像,似托盘的扁半圆圈图像,以青铜扁茎短剑状、近似收拢雨伞的三角形图像,似古礼

---

① 陈熙、周仕兴:《广西花山岩画入围2016年世界遗产名录》,光明网,http://culture.people.com.cn/n1/2016/0713/c405849-28551460.html,2016-8-27。
② 覃彩銮:《壮族古代犬祭初探——广西左江崖壁画动物图像辨释》,《贵州民族研究》1989年第3期。
③ 姜永兴:《壮族先民的祭祖圣地——花山崖壁画主题探索》,《广西民族研究》1985年第2期。
④ 海力波:《左江崖壁画与骆越人之生殖崇拜》,《民族论坛》1995年第3期。
⑤ 梁庭望:《花山崖壁画——祭祀蛙神的圣地》,《中南民族学院学报》(社会科学版)1986年第4期。
⑥ 潘其旭:《花山崖壁画——图腾入社仪式的艺术再现和演化》,《民族艺术》1995年第3期。
⑦ 宋兆麟:《水神祭祀与左江崖壁画》,《中国历史博物馆馆刊》1987年第10期。

器的图像,似羊角钮钟的小钟状图像,似短矛的小三角形图像,似舟楫状的首形弯船状图形以及似长箭的长箭头状图形,等等(见图 11—15)。① 以下即是花山岩画正面人像形态、侧面人像形态、动物图像形态、器物状图像形态(主要是各类圆形器物图像)和其他类别图像的形态等的图示。

图 10 正面人像形态

图片来源:於梅的《广西宁明花山岩画图像的造型》

图 11 侧面人像形态

① 於梅:《广西宁明花山岩画图像的造型》,中央民族大学博士学位论文,2009 年,第 35 页。

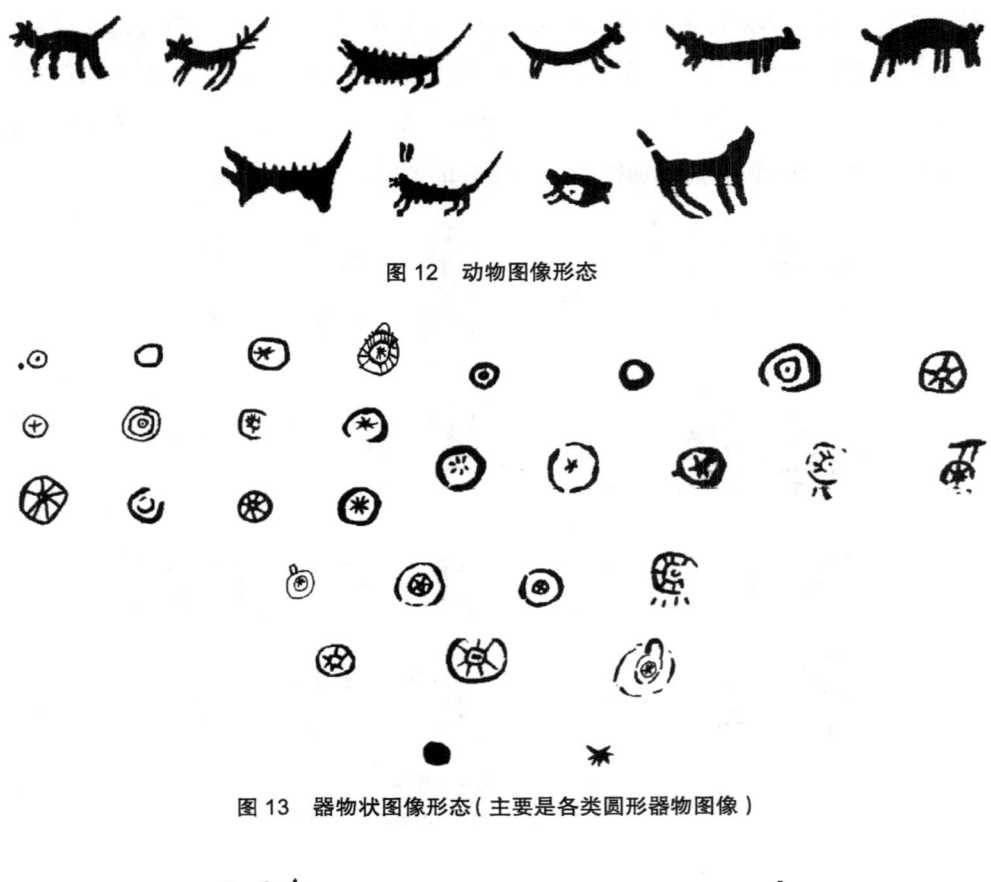

图 12 动物图像形态

图 13 器物状图像形态（主要是各类圆形器物图像）

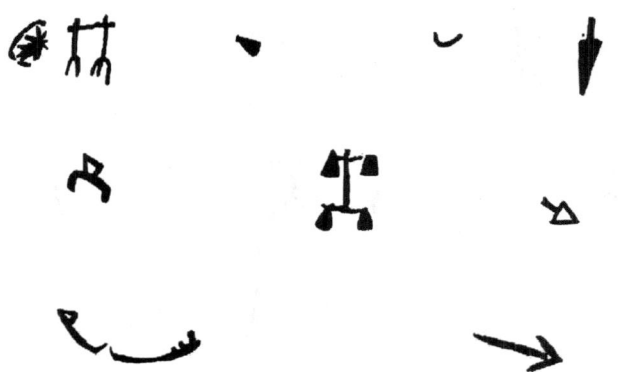

图 14 其他类别图像形态

笔者认为於梅博士对花山岩画做了一个分析的过程，其意义不言而喻。然而问题又来了，把花山岩画的图像形态做了这么细的归类，是否就能让人信服了呢？显然还不能。如正面人像中，於博士就列出了 27 个形态，形态变化之大，让人难以捉摸。若认定是正面人像，光是人的脸部之变化之复杂就让人难以理解。以写实的思路去加以理解花山岩画的图像，可能是缘木求鱼。很多学者注意到了这一点，因而，有人认为花山岩画所绘的皆为影子而非实物。但影子说也有不妥之处，原因在于其得乎形而失之于神。笔者认为，花山岩画之形象，皆出于壮族灵魂之观念，灵魂观源于现实，与现实又有千变万化。以於博士所列的正面人像为例，若以人的灵魂观视之，从地位而言可分为首领之魂与常人之魂，从敌我双方可分为我方之魂与敌方之魂，从生死视角可能分为亡人之魂与活人之魂，等等。又以器物类图像为例，学者可能注意到它与太阳、铜鼓等实物之间的关系。若明白先民的信仰概念中不仅太阳和铜鼓有灵魂，连石头、火、风等万物皆有灵，如此一来，花山岩画所体现出来的内容，可能远比学者已有的研究体现出来的想象要丰富得多。

当然，以灵魂的视角考察花山岩画，很难将某个图像与《麽经》的某个灵魂对应起来，但可以断定花山岩画与壮族《麽经》中的灵魂信仰存在着整体性联系。壮族花山岩画中的众多人物与动物图像，与《麽经》中的灵魂观念存在着宏观对应关系。花山岩画反映的驱鬼及崇拜仪式，也与壮族《麽经》的驱鬼、祭拜观念有着深层的信仰与艺术的联系。

因而，将花山岩画与《麽经》灵魂观联系起来，对于研究花山图像有着重要的突破意义：

1. 系统的灵魂观，有助于系统性地理解花山岩画的图像系统。当前已有的研究，大多是割裂了岩画图像的整体性，而着重从某一类型作切入点，对花山岩画的性质做以偏概全的判断。如很多文章着重关注花山岩画图形中的青蛙、狗和铜鼓等形态中的某一种形态，从而对花山岩画的性质与壮族的某个文化现象联系起来，加以分析。此类文章有一定道理，但很难让更多人信服。因为看到青蛙图像的，自然让看到狗图像的不服。此类文章，有盲人摸象之嫌，有的摸着了头，有的摸到了脚，但不能得出大象的全部。

2. 以《麽经》的灵魂观去观照花山岩画，可以解疑：花山岩画为何是富有如此感染力的艺术作品？花山岩画作为艺术文化景观，它既是艺术巨作，也是文化大观园。花山岩画中有很多疑团未解，也需要人们去研究。如它是如何创作的，岩画的用料是什么，等等。但它之所以打动人心，成为人类共有的文化遗产，是因为它渗透着浪漫主义特质与古朴信仰的强大精神穿透力。与大多岩画内容一样，花山岩画也是人类古朴世界观，特别是其灵魂观的反映。壮族古代先民信奉万物有灵,鬼怪充斥人间。① 好的灵魂保佑人们幸福安康,坏的灵魂变成恶鬼时时威胁着人们的安全。驱鬼祈福成了壮族信仰中的重要内容。古朴的信仰,形之以岩画,其形态神出鬼没、出神入化。这些巧夺天工之作,是当代创作的源泉。但由于时代变迁,岩画的精神可以被模仿,但永远难以超越。

3. 以《麽经》灵魂观去观照花山岩画,还为研究花山岩画的研究方法开创新的尝试,即以口头传统解读花山岩画路径的可能性。岩画作为先民的杰作,是集先民文化观念之大成。口头传统作为先民的口头遗产,它先于书面文字而存在,却又被代代相传,至今生生不息。壮族类似于《麽经》的文献资料还大量散落于民间,若能对这些民间宗教典籍进一步挖掘、整理,我们必能对壮族的文化有更进一步的认识与提升。

4. 以《麽经》的灵魂观去观照花山岩画,把花山岩画置于叙事仪式中对之加以理解,从而丰富花山岩画的解读方式。以前研究花山岩画的方式,大多是以静止的方式,对某一图像或某一组图像加以解读。而结合民间信仰与民间叙事不可分割的关系去看,既然花山岩画可能伴随着某一重要的信仰仪式,其中蕴含着民间叙事内容,如何还原其叙事内容,对于尚存活于壮族民间的宗教典籍而言,其意义就更为深远了。

三、从《麽经》等口头传统视角探讨花山岩画的新途径

一些学者欲论证花山岩画与左江壮族活态文化的关系,但这样的美好愿望往往事与愿违,除了一些花山岩画的传说,学者们很难将左江壮族活态文化与花山岩画的内容相联系。由于侬智高起义后的族群迁徙及文化变迁,花山岩画中反映出来的文化观念,与当前左江壮族文化的特点已相去甚远,这是很自然的事。但是,花山岩画中反映出来的灵魂观念及民族民间信仰,并没有消失。由于桂西右江流域、红水河流域和文山州尚保留着活态的壮族麽教文化,它为研究花山岩画内容提供了极好的材料。《麽经》作为壮族民间宗教经文,它与壮族的民间宗教生活息息相关。本文所提炼出的壮族《麽经》的灵魂叙事,对于研究花山岩画的崇拜现象提供了有用的信息。壮族的师公教信仰等民间宗教叙事,也依然保持着较旺盛的生命力。当然,《麽经》等民间信仰叙事所提供的信息众多,花山岩画

---

① 对壮族的灵魂观与鬼神观,林安宁的《壮族〈麽经〉神话探析》中有较详细的探讨。

的内容解读还任重道长,要深入论证两者之间的关系,显然还有很多路要走。但对于花山岩画的研究而言,如何整合它与壮族丰富的活态文化之间的关系,确是值得思考的重要方向。

对于研究花山岩画而言,考古学、材料学、艺术学、地理学、宗教学和民族学等学科方法都有深入运用的空间。作为口头传统研究者,不应在如此重要的世界文化遗产面前失语。壮族大量民间宗教典籍,正不断地被民俗学者搜集、整理与研究。随着对壮族口头传统研究的深入,人们对花山岩画的研究水平也必将会得到进一步提升。

〔林安宁:广西师范学院文学院副教授、文学博士〕

从《摩当经》看摩经的历史文化价值

伍忠纲　肖忠宇

　　摩[①]教是布依族壮族等南方多个越系民族的宗教，布依族几乎是全民信奉摩教。摩经是摩教的经文，是摩师与鬼神交流的说词。摩经的内容涵盖了布依族的哲学思想、历史文化、风俗习惯、生产生活、居住环境等等，可以说是布依族古代的一部百科全书。从这一部百科全书里，我们可以知道布依族远古的宇宙观、生命观、灵魂观，可以知道布依族对鬼神世界的想象。

　　《摩当》是布依摩经中祭祀亡灵的主要经文，是送亡灵升天诵读的经文。"当"是古布依语，有"邀请"和"送"两种意思，这里的《摩当》就是送亡灵升天的经文。但由于现代布依语"当"只有邀请一种意思，一些摩师不懂《摩当》的"当"在古布依语中还有"送"的意思，把"当"翻译为"邀请"。这样的翻译与经文的内容不相符，主要是摩师对亡灵的嘱咐，即告诉亡灵在升天过程中的注意事项和要求，因此近代一些摩师就把这部摩经翻译为《嘱咐经》。近年来出版的很多书籍和发表的论文都把《摩当经》翻译为《嘱咐经》。

　　摩经是对远古时期布依族思想、文化、生活的记叙。语言是古布依语，很多语言与现代布依语有很大差别。摩经所用的布依方块字是用读音相同或相近的汉字记音或自己创造的土俗字。不同摩师选用的注音汉字不同，自己创造的土俗字就更是五花八门，传抄过程中又会产生疏漏、重复等等状况。所以对同一个字、词、句，不同的人有不同的理解，读音往往会南辕北辙，大相径庭。摩经的翻译难度就更大，同一个字、词、句，不同摩师的理解差异非常大，甚至有相反的理

[①] 摩，壮族用"麽"。

解。如果只请一个摩师对某个版本摩经进行诵读和解释，把他的读音记录下来，把他理解的意思翻译过来，这样就非常轻松，但准确率就不会高。摩经翻译出版主要目的是为了布依族摩文化的保护与传承，翻译不够准确的摩经出版后，我们将来的子孙后代就有可能根据我们现在传下来的摩经学习、研究、使用，这样就会贻误子孙后代。为了使翻译、注释尽可能准确，正确理解、表达祖先这一古老的文化思想，不贻误子孙后代，应请不同地域、不同摩班的摩师诵读、解释，最好请他们在一起讨论研究。

摩经的翻译虽然难度大，但也是有章可循的。摩经都是叙事古诗，基本是押韵的，每一句都是表述一句完整的语意，每一段都是一段完整的叙事，逻辑性非常强。一句摩经翻译出来如果不押韵，不通顺，那肯定是读音有问题。翻译出来如果语意不清，或者前后矛盾，上下句之间意思不能完整衔接，就可以肯定翻译错误。同样如果上下段之间翻译出来前后不衔接，相互矛盾，也说明翻译不准确。

布依摩经内容博大精深，是布依族传统思想文化的精髓，是布依族远古文化的百科全书。《摩当经》只是上百部摩经典籍中的一部，笔者选择这部摩经最为精彩的七个问题详细介绍，就能窥摩经神秘与深邃，就能看出摩经有非常厚重的历史文化价值。

一、为证实布依族是贵州世居民族提供了两份有力的书证

关于布依族的族源在民间一直有一个谬传，多数布依族说祖籍是江西的，说祖先是明朝洪武年间"调北征南"时，奉朱元璋之命从江西征战到贵州，战争结束后留下驻守贵州，在贵州安家立业，繁衍生息，是明朝征南部队将士的后裔。而且多数家族都能说出祖籍在江西某地（多数称是江西吉安府即现在的井冈山市），甚至能说出来自某条街道、某个村寨。有的还能说出祖先是征南部队的哪一支队伍，是哪位将领的部下，在部队里担任什么职务。有的甚至能讲出祖先参加过哪些战役，有的还能绘声绘色地讲述某次战斗的故事。有的家族不只是口传，其族谱上还详细地写有祖籍为江西某地，某代祖先叫什么名字，奉皇帝朱元璋调北征南之命，讨伐贵州反叛的土司，胜利后留守贵州，是征南部队将士与当地"土人"女性结合变成了布依族等等。布依族过去有不少地方民间还传唱一首叫《调北征南》的叙事古歌。这首叙事古歌各地版本的内容基本相同，内容大致是贵州这地方，从元朝那时起，由于"戎、夷、狄"三姓土司经常反叛朝廷，抗

税不交，所以明朝皇帝朱元璋，就派我们的祖先来清剿、来平叛。平叛后就奉命留下来屯垦戍边。很明显这是一首贵州"屯堡人"的叙事史诗，但朝廷要求各地的布依族用"分"（布依语，即唱歌）的曲调，用布依语传唱，久而久之，就唱成了布依族的叙事史诗。把自己本来是被清剿者唱成了清剿者，把自己是原住民唱成了江西、湖、广籍。由于歌词是用布依语，曲调是用"分"的调子，这首《调北征南》的歌在布依族中流传甚广，相反"屯堡人"早就不知道有这样一首歌，也不唱这首歌了。后来有的人就把这首歌作为布依族是"调北征南"时来到贵州的证据。

布依族祖籍江西说一直受到学术界的质疑，多年来，众多学者从不同角度进行研讨论证，形成了共识，得出的结论是：布依族是贵州的世居民族，从远古至今就是这一片土地的主人之一，不是明朝调北征南时从江西移民到贵州的。这一结论是学界的共识，也得到官方的认可，很多民众也接受了这一结论。但是由于祖籍江西说谬传了六百多年，一些民众还没有认识是谬传，认为是祖祖辈辈传下来的，不相信是谬传；一些官员懒于学习，不知道布依族祖籍说已经有新的结论，在工作中自觉不自觉地还在使用过去的错误传说；个别学者认为布依族祖籍新说缺少历史文献的支撑和考古资料的证实，所以不接受新结论；一些人在撰写文章时由于不知道有新的结论，还在引用过去错误的传说，造成继续以讹传讹的严重后果。

《摩当经》证实了布依族是贵州的世居民族，从远古至今就是这一片土地的主人之一，不是明朝初年调北征南时从江西移民到贵州的，为布依族族源新论提供了两个有力的书证。

书证之一：

《摩当经》有一段叫"梢本"的仪式和经文。"梢本"就是叫亡灵去找祖宗，与祖宗住在一起。布依族传统灵魂观认为，亡灵到天上后必须和祖宗们住在一起。要找到祖宗住的地方，必须按照祖宗们迁徙的线路走回去才能找到祖宗。所以祖宗的迁徙线路不能叫错，否则亡灵就找不到祖宗。亡灵找不到祖宗，亡灵就要来找摩师和子孙后代的麻烦。下面就是"梢本"仪式和经文。

"梢本"仪式由摩考（首席摩师）主持，摩考站在魂杆下，家族长老坐在灵堂里。

摩考大声问：

摩当经原文：样报呀完嘛你铙及拿

摩当经意译：叫亡灵去坐（归到）祖宗那里叫什么地方

家族长老大声回答：矩州（唐代贵州的名称）

摩考大声跟着喊：矩州（唐代贵州的名称）

家族长老大声说：者有。（地名，以下地名是贵州省镇宁自治县马简村王氏家族迁徙顺序地名，不同的家族迁徙的地名不同）

摩考：者有。（地名）

长老：平风。（地名）

摩考：平风。（地名）

长老：用卖。（地名）

摩考：用卖。（地名）

长老：墓坎。（地名）

摩考：墓坎。（地名）

长老：那找。（地名）

摩考：那找。（地名）

长老：拜更啰！

摩考：拜更啰！（上去啰，即按照以上地名顺序上去找祖宗啰！）

据笔者了解，各地布依族"梢本"的第一个地名都是矩州，不同家族后面的地名才不同。矩州是贵州初唐时期的名称，据此可以得出布依族在唐初时就已经是贵州的原住民，而不是明朝洪武年间"调北征南"才从江西移民贵州。

书证之二：

"边告"。布依族丧葬仪式场所要栽一棵大楠竹做"龙告"，有点像当地汉族树立的魂杆，"龙告"上挂"边告"，就像汉族挂在魂杆上的魂幡。但是"边告"与汉族的魂幡意义和内容都不同。汉族魂幡的内容只是写亡灵的姓名、籍贯、生卒时间，近似于现代文书"证明信"。布依族的"龙告"是灵魂升天的天梯。"边告"是灵魂升天的"介绍信"，通关文牒。它不仅介绍亡灵的姓名、籍贯、生卒时间；还介绍亡灵带上天的物品；到天上管辖什么地方；亡灵安葬的地方等等。

"边告"大部分用汉字书写，有个别自创的土俗字。语言大部分是汉语，但思想内容是布依族摩教的内容。下面就是"边告"前面部分的具体内容：

摩当经原文：天有明明

摩当经意译：地有明明

（注：这两句相当于朗朗乾坤。意思是给亡灵举办升天仪式，是光明正大的，是符合法理、符合情理的大事。）

摩当经原文：金条（调）引路时来

摩当经意译：吉日良辰手持上天的通行牌上路

（注：有的版本用调。金条传说是上天的通行牌即通关文牒，要有通行牌才能上天。引路就是有金条来引路。时来就是这个时候，有吉日良辰的意思。这句话就是：吉日良辰手持上天的通行牌上路。）

摩当经原文：男女引路时来

摩当经意译：吉日良辰有人引路

（注：上天要有具体的引路人，男女引路时来就是吉日良辰有引路人来引领亡灵升天。）

摩当经原文：大宋国

摩当经意译：大宋国

（注：大宋国即北宋，指亡灵在世时所在地。）

摩当经原文：南赔部州

摩当经意译：南赔部州

（注："赔"原文右边是善字，是摩师自创的土俗字。有的版本用"泉"字，宋时古地名。）

摩当经原文：广南西路

摩当经意译：广南西路

（注：广南西路是北宋的一个行政区域，在今广西、贵州、海南、云南、湖南。也就是壮族布依族的主要聚居地。布依族各地的"边告"都写有广南西路。不同的家族，后面的州、府、县、村不同。）

这又一个有力的书证，证明北宋时期布依族就居住在广南西路即贵州、广西这一带，而不是明朝洪武年间"调北征南"才从江西移民贵州。

二、有关母系氏族社会的信息

人类社会学认定人类社会曾经经历母系氏族社会阶段，除了一些族群现在还保留有母系氏族社会的生活痕迹外，找不到相关的考古资料和文字资料的有力支撑。布依族摩经中"摩当"经里的这一段经文，我认为是对母系氏族社会女权交接的精彩描述。

摩当经原文：买飘至麻五

摩当经意译：给接班的儿媳什么

（注："飘"有收拾、整理等含义，如"飘作"就是收拾摆在桌子上的东西。这里的"买飘"意思是指收拾亡灵留下的产业的儿媳，也就是亡灵的接班人。）

摩当经原文：内海讨纳并

摩当经意译：拿鸭田作礼物给儿媳

摩当经原文：买飘至麻五

摩当经意译：给接班的儿媳什么

摩当经原文：内海讨纳盖

摩当经意译：拿鸡田作礼物给媳妇

摩当经原文：玫飘至麻五

摩当经意译：不是接班的儿媳拿什么给

（注："玫飘"指不是接班的儿媳。）

摩当经原文：内玫讨纳并

摩当经意译：不是接班的儿媳不拿鸭田作礼物

摩当经原文：玫飘至麻五

摩当经意译：不是接班的儿媳拿什么给

摩当经原文：内海讨纳盖

摩当经意译：拿鸡田作礼物给媳妇

摩当经原文：内海夺睐衣

摩当经意译：送的礼（给接班儿媳的送礼）读给你听

（注："夺"即读，这里意思是宣读给接班的儿媳的礼品单。）

摩当经原文：衣海奔睐店

摩当经意译：听读那些礼物已经到位

这一段经文是把亡灵送到了天上，亡灵说要给"买飘"的礼物。"飘"就是接收、收拾，即接收亡灵"遗产"即权利。"买"即媳妇。"买飘"即继承亡灵事业的媳妇，也就是部落女首领和家庭的女当家人。明确礼品只能给"买飘"，不是"买飘"的不能给。也就是说礼物只能给继承亡灵事业的媳妇，其他人和不是继承人的媳妇都不能给。这是第一次在相关古籍里发现明确单独给接班的女人礼物的资料。这里明确"飘"的是"买"，即接班的是媳妇而不是女儿，这说明那时的社会形态是母系氏族社会。

三、关于灵魂升天的想象

灵魂怎么升天是一个民族灵魂观念的核心内容。布依族和汉族都认为亡灵的灵魂都要升到天上，但是如何升想象完全不同。"摩当"经就是布依族送灵魂升天的经文，它描述了灵魂升天的整个过程。布依文化与汉文化关于灵魂升天的最大不同就是对亡灵在阳世的善恶鉴别。布依文化亡灵在阳世的善恶分为三个等级，即善者、恶者和大恶者，通过过天桥时桥面的变化来体现。在阳世，善者的亡灵过雪桥时雪坚固，桥面平整，容易通过，过铜桥和铁桥时越走桥面越宽；恶者过雪桥时雪会融化，桥面不平整，通过艰难；大恶者过雪桥时雪就融化，雪桥垮塌，亡灵就掉到黑暗阴冷的第一层天，大恶者过铜桥和铁桥时越走桥面越窄，最后桥面收窄像刀口，亡灵无法过去，同样就掉到黑暗阴冷的第一层天。而汉文化亡灵要通过十殿王审查，受各种酷刑。当然近代布依族有的地方也吸收引进汉文化的十殿王审查的内容和环节，但这不是传统的布依族摩文化，需另当别论。对恶者的解救，布依传统文化与汉文化也不同。布依传统文化请摩师为其举行"汉王"仪式，即向天牢或者地狱交清罚金，就可以把亡灵的灵魂赎出来，而汉文化要经过十八层地狱的磨难。

四、关于生物进化的杂交优势

笔者惊奇地发现布依族在远古时就发现了生物遗传的杂交优势。在"摩当"里描述要选择好的公鸡来给亡灵引路，选择鸣叫得好的公鸡来祭祀。好的公鸡经文里称为"介在"，即公鸡里的"官"。那么"介在"是怎么来的呢？"介在"是因为鸡的母亲没有公鸡交配，就和住在悬崖上的隼交配。和隼交配后下的蛋，孵出的鸡就非常厉害。摩经中描述，这种"介在"跑得非常快，鸣叫的声音在天上都能听得见。

五、关于布依族的风水学、阴阳学与汉文化的风水学、阴阳学的关系

学界普遍认为布依族的风水学、阴阳学是完全学习、吸收和引进汉文化的风

水学、阴阳学的。但笔者在"摩当"经中发现古代布依族是有一套完整的风水学、阴阳学理论的。也有自己从事风水学、阴阳学的先生，即"思"。摩经描述去请先生来相地请的是"思"，即布依族自己的摩师。对什么样的地是风水宝地有详细的描述。关于风水宝地的标准是不同于汉文化的风水学理论的，说明更早的时候布依族的摩教是有自己的风水理论的。当然布依族现在的风水学、阴阳学已经完全学习、吸收和引进汉文化的风水学、阴阳学了，但是过去布依族摩教是有自己一套独立完整的风水理论的。

"摩当"经描述摩师相地的过程和标准：

摩当经原文：样蜡爷地乃

摩当经意译：坐在下面看墓地就得

摩当经原文：样买宰地弁

摩当经意译：选好的墓地画线就能买成

摩当经原文：又买相地莫

摩当经意译：把墓地画好线

摩当经原文：又坝七敢爷

摩当经意译：爬到悬崖峭壁上的山洞看（可能曾经有过洞葬）

摩当经原文：又便列敢闷

摩当经意译：爬到上面选择山洞瞧

摩当经原文：地刁敢利要

摩当经意译：第一处的墓地说有点好

摩当经原文：动冈放难沾

摩当经意译：坝子中的墓地难遇

摩当经原文：儿枚章地远

摩当经意译：儿子不喜欢这块墓地？

摩当经原文：亡枚坐地远

摩当经意译：亡灵也不愿意埋在这块墓地

摩当经原文：地刁敢利要

摩当经意译：第一处的墓地说有点好

摩当经原文：动干山滥乱

摩当经意译：路边的那一块坝子有落洞

摩当经原文：儿枚章地远

摩当经意译：儿子不喜欢这块墓地

摩当经原文：亡枚坐地远

摩当经意译：亡灵也不愿意埋在这块墓地

摩当经原文：地刁敢利要

摩当经意译：第一处的墓地说有点好

摩当经原文：海万高完洒

摩当经意译：找像彩虹和水牛角那样的墓地

摩当经原文：克蜡高怀作

摩当经意译：弯曲像水牛角那样来

摩当经原文：隋讨衣地远

摩当经意译：蚂蜂来听这块地

摩当经原文：皆讨衣地远

摩当经意译：鸡来听这块地

摩当经原文：用讨衣地远

摩当经意译：鸟来听这块地

摩当经原文：冈讨衣地远

摩当经意译：蟾蜍来听这块地

摩当经原文：容讨衣地远

摩当经意译：羊来听这块地

摩当经原文：害对妈对

摩当经意译：穿山甲来听这块地

摩当经原文：搅讨衣地远

摩当经意译：狸来听这块地

摩当经原文：十其讨衣其

摩当经意译：周围的全部来听这里

摩当经原文：嘎乃吉你利

摩当经意译：只有这里最好

摩当经原文：十代讨衣代

摩当经意译：十个地方都来听这个地方

摩当经原文：嘎乃代你梱

摩当经意译：只得这地管

摩当经原文：十梱讨衣梱

摩当经意译：管理的十个地方都来听这个地方管

摩当经原文：嘎乃梱你利

摩当经意译：只有这管最好

摩当经原文：十地讨衣地

摩当经意译：十处墓地都来听这个墓地

摩当经原文：嘎乃地你利

摩当经意译：只有这墓地最好

从这一段摩师相地过程和摩教对"风水宝地"的标准看出，布依族摩教古代的风水理论与汉文化的风水学和阴阳学是不同的。布依族摩教古代的风水理论有两个要素，一是强调地形地貌。地形地貌要像牛角那样弯曲，像彩虹那样逶迤磅礴。二是强调各种动物来朝会，这里的动物是指周围山的形状像各种动物。

从现在来看，布依族相地理论已经完全吸收、借鉴汉文化的风水学和阴阳学，但是布依族古代是有自己的一套风水理论的。

六、对笑的描写堪称文学精品

摩经都是叙事长诗，文字精练，描述形象生动。这里举一例以飨读者。这一段摩经是告诉亡灵，亡灵升天后如果亡灵保佑儿孙们发财发富，儿孙们会很高兴。摩经用各种笑的形态来描述儿孙们高兴的样子：

摩当经原文：万钱乃至儿

摩当经意译：你升天后保佑儿孙们发大财

摩当经原文：乃钱羞至儿

摩当经意译：你的儿孙们发财（得到钱）后就笑

摩当经原文：羞兵望至儿

摩当经意译：有的前仰后翻地哈哈大笑

摩当经原文：望宾满至儿

摩当经意译：有的在偷偷窃笑

摩当经原文：羞等骂至儿

摩当经意译：有的笑得头都缩到肩膀里

摩当经原文：羞娃商至儿

摩当经意译：有的笑得全身都在抖动

七、布依族在远古时期物质文明程度已经非常高

布依族世居珠江流域，气候宜人，水丰土肥，物产丰富，人们生活富庶，物质文明程度非常高，仅从在远古时期床榻按照功能使用就可见一斑。经文描述亡灵担心死后自己的床榻会被子孙后代荒芜、丢弃，可以看出布依族在远古时期物质文明程度就已经很高。

摩当经原文：呆了切贯洒门后

摩当经意译：死了让你的靠榻空

摩当经原文：呆了切贯又门吾

摩当经意译：死了丢你的睡床荒芜

摩当经原文：呆了切贯洒门榜

摩当经意译：死了让你的靠榻丢弃

摩当经原文：呆了切贯养门吾

摩当经意译：死了让你座榻荒芜

摩当经原文：呆了没海切贯洒门后

摩当经意译：死了不让你的靠榻空着

摩当经原文：呆了没海切贯又门吾

摩当经意译：死了不让你的睡床荒芜

摩当经原文：呆了没海切贯洒门榜

摩当经意译：死了不让你的靠床靠到一边

摩当经原文：呆了没海切贯养门吾

摩当经意译：死了不让你座榻荒芜

布依族那时坐有坐榻，靠有靠榻，睡觉有睡床，说明生活非常富庶，物质文明程度已经非常高。

这部《摩当经》为民族、为人类保存了很多非常有价值的历史文化信息，最有价值的是为布依族在贵州的原始住民提供了两份有力的书证，有力地驳斥了布依族是明朝初年调北征南时从江西移民到贵州的谬传。

布依族摩经承载了布依族丰富的古文化信息，精彩之处很多，从笔者对这部《摩当经》部分内容进行的研究可以看出，布依族摩经博大精深。希望有更多的

学者从哲学、人类社会学、文学、自然科学发展史等多个角度研究摩经，把布依族保留给人类的这一宝贵文化遗产复原其本来面目，服务现代社会。

〔伍忠纲：贵州省布依学会常务理事、学术委员；
肖忠宇：贵州省水钢总医院主治医生〕

壮族神话中布洛陀典型母题的类型与构成

王宪昭

叙述文化祖先的神话是神话的一个重要而常见类型，这类神话的叙事核心一般是通过对祖先生平事迹的叙述，实现对这位祖先丰功伟绩的认知，进而提高群体的自豪感和凝聚力。塑造文化祖先的一个最常见的方法一般会涉及该祖先五个核心问题，即（1）非凡的身世；（2）巨大的业绩；（3）婚姻；（4）繁衍后代；（5）"死亡"或"被纪念"。围绕这几个核心母题会生发出一些相关的母题，形成一个相对完整的母题链。如《中国神话母题W编目》[①]中，将"W0670 布洛陀"母题划分为"W0670.1 布洛陀神奇的出生"，该母题包括"W0670.1.1 天降布洛陀""W0670.1.2 感生布洛陀""W0670.1.3 洞生布洛陀""W0670.1.4 卵生布洛陀"等；在"W0670.2 布洛陀的奇特本领"母题中，包含了"W0670.2.1 布洛陀造万物""W0670.2.2 布洛陀制定万物秩序""W0670.2.3 布洛陀有神力"等；在"W0670.3 布洛陀的关系"母题中，包含了"W0670.3.1 布洛陀与姆六甲是母子""W0670.3.2 布洛陀与姆六甲是夫妻"等；而在"W0670.4 与布洛陀有关的其他母题"之下，则列举出"W0670.4.1 布洛陀不死""W0670.4.2 布洛陀是智慧老人""W0670.4.3 布洛陀是神""W0670.4.4 布洛陀是巨人""W0670.4.5 布洛陀是始祖""W0670.4.6 布洛陀住水中""W0670.4.7 布洛陀住岩洞""W0670.4.8 布洛陀生日""W0670.4.9 布洛陀阳具巨大"等母题。本文在上述母题的基础上，进一步从神话传说文本中对关于布洛陀的典型母题进行细分，并依据神话传说中关于文化祖先塑造的几个核心问题，从资料学的角度，对布洛陀神话传说的母题加以梳

[①] 王宪昭：《中国神话母题W编目》，中国社会科学出版社，2013年，第116页。

理,试图据此为读者全面了解布洛陀叙事的规则提供便利。

一、布洛陀的非凡身世

(一)关于布洛陀的出生

(1)天降布洛陀。如布洛陀与姆洛甲一起从天上降到田阳县敢壮山。(过伟:《壮族人文始祖论》,见《壮族神话集成》,广西民族出版社,2007年,第680页)

(2)感生布洛陀。母亲感风而孕生布洛陀。(《壮族麽经布洛陀影印译注》[①],第2290页)

(3)洞生布洛陀。姆洛甲造出的河流冲击岩石形成的山洞中出来布洛陀。(《布洛陀寻踪》,广西人民出版社,2004年,第396页)

(4)卵生布洛陀。有神话说,布洛陀从大石蛋孵出。(农冠品:《壮族神话谱系及其内涵述论》,见覃乃昌等编:《壮学首届国际学术研讨会论文集》,广西民族出版社,2004年)另则神话说,石头蛋中爆出始祖布洛陀。(《布洛陀经传》,见覃圣敏主编:《壮泰民族传统文化比较研究》,广西人民出版社,2003年,第2771页)

(5)布洛陀的神奇出生。如流传于广西田阳县百育镇新民村花茶屯的神话说,布洛陀出生时一道亮光照亮天空。(潘培新讲:《祖公和母娘》,见《壮族神话集成》,第164页)

(6)布洛陀的生日。如流传于广西田阳县那坡镇平朴村的神话说,布洛陀的生日是农历二月十九。(黄照强讲:《布洛陀造人间天地》,见《壮族神话集成》,第166页)

(二)布洛陀特殊的身份

(1)布洛陀是智慧老人。如流传于广西壮族自治区右江、红水河一带的神话说,碌陀山有个名叫布碌陀的老人,智慧过人,神力无限。(周朝珍讲:《布碌陀》,载广西民间文学研究会编印《广西民间文学丛刊》第5期)

(2)布洛陀是神

① 布洛陀是创世神。如流传于广西田阳县的神话说,布洛陀是无所不能的

[①] 张声震主编:《壮族麽经布洛陀影印译注》,广西民族出版社,2004年。

创世神。(陆毅讲,李斯颖搜集整理:《布洛陀取火》,2009.12.20)

②布洛陀是地神。(梁庭望:《在田阳壮族人文始祖布洛陀文化遗址研讨会上的发言》,载《广西民族报》,2003年6月)

(3)布洛陀是神人。如流传于广西西林县那佐乡那来村的神话说,始祖姆六甲和布洛陀是地上的神人。(黄公受讲:《巨人夫妻》,见《中国民间故事集成》(广西卷),第55—60页)

(4)布洛陀是造物主。如有的神话说,布洛陀是我们壮家的造物主。(陆世安讲:《布洛陀》,见《中国各民族神话》(仫佬族、壮族、京族),书海出版社,2014年,第135页)

(5)布洛陀是巨人。如,有神话说,布洛陀是男性巨人。(过伟:《壮族人文始祖论》,见《壮族神话集成》,第680页)

(6)布洛陀是王。如保洛陀是管中界(人间)的人王。(蓝鸿恩:《论布伯的故事》,见田兵等编《中国少数民族神话论文集》,广西民族出版社,1984年,第138页)

(7)布洛陀是始祖。如流传于广西田阳县的神话说,布洛陀与母勒甲是上帝派到凡间造人造物,创造凡人世界的始祖。(黄明标搜集整理:《布洛陀与敢壮山的传说》,见广西田阳县人民政府网:http://www.gxty.gov.cn/tykk/ShowArticle.asp?ArticleID=726,2007-01-22)

(8)布洛陀是圣人。如有神话说,管理中界的保洛陀是个极聪明、极能干的圣人,三界的事情都知道。(覃建才搜集整理:《保洛陀》,见《中国各民族神话》(仫佬族、壮族、京族)[1],第97页)

(三)布洛陀的非凡体征

(1)布洛陀身材魁梧。如流传于广西壮族自治区右江、红水河一带的神话说,布洛陀身材魁伟,体魄强壮。他虽然年纪老迈,鬓发斑白,但仍然满面红光,精神抖擞。(周朝珍讲:《布洛陀》,见《中国神话》(上),第67—86页)

(2)布洛陀巨大的生殖器。如流传于广西凌云县的《布洛陀》中说,男性神布洛陀开天辟地和定万物时,将其阴茎化成一根巨大的赶山鞭,把一切赶得飞跑。(《布洛陀》,见《创世神话》,第160页)过伟在《壮族人文始祖论》中也例

---

① 姚宝瑄主编:《中国各民族神话》(仫佬族、壮族、京族),山西出版传媒集团·书海出版社,2014年。

证说，广西亭怀屯通往巴马县燕洞的山路旁有一个巨石，传说是布洛陀的阳具。（《壮族神话集成》，第681页）

（3）布洛陀撒尿成河。如流传于广西西林县的神话说，布洛陀撒尿像山洪暴发一样，水涨千丈高，一直涨升到天底，把青山和树木都淹没了。（黄公受讲：《巨人夫妻——姆洛甲与布洛陀》，见陶阳、钟秀编《中国神话》（中）[①]，第659—667页）

（四）布洛陀的非凡能力

（1）布洛陀有神力

①布洛陀能显灵。如流传于广西田阳县敢壮山一带的神话说，布洛陀显神力，能让搁浅的船通过沙滩。（彭自强讲，李斯颖采集：《布洛陀山》，2009.12）

②布洛陀力大无比。如有神话说，人们有了顶天柱后，大家扛不起，布碌陀马步一蹲，就把顶天柱扛到肩上去了。（《布碌陀》，见《中国各民族神话》（仫佬族、壮族、京族），第75—76页）流传于云南的神话说，雷的力量只比波落多差一点。（沙骥整理：《艾撒和艾苏》，见《中国各民族神话》（仫佬族、壮族、京族），第170页）

（2）布洛陀无所不晓。如流传于广西西江流域的神话说，保洛陀知道三界的所有事情。（覃建才搜集整理：《保洛陀》，见曹廷伟编著《广西民间故事辞典》，广西教育出版社，1993年，第17页）

（3）布洛陀会腾云驾雾。如流传于广西西林县那佐乡那来村的神话说，始祖布洛陀踏着彩云到天界。（黄公受讲译：《巨人夫妻》，《中国民间故事集成》（广西卷），第55—60页）

（4）布洛陀懂兽语。如有神话说，布洛陀神通广大能与百兽对话，精通树木花草语言。（黄诚专：《布洛陀的传说》，见 http://hongdou.gxnews.com.cn，2008-04-08）

（5）布洛陀是预言者。如有神话说，管理中界的保洛陀对于过去未来全懂得。（覃建才搜集整理：《保洛陀》，见《中国各民族神话》（仫佬族、壮族、京族），第97页）也有神话说，布洛陀知天知地又知人，壮家不论碰到什么事情都要去问他。（陆世安讲：《布洛陀》，见《中国各民族神话》（仫佬族、壮族、京族），第135页）

---

① 陶阳、钟秀编：《中国神话》（中），商务印书馆，2008年。上、中、下三卷为同年出版。

（6）布洛陀掌管生死。如流传于广西右江、红水河一带的神话说，布洛陀掌管万物生死大权。（周朝珍讲：《布洛陀》，见陶阳、钟秀编《中国神话》（上），第67—86页）

（五）布洛陀的居所

（1）布洛陀住天上。如流传于广西西林县八达镇的神话说，开天辟地老祖布洛陀，造了天地和人以后，在天上安家。（岑永钦等讲：《铜鼓的传说》，见《中国少数民族神话》①，第116页）

（2）布洛陀住水中。如，有神话说，布洛陀住在红水河的深处。（《壮族麼经布洛陀影印译注》，第1428页）

（3）布洛陀住岩洞。如流传于广西巴马县所略乡的神话说，布洛陀住在"坎拉"（岩洞）。（周朝珍唱：《布洛陀造米》，见《壮族神话集成》，第131页）

（六）其他方面

（1）布洛陀的随从。如布洛陀有老虎随行结伴。（《壮族麼经布洛陀影印译注》，第1433页）

（2）布洛陀的工具。如布洛陀的神斧。流传于广西壮族自治区右江、红水河一带的神话说，布洛陀的大板斧是为人类造福的神斧。）周朝珍讲：《布洛陀》，见陶阳、钟秀编《中国神话》（上），第67—86页）

（3）布洛陀的性格。如有神话说，保洛陀是个很好的人，他最关心人们的酸甜苦辣，又最能听取别人的意见。（岭隆业等搜集整理：《铜鼓的来历》，见《中国各民族神话》（仫佬族、壮族、京族），第150页）

（4）布洛陀的寿命。如流传于云南西畴县兴街镇下南丘村的神话说，洛陀山的布洛朵（即布洛陀）是一位不会死的老人。（陆开富讲：《布洛朵》，见《壮族神话集成》，第40页）

二、布洛陀的功绩

在文化祖先的塑造中，对其业绩的关注是神话传说叙事中的重头戏。针对

---

① 谷德明编：《中国少数民族神话》，中国民间文艺出版社，1987年。

这一方面，我们可以分成若干层次。

（一）布洛陀创世

关于创世是一个复杂的问题。这里按照传统的分类，把与布洛陀创世有关的母题划分为如下几种情形。

（1）布洛陀是鬼神制造者。（《壮族麽经布洛陀影印译注》，第40—49页）

（2）布洛陀造天地。如流传于广西右江、云南红河一带的神话说，布洛陀先造天，后造地，结果造出的天小地大，天盖不住大地。（周朝珍讲：《布碌陀》，见《民族神话》，第68页）流传于广西西林县的神话说，壮家的开天辟地老祖布洛陀，造了天地和人。（岑永钦等讲：《铜鼓的来历》，见陶阳、钟秀编《中国神话》（下），第1271—1274页）

①布洛陀派特定人物造天地

（a）布洛陀派盘古造天地。（《布洛陀经诗》，见《壮族神话集成》，第92页）

（b）布洛陀派天王氏造天。（《布洛陀经诗》，见《壮族神话集成》，第96页）

②布洛陀造天

（a）布洛陀顶天，如流传于广西巴马县所略乡所略村的神话说，布洛陀用砍倒的老铁木做顶天柱。（周朝珍讲：《布洛陀》，见《壮族神话集成》，第35页）流传于云南西畴县兴街镇下南丘村的神话说，布洛朵率人用铁柱顶天。（陆开富讲：《布洛朵》，见《壮族神话集成》，第40页）

（b）布洛陀把天升高，如流传于广西巴马县所略乡的神话说，布罗托让雷公子把天升高。（李浩搜集：《布罗托惩罚雷公子》，见《壮族神话集成》，第62页）

③布洛陀修地

（a）布洛陀把地加厚。如流传于广西武鸣的神话说，保洛陀让龙王把地加厚。（覃月初讲：《保洛陀》，见《壮族神话集成》，第60页）还有神话则说，布洛陀让人把地加到33座石山那么厚。（欧阳若修等：《壮族神话集成》，见《壮族神话集成》，第504页）

（b）布洛陀用铜钉把地钉稳。如流传于云南西畴县兴街镇下南丘村的神话说，布洛朵率人用铜钉钉地。（陆开富讲：《布洛朵》，见《壮族神话集成》，第40页）

④布洛陀分开天地。如流传于广西东兰县大同乡和龙村的神话说，壮人始祖布洛陀把大石头分开成两片，天地才分离。（覃凤平等讲：《姆洛甲断案》，见《民间故事集成》（广西卷），第8页）

（2）布洛陀造日月星辰。如有神话说，布洛陀造了太阳、月亮和星星。（《布洛陀》，见《宗教与神话大词典》，第783页）流传于广西东兰县大同乡和龙村的神话说，布洛陀上天去造日月星辰。（覃凤平等讲：《姆洛甲断案》，见《民间故事集成》（广西卷），第8页）

①布洛陀造太阳。流传于广西上林县西燕乡的神话说，布洛陀用泥巴、蛟龙的眉毛和眼睫毛造太阳。（韦奶讲：《太阳、月亮和星星》，见《壮族神话集成》，第309—310页）在广西东兰县也有神话说，布洛陀造出了太阳。（覃鼎琨讲：《姆洛甲造三批人》附记，见《中国民间故事集成》（广西卷），第4页）

②布洛陀造月亮。如流传于广西田阳县的神话说，布洛陀拿出神笔，往西边划个圈，西边天上出现了一个月亮。（李世锋：《布洛陀神功缔造人间天地》，见广西田阳县人民政府网：http：//www.gxty.gov.cn/tykk/ShowArticle.asp?ArticleID=726,2007-01-22）

③布洛陀造星星。如流传于广西西林县八达镇的神话说，布洛陀为了看清地上角落的妖魔鬼怪，把星星摘下来安在地上。（岑水钦讲：《地上的星星》，见《壮族神话集成》，第373页）流传于广西田阳县敢壮山一带的神话说，布洛陀的眼睛闪闪，变成天上星星。（过伟：《壮族人文始祖论》，见《壮族神话集成》，第681页）流传于广西西林县的神话说，布洛陀带领人们挖来三彩泥造出许多星星。（岑永钦等讲：《铜鼓的来历》，见陶阳、钟秀编《中国神话》（下），第1271—1274页）

（3）布洛陀造万物

①布洛陀造山川

（a）布洛陀造山。如流传于广西西林县那佐乡那来村的神话说，布洛陀巴掌一扇，把天下的山峰赶过来，堆积成一座大山。（黄公受讲：《巨人夫妻》，见《中国民间故事集成》（广西卷）[①]，第55—60页）

（b）布洛陀造山坡。如流传于广西巴马县所略乡所略村的神话说，布洛陀用手指抓地皮，做出很多山坡。（周朝珍讲：《布洛陀》，见《壮族神话集成》，第35页）

（c）布洛陀造山峰。如流传于广西西林县那佐乡那来村的神话说，布洛陀抓住一座座山，把它们叠成一座高人云端的大山峰。（黄公受讲译：《巨人夫妻》，

---

① 中国民间文学集成全国编辑委员会编：《中国民间故事集成》（广西卷），中国ISBN中心，2001年。

见《中国民间故事集成》(广西卷)，第55—60页)

②布洛陀造与水有关的诸物

(a)布洛陀造河流。如有神话说，布洛陀开造红河。(周朝珍讲:《布洛陀》，见《中国神话》，第71页)流传于广西田阳县的神话说，布洛陀撩开腰带，往地上撒尿，所到之处竟流成一条条清澈见底的河流。(李世锋:《布洛陀神功缔造人间天地》，见广西田阳县人民政府网：http://www.gxty.gov.cn/tykk/ShowArticle.asp?ArticleID=726,2007-01-22)

(b)布洛陀造泉。如有神话说，布洛陀的胡子留在山梁上，胡子的小绺变成山泉。(刘志坚:《〈天问〉与壮族创世神话》，见农冠品等:《岭南文化与百越民风——广西民间文学论文选》，广西教育出版社，1992年)有神话说，始祖布洛陀、麽渌甲教人挖出泉水。(《布洛陀寻踪》，广西人民出版社，2004年，第5页)

(c)布洛陀造瀑布。如有神话说，布洛陀的胡子留在山梁上，长绺变成瀑布。(刘志坚:《〈天问〉与壮族创世神话》，见农冠品等:《岭南文化与百越民风——广西民间文学论文选》，广西教育出版社，1992年)

③布洛陀造人。如有神话说，布洛陀造人时，用通心草接成人的肠子。(黄诚专:《布洛陀的传说》，见http://hongdou.gxnews.com.cn,2008-04-08)

(a)布洛陀放出人。如流传于广西红水河流域的神话说，布洛陀向地上第一放鸡，第二放狗，第三猪，第四羊，第五水牛，第六马，第七人。(《布洛陀经诗》，见《中国民间故事集成》(广西卷)，第37页)

(b)布洛陀派特定人物造人。如有神话说，布洛陀派四脚王(会变色的蜥蜴)到地上造人。(《布洛陀经诗》，见《壮族神话集成》，第102页)

(c)布洛陀婚生人。如流传于广西西林县那佐乡那来村的神话会所，布洛陀与姆洛甲婚生九个男孩。(黄公受讲:《巨人夫妻》，见《民间故事集成》(广西卷)，第55页)

④布洛陀造动物。如流传于云南西畴县兴街镇下南丘村的神话说，布洛陀不但造动物，还为大小动物分生殖器。(陆开富讲:《分生殖器》，见《壮族神话集成》，第42—43页)

(a)布洛陀造牛。如流传于广西巴马县的神话说，布洛陀用大首乌做牛肉，白皮木造牛骨，马蜂窝做牛肚，芭蕉叶做牛肠。(覃承勤搜集:《壮族牛歌》，见《壮族神话集成》，第378—379页)流传于广西巴马县所略乡所略村的神话说，布洛陀用黄泥捏了一头黄牛。(周朝珍讲:《布洛陀》，见《中国民间故事集成》

（广西卷），第30页）

（b）布洛陀造猪。如流传于广西田阳县的神话说，布洛陀造猪时用竹壳做皮，用棉花为肉，用红酒当血。（黄大山讲，王宪昭采集：《布洛陀造万物》，2009.12）

⑤布洛陀造植物

（a）布洛陀造树木。如流传于广西东兰县的神话说，布洛陀造出了森林。（覃鼎琨讲：《姆洛甲造三批人》附记，见《中国民间故事集成》（广西卷），第4页）

（b）布洛陀造五谷。（周朝珍讲：《布洛陀》，见《中国神话》，第71页）

（c）布洛陀造竹子。如有神话说，布洛托在高山顶上造南竹。（李绍章讲：《特推阿爷教猴子》，见《中国各民族神话》（仫佬族、壮族、京族），第117页）

（二）布洛陀是文化发明者

（1）布洛陀取火。如流传于广西巴马县、东兰县一带的神话说，布洛陀为人类取火。（周朝珍讲：《布洛陀》，见《中国神话》，第71页）

①布洛陀钻木取火。如有神话说，始祖布洛陀教人摩擦木头取火。（《布洛陀寻踪》，广西人民出版社，2004年，第118页）

②布洛陀劈树取火。如流传于广西田阳县田州镇三雷村那广屯的神话说，布洛陀从雷公劈树赐火的事情中学会取火。（梁章伟讲：《布洛陀取火》，见《壮族神话集成》，第167页）

（2）布洛陀发明生产生活工具

①布洛陀发明弓箭。如流传于云南西畴县的神话说，布洛陀教人们做弓箭。叫人们拉弓射太阳，喊人们拿箭杀月亮。（陆开富等讲：《布洛陀》，见《中国民间故事集成》（云南卷），第86页）

②布洛陀发明渔网。如有神话说，布洛陀教人造渔网捕鱼。（过伟：《壮族人文始祖论》，见《壮族神话集成》，第680页）

③布洛陀发明火灶。如流传于广西田阳县田州镇三雷村那广屯的神话说，布洛陀告诉人类如何使用火灶。（梁章伟讲：《布洛陀取火》，见《壮族神话集成》，第167页）。流传于广西右江、云南红河一带的神话说，布洛陀教人们在屋中间架了一个四四方方的灶堂，里面铺上泥沙，规定火要在火灶里烧。（周朝珍讲：《布碌陀》，见《民族神话》，第68页）

（3）布洛陀发明生活用品

①布洛陀发明纺织。如有神话说，布洛陀教人纺纱织布。（过伟：《壮族人文始祖论》，见《壮族神话集成》，第680页）

②布洛陀发明制衣。如流传于广西靖西的神话说，布洛陀会造衣裤。（《盘古歌》，见《壮族神话集成》，第3页）

③布洛陀发明桌凳。如流传于广西东兰县的神话说，布洛陀造三脚凳。（覃鼎琨讲：《姆洛甲造三批人》附记，见《中国民间故事集成》（广西卷），第4页）

④布洛陀发明酒。（过伟：《壮族人文始祖论》，见《壮族神话集成》，第680页）

（4）布洛陀发明冶炼

①布洛陀炼铜。如流传于广西右江、云南红河一带的神话说，布洛陀从一个老头子处学会了铸铜技术。（周朝珍讲：《布碌陀》，见《民族神话》，第68页）

②布洛陀炼铁。如流传于广西田阳县的神话说，祖公布洛陀教人类用火炭炼生铁。（黄明标整理：《祭祀歌·唱祖公》，见《壮族神话集成》，第162页）

（5）布洛陀发明建造。如流传于广西田阳县的神话说，教人类建四根柱的房子。（黄明标整理：《祭祀歌·唱祖公》，见《壮族神话集成》，第162页）

（6）布洛陀发明饲养。如有神话说，布洛陀、姆洛甲指点人捉野猪、野羊、野牛喂养。（《壮族麽经布洛陀影印译注》，第2351—2360页）

（7）布洛陀发明种植。如有神话说，布洛陀教人打鱼狩猎、养鸡鸭、造屋、种植。（周朝珍讲：《布洛陀》，见《中国神话》，第71页）

（8）布洛陀发明文字历法。（过伟：《壮族人文始祖论》，见《壮族神话集成》，第680页）

（9）布洛陀发明医药。（过伟：《壮族人文始祖论》，见《壮族神话集成》，第680页）

（10）布洛陀发明姓氏。如流传于广西东兰县中山乡江平村的神话说，布洛陀给人安了72个姓氏。（黄汉琼唱：《喻世歌》，见《壮族神话集成》，第132页）

（11）布洛陀教人祭祀。如有神话说，布洛陀、姆洛甲劝人祭祖宗后，稻谷丰收。（《壮族麽经布洛陀影印译注》，第488—500页）

（12）布洛陀创造经书。如有神话说，布洛陀为人们创造麽经，编经书。（《壮族麽经布洛陀影印译注》，第488—500页）

（13）布洛陀制定万物名称。如广西右江及红水河一带的神话说，以前万物无名。掌管万物生死大权的布碌陀，一一都给安名定姓。（周朝珍讲：《布碌陀》，载广西民间文学研究会编印《广西民间文学丛刊》第5期）

（14）布洛陀发明其他诸物。如流传于广西西林县八达镇的神话说，铜鼓是布洛陀为震慑妖魔而造出来的。它可以杀死妖魔鬼怪，保护村寨。（岑水钦讲：《地上的星星》，见《中国民间故事集成》（广西卷），第86页）

（三）布洛陀为人类造福

（1）布洛陀治洪水。如流传于广西右江、红水河一带的神话说，布洛陀治水时，用撬山棍撬开大的山峰。（周朝珍讲：《布洛陀》，见陶阳、钟秀编《中国神话》（上），第67—86页）

（2）布洛陀为人类取粮种

①布洛陀取糯谷种。如流传广西东兰县三石乡长筒村的神话说，布洛陀找糯谷种。（覃剑萍搜集：《姆洛甲》，见《壮族神话集成》，第17页）

②布洛陀取水稻种。流传于广西巴马所略乡所略村的神话说，洪水后，布洛陀从斑鸠和山鸡的下巴尖里得到三颗旱谷和四颗水稻谷种子。（周朝珍讲：《布洛陀》，见《壮族神话集成》，第38页）又则神话说，洪水淹死所有稻谷，布洛陀就让斑鸠和老鼠去大江对岸取谷种。（覃圣敏主编：《壮泰民族传统文化比较研究》，广西人民出版社，2003年，第2774—2775页）

③布洛陀取玉米种。如流传于广西右江、红水河一带的神话说，布洛陀从远方取来的谷粒敲裂春碎，长成了玉米。（周朝珍讲：《布洛陀》，见陶阳、钟秀编《中国神话》（上），第67—86页）

（四）布洛陀制定秩序

此类母题是人类进入文明社会之后，随着社会管理的不断细致与规范化而产生的相应母题。表现出文化始祖布洛陀与人们日常生活与习俗的密切关系。

（1）布洛陀制定动物秩序

①布洛陀规定动物不能说话。如流传于云南西畴县兴街镇下南丘村的神话说，以前万物都会说话，造成世界混乱，布洛陀让它们喝了河水、露水和雨水等哑水，让它们失去说话能力。（陆开富讲：《不能让万物都会说话》，见《壮族神话集成》，第43页）

②布洛陀规定动物生育数量。如流传于广西巴马县所略乡所略村的神话说，

布洛陀规定猪不能生独仔，鸡鸭不能一次屙两个蛋。（周朝珍讲：《布洛陀》，见《中国民间故事集成》（广西卷），第30页）流传于广西右江、红水河一带的神话说，布洛陀规定兔子可以40天生一窝，老虎每次只生一胎。（周朝珍讲：《布洛陀》，见陶阳、钟秀编《中国神话》（上），第67—86页）流传于广西右江及红水河一带的神话说，布洛陀规定，狗不能生六七个仔。（周朝珍讲：《布碌陀》，载广西民间文学研究会编印《广西民间文学丛刊》第5期）

③布洛陀规定动物的行为方式。如流传于广西巴马县所略乡所略村的神话说，布洛陀规定：蛇不能横大路，母鸡不能啼夜，黄牛不能和水牛交欢，母牛只许一年发情一次，交配一次。（周朝珍讲：《布洛陀》，见《中国民间故事集成》（广西卷），第30页）

（2）布洛陀规定植物的秩序。如流传于广西右江、红水河一带的神话说，布洛陀规定禾苗的叶子不能长得太繁盛，不能光长叶不抽穗。（周朝珍讲：《布洛陀》，见陶阳、钟秀编《中国神话》（上），第67—86页）流传于广西右江及红水河一带的神话说，布洛陀规定牛不能拱主人。（《布碌陀》，见《中国各民族神话》（仫佬族、壮族、京族），第76页）

（3）布洛陀制定自然秩序

①布洛陀规定日月运行。如流传于广西上林县西燕乡的神话说，布洛陀造日、月后，让太阳、月亮和儿女们轮流晒大地。（韦奶讲：《太阳、月亮和星星》，见《中国民间故事集成》（广西卷），第38页）

②布洛陀规定季节。如流传于广西右江、红水河一带的神话说，布洛陀造出天地后，让风雨循环，阴阳更替，四季分明。（周朝珍讲：《布洛陀》，见陶阳、钟秀编《中国神话》（上），第67—86页）

（4）布洛陀制定社会秩序

（a）布洛陀规定社会管理者。如有神话说，布洛陀造皇帝土官管理人间。（过伟：《壮族人文始祖论》，见《壮族神话集成》，第680页）

（b）布洛陀划分民族。如有神话说，布洛陀将壮民族的子孙分为黑衣白衣蓝衣花衣等十二支系。（黄诚专：《布洛陀的传说》，见http://hongdou.gxnews.com.cn，2008-04-08）

（5）布洛陀规定其他秩序。如流传于广西右江、云南红河一带的神话说，布洛陀规定了人的一日三餐。（周朝珍讲：《布碌陀》，见《民族神话》，第68页）

三、布洛陀的关系

（一）布洛陀的母亲

（1）特定的女子是布洛陀的母亲。如祖宜婆在水潭的下游洗身时感上游混沌洗身时的汗水，生七子，老五是布洛陀。（《壮族麽经布洛陀影印译注》，第1970—1976页）

（2）姆洛甲是布洛陀的母亲。（过伟：《壮族人文始祖论》，见《壮族神话集成》，第680页）

（二）布洛陀的妻子

在不少神话中把姆六甲叙述为布洛陀的妻子。如布洛陀携妻子"母洛甲"下凡。（黄诚专：《布洛陀的传说》，见 http：//hongdou.gxnews.com.cn，2008-04-08）流传于广西田阳县的神话说，布洛陀的老婆叫母勒甲（即姆六甲）。（黄明标整理：《祭祀歌·唱祖公》，见《壮族神话集成》，第161页）如流传于广西西林县那佐乡那来村的神话说，姆洛甲怀胎后，丈夫布洛陀从天界的岳母那里求得仙柑，交给姆洛甲吃。（黄公受讲：《巨人夫妻》，见《中国民间故事集成》（广西卷），第55—60页）

（三）布洛陀的后代

如布洛陀的五个孩子。如流传于广西田阳县百育乡六联村那贯屯的神话说，布洛陀和姆六甲的五个孩子变成五指山。（黄公受讲：《敢壮山与五指山的来历》，见《壮族神话集成》，第169页）

（四）布洛陀的亲戚

如有神话说，野猪称布洛陀为姐夫。（《壮族麽经布洛陀影印译注》，第1433—1434页）这里的猪应该是特定氏族的动物图腾名称，以动物作为一个族体名称的情况在神话叙事中非常多见。

此外，有些神话还叙述了有关布洛陀死亡的母题，如流传于广西壮族自治区右江、红水河一带的神话说，布洛陀（男始祖）为别人造房后，回到自己的岩洞里，睡到三更半夜时，一块大岩石裂开落下来，正压在身上，布洛陀就此而死。

（周朝珍讲:《布洛陀》，见陶阳、钟秀编《中国神话》（上），第 67—86 页）

也有一些神话叙述了纪念布洛陀的母题。如有神话说，因为布洛陀死后也埋在万年青树下，所以直到现在，壮家都把寨子边的长青树当神树祭奠，以此悼念造物主布洛陀。（陆世安讲:《布洛陀》，见《中国各民族神话》（仫佬族、壮族、京族），第 135 页）

通过上述不同神话叙事的丰富母题关于布洛陀生平事迹的塑造，我们不难发现布洛陀在壮族生产生活中的重要影响，同时也使我们更加全面地认知了一个具有神性又具有人文关怀的壮族文化始祖布洛陀。

〔王宪昭：中国社会科学院民族文学研究所研究员、文学博士〕

布洛陀文化与历史研究

布洛陀麽教创世神形象及其精神文明传承探究

王明富

一、骆越族群传承的原生麽教

通过研究壮族文献古籍和壮族崇拜的史前岩画发现，远古骆越先民的图腾崇拜偶像（实为图画形象）是史前岩画，先民把人类不可抗拒的自然物视为有形或无形的神灵作怪，并祈求神灵庇佑，抽象地将神灵绘在岩壁上顶礼膜拜，这就是原生宗教的产生，也是壮族骆越族群先民崇拜"麽教"的源头。

为什么以"麽"为宗教？是因为麽教传承人女祭司自称"乜满"，传承人男祭司自称"博麽"，主神也称为"布洛陀、麽路甲"，履行宗教仪式称为"荷麽"。为此，壮族的原生宗教被称为"麽教"。

（一）麽教的神祇来源于史前岩画

麽教的神祇必须从古籍文献来探究，2011年至2014年，笔者主持实施"文山州壮族文献古籍抢救保护项目"，曾经到文山州8个县（市）组织培训古籍普查员20余班次300余名，按每个普查员10个村进行普查，历经300余天，万余人次深入本州壮族人口占20%以上的3800余个村寨开展普查登录工作，其中，有文献古籍的村有566个村，没有文献古籍的村有3234个村，8个县（市）仍传承口碑古籍和文献古籍的传承人（"博麽""乜满"歌手等）有2076人，收藏文献古籍共2254本、骨刻58块、画谱546幅。通过破译麽教文献古籍，揭秘了先民崇拜的部分神祇。

笔者于2014年7月12日，在西畴县莲花塘乡加谷村搜集到一本壮族文献古籍《师麽量》。该本没有书名，抄本材质为棉纸，呈褐黄色，页面 27cm×24cm，共 50 页，为壮族濮侬支系小"博麽"祭司用于请神祭祀、解灾厄、驱邪送鬼、叫魂祝寿等，是加谷村侬氏宗族祖上在道光四年（1824 年）至道光十二年（1832 年）续抄本。该本传承至今日，已经无人可以阅读。笔者历经多年从事古籍翻译、研究，可以破译麽教诸神源于史前岩画：

汉语记音：歌仙代勒妈
汉语直译：源头神仙哪里来
汉语意译：神仙源头哪里来

汉语记音：歌仙瓜勒斗
汉语直译：根脚神仙哪条道出
汉语意译：神仙根源出哪条道

汉语记音：歌仙代水墨水样罕妈
汉语直译：源头神仙走从墨迹画谱那里来
汉语意译：墨迹绘画神祇哪里来

壮族先民崇拜的诸神从哪里来？按上述古籍记载是从"水墨水样罕妈"那里来，意译为"墨迹绘画神祇哪里来"，即先民绘的神祇画像。笔者经过多年的调查研究，新石器时代的岩画也是壮族先民崇拜的对象，大王岩画就是当地土著民族壮族崇拜并履行祭祀的对象。大王岩位于麻栗坡县畴阳河畔，岩画离河面约 150 米，北纬 23°07′38.7″，东经 104°42′20.2″，海拔 1130 米。当地土著民族壮族称《大王岩》为"邕亮"，汉译为"绘有红色的石岩"。20 世纪 80 年代前，大王岩下原有一个古老的壮族村寨，叫"邕亮寨"，因有岩画而命名，每年邕亮寨的壮族村民都要对大王岩画上的两位主体人物进行祭祀。岩画上的两个主体人物图像高 2.8 米、宽 0.75 米，为直立人物图像，头呈长方形，戴面具，眼睛四周用白颜色衬托，嘴和部分脸用红色颜料绘成倒三角形，给人以庄重、神圣的视觉感。20 世纪 80 年代，笔者在大王岩附近的壮族村采访祭司"乜满"和"博麽"，都说岩画上的两位主体人物叫"乜洪交"（创世女神）和"博洪交"（创世父神）。20 世纪 90 年代以后，随着麻栗坡县城的扩建，原邕亮寨已经纳入城市建设，原来的壮族村民已分散迁居,从此没有人组织对大王岩履行祭祀。

大王岩画的羊角老山脚是畴阳河,大王岩画的河对岸是小河洞遗址,洞内出土了4100年前的双肩石器、夹沙灰、红、黑陶器碎片,考古界认为是百越文化特征,是骆越先民使用过的器具。大王岩画与小河洞遗址属同一年代,大王岩画的作者应是骆越先民所绘,是这个骆越族群崇拜的创世神"盤姑"。

英国学者 Susie Hodge 在《50个艺术知识》一书中说:"在众多早期社会中,普遍存在这样一种观念,认为艺术具有某种魔力,它或者具备特殊能力,或者能召唤灵魂。"云南省文山州8个县(市)有骆越先民创作并保留至今的15处点6000多平方米400多个史前岩画图案,这些图案反映了史前先民多种多样的社会结构和宗教观念,也是先民认为具有某种魔力,具备特殊能力的神像,这些神像有可能在数千年前被普遍接受。由此可以推测,骆越先民崇拜的诸神从"水墨水样罕妈"那里来,即史前岩画神祇哪里来。

(二)壮族先民崇拜的"盤姑""娅㰀霸""博侬多"图腾神祇

文山州新石器时代的大王岩画、狮子山岩画、卡子岩画是壮族先民崇拜的"盤姑""娅㰀霸""博侬多"图腾神祇图。

在祭祀大王岩岩画时祭司念的经文为:

汉语记音:博哄海姑妈
汉语直译:父皇给我来
汉语意译:父皇给我来

汉语记音:干瓜海姑斗
汉语直译:(神名)让我出
汉语意译:干瓜让我出

汉语记音:海姑斗四散
汉语直译:给我出来4轮
汉语意译:给我出来4轮

汉语记音:海姑请哄海姑班

汉语直译：让我请皇给我奔波
汉语意译：让我请皇给我奔波

汉语记音：奔丁盤姑妈
汉语直译：天地（神名）来
汉语意译：开天辟地"盤姑"来

笔者通过破译壮语文献古籍发现，壮族创世诸神有：
"乜双妣""娅欄霸"（有双翅膀的鸟母，能遮天蔽日的巨鸟）
"牙领拉""乜领拉"（人类最早人文始祖，地上的猴母）
"博閧交"（创世父皇）
"乜閧交"（创世母皇）
"布洛陀、麽路甲"（创世神、始祖神、智慧神）

上述麽经古籍记载的诸神统称"盤姑"，壮语的"盤"指"那些、他们"，"姑"意译为"根脚、源头、起源"。壮族文献古籍记载的"奔丁盤姑"，意译为"开天辟地创造万物的'盤姑'"，是石器时代壮族先民崇拜的创世神"盤姑"，也就是战国时期在中原古籍记载的"盘古"文化的源头，壮族的"盤姑"创世神不是一个神，大王岩画绘制的"盤姑"是"乜閧交"（创世母皇）和"博閧交"（创世父皇）。而汉文记载的"盘古"是一个神。壮族的"盤姑"神话产生于新石器时代晚期和青铜时代初期。汉文古籍记载的盘古文化，晚于壮族先民记载的创世神"盤姑"。壮族的"盤姑"文化也是中华民族盘古文化的组成部分。

壮族古籍记载的第一代创世女神叫"乜双妣、娅欄霸"（有双翅膀的鸟母，是能遮天蔽日的巨鸟），就是骆越先民绘在文山州丘北县狮子山岩画和黑箐龙岩画上，被考古专家称之"飞鸟人形图"。

壮族崇拜始祖神、智慧神"布洛陀、麽路甲"，是骆越鸟部落族群早期绘在砚山卡子岩画上被考古专家称"鸟人图"，古越语称"博侬多、博郎罕"（男神天鹅鸟）。到了父系氏族社会，"博侬多、博郎罕"才过渡为"布洛陀、麽路甲"。布洛陀是历代父系氏族社会众多的"博閧"（父王父皇）智慧的结晶和代表。石器时代的"博侬多、博郎罕"是母系氏族社会先民图腾崇拜的男鸟神形象，过渡到父系氏族社会，男祭司"博麽"的产生，"博侬多、博郎罕"才过度为始祖神、智慧神——"布洛陀、麽路甲"，同时也产生了麽教的麽经。

壮族布洛陀麽经典籍记载，凡是人们碰到不能解决的事，都去向"布洛陀、麽路甲"求教，而所有的"布洛陀、麽路甲"经典和指示，都是前人（"博閧"们）的社会实践和经验积累。始祖神、智慧神布洛陀在各个历史进程中，并没有直接操作、掌控事物、事项的改变，仅引导人们按自然规律去履行、去完成，这也是布洛陀麽经的价值所在。而别的"人为宗教"是世间万物及其发展变化，都是神早已经安排确定了的，人们只能按照神的安排去履行，人怎么死都是神的安排，人必须按照神的安排去死，甚至引导崇拜者按传教者的意图去处世。这就是壮族麽教与别的"人为宗教"的不同之处。

二、壮族原生民间布洛陀麽教的传承

（一）壮族麽教的传承人

在文山州骆越族群后裔的壮族原生民间麽教传承人，可以分为三个不同社会发展阶段的人群：第一个阶段为壮族早期"乜閧"制母系氏族社会，是"乜閧"（母皇、女酋长、女王）、"乜满、乜麽"（女祭司）为传承人，凡需履行宗教祭祀活动，都由"乜閧"和"乜满"主持。第二个阶段为壮族早期"博閧"制父系氏族社会，是"博閧"（父皇、父王）、"博麽"（男祭司）组织、主持大型宗教祭祀活动。第三个阶段为"诏町"制部族联盟（奴隶制）社会的国家构成时期，麽教传承是"诏町"（国王，即句町国王）、"掌师"（民间知识分子）、"乜满"（女祭司）、"博麽"（男祭司），而组织、主持大型宗教祭祀活动，由"诏町""博麽"主持。在壮族社会的各个发展阶段，壮族民间履行各种祭祀仪式，主要依靠"乜满"（女祭司）和"博麽"（男祭司）主持。

（二）麽教"乜满"（女祭司）

传统麽教女祭司，有的称"娅档"或"濮档"；有的称"娅赛"或"乜赛"；有的称"娅麽"或"靡莫"。汉译"娅、乜、靡"为"母、女性"；"档"为"凳"；"赛"为"官、头人"；"满"为"颗粒、蚂蚁、入静、入神"；"麽"同"莫"，为"吟诵、叙述、法事"。尽管"乜满"群体的称呼有所不同，但她们都是年龄不等的女性，都曾经历过"九死一生"的磨难，使其食欲、体质、思维、心理、幻觉、预感、言语等与常人有异。凡属"乜满"，都有忌食和禁食的食品，如禁食狗、牛肉等，常食清淡食品。她们的体质虽然不很健壮，但精神饱满，可长期连续昼夜为人办事。一旦她们进入状态，可破译残留在空间的信息和遥视远距离的物象，可以接收储存在空间的语言信息，有些对将要发生的事有预感。从古至今，由于"乜满"与常人的特殊变异，人们在生活中遇到暂时不解的异常现象和灾难，都要求助"乜满"给予咨询，请求解难。"乜满"确实也帮人解除了部分灾难，也解答了人们不知晓的部分社会事象。故民间称"乜满"能通灵通神，"乜满"也就自然升职为专为人预测灾难和不祥之兆，并解除灾厄的麽教职业者、传承人。"乜满"产生始于"乜閌"制母系氏族社会，各村的"乜麽"是普通劳动者，也是从事麽教活动的半职业者。

（三）麽教"博麽"（男祭司）

麽教传承者"博麽"，为男性，"博"可译为"父、男性"；"麽"为"吟诵、叙述、做法事"。壮族麽教教传承者"乜满"产生于"乜閌"制母系氏族社会的新石器时代，而"博麽"则是产生于"博閌"制父系氏族社会的青铜时代。

在壮族早期的男权制社会里，"博麽"是部落的男祭司。传承至今的"博麽"，可分为"麽弄"（大"博麽"）和"麽量"（小"博麽"）两类传人，"麽弄"掌握的《麽经》古籍比"麽量"掌握的多。"麽量"为人占卜、解灾厄、叫魂、驱邪、祭祖、择日等。"麽弄"除了"麽量"能做的法事外，还能主持丧葬祭祀活动。在壮族的丧葬祭祀活动中，"麽弄"要"麽"（吟诵、叙述、做法事）一昼夜，诵完约万余行的古籍《麽经》，内容有：民族魂、造天地、射日、历法、物种起源、生殖、火种、狩猎、捞鱼、旱灾、洪灾、种稻、烧铜、腹葬、祭神、敬神、迁徙、选村落、造屋、纺织、造纸、选畜禽、争天地、育女、嫁女、预兆、梦兆、解厄、归宿等壮族历史文化。葬礼《麽经》可分为历史、宗教、文学、历算、哲学、经学、民俗、科技等，是壮族的百科全书。"麽弄"在庄严的丧葬祭祀活动中，将本民族历史文化《麽经》宣教后世。各壮族村寨的"博麽"是普通劳动者，也是从事麽教活动的半职业者。

三、壮族麽教典籍

（一）《师多巴》（骨刻书）

壮族先民曾经历没有文字而以刻木、骨刻记事的年代。刻木记事壮语称"巴美"（木刻），刻骨记事壮语称"多巴"（骨刻）。传承至今的"刻骨"记事器具，壮语称"师多巴"（骨刻书）。流传在壮族民间的"师多巴"《骨刻书》，是先民用来推算日历、占卜的主要工具"书"。在河姆渡遗址出土的"连体鸟纹骨匕"，长15厘米，宽4厘米，与今骆越后裔传承的《师多巴》一般大小。河姆渡遗址出土的5000~7000年前的"连体鸟纹骨匕"，不具备"骨匕首"的形和功能，应归属于骆越后裔传承的《师多巴》（骨刻书），是骨刻书的早期版本。经普查，进入21世纪，文山州壮族民间还传承使用、收藏《师多巴》（骨刻书）60余块"本"。

（二）《师多再》（鸡卜经）

骆越先民相信鸡能预测未来，所以，鸡骨占卜成了古人预测未来的方法。据壮族古籍记载，鸡卜起源于母系氏族社会的蛙骨卜、鸟骨卜、鸡骨卜，历经千百年的传承和发展，壮族先民将鸡骨占卜汇编成《师多再》。至今流传在壮族民间的《师多再》古籍有数百本。壮族鸡骨占卜的方法是：取连接鸡大腿上的两根骨头，把它刮干净后以骨上的孔隙来占卜。

《史记·孝武本纪》载："越人俗信鬼，而其祠皆见鬼，数有效……乃令越巫立越祝祠，安台无坛，亦祠天神上帝成鬼，而以鸡卜。上信之，越祠鸡卜始用焉。"《史记》记载，越人有信鬼的风俗，效果很灵验，汉武帝听说后命令越人巫师按照越人的方法设立祠堂，用来供奉鬼神，并且举行鸡卜仪式，汉武帝相信占卜的结果，从此之后，越人鸡卜就在中原流行开来。

（三）《师麽-荷泰》《师麽-给坤》

壮族麽教典籍《师麽-荷泰》和《师麽-给坤》，是专用于丧葬祭祀仪式上念诵，内容有：民族魂、造天地、射日、历法、物种起源、生殖、火种、狩猎、捞鱼、旱灾、洪灾、种稻、烧铜、腹葬、祭神、敬神、迁徙、选村落、造屋、纺织、造纸、选畜禽、争天地、育女、嫁女、预兆、梦兆、解厄、归宿等壮族历史文化。《师麽》内容可分为历史、宗教、文学、历算、哲学、经学、民俗、科技等，约有壮语五言律诗万余行，是壮族的百科全书，是古籍文库里的瑰宝之一。

（四）《师万湳》（秘经）

壮族先民的宗教活动，"乜满"和"博麽"以施咒术驱邪避凶，其咒术秘经壮语称《师万湳》。壮族的文献古籍《师万湳》已经失传，而口碑古籍的《师万湳》仍在民间传承。

口碑《师万湳》多用于解仇、解灾厄、治病、避邪、除魔、农事、镇敌等，咒术秘经是为达到自方目的而镇咒对方。如有食鱼者被鱼骨刺卡喉，抬来一碗冷水念咒：

　　姑米伞西都码喃（我有30只水獭），
　　坝腻都码丹（120只黑狗），
　　单蟒落流久（赶你跑呼呼），
　　喃蟒落网尼（驱你下水池）。

此咒用捕鱼为食的水獭、驱恶的黑狗来镇其鱼骨刺，念毕，叫被鱼刺卡喉者吞下冷水，鱼骨刺会顺水吞下腹。壮族原生麽教活动离不开咒术秘经。

（五）《邦众》（神祇图）

在壮族丧葬祭祀仪式上，要悬挂长卷《邦众》，博麽以诵经形式叙述《邦众》上所绘图案的具体含义。《邦众》为棉布长卷，长200至300厘米不等，宽约20厘米。《邦众》除了绘有壮族崇拜的神祇，还绘有日月天地、人间万事万物等。如远古先民是"阿兰"（娘侄）婚配才有人烟的发展，物种繁衍不能乱伦，牛和马不能相配等，都以图案绘在《邦众》上。《邦众》是壮族原生麽教的宝贵古籍之一。

（六）《师麽量》

《师麽量》是博麽用于占卜、解灾厄、叫魂、驱邪、祭祖、祭自然神灵、祭英雄神灵、择日等的古籍，内容丰富、版本较多，也是壮族文化发展史的经典。

（七）创世史诗《濮侬论者渡》

创世史诗《濮侬论者渡》内容丰富，按传统演唱需要三天三夜，约有壮语五言律诗万余行。多数在岁时节庆、丧葬礼俗、婚礼仪式、原始麽教祭祀仪式活动中演唱，经初步统计，按内容可以分为60余段（首），如表1：

骆越鸟部落族群后裔濮侬人民间传承的诗歌还很多，若继续收集研究并分类，有的壮语诗歌还可以归为《濮侬论者渡》创世史诗。

创世史诗《濮侬论者渡》是早期濮侬人的历史教科书，涉及宇宙起源和人类起源；涉及生产科技、历法；还涉及伦理道德、人与社会、人与自然的和谐发

表1 《濮侬论者渡》创世史诗内容表

抢救记录：王明富　　　　　　传承人：张廷会　陆远培　陆廷元 等

序号	侬语诗歌名	汉语意译	诗词内容
1	当扣	立膝行走	人从猿演变而来，开始立膝行走。
2	楣赛匪荷师	火神藤做衣服	古人用火神藤树皮做衣服。
3	皮波荷咔	千层皮树做裤	古人用千层皮树做裤。
4	拜砍法	祭祀石斧	祭祀古人用石头制造的石器刀具。
5	造法造町	造天造地	创造天地宇宙。
6	乜閧冒厄	母皇与厄神婚配	远古的"乜閧"（母皇）与厄神婚配。
7	罕皇素皇	俩弟兄争天地	"罕皇"和"素皇"弟兄争夺天地。
8	鉮汤卍	射杀太阳	远古有12个太阳，射杀11个太阳。
9	造毕等卍者	造年月日时	创造年月日时来计时。
10	造师多巴	造骨刻书	先民刻木、刻骨记事，创造出骨刻书。
11	造匪	造火	先民先取用野火，后来发明击石取火技术。
12	故灵	腹葬	远古的人老死，族人要分死人肉吃，后来改腹葬为土葬。
13	造歪	造水牛	先民造水牛。
14	造麽	造黄牛	先民造黄牛。
15	造马	造马	先民造马。
16	造羊	造羊	先民造羊。
17	造猪	造猪	先民造猪。
18	造狗	造狗	先民造狗。
19	造猫	造猫	先民造猫。
20	造鹅	造鹅	先民造鹅。
21	造鸭	造鸭	先民造鸭。
22	办博乜	分公母	将宇宙间的万物都分为公母，生命才能延续繁衍。
23	布洛陀喝迪官哈靠	布洛陀让人会说话	早期宇宙间的万物都会说话，后来只能让人会说话。
24	拢伟	抢生殖器	先民发现大动物吃小动物，小动物不够吃。先让动物们去抢生殖器。安排抢得大生殖器的动物繁殖慢，抢得小生殖器的动物繁殖快，生态才能和谐发展。

续表

序号	侬语诗歌名	汉语意译	诗词内容
25	官不早台	人不会死	早期的人不会老死，地上的动物植物都被吃光，造成灾难。
26	爹台	讨死定寿	由于人太多，灾难不断降临，人们去讨死定寿龄。
27	果庞果派	种棉织布	先民找棉种学织布。
28	果糇果泛	谷种粮种	稻谷种的来历。
29	诞那	种田栽稻秧	开垦稻田"那"，种田栽稻秧。
30	故量	天干大旱	远古天干大旱，动植物纷纷死亡。
31	浦谷濡统济	洪水淹天	远古发生洪水淹天，人类仅剩下娘侄俩。
32	毕依控洒	竹筏娘侄	洪水淹天过后，剩下娘侄俩，大神劝导娘侄俩婚配传人烟。
33	斑荷勒把再	鸭背鸡过海	洪水淹天时，鸭背鸡过海，鸡帮鸭孵蛋。
34	瓯多再	看鸡卦	先民取鸡骨看卦预测未知。
35	造麽	麽教起源	侬人原始麽教的起源。
36	故铜	炼铜铸铜器	母系氏族社会的"乜閧"，带领氏族成员采矿炼铜铸铜器。
37	故路	迁徙12条路	先民迁徙经过的12条路。
38	故勐	选村落	先民发展建村落，有11类村落不能居住。
39	当忍	盖房	远古"乜閧"建房。
40	故洒	造纸	先民造纸方法。
41	洛歪	杀水牛	杀水牛祭神。
42	洛麼	杀黄牛	杀黄牛祭神。
43	洛姆	杀猪	杀猪祭神。
44	晒彩（鸡蛋）	畜禽诉苦	人要杀畜禽祭神，畜禽对人诉苦。
45	故叻	梦幻	人会有梦幻及其预兆。
46	开圩	开街	先民开街搞交易。
47	古督	灵魂经过12道门	灵魂回祖先故地要经过12道门。
48	勐布娅	祖先故乡	远古祖先的美好故乡。
49	故柳	传说	世间万物的传说。
50	故横	期望	人有很多未实现的愿望。
51	邦兜	解除仙男仙女	远古群婚导致流产，解除远古仙男的干扰。

续表

序号	侬语诗歌名	汉语意译	诗词内容
52	款（魂）软浦	讨灵魂	到水里找回灵魂。
53	扫忍	母皇父皇盖房	远古"乜閞"和"博閞"盖房时定下的习俗。
54	变化	魂变物	人的灵魂会变成各种动物。
55	吕	雷神	祭祀雷神。
56	宙浪忍	房神	祭祀房神。
57	道（顶）忍	预兆	预兆不详，需用母系氏族社会的习俗礼仪解除。
58	戈者	山寨神	聚集族人祭山、寨神。
59	戈暖	虫神	虫神与稻作生产。
60	款糇	稻谷神	祭稻神。

展；解释生命与生态平衡延续及宗教信仰等，属于早期濮侬族群的百科全书，也是麽教的经典。

进入 21 世纪，大部分濮侬人离不开传统麽教，每个人寿终都经过麽教传承人唱诵《濮侬论者渡》创世史诗，将灵魂送到祖先生活的故地去归属落籍。《濮侬论者渡》创世史诗变成濮侬社会发展的精神纽带，是濮侬的民族魂。

四、布洛陀麽教的核心思想及其精神文明价值

笔者通过多年来的调查研究，认为布洛陀麽教的核心思想是：追求和捍卫"人与人、人与社会、人与自然的和谐发展"。凡是有传承麽教族群生存的地方，不易发生战争，都体现出文明的生态环境。继承麽教核心思想的族群，无论在什么险恶的环境生存，族人不争官、不称霸，默默无闻地为人类文明进步做出贡献。特别值得称赞的是，传承麽教的骆越族群后裔，由于生产模式所形成的守土、爱家乡、爱国的共同文化心理，对中国的强大做出了贡献。如西汉句町古国（为汉朝版图奉献捐躯，今后裔还履行祭祀句町王）、唐代骆越先民的"弄娅歪"军事武装（今后裔还祭祀早期唐王调派征战的将士）、宋朝侬智高将士（今各地后裔还履行祭祀为抗交趾入侵而捐躯的将士）、马关县"大坟堡"（宋代卫国捐躯的烈士陵园）、清朝李应珍（中越抗法被法驻京官员称"铁胆将军"）等骆越族群后裔，都为中国领土完整而捐躯。近代的骆越族群后裔，是跨境而居的民族，只要

国籍一定，这个族群都会自觉抛弃亲族亲缘关系，积极为自己的国家奋斗捐躯。由于传承麽教的骆越族群在南疆守护国土，自然形成一道"隐形长城"。进入21世纪，如果骆越族群后裔改变生产模式，失去麽教，就会失去守土、爱家乡、爱国的传统精神，人类文明发展将受到严重影响。这就是麽教传承精神文明的价值所在。

麽教核心思想"人与自然的和谐发展"认为："有森林才有水资源，有水资源才能种植水稻，有了丰收的水稻才能维系人类的生存繁衍，人类有责任保护森林。"即"森林—水源—水稻—人类—森林"的守恒思维，是这个族群从古至今遵循的法则。为了履行这个法则，先民把太阳、风、冰雹、水以及始祖神、部族王神等，都封在村落四周的古树林木上，一代接一代履行祭祀，以此达到"人神共娱"，祈求和谐共存。千百年来，传承麽教的人民，遵循人与自然和谐的这一法则，有效地保护了自然生态，对人类做出了巨大贡献。

传承麽教精神文明的族群，同样也创造了不可磨灭的物质文明：一是创造"那文化"生产的"糇"（稻米）养活了地球上一半以上的人口；二是稻作生产及其饮食方式，这个族群所发明的"瓣碗"（碗钵）陶瓷器具传遍世界，获得英语"彩能"即"中国"的美称；三是这个族群善待动物，不用动物皮毛制作衣服，发明"美稍"（蚕丝纺织）产业文化，这个族群最早生产出丝绸向世界各地传播，才形成了举世闻名的丝绸之路。

因此，骆越族群创造的布洛陀麽教，是倡导人类走向文明的原生宗教，应该挖掘研究和弘扬。

〔王明富：文山州民间文艺家协会主席〕

从古代礼器看骆越民族的审美意趣

周艳鲜

一、前言

骆越是商周至秦汉时期中国古代南方百越民族中居住在岭南和西部的重要一支。[①] 大量的考古发现和出土遗物，为骆越民族历史文化研究提供了丰富而翔实的资料。大石铲与铜鼓是骆越文化遗址出土的重要遗物，是古骆越人生产生活中的重要器物，也是表现骆越民族特有的礼制文化的实物。广西境内考古发现表明，左右江流域大石铲遗址具有明显的新石器时代晚期考古遗存文化面貌，其出土规模、形体造型、磨制工艺比前时期的石器有所发展，其使用功能和排列组合形式也有所不同，说明大石铲是新石器时代骆越民族磨制石器的高级形态。在青铜器文化方面，铜鼓是西南民族最具独创性和地方特色以及制作成就最高的礼乐器，在岭南和西南民族的礼仪庆典和社会生活习俗活动中无处不在。[②] 铜鼓的器形大，鼓面、鼓身均有纹饰，它以价值高贵的材质、独特的外形特征、丰富的纹饰图案及其所表现的丰富内涵，往往被作为部落财富、力量和权威的象征。因此，铜鼓所反映的民族发展历史、民族关系，特别是民族审美意识很值得深入研究。谢崇安提出，至迟在西周中晚期到春秋早期，广西的古越人已开始铸造青铜器，而且产生了殷周式铜礼器的仿制品，说明骆越民族先民的青铜器铸造业的起

---

① 覃彩銮、付广华、覃丽丹：《骆越文化研究一世纪》（上），《广西民族研究》2015 年第 8 期。
② 谢崇安：《壮侗语族先民青铜文化艺术研究》，民族出版社，2007 年，第 43 页。

源是在内地中原殷周青铜文化的影响下产生的。① 广西境内发现的早期青铜器主要来自墓葬和窖藏,其数量很多,种类也很丰富。铜鼓造型独特、工艺精致、纹饰精美,是骆越青铜冶铸业高度发展的重要标志。

文献调查表明,目前关于骆越民族古代礼器的研究主要涉及器物考古发现、族属与断代考究、文化属性、社会性质以及邻近文化关系研究等,但从美学视角来讨论其艺术特征、审美意蕴及其所反映的骆越民族审美心理、意识与趣味的研究并不多见。大石铲和铜鼓作为骆越民族的重要礼器,亟待学者们的更多关注和全面、深入的多视角研究。

二、骆越民族的石器与青铜器的考古遗存

(一)石器考古遗存

1. 石器遗物类型

中国新石器时代大致分为早、中、晚期三个阶段。早期距今13000～7000年前,以打制石器和细石器遗存为主,开始出现磨制石器;中期距今约7500～5000年,其文化特点是磨制石器种类丰富,制作精美,制陶技术显著进步;晚期距今约5000～4000年,也叫铜石并用时期,其文化特点为石器磨制精致,器型变小,制陶水平有了长足的进步,社会复杂度水平不断提高。考古发现表明,左右江流域新石器时代遗址以晚期遗址居多,其石器类型具有明显的时代特征:(1)距今4000～6000年,打制石器与磨制石器共存,砾石材质,流行打制,磨制石器粗糙;(2)距今4000～3000年,石器流行研磨,磨制石器精美,出现双肩石器和不同形态的研磨器,器形有凤字形石斧、梯形石锛、双肩石锛等,其中,大量形制特殊的磨光大石铲是此期最重要最有特色的器物之一。

2. 大石铲遗物特征

大石铲遗址是一种以大石铲为主要特征的文化类型。大石铲形体硕大、形制多样、造型美观、制作规整,其工艺精致,器身扁薄、棱角分明、通体磨光,是一种与广西其他文化类型遗址不同的新石器文化遗存②,具有较高的研究价值和比较特殊的意义。专家认为,将大石铲规整的造型、精湛的切割与抛光工艺等因

---

① 谢崇安:《壮侗语族先民青铜文化艺术研究》,民族出版社,2007年,第31页。
② 陈远璋:《广西考古的世纪回顾与展望》,《考古》2003年第10期。

素综合考察,表明当时的石器制作技术已相当娴熟,具有较为显著的新石器时代晚期的风格,从而解决了大石铲遗存的断代问题。① 关于大石铲文化的族属,目前已有不少的研究发现。何乃汉提出,大石铲的主人当是骆越族②;郑超雄等也认为大石铲文化的创造者是骆越族的先民③。

广西境内大石铲遗存具有以下特点:其一,数量多,分布区域集中于左右江流域。目前资料表明广西的隆安、扶绥、南宁、武鸣、邕宁、崇左一带,尤其是左、右江与邕江交汇的三角地带,遗址分布密集,出土石铲数量最多,器形最为典型。④ 据此,专家认为,左、右江交汇地带及其下游一带应是大石铲遗存分布的中心地区。桂南地区丘陵起伏、溪流纵横、湖泊密布,到20世纪70年代末,该地区出土石铲的遗址或地点多达60处。这些遗址范围广,遗物极为丰富。⑤ 左江流域扶绥那淋遗址和右江流域隆安大龙潭遗址是较早挖掘的石铲遗址,这里出土的文化遗物全部为石器,大部分磨光,有铲、犁、锄、斧、镇、凿、祖、敲砸器、磺石等,石铲数量最多,伴出的还有少量的石斧、石镞、石锄、石犁、石凿、砺石等。梁旭达认为,有肩石斧、石锛在左右江流域新石器时代晚期遗址中发现很多,而大石铲则为广西南部地区新石器时代文化遗存的一种特殊的器形,由于两者共存于一文化层之中,这对广西大石铲文化遗址年代的确定及它们之间相互联系的研究具有一定的意义。⑥

其二,石铲排列组合形式特殊,人为意识明显。考古遗址出土的石铲几乎没有使用痕迹,其堆放规律基本相同,即几件并排,刃部朝天,间衬以小石铲或残铲片。⑦ 关于此类遗址的性质,虽然目前学术尚有争议,但学者们基本认同石铲的这种特殊排列形式和摆放方式属于有意而为,并认为这些石铲很可能是当时人们为进行某种与农业有关的祭祀活动的遗存。21世纪初武鸣弄山岩洞葬挖掘出土的随葬品中的石器以大石铲和有肩石锛为主⑧,大石铲作为随葬品出现,说明

---

① 覃义生、覃彩銮:《大石铲遗存的发现及其有关问题的探讨》,《广西民族研究》2001年第4期。
② 何乃汉:《骆越非百越族群说》,《广西民族研究》1989年第4期。
③ 郑超雄、李光军:《广西桂南"石铲遗址"试论》,《考古与文物》1991年第3期。
④ 陈远璋:《广西考古的世纪回顾与展望》,《考古》2003年第10期。
⑤ 佟显仁、覃圣敏:《广西南部地区的新石器时代晚期文化遗存》,《文物》1978年第9期。
⑥ 梁旭达:《靖西县那耀村新石器时代遗址》,见《中国考古学年鉴》,文物出版社,1988年,第189页。
⑦ 佟显仁、覃圣敏:《广西南部地区的新石器时代晚期文化遗存》,《文物》1978年第9期。
⑧ 广西壮族自治区文物工作队:《广西武鸣县岜旺、弄山岩洞葬发掘报告》,见《广西考古文集》(第二辑),科学出版社,2006年。

其时它已不再是一件实用工具,而是具有宗教含义的一种祭物或礼器。

(二)青铜器考古遗存

广西左右江流域出土的青铜器多数出自墓葬或窑洞,且有一定组合,是当时墓葬中最主要的随葬品。武鸣马头元龙坡青铜文化墓葬群是骆越古地发现最早最大的青铜文化墓葬群,出土青铜器110多件,从礼器到生活用器,从生产工具到作战兵器,从实用乐器到明器,数量众多,种类丰富,说明当时骆越地区已经广泛使用青铜器。① 武鸣马头勉岭山麓出土了一件色泽晶莹、纹丝瑰丽的青铜卣和一件青铜戈②,这是广西发现最早的青铜器。据考究,它们是商代晚期的遗物,被认为是骆越古国高级礼器。这意味着商末周初时期,中原内地殷周文化的影响已波及岭南地区。

1.青铜器遗物类型

广西境内青铜器主要分布在武鸣、田东、西林、灵川、平乐、恭城、岑溪等地,所出土的青铜器可分为容器、兵器、乐器、工具、杂器等五类。在骆越民族的青铜文化中,兵器占有很大的比重,在广西境内发掘出土的青铜器墓葬里可以感觉到一种浓厚的军事氛围。武鸣元龙坡墓葬群出土的110多件青铜器中,有矛、钺、斧、剑(匕首)、镦、镞、圆形器、卣、盘、刀、凿、针、铃、钟、链环等,兵器就占了93件③;武鸣马头安等秧山战国墓是骆越国的特色兵器墓,出土铜器86件,以斧、剑最多,还有矛、钺、镞、刮刀、镯、钏、铃、带钩等④;武鸣独山战国岩洞葬是出土青铜器最多的岩洞葬,几乎全是兵器,其中也有一把青铜戈⑤。青铜戈是从新石器时代的权利重器玉戈演变而来的有令牌功能的特别兵器。田东锅盖岭战国墓群出土铜鼓、剑、矛、戈、镦、斧、叉形器等铜器十余件,出土墓遗物丰富,具有很高的研究价值。⑥ 从这些资料看出,骆越国战国时期随葬物大多是青铜器兵器,说明当时已出现了兵民合一的常备军队。有的兵器装饰极为丰富,作为墓葬的随葬品,它们具有深刻的礼意,是骆越民族先民的一

---

① 覃彩銮:《骆越青铜文化初探》,《广西民族研究》1986年第2期。
② 梁景津:《广西出土的青铜器》,《文物》1978年第10期。
③ 韦仁义、郑超雄、周继勇:《广西武鸣马头元龙坡墓葬发掘简报》,《文物》1988年第12期。
④ 黄云忠:《广西武鸣马头安等秧山战国墓群发掘简报》,《文物》1988年第12期。
⑤ 黄民贤:《武鸣独山岩洞葬调查简报》,《文物》1988年第12期。
⑥ 广西壮族自治区文物工作队:《广西田东发现战国墓葬》,《考古》1979年第6期。

种重要礼器。兵器是暴力强权的机器，它代表力量、权力与统治，强大的兵器是国家政权的保证，反映了当时社会国家政权已经发展到一个较高的程度。这种突出兵器功能的青铜文化比较真实地反映了中国古代"国之大事，在祀与戎"的社会背景与时代精神。[①]

由于受到中原内地东周式青铜礼乐器的影响，骆越民族青铜礼器一方面具有明显的仿制衍生性，另一方面又表现了独具特色的本土风格。青铜容器鼎和乐器编钟就是这类器物的代表。青铜鼎作为古代社会政治、经济权力的象征，是所有青铜器中最能代表至高无上的权力的器物，是商周贵族在礼仪大典中使用的第一重器。广西恭城秧家出土的 A 型青铜鼎精美华丽、厚重浑雄，具有商周礼制重器的遗风，其形制与纹饰属于中原文化的范畴，而 B 型铜鼎造型轻薄简约，其纹饰图案生动地表现了南方生活气息，富有浓郁的地域性。[②]青铜乐器编钟兴起于西周，是宗庙祭祀、宗族宴飨活动的常用乐器，其数量及悬挂方式在礼制中往往是贵族身份的标注，古骆越地区在战国时期出现的青铜羊角钮钟似乎就是这种编钟演变而来的地方性礼乐器。在左江流域的花山岩画中，有大量的羊角钮钟图像出现，和右江流域西林普驮铜鼓墓出土的两件羊角钮钟形状相同，后者素面无纹，在绿锈之上可以看到多处粘贴鸟羽的痕迹[③]，其纹饰和图像多与铜鼓相似，这应该是骆越先民在吸收中原内地礼俗文化的同时，在羊角钮钟制作和纹饰设计中逐渐形成自身风格的结果。在青铜器遗物类型中，铜鼓有着特殊的意义，具有重要的研究价值。自古以来，广西铸造和使用铜鼓的风气非常盛行，所以保存下来的铜鼓也非常丰富，洪声的《广西古代铜鼓研究》统计了广西历史上发现铜鼓的记录，数量多达 461 个。[④]

2. 铜鼓遗存特征

在广西出土的数量众多的青铜器中，铜鼓是最能代表骆越文化特色的文物之一。广西出土的早期铜鼓来自田东县和西林县战国时期遗址中发现的铜鼓。田东南哈坡出土的鼓面均有不规则的太阳纹，B 鼓腰部与足部有纹饰，鼓身花纹简单、粗犷，与云南楚雄万家坝等地出土的早期铜鼓相似。这两面铜鼓的出土，填补了广西铜鼓发展系列的空白，对铜鼓的起源与传播研究具有十分重要的意

---

① 谢崇安：《壮侗语族先民青铜文化艺术研究》，民族出版社，2007 年，第 150 页。
② 广西壮族自治区博物馆：《广西恭城县出土的青铜器》，《考古》1973 年第 1 期。
③ 王克荣、蒋廷瑜：《广西西林县普驮铜鼓墓葬》，《文物》1978 年第 9 期。
④ 洪声：《广西古代铜鼓研究》，《考古学报》1974 年第 1 期。

义。① 田东大岭坡战国墓群发现的铜鼓也属万家坝型,其鼓面无晕圈,鼓胸素面无纹,鼓腰与鼓足有几何纹,花纹简单、粗犷。② 而田东锅盖岭战国墓出土的铜鼓是目前广西考古发现的体型最小的铜鼓,但其铸造工艺要比南哈坡、大岭坡出土的铜鼓精致,属早期形态的石寨山型铜鼓。其鼓面太阳纹八芒,芒间饰斜线纹;太阳纹外设计三晕,主晕纹饰为四只翔鹭,另两晕内饰锯齿纹和圆圈纹,胸部突出,饰勾连回纹和弦纹。西林普驮铜鼓墓葬出土的四面铜鼓也是典型的石寨山型铜鼓,互相套合的铜鼓内装人体尸骨及随葬品,具有浓厚的地方色彩,这是在广西首次发现的以铜鼓作为葬具的"二次葬"。③ 这四面铜鼓鼓面中心均饰太阳纹,芒间饰斜线三角纹。最大一件六晕,主晕为翔鹭20只,胸部饰羽人划船纹,鼓腰上半饰鹿纹,鼓腰下部饰羽人纹,戴长羽冠,翩翩起舞。

王文光认为,铜鼓出土的范围基本上在骆越的分布区内,铜鼓主要是骆越及其后裔使用。④ 左江花山岩画中出现的大量铜鼓图案,为铜鼓文化族属研究提供了有力证据。岩画中的圆形图像形式多样,数量较多,绝大部分为铜鼓,可分为六种类型:(1)鼓面无纹饰;(2)鼓面有日体,无芒及晕圈;(3)鼓面有日体,有芒,无晕圈;(4)鼓面有日体及单弦晕圈,无芒;(5)鼓面有日体,有芒及单弦晕圈;(6)鼓面有日体,有芒及双层单弦晕圈。⑤ 经比较,花山岩画上的这些铜鼓图像和广西境内挖掘出土的铜鼓极为相似,其鼓面日体、芒纹与晕圈的特征与上述的田东县、西林县出土的万家坝型和石寨山型铜鼓相互吻合。花山岩画中有大量的群体活动场景,专家普遍认为,这些群体活动大多具有祭祀意义,是古骆越民族群体性的祭祀仪式,而铜鼓图像在这些群体性祭祀活动的频频出现,表明了铜鼓作为骆越民族先民祭祀礼器的身份。

---

① 陈其复、黄振良:《田东县出土两面"万家坝型"铜鼓填补了广西铜鼓发展序列的空白》,《中国古代铜鼓研究通讯》1993年第9期。
② 陈其复、黄振良:《广西田东县再次出土万家坝型铜鼓》,《中国古代铜鼓研究通讯》1994年第10期。
③ 王克荣、蒋廷瑜:《广西西林县普驮铜鼓墓葬》,《文物》1978年第9期。
④ 王文光、翟国强:《铜鼓及铜鼓装饰艺术》,《民族艺术研究》2004年第4期。
⑤ 王克荣、邱钟仑、陈远璋:《广西左江岩画》,文物出版社,1988年。

三、骆越民族的大石铲和铜鼓遗物蕴含的审美意趣

（一）独特的造型审美观念

经历了数千年的演变发展，大石铲和铜鼓形成了各自独特的外观风格，反映了其使用者的审美意识及其发展变化的规律。广西境内出土的大石铲形似铁锹，上端有凸柄，双肩的角与腰部形态各异，其形态大致可分为三种类型：第一种形体较小，直折肩，直腰，圆弧形刃；第二种形体比第一种硕大，尖肩，腰间微内弧，圆弧形刃；第三种形体普遍比第一、二种硕大或修长，斜肩，边肩角呈尖叉状，腰间呈两个连续内弧形，圆弧形刃。第三类石铲不仅造型美观独特，而且制作工艺相当精致，是大石铲中的成熟类型。大石铲原是一种木石复合生产工具，是作为劳动实用物存在的。古骆越人在石铲上部绑上长木柄，就可以用来翻整土地，石铲能用即可，并不讲究形体造型。但在劳动实践过程中，他们发现劳动效益高的工具往往与其特别的形体相联系。于是，在制作石铲、石斧等劳具时，他们有意识地追求有助于劳动高效的特别形体，并在实践中不断进行改进与完善，逐渐形成了对于造型艺术的审美意识与观念。大石铲形制的发展与演变，反映了大石铲功能发展的过程，既是古骆越先民们在长期的劳动实践中为了适应原始农业耕作、提高劳动效率的需要进行改造的结果，也是他们审美意识与观念发展的反映。古骆越人根据需要对大石铲进行外观形体的改进与完善，既是人类对自然界改造和生产力发展的表现，也是他们对某种独特造型风格的审美追求，说明了人类通过长期的劳动生产实践，通过对一些规律性的东西的反复认识，逐渐形成了自身的造型审美意识。

成熟形态的铜鼓给人一种简单而完整、简洁而大方、简易而独特的美感，这种形式美感在早期形态的铜鼓并不明显，说明铜鼓的造型风格经历了一个演变过程，这从万家坝铜鼓和石寨山铜鼓的对比中可以看出。石寨山铜鼓作为万家坝铜鼓的继承与发展，其鼓面比较宽大、铸造工艺比较精细，其纹丝更为复杂多样，有环形、同心、锯齿纹等，纹饰内容更为丰富多彩，有翔鹭羽人、龙舟竞渡、剽牛祭祀活动等。以鼓面的太阳纹为例，虽然两者的鼓面中心均为太阳纹，然芒纹数量、芒间纹、纹外晕、晕内纹饰都不同，胸部、腰部纹饰也各异。由此推测，大石铲和铜鼓的造型风格均经历了一个从初级到高级、从简单到复杂、从简朴到精美的变化过程，说明骆越民族先民对于事物外观的审美认知与理解不断增强，

对于造型艺术和美感形象的感知、欣赏与创造能力不断提升。

1. 有目的性的功利审美意识

审美的生发是合乎目的性的，也就是说，人类的审美活动合乎其生存的目的。古骆越人为了适应生产劳动的需要而追求劳具的特别形体，这种造型审美观念，是源于使用的目的。大石铲和铜鼓的特殊形制是合目的性的功利审美意识的反映。大石铲的柄、腰间或肩角是绑缚藤索之处，为了提高耕作效率，骆越民族先民通过改进大石铲的肩部与腰部形态以增强木柄与铲体绑缚的紧密度和稳定性。而铜鼓形制的演变，是骆越先民有意识、有目的性地根据其不同功能进行审美选择的反映。考古资料证明，铜鼓起源于炊具。云南楚雄万家坝铜鼓出土时，"都是面朝下，足朝天放着，有五面鼓内壁有花纹，四面外壁有很厚的烟炱……倒置可以烹煮食物，鼓里的花纹在倒放的情况下才容易被看见，起到美化的作用，烟炱是煮食后留下的痕迹。"① 这种情况表明它们似乎是一种炊具兼乐器、以饮具功能为主的器物，这就是早期的铜鼓。其时，铜鼓主要是一种实用物，只要能用就好，"实用即是美""善即是美"，表现了一种初级阶段的审美追求。随着社会历史发展与变迁，铜鼓的功能有了变化，由原初的炊器渐次发展为祭祀神灵以求功利的礼乐器，进而发展成为显示社会地位高低、身份贵贱的标志物乃至权力的象征。作为统治礼器和祭祀法器的铜鼓，其造型更加成熟、鼓身装饰部分扩大、鼓面纹饰更加丰富与华美，其艺术审美特征趋于精美富丽。骆越民族根据铜鼓功能的发展变化，在形体设计和纹饰运用时进行了自觉、有意识的审美选择，表达了一种合乎目的性的功能审美意识。

2. 对称和谐的形式审美趣味

大石铲和铜鼓均体现了对称和谐的形式之美，反映了古骆越人对自然万物具有均衡、对称形式的普遍认识。我们知道，自然界中的事物普遍以均衡、对称的形式出现，当这些客观存在不断地反映到人的脑子中，就逐渐形成了对称、协调的审美观念。广西新石器时代遗址发现的双肩石斧、石磷、石刀、石矛、石铲、石锄、石犁等，就比较充分地体现了这种审美意识。② 以双肩大石铲为例，其两侧的造型都有着完美的对称均衡关系，石铲的肩角锯齿形叉口是最为成熟的形体，这不仅是增强其稳定性和提高其使用效率的需要，也增加了石铲造型的美观

---

① 王大道：《云南铜鼓》，云南教育出版社，1986年，第80页。
② 刘世昌：《从原始造型艺术看壮族先民审美意识的起源和发展》，《民族艺术》1996年第5期。

和线条的变化，体现了骆越民族崇尚均衡、对称、和谐统一的形式之美，说明古骆越人在劳动实践中根据需要进行劳具改造时，对这种形式美已有初步的认识和稚拙的追求。铜鼓的鼓形（形状、大小等）、纹饰（图案、数量等）反映了比例、对称的形式美。首先，铜鼓由鼓面、鼓胸、鼓腰、鼓足组成，各部分比例均衡、对称，形成一个线条清晰、造型圆满的艺术形象，随着其形制从古朴、稚拙的万家坝型到精美富丽的石寨山型的变化，铜鼓的鼓面大小、腰身各部分的比例关系有了明显的变化、装饰部分扩大，图式种类增多而繁，实现了铜鼓在时空变化中的均衡、对称的和谐美的不断成熟与发展。其次，从铜鼓的纹饰艺术来看，各种纹样的排列方式，体现了高度的形式美法则。以西林普驮汉墓葬出土的石寨山型铜鼓为例，其胸部饰羽人划船纹六组，腰部饰羽人纹12组，这些纹线图像连续、有规律的重复，富有对称与节奏美，产生了别致的艺术效果，表现了骆越民族对均衡、对称、和谐的形式美的审美追求与趣味。

（二）生发于宗教信仰的审美意识

骆越民族的审美意识生发于原始的宗教信仰，具有一定的宗教内涵。大石铲作为陪葬品的出现及其在遗址中特殊的排列组合形式，说明它已经脱离了劳动工具的实用功能，成为古骆越人在某种特殊仪式活动使用的器物，是石器崇拜观念与习俗的反映。随着社会的进步与发展，大石铲作为一种与骆越民族的生产劳动密切相关的器具的功能也相应地发生了变化，被赋予了神圣的属性和神秘的宗教内涵，成为一种祭器或赋予某种象征意义的礼器，具有了神秘、神圣、崇高的审美意蕴，这是骆越民族将生产活动与神态文化结合起来的结果。大石铲在出土时，多柄部朝下，刃部朝天，数件并立，或围成圆圈，中间有烧火时遗留的灰烬和红烧土，这种摆设显得规整统一、庄严隆重，是对当时祭祀活动现场的一种还原，让人感受到大石铲作为祭祀祭物被众人膜拜的隆重场面。人类审美始于生存活动。起初，人类将审美活动与自身生存相结合，这是对动物的传统的承接与延习。后来，人类又将物质生产和物种生产与神态文化相结合，将审美活动进行文化，使得艺术逐渐地从一般的生产活动中独立出来。艺术独立之后，审美的地位得到了提升，审美不再依附于生产活动。作为祭祀仪式活动的器物，大石铲已经脱去了实用功能的外衣，从实用性器物中分离出来，发展成为精神性器物，成为一件体现骆越民族先民审美心理与趣味的"艺术品"，对于大石铲在祭祀仪式上的摆设与排列组合，自然就有了一定的审美要求与标准。

岭南地区是骆越后裔族群的世居地，这里自古以来就有砺石崇拜的习俗。石器（大石铲）的崇拜习俗反映了骆越民族先民对于生命的态度与认识。有专家指出，石铲刃部朝天，数件并立，其形状与男性生殖器极为相似。① 基于这种大胆的想象，他们认为，石铲被赋予了具有强大生殖力、充沛的生命力的含义。石器，坚硬结实，不仅具有劳具的实用性，也具有神秘的宗教性，蕴含重新投胎、生命生发的意义，因此源于神灵崇拜的磨制石器类礼器，是骆越民族先民对于自我、对于生命的最朴素的认识，反映了其原始的、朴素的审美意识。

铜鼓纹饰艺术不仅具有特殊的审美意蕴，也蕴含着古骆越人原始崇拜的丰富情感与观念。人们用丰富的纹饰与图案来表达他们对自然神秘力量的朴素认识和朴素的"三界"宇宙观。黄桂秋提出，壮族祭神器物铜鼓鼓面表示上界，饰有太阳纹、云雷纹；鼓身表示中界，刻有羽人纹、鹿纹；鼓足表示下界，刻一两道水波纹与鼓身相分。② 这些自然物纹饰生动反映了骆越民族先民的种种自然崇拜心理与观念。太阳纹饰总是出现在鼓面中央的核心位置，其他所有纹饰都以太阳芒纹为中心展开，以表达对太阳的崇敬和崇拜。立体蛙是鼓面常见的立体装饰，蛙身饰各种造型精致的纹线，其中的牛纹、雷纹较为普遍，这些纹饰与农耕民族的蛙崇拜、牛崇拜，雷神、雨神观念密切相关，牛纹则反映了牛在农耕社会的重要地位。作为古老的稻作民族，骆越民族视牛为财富的象征，将牛作为祭祀活动的重要祭物，他们崇拜牛神、敬畏雷神、祭蛙求雨，祈求稻作丰收。可以看出，这些图纹与骆越民族的生产生活密切相关，其中心主题是农业祭祀。在其他的动物纹饰中，鸟的形象占有突出的位置，铜鼓身上最引人注目的是翔鹭纹，翔鹭形体栩栩如生、体态纤巧轻盈、排列整齐划一，这些纹饰是鸟图腾崇拜观念的反映。对于骆越民族，铜鼓是观念、意识物态化活动的结果③。铜鼓从炊具变化而来，成为重要的礼乐器、宗教的法器，体现了骆越民族的崇仰心理。它凝聚了情感、信仰、祈求和观念，丰富了使用者的审美意识。

---

① 覃义生、覃彩銮：《大石铲遗存的发现及其有关问题的探讨》，《广西民族研究》2001年第4期。
② 黄桂秋：《壮族社会民间信仰研究》，中国社会科学出版社，2010年，第42页。
③ 张文馨：《滇文化与民族审美》，云南大学出版社，1992年，第70页。

(三)散发出生态智慧的审美思想

1. 天人合一的生态智慧

铜鼓艺术中闪耀着生态思想,蕴藏着"天人合一"的生态智慧,反映了骆越民族渴望亲近自然,追求人与自然和谐统一的精神世界,表达了他们"天地之心"的亲自然性和人与自然共生共存的生态观念。在丰富的铜鼓纹饰中,描写大自然、社会生活的题材最为常见。大量的太阳纹、雷纹、牛纹、蛙纹、鹿纹、鸟纹等纹饰具有娱天、娱神的象征性,反映了骆越民族对大自然的崇拜,表达了他们渴望与大自然和谐共处,祈求大自然帮助他们风调雨顺、作物丰收的心愿。反映社会生活题材的纹饰,如羽人、船、干栏房屋、荡秋千和竞渡等具体生活的图景,透露出浓郁的生活气息和现实感,是骆越先民热爱生活、向往人与自然和睦相处以及对回归于自然的渴望与眷恋,而鼓足上所饰的小草、树叶和波浪、鱼儿等,则说明骆越民族先民对自身生态环境的认知与热爱,体现出对大自然亲和的文化态度,表达了稻作农耕民族对水的渴求与依恋。古人这种对于"天人合一"的亲自然性的觉悟是对当今"人定胜天"观念下人类对自然的征服、统治,以及对生态环境的毫无节制的破坏是一种无声而有力的批评。

2. 生命律动的生态审美追求

铜鼓纹饰艺术表现了一种强烈的动态舞美,反映了一种真实的生命律动之美,意蕴着生命运动的哲学含义。铜鼓的人物叙事纹大多表现舞人乐舞的场面,反映了古骆越人喜好乐舞的审美意趣,说明骆越民族也是一个乐舞的诗性民族。舞人化装作翔鹭,形象地塑造了群鹭飞翔戏遂的各种姿态:或屈肘翘掌,如临空振翼;或斜俯盖掌,似垂翼府飞;或陡俯双手,若奋翼高举;或叉手于腰间,若敛翼停落,生动地展现了翔鹭乐舞的热烈场面。[①] 舞蹈,被称为艺术之母,是人类史上最早产生的艺术形式之一,是反映社会生活和表现强烈的思想情感的产物。铜鼓上舞人乐舞图纹塑造了直观、动态的人仿翔鹭的舞蹈形象,是骆越民族先民根据自己的审美情趣,创造性地运用形象而生动的舞蹈动作来表现对于自我生命的感知与理解,表达热爱生活、热爱生命的强烈情感,反映了骆越民族向往真实、纯朴的生命律动之美的生态审美追求。

---

① 陈其复、黄振良:《广西田东县再次出土万家坝型铜鼓》,《中国古代铜鼓研究通讯》1994年第10期。

3. 铜鼓艺术的整生之美

铜鼓艺术的整生之美，具有生态美学的意义。生态美学著名学者袁鼎生认为，美的本质在事物的整生中形成。事物的系统生发，曰整生，主要指它的潜能与所实现的品质、素质以及相关条件圈进旋生，美在这种运行中生成与发展。①

铜鼓，以独特的造型、丰富的纹饰、生动的图案以及深厚的历史文化底蕴，展示了一个独特的美的艺术世界，实现了实用功能与审美意趣相结合、纹饰与器体相统一、表象图案与思想内涵相吻合的共生之美。从外观上看，铜鼓的形体由鼓面、鼓胸、鼓腰、鼓足组成，形成一个具有独特艺术美的造型；从功能来看，铜鼓由炊器变成乐器，又演变成为祭祀活动的重要礼器，并作为财富与身份的象征，成为具有某种功利目的非实用器物，脱离了实用功能的外衣，并被赋予了深刻的宗教内涵。随着功能的演变，铜鼓的形体造型、制作工艺、纹饰图案在量与质上都有了变化，遵循着从初级到高级、简单到复杂、粗糙到精致、感性到理性的发展规律，铜鼓的真、善、美、益、宜结合的多重审美价值得以实现，达到了形式美与内容美的完美结合，其艺术美感得以系统生成、系统生存、系统生长，不断增强、不断成熟，铜鼓的整生之美由此生发。这种铜鼓艺术的整生之美，生出了骆越民族礼器的审美范式。

（四）审美意趣发展中的变化之美

大石铲和铜鼓艺术的变化之美穿越时空，具有历史学的意义。大石铲与铜鼓外观形体审美特征的变化，说明骆越民族先民的审美经验不断丰富，其审美标准不断成熟，其审美意识不断增强，其审美情趣不断提升，从而生发了一种发展变化之美。"万家坝型铜鼓是铜鼓的老祖宗，处于初创阶段，装饰纹样十分简单、朴实。发展到石寨山型鼓，已是铜鼓的成熟阶段，鼓面、鼓身遍体装饰花纹，而且非常写实、生动，再现了古代民族的生活、生产、宗教祭祀等。"② 铜鼓纹饰的变化过程，是其使用者——古骆越人对美的感知、欣赏和创造能力的发展过程。这个审美意趣的发展规律，符合人类历史发展的普遍规律，因而具有广泛的普适性。

---

① 袁鼎生：《整生论美学》，商务印书馆，2013年，第113页。
② 张增祺：《滇国与滇文化》，云南美术出版社，1997年，第98页。

四、结语

　　大量的考古发现表明,大石铲和铜鼓是骆越民族文化特色鲜明的重要礼器,它们以独特的艺术特征和丰富的审美意蕴,反映了骆越民族独特的造型审美观念、生发于宗教信仰的审美意识、散发出生态智慧的审美思想,体现了骆越民族审美意趣发展的变化之美,反映了骆越民族对于美的感知力、想象力、判断力与创造力从初级到高级、从简单到复杂不断发展变化的一般规律。基于考古资料,综合考古学、人类学、历史学等多学科知识,运用美学理论与方法探究骆越民族审美心理、意识、观念与情趣,为骆越民族文化的美学研究提供一种新的视角。

〔周艳鲜:广西民族大学文学院教授、硕士生导师〕

民族文化记忆的能动发展：
壮族布洛陀叙事的历史化与经典化*

李斯颖

一、引言：记忆塑造集体的"历史"

人与动物的最大区别之一就是丰富的"记忆"，通过记忆积累经验，回忆过去，创造未来。20 世纪 80 年代起，集体记忆、历史记忆、社会记忆及文化记忆等与"记忆"有关的学术理论开始突破心理学和认知学研究的界限，在人文社科领域发挥着解读族群"历史"、阐释文化传统、探索民族关系等诸多积极作用。集体记忆是哈布瓦赫强调的重要概念，它通过个体记忆得到承载，建构起了整个群体内部共同的记忆，并以各种典礼性、仪式性的形式出现。[①]在集体记忆的基础上，阿斯曼夫妇共同开创了"文化记忆"的术语，用以涵盖"每个社会和每个时代所特有的重新使用的全部文字材料、图片和礼仪仪式［……］的总和。通过对它们的'呵护'，每个社会和每个时代巩固和传达着自己的自我形象"[②]。文化记忆理论从文化角度来研究记忆，提出文化记忆的传承方式主要有"与仪式相关的"（无文字社会）和"与文字相关的"（有文字社会）两大类别[③]，重视文字、文

---

* 基金项目：2014 年国家社会科学基金青年项目"台语民族跨境族源神话及其信仰体系研究"（14CZW070）阶段性成果；2017 年国家社科基金重大项目"中国少数民族神话数据库建设"（17ZDA161）；桂学研究院·协同团队。
① 哈布瓦赫：《论集体记忆》，毕然等译，上海世纪出版集团、上海人民出版社，2002 年，第 47—52 页。
② 哈拉尔德·韦尔策：《社会记忆：历史、回忆、传承》，季斌等译，北京大学出版社，2007 年，第 6 页。
③ 王霄冰：《文字、仪式与文化记忆》，《江西社会科学》2007 年第 2 期。

本、仪式等在传承记忆中的特殊作用。文本与仪式的"经典化"是文化记忆得以形成的关键环节。

布洛陀被视为壮族的人文始祖，在民间流传着对他的诸多"记忆"，涉及他的年龄、外貌、亲属、生活习惯以及性情等，形成了丰富的叙事。① 有的叙事只言片语，仅通过口头传承；有的已逐步篇章化、经典化，在麽经文本中被记载下来。文字、文本、仪式等因素都在布洛陀的文化记忆传承中发挥着举足轻重的作用，使其得以延续至今。根据目前的研究，布洛陀作为历史真实人物存在的可能性不大。"布洛陀并非具体的人物，而是已被赋予了'神格'人物的象征，他是初民集体力量和智慧的化身，也是壮族原始文化成果的集中代表。"② 通过布洛陀这一特殊"回忆形象"的长期塑造，壮族人民形成了族群共享的集体文化记忆，拥有了一种可供回忆的共同"历史"，以此形成了"经得住时间考验的身份认同意识"③。这种记忆是文化选择的结果，具有其自身的独特性和持久性，并为民族的发展提供了一种可持续的规范性与定型性力量。为此，借助文化记忆理论，剖析布洛陀这一特殊的"回忆形象"如何被有意识地筛选、传承以及经典化，如何借助仪式、文本、图像等多种形态继续在壮族社会中发挥作用，将有助于深化对布洛陀叙事内涵、壮族文化发展特征及其文化记忆特点等的理解，有助于在现代社会中寻找到符合壮族文化发展的途径、提升民族自信心，使壮族传统文化迸发新的生机。

二、作为"回忆形象"的布洛陀

（一）文化记忆中的"回忆形象"

能够被保留在群体记忆中的真理多已形成了一种具体的形式，"这种形式或是具体的人，或是具体的事或具体的地点"。④ 于是，阿斯曼在哈布瓦赫"回忆图像"的基础上提出了"回忆形象"的概念，它既包括图像性的文化符号，也包括各类叙事性的形式，如神话、绘画、经文等。布洛陀无疑是壮族文化记忆中得到

---

① 本文所使用的叙事概念，包括神话、麽经经文、传说以及古歌等有关布洛陀的各类讲述内容。
② 覃彩銮：《布洛陀神话的历史文化内涵》，《广西民族研究》2004年第1期。
③ 扬·阿斯曼：《文化记忆：早期高级文化中的文字、回忆和政治身份》，金寿福等译，北京大学出版社，2016年，第41页。
④ 哈布瓦赫：《论集体记忆》，毕然等译，上海世纪出版集团、上海人民出版社，2002年，第47—38页。

传承、具备了重要真理丰富内涵的"回忆形象"。

在口传神话、传说、麼经及其他载体中，有关布洛陀个人的叙事呈现出碎片化的状态，涉及布洛陀的性格与身体特征、特异神力、生活习惯及亲属关系等。这些内容彼此呼应，构建了一个丰富的布洛陀形象。布洛陀的亲属主要有妻子、子嗣、徒弟、父母等。在民间，布洛陀被描述成一位年纪较大、鬓发斑白而身材魁梧、红光满面、精神抖擞的老者①。田阳布麼农吉勤甚至听老一辈人说过，布洛陀的小名叫作"哎笃"（aeh tuz），名字的含义却不清楚。②在广西右江、红水河流域，人们多流传他的妻子为姆洛甲，比他小十多岁。③也有说二人为母子关系的。关于布洛陀夫妻的孩子，有五个、九个等诸多说法。④布洛陀的徒弟是布伯。⑤麼经中说布洛陀的母亲是祖宜婆，他有兄弟五人。⑥老虎称布洛陀为大哥、野猪称布洛陀为姐夫。有的地方则传说布洛陀无儿无女，专门助人为乐。⑦布洛陀还有着基于人性的多种神异能力⑧，如力大无比、知识面广、有巨大的生殖器、懂得鸟兽和花草树木的语言、有一把神斧、出去做麼时有老虎开路、会建造稳固的房屋、关心大家的疾苦并能谦虚听取大家的意见等。布洛陀也有自己特别的生活习惯，广西巴马、武鸣等壮族地区地都流传布洛陀住在岩洞里。文山一带的壮人则认为布洛陀白胡须拖地，住在一棵万年青下。⑨

布洛陀虽有神力，但也有生死之时。"有生有死"让布洛陀的形象更带有"人"的气息，作为始祖的可信度更高。在农吉勤老先生家里，一本名为《秘书》的手抄本内详细地记载了布洛陀、姆洛甲的生辰，原文如此："布禄图秘名永世甲子年十月十五日午时本命/麻禄甲赵名永明甲午年正月十五日子时本命"，其中说布洛陀（布禄图）的名字为"永世"，生日是"甲子年十月十五日午时"，姆洛甲（麻禄甲）姓赵，名字为"永明"，生日是"甲午年正月十五日子时"。⑩传承该

---

① 陶阳、钟秀：《中国神话》（上），商务印书馆，2008年，第67—86页。
② 2016年2月3日，笔者采访广西壮族自治区百色市田阳县农吉勤（男，1952年生）所得信息。
③ 2016年2月3日，笔者采访农吉勤（男，1952年生）所得信息。
④ 农冠品编著：《壮族神话集成》，广西民族出版社，2007年，第55—169页。
⑤ 农冠品编著：《壮族神话集成》，广西民族出版社，2007年，第44页。
⑥ 张声震主编：《壮族麼经布洛陀影印译注》（第六卷），广西民族出版社，2004年，第1838页。
⑦ 2010年8月9日，笔者采访云南省文山州广南县贵马村布麼沈章贵（男，1949年生）所得信息。
⑧ 这种神异能力往往是在一般人能力之上提升的结果，而非如同神一样没有根据的无所不能。
⑨ 农冠品编著：《壮族神话集成》，广西民族出版社，2007年，第60页。
⑩ 此抄本信息为广西田阳县布洛陀文化研究会会长黄明标老师提供，特此致谢。

本秘书的农氏家族兼从事道教活动，故这则关于布洛陀、姆洛甲的信息带有道教文化注重吉日、隐秘性的色彩，同时也反映了壮族人民力图将布洛陀、姆洛甲的个人信息深度历史化的努力。广西田阳敢壮山一带流传布洛陀、姆洛甲到达敢壮山的"降生日"为农历二月十九日，故人们从那天开始隆重祭祀。布洛陀死亡的原因民间也各有说法。如广西巴马壮人说布洛陀只顾给别人建房却没时间给自己盖房，就常年住在山洞里，有一晚他不幸被洞中脱裂的大岩石压死。① 有的地方则说，布洛陀还没完全把自己的本领传给徒弟就死了。② 云南广南县壮族沙支系布麽沈章贵则说布洛陀找不到好日子盖房，归仙的时候就住在大树下。③

通过对上述内容的梳理可发现，布洛陀的形象虽然在麽教经文及神圣仪式场合中无法得到具象化、细节化的呈现，但通过口头讲述、文本记载、风物地标等方式的再现，壮族民众获得了对布洛陀有血有肉、丰富而充满人类气息的多维度记忆，从而像崇敬、纪念自己有血缘关系的祖先一样去回忆他。这些"碎片化"的记忆在"祖先"认同的作用下逐渐建构出线性的"事实"，使布洛陀逐步"历史化"为一位优秀且能力超群的"始祖"。正如田阳一带的布洛陀传说，使"我们可以感受到生动、亲切的布洛陀的形象，他已经不单单是高高在上的神，而是深入民间和儿孙后代同甘共苦的老祖公"，④ 他的形象更为生动，也具有更浓厚的人情味。

（二）回忆形象的时空关联

作为文化记忆的布洛陀叙事具有时空关联性，在特定空间内被物质化，在特定的时间上不断延续，具有了群体性的关联意义，并在历史上经历了多次不断的重构。⑤ 布洛陀叙事常通过仪式、节庆的时空，以布麽的主持、吟诵经文等活动得以再现，以此增强人们的记忆。例如，红水河流域的壮族杀牛祭祖宗仪式通常在除夕夜举行。除夕夜为稻作农业生产结束之后的辞旧迎新时段，是族群内男女老少欢聚之时，带有周期性的特征，具备特定的时间节点意义，成为一种"在集

---

① 农冠品编著：《壮族神话集成》，广西民族出版社，2007年，第39页。
② 农冠品编著：《壮族神话集成》，广西民族出版社，2007年，第65页。
③ 2010年8月9日，笔者采访云南省文山州广南县贵马村布麽沈章贵（男，1949年生）所得信息。
④ 谢荣征：《布洛陀传说研究》，广西民族大学硕士学位论文，2009年，第22页。
⑤ 哈布瓦赫：《论集体记忆》，毕然等译，上海世纪出版集团、上海人民出版社，2002年，第38—42页。

体中被经历的时间"①。参与仪式的人均为本家族的成员，所选择场所或为某成员之房屋，或为公共活动空间，容纳群体的空间带来的身体实践经验，成员间彼此的交流互动，使特定的空间成为了回忆的线索，能唤起族群的集体回忆。广西田阳敢壮山有复建的布洛陀祠，壮乡各地也有不少布洛陀庙与神像等，在这些神圣空间选择特定日期对布洛陀进行朝拜与祭祀，提供了延续回忆的时空关联。

壮族人民对布洛陀的空间记忆关联着各地流传的风物传说。它们强化了人们对布洛陀的印象，使布洛陀的行为更具体化、真实化。如在广西田阳一带有布洛陀造物、挑山、养牛、锁蝗之所。②广西红水河中下游堵娘滩、雷公滩、断犁滩、鹰山狗岩滩、卧牛滩和十五滩等地，与布洛陀开山开辟红水河的事迹有关。③ 在广西西林，当地的壮族说驮娘江在历史上一直被称为"布洛陀河"。在贵州兴义，布依族布摩④说布洛陀与七姊妹星打赌，要把山挑走。现在兴义一带的山都在泥凼那边，就是被布洛陀挑走的。达居村还留有布洛陀挑山时踩下的脚印。⑤ 这些描述，都使人们感觉布洛陀更像一个活生生的人，更直接地与人们的生活、环境发生了关系，根植于更为具体的地方知识体系之中。

随着时代的发展，这些带有时空色彩的"历史化"叙事成为壮族先民实现自我认同、表达族群"历史心性"的心灵文本。"一种结构性社会情境，产生特有的、可支持此社会情境的历史心性。然而历史心性本身只是一种'心性'，一种文化倾向；它只有寄托于文本，或某种文类中的文本，才能在流动的社会记忆中展露它自己。"⑥对布洛陀形象的碎片化记忆聚拢在一起，就犹如万花筒里反射出的美丽图案，给人更为多样全面的信息。作为壮族先民"有据可依"的族群历史记忆，越来越丰富的布洛陀叙事文本达成了对始祖的理想化塑造，并实现了对本民族独特文化的肯定与表述。从上述对布洛陀的描绘中，布洛陀作为领袖的诸多特质——威望高、勤勉、辛劳、友善及乐于助人等成为壮人津津乐道的谈资和神圣时空里闪耀的光芒。

---

① 哈布瓦赫：《论集体记忆》，毕然等译，上海世纪出版集团、上海人民出版社，2002年，第31页。
② 黄明标搜集整理：《布洛陀与敢壮山（传说故事）》，广西民族出版社，2004年。
③ 农冠品编著：《壮族神话集成》，广西民族出版社，2007年，第35—36页。
④ 布依族与壮族有共同的族群渊源，共享布洛陀信仰与文化。
⑤ 2016年8月20日，笔者采访贵州省兴义市南龙古寨布麽黄仕坤（男，1968年生）所得信息。
⑥ 王明珂：《英雄祖先与弟兄民族：根基历史的文本与情境》，中华书局，2009年，第237页。

三、布洛陀时代：民族文化记忆塑造的历史

布洛陀叙事属于"众神与英雄时代"的文化记忆，讲述的是族群的"过去"。通过壮族人民世代相传，这段以始祖为主角的"过去"，构成了壮族"历史"上最重要的部分，阐明的是一种稻作文化的世界观与生活方式，是社会得以运转维系的基础。文化记忆作为人类记忆的一个外在维度，它"来自起源时期"，实现的是人类记忆对意义的传承。文化记忆的内容是"神话传说""发生在绝对的过去的事件"，其事件结构是"神话性史前时代中绝对的过去"，并拥有专职的传统承载者。① 布洛陀神话从创世开始，时间段主要集中于世界起源到万物出现、人类社会的完备有序这一阶段。通过与其他神祇的共同努力，布洛陀为壮族先民创造了一个持续、稳定的生存环境与各类物质条件，带来了社会得以正常运行的开端。

在布洛陀叙事里，壮族人民用"前代"（ciuh gonq）、"以前"（gonq）、"古世"（ciuh laux）等时间词汇来表达"历史"的时间概念，打造了本民族关于"众神与英雄时代"的集体记忆。壮族"起源历史"中的布洛陀、姆洛甲神话叙事丰富，内容庞杂丰富，关于布洛陀与众神创世与造物、制定社会运转秩序等多种多样的内容，细节生动，犹如叙述者亲身所见。但"无数的谱系都是从神话传说中的先祖直接跳跃到现代……显得头足相接没有身体，或者只有两端没有中间"，② 这个特点也鲜明地存在于壮族的神话叙事之中。麼经手抄本请来的诸神从布洛陀、姆洛甲等一长串的创世、造物之神，直接跳到了"三祖五代"③，文化记忆与交流记忆的对立再次被鲜明呈现。所谓"交流记忆"，是"对刚刚逝去的过去的回忆"，代际记忆是这种记忆的典型。代际记忆范围只保存在三、四代人之间，随着记忆承载人的死亡，这种记忆又往前更新推进了。而布洛陀叙事中所讲述的"过去"，

---

① 扬·阿斯曼：《文化记忆：早期高级文化中的文字、回忆和政治身份》，金寿福等译，北京大学出版社，2016年，第20、49、51页。
② 扬·阿斯曼：《文化记忆：早期高级文化中的文字、回忆和政治身份》，金寿福等译，北京大学出版社，2016年，第42页。
③ 张声震主编：《壮族麼经布洛陀影印译注》（第一卷），广西民族出版社，2004年，第97页。

则是一种"巩固根基式回忆"①，是社会集体的回忆，这"过去"与我们的当下的生活保持着一种绝对的距离，无论逝去多少代，它都与不断前进的当下保持着恰当不变的距离，类似于一种永恒的存在。它作为一种"历史"知识与概念，故而能为壮人所记忆和传颂。

　　布洛陀叙事构建的时代是一种可供回忆的"过去"，而不是可查证的历史。"过去在记忆中不能保留其本来面目，持续向前的当下生产出不断变化的参照框架，过去在此框架中被不断重新组织。"② 这种作为文化记忆的"过去"，并不是像交往记忆那样散漫发展，而是一种在历史中被创建的、高度成型的记忆。它与叙事内容的真实性关系不大，作为民族历史上起到奠基作用并被固定、内化传承下来的历史，它本身就已经成为了"神话"。虽然布洛陀叙事并非我们所平日所认知的"历史"概念，却是壮族构建自己知识体系、认识自己族源并组织当下和未来经验的有效内容，起着建构和巩固世界观与人生观的指导作用。布洛陀神话更是壮族文化中"具有象征意义的再现形式"，是与经济、政治权利并列存在的"三个典型领域或者作用框架"③之一。它的持续传承，承担着民族认同与自我肯定的功能，是壮族文化传统中不可或缺的重要部分。通过此类共同文化记忆，壮族实现了群体内部的凝聚与认同。

　　通过口传与文本两种途径，布洛陀时代的历史在日常与仪式之中得到传承。这一时代以对始祖布洛陀的记忆为特征。通过被固定化的文字、图像等传统的、象征性的编码，在集体成员共同参与的各类仪式的时空内，布麽将布洛陀叙事用诗的形式进行展演，将叙事内容凝聚成发挥着"回忆、传承和认同"的民族文化记忆。它们因为被"经典化"而更具有了"权威性""不可争辩"的固化与神圣色彩，是民族历史上的重大事件，有着突变与前进的意义。有关布洛陀的各种"碎片化"记忆，包括生辰记载、外貌、习惯及爱好等特征内容，都有将布洛陀视为壮族历史中重要人物、表达民族文化独特性和持久性，并实现情感认同的主旨。有关布洛陀的各种风物传说，更营造了一种民众赖以根植回忆的空间和象征物，

---

① 扬·阿斯曼:《文化记忆：早期高级文化中的文字、回忆和政治身份》，金寿福等译，北京大学出版社，2016年，第44—45页。
② 扬·阿斯曼:《文化记忆：早期高级文化中的文字、回忆和政治身份》，金寿福等译，北京大学出版社，2016年，第13页。
③ 扬·阿斯曼:《文化记忆：早期高级文化中的文字、回忆和政治身份》，金寿福等译，北京大学出版社，2016年，第13页。

使有关布洛陀的"历史"显得更为真实可信。这些叙事成为人们活动的准则与借鉴,在树立壮族自身的形象、指导民族前进时产生了无以估量的"神话动力"。[①]

四、布洛陀叙事的"经典化"

布洛陀叙事在传承过程中日益走向了文化记忆的"经典化"。所谓文化记忆的"经典化",指的是"普通的文本和仪式,经过具有权威性的机构或人士的整理之后,被确定为典范的过程",比如圣经及弥撒仪式程序。[②] 被整理后的文本与仪式遂成为文化记忆中的"经典",不允许随意更改。作为布洛陀叙事经典化的代表,麽经手抄本及其仪式已逐步"规范化",出现了高度的趋同。首先,这些被经典化的内容在形式上发生了变化,主要采用了高度凝练的五言韵文。其次,通过比较民间自发传承的布洛陀叙事与被"经典化"的叙事,可以发现"被经典化"的部分加入了更多汉文化、道教文化的内容,注重对社会秩序与家庭伦理关系的阐释,强调布洛陀作为麽教祖师爷的身份。在仪式当中,布麽必须完全按照麽经原文进行吟诵,不允许念错,仪式步骤也必须正确,这都是经典化的突出表现。作为文化精英的代表,布麽对麽经抄本记及仪式拥有阐释权,附着了神圣性色彩。麽教对布洛陀叙事的吸收与阐释体现了民间宗教对壮族文化记忆"经典化"的干预。

(一)"经典化"带来的叙事母题变迁

"经典化"的过程涉及布洛陀叙事内容的取舍、加工润色等问题。以口传和麽经中的"生人"母题为例进行比较,可看出布洛陀叙事"经典化"导致的变异。口耳相传的布洛陀神话中常出现"布洛陀与姆洛甲婚配生人"的母题。如《姆洛甲断案》[③] 说布洛陀和姆洛甲为开天辟地的夫妻,他们忙于创造天地,远隔千万里。后来,姆洛甲受风孕,生下六男六女。《姆洛甲生仔》[④] 则叙述姆(姅)洛甲与布洛陀婚配后生下人类:

[①] 扬·阿斯曼:《文化记忆:早期高级文化中的文字、回忆和政治身份》,金寿福等译,北京大学出版社,2016年,第77页。
[②] 王霄冰:《文字、仪式与文化记忆》,《江西社会科学》2007年第2期。
[③] 农冠品编著:《壮族神话集成》,广西民族出版社,2007年,第26—27页。
[④] 农冠品编著:《壮族神话集成》,广西民族出版社,2007年,第22—23页。

姆洛甲、布洛陀是地上的两个人，姆洛甲想和布洛陀结婚，造天下婚姻，布洛陀却不懂得夫妻的含义，赌气跑到下界和图额一起生活。后来，布洛陀看到姆洛甲在山顶上盼望自己回来，就对着姆洛甲喷了一口水，射中她的肚脐眼。姆洛甲回到家就怀孕了，生下12个孩子。孩子们叫布洛陀做"爸"，壮语里也是"喷"的意思。

作为壮族始祖神的布洛陀、姆洛甲在口传叙事中以配偶形式出现，这与人类理解男女配对而繁衍的因果关系是一致的。口传神话中的布洛陀、姆洛甲生人母题常镶嵌在壮族创世神话中，成为其有机组成部分，呈现一种自发无为的传承状态。

相较之下，以麽经为载体的布洛陀叙事与生人母题的关系并不这么密切。收录了29个麽经手抄本的《壮族麽经布洛陀影印译注》中，只有《布洛陀孝亲唱本》和《麽荷泰》两个抄本有造人与兄妹（娘侄）婚配的内容。《布洛陀孝亲唱本》里是伏羲造人。流传在云南文山的《麽荷泰》则说布洛陀、姆洛甲指导娘侄俩祭祀才生出孩子，这两位始祖还把磨刀石般的肉块切成六片，撒到各处分别变成鱼、稻谷、马鹿、青蛙、人类等。[1]

纵观麽经内容，被经典化后的叙事似乎都在"避而不谈"布洛陀结婚、生子这类人间凡俗的内容。只有在不同场合下出现的"去问布洛陀，去问姆洛甲"等程式化叙述，保留了布洛陀、姆洛甲的对偶神身份。民间口传布洛陀生人与麽经抄本中人类起源母题在传承内容上的差异，正是壮族民间文化精英——布麽对布洛陀叙事进行筛选与整编，完成"经典化"的过程。能够使用方块壮字、汉字的布麽，受汉族道教思维体系的影响，有意识地选择符合中原汉文化伦理道德、审美等标准的内容进行扩充与替代，并将不少道教神祇与故事引入麽教经文之中。麽经中通过"去问布洛陀，去问姆洛甲""布洛陀就讲、姆洛甲就说"的提纲式语句来强化布洛陀、姆洛甲的智慧和"至上而下"的指导，其实他们亲身参与的具体实践活动并不是很多。布洛陀具有了神的全知视角与指示功能，可以上天入地，为常人所不能。与此同时，布麽依然供奉布洛陀为祖师爷，并将他比附为汉族的太上老君[2]。麽经中渲染的往往是布洛陀的神力，比如出门时河水为之断流、

---

[1] 张声震主编：《壮族麽经布洛陀影印译注》（第六卷），广西民族出版社，2004年，第2850—2852页。
[2] 2014年7月29日，笔者采访云南文山州麻栗坡县八布乡布麽张廷会（男，1945年生）所得信息。

山峰为之崩塌，就连水牛角也要弯曲。① 布洛陀以坚铁为午餐，以烧红的铁块为早餐，他的家在深水之下、高山之巅。② 布洛陀用的经书同样具有法力，有的字小如苍蝇，有的字大如篱笆。③ 布麼在仪式中所要强调的往往是布洛陀的神威，这就把布洛陀叙事向创世、造物、文化创造等多方面拓展，涉及天地起源、顶天增地、日月起源、物的起源以及文化和社会秩序的出现等五大主要母题。④ 其中，造文字、造麼和禳解仪规、造首领等母题在麼经经文中十分突出，在口传叙事中也不常见，是布麼根据实际的政治、宗教需求而润色、加工的结果。

壮族早期地方政权对于布洛陀叙事的经典化亦发挥了一定作用，地方政权导致布洛陀叙事"经典化"在麼经中多有体现，如多处出现关于"王"的字眼，有专门的"造皇帝土司"篇章。政治精英或曾掌控着布洛陀信仰，通过麼经的演述来反映土司社会确立后的区域空间政治秩序。⑤

（二）壮族与瑶族族源叙事的对比

将布洛陀叙事的口传文本、文字文本与瑶族《盘王歌》文字文本进行比较（表一），壮族布洛陀叙事中经典化的选择倾向更一目了然。瑶族盘瑶支系的《盘王歌》是族源叙述实现文化记忆"经典化"的一个典型案例。通过文字文本被固定下来的《盘王歌》生动讲述瑶族来源，以此证明瑶人与中原中央王朝之间的渊源，并强调瑶人不纳税的原因。"对过去的兴趣起初并未表现为一种对'历史'的特殊兴趣，它首先是普遍而具体表现为对论证合法性、证明正当性、达成和解、做出改变等的兴趣，而且其发挥作用的框架可以用回忆、传承和认同来圈定。"⑥ 讲述族源历史以此证明瑶族人可被免除徭役的叙述，通过《盘王歌》《过山榜》等汉文文本实现了"经典化"，形成文化记忆的固定文本，其最终目的是为了强调瑶族人的权利，并高度凝聚了瑶族内部的彼此认同。相较而言，布洛陀叙事的

---

① 张声震主编：《壮族麼经布洛陀影印译注》（第四卷），广西民族出版社，2004年，第1435页。
② 张声震主编：《壮族麼经布洛陀影印译注》（第四卷），广西民族出版社，2004年，第1428页
③ 张声震主编：《壮族麼经布洛陀影印译注》（第一卷），广西民族出版社，2004年，第12页。
④ 李斯颖：《壮族布洛陀神话研究》，中国社会科学出版社，2016年，第64—165页。
⑤ 麦思杰：《〈布洛陀经诗〉与区域秩序的构建——以田州岑氏土司为中心》，《广西民族研究》2008年第1期。
⑥ 扬·阿斯曼：《文化记忆：早期高级文化中的文字、回忆和政治身份》，金寿福等译，北京大学出版社，2016年，第63页。

"经典化"有意地避开了始祖直接生人的母题，以笼统的布洛陀指导造人为最常见，展示出与瑶族文化记忆经典化的不同的主旨与追求。

表一

神话文本	《姆洛甲断案》①	《布洛陀孝亲唱本》之《创造万物》②	《盘王歌》③
民族	壮族	壮族	瑶族
主要母题（节选）	布洛陀把巨石分开，出现姆洛甲；布洛陀、姆洛甲造天地万物	盘古造天地；仙人派天王氏、地王氏造天地万物；派伏羲造茅草人	盘古开天地
		伏羲王放水淹天，剩下伏羲兄妹；伏羲兄妹繁衍人类	天下干旱，发果抓住雷王问罪；雷王逃跑，发大水淹天下，只有伏羲兄妹幸存；伏羲兄妹繁衍人类
			高王与评王争天下，太白化身神犬盘护杀死高王，献其首级给评王
	姆洛甲怀上风孕，生下六男六女		评王赏赐盘护，嫁女给盘护
	六男六女婚配繁衍人类		盘护与公主生六男六女，获赐12姓
演述形式	散体，日常	韵体，仪式	韵体，仪式
演述者	普通人，师公、布麽	布麽	道公

从表中可看出，瑶族《盘王歌》文本在盘古创世之后有两个关于"人类出现"的重要母题，第一个是洪水淹天地，伏羲兄妹生人；第二个是盘护与公主成亲，生瑶族12姓。第一个母题属于人类起源神话，还没有民族之分；第二个"生人"母题属于族源神话，强调的是瑶人作为盘护与公主血脉的延续。人类与族群的起源结合了开天辟地、造物等母题可形成较为固定的叙事情节，这在各民族神话中都较为常见。每个叙事文本中保留的母题都是民族文化传承与选择结果。《盘王歌》主要在"还盘王愿""挂灯"等仪式之中被吟诵，是高度韵文化的文本，其演

---

① 农冠品编著：《壮族神话集成》，广西民族出版社，2007年，第26—27页。
② 张声震主编：《壮族麽经布洛陀影印译注》(第六卷)，广西民族出版社，2004年，第1837页。
③ 郑德宏、李本高整理译释：《盘王大歌》(下)，岳麓书社，1988年，第83—111页。

述者主要为神职人员道公。在实际操作中，道公同样注重仪式的程序正当、文本诵读的正确无误，使仪式与文本皆具"经典化"的含义。①

相较之下，壮族两个神话文本的母题都分别与《盘王歌》的内容有类同之处。口传的《姆洛甲断案》中姆洛甲与布洛陀（间接）生人，与盘瓠神话母题相似，带有族源神话的色彩。它强调壮人为布洛陀、姆洛甲血脉之后裔，但"风孕"之说又弱化了壮人与布洛陀直接的血缘关系。在前述《姆洛甲生仔》神话中，布洛陀通过向姆洛甲"喷水"完成了受孕过程，带有生殖色彩的隐喻。有意思的是，两则神话母题都有意回避了肉体的接触，是壮族人民在传统伦理观念影响下对神话进行艺术加工的结果。布洛陀"生人"母题主要以口耳相传的散体讲述形式存在，讲述时间也较为随意，不存在禁忌，也容易发生变异。讲述人可以是一般的壮族男女老幼，也可以是师公、布麽等各类神职人员，故其传承渠道更为多元，语词使用上带有个人色彩，没有成为被"经典化"的内容。虽然布洛陀"生人"母题被布麽所舍弃，在麽教经文中被忽略，但其浓厚的族源神话色彩使之具有了独特的民族文化记忆价值，一直在民间传承。而麽经《布洛陀孝亲唱本》之《创造万物》叙述洪水淹天后伏羲兄妹繁衍人类，与《盘王歌》中的人类起源母题基本一致。该母题受到汉文化"伏羲女娲造人"观念的深度影响，强调伏羲氏的功绩，出现伏羲兄妹配对生人的内容，但没有强调民族的差别，突出的是人类整体，与布洛陀关系不大。作为麽经手抄本的内容，布麽采用了方块壮字记录这则人类起源母题，用传统的五言韵文形式来呈现，并在丧葬等特定仪式上吟诵，使之实现了高度的"经典化"。

从口传到文字文本，从自发流布到被"经典化"传承，从族源神话到人类起源神话，布洛陀神话的两个文本《姆洛甲断案》《布洛陀孝亲唱本》之《创造万物》在表述方式、功能上都存在差异，带给我们新的思考。其中，布洛陀与姆洛甲生人带有族源神话的色彩，但在历史的发展中，却被逐步边缘化。这是专职的传统承载者——布麽通过文字手段对布洛陀叙事进行改造与选择性重构的结果。文字与文化精英在文化记忆"经典化"的过程中占有重要地位。麽经与麽教仪式成为布洛陀叙事内容"经典化"的利器，作为重要的民族文化记忆由专人传承。通过比照《盘王歌》，两则神话分别作为"人类起源"与"族源神话"的性质更为清晰，文化记忆"经典化"的方式与途径也更容易得到说明。被"经典化"后的文化记

---

① 散文体《过山榜》同样也是盘护母题被"经典化"的一种重要形式。

忆，其传承形成了体系，相较而言不容易消亡。

五、结语

作为"回忆形象"的布洛陀是壮族人民经过数千年塑造而成的。至今，在民间依然流传着布洛陀的各类"碎片化"记忆，它们在民众之间口耳相传，内容丰富但又具有较强的变异性，叙事的个人色彩浓厚，容易逸失。有的叙事被日益"经典化"，记录在古壮字文本之中，通过专职的文化记忆储存人——布麼在各种重要的节日、庆典仪式中被保存至今，具有了神圣性、权威性色彩，也趋向于固化，更易于传承。总体上看，布洛陀叙事源远流长，它塑造了壮族社会早期的英雄与集体"时代"，承载着他们的信仰与族群历史，带有壮族内部彼此认同与凝聚的重要功能。在现代化冲击下，布洛陀口传叙事日渐消失，而被"经典化"的布洛陀叙事也面临文本与仪式的"无用"与被搁置状态，这都使布洛陀文化记忆的传承面临着危机。

今日，通过广西田阳敢壮山的人文始祖祭祀大典等典礼性活动，布洛陀作为壮族人民文化记忆中不可或缺的始祖形象得到了强化，增强了民族的向心力，提高了民族的文化自信，对于整个民族在现代化进程中加快自身文化转型与进步提供了强有力的支撑。正如阿斯曼指出："群体与空间在象征意义的层面上构成了一个有机共同体，即使此群体脱离了它原有的空间，也会通过对其神圣地点在象征意义上的重建来坚守这个共同体。"[①] 敢壮山对于壮族人民的意义也在于此。

〔李斯颖：中国社会科学院民族文学研究所副研究员、文学博士〕

---

① 哈布瓦赫：《论集体记忆》，毕然等译，上海世纪出版集团、上海人民出版社，2002年，第41—42页。

布洛陀麽经民族关系的历史解读

何思源

布洛陀麽经的流传地自古以来就是壮族先民活动和聚居的地区。这一区域因其特殊的地理位置，居民的种系族属和民族关系错综复杂。作为"壮族社会的百科全书"，麽经布洛陀记录了众多族群／人群的名称，它们有的是今天壮族的不同支系，有的是汉族、瑶族等民族，还有的则是今天已经消失或已同化于周边民族的人群。《麽经布洛陀影印译注》对这些名称进行了相关注释和归类，本文不再赘述。在麽经的叙述中把握壮族先民与外来汉人的关系，进而探寻这关系背后的权力及历史脉络，将是本文的论述重点。当然，文学对历史的反映，往往不是反映真实的历史，而是反映历史的真实。与其煞费苦心地考证麽经的叙述与历史事件（真实的历史）的联系，倒不如将之放在孕育它的更为广阔的社会历史文化中，探寻它到底表现了怎样的历史真实。

广西地区的百越族群及其先民与来自北方的汉人的接触前后跨越数千年。汉人依据迁入时间、生计方式的差异而被赋予了不同的称呼。麽经提到的"客""官""甫郝""甫空""甫兖"等，均指汉人。对于这些汉人的祖源，布洛陀麽经是这么解释的：盘古、霹雳划定了天下十二个部落，天下百姓各属其主，各遵其规，其中有两个"王"负责教化"郝"（巴马1[①]）。汉人和"我们"一样都是天下百姓，都是盘古、霹雳的子民。汉人也是在"王"的管制教化之下才懂规仪知礼节。从前有六个兄弟，一个到天上做雷神，一个到下界做水神，一个去当兵贼，一个去做工匠，一个去做"客"，一个骑马去游荡，"客"人和我们是同宗兄

---

① 此处为《麽经布洛陀影印译注》对不同抄本的编号，下同。

弟（巴马3）。这种"天下一家人、众人皆兄弟"的朴素思想，强调众人平等，还没有表露出"汉"强"我"弱的民族自卑心理。历史上较早迁入岭南地区的汉人，由于交通不便、人数较少等原因，有一部分融合进了壮族先人当中。这个同化过程是平和、渐进的，因此壮族先民很自然地产生了大家皆兄弟的观念。

相对而言，桂西南壮族与汉人及中原朝廷的关系并不像桂东、桂北地区那样紧密和直接。中原王朝对桂西南长期执行羁縻（土官）的政治制度，基本上仍然是由壮族统治集团直接进行地方统治，土民暴动时还主要由土官军队直接镇压。

汉族军队大规模、频繁进入桂西南地区从唐、宋、明开始。公元864年，唐朝廷发八道之大军固守邕州，欲阻南诏之攻击，不济。于是朝廷选募北方的徐州军士三千人往邕州做长期的防守。北宋时期，宋廷先后平定了侬智高起义，山东籍士兵入邕州、宾州、横州等，击退交趾的内侵。明朝对思恩、宾州、象州等府州县等地长期"征剿"，中央政府在广西大量设置军屯，实行都司卫所制度。清雍正年间（1723—1735），鄂尔泰部署清兵（多为汉人）大举进攻泗城、思明府、思陵土州。这一时期南下的汉族人与本地的侗台民族的关系基本上是以调北征南的军事征服为特征，这使得族群之间的矛盾与冲突日益凸显。布洛陀麽经对这些冲突多有叙述。如巴马1，"王"去打"贼官"，撞他们的城墙撞不垮。在"王茫妚"和"妚王母"的帮助下，"王"攻破"贼官"的城墙，抢得白脸奴隶，抢得红脸姑娘。百色3，父亲和丈夫都去讨伐"官"人。《哑兵榡座启科》861页，父王去打强盗，打"贼官"也赢，打"摇"（即瑶族人）就得"摇"；935页，布麽有了铜刀，打"贼官"也赢，打"贼京"也败。攻破"贼官"的城墙，指攻克汉族在囤军基础上建成的圩镇；"贼京"指京城兵勇，和京城兵勇的对抗，已经是和中央王朝的直接对峙了。随着中央王朝对桂西南一带的控制日益加强，其施行的专制统治及民族不平等政策，激化了原先的阶级矛盾与民族矛盾。这些抗争或者表现为民族冲突，或者表现为农民起义。宋代爆发了广西规模最大的少数民族起义，《元史》记载的广西农民起义就有30多起，小规模的民族冲突就更不用说了。明代壮族地区起义此起彼伏，两百余年从未间断，嘉靖、万历年间更是发展到高潮，多次震惊明王朝统治者并调集大军镇压。麽经多次提到"王"与"贼官""贼京"的战事就是这些冲突与征战的折射。

值得注意的是，麽经对这些战事的叙述出现了人称前后不一致的情况。如百色2，1330—1334页，"王曹"骁勇的名声传到了下方官府（指南宁路的官府，因管辖右江各州的南宁路的官府设于左右江汇合的邕江，位于南边下游，故称）

那里,下方官府来文书调遣"王曹"去打"官"人。"王曹"出征,与强大的"蛮人"交战,"王曹"被围,战死在官府城墙脚下。谁来调遣?与谁战?战死何方?这里面透露了叙事的混乱。其实这种缺乏逻辑性的讲述,恰恰体现了多种历史信息的杂糅。一方面,下方官府来请"王曹"去打另一个官府,这是汉族地方势力相互征战、掠夺地盘的折射。"王曹"为之征战,正是土司制度下壮民族为汉族政权奔走卖命的写照。但"王曹"出征,却又不是和"官人"直接对战,敌对方被置换成了"蛮人",正是壮民族归顺于汉民族的表现:"王曹"是不能和统治阶层"官人"对战的。但最后"王曹"还是战死在"官人"的城墙脚下,这透露了壮民族对汉民族及中央政权的臣服、壮民族的反抗终于走向失败的信息。历史对此的一个绝佳注释是——宋朝的侬智高起义。唐末五代,交趾独立,边疆问题随之产生。宋王朝在解决民族关系问题的同时,还要解决边疆问题。积贫积弱的宋王朝处置广西边疆问题的基点是尽量避免交趾李朝寻衅生事。当时傥犹州(今广西扶绥县地)屡遭交趾李朝的侵扰,土酋侬全福及其子智聪惨遭杀害,当武勒州(今广西崇左)地阿侬与其子侬智高据傥犹州后,李朝又出兵傥犹州,擒侬智高,接着擅自任侬智高为广源州(今越南高平省广渊)知州。对于交趾李朝的利诱威逼和军事压力,侬智高不向外力屈服,多次向宋朝要求内属。然而,宋王朝以牺牲边疆民族首领内附中央的正当权利的让步政策换取边疆安宁,拒绝了侬智高的请求。侬智高在求内附不得的情况下,于皇祐四年(1052年)揭竿而起,横扫两广。这场起义最终以侬智高的失败告终。

作为中央王朝最高统治者,"皇帝"多次出现在麽经记载中:民间有能力者为"皇帝"所用;"皇帝"赐"王"官印,赋予"王"管理的合理性;"王"不服从"皇帝",被官军杀害等等。"皇帝"的形象是模糊的,其权威性又是不容挑战的,麽经没有"皇帝"昏庸残暴因此必须反抗的描述。从试图建立本民族政权到接受中央王朝的统治,这一转变必然伴随一系列的调试和适应,麽经没有反映这一历史转变带来的挣扎和撕裂,但叙事逻辑上的混乱折射了抗争与认同共存的心理。

在与汉族的长期接触中,来自强势文化的价值逐渐成为壮民族进行民族性定位的重要参照系,认知、建构民族自我形象时开始寻求来自"中心"的认同。如巴马3,431—432页,"祖公"打"官贼"也赢,打"京贼"也垮,"下方官府"来请,广西上来调兵。调去打"京贼",雇去打"官贼"。打垮打赢"官贼"和"京贼"后,"下方官府"赏赐总兵,朝廷赏赐名誉。祖公每日进入朝廷三次,每日拉二胡饮酒。这里的"京贼"已经不是中央朝廷的军队了,而是反朝廷的叛军。"祖公"奉命讨伐之,保家卫国,获取朝廷的赏赐,成为朝廷官吏的一部分。处于边缘的壮族在不断地主动寻求"内地化",并在"内地化"的过程中不断地建构符合"中心"传统的关于"国家"的想象和认同。强势文化的传播主要通过学校教育实现,明清以来桂西一带州学、府学兴起,麽经对此也有涉及:如巴马4,181页:"让孩子和以前一样好,像甫郝(官人,即汉人)的孩子一样好。"巴马11,619—620页:"造成伶俐的人,和甫郝(官人,即汉人)的孩子一样好,像州官的孩子一样白净。"东兰2,1520—1521页:"乖巧如土司的孩子,快乐如那个状元。"表达了对汉人及州官子弟的艳羡、向往,字句间流露出"慕汉"之情。汉人、州官的子弟之所以尊贵,是因为他们能接受汉文化教育,具诗书礼仪。经过秦汉以来一千多年的交往、交流,又经过历代反抗的失败后,壮族对于较先进的汉文化是接受的。明万历二年(1574年),阳朔壮人反抗被平定后,"诸僮帖然悔惧,遣子就学者十有九人"[①]。从具体的战略内容看,历代王朝都把教育放在优先发展的位置,试图通过开学堂、兴书院,把少数民族的意识形态按照封建纲常加以改造,以纳入封建秩序,因此历代王朝在发展教育上都很主动。接受了汉族文化的壮民族,对自身的民族背景感到自卑,对汉族子弟甚为仰慕。先是官族中"汉裔"观念生发开来,伪造家谱盛行。如明代的岑氏土官声称始祖为岑仲叔,浙江余姚人,"智勇并善,兼歧轩术",是随狄青征依智高后"留仲叔治永宁军,加银青光禄大夫,都督桂林、象郡诸州兵马,以萧注为副,知邕州",又说高母入特磨道后"仲叔与余靖、孙沔发兵讨之,屡战屡捷","帝嘉仲叔,晋爵粤国公,镇守邕管"。岑家在明代时因冒籍被揭发。明成化、弘治年间贺州有李福边、韦父成、李贵等人卷入"诈冒皇亲"的活动。[②] 官族如此,这股风气还侵染到了平民当中。近现代很多壮人流传自己先祖是北宋时随狄青进入岭南的北方汉人。把镇压了本民族起义的汉族将领当作自己的先祖,这里有避免民族迫害而采取的策略因素,更有民族自卑感和心慕"汉风"的意味。麽经虽然没有"祖公"是"汉裔"的记载,但对"汉裔"的羡慕与攀附已经表现出来了。

壮族与汉人平民的关系相对单一、平和得多。如百色3,土地神骑马分别来到"甫郝""甫空"的领地。"甫郝"即讲粤语和桂柳话的汉人,"甫空"即讲蔗园

---

① (明)郭应聘:《西南纪事·平阳朔金宝顶》,转引自苏建灵:《明清时期壮族历史研究》,广西民族出版社,1993年,第79页。
② 《明史·列传第二百七·广西土司三》,转引自苏建灵:《明清时期壮族历史研究》,广西民族出版社,1993年,第79页。

话的汉人。《哑兵楼座启科》则有这样的描述：孤儿种出的棉花，土司说满意，泗城人要买，"甫郝"（讲粤语和桂柳话的汉人）要做成布，"甫兖"（右江河谷壮族对讲蔗园话的汉人的称谓）要做成衣服。那坡本2916—2921页：天下人们往来做买卖，"客人"来到隘口贩卖货物。客人走了两个月的路程，因灵魂逃逸而患病，死在本地。"客人"的兄弟和大舅子来寻找，把"客人"的遗骸拿回去埋葬。要把"客人"葬在海水里，即海葬，表明"客人"的祖籍是在远方海边。布麽喃诵经文为"客人"的亡灵指路。布麽称"客人"为"老同"，正是壮族汉族互惠互补的经济关系造就的互助相帮精神的反映。宋代经济重心南移，特别是南宋时期，广西的农业、手工业得到了一定发展。在发展的基础上，各民族之间的贸易往来相当频繁。当时广西的南部邕州横山寨、永平寨和钦州三大博易场，是经济贸易的中心。这些贸易点以市马为主，每年秋冬，大批马帮进入桂西经泗城州至横山寨，随之而来的货物还有磨香、胡羊、长鸣鸡、披毡、云南刀及其他药物。除贸易之外，内地农民也纷纷进入桂西开荒种植。明清两代实行海禁，粤人大批进入桂西和滇东南。桂西的养利州（今广西大新），便有阮、钟、李、朱、林、胡、周、宁等姓相继由福建、广东等地或做官或经商而迁来。① 道光《广南府志》也说："楚、蜀、黔、粤之民，携挈妻孥，风餐露宿而来，视瘴乡如乐土。"② 清初右江上游和云南交界的剥隘，是广州商人最为集中的地方。这些汉族客旅在壮族地区或开垦或经商，和当地壮族的关系总的来说是和平共处的，在麽经叙述中没有出现敌视对峙，反过来，他们之间唇齿相依的贸易关系，使得壮民族视他们为"老同"。对客死在壮乡的汉人，壮族布麽还为其亡魂引路，让他们回到海边的家乡。

自秦汉以来，汉族以命官、征战、经商、开荒等形式来到广西者逐步增加，和壮民族交往，有和平共处的，也有矛盾和争斗的。但历史发展的趋势，是壮民族逐渐向国家主体民族靠拢，从"天下一家"的平等观，到矛盾斗争期间的强制同化，再到和平交往期间发生的自然同化，麽经里都有表现。

民族关系有多种表现形式，有以民族群体（或其部分）交往的直接形式表现的民族关系，也有以曲折的方式表现的民族关系。麽经有不少内容反映了壮族先

---

① 《广西壮族社会历史调查》（第四册），民族出版社，2009年，第194页。
② 道光《广南府志》卷二，转引自苏建灵：《明清时期壮族历史研究》，广西民族出版社，1993年，第79页。

民与瑶族先民的接触和交往，表面上看是壮、瑶的民族关系，但我们仍能从中看出壮、汉民族关系的折射。

麽经的"遥""堯""猺"均为右江盆地的壮族人对居住在右江岸土山地区的人所属族别的称呼。壮族一般居住在盆地和平坝地带，瑶族多居于山地，因此习惯上把居住在山地的人们都称为"遥""堯"，多采用音近字来记录。另有一些抄本则称呼这一人群为"猺"，如东兰2，1448页，提到"猺蛮反猺怪"，即瑶民相攻。这显然和汉文献记录瑶族的用字一样。称之为"蛮"和"怪"，有浓厚的民族歧视意味。总的来说，麽经对瑶族的形象描述是这样的：居于山地，善冶炼之术，比"我族"鄙陋，两个民族互不相犯。历史上，壮族和瑶族关系相对比较紧张。除了小规模的械斗（为争夺山林和田地）外，主要是壮族参与了统治阶级招募的兵丁，对瑶民起义大加镇压。比较著名的是明正统二年，浔州大藤峡的瑶族发动大规模反抗，明朝难以遏止，遂命广西总兵官山云调左右两江"俍兵"镇压戍守。明清以来史籍多有记载壮族对瑶民起义的镇压。然而对瑶族的征战，麽经对此没有直接描述，这是比较耐人寻味的事。麽经倒是有"祖公""王""王曹"与"蛮人"交战、与"蛮人"夺印的叙述。可以推论，"蛮人"中有一部分指的就是瑶族。而归附了中央朝廷并交粮纳税的壮族，接受了从"蛮族"到"编民"身份的转型，否认了自身的"蛮夷"背景，转而把"蛮"的帽子戴到别的少数族群的头上。这也可以看作边疆族群认同国家的一个"自观"的写照。在回溯壮族与瑶族的关系时，可以看到，壮族受到汉族强烈的影响，和汉族的社会政治关系更为密切。又由于纳入编户，因而被纳入汉族的政治及文化体系之中；对于游离于这一政治及文化体系之外的瑶族，壮族对其了解甚少，显然抱着一种疏离和居高临下的态度，而这种不对等又几乎移植自汉族对壮族的态度。

麽经作为一种特殊的文体，叙述的事件未必是真实发生过的事情，但是"记忆"本身却可以是"真实"的，足以影响到人们对于现实的认知。麽经所表现的内容，是一种文化记忆中的真实。这样的真实，反映了某一个特定的时空下的集体认同。麽经为我们从本土视角探讨壮族与汉族的关系提供了丰富的原始素材，让我们看到了壮族社会从"化外"到"化内"的发展过程。麽经反映的壮族与汉族的关系，经历了从冲突走向磨合、从磨合走向和解、从和解走向融合的曲折发展过程。当然由于时代的限制，我们从中仍可看到那些带着偏见的观念：来自恐惧、猜疑、互不信任以及无法理解他人的标识、符号、世界观、价值标准和生活方式导致的不平等意识。

各民族由于历史的原因和地域的不同，其经济、语言、文化、生活习惯及心理状态亦有所不同。当他们突破原有的地域，交错杂居在一起时，出现矛盾是自然的，但这种矛盾并非是对抗性的。对生存空间、生态资源的据有，并不天然地指向冲突。当矛盾的同一性占主要地位时，彼此就友好相处，互相往来，和平发展，当矛盾的斗争性占主要地位时，民族之间就相互对抗，甚至爆发战争。壮族先民与汉族先民的接触，在先秦已经发生，在他们的交往接触史中，既有友好相处、和平发展的时期，也有互相对立、彼此争战的时期。民族关系问题，透过种种表象究其实质，多与利益有关，利益的内涵是多方面的，不仅有物质利益，还有政治利益、文化利益等等。在阶级社会里，各个民族之间的矛盾、斗争乃至战争，从根本上说都是各个民族统治者所挑起的。从这个角度讲，民族矛盾说到底就是阶级矛盾。在我国这个多民族的国家里，战争固然使各族人民遭到浩劫，千百万人死于非命，经济文化受到破坏，然而，战争也是各民族之间相互接近的一种重要方式。历史上每一次战争之后，总有大批人民迁徙到另一个民族的聚居地，各民族杂居错处，相互融合。这种联系和杂居越广泛，越交错，原先的偏见越容易被打破，经济文化联系的纽带就越容易发挥作用，融合的速度就可能越快。民族杂居使得各族人民摆脱了闭塞封闭，走向彼此了解。随着民族或族群互动磨合的成熟，不同的民族或族群在各个方面逐渐由最初的互不相关或冲突，发展到和谐共处。各民族间激烈的碰撞与整合，在中华民族从多元走向一体这伟大的历史进程中发挥了极其重要的作用。当然，这一进程伴随着波澜壮阔的历史场景，包含了丰富而多层面的历史事件，本文所能做到的仅是挖掘、解读相关文献，提供相关信息，以期对后来者的进一步研究起到补充作用。总之，我们应该正视历史，这对正确认识我国的民族关系发展史至关重要，对当今社会上出现的民族问题的解决也有一定的启发和借鉴作用。

〔何思源：中央民族大学语言研究院讲师、语言学博士〕

布洛陀与壮侗语族始祖信仰研究

陆月娟

一、人文始祖布洛陀

"布洛陀"为壮语,其含义为一个传说的人物、杰出的部落首领、充满智慧并会施法的先祖。关于布洛陀的身份、地位在民间流传着各种各样的说法。从目前调查和收集的资料来看,田阳一带壮族民间流传保存的有关布洛陀神话传说资料主要分有两大类:一类是民间口耳相传的神话故事和风物传说;另一类就是民间麽公、道公或歌师将民间流传的有关布洛陀的神话故事收集、加工和整理成的诗经唱本。

根据20世纪50年代覃乃昌收集整理的《保洛陀》述说:

> 古时候,天地分三界:天上叫上界,由雷公管理;地上叫中界,由布洛陀管理,地下叫下界,由龙王管理,三界互帮互助,和睦相处。
>
> 布洛陀作为中界的领头人,杰出能干,为人们解答疑惑、排忧解难,受人们敬佩。
>
> 那时候,鸟兽草木皆能言语飞走、与人一起生活在森林中,秩序混乱、未能和睦相处,于是布洛陀重新整顿森林秩序,让人离开森林,到平原定居,并教会人造房、穿衣、播种五谷,并将森林里受老虎和狮子欺凌的牛、马、猪、狗带到平原,供人们耕种和驮载;规定偷吃人们五谷的其他鸟兽不能讲人话;规定会走动的草木生根张叶,不能走动,并

教会人制造刀斧，用来砍劈柴木。①

根据唱本《布洛陀经诗》中唱到：

神仙布洛陀，下来造万物，麽渌甲下来造万物，飞来天下做主，做一枚印来传令，他第一放下鸡，第二放下狗，第三放下猪，第四放下羊，第五放下水牛，第六放下马。②

布洛陀是从古至今壮族以及先民崇拜信仰的始祖神、创世神，是珠江流域原住民族壮侗语族崇奉的人文始祖，其地位相当于黄河流域的黄帝、长江流域的炎帝。他在壮族人民心中是创世祖，制造了天地，教会人钻木取火，寻找水源、建筑房屋、挖井取水、造田地谷种、织布造衣等，让人们衣食住行得到了保障。在民间，无人不知，无人不晓布洛陀，年年朝拜、祭祀布洛陀已经成为一种民间信仰。

二、布洛陀信仰的起源及其发展意义

关于信仰的定义，国内外学者都有不同的说法。从字面上来看，是指对某种思想或宗教以及对某人某物的信奉和敬仰，并把它奉为自己的行为准则。信仰带有理智的主观和感情体验色彩，特别体现在宗教信仰上。壮族的布洛陀信仰属于民间宗教信仰范畴，它既有宗教信仰的特性，即敬奉布洛陀创世神、始祖神、宗教神和道德神，同时又包含有原创宗教的成分，具有祖先崇拜和信仰的性质，即人们对始祖布洛陀和文化英雄的信奉与崇敬，对创造民族历史和文化、开创和谐有序社会功绩的崇敬；二者相互交融贯穿于布洛陀信仰以及祭祀仪式过程中。

（一）起源

论人类文明的起源和历史的发展，都与各大江大河流域息息相关。20世纪70年代前后，在我国开展的考古工作中发现大量的历史遗迹证明，黄河、长江

---

① 覃乃昌：《布洛陀寻踪》，广西人民出版社，2004年，第51页。
② 覃乃昌：《布洛陀寻踪》，广西人民出版社，2004年，第117页。

流域是中华文明的重要起源地，而黄河流域、长江流域各自相对应的人文始祖则是黄帝、炎帝，分别成为黄河、长江文明的标志，使之形成一个完整的文明体系。

珠江流域作为我国一条重要的江河流域，居于岭南地区，流域范围包括广东、广西以及云南、贵州部分地区。在20世纪70年代以前，珠江流域的考古工作开展较晚，对于人文始祖布洛陀的研究较少，一直到20世纪80年代之后，广东、广西地区的考古事业快速发展，关于珠江流域历史遗迹的研究逐渐全面和深入，取得了丰硕的成果。在百色盆地右江河谷相继发现了100多处距今80多万年的古人类化石；数百处新石器时代遗址的发现与发掘；100多处独具地方特色的大石铲遗存；绵延200多公里、规模宏大、风格独特的左江流域崖壁画；数以百计的铸造工艺精湛、造型凝重、风格独特的钟鼓以及多处商周至春秋战国时期古墓群以及大批珍贵遗物。这一系列的发现都表明珠江流域文明体系逐渐露出端倪。珠江流域的文明体系受到越来越多专家和学者的关注，通过大量的研究与考古证明，珠江流域是早期人类的重要发祥地。从距今80多万年到距今七八千年前，原始先民活动范围一直在扩大，发明了人工栽培稻、干栏式建筑，构成了以原始文化为源头，以始祖布洛陀信仰为标志，以稻作文明为基础的珠江流域文明体系。经过数万年的繁衍生息和劳动创造，远古人类逐步脱离原始蒙昧状态走向文明社会，在这一过程中逐步形成了自己的精神信仰，形成了自己的原始宗教，成为民族布洛陀崇拜和布洛陀文化的基础。

（二）发展

布洛陀神话传说应产生于原始社会晚期的父系氏姓社会发展阶段。这一时期生产力低下，生存环境恶劣，自然界变化莫测，人类承受着大自然外力的支配和命运的摆布。在这种情况下，原始人类产生了摆脱大自然的制约和征服大自然的想法，将无法解决的问题寄托于神灵身上，于是出现了原始神灵和信仰崇拜。

到新石器时代，原始先民的语言和抽象思维有了一定的发展，人们开始思考和追问天地的形式、万物的起源等与生活密切相关的各类事物的来源，并用口耳相传的形式将天地万物的形成、人类的诞生、部落的来历等内容通过神话的方式流传下来。

进入文明时期，出现文字以后，文人们将前人流传下来的神话传说撰写成书籍。《麽经布洛陀》被称为壮族神话传说的百科全书，书内记载了关于布洛陀开创天地、创造世界万物、安排三界秩序、规范人伦道德、发明火等内容。

从神话学的产生与发展来看，布洛陀神话以及信仰产生于原始社会末期父系氏姓社会，并随着社会的不断发展一直传承延续至今。

三、布洛陀信仰在壮侗语族中的文化特征

（一）共同性

在珠江流域的壮侗民族中，有关布洛陀的神话信仰都存在于壮族、布依族、水族、仫佬族等族群中，由于各族地域的不同以及汉字记音的差异，对"布洛陀"三个字的读音及其含义有所区别，壮族在20世纪80年代初收集整合的资料开始使用"布洛陀"三字；布依族崇奉布洛陀的麽教将其记为报陆陀、鲍尔陀；在水族文献中，常将布洛陀记为拱略铎、公六夺；但相同的都是对布洛陀创世、造房造田、制万物、求雨求火等方面的敬佩和信仰。

（二）创世性

创世性是壮侗语族信仰布洛陀的一个重要特征。在壮族民间收集的很多关于布洛陀的神话传说，如《保洛陀》《布碌陀》中都记载布洛陀将天地分裂，定万物，教人们学会使用火，建造房子，耕种稻谷田地，豢养家禽，用牛耕地等内容；在布依族、水族、毛南族、仫佬族中也流传着类似布洛陀的神话，故事内容大同小异，只是因为地方读音的不同，对布洛陀的称呼也不一样。在这些神话故事中反映了原始社会人类把野生稻培育成栽培稻，创造稻作农业，驯化饲养耕牛和家禽；在文化精神方面，布洛陀创造了氏族部落社会的制度和习俗、伦理道德观念、原始宗教观念等，其中有议事、风俗习惯、爱情和处理家庭关系等生动的描写。以上描述的内容都充分反映了布洛陀文化的创世性。

（三）始祖性

人文始祖，是指人们在观念上认同的最早的祖先。民族是以文化划分的，一个民族或族群认同的最早的祖先，即为人文始祖。居住在珠江流域的壮族、侗族、仫佬族、水族等在创造共同文化的过程中，产生了他们自己的文化英雄，进而产生民族英雄崇拜；他们往往把本民族或民族群体文化创造的功绩归结于一个布洛陀身上，强化他，并将其神化，以展示本民族或民族群体文化的辉煌，提高

本民族的自信心和自豪感，布洛陀逐渐变成了壮侗语民族认同的人文始祖。

（四）宗教性

壮侗语族有自己的宗教信仰——麽教，这是一个将"布洛陀"奉为神人的宗教。麽教的宗教职业者布麽，无论居住何地，属于哪一类教派，均尊布洛陀为开山始祖。布麽从事祈福消灾、超度亡灵等法事活动时，都必须先祈请布洛陀和母神姆洛甲降临以获得神助。

（五）广泛性

布洛陀是属于壮侗语族共同的始祖神，关于他的神话故事不仅仅存在于广西壮族自治区，在珠江流域也广泛流传，甚至在泰国等地也有传说。传说布洛陀在田阳敢壮山居住过，因此每一年农历三月三都会在田阳敢壮山举行盛大的祭祀活动，各地壮族同胞不远万里前来祭祀，数万人聚集敢壮山，唱吟壮族山歌、举行祭祀大典。

（六）延续性

布洛陀传说从原始社会晚期就开始产生，在民间流传至今已经有几千年的历史了，直到现在人们依旧信仰和祭祀布洛陀，每年广西壮族自治区、云南文山壮族民间都会举行祭祀布洛陀的活动，这一过程体现了它有历史的延续性和强大的生命力，在历史的长河中没有消逝。

随着国家对民族文化历史传承的重视，推行国家民族文化保护政策，布洛陀民族文化遗产将会继续传承下去，为社会主义精神文明建设做出贡献。

（七）民间性

布洛陀神话传说大多数都是在民间流传而产生的民族信仰，很多的祭祀活动都是由民间自发组织，并没有上升为上层文化，不带有政治色彩和官方意义。

四、壮侗语族始祖信仰的现状

壮族民众对布洛陀的信仰与崇拜有着长远的历史。从原始社会逐步走向文明社会，到新石器时代晚期，人类从母系社会发展成为父系社会之后，壮族先民逐渐形成布洛陀信仰。

在壮族民众心中，布洛陀是壮族的创世神、始祖神，他无所不知、无所不能，是一个受人尊敬的智慧老人，他造万物、造文字、调整社会秩序、造火、教导人类圈养家禽、教人犁田耕地种植稻谷，创造了氏族部落社会的制度和习俗、伦理道德观念、原始宗教观念等。从此布洛陀成为壮族民众最崇拜的大神，世世代代受人膜拜和祭祀。

据资料记载，布洛陀信仰的标志性建筑祖公庙，建设时间大约在唐宋时期，明朝重建，清康熙年间和民国时期，又经过一番修整。20 世纪 30 年代，由于敢壮山是右江农民赤卫军主要活动地点，遭受到国民党军队的劫掠焚烧，祖公庙被烧后又重建。在"文化大革命"时期，祖公庙被拆除，所有建筑材料拿去修建水库，山上 100 多面石刻碑文全被搬到附近下花水库做大坝基石。1995 年后，祖公庙才陆续重建。

在"文化大革命"期间，田阳布洛陀信仰文化受到了重创，布洛陀经书被当作"封建迷信"没收烧毁。

第一阶段：党和国家阐明新时期的宗教政策，地方政府对政策理解出现偏差，在贯彻执行中存在一些问题。

1949 年 9 月 29 日全国政协第一届全体会议通过的《共同纲领》第五条规定：中华人民共和国公民有宗教信仰的自由权。1954 年公布的中华人民共和国宪法规定："中华人民共和国公民有宗教信仰的自由。"1982 年 12 月 4 日全国人大五届五次会议通过的《中华人民共和国宪法》中，宗教信仰自由是公民的一项基本权利。宪法第 36 条规定："中华人民共和国公民有宗教信仰自由。"1994 年 1 月，中国政府颁布了《宗教活动场所管理条例》，以维护宗教活动场所的合法权益。同年 2 月，中国政府还颁布了《中华人民共和国境内外国人宗教活动管理规定》，尊重在中国境内的外国人的宗教信仰自由，保护外国人在宗教方面同中国宗教界进行的友好往来和文化学术交流活动。这些政策都为布洛陀宗教信仰的恢复与发展提供了一个合法的保障。许多壮族民众积极重建复兴布洛陀信仰文化，恢复以佛教的观音、弥勒佛和如来佛祖以及道教的玉皇、八仙和同属佛、道教的关帝等神为主的布洛陀信仰物态。在重建过程中，当地政府对民间信仰宗教政策理解不够透彻，误把民间原始信仰宗教当作"封建迷信"进行打击，使布洛陀宗教信仰的恢复工作不能顺利进行。而每一次的扫荡摧毁后，民众又自发地恢复重建始祖信仰的庙堂神台以及信仰建筑物，也体现了壮族民众对布洛陀信仰的执着。

第二阶段：《麽经布洛陀影印译注》的出版与敢壮山为壮族布洛陀文化发祥地的发现，为布洛陀信仰文化提供了真实存在的证据，使布洛陀宗教信仰得到了认证。

2000年，在广西壮学会、《壮学丛书》编撰委员会的推动下，《壮学丛书》编撰工作开始启动，50多个项目陆续出版。2004年，首批出版了《壮族麽经布洛陀影印译注》，并在北京人民大会堂举行首发式，在国内引起强烈反响，被誉为壮族文化百科全书和创世史诗，为布洛陀文化的重要载体和核心内容。2006年，田阳布洛陀口传史诗被国务院公布为第一批国家级非物质文化遗产保护名录。壮族麽经的出版，使壮族布洛陀文化得到了公认，唤醒了壮族民众的族群记忆和壮侗语族群的民族认同。

2002年，经国家和自治区有关专家学者反复考察论证、认定，敢壮山是珠江流域原住民族的人文始祖布洛陀的圣地，并通过媒体传播至海外，掀起了布洛陀信仰和研究的热潮。自2004年以来，先后举行了三次学术考察和研讨会，参加研讨会的学者达400多人次。经专家考证，敢壮山现存一批文物如蛙纹石础、雷纹女像、古壮字残碑、古钟等等，而以敢壮山为中心，方圆十五公里以内发现了八处古人类遗址，如赖奎遗址、革新桥遗址等，为敢壮山是布洛陀文化遗址的认定提供了有力证据。专家学者经过研讨，确认布洛陀是壮族的人文始祖，田阳敢壮山是壮族人文始祖布洛陀的圣山，从而为布洛陀始祖信仰的重建提供了真实有效的依据，推动了布洛陀信仰文化的传承，为布洛陀信仰文化的合法性奠定了学理基础。

第三阶段：民间与政府共同合作，共建布洛陀文化信仰，发展布洛陀民俗文化旅游。

在《壮族麽经布洛陀影印译注》出版和发现敢壮山为壮族发祥地、壮族始祖布洛陀家乡的背景之下，2004年，第一届广西百色田阳布洛陀民俗文化旅游节应运而生，每年农历三月初八为节事活动的高潮：祭祀大典、山歌比赛和民族体育竞技比赛等。当地政府对敢壮山进行旅游规划，投资建设旅游景区，完成了景区公路、景区大门、大门前广场、布洛陀文化陈列馆、斗牛产、祖公祠等设施建设，为每年旅游节的举办提供了较为完善的硬件设施保障。每年的旅游节，壮族民众都会自发组织朝拜队前往敢壮山祭祀布洛陀，并在敢壮山下对唱山歌、进行壮族民族体育竞技比赛，活动连续三天三夜，热闹非凡。2006年，布洛陀文化被国务院公布为第一批国家级非物质文化遗产，成为壮族标志性文化品牌之一。①

五、布洛陀信仰的意义

首先,根据信仰布洛陀而孕育出来的各种有关神灵的故事,是当时的人类试图对世界万物与人类的起源、各种自然现象及社会矛盾等现象进行解释而将自然人格化。在这些神灵的故事中蕴含着丰富的社会历史文化内涵,通过口口相传的故事,我们可以从中了解当时社会发展进度、生产方式、居住形式等内容,有助于专家学者根据故事中反映的古代社会历史以及文化信息,与考古学、民族学及文献资料等相互印证。

其次,从布洛陀神话传说及其崇拜信仰中,保留了许多壮族原始生态的神灵信仰,这是在特定地域里的人们共同体的共同文化意识的反映,为我们研究和解释壮族宗教的起源、发展、演变及其文化形态以至社会历史面貌,提供了宝贵的资料。②

再次,布洛陀信仰构建了壮族共同的"历史记忆"。从原始社会壮族先民在珠江流域发展以来,壮族在历史进程中没有形成自身的文字系统,导致大量与民族相关联的历史事件的文献、书籍记载缺失;另外,壮族作为少数民族,承受着汉族强大的文化底蕴冲击和汉化的危机,只能依靠民间流传的神话、传说、故事等口口相传,不断传播和充实壮族历史文化,让更多的壮族人民了解本民族的历史文化发展历程,增强民族意识、荣誉感、认同感。

六、结论

首先,布洛陀就是我们岭南地区珠江流域原住民族壮族、布依族、侗族、黎族、傣族、仫佬族、水族、毛南族共同的人文始祖神。

其次,布洛陀信仰不再是由民间组织推进,而是政府参与其中,并通过申报布洛陀为国家非物质文化遗产,将布洛陀信仰合法化,摘掉封建迷信的帽子。

再次,壮族布洛陀信仰文化正在唤醒壮族群众的民族意识,激发人们共同保

---

① 赵明龙:《中越民间始祖信仰重构比较研究》,《广西民族研究》2011年第3期。
② 覃乃昌:《布洛陀寻踪》,广西人民出版社,2004年,第140页。

护布洛陀文化遗产，通过发展民俗旅游产业推动当地的经济。每年农历三月三，百色田阳敢壮山举行的布洛陀祭祀大典，不论是当地还是其他各省县的壮族同胞都来参加，这对于唤醒民众对祖先的记忆，激发民族意识，培养民族认同都有重要的作用。布洛陀信仰及其文化正在以全新的传承方式延续下去，对传统的布洛陀信仰是一种突破和超越。

〔陆月媚：田阳县布洛陀文化研究会实习研究员〕

壮族始祖布洛陀与句町文化的渊源值得探究

兰天明

公元前221年,秦始皇建立了包括云南在内的统一的多民族国家。他将全国划分为十二个行政区域,又设置了三十六郡。《中国历史地图集·秦图》标注"闽中郡(今福建)、南海郡(今广东)、桂林郡(今广西桂平西南)、象郡(今广西崇左以及越南北部)。秦设三十六郡之后,北收匈奴、南略南越,设郡挚多",为西汉普设郡县创造了前提条件。

句町是在上古时期,由我国西南少数民族建立的一个部族联盟政权。它与同一时期的西南其他少数民族部落一样,为推动中国西南边疆的发展、促进民族团结进步、造就民族文明,做出了巨大贡献。在人类社会发展变迁的漫长历史长河中,句町古国与古滇国、夜郎国等西南诸部族一道,共同创造了光辉灿烂的民族文化。句町文化,是中华民族五千年文明的重要组成部分,更是中国古代"西南夷"文化的一朵奇葩。布洛陀是远古时期骆越民族(壮族先民百越的主体民族)的始祖,一位身材魁伟、器宇轩昂、智慧无比、力大无穷、慈眉善目、突颊凹眼、具有百越人形象面貌的部族首领。他在现实中确有其人,后又被神化,迄今三千多年的历史人物。相传他是个无所不知的"通天人",无所不会的"万事通"。是他最先创造了天地山川、日月星辰、雄男雌女、水源火种、天下万物……如此神通广大的"壮族之父",千年万代的子子孙孙无不敬仰崇拜。布洛陀是我们壮族先民骆越始祖之神;布洛陀文化,就是壮民族的文化之根。因此,再现并研究具有浓厚民族特色的"句町文化"和"布洛陀文化",对于促进西南边疆各民族的发展,进一步弘扬民族文化,构建社会主义和谐社会,具有重大的现实意义和深远的历史意义。

本文从历史学、民族学、考古学的角度，依据相关的史料，探索古句町部族的历史文化与壮族始祖布洛陀文化渊源问题做浅显的阐述，目的就是将那些濒临逝去的历史文化痕迹集结起来，填补中国古代民族源流史特别是古越人、壮民族源流史研究的空白，作为一种珍贵的文化遗产奉献社会，流传后代，让句町历史文化和布洛陀文化的神韵得以延续和扩展。

一、毋波建立句町国

毋波受汉武帝威德的影响，于西汉元鼎六年（前111年）率部归附了汉朝，句町民众正式成为中华民族大家庭中的一员，其世居之地亦正式列入了祖国版图。"句（音钩，gou）町"，在壮语中，"句"直译为"九"，"町"直译为"亲，盟，红"。"句町"可作为"大盟"或者"大盟主"之泛称。史载：句町国是春秋战国时代由句町、进桑、漏卧等氏族部落联盟发展而成的古代方国，从汉昭帝始元六年诏封毋波为王开始，句町王国一直延续到萧齐被梁朝取代之时（前81—502年），历时达583年。毋波率部从建水、通海北上，进击滇池地区；又从安宁、楚雄西进，攻占大理一带的叶榆、姑缯；通海在句町王毋波统治时代，曾是其控制滇中和滇西地区的行政中心。

毋波奉汉昭帝调遣，"率其邑君长人民"参加平息滇中和滇西地区的反叛，大破益州，"斩首捕虏五万余级，获畜产十余万"，为维护西汉中央王朝的统治立了大功；汉昭帝于始元"六年秋七月"，册封毋波为句町王；他晋爵为王后，曾使句町国盛极一时。著名历史学家江应樑先生在其《中国民族史》中说："益州'大破'之后，滇国的实力下降，滇王的地位亦不复存在了，时距益州郡的设置仅二十七年（前109—前82年），代之而起者是钩（句）町侯亡（毋）波。""句町人"在滇的统治持续了54年之久。

二、句町国的地理范围

《汉书·地理志》载："句町，文象水东至增食入郁，又有卢唯水、来细水、伐水。"《水经·温水注》云："温水又东迳增食县，有文象水注之，其水导源牂牁句町县。"方国瑜先生说："郁水上游有左、右两江，右江源即西阳（洋）江"，"西阳（洋）江，源出广南之西北，经月关，汇广南、富宁诸水，入广西，经百色、田东等县为右江，至南宁与左江合流而下"。王先谦《汉书补注》亦云：句町"在宝宁（广南）、百色、泗城、镇安之间"，"其地为牂牁南境，与交趾、郁林两郡相接"。杨守敬《水经注疏》卷36载："句町在开化（文山）、镇安（德保）之间"；《新纂云南通志·地理考》也言："今云南之广南、富宁，广西之西隆、西林、凌云、百色诸县，即句町县地也。"中华人民共和国建立后，国家组织全国著名的历史学家共同研究编制、并由中国地图出版社于1982年出版的《中国历史地图集》中，从秦汉到三国两晋的所有地图，都把今西洋江标定为文象水，把广南标定为句町县治的所在地。综上所述，句町腹地当在广南，句町国本部应在今滇东南和桂西一带。随着毋波晋爵为王及漏卧、进桑与其结盟，而滇和夜郎又相继衰亡之后，句町王国曾经盛极一时，其统治范围也有所扩大，包括了今云南省文山州全部，红河州中东部，以及玉溪、曲靖、百色三市和越南北部的一些地区。《明史·列传·云南土司》载："临安（今建水），古句町国，汉置县，唐为羁縻州地，天宝末，南诏蒙氏于此置通海郡"；《读史方舆纪要》云南临安府条也称："临安府，古句町国，汉武帝开西南夷，置句町县"；该书通海县条亦载："句町废县在东北五里，相传汉句町县治此"；通海县志还说："汉武帝……平西南夷，为牂柯郡，改句町县，徙治通海"，这些说法都是有一定原由的。因为今云南省红河州的建水及玉溪市的通海、元江等县，过去都有壮族世居，建水的壮族是在扶持朱由榔南明政权的李定国部于1647年攻破临安城并杀害7.8万多"沙兵"及百姓之后，才被迫逃离的；在通海的本来称为布依或摆衣，元江的则称为侬人和沙人，他们都是中华人民共和国建立后才改称傣族的。

三、句町国的主体民族

《华阳国志·南中志》载："南中，在昔盖夷越之地，滇濮、句町、夜郎……侯王国以什数"，又载"句町县，故句町王国名也，其置自濮，王姓毋，汉时受封迄今"。历史学家和民族学家们研究民族史成果都说明，壮族来源于我国的古代越人，而古越人分为西瓯、骆越两大族群，西瓯族群也叫西部越人，主要聚居在岭南直至云南、贵州和越南北部的广阔地带，而今天我国境内的壮族、傣族、侗族、布依族、水族、仡佬族等，都是西瓯越人的后裔。生活在古代云南、贵州和广西左、右江上游的古代越人，都自称濮和僚。而现今生活在广南的壮族人，侬支系自称濮侬、布道，沙支系自称布侬、布雅依、布瑞等，土支系自称布傣、布僚，他称土佬等，这充分说明，古代的濮、僚与今天的濮侬、布道、布依、布雅依、布瑞、布傣、布僚、土佬有着直接的渊源关系，而现居住在广南的壮族，毫无疑问是由古代滇濮、滇僚发展而来的。其依据有：《壮族通史》载："百濮即百越"，在古代对江南越族群不同时期有不同称谓；上古越族群在我国东部有于越、山越、闽越（今浙、闽、皖等省），岭南及西南有南越（今粤、桂两省区）、西瓯、骆越（今广西大部和黔南、滇东南等地）、滇越（滇西一带）、越裳（越南北部一带）。《云南古代史略》载："南中（今云、贵两省及川南部分地区）自古代为夷越之地……滇东南、滇西南、黔西一带居住着僚人（越）和濮人。"

云南大学历史系教授、博士生导师尤中先生讲："公元前16世纪至公元前771年的商朝和西周时期，越亦称作濮"，他还讲："公元前3世纪时……当时在今贵州和云南东南部的濮人，显然大部分指的是百越系统的部落"；方国瑜教授更为明确地说："惟句町濮即后世之'濮侬''濮僮''濮衣'之先民。从各方面的记载来看，句町为壮，可能主要是侬人；南盘江以北的漏卧人，可能主要是沙人；而红河以东的进桑，可能主要是土族人。这些集团都属于壮语族，有亲密的历史渊源。"还说："壮人是古越人的后裔，云南东南部的侬人、沙人和僚人，也是壮语族的支系，古为句町部族。"句町原住居民（滇、桂结合部及中、越边境地区自称为濮侬、布越、濮傣、布依的壮家人），其传统文化符号都是稻作、干栏、铜鼓……众多专家学者的研究表明：句町王国是壮族先民建立的古老国家。

四、古句町国的文化遗存

百越先民新石器时代主要文化特征是：有肩石斧、有段石锛和彩色印纹陶等典型器物。我国著名考古学家、文化人类学者梁钊韬教授指出："在石器方面，除发现大量双肩石斧外，还发现不少背部隆起作梯形或方形石锛是基本的原始工具。浙江、福建和粤东，除上述特色外，则以有段石锛为特征……陶器以红色、灰黑色的夹砂粗陶和泥质细陶为基本的特征，具有这些文化特征的地带就是古代越人活动的地带。"

滇东南地区的遗址，主要有麻栗坡县小和洞遗址、文山灰土寨遗址、广南县龙脖山洞遗址、广南县珠林遗址、西畴县畴阳河流域遗址。

从上述遗址出土的石器看，多为石斧、石锛，其中尤以通体磨光的有肩石斧，有肩石锛为典型器物。陶器以夹砂灰褐陶居多，纹饰以绳纹为主。加上以青铜新发现的青铜器物文化特征对比分析，考古工作者认为，这是一种典型的越人文化，且与滇文化、夜郎文化有着较强的一致性。其族属当是今天傣族、壮族先民的文化。

根据考古发掘，在云南广南县发现沿河的山洞、滩头、山岭，都有居住的遗址遗物。最具代表性的是距城五公里的冷水沟龙脖山洞，距城83千米的八宝镇余家岩洞，均发现旧石器若干件，证明5万年以前就有先人开发着这片南盘江畔的红土地。到了新石器时代，古人类的活动已遍及全境，留下的文化遗址达10余处：平丰铜木犁洞、板幕龙根洞、阿渺布苏洞、上寨飞鸽落洞。遗物有炭屑、烧土、螺壳、稻穗；有通体磨光的石器如石斧、石锛；有纺轮、骨饰品等。这些原始人群，既是今境内石山崖洞新石器文化的创造者，也是后来的"句町文化"的先驱者。1987年，在云南广南县城东北约6千米的小尖山发掘汉代古墓，从中出土了铜柄铁刃剑、铜针、箭镞、铜弩机等珍贵文物。据云南省文物考古研究所副所长、研究员杨帆著《句町·漏卧初探》载，2007年9月中旬，在广南县黑支果乡牡宜村惊现汉墓。牡宜汉墓属抢救性清理发掘。因村民擅入塌陷的墓坑，致部分随葬品被取出。文物部门得报后立即组织清理工作。暴露的墓葬位于北纬23°41.203′、东经105°11.458′，海拔1557米。该地点北距县城48千米、南距黑支果乡所在地8千米，方向为正西，即270°。因挖树根和盗掘活动，墓葬封土堆已大部分被破坏，从残存的部分堆土情况，判断原封土高约1.4米，封土堆底径约10.6米。经清理，墓坑长5.1米，宽4.2米，深2.9米；椁室长4.46米，宽2.8米，深2米。椁室用七块长2.8米、宽0.5～0.8米、厚0.2米的木板为顶盖，其中两块板已塌陷。椁室内靠西端处，用木板搭成一台板，木台高0.64米。在木台上靠西端椁室，两块高0.22米的横置木块上放置头箱，头箱长2.1米、宽0.84米、高0.66米。头箱的东北角，有一人为锯开的0.3×0.3米见方开口，经了解，系李氏兄弟所为，但并未从头箱内取出东西。清理时头箱内空无一物，仅从底板面发现数枚"五铢"钱。在椁室的东北角处，据了解曾搭有一小型木梯，可惜清理时已面目全非无法复原。椁室底板用六块厚约10厘米木板铺垫。出土器物有鼎灯、鸡形壶（残）、五铢钱等铜器。漆木器较为丰富，有耳杯、盘、案及木雕车马一套，惜车已散架，仅马形尚存。墓中还发现几枚残损竹简，为遣册内容，为云南首次。另在该墓中所出土的陶器，均为几何印纹陶。几何印纹陶在云南南部出现较晚，有确凿证据的仅个旧黑马井东汉墓及该墓有。在整理木椁墓资料时，我们发现有四件漆木耳杯的侧面或底部朱书"王×"字样，其中一件上的文字似作"王侯",另三件的文字有意见认为疑似"王承"。木椁墓虽断代为东汉时期,但规格显然较高。综合阿章铜鼓的精美及该地陆续出土其他器物的情况,我们亦认为白崖脚墓地中应有级别较高的贵族墓葬存在。为搞清木椁墓周边是否存在墓群及相关遗迹,经报上级部门同意后,考古队在整理木椁墓资料期间,对广南县黑支果乡牡宜东汉木椁墓周边地区进行了考古调查和勘探。在牡宜东汉木椁墓旁的凹塘进行的勘探没有发现遗迹现象,初步判断该墓所处山坡墓葬分布较少或仅此一座。在木椁墓南约1.5千米的白崖脚下的台地上,1919年曾经出土过阿章铜鼓,该鼓为云南出土的铜鼓中铸工和纹饰最为精美的一件(原件珍藏于云南省博物馆、属镇馆之宝)。不少群众反映近年来在该台地上陆续挖到不少铜器和玉石器,还有器形较大的铜筩。20余年前村民犁地时,犁头在该墓位置挂住一铜筩耳,遂将铜筩挖出。在挖到铜筩的农民指认下,我们在该台地上进行了勘探,发现这是一处青铜时代(初步判断为战国—西汉时期)墓地。

1969年,广西西林普驮发现一座罕见的鎏金铜棺墓,棺长200厘米,宽66厘米,高68厘米,壁厚1.5～2厘米,重达400公斤,上盖、端板和侧板都有精美的纹饰,并镶嵌有鎏金的人头及兽头铜饰件;棺内还有玉环、玉管、玛瑙串珠等明器;1972年又在铜棺墓旁约20米的地方发现用四面铜鼓套合作葬具的汉墓,随葬品有鎏金铜骑俑、铁剑、玉器和珠襦残片等等。2007年9月,牡宜村白龙坡木椁墓抢救性发掘,出土了带有"王承"字样的竹简,揭开了句町古国考古探索的序幕。

2011年3月,经国家文物局批准,由云南省文物考古研究所领队,文山州文管所、广南县文管所联合组成考古队,对牡宜坝子南部的几座土堆进行了发掘。共清理封土堆墓五座,另有两座小型墓葬。其随葬品之丰富,以铜器、鎏金铜器、漆木器为主,有铁器、金器、玉器等;种类包括了炊器、食器、酒器、礼器、乐器、仪仗器、生活用具、兵器等100余件,既有中原地区常见的器形,也有独具地方特色的器形与纹饰。发掘的同时,对牡宜、阿章等地区进行了全面调查,发现了多处遗址,包括营盘、军事哨墙、古驿道、古窑址、古矿洞等。

通过发掘,认为该地区出露地表的封土堆墓葬的规格、级别均较高,墓葬形制延续了《礼记》所记载的周人的墓葬形式,即周人"墙置翣",这也表明这支民族可能来自中原地区,是从楚地受到排挤后迁移至西南地区的百濮民族,受周文化影响较大。从随葬品来看,各墓中鎏金器非常普遍,所出铜鼓均为目前所发现的石寨山型铜鼓中的最高级别,这些墓葬应属于句町的贵族级墓葬,有的可能是王族墓葬，如出土的金腰扣，到目前为止云南仅发现两件。金腰扣的龙虎搭配图案，含蓄地反映了皇权与王权的关系，应为西汉王权赐予地方诸侯的象征身份的信物。牡宜地区应为句町治所，牡宜坝子的封土堆墓应为句町贵族甚至王族的墓葬。

五、丰富多彩的句町文化

句町文化的分布区域，北面约在南盘江以北不远的地方，西北与滇池区域的滇文化接壤，东北以夜郎文化为邻，西面大致在元江一线，东面延伸到百色盆地一带，与西瓯和骆越文化交错，南面与文山相连，越南北部边界地区的老街省、河江省的部分地区也属句町文化的范围。

（一）稻作文化

我国古代文献《山海经·海内经》记载："西南黑水之间，有都广之野，爰（yuan）有膏菽（shu）膏稻，膏黍（shu）膏稷（ji），百谷自生，冬夏播琴。"古代黑水，即今天的金沙江。金沙江河谷以及滇中元谋等县，气候炎热湿润，沃野千里，自古都是夷越之民耕作之地，因有"百谷自生"的优越条件，经人工驯化栽培，才"膏菽膏稻"的。

广南和广西西林有数以百计的"那"地名村落，是世界上"那"地名最为集中的地区之一。"那"是壮语稻田的意思，这是稻作文明类型最典型的历史印记，它表明早在古老的句町时代，这里的人们就是以稻作农业为其经济基础的。除水稻外，古句町人还种植粟米和甘薯，并善用董棕树心做桄榔面。广南县政协原主席曾昭富著《丰富多彩的壮族稻作文化》一文载：在长期的劳动实践中，壮族人民创造并发展了丰富的"那"文化。为有效进行"那"的耕作，保证稻谷丰收，壮族人民发明了天车、龙骨车等提水工具，兴修了许多水坝、水塘、沟渠。这些古老的工具和水利设施至今仍为"那"供水，保证了稻谷的稳产高产。水稻的耕耘、管理、收获均有严格的节令要求，壮族先民们在实践中总结出许多适应稻作自然规律的谚语。例如："至夏栽秧大穗吊，小满栽秧压断腰；芒种栽秧能保产，夏至栽秧轻飘飘。"又如："二月清明莫上前，三月清明莫落后。"是说春天播种的谚语，告诫人们：农历二月清明多有倒春寒，不宜播种育秧。"六月秋减半收，七月秋满满收"是说夏季中耕管理的谚语，它警示人们：每当农历六月立秋，是病虫等自然灾害多发的年景，需早有准备，储粮备荒，多到田间观察，发现病虫害及时防治。"九黄十收满满收，颗粒入仓吃不愁"是说秋季收获的谚语，提醒人们：谷黄九成即要收割，否则，到了枯黄易抛撒；同时，收割后要及时晒干扬净早入仓，防止霉变、鼠雀糟蹋浪费。"立冬之后虫入眠，大雪之前翻冬田"是说冬季的谚语，它提示人们："立冬"节令后气候渐寒，各种害虫冬眠在土层中，在霜雪降临前进行冬翻，将躲藏在土层中冬眠的害虫翻出地面，让霜雪冻死，减少来年虫害。名闻遐迩的广南八宝米是清朝"岁贡百担"的贡米。1942年国民革命军第52军第14师师长阙汉骞将军为抗日巡防八宝，品尝到八宝米后，盛赞"八宝米是米中之花"。中华人民共和国十年国庆，曾奉调五万千克到北京款待四海宾客。

在稻作生产基础上产生的糯食文化，如香粽、糍粑、饵块、竹筒饭和使用红、黄、蓝、紫、绿、黑等天然植物色素加工制作的七彩花饭等主食，风味独特的"岜夯"菜肴，那榔酒等系列美食、句町御膳盛宴、姑娘茶茶艺表演、唢呐敬酒以及扁米节等，构成了独具地方民族特色的饮食文化。

（二）青铜文化

在人类发展进程中，青铜冶炼和使用，在生产生活中起着重要作用。它标志着人类从蒙昧、野蛮的石器时代向青铜工具的文明时代迈出了决定性的一步。据目前所知的考古发掘资料，我国最早的青铜文化是河南偃师二里头的早商遗址，出土了锛、刀、锥等包括生产工具、兵器、和容（礼）器的青铜器，时间大约是公元前15世纪（见中国社会科学院考古研究所编：《新中国的考古发现和研究》，文物出版社，1984年）。云南的青铜文化，在我国青铜文化中占有特殊的地位。云南丰富的铜、锡等有色金属矿藏，是其发展、繁荣的优越条件；特殊的地理位置，是青铜文化丰富多彩的根源。中华人民共和国成立后，考古工作者先后在晋宁石寨山、江川李家山、剑川海门口、楚雄万家坝等云南50多个县160多个地点进行发掘，共发现了青铜时代文物1.1万余件，其中有9000多件青铜器。经初步研究认为，"云南青铜文化起源于公元前12世纪之前"（见王大道：《云南近年来青铜时代的考古发现及其研究》，《云南省博物馆建馆35周年论文集》），即我国商代中期。可划分为"滇池地区青铜文化"即"滇文化"（见王大道：《滇池区域的青铜文化》，《云南青铜器论丛》，文物出版社，1981年）和"滇西青铜文化"（见张增祺：《滇西青铜文化初探》，《云南青铜器论丛》，文物出版社，1981年）

两个类型。其主要特点是，青铜器种类繁多，已使用到生产、生活、战争等各个领域；青铜器铸造的历史悠久，文饰古朴典雅，充分反映了当时各民族社会生活的各个方面。云南以铜鼓为代表的古老而众多的青铜器文化，是推动云南古代社会发展的重要物质文化。铜鼓是民族文化的载体，其鼓面、鼓身、鼓足的形制及内容是壮族三元宇宙观念的表现。此观念认为：宇宙是由天、地、水三种物质构成的，最初是一个混沌的球体，后来被创世大神布洛陀分成天、地、水三界，其中天为上界，由神灵居住；地为中界，由人和各种动物居住；水为下界，由水族居住；由于"天之诸神，以日为尊"，所以太阳要铸在鼓面中央；由于鸟能通神，所以鼓面上要有飞鸟，特别是有冠翎的翔鹭。值得特别指出的是：邱北出土的草皮鼓上，铸有壮族非常敬畏的一种水中精灵——"都额"，民间传说它会变成美丽的少女来勾引男人，又会变成英俊的小伙子来勾引女人，还能飞上天空呼风唤雨，潜入深潭兴风作浪，铜鼓便是专门"镇额"，为民除害的。"都额"纹饰图案，被学者们称为"鼍纹"，而这种形似鳄鱼或蛟龙的图案，该县的普格崖画上就有，反映了它们之间的承传关系。广南青铜文化的繁荣和发展，是滇东南片所罕见的。到目前为止，在广南境内出土和发现的铜鼓已达37面，从早期万家坝型至晚期麻江型等类型铜鼓，数量多，分布广，时间跨度大，是一个发展较为成熟的铜鼓群。广南少数民族自古就有使用铜鼓的习俗，历史文献也多有记载，至今铜鼓仍流传在壮、彝民族中。目前已出土和经调查注册登记的37面铜鼓中，早、中、晚期类型皆有。其中万家坝型2面，石寨山型1面，冷水冲型2面，遵义型3面，麻江型29面，除石寨山型阿章鼓收藏在云南省博物馆1面，万家坝型沙果Ⅰ、Ⅱ号鼓收藏在广南民族博物馆，遵义型新发寨鼓、麻江型底先鼓各一面收藏在文山州博物馆外，其他30多面仍传承在壮、彝民族民间中。沙果Ⅰ、Ⅱ号鼓、阿章鼓和者克鼓为出土鼓，其余为传世鼓。沙果Ⅰ、Ⅱ号鼓分别于1985年4月、1983年3月在五珠乡沙果壮族村后山南、北坡上发现。经测定，Ⅰ号鼓早于Ⅱ号鼓，均属春秋中期遗物。属广南最古老的铜鼓，可进入世界上最早的18面铜鼓之列。广南"竞渡鼓"于1919年在黑支果阿章村发现，属石寨山型，该鼓以其精美的铸造工艺，丰富、繁缛的纹饰闻名于海内外，被称为云南铜鼓之冠，现珍藏在云南省博物馆，属镇馆之宝，历来被研究铜鼓者所重视。另一面出土鼓是那洒镇者克村的麻江型鼓。

广南铜鼓经历了初盛、鼎盛、衰落、再盛的发展过程。初盛当在沙果鼓时期，尽管制作粗糙，但表现了广南民族的文化观念。随后出现的黑支果石寨山型

"阿章鼓"制作精巧，纹饰丰富，与沙果鼓相比，显然出现了一个跳跃式的发展，这是广南将铜鼓视为"重器"的观念导源。随后的冷水冲型鼓是铜鼓中的第三代，广南现存2面。此二鼓制作粗略，纹饰单一，与同期铜鼓相比，判若异型。广南铜鼓初显衰落，到遵义型鼓时才有所改观。遵义型鼓广南现存3面，其工艺较精致，纹饰较繁褥。在广南的出现和产生麻江型鼓群，制作精美，体积比前类型鼓都小，纹饰各异，多姿多彩，除在其他地区铜鼓中经常出现外，还出现许多特殊的纹饰，就像金秋里的晴云晚霞，绚丽多姿。广南铜鼓文化在我国铜鼓林中是一个独特的"部落族群"，以浓烈的地方性、民族性，成为中国文化中不可或缺的鼓文化。云南壮族至今仍在使用铜鼓，他们把铜鼓当成祖宗基业的标志及后代命脉所出、精神所在的心灵圣殿，在铜鼓上寄托了他们的感情、愿望，虽经千古沧桑，至今仍然世代承传。

（三）衣饰文化

在秦汉以前，中原内地的汉族多穿戴丝麻织品，四周的少数民族，则批羽毛皮衣。《礼记·王制》曰："东方曰夷，批发文身。南方曰蛮，雕题交趾。西方曰戎，批发衣皮。北方曰狄，衣羽穴居。"《礼记·礼运》又说："昔者先王未有麻丝，衣其羽皮。后圣有作，然后治其麻丝，以为布帛。"《白氏帖》云："伏羲作布。"许多学者认为此为传说，不足为据。根据中华人民共和国成立以来的江南地区考古发掘说明，丝和麻都是吴越地区的越人首先创造的（见王懿之主编：《百越史论集》，云南人民出版社，1990年）。

《后汉书·西南夷列传》载："哀牢夷皆穿鼻儋（dan）耳，其渠帅自谓王者，耳皆下肩三寸，庶人则至肩而已。土地沃野，宜五谷、蚕桑。知染彩文绣，罽（duo）帛叠，兰干细布，织成文章如绫锦。有梧桐木华，绩以为布，幅广五尺，洁白不受垢污。先以覆亡人，然后服之。"《韵会》注："罽，都括切，蛮夷织毛也。"所谓"帛叠"，《外国传》曰："诸属国女子织作白叠花布。"所谓"梧桐木华"，就是"木棉"。《广志》曰："梧桐有白者，剽国有桐木，其华（花）有白毳（cui），取其淹渍，绩织以为布。"《华阳国志》也说："梧桐木，其花柔如丝，民绩以为布，幅广五尺，洁白不受污，俗名桐华布。"

上述文献说明，远在秦汉以前，中原还未出现棉织品的时候，云南滇西地区的傣族等先民，就早已采摘木棉花（又名攀枝花）纺纱织布，作为制作衣裙的主要原料了。同时也养殖桑蚕织丝，作为丝绸之路的主要商品，一是传入中原内地，二是与剽国（现缅甸）、身毒国（现印度）进行贸易交往。东汉时，非洲棉花经过我国新疆地区才逐步传入中土；亚洲棉原产印度，也是经过南方丝绸之路逐渐传入我国云南和其他地区。

（四）建筑文化

《隋书·南蛮传》云：古代南蛮"随山洞而居，古所谓百越是也，其俗断发文身"。《太平御览》卷78引项峻《始学篇》："上古皆穴居，有圣人教之巢居，号大巢氏，今南方人巢居，北方人穴居，古之遗俗也。"这里所说的"巢居"，实际上已指竹楼式的干栏了。干栏是云南最古老的建筑形式之一。早在新石器时代的剑川海门遗址中，就留下了干栏建筑的遗迹。

关于干栏的史料记载甚多，《韩非子·五蠹》云："构木为巢以避群（兽）害。"《魏书·僚》曰："依树积木，以居其上，名曰'干栏'。"后世称"干栏"为"竹楼"。李思聪在《百夷传》中详细记述了傣族的居室："公解与民无异，虽宣慰府亦楼房数十而已。制甚鄙猥，以草覆之，无陶瓦之设，头目小民，皆以竹为楼。"在云南，除傣族世居干栏式竹楼外，尚有布朗、佤、基诺、独龙等民族皆居干栏式房屋。广南者兔、底圩、者太有成乡连片的干栏建筑；广西西林那岩等地的干栏更具特色。所谓干栏，就是"上人下畜"的木制楼房，它是壮族先民为适应炎热潮湿的气候环境和对付毒蛇猛兽侵害而创造的，魏晋时代以前就有，应该源自句町。干栏建筑的突出特点是铆隼结构，这是一种世界著名的民族传统建筑文化。现今干栏民居随着现代化建设的加快，正在以惊人的速度在迅速消失。在国内，成乡连片的干栏建筑已经寥寥无几，因而句町故地的干栏建筑显得弥足珍贵。

（五）交通文化

公元前4世纪，修筑了四川到云南的"五尺道"，还修通了著名的"蜀身毒道"，即"西南丝绸之路"。司马迁《史记·西南夷列传》云："及元狩元年博望侯张骞使大夏来，言居大夏时见蜀布、邛竹仗，使问所来，曰'从东南身毒，可数千里，得蜀贾人市'。或蜀邛西可二千里有身毒国。骞因盛言大夏在汉西南，慕中国，患匈奴隔其道，诚通蜀，身毒国道便近，有利无害。于是天子乃令王然于、柏始昌、吕越人等，使间出西南夷，指求身毒国。至滇，滇王常羌乃留，为求道西十余辈。岁余，皆闭昆明，莫能通身毒国。"早在秦汉以前，就开辟了从四川成都至云南通缅甸、印度的"蜀身毒国道"。中国出口金、银、丝绸等物品，缅甸出口光珠（宝石）、虎魄（琥珀）、蚌珠（珍珠）、翡翠等物品，身毒出口琉璃、轲虫（海贝）等物品。唐宋以后，又增加了由思茅地区（今普洱市）的银生城（今景东）到老挝、泰国、缅甸东南部的交通要道。据印度史书《政事论》《摩奴法典》记载，早在公元前4世纪，四川、云南的丝绸和茶已远销到印度，并通过印度转销到西亚、非洲和欧洲（转引自陈茜：《云南对外贸易的历史概述》，《思想战线》1980年第3期）。这比张骞出使西域发现邛竹仗和蜀布，足足早了200年，比著名的丝绸之路的开通早了数个世纪。广南城是云南古代至清末，在滇越铁路修通前，通往两广沿海地区重要古驿道的必经地之一，"源源不断的滇铜外运，粤盐入滇"多经广南城。云南对外交流的另一条古老通道，是顺着长江、珠江、澜沧江、怒江等河流水系进行的。远古时代原始人群和原始民族的自然迁徙大多也是沿着江河通道的。随着民族的迁徙，必然把云南众多的民族文化流传到四面八方。

六、壮族始祖布洛陀文化

壮族传说，人类是这样来的：始祖女神叫乜勒甲，是从花中生出来的；始祖男神叫博洛多，是从石头里蹦出来的。他们结合后生出了第二代，但繁殖太慢。一天，乜勒甲在地上屙了一泡尿，结果大凡被浸湿的泥土都变成了人，但这些人没有性别。乜勒甲采来辣椒、洋桃撒在地上让人去抢，抢到辣椒的变成男人，抢到洋桃的变成女人，于是有了第三代。后洪水泛滥，除一对男女外，其余的人都被洪水冲走。这对男女生下一团肉，以为是怪物，便剁成肉酱撒向四面八方，结果肉丁都变成了人，人烟自此开始。该神话故事告知，远在洪荒时代，广南地域已有人烟。广南属喀斯特地区，气候温和，雨量充沛，河流纵横交错，最大的有西洋江，贯穿全境。大凡有水的地方都有人居住，而且主要是壮族。

传说布洛陀是壮民族开天辟地的创世姤祖，每年农历二月十九是布洛陀生日，历史上壮族群众从这一天开始到农历三月初九，都会自发前往壮族圣山——广西田阳县敢壮山祭奉始祖布洛陀，并形成广西最为古老、盛大的歌圩。2006年6月，国务院把布洛陀文化列入第一批非物质文化遗产名录。根据史料记载，田阳敢壮山歌圩形成于隋唐之前。现在绝大多数壮学研究者都已认同敢壮山是壮族布洛陀文化的主要发源地之一，田阳敢壮山成了壮民族的"圣山"和精神家园。2010年4月20日至22日应广西百色市的邀请，由云南省人大常委会原副主任、省壮学会会长戴光禄和文山壮族苗族自治州政协副主席、州委统战部部长、州壮学会会长黄昌礼等领导的带队，本人有幸参与十余位我省的壮学专家、学者行列，参加"2010年百色市布洛陀民俗文化旅游节暨布洛陀文化研究与旅游开发学术座谈会"。在广西田阳县云集了百余位海内外的专家，定位研究布洛陀文化在珠江流域文明及中华民族多元一体文化中的地位以及旅游开发的问题。在田阳敢壮山领略了十余万群众祭祀布洛陀的庆典，真是别开生面，大开眼界。

关于布洛陀的文化情结，拥有122万壮族的云南、99万壮族的文山壮族苗族自治州，也广为传播布洛陀的故事，还有《布洛陀经诗》口授心记、口耳相传。文山州境内壮族民众自上而下，至今年年都举行祭祀布洛陀的仪式，尽管各村寨祭祀的时间不尽相同，但目的相同，即祈求来年风调雨顺，稻谷丰收，人丁兴旺，村寨平安。马关、西畴、富宁等壮族民间，至今还流传有不少布洛陀经书和祭祀活动。马关县仁和镇阿峨新寨，每年五月的最后一天，都要祭祀"布洛陀"，诵《布洛陀经书》。该寨东南面有座山名为"布洛陀"，山上有四棵古栗树，其中一棵栗树被称为"美洛陀"，即"布洛陀神树"，当地村民每年都要到山上举行祭祀神树的活动。

布洛陀，有的地方译为"布伯"，实际上就是"布洛陀"的神话传说。云南人民出版社的《壮族民间故事》一书中就有记载："布洛陀是我们壮家的造物主（创世主）"，他是一个无所不能，开天辟地，创造万物的伟大天神。布洛陀崇拜是原生态的原始宗教。富宁县有座"菠萝山"，据考证应为"布洛陀"山。该山并不盛产"菠萝"，所以，应是"布洛陀"山名的同名异读。这一切，就是"布洛沱文化"在文山壮乡的反映。

那么，何为"布洛陀文化"？我认为：布洛陀文化主要表现为以稻作农耕为主要内容的物质文化和以创造为主要内容的精神文化，是珠江流域原始民族共同体即西瓯骆越民族文化的核心标志，是中华民族多元一体文化的重要组成部分，她丰富了中华民族的传统文化宝库。壮学专家潘其旭教授认为：布洛陀文化是壮族及其先民崇奉布洛陀为创世神、始祖神、宗教神和道德神，并遵从旨意调解人与自然、人与社会、人与人之间的关系，以求得自身生存和发展的精神性的观念体系。中央民族大学原副校长、博士生导师梁庭望教授总结："布洛陀文化精神"为"开天辟地，创造万物，安排有序，排忧解难"16个字。广西壮族自治区原副主席张声震认为：布洛陀文化博大精深，自成体系。它的核心是"创造精神"与"和谐精神"。正是这种伟大精神的哺育支撑，才能使壮族繁衍至今，成为人口与澳大利亚差不多的中国第二大民族。随着泛珠三角区域合作和中国-东盟自由贸易区建设的深入推进，以及云南通往华南沿海地区和东南亚公路、铁路、水路、航空立体交通网络的逐步形成，古代的句町历史文化、布洛陀文化均是壮泰文化的走廊，必将是壮泰民族"寻根问祖"的首选之地，这里将再次焕发生机，成为一条云集八方游客的黄金旅游线路，成为推动当地经济社会快速发展的通道。

句町王国的文化艺术与壮族始祖布洛陀文化的渊源，是同壮傣民族的精神生活和物质生活相互紧密结合的。传承至今的壮族经诗、歌书、歌圩以及刻有壮族图画文字的骨刻历算器都与之相关。壮族经诗，包括创世史诗《摩荷泰·故谷泰》和《麽经布洛陀·唱罕王》中述及的关于两兄弟为争地盘、池塘、耕牛、奴隶、美女、印权而发生的战争，其背景就是汉成帝河平年间句町与夜郎之间的战争；这两部经诗至今仍在句町故地广为流传，并成了凝结壮民族群体的精神支柱。创世史诗中关于布洛陀分天地、干旱和洪水的神话，关于人种、谷种、棉种和耕牛、炼铜的起源及婚姻、家庭、乡村和城镇发展的传说，关于偷盗、抢掠、战争等社会问题的出现及找官、交租和上税等社会控制机制初步形成的介绍，都是研究句町历史文化的宝贵资料。壮族经诗绝大部分运用五言四句的诗歌形式，篇幅宠大，内容丰富，比兴诙谐，气势连贯，并且结构严谨、语言朴实，讲究押脚腰韵，对仗重叠，琅琅上口，具有极高的艺术价值。

2005年在文山州富宁县发现的《坡芽歌书》，是"用图案描画在土布上的歌集"，它集中了句町故地壮族民歌最精华的部分，堪称人类最古朴的音画杰作。壮族自幼习歌，以好歌善唱著称，《史记》谓之"尚越声"。其著名的"歌圩"，如富宁的珑端街、广南的花街、麻栗坡的风流街、邱北和师宗的三月三歌会等，既是一种带有历史性的民俗活动，更体现其民间文学艺术载体的社会功能，许多壮族民歌便是通过歌圩得以世代承传、不断充实完善、最终成为诗歌文化的主流的。刘锡蕃在《岭表纪蛮》中写道：壮人"无论男女，皆认为唱歌为人生之首要问题。人之不能唱歌，在社会上即枯寂寡欢，即缺乏恋爱择偶的可能性，即不能通今博古，而为一蠢然如豕之顽民"。学术界还认为，文字的出现是文明社会的要素，坡芽歌书上的图画符号，犹如殷商时代的甲骨文，说明句町文明的古老与博大精深。

在文山壮乡还有一种用牛肋骨制成的历算器，壮语称之为"甲巴克"，上面有30个刻度，专门用来推算时间；还有表示农时栽种、起房盖屋和鸡卜卦象三层内容各异的图文符号。这种古老的骨刻历算器，也应该是句町文化的重要组成部分。

　　句町王国发祥自广南县，兴盛于文山州及广西西林、百色等地区。这里不仅自然风光优美，而且人文资源丰富，其文物古迹、句町古乐、麽教文化、布洛陀文化、民族传统节日，以及干栏建筑、壮锦服装、民间铸造铜鼓等传统技艺，都是最具魅力及最具开发价值的。我们完全可以结合国家的现代化建设，将其文化精粹用于市镇、新农村、旅游景点建设及旅游商品和时尚生活用品的系列开发上，使其成为对外经济文化交流的媒介，为发展滇东南地区和桂西地区的文化旅游产业奠定坚实的基础。既彰显句町文化、布洛陀文化的辉煌，提升广大壮族地区的知名度，又让句町历史文化、布洛陀文化之花永远在祖国的南部边疆绽放。

（文章刊登于 2011 年 8 月 10 日《文山日报》）

〔兰天明：广南县文学艺术界联合会主席、《坝美》杂志主编〕

布洛陀文化综合与比较研究

论布依族麽教戏剧

周国茂

学术界对于戏剧的界定众说纷纭，但几乎都认为它是一种包含了文学、音乐、舞蹈等因素的综合艺术。

一、麽教戏剧与巫术

有一种较流行的观点认为，戏剧这种综合性艺术是在文学、音乐和舞蹈等因素基础上形成的，因此是一种比较后起的艺术形式。其实不然。艺术人类学资料充分证明，人类文化中产生较早的巫术，其仪式已为后来的戏剧形式奠定了基础。

弗雷泽曾说："如果说仪式在形式上是戏剧的，那么，它在本质上则是巫术的。"事实正是如此。巫术往往通过仪式来表现，而仪式本身具备了戏剧的特点。如布依族的丧葬仪式，就具有巫术的性质，意图在于把亡灵遣送到冥界。这个仪式就像一场戏剧。彝族的"撮泰吉"仪式实质上也是一种模仿巫术的仪式，从内容看，目的在于"扫火星"和祈求农业丰收。仪式的表演特点很浓，有山神老人、老爷爷、老婆婆、小姑姑、苗族老人、汉族老人、狮子、耕牛等角色，均化装、戴面具。近年来学术界多从戏剧角度对其进行研究。

戏剧起源与巫术也被我国学者注意到。20 世纪初，王国维在其《宋元戏曲史》就关注到宗教仪式与戏剧的起源有关，他指出："后世戏剧，当自巫、优二者出"，又说，"是则灵之为职，或偃蹇以象神，或婆娑以乐神，盖后世戏剧之萌芽，已有存焉者矣。巫觋之兴，虽在上皇之世，然俳优则远在其后"。王国维以剧本的出现为标准，判定中国戏剧形成于宋元，并且强调戏剧的文学性。按照王国维的描述，中国戏剧从起源到形成、成熟的演进过程是这样的：巫觋、歌舞（起源）——俳优——以歌舞演故事的雏形戏剧（形成）——宋元戏曲（成熟）。

王国维的戏剧概念以纯审美的舞台戏剧艺术为准，难以涵盖中国民俗戏剧如傩戏等，因此其推断有一定局限性，但他的研究及结论带动了众多学者参与研究，并在有关中国戏剧的起源、形成等开展了热烈的讨论。众多戏曲学界、人类学及民俗学界的大家任半塘、青木正儿、冯沅君、周贻白、董每戡、张庚、王光祈、岑家梧、陈梦家、孙作云、闻一多、曲六乙、张紫晨、曹禺等都发表自己的见解，形成了百家争鸣的局面。随着资料的不断发掘，戏剧起源于巫术的观点在我国已逐渐成为学界的共识。

改革开放以来，我国民俗学、戏剧学界陆续开展了傩戏调查研究，发现傩仪、傩戏在戏剧起源中的重要意义，傩仪、傩戏被认为是"戏剧的活化石"。而傩本身就是一种巫术活动。这对我们认识戏剧与巫、与仪式的关系提供了活生生的资料。

巫术仪式之所以有戏剧特点，是因为这种仪式模仿了某种实在的或假想的事件，并进行了浓缩，把广大空间的不同地点，时间上经历数天、数月的事件集中在一个地点和较短的时间内。"在这种情况下，集中也就构成了在以后成为独立的艺术中称为情节的东西"。"情节——即使在其最原始的形式中——绝不仅是事件的依次相继。将各部分按目的论来安排以达到一定的目标正是巫术的目的，通过这一目的，不仅在一定范围内使依次相继的转化为相互分立的，转化成一种因果性联系（即使这种因果性是一种幻想的），而且在目标上相互加以一定的提高、停滞或降低等。这样，情节就成了以后文艺的中心范畴。它是由最原始的模仿形象的巫术目标中按实际的必然性形成的。"卢卡契的这段话无疑是对戏剧及其他叙述性艺术发生情形的精辟分析。

当然，巫术仪式的情节是比较松散的。如前述彝族"撮泰吉"前后经历数十日之久。随着娱乐因素的增加，生活事件的进一步集中浓缩，世俗化的具有更多审美特性的戏剧便从原始的母胎中主办分离出来。被称为"戏剧化化石"的傩戏可说是处于这种分化的过渡状态。这种较为原始的戏剧形式具有明显的巫术目的，同时又掺进了很多历史故事和日常生活内容，具有一定的娱乐和审美因素，的确是我们研究戏剧艺术发生的"活化石"。

戏剧虽然与宗教（巫术）仪式有渊源关系，但今天的戏剧毕竟是一种舞台综合艺术形式，具有一些基本的艺术表现特征。当我们追溯戏剧起源时，涉及不同时期不同发展阶段的戏剧时，实际上存在成熟程度的差异。比如，纯粹的仪式虽然有戏剧的形式特征，但在集中度上看，显得相对较弱。仪式虽然也有其基本含义，但没有一个完整的故事框架，也不需要塑造人物形象。随着社会的发展，宗教祭司或民间艺人将仪式所要表达的意义通过故事来表现，使仪式的故事性增强，最后，戏剧进一步脱离仪式，形成一种专门表演某个故事的或娱神或娱人的趋于成熟的综合艺术形式，审美感大为提升。

布依族麽教戏剧包括两个方面的形态：一种是与麽教观念吻合、巫术性质很明显的游戏和娱乐活动，另一种是与麽教仪式相关的仪式性戏剧表演或在仪式上进行的世俗性很强的戏剧表演。

第一类，最具代表性的有"当敬"（或称"当押敬""故敬"）活动。"押"和"敬"都是"巫"的意思，因此，这种活动本身是一种巫术，它用虚拟的表现手法，使巫术活动艺术化，成为一种戏剧表演。由于其反映的信仰与麽教相同，因此，属于麽教艺术范畴。

正月初几到十五，或七月初几到十五，在很多布依族地区，每天晚上吃过晚饭，布依族青年男女就集中到村寨中一个空旷的平地或某家院子里，开展"当敬"（或称"当押敬""故敬"）。推选一个能说会唱的小伙子或姑娘，让其坐在院子里摆放的大簸箕中，用头帕经念咒后将其头蒙住，头帕的两端，让表演者两手拿着，有的地方还以蜜蜡熏之，由一个人坐其身后将其扶住。不一会儿，表演者处于昏迷状态。据说其灵魂进入十二层天或进入仙境，请来神灵附体，可以满足人们的要求，为在场的人们请远方的朋友或死去的亲人前来对歌和对话，或者请仙灵附体后仙灵找"同伴"对歌。"同伴"由在场会唱者扮演。若旗鼓相当，对歌显得十分精彩，包括恋人才唱的情歌也能唱，因此听者甚众，听到高兴处就发出哄堂大笑声，听到悲伤处则凄然泪下。

"当敬"活动已经具备一定的戏剧特征。

首先，有情节。虽然活动没有脚本，但表演者神灵附体后进入仙境途中，要走很长的路程，经过很多关口，因此会遇到很多死去的亡灵和各个关口把守的鬼怪，表演者会模拟出与这些亡灵或鬼怪交流甚至搏斗的情景，使表演具有情节性和故事性。整场表演表现表演者神灵附体后进入冥界或仙境到返回现实世界的过程和情景。

其次，有角色。表演者在模拟进入仙境途中与各种亡灵和鬼怪打交道的情景时，同时扮演不同角色，模仿他们的腔调讲话，绘声绘色，个性鲜明。而表演在场者亲人与在场者交流时，在场者参与互动，与表演者扮演的死去的亲人交流。

再次，有一定的综合性。除了说、唱，表演者还以两手前后摆动蒙头的帕子表示行走，慢摆表示慢行，快摆表示疾走，而表现与守关的鬼怪搏斗时，则用力挣扎。

由于有这些特征，一些研究者把当敬视为布依戏的重要源头之一。

当然，当敬虽然有戏剧因素，但只是戏剧的萌芽。它跟汉族说书的相同点是一人可以扮演多角，但与汉族说书不同点是表演者始终与听（观）众互动，听（观）众参与度高，因此它比曲艺略高一筹，已经开始朝着戏剧方向迈进，属于形成中的萌芽状态的戏剧。

第二类，即与麽教仪式相关的仪式性戏剧表演或在仪式上进行的世俗性很强的戏剧表演。

这类戏剧与麽教仪式紧密相关，要么是仪式的组成部分，要么在仪式上表演。典型的如册亨一带的"哑面"，还有荔波一带"做桥"仪式上表演的布依傩。

从表现形态和发展程度看，第二类麽教戏剧又可细分为两种主要类型。一类是萌芽状态戏剧，这一类巫术特点较浓。另一类是发展演变进程中尚未完全脱离仪式，又没有发展演化成纯审美的舞台综合艺术的戏剧形态。虽然巫术成分减少，但又不是纯审美戏剧艺术。

二、麽教戏剧的萌芽形态

如前述，麽教戏剧从表现形态和发展程度看，大致可分为两种类型。笔者将前者称之为戏剧化仪式，将后者称之为仪式性戏剧。这里，分别对两种类型进行描述分析。

（一）戏剧化仪式

所谓戏剧化仪式，指仪式与戏剧高度耦合的一种文化呈现形态。在这种文化形态中，既具有仪式的特征，又有戏剧的一些特征。或者说，这种文化表现形态既是仪式，也具有一定的戏剧表演特征，是用戏剧的形式呈现仪式。

布依族麽教仪式本身具备很浓的戏剧因素：它具有文学"脚本"麽经（文学），整个仪式过程有吟诵、倾诉（祈祷），有音乐和舞蹈，参与者有的要戴面具，要化装。但是，这里所讲的戏剧化的仪式，是指具有一定故事性或叙事性的仪式表演。

布依族麽教语言艺术——麽经文学中，有些故事是一种凝固的表演。比如，各地《殡亡经》中都有这样的情节：父（母）去世，孝子派使者去请布麽来超度亡灵。作品叙述了使者在途中如何问路找到布麽家，布麽跟使者讲工钱，然后跟着使者来到孝子家等等过程。这些情节都是作为故事情节，通过布麽的吟诵来叙述的，但在册亨县布依族中，这些故事情节除了作为经文的一部分口诵出来外，还要举行了一个"请师"仪式，用表演的形式形象地再现经文中的这段情节。在举行指引亡灵登仙的当天晚上，事先将请来诵《嘱咐经》的布麽安排在孝子家族的某一家吃晚饭。吃过饭后，由另一位主持丧葬仪式的布麽带领孝男孝女，前往布麽们就餐的地方"请师"。"师"（指布麽）和使者的扮演者均为布麽。仪式开始前，门紧紧地关着。"使者"连叫"开门！"门内布麽问是何人，有何事。"使者"讲明来意，布麽推说要赴神仙酒宴，叫"使者"找别的布麽去，"使者"说别的布麽不精通超度之术，只有这里的布麽什么都懂，我们是问了好多路才找到这里，等等。然后是布麽问有无报酬，使者答有。布麽于是开门，跟着"使者"和众孝男孝女来到孝子家。

麽经中，类似的故事情节还有派使者请巫来招魂、派使者请风水师来择地等。根据册亨这段与其他地区麽经故事完全相同而采用仪式的形式来表演的情况，笔者推测麽经曾普遍流行这种具有一定戏剧表演特征的仪式，在历史发展过程中，多数地区逐渐由仪式凝固而为麽经，即由动而变为静的过程，只在册亨等地区保留了。如果这个推测成立，那么，实际上麽经中的叙事性作品或段落都是另一种形式的戏剧，或者至少可成为戏剧脚本。

除了"请师"，在贞丰、关岭、兴仁、镇宁等地，丧葬仪式活动中还有这样的仪式表演：转场仪式过后，布麽把丧家大门关上，死者儿子肩挑担子，手拿秤，长子走在前面，到院子里树立的幡杆下转三圈，然后朝大门走去，长子拍门三下，大喊三声"爹！"或"妈！"（根据死者身份定），屋里布麽问："你去哪儿来了？"屋外长子答："我们出门做生意去了！"布麽说："你爹（妈）去世喽！"于是死者儿子推门而入，匍匐在灵柩前痛哭。接着举行祭奠仪式。这个仪式情节表演的是儿子如何外出，回家遇父母去世，继而举行超度仪式的情景。故事很简单，但表演性很强。表演的人往往在这个表演过程中触发了对失去父母的悲伤情感，有的需要劝解很长时间才能止住。

很明显，这些仪式虽然不是严格意义上的戏剧，但具备一些戏剧特征，比如情节性、表演性和综合性等。

（二）仪式性戏剧

仪式性戏剧，是在仪式过程中穿插反映祭司与神灵互动情节或世俗生活内容的戏剧表演。这类戏剧形态，戏剧因素更明显，但戏剧与仪式关联度很强。其中最典型的是流行于册亨一带的"哑面"。

"哑面"，是在布依族传统丧事的绕棺仪式中表演的哑剧性质的仪式性傩戏，是一种较为古老的傩戏。但笔者不同意有的论者将其判定为"前傩戏"的观点。

所谓"前傩戏"，是指这种傩戏比一般傩戏更早、更原始。

就目前掌握的资料看，我国一些民族中流行的傩戏，按内容和性质大致可分为巫傩和军傩两大类。巫傩的巫术色彩很浓，包括仪式性的傩戏表演（称为"傩仪"）和结合仪式进行的取材于世俗故事或历史故事的戏剧表演。

册亨板万村"哑面"模拟表演

军傩虽然也有一定的巫术或信仰色彩，但其取材主要是历史故事，表演的目的除了娱乐，还有军事操练的含义。在这两类傩戏中，巫傩直接源自驱邪逐魔的巫术传统。我们知道，巫术是一种很古老的信仰和行为文化，如果说布依族的"哑面"属"前傩戏"，那它应该归属于什么性质的戏剧形态呢？能称为"前巫术傩戏"吗？"前巫术"又是什么？可见难以令人信服。

从"哑面"表演的实际来看，也很难得到它属于"前傩戏"的结论。

册亨板万一带布依族传统的丧事活动中，有一个仪式叫绕棺。在绕棺的过程中,要插入一个仪式性傩戏"哑面"。

表演时间大约20分钟,涉及人物只有六人,情节也比较简单。故事来源于一个传说:古时,有一个穷后生到当地富人家当长工,与富人家姑娘相爱,得不到女孩家长同意,不得已私奔到村寨上方一山洞居住,生儿育女。后来,岳父去世,因为贫穷,怕在众亲友面前没面子,就戴上面具,到外家祭奠。因贫穷没有祭礼,绕棺后就给外家推磨、舂碓。表演者六人分别为父母(即自由相爱的两夫妇)、后生(两夫妇的儿子)、女孩(两夫妇的女儿)、乞丐、导引者(一般为布麽)。据说以前要到洞里举行一些相关仪式和化妆后从那里出发到丧家,后来改为在丧家村寨旁搭窝棚象征山洞,在那里化妆、举行仪式再出发前往丧家。走到途中,乞丐扮演者加入队伍中来,并不断纠缠女孩,被后生(女孩子的哥哥)制止。整个剧情主要表现一行人往丧家行进、绕棺、舂碓、推磨以及在这过程中乞丐如何纠缠女孩并使之怀孕的情形。整个表演没有台词,表演者戴的面具用竹篾编成骨架,然后用白纸蒙成脸壳,在脸壳上画上五官。

绕棺仪式一般是在出殡的头一天晚上举行,吃完晚饭天一黑就可以进行表演了。在整个表演中,绕棺引导者的钹声一停,随即三人就要对着棺材磕头作揖,还要做出擦眼泪伤心的样子。但三人并不会如常人一样横着擦拭眼泪,而是竖着擦拭眼泪;磕头作揖也不像常人是先上后下,而是只会生硬地竖着向下磕头作揖。这种绕棺仪式一般在死者家的堂屋里进行。家族的亲戚和寨子里的村民是观众。演出结束后,面具等物会送到村外绕掉。参加表演者均从火上跳过,以示鬼魂被火烧死不再附身。

关于"哑面",有不同解释,一般认为是因为全部的表演过程只有动作,没有一句台词,故为哑剧。

其实,绕棺与其他地区的转场一样,表现的无非是死者亲人为亡灵送行和诀别的情景。当然,哑面中乞丐纠缠女孩并生了孩子,可以解释为仪式中体现出生育崇拜内容,但与其他民族的巫傩比较而言,巫术的色彩并不是很突出。值得注意的细节是,乞丐的称谓是"哈奴"(也译为"阿鲁")。布依语中,这个词意思是"汉族乞丐"(哈,意为"汉族",奴,意为"乞丐")。册亨是一个布依族聚居程度非常高的县份,汉族进入的时间并不长,因此,仪式中的角色被称为"哈奴",表明其出现的时间不会很长。此外,表演反映的社会生活内容表明,阶级分化已经出现,这显然不是巫术产生的旧石器时代的社会生活特征。

三、趋于成熟的麽教戏剧

萌芽状态的麽教戏剧，虽然也表演一定的故事情节，但这些故事情节都比较简单；虽然有人物角色，但不注重刻画人物形象，性格特征不是太明显。而趋于成熟的麽教戏剧则在多方面体现出了戏剧的特征。

西方学术界一般把公元前6世纪在古希腊诞生的悲剧和喜剧作为人类最早的成熟戏剧。判断的标准是古希腊悲剧和喜剧已经具备了戏剧的全部要素，以人物装扮和当场对话作为自己的主要舞台形式，并且脱离了宗教仪式的羁绊，成为纯粹的人类娱乐与审美活动。

这种观点，除了相关的戏剧要素外，似乎把是否脱离宗教仪式的羁绊作为判断戏剧成熟与否的重要标志，实际上是仅从纯审美的角度进行的界定。笔者认为这种理解仅仅属于狭义的戏剧。中国戏剧的源头，学术界大多认为有宗教仪式（即巫和祭祀）与俳优等，但同时把元杂剧作为中国戏剧成熟的标志，显然也是受西方戏剧理论影响所致。

其实，戏剧作为一种艺术种类，具有自身构成要素和内在规定性，并不取决于演出场合和服务对象。是否在宗教仪式上演出，并不影响其内在规定性。正如不能因为歌舞是在宗教仪式上表演的就不是歌舞一样，仪式上表演的戏剧依然是戏剧。

在我看来，戏剧与其他艺术形式的重要区别是其综合性和立体性。综合性，表现在戏剧将文学、音乐、舞蹈、美术等因素结合在一起；立体性，主要是相对于文学、音乐、舞蹈和美术等艺术类别而言。文学、音乐、舞蹈和美术都可以演绎故事，但文学和美术是静态的和扁平的；音乐的长项是抒情，反映具有故事情节的内容需要与诗歌结合，或者以某个故事作为背景（如《梁山伯与祝英台》），因此在一定程度上具有文学的特质；舞蹈虽然是动态的，也可以多人表演故事，但舞蹈主要靠肢体动作反映内容，需要领悟才能明白，不宜于表现复杂的故事情节，因此也显得单一和扁平。戏剧的立体性体现在：以演员扮演故事中不同人物和角色的方式，活生生地呈现故事情节，并以音乐、舞蹈和美术等要素作为辅助，还原社会生活本相，使人仿佛置身于真实情境中。

至于戏剧是在舞台上表演还是在仪式上表演，是根据服务对象决定的：在宗教仪式上的表演主要服务于神灵，也就是所谓的"娱神"，而舞台上表演则是服务于人，即"娱人"。固然，宗教祭祀仪式上不大可能表演《哈姆雷特》，但这只是由于表演场合和服务对象不同而对表演内容的取舍，并不影响戏剧特征。从我国一些地区农村还愿仪式上表演的傩戏看，完全具备脚本、演员、对白、演出场地、观众等基本要素。总之，广义的戏剧包含了仪式戏剧（或宗教戏剧）和世俗戏剧两种类型。

基于这样的理解，当我们来看布依族麽教戏剧时，就会发现在宗教仪式上表演的戏剧已经有了趋于成熟的戏剧。主要流行于荔波一带的布依族在"做桃"仪式活动中表演的傩戏就属于这样一种戏剧形式。

在黔南一带布依族生育信仰中，为多年不孕不育的夫妇求子，有两种仪式可供选择，一种是举行"架桥"（求子）仪式，与此性质相同的、规模更大的仪式是"做桃"仪式。前者虽然隆重，但仪式活动时间相对短一些，而后者仪式活动的时间则较长，有的甚至长达七天七夜。据信，举行了"架桥"或"做桃"仪式，就为凡间人与居于花界的送子母神搭起了桥梁，母神就会把"花魂"（孩子灵魂）通过这座桥梁送来，使求子的妇女怀上并生育孩子。仪式还有保子的目的。仪式活动时间长短直接关系到经济承受能力，事主可以根据经济条件选择其中一种方式。家庭经济条件好的可选择前者，家庭经济条件较差，甚至十分贫穷者也得按后者举行仪式，否则影响来世。如果只是做桥，则只请布麽或坛师，带几个弟子，举行三天三夜的活动即可。而"做桃"要请傩戏班子，举行七天七夜的活动。

仪式上，祭祀的重要神灵是"花林仙官"（即"雅娃林"）。但是与一般求子仪式不同之处在于，"做桃"祭祀的神灵除了女神"花林仙官"之外，还有男神，分别有不同职能，比如，万岁天尊圣母，女神，专管分配生育指标；花林仙官，女神，专管送"花"（即孩子）给孩子父母；托生花王庙父，男神，负责保佑、护养孩子长大成人；本殿三元祖师，男神，三元指唐、郭、周三兄弟，同母异父，系"送"花媒人，同时保护坛师及其弟子（傩戏班子师徒）等等，另外还有负责擒拿野鬼的莫一、莫二，负责驱逐病疫鬼怪、保佑亲朋安宁的三界公爷等等。"做桃"与一般求子仪式的不同点还表现在，傩戏班子要戴面具表演一些有完整情节的故事，既娱神也娱人。

在黔南一些地区，布依族男性的一生中必须举行一次，时间不定。从20世纪五六十年代以来，部分地区衍变成婚后久不生育者才举行，一般人可做也可不做。

做桥仪式有仪式化戏剧表演，但属于萌芽状态的戏剧，趋于成熟状态的戏剧主要在做桃仪式上表演。

做桃仪式活动程序为：

第一天，布置内景；举行"点坛""请地神""请灶王"仪式。

内景，即设置神坛，需悬挂神像、张贴彩色剪纸等。内景布置完毕，掌坛师主持点坛仪式，全体演员肃立于坛前，叩拜历代祖师。接着掌坛师在大门口摆上供品，焚香燃烛，念《保财经》，奉请地神保护主家财产，称"请地神"；之后，在灶口安两张桌，杀鸡供上，坛师念《灶王经》，奉请灶王府君保佑主家人丁安全，称"请灶王"。

第二天，举行开坛仪式。掌坛师主持。先由坛师吟诵《请神经》，将36个面具排在坛前，把36个神祇请到坛上，念颂《九娘歌》《三元歌》《荼荣歌》《蒙官歌》《花林歌》《婆王歌》《盘古歌》《十二花王歌》《脱罪歌》《托生歌》《染吴歌》《雷王歌》《白马歌》《冯敖老爷歌》《仙爷歌》《功曹歌》《三界公爷歌》等。最后，全体演员齐唱《开坛歌》。

第三天，序幕。先唱《问答歌》，演员一问一答。例如问："你从哪里来？"答："我从东方来。"等等，用此方式亮明各角色身份和来历。然后，主人拿一张约一平方丈的竹席摊在坛前，掌坛师将四片红纸藏于四角，手端一碗水，默念咒语，边念边喝水，念着念着把水喷在竹席上。做完法事后，演员头戴面具一个接一个出场。先是范许（即万岁天尊圣母）走出立于坛前，然后是蒙官、三界公爷、雷王、染吴、她地许、欧官、五通、仙官等按顺序依次出场。每出一神，便在竹席上舞一个动作，然后一个接一个地站到一边。最后，掌坛师把事先用纸竹扎好、暂放一旁的五颜六色彩的"楼"移至坛前，举行"封楼"仪式。

第四天，表演开始。扮演瑶族后生的龙公及扮演瑶族姑娘的勒良继续出场演出，时而对歌，时而相互挑逗，掀起一个接一个的高潮，博得观众阵阵喝彩。

第五天，举行送花仪式、演出。白天，迎接事主外家来的客人，并在堂屋摆长席，请客人坐上席，举行《送花》仪式。晚上，龙公和勒良演出《龙公卖马》，内容是青年谈情说爱，自由婚姻，最终喜结良缘的故事。

第六天，举行主人背鸡仪式、表演。白天，举行主人背鸡仪式。主人跪在坛前，坛师从桌下的鸡笼捉出一只大公鸡，口念咒语，先把一把米撒在主人背上，再把公鸡放在主人背上，坛师极其弟子共唱《太子六宫歌》，称"主人背鸡"。主人背着鸡到野外行走几圈，然后坛师带着全班人马，口念咒语从田野把主人护送回家。主人弓身背鸡，两旁人群喧哗，前后铁炮声、爆竹声、锣鼓声齐鸣，背上的公鸡时站时蹲，时而翘首观四方，时而若无其事地啄米吃，始终站在主人背上，不因喧闹受惊飞跳，直到护送进入卧室，坛师停止念咒语，公鸡才从背上下来。这一举动为常人所难理解，人们认为是坛师使了巫术使然。晚上，龙公和勒良演《老瑶打猎》《错砍樟树》等剧目。

第七天，举行"扫家""宰牲"仪式，表演。白天，全体演员戴面具，为事主家举行"扫家"仪式，驱除邪魔鬼怪。然后排队，在人群簇拥下从事主家向田野走去。猴王手持标竿在前开路，白马、太子六宫、莫一、莫二等文官武将跟在坛师后面。炮声、鼓声铿锵齐鸣。到田野仪式场，坛师站在第一根树前，大弟子站在最后一根即 36 根树前，其余弟子及演员带着主人及其亲属按顺序绕 36 棵桩，每桩转三圈。随后，屠手们把捆在树脚的猪、狗、鹅、鸭、鸡等通通宰杀就地打整。这时，锣鼓声、欢呼声响彻云霄。晚上，表演"说媒"和"讨草鞋"。约在次日清晨 4 点举行"撤坛"仪式。这样，"做桃"的过程全部结束。

"送花"是"做桃"仪式和"架桥"仪式的中心内容。"做桃"和"架桥"的宗旨是主家求子，外家给女婿送"花"。"花"在布依族人眼里是妇女受孕的因子，外家不送"花"，即使结了婚也不会怀孕，就是怀孕了小孩也保不住。因此，布依族"做桃"或"架桥"求子保子的核心部分就在外家给女婿"送花"一节。系统介绍"送花"仪式和《送花歌》，有助于加深对布依族生育傩戏的理解。

布依族认为，男女结合并不一定就会生子，生不生，生男生女，要看花婆送不送子，送什么性别的"子"。"花婆"是布依族观念中专门赐予人间生命种子的女神。

在布依族观念中，宇宙有三界：人所生活的世界为现世界，人死后去的地方为阴界（即"旁仙""旁拜"），未投胎的婴儿住在冥界（或称"花界"）中。活跃在冥界的孩子被称为"花"。"花界"与"人间"隔天隔海，要想使这些"花"投胎到人世间，必须搭一座桥通到花界，向主宰花界的娘娘

荔波做桥仪式剪纸孩童像

神祈求，娘娘神就会把"花"通过"桥"赐给人间的已婚夫妇。布依族中举行"做桥"或"搭花桥"仪式的目的，就是为了求子。

"花桥"用竹子扎成，形状像一个吊柜，三面封闭，前面开口，"桥"上贴有许多用红绿纸剪成的纸人，红纸人代表男孩，绿纸人代表女孩。"桥"挂在卧室壁上，长期供奉。有的人家，还在"桥"上两侧贴"娘娘送子来，观音保平安"对联，明显是把本民族的花婆信仰与汉民族的观音送子信仰糅合到一起了。有的地方要由外婆家送一对金竿杆来做桥柱，竿杆要一样大、一样高，连根拔，不折尖，则体现了花婆信仰与布依族竹崇拜的糅合。

"送花"仪式安排在"做桃"的第五天，"架桥"的第三天晚上，仪式在坛前举行，中央放一张八仙桌，桌上摆三杯酒、三碗糯米饭、三挂粽子、一碗米、一个花筒、三个红鸡蛋、一个接花盘，桌下放一个鸡笼，笼内有三只公鸡。花筒里插的花是用竹签的一端裹着用浆糊粘贴的多种颜色纸剪成条状的纸花絮。坛师与事主外家请来的歌手对唱。

"送花"仪式重要内容是"挽花"，即坛师一边唱《挽花歌》，一边用挽花布去挽花筒里的粘上纸花絮的竹签。多数情况下，坛师都会挽出很多的花，但是也有一枝也挽不上来的。在此情况下，气氛十分紧张，因为在布依族人的意识里，挽花布老挽不上花，就意味着花界的母神"米娃林"和"米花然"不乐意把"花"送给这家人，或花界童男童女不乐意到这家来投胎。遇到这种情况时，坛师加倍认真再用"米魂""粽魂"和"蛋魂"去引花。同样，一边吟咏"米魂歌""粽魂歌"和"蛋魂歌"，一边全力用挽花布认真地在花筒上反复不断地来回挽花。每挽上来一枝，主家及观众就雀跃沸腾。挽上来的越多，众情就越激昂，主家就越兴奋、欢愉。

"做桃"仪式活动中表演的傩戏需戴面具。有木刻面具、皮胎面具、笋壳面具、竹编纸糊面具等，每堂为36面，每面为一尊神，每一尊神有一本经书，叙述该神的形态特征、功能、神力和由来。每尊神都有布依语和汉语两种不同语言的称谓，但

婆王圣母宫娥神

演出时，说和唱主要是用布依语。

　　面具及案子（即坛上悬挂张贴的神像）系依据经书对各神描绘的内容雕刻和绘画的。其中大多为一神一像，但也有多神一像的，如三元神像中唐、葛、周，三个是同母异父兄弟，一文一武一医，多数为多神一像，但也有按文、武、医各塑一尊像的。所有面具、神像无不生动传神，栩栩如生。案子以求子送子保子"生殖图"中万岁天尊为核心，四周为其下属的众神，共120余位，而花林仙官等众神却一神一像悬挂或张贴两旁。从艺术性看，神像的色彩、形态比面具更丰富多姿，个性、特征更突出鲜明。据不完全统计现在单位及个人从民间征集到的神像共有20余幅，散在民间布麼及掌坛师手中的也不过百余幅，多数为明、清两代的作品，少数为民国年间及现在复制。36个面具分别为万岁天尊圣母、花林仙官、六桥青蛇判官、托生花王太庙、本殿三元帅祖（三元即同母异父唐、葛、周三兄弟）、太子六宫、双龙树王、九娘、五位功曹、李应社王、欧官、蒙官、冯敖老爷、覃九老爷、她地许、勒良、雷王、写傩（也叫"谢傩"）、莫一、莫二、伍通、龙公、白马、三界公爷、猴王、上公七郎、刮云、染吴、鲁班。

　　诸神中的核心人物是"生殖图"中的万岁天尊圣母，即布依族普遍信仰的"花王圣母"，又叫"花婆""婆王"，是专管生儿育女的神灵，也是儿童成长的保护神。其余多数为本地区、本民族或其他民族的神话和权势神话人物，如莫一是当地壮族和布依族传说中最受人崇拜的英雄人物，号称通天圣地莫一大王；欧官、蒙官、冯敖及覃九老爷、龙公等是布依族、水族和瑶族神话了的代表人物；而三元、三界则是道教、佛教传入后受其影响加工出来的神话人物。这些人物，有的前人和方志曾做过简要记录。如刘锡番所著《岭表记蛮》说，圣母亦名花婆，"凡生子女，皆花婆所赐"。又说，"子女多病，则延师巫，'架桥''剪彩花'，乞灵于花婆"。《三江县志》说，"花林圣母及莫一大王，壮人乞之，亦知其所本"，等等。

　　荔波布依族生育傩有经书，俗称"傩书"。其数量，民间有各种不同的说法。有的说有36本，有的说有24本，有的说只有12本，还有的说有72本及100余本。究竟哪一种说法正确，根据目前掌握的资料尚不能肯定，有待进一步发掘和搜集。

　　傩书是诗歌体，多为勒脚歌体式，用"土俗字"（即布依族古文字）写成。所谓"土俗字"，指布依族民间把汉字作为音符用来记布依语，并利用汉字的偏旁部首，按照六书造字法创造新字而形成的一套文字体系。民间歌手用来记录民歌，布麽用来记录麽经，而布依傩的表演者（荔波称之为"傩书先生"）用来记录傩书，这就是人们所谓"土俗字"。其实，它属于布依族的古文字。

根据目前掌握的资料，傩书有《开坛歌》《请社经》《唱诸神》《献茶献酒歌》《送花歌》《古老歌》《十二花王歌》《古麽古改歌》等，内容包括仪式程序、神话和民间故事，比如《送花歌》就由《外家送花》《外家送牲种、送禽种》《蛋魂引花歌》《米魂引花歌》《粽子引花歌》等五部组成，内容主要是主人及女婿向外家求子的仪式。

求子俗称求花，是"做祧"仪式的核心。《古老歌》由《十二个太阳》《洪水朝天·兄妹结婚》《十二月歌》《开天辟地》等四部组成，内容主要叙述人类繁衍以及人们的生产和生活情形。《十二花王歌》由《卖柴》《范龙》《丁兰》《范朗与媚香》《英台与山伯》《罕庞（即百鸟衣）》《明京》《董永》《王仙》《冬川》《官信》《跃安》等12部组成，是叙事长歌，内容主要是叙述各式各样的爱情悲剧和孝敬父母的故事。

布依族傩戏每个戏班一般有演员15人，均属坛师弟子，要求通晓傩书，能熟练背诵和朗读，会做法事，懂得一些武

万岁天尊圣母神像

功，善歌善舞；每人至少能扮演两个以上角色；年龄不限，小到十岁，大到古稀之年。另外，还有击铜鼓、腰鼓、铜锣者各2人，敲钹者3人，吹唢呐、大号者各2人，放铁炮者2人，乐师共20人。

道具有龙头拐杖1根，牛角号1根，牛角卦1副，令牌1块，响铃1个，装傩书的竹箱2个，黑色雨伞1把，毛笔1枝，墨、砚各1块，梭镖、标杆各1根，木枪1把，柴刀1把，木棍、棕绳各1根，花筒、南瓜各1个，宝剑、令剑各1

把，驱鬼除邪用的兵器如刀、叉等共数件，锯各1把，铁炮1个等，共60余件；乐器有铜鼓2面，腰鼓2面，大小铜锣各1面，钹大、中、小各1副，唢呐、大号各2支，二胡2把，姊妹箫1副，铜铃1个，竹快板1副，合计20余件。

服装，包括布依、瑶、水家三个民族共20余套。其中掌坛师黄袍1件，花袍3件，分别为红底绿花，白底金黄花，紫底白花各1件，木底高跟鞋1双；布依族男装10套，女装百褶群式样的2套，水家族姑娘连衣裙2条，白裤瑶男、女盛装各1套，另加一条蓝色花裙。

荔波布依族生育傩戏布景十分讲究，分内景、外景。内景主要娱神，外景主要娱人。

内景。设在主人的堂屋，八仙桌摆在堂屋正中，一边抵墙，桌的两边各放一张长凳，用竹子架一座"牌坊"把桌凳围住。牌坊的上端贴着用不同彩色纸剪成的形态各异的龙、蛇、鸡、鸭、象、牛、马、猪、羊、驴等，在八仙桌正中的墙上挂着"万岁天尊圣母"神像，两旁按神序由大到小依次将诸神像分挂左右。八仙桌正前方的桌缘绑两根竹竿，以此为骨架用竹条搭一座桥，桥的上半部是一张直径1米左右剪成半圆形的红纸，红纸被剪出四排活灵活现的童男童女，四周衬有布依族传统几何花纹及图案，竹竿的顶部是花筒，俗称"桥棒"。坛师把内景称为"坛"。坛前的桌上有几杯酒、一碗米及其他供品，还点有几炷香、一盏菜油灯。傩书、道具、面具、乐器等全置于坛前，门和窗的两旁都贴上"酬神请神"内容的对联。例如大门，左边是"吉日酬神颂范许"，右边"佳期还愿谢婆王"，横批"田地恩深"。门外设一张供桌，桌上摆着供品，有香火，门扇挂神像，俗称"门卫"，或叫"看门神""守门神"。

外景。傩戏演到第七天，坛师极其弟子们在村前田坝选择一块宽阔的平地，中间摆三张八仙桌，将供品、道具全摆出来，36根长5米左右的杉树，大小不一排成一字形，由大到小，根距约1米，挖坑栽在地上，然后将供品挨个捆在树脚。第一根捆着一头大肥猪，第十二至十六根各捆一只鸭，第十七至三十六根各捆一只鸡。如果牲口不足用刀头（即一块1斤多重的猪肉）或象征性竹编纸糊牲口取代亦可。

荔波布依族傩戏剧目，目前发现的有《龙公点坛》《野猪偷薯》《老瑶打猎》《野外砍牲》《抢吃生肉》《戏弄外家》《破瓜取子》《龙公卖马》《错砍樟树》《背鸡进屋》《乞讨草鞋》《乞花求子》等12个。这些剧目全取材于当地布依族或比邻而居的白裤瑶同胞的社会现实生活，反映他们的生产、生活以及婚姻、爱情等。由于是在求子的仪式活动中表演，因此作品表现的内容或显或隐，或直接或间接都与生育、性有某种关联。

不妨来看其中的《老瑶打猎》《破瓜取子》《戏弄外家》三个剧目的情况。

《老瑶打猎》

由两个男性青年主演，个儿高的扮演瑶族男性（即"老瑶"），身着白裤瑶男青年服饰，潇洒英俊，头戴面具，名叫"龙公"；另一个身材略为矮小的青年男扮女装，扮演老瑶的妻子，头戴面具，名叫"勒良"。故事梗概是：龙公肩扛枪、腰挂月形柴刀，带着妻子上山打猎。进山后发现山上猎物很多，龙公顾不得给妻子打招呼，左一枪右一枪就打开了，越打越起劲，连带妻子上山同打猎的事都忘了。当他冷静下来以后突然想起妻子，于是满山遍野寻找，结果从猎物中发现了自己的妻子，原来龙公打兴奋时，头也打晕了，眼也打红了，结果误把自己的妻子当猎物打死了。龙公丢下猎物边哭边去求卜问卦，向天地哀悔、认罪，得到神仙的同情。在神仙的帮助下，妻子死而复生，夫妻团圆。

《破瓜取子》

这是一则反映人类自身繁衍的故事。这出戏紧接上出戏：龙公与勒良相爱结婚，死后又再度团圆，勒良怀抱一个大南瓜装成孕妇模样，"花林仙官"上来接过南瓜，婴儿连声啼哭，观众齐贺"得啦！得啦！"范许出场，破南瓜取籽，向四面八方撒去，边撒边念："撒到北方成莫家（经识别莫家仍属布依族），撒到东方成布虽（水族的自称和布依族对水族的称呼），撒到南方成布壮（壮族），撒到西方成布侗（侗族），撒到中央成布依族。"这个故事很明显是我国南部、西南部各民族普遍流行的洪水与人类再生神话的衍化，反映了壮族、水族、侗族和布依族同源的历史事实。而瓜在这里成了生命种子的象征。

《戏弄外家》

这出戏最富有乡土气息，戏剧色彩最浓，是"做桃"的第七天傩戏班子在田野演出的一场最精彩、观众最多的戏，可算是"做桃"仪式活动的高潮。

演出的场面十分壮观，观众成千上万。掌坛师极其弟子全部戴上面具，在掌坛师的率领下，尽情挑逗事主外家来的客人。手持木枪的龙公强行要把自己的枪卖给外家来的客人，对方说不买，于是龙公就把事先装在枪筒里的柴灰洒在外家来的客人头上；调皮活泼的猴王跑去向外家来的客人要生肉吃，对方说没有，就伸手去抓外家来的客人的裤裆；手持叉子的白马，拿手中的叉子与外家来的姑娘交换，姑娘说没有叉子交换，白马便伸手去抚摸姑娘的乳房……最有趣的是戴着面具的一群"鬼神",有的把屠宰后有意在头上留下一撮毛的牲口举过头,指着牲口头上的那撮毛说:"大家看呀,这是外家的辫子呀!"有的手拿猪、狗肠子大声嚷:"外家把肠子打落了,是谁的,请快来认哦!"这时观众发出狂热的喝彩声,沉醉在欢乐的海洋中。这出戏不仅反映出布依族傩戏已具备戏剧的基本要素,而且表演主角与观众有很频繁的互动。

次日送客,还有表演,算是整个戏剧表演的尾声:全村男女老幼,悄悄挑着满桶的水藏伏在出寨的各个路口旁。当外家客人起程回家离寨时,从隐秘处突然冒出来的人群,手端脸盆,一瓢瓢水猛向客人泼去,一方泼,一方躲,双方发出阵阵喝彩声。主家寨上的女人向外家来的男客人泼,男人向女人泼,哪位客人跑了提起水桶就追,一桶桶往客人身上泼。没有把所有客人泼湿,说明主人还没有尽到爱心,而客人没有被淋湿也说明自己时运不好,晦气。因此,双方玩得十分开心。泼水,有祛除人们身上可能附着的邪祟、求吉祥安康的含义,同时,事主一方作为男方,向女方(外家)泼水,也隐含着祈求生殖的含义。

表演上述剧目时,除个别剧目受宗教影响表现得有些拘谨外,大部分剧目十分自由,演员不受场地和时间的限制,有时观众在激动之下也情不自禁地参入其中一道表演,唱词、台词临场发挥,不拘泥形式,充分发挥民间艺术的特点,演员、观众融为一体,把演出场地变成感情发泄和交流的场所。

从表现形式来看,做桃仪式上的戏剧表演是已经成型的戏剧形态,不仅能娱神,而且趣味性强,审美因素强,具有娱人的功能。

参考文献

[1] 王国维:《宋元戏曲史》,商务印书馆,1915年。

[2] 岑家梧:《图腾艺术史》,学林出版社,1986。

[3] 弗朗兹·博厄斯:《原始艺术》,上海文艺出版社,1989年。

[4] 弗雷泽:《金枝》,中国民间文艺出版社,1987年。

[5] 格罗塞:《艺术的起源》,商务印书馆,1984年。

[6] 卢卡契:《艺术特性》(中译本),中国社会科学出版社,1986年。

[7] 顾朴光、潘朝霖、柏果成:《中国傩戏调查报告》,贵州人民出版社,1992年。

〔周国茂:贵阳学院文化传媒学院教授〕

壮族麽教神灵谱系的再梳理

黄桂秋

神灵信仰是宗教信仰的基本内容。各民族宗教神灵信仰中，一般有多神信仰、主神信仰和唯一神信仰等多种类型。宗教分类学中，有按神灵信仰标准来划分宗教种类的情况。如多神信仰一般归入原始宗教类，一神信仰则归入世界宗教或神学宗教类，至于主神信仰形态则比较复杂，不好简单地把它划归为哪一类。如壮族麽教神灵谱系中，各地麽公都把布洛陀视为至上神或主神，同时也信仰其他神灵，这些神灵包括自然神、图腾神、祖先神、氏族神、职能神等等。研究认为，壮族麽教已经脱离原始宗教信仰形态，向人为的神学宗教演变，应属于两者之间的过渡阶段。近年我国学术界依照宗教自身发生、发展的顺序及其影响的程度和范围，把千差万别的宗教分为三大类，即原始宗教、民族宗教和世界宗教。从信仰的神灵系统来看，壮族麽教可以归入民族宗教类。由于壮族分布地域范围较广，再加上民族迁徙造成的语言分化，外来民族文化影响融合等因素，形成各地壮族麽教神灵信仰系统同中有异的复杂现象，如果我们能把各地麽教神灵谱系做一次认真梳理，将对民族宗教神灵信仰特殊性、规律性把握有更深入的认识。

一、广西右江流域麽教神灵谱系

广西右江流域的壮族麽教主要分布于广西的西林、田林、凌云、百色、田东、田阳等县。另外，巴马瑶族自治县本来属于红水河流域，但是位于该县西南部的所略、燕洞两个乡，由于与右江流域的田阳、田东交界，这两个乡的壮族民众所用壮语方言与右江土语十分接近，所以，壮族麽教传承的流派风格以及信仰的神灵谱系也基本相同，因此我们在下面所开列的右江壮族麽教神灵系统，也将巴马所略燕洞两乡包含其中。

右江流域曾经是壮族历史文化发展的中心区域，同时也是壮族麽教信仰的发源地。右江流域的田阳县敢壮山有布洛陀文化遗址，同时也是壮族麽教圣地。田阳县玉凤镇亭杯屯附近路边另一处崖壁酷似男性生殖器，当地壮族民众传说是布洛陀阳物，每年农历正月初三至初五，周边壮族民众前来祭拜祈求子孙繁衍兴旺。我们通过梳理右江壮族麽教神灵谱系来进一步印证以上观点，具体如下：

（一）人鬼系统

1. 麽教主神

布洛陀、麽渌甲

2. 麽教诸大神

祖师、祖教，三王、四王、布床能、娅登同、三祖、五代，布一郎、光二照、布三郎，郎汉、汉皇、祖王、农王、春王（岑逊王）、乜傍桑、娘拉汏

3. 造物神

乜老：司生育神　　　　　罗三丙：造寨墙神

僚三妹：造爱情神　　　　布安落：造水车神

娘金仙：司婚姻仙女　　　上梁：造园圃神

王北宿：造水神　　　　　狼寒：造粮仓神

王甘路：开路神　　　　　应哥：造牛神

王山屋：造屋神　　　　　娅皇：造鸡神

王备放：造屋神　　　　　郎济：造耙神

王落腊：造拦江网神　　　出玉：造罗盘神

娅神农、娘东历：稻谷种神　娅天卜、娅东康：造酒女神

布郎莫：造猪圈神　　　　布郎家：造社王神

娅七者：造猪女神　　　　布六里：造猪槽神

王微斗：火灶神　　　　　烟守：造鱼神

王七个：造水神　　　　　罗安泰、罗安乐、吕陆何：造"兵"神

娅王茫、娅通生：造"叭"神　乜床晚、娘床叭：村寨祭坛女神

4. 阴间鬼魅及精怪

王曹、白马、邦立、五海、冤家、郎七、邦可、五鬼、鬼伤、雌雄鸦、四

府、飞龙飞虎、大罡小罡、大俭小俭、鸦燎鸦到、房双淋（两重鬼）

5.血塘女鬼

娅总兵、娅总眉、娅总案、娅总把、娅总州、娅五符、娅塘桑、娘上晃、娅七煞、娅八难、娅九秋、娅十府、娅南堂、娅皇玲

（二）自然神灵

岜（雷神）、额（水神）、使虫（彩虹神）、敢卡（岩洞神）、汉门（天鹅神）、宁黎（螺蜂神）、宁重（蜣螂神）、龙九久（九头龙）、崇容（神鸟）、陆九头（九头鸟）、怀皓（白水牛）、除淋除墨（黑黄牛）、花皇、凤贵（凤凰）、社顿（柱礅神）、辟雳、三合（三岔路口神）、霖勿舞（龙卷风）、社神、土地神、个考（樟树）、个龙（榕树）、个淋（相思树）、公堆（月亮神）、寅贫耍（磨刀石）、郎鸦（乌鸦）、郎曜（鹞鹰）、焚房（神树）、茆郎（茅草神）

（三）道公、师公、佛教神灵

老君、玉皇、玉帝、混沌、神农、盘古、三清、三官、三宝、将军、观音、土地、真武、功曹、社神、天德、北辰、华盖、太岁、五富、尚光、城隍、灶君、三师、五师、光寅、长生、三台（梁山伯祝英台）、三元、阎罗、勾陈、传送、周须

（四）其他

交记、驴郎赖、天罗广、乜农班、娘班叭、娅界、布台娅、岑布奥、千保、老寿、布存古、布幼有

上列右江流域壮族麽教的神灵谱系，包括了属于壮族麽教特有的人鬼系统，自然神灵，外来融合的道教、佛教神灵，以及不好归类的其他怪异神灵。这四大神灵中，以人鬼系统的神灵数量最多，主次分明，分工具体，功能齐全。布洛陀、麽六甲的主神地位十分突出，说明壮族麽教正在向制度化的人为宗教发展。其次是来源于自然界动植物崇拜而产生的神灵，这些演变成神的动物和植物大多是中国南方壮族聚居地常见的。数量较多的自然界神灵存在，说明壮族麽教还保留有某些原始宗教色彩。

二、广西红水河流域麽教神灵谱系

红水河发源于云南、贵州的南盘江和北盘江，流经广西西北部和中部，壮族麽教在红水河流域各县中，以中上游的隆林、乐业、天峨、南丹、东兰、凤山、巴马、大化为盛，红水河中下游的都安、马山、忻城、合山、来宾等县市已被民间道教和师公教所占领。从壮族支系和方言划分来看，红水河中上游壮族民众大都自称"布越"或"布锐"。隆林、凤山、乐业壮族民众使用壮语北部方言桂边土语，南丹、天峨、东兰、巴马使用壮语北部方言桂北土语，至于大化县，由于是20世纪80年代初新建的县，其行政范围包括都安、马山、平果、东兰、巴马等县各划归的一部分，所以语言比较复杂。红水河流域传承的麽教信仰中，以东兰县一带的"杀牛祭祖宗"，和南丹、天峨一带的"砍牛超度亡魂法事"而闻名。相应地，就麽教神灵系统来说，比起右江流域神灵谱系，其原始神秘的意味更浓，神灵更复杂多样。具体如下：

（一）人神系统

1. 麽教主神

布洛陀、麽渌甲

2. 布洛陀神族系列

娅州宜与混沌交配生下布洛陀七兄弟（东兰县）：

老大布罗记、老二布罗班、老三布邦可、老四布佐黄、老五布洛陀、老六麽渌甲、老七布任其

娅祖宜与混沌交配生下布洛陀十兄妹（大化县）：

老大布洛癸、老二布洛班、老三布凡可、老四布祖王、老五布洛陀、老六麽渌甲、老七大恒儿、第八任其、第九囊仍、第十囊娘

3. 开天辟地神

天王氏：造日月星辰　　　地王氏：造江河大地

王巢氏：造干栏房屋　　　王燧集：造火

王伏羲：再造人类　　　　王神农：造稻谷种

4. 造物男神

布白罗：造文字　　　　　布关卡：造塘

布计钱：造船　　　　布七能：造畲地

布计犁：造泉　　　　布印其：造贼（掳掠）

布结孟：造楼梯　　　布花变：造泉水

布比朋：造簸箕　　　布结纸：造米筒

布洛板：造床铺　　　布天贡：造鸭子

布洛癸：造干栏　　　布生干：造织布机

布万及：造地方　　　布比奔：造石头

布老陆：造水田　　　布九鬼：造桌子

布万本：造三脚灶　　布名造：造火

布洛案：造匕首　　　布黄回：造阳光

布恩元：造文字　　　布飞佛：造风

布六卡：造塘　　　　布六甲：造鱼帘

布六记：造田　　　　布郎汉：造织布机

布郎弓：造贼　　　　布卡翁：造干栏

布三谋：造符箓　　　布丹卡：造水塘

布郎诺：造织布机　　壬臣生：造衣柜

布三雪：造鸭子　　　壬四松：造背带

布汪肥：造火灶　　　壬四沙：造襁褓

三十浪：造酒

5. 造物女神

女花山：造蛋　　　　乜洛叩：造酒

女高锁：造绳子　　　娅罗海：造酒

娅长店：造媳妇　　　娅罗任：造酒

娅大江：造母亲　　　娅拉何：造酒

娅八斗：造布　　　　娅仙佛：造情人

女白布：造布　　　　娋仙娘：造丈夫

6. 职能神

娅肯闷（天上神婆），娅中楼（花林婆、中楼圣母），娅闷（王母娘娘），娅谷雨（谷雨婆、司清明祭祖），乜老（大祖母、花婆），万岁（上楼圣母），仙婆（花婆），童冈（丧葬孝母神），布可年（岁末神），神农（管谷种神），布送钱（财神），东历（管稻谷种神），莫一大王（通天圣帝），老八嗦（渡口神），布总宜、布总案

（石神兄弟，亦称万岁神），旱黄左黄（汉皇祖王，解冤超度神），老落肚（智慧神），公三界（天界、地界、海河界大神）

7. 地方保护神

玄王（岑逊王）：红水河大神　　　　布敢卡：敢卡祖公

娅敢故：敢故祖婆　　　　　　　　布六记：太州地方神

布六班：地州地方神　　　　　　　布三保：东兰地方神

布然蓝：长老地方神　　　　　　　布然忙：长江地方神

（二）自然神灵

岜（雷神），额（蛟龙神、水神），谷（虎神），老铜、龙蚖（彩虹神），宁赖（螺蜂），宁虫（蜈螂），宁也（蚜虫），土地，怀厄（造河神牛），布汰（江河神），房肥（灶火神），龙神，象神，紫微金星，太白金星，敢卡（岩洞神）。

（三）其他神灵

混沌、盘古、佛三宝、大将军、三煞、白马仙娘、玉帝、五富（吉星神）、青龙、白虎、瑶蛮、瑶怪和右江流域壮族麽教神灵谱系相比，红水河流域壮族麽教神灵谱系有几个特点：一是出现了与主神布洛陀有关的神族系列，如东兰县的布洛陀七个兄弟和大化瑶族自治县的布洛陀十兄妹；二是人神系统中，造物女神、职能神、地方保护神数量不少，尤其是地方保护神在右江流域壮族麽教中是很少见的；三是佛道神灵几乎没有，说明红水河壮族地区盛行麽教的时候，道教、佛教尚未进入红水河流域壮族聚居地或者传入的时间较晚。

三、云南壮族麽教神灵谱系

云南壮族现有117万人口，主要分布于云南省文山壮族苗族自治州和红河哈尼族彝族自治州，包含壮族的侬人（濮侬或布侬）、沙人（布越或布雅衣）和土僚（布傣或德傣）三大支系。侬支系壮族汉代称"夷越"或"夷濮"，唐宋又称作蛮僚，因其酋侬姓，部属亦自称"濮侬"或"布侬"，故被称为侬人或龙人。壮语含有"居住在湖畔的人"的意思。壮族侬支系主要聚居在文山州、红河州的各个县市，现有人口60余万。沙支系壮族史称"雒（骆）越"或"夷越"。唐宋以后，其酋沙氏，雄长一方，部众亦称"沙人"或"土人"，自称"布越"或"布雅衣"，壮语含有"长房世系的传人"之意。壮族沙支系主要聚居在文山州和曲靖市的各个县市，现有人口30余万。壮族土僚支系史称"鸠僚""土僚"或"僚"，该支系民族自称"布傣""德傣"或"密傣"，壮语意思是"下方人（南方人）"和"居住在低处的人"，主要聚居在文山州和红河州各个县市，现有人口约20万。

云南壮族侬支系使用壮语南部方言，沙支系使用壮语北部方言，土僚支系使用壮族南部方言且接近云南傣族语言。壮族麽教信仰在云南壮族各个支系都有流传，而且有些方面其宗教的文化形态保留得更原始、更完整。或者说受其他外民族宗教文化影响更少，从信仰的神灵谱系来说，云南壮族侬支系、沙支系的麽教神谱基本统一，土僚支系除了与侬支系、沙支系一样信仰共有的麽教神灵以外，有些神灵比较特别，称呼不一样，具体如下：

（一）侬支系、沙支系共有神灵

1. 麽教主神

布洛陀、麽渌甲

2. 麽教诸大神

博洪交（创世父王）、乜洪交（创世母王）、博先肉（切肉祖公）、乜先肉（切肉祖婆）、乐相义（创世女神）、娅阴央（隐形女神）、娅娃（花婆）、郎先（射日神）、宏法（天帝）、都邑（雷神）、都额（蛟龙、水神）、布召竜（大王之祖）、布拜更（通天大神）

3. 分管东西南北四方神

掌稳卧（日出象、东方神），歪稳多（日落中西方神），介拜德（下方鸡、南方神），额拜纳（上方鳄、北方神）

4. 众女神

娅差、牙猷、娅七雅、娅家寡、娅七屡、娅其忍、乜南（水之母）、乜们（村寨之母）、娅王、乜皇

5. 魂界仙娘

主家仙娘、百花仙娘、下方仙娘、四煞仙娘、五龙仙娘、六书仙娘、七伤仙娘、八难仙娘、九龙仙娘、仙妮仙娘、琪罗仙娘、神农仙娘

6. 其他神灵

僚皇、玉皇、六部、土地、社公、听潘（磨刀石）、郎汉、邯王、素王、保旦（卜卦神）、灶王、义堆（孝母神）、姑侄（再造人类神）、河神公、门神婆、老

鹰、乌鸦、鱼神、森林神、田坝神、水中鬼、老龙神

（二）土僚支系麽教神灵

麽教主神：雒王、僚母

开天辟地神：罗扎、罗妞

再造人类神：葫芦兄妹（雒王僚母的儿女）

氏族祖先神：罗僚、天上星女

动、植物神：狗、汗菜、豹子、蚂蚱、蚂蚁、蚯蚓、螃蟹、水牛

云南省壮族侬支系和沙支系壮族麽教神灵与广西右江流域的壮族麽教神灵谱系比较接近，都是以布洛陀、麽六甲为主神。差别在于麽教神灵谱系中的总数量较少，尤其是造物神的数量更少。再就是出现了"魂界仙娘"这一类广西壮族麽教少有的神灵，即主家仙娘、百花仙娘、下方仙娘、四煞仙娘、五龙仙娘、六书仙娘、七伤仙娘、八难仙娘、九龙仙娘、仙妮仙娘、琪罗仙娘、神农仙娘等等。云南壮族土僚支系方面，其麽教信仰的神灵谱系中，主神不是布洛陀和麽六甲，而是以雒王和僚母为主神，从名称来看让人想起壮族先祖中的骆越、僚人等古代称谓，是否说明当年云南壮族僚支系西迁的时候，麽教已经产生，但布洛陀在麽教中的主神地位还未确立，值得研究。

四、壮族麽教神灵谱系主要类型的补充分析

据粗略统计，广西右江流域麽教神灵共 154 个，广西红水河流域麽教神灵共 135 个，云南壮族麽教神灵 80 个。可见壮族麽教属于地道的多神信仰，按照宗教学神灵分类，壮族麽教神灵系统中包括自然神、氏族神、职能神、高位神或至上神以及外来神等各种类型。

（一）自然神

人类最初的宗教崇拜对象是自然和自然力。宗教起源于原始人的自然崇拜，人类崇拜的自然事物分为三大类，一类是人类能把握的物体，如石头、甲壳等；二是人类能部分把握的物体，如树木、山河等；三是人类完全不能把握的物体，如天空、太阳、星辰等。按宗教崇拜产生及发展一般规律，三大类自然物中，第一类物体发展为神物；第二类物体发展为神；第三类物体发展为高级神。人类

对自然物产生崇拜的根源主要有两方面,一是万物有灵观念,人们把各种自然物当作神灵;二是人类所崇拜的这些自然物都与人类的生活密切相关,有功于人,有益于民。古代社会人类的生产力极端低下,人类的生存所系和生活所需几乎无不仰赖于自然的恩赐和偶然的机遇,因而那些支配日常生活的自然力和自然物,就变成了超自然、超人间的神物,成为宗教信仰崇拜的对象。古代壮族先民把宇宙分为天地水三界,所以壮族麽教崇拜的自然神灵中,主要有天界的雷神图耶、彩虹神龙蚖、龙卷风、月亮神公推;水界的水神图额(即蛟龙或鳄鱼)、莫六鱼;地界的森林(尤其是樟树、桃树、榕树)、老虎、岩洞等。除此之外,壮族麽教崇拜的其他自然神有鸟类的乌鸦、天鹅、鹞鹰,昆虫类的蝶蜂、蟑螂、蚂蚁,以及被神物化了的磨刀石、九头鸟、九头龙、白水牛、黑黄牛、茅草神、葫芦等等。所有这些自然神灵崇拜都跟壮族先民长期生活居住在中国南方亚热带气候、喀斯特地貌、潮湿多雨的自然环境、农耕稻作为主水生渔猎为辅的经济生产方式有密切联系。

(二)氏族神

人类氏族制社会出现后产生的。当原始人群由血缘群婚制社会发展为族外婚制社会时,原始的氏族制社会便产生了。有了固定的婚姻制度,人们便有了亲属关系。族外婚制度把各个婚姻集团变成了固定的氏族。民族学研究认为:开始时是以母系为中心的氏族制,后来,由于社会经济生活的演变使氏族集团中的男子居于主导地位,母权制氏族社会便逐渐过渡到父权制氏族社会。在氏族社会中,氏族的祖先和领袖乃是氏族共同生活的组织者和领导者,因而自然而然地成为原始氏族社会成员敬仰的中心。在灵魂不灭的观念支配下,氏族的祖先和领袖的死灵魂逐渐升华而为氏族集团的保护神。于是在原始氏族制社会阶段,对氏族神的信仰和崇拜便成为普遍的宗教现象。最初的崇拜形式先是图腾崇拜。然后才出现真正的祖先崇拜。

当然,原始氏族制社会诞生以后,情况还比较复杂。一方面,随着氏族成员的生殖繁衍,便分裂为更多的小氏族,直到分裂为以个体家庭私有制为经济基础的家庭;另一方面,由于氏族制公社的增多,各氏族便联合形成部落或部族;在私有制和阶级形成之后,部落或部族的联盟便形成民族国家。社会历史的这种发展反映在神灵观念上,一是以家族祖先为基础的近祖崇拜;二是出现部族联盟以至民族国家的保护神;三是崇拜已不完全是血缘上的祖先,而是结合崇拜有功于民，垂德于世的文化英雄。

各地壮族麽教氏族神灵中，有图腾崇拜的痕迹，有氏族祖先神，有部族保护神，还有众多为氏族发明创造做贡献的文化英雄。所谓图腾崇拜，就是把某一种动物、植物或其他自然物作为一个氏族的共同祖先的信仰体系，相信图腾物与人有着血缘关系。壮族麽教图腾崇拜痕迹在广西右江流域、红水河流域神灵系统中都有表现。如右江麽教神灵王曹就是水界大神图额变成的美男子与世间一女子相恋结合诞生的氏族英雄，后因战死疆场成为阴间鬼王。红水河流域麽教神灵布洛陀神族有十兄妹，其中第十个叫囊娘，麽教经书里说她嫁到海那边，看到天上的彩虹而受孕生下子孙后代等。氏族祖先神和部族保护神方面，较早时代的有布洛陀神族七兄弟、十兄妹等。较晚时代的有雒王、僚母、岑逊、莫一大王等。而麽教主神布洛陀应该就是从部族保护神演变发展而来。至于众多的造物神即文化英雄，在广西右江、红水河、云南壮族各支系麽教神灵系统中可见一斑。应该说，在壮族麽教神灵系统中，氏族神灵这一类是数量最多、宗教内涵最丰富的，从而也说明了壮族古代社会的氏族制度和家族制度既历史悠久，又稳定而复杂。

（三）职能神

人类社会出现社会分工在宗教上的反映。这类神一般是某种社会职业的原始创建者或某种行业成败的操纵者，他们有些具有某种特别的属性或功能，有些则已脱离具体特殊的形象而具有更抽象的性格。这类神灵在古代印度吠陀神话，古代希腊罗马宗教中比较发达。如奥林匹斯诸神差不多都是主管某一行业的职能神。我国古代各民族宗教中，对职能神的信仰和崇拜不很发达，而且大多是由传说中或历史上的英雄人物转化而来的。如传说中的伏羲氏做网罟八卦以卜吉凶祸福，后被奉为畜牧狩猎之神、占卜之神；传说中的神农氏教民稼穑，尝百草以治民之病，后被奉为农神、医药之神等等。壮族麽教神灵谱系中，造物神不少，但称得上是职能神的不多，仅有司生育的乜老或圣母花婆、司爱情的僚三妹、司婚姻的娘金仙、司长寿的万岁神、司清明祭祖的娅谷雨等等，另外就是麽教从业人员当中崇信的主管"麽叭"法事的罗安乐、昌陆何、娅王茫、娅通生、乜床晚、娘床叭等神灵也可算是麽教职能神。从这一方面也说明了古代壮族社会经济生产和社会分工尚不发达。

(四)高位神或至上神

这是人类生产力不断发展、经济关系不断扩大社会需要某种权威与秩序在宗教上的反映。我们知道，原始社会从氏族制发展为部族联盟，由于私有财产制和家族制的出现，部族联盟发展为作为政治实体的国家，这种社会结构把人与人的关系纳入一个稳定的社会秩序和社会关系之中，使一般的社会成员必须服从于氏族长老的权威，臣服于国王贵族、大祭司以及统治阶级的统治。至上神观念正是沿着这条社会秩序的发展轨道而运动和变化的。氏族长老的权威和氏族成员对他的无条件顺从，就大有可能在他们的神灵世界中播下上下划分的种子，而国王和贵族则必然按照社会的统治秩序来安排万神殿的次序和等级，东方各民族宗教中的至上神差不多都是在部族联盟建立的民族国家形成的过程中发展和突现出来的。如中国的上帝和天，印度的梵天，日本的天照大神，蒙古人的至上神腾格里等。

壮族麽教的至上神是布洛陀。前面我们梳理的各地壮族麽教神灵谱系中，除了云南壮族土僚支系以外，其余都把布洛陀视之为最高神。布洛陀大神从何而来，跟上述所说的东方民族国家产生的至上神规律及过程有无一致性。由于壮族古代没有产生统一的民族文字，无法记录和保存传承本民族的历史文献，因此，要求我们像有文字文献记载的民族那样，清楚地勾画出壮族麽教大神布洛陀的产生和形成过程，是不现实的也无法做到。但是我们可以借助壮族各地世代传承的口碑神话传说，以及成书较晚用古壮字传抄的壮族麽经手抄本里的经文唱词来进行梳理。从壮语原意来看，"布洛陀"是指无所不知无所不能的祖公，这个称谓一看就知道是一个已经过高度概括、高度集中、高度神圣化了的概念词，也就是说，"布洛陀"这一称谓不可能是指历史上某一个具体的人，而已经是一个民族或者民族宗教信仰的至尊代表，是抽象化了的人文符号，或是宗教化了的象征性符号。流传于广西右江、红水河、云南省文山州各县的壮族神话，叙说他开天辟地、创造万物安排人间秩序，教人类取火、造房子、种五谷、造牛、养禽畜、造铜鼓、射太阳、治洪水、让葫芦兄妹再造人类等等。在麽教经书中，布洛陀是一位隐居于深山岩洞里的祖神，他创造世界万物，创编麽经秘诀，善于辨明事理，通晓法术，善于施法、除妖解难，劝世降福。凡布麽举行法事仪式，必先祷请祖神布洛陀降临高台神位。布洛陀手持法杖应邀而至，助布麽显示神威。人世间凡遇灾殃或疑难不解之事，都要祷问祖神布洛陀及麽渌甲，祈求释难解救，人们只要遵从布洛陀和麼渌甲的旨意去做,即可应验化解,脱离厄运达其祈愿。广西田阳县的敢壮山,传说为远古时布洛陀和麼渌甲的居所,至今每年农历三月初七至初九,当地及周边各县壮族民众,都上山祭祀布洛陀。云南省文山壮族苗族自治州各县许多壮族村寨,也将村后山林中高大的古树称为"布洛陀树",视之为村寨的保护神,每年定期由布麼主持举祭,以祈生业兴旺,人畜安宁。布洛陀是由自然神演化而成的社会神,又是由创世神演化而成的民族宗教神,是自古以来壮族民间普遍信奉的创世神,和劝世为善、驱恶消灾、济世降福的至上神。

(五)外来神

壮族麼教神灵以外,来自其他民族宗教的神灵。这种现象是中国民族多元一体,各民族文化相互影响在宗教上的反映。壮族麼教神灵信仰中,有一些外来神,比例很少,常见的有道教信仰的玉皇大帝、三清、三元、三官、盘古、真武、功曹、城隍、灶君等;佛教系统的三宝、观音等神灵其实也是从道教影响而来,因为中国道教许多民间教派都信奉这些神灵;另有个别神灵如唐、葛、周三元神,白马仙娘等属于师公教派;瑶蛮、瑶怪则是壮瑶民族杂居在宗教信仰方面留下的印记。

最后需要说明的是,我们梳理的壮族各地麼教神灵谱系,其主要依据是此前有关部门在各地壮族民间搜集到的并已翻译出版的麼教经书手抄本,随着今后壮族古籍搜集整理翻译工作的进一步开展,壮族麼教经书手抄本不断被发现和搜集整理,麼教神灵谱系会有新的发现而得到补充完善,这对于今后从事壮族麼教神灵谱系研究,乃至对壮族麼教进行全面系统研究的学者来说,是值得期待的。

参考文献

[1] 张声震:《布洛陀经诗译注》,广西人民出版社,1991年。

[2] 何正廷:《壮族经诗译注》,云南人民出版社,2004年。

[3] 张声震:《壮族麼经布洛陀影印译注》,广西民族出版社,2004年。

[4] 梁廷望:《壮族原生型民间宗教调查研究》,宗教文化出版社,2009年。

[5] 黄桂秋:《壮族麼文化研究》,民族出版社,2004年。

[6] 黄桂秋:《壮族社会民间信仰研究》,中国社会科学出版社,2010年。

〔黄桂秋:广西师范学院民族民间文化研究所研究员〕

黎族袍隆扣神话
与我国同语族相关创世神话关系初探

高泽强（昂·德威·宏韬）

黎族袍隆扣神话属于开天辟地的创世神话，在世界各民族中都有类似的神话传说，它反映了人类对这一问题认识的共性。虽说有共性，但在不同的国家、地区和民族中，其理解和诠释都是有些差别的，就是在同一个民族的黎族当中，从其称呼、诠释等都有些许差异。

一、黎族袍隆扣神话的流传

袍隆扣神话在不同的黎族地区有不同的名称，就袍隆扣本身称呼也有不同，如万家、万界、万假、万长哈、帕隆扣、袍隆扣等等，这些都是黎语的音译，有的音译属于海南方言，有的音译是普通话，所以从文字字面上看是有差异，但都与袍隆有关，汉语的意译一般都叫"大力神"。

直到中华人民共和国成立前，黎族地区已经形成了三种文化圈：第一圈为五指山腹地，大概范围为今五指山市、部分琼中黎族苗族自治县、保亭黎族苗族自治县、白沙黎族自治县、昌江黎族自治县等小部分地区；第二圈为沿海地区，范围为自东向西的万宁市、陵水黎族自治县、三亚市、乐东黎族自治县、东方市、昌江黎族自治县和儋州市等靠近沿海（与汉族杂居的）部分地区；第三圈是介于二者之间的大部分地区，多为山区丘陵，所以也可称为山区地区，包括琼中黎族苗族自治县、保亭黎族苗族自治县、白沙黎族自治县、昌江黎族自治县、东方市、乐东黎族自治县、三亚市、陵水黎族自治县的大部分和部分的儋州市、万宁市、屯昌县等地，这个文化圈占了黎族文化的 70% 以上。

（一）五指山腹地

在这一地区流传与袍隆扣相关的故事有两则：《万界造天地》和《山区与平原的由来》。

《万界造天地》

远古时候，天地未分，混混沌沌，好像一个大蛋，有一大团云丝包着。有一天，大蛋轰的一声响，蛋里跳出一个巨人就是万界。万界神通广大，万界每日长高一丈，天便每日升高一丈，地也加厚一丈。那时候天地漆黑一片。为了使天地光明，他无私的献出自己的眼睛，一只眼睛变太阳，一只眼睛变月亮。

万家因劳累过度，倒在了地上。他虽死去，也不忘为人类造福。他的头发长得铺满地，变成了一片片森林，拳头变成山岭，骨头化为石头，脱肉化为泥土，血液化成河流，剩下一颗心了，这颗心变作灵魂飞上天上，成为主宰天地的神。①

《山区与平原的由来》

自从大地发生了滔天洪水之后，土地都是湿漉漉的，人们生活很困难。有一个神，名字叫万家，他为了使土地干爽起来，让人们可以在土地上自由来往，便造了五个太阳、五个月亮，挂在天上。五个太阳、五个月亮总是热烘烘的，七棱八角，不方不圆。它们发出毒热的光芒，不到两三天，土地都被晒得破裂了，树木都被晒得枯焦了；人们在屋子里热得坐卧不宁，一出门便要给晒得半死。因此，人们就来要求万家除掉四个太阳和四个月亮。

万家看见太阳和月亮对人民不利，就答应了大家的要求，拿起弓箭，跑到屋子后面的高山顶上，鼓足气力，向太阳和月亮射去。一连射了八支箭，四个太阳和四个月亮从空中落下来了，从此天空中便只有一个太阳和一个月亮。

---

① 符桂花：《黎族民间故事大集》，海南出版社，2010 年，第 13 页。

由于洪水冲，太阳晒，地上积成了许多山岭、石块。这个武艺高超、心地善良的万家，又造了一张很大的耙，做了一头很大很大的牛，给人们耙地，把石头大山都耙到大海里去。他先在文昌、琼山一带耙，造出了许多平原，然后在东方、白沙等地耙。正在耙的时候，耙齿坏了几根，耙得不干净了，许多石头、高山都从坏的耙齿里漏出来。因此东方、白沙、琼中、保亭一带，成了山多石多的一片山区地带。①

这两则故事是黎族先民通过"万界"（万家）这个神话人物来阐述天地万物是由他来创造的，黎族先民以人的形象塑造了"万界"这个神，再由"万界"这个神开天辟地、创造万物，反映了黎族先民对创世神的朴素认识，里面虽然含有唯心的思想，但这种对天地万物起源的解释千百年来都为黎族人民所认可，并不断地上升为人格化的神，这应该是袍隆扣形象的最初形式。通过这两则神话看，显然《万界造天地》比较古老，是袍隆扣神话的源头，而《山区与平原的由来》则是相当靠后，甚至可以认为是在中华人民共和国建立后经过采集加工才出现的，因为故事里已经有具体的地名如文昌、琼海、东方、白沙、琼中、保亭等地名。

（二）沿海及其靠近地区

沿海地区有关袍隆扣的传说基本与第二个文化圈无异，这一地区在处理丧葬仪式时有一套比较完整的程序，其中诵念祖先歌是贯穿整个葬礼活动中重要的一环，黎语称"吞德袍"（也有记录为"褪得剖"）。但由于这一地区接受汉族民间道教的影响比较早，祭司们在诵念祖先、追溯万物起源时往往偷工减料，已不再提到袍隆扣（大力神）。在《五指山传》中开宗明义的第一章就是"天狗下凡"：

  初古的时代，天地不分开，
  日月昏朦朦，山岭阴霾霾。
  苍天连大海，白云伴尘埃，
  世间本无物，全从天上来。②

---

① 符桂花：《黎族民间故事大集》，海南出版社，2010年，第2页。
② 孙有康、李和弟：《五指山传》，暨南大学出版社，1990年。

接着就描述"天宫""天帝""天人",尤其"天狗"的精明能干,获得了"天帝"的宠爱,袍隆扣的开天辟地、创造万物在这里被略去。可见这一地区的黎族祭司们已经深受道教的影响,把原本属于自己民族文化和人类对天地形成的诠释都省略了。然而作为神话的《大力神》(即袍隆扣)在这一地区民间流传也很广,虽然它已经没有进入祭司们的视野(即祭司的祭祀用语里已没有袍隆扣),但却留在了老百姓的心中。每当有闲暇,老人都会坐在檐梁下或大树底下向孩子们讲述《大力神》的神话故事,深受黎族群众的喜爱。

其实《五指山传》应该称为《三亚传》或者《天涯传》,因为这个《五指山传》是1980年原广东民族学院中文系的学生李和弟在三亚地区的哈方言哈应土语区收集到的,这个土语区在整个三亚地区均有分布,与五指山相距较远。目前,在崖州区的南山、抱古、北岭一带,天涯区的马岭、文门一带,吉阳区的红沙、大茅、落笔洞、鹿回头一带,育才生态管理区,等等,仍有一些老人在丧葬仪式上念唱"吞德袍"。

(三)介于二者之间的地区

这个地区约占了整个黎族地区70%以上,所以这一地区的黎族文化最具代表性。在黎峒文化园"黎祖大殿"矗立的袍隆扣圣像,就根据这一地区流行的《大力神》(袍隆扣)神话来塑造的。

> 远古时候,天地相距只有几丈远。天上有七个太阳和七个月亮,把大地烧得热烫,像个大热锅。白天,生灵都要躲到深洞里去避暑,夜间,人们也不敢出来,只有在日月交替和黎明黄昏,才争先恐后地走出洞口,去找一些吃的。大家都叫苦连天。
>
> 有一个大力神,他想这样挨日子,叫人们怎样活下去。因此,他在一夜之间使出了他的全部本领:把身躯伸高一万丈,把天空拱高一万丈。
>
> 天空被拱高了,但天上还有七个太阳和七个月亮热烘烘的。于是,大力神做了一把很大的硬弓和许多支利箭。白天,他冒着猛烈的阳光去射太阳,一箭一个把六个太阳射落了下来。当他射第七个的时候,人们纷纷说:"留下这最后一个吧!世间万物生长离不开太阳呢!"大力神答应了人们的请求,留下一个太阳。夜晚,大力神又冒着刺眼的强光去射击月亮。他张弓搭箭,射落了六个月亮,射第七个月亮的时候,因为射

击偏了，只射缺了小片。当他准备重射击时，人们又纷纷说："饶了它吧！让它把黑瞎的夜间照亮。"大力神又答应了人们的请求。这样，月亮看后来便有时候圆，有时候缺。

大力神拱天射日月以后，想：平展的一片大地，光溜溜的没有山川森林，人们又怎样生活繁殖呢？于是，他从天上取下彩虹当作扁担，拿来地上的道路当作绳索，从海边挑来沙土造山垒岭。从此，大地上便出现了高山峻岭，那大大小小的山丘，是从他的筐里漏下来的泥沙。他还把梳下来的头发往群山上下撒，山上便长出如头发般茂密的森林来；山上的鸟兽们都摇头摆脑，非常感激大力神为它们造林筑巢的恩德。

有了山岭，还得造鱼虾水族生息的江河湖泊。大力神拼尽力气，用脚尖踢划群山，凿通了大小无数的沟谷，他的汗水流淌在这些谷里，便形成了奔腾的江河。这中间最大的一条，就是从五指山一直流入南海的昌化江！

大力神为万物生息不辞辛苦，当他完成了造化万物后，已经筋疲力尽，他终于倒了下来。临死前，他还生怕天再倒塌下来，他撑开巨掌，高高举起，把天牢牢地顶住。传说，那巍然屹立的五指山，就是黎族祖先的英雄——大力神的巨手！①

这则《大力神》神话是众多与袍隆扣相关的神话中较为完整的版本。

2014年三月三期间，在"黎祖大殿"前十多米下方台阶处的墙体书写的《袍隆扣赋》，就是完全根据这一神话而写就。

（四）袍隆扣神话流传的变化

在探索天地宇宙万物形成的口传作品中，黎族有《万家造天地》《山区与平原的由来》《大力神》（袍隆扣）等，其中又以《大力神》最为典型。这些故事生动地反映了黎族先民对于宇宙万物生成的理解和认识，体现了黎族先民朴素的自然观、宇宙观，人在崇拜自然力的同时又不是被动地适应自然界，大力神、万家的创世壮举，就表现了人类企望创造世界、控制自然这样的愿望和气魄，大力神的死并不是生命的终结，而是通过转化为其他物质的方式延续，为人类创造了美好

---

① 符桂花：《黎族民间故事大集》，海南出版社，2010年，第10页。

的家园。

　　远古时期，黎族先民是不可能从科学道理方面去分析证明天地形成的前因后果的，他们只是凭着直觉、想象，既不认为世界上先有物质后有精神，也不认为世界上先有精神后有物质，而是认为物质（天地）和精神（人包括其意识）同时产生、同时存在，是真实的，不是虚无的东西。这认识具有二元论的色彩，但对黎族先民却是个可喜的进步。

　　中央王朝对海南岛的统治最先是从岛的北部开始的，然后到西部、南部、东部，最后到中部。封建统治者之所以要这样来对海南岛进行统治和开发，与海南岛的地理形势有关，也与封建王朝重视程度和进入海南岛通道的难易有关。海南岛的北部地势偏平，而中南部则高山丘陵多，西部至南部的沿海地带分布着大小不一的平原，东部森林茂密，中部山高林密。物竞天择，先易后难。正是封建统治者沿着这样的先后顺序对海南岛进行统治和开发，中原文化（汉族文化）也就是沿着这样的路线进入海南岛、进入黎族社会，黎族社会受中原文化的影响抑或对中原文化的吸收，基本也与此条路线相同。

　　若从地理形势看，整个黎族聚居地的地理形势也呈现阶梯状，由低到高，一级一级。若从五指山往沿海划一条直线看，那么这种阶梯状则更加明显。所以人们也常将黎族居住地区分为三个阶梯，即五指山腹地、山区和沿海平原，这恰好与上面所列的文化圈相一致。所以在这里，阶梯状不只是代表地理地貌的变化情况，更重要的是反映了每个阶梯所代表的黎族社会经济形态和文化发展程度的不同，反映了中原文化对黎族社会影响程度深浅的不同，反映了黎族社会历史发展的轨迹。沿海一带封建化程度较高，中原文化的影响程度也就高一些；越往内陆封建化程度越弱，中原文化的影响就越弱；到了五指山腹地，这里仍处在带有原始父系家族公社的共耕组织阶段，学术上称为"合亩"制。黎族社会经济文化发展的这种不平衡性和多样性，在文化上当然有一定的体现。

　　在黎族三个文化圈中，对于同一个开天辟地、万物生长的袍隆扣神话传说，有的称为万家，有的称为帕隆扣，有的称为袍隆扣，有的干脆略去不谈，有的以自己原有的方式去解读，有的加入汉文化的相关词汇、相关思想去阐述，所以袍隆扣的故事情节便有详有略、有长有短。黎族社会的发展以及汉族文化对黎族文化的影响与渗透，正是造成袍隆扣在黎族地区流传中发生变化的重要原因。

　　尽管袍隆扣神话在黎族地区的传播与传说有一些差异，但它没有影响到自身的同一性，特别是其所表现的核心文化——开天辟地、万物生长是相一致的。黎族文化精髓和核心的一致性、同一性，使袍隆扣圣像在五指山水满乡黎峒文化园中的"黎祖大殿"立起来，马上就得到百万黎族人民的承认，千百年来黎民百姓游离的心灵终于找到了寄宿，与此同时也得到海南各族人民的热烈拥护。

二、同语族的相关创世神话

关于开天辟地、成物来源的创世神话，中外各民族都有自己的方式加以阐述。在西方世界尤其是基督教的世界里，天地和世间万物是不曾存在的，是上帝创造了万物世界。在伊斯兰教的世界也一样，认为世界万物是由安拉创造的。在中国的文化氛围中，也认为是神创造了万物，如盘古、伏羲、女娲等。但在中国这种文化氛围最后都没有发展和上升到制度化宗教的范围，而是发展成了具有民间信仰的神祇，这和黎族的袍隆扣信仰极其相似。

壮侗语族是汉藏语系的语族之一，又称侗泰语族或侗台语族。这里指的是分布于今我国的广西、云南、贵州、广东、海南等和境外的泰国、老挝主体民族以及越南、缅甸、印度等部分地区的以说壮侗语为主的各个民族和人群，黎族当然包括在其中。

（一）壮族创世神话：布洛陀与姆洛甲

在壮族中关于天地形成、万物起源的神话传说有《布洛陀》《米洛甲》等。关于《布洛陀》，在《布洛陀寻踪》这样描写：

> 问：前世初始，哪个造天地？
> 　　造成天成地，是哪个先造？
> 答：我们听闻这句话，祖公造天地。
> 　　祖公造阴阳，祖神造人间。
> 问：那时天和地，离不几多高。
> 　　……
> 　　给变成石块，看你怎么办？
> 答：大石压村边，大石压地角。
> 　　人间造出拱屎虫，造出螺蜂虫，
> 　　用齿去叮咬，用嘴去咬石，想把大石咬崩塌。

> 问：拱屎虫和螺蜂，没有鸭子样，
> 　　嘴不像鸭嘴，脚不像鸭脚，
> 　　咬大石几年，大石才开裂。
> 答：大石裂两片，轻的一片往上飞，
> 　　变成天装雷；重的一片往下沉，
> 　　变成地住人，才成天成地。①

而《米洛甲》的故事是这样的：

> 布洛陀擎起天，米洛甲压平地；
> 布洛陀造太阳，米洛甲造月亮；
> 布洛陀造森林，米姆洛甲造田地；
> 布洛陀去开河，米姆洛甲去开泉；
> 布洛陀去种桄榔树，米洛甲去种芭蕉林；
> 布洛陀去找糯谷种，米洛甲去找黏谷种；
> 布洛陀造出三角凳，米洛甲织出百草衣。
> ………… ②

壮族的这两则故事，第一则以一问一答的形式出现，回答了天地形成的问题，"祖公""祖神"均指布洛陀，布洛陀在造阴阳、造人间时也造出了拱屎虫和螺蜂，后来拱屎虫和螺蜂咬开巨石，轻的一片变成天，重的一片变成地，天地就是这么来的。第二则故事布洛陀和米洛甲同时出现，布洛陀为男性，米洛甲为女性，他们分工明确，一个造天一个压地，一个造太阳，一个造月亮……天地和万物就这么来了。

这些传说故事可能是在新石器时代中晚期产生并在上古时代逐步形成，虽然在今天看来显得荒诞不经，但它反映了壮族先民对天地万物形成的一种朴素认识。

---

① 覃乃昌：《布洛陀寻踪》，广西民族出版社，2004年，第85—86页。
② 广西民族民间文学研究室：《米洛甲》，见《广西少数民族与汉族民歌民间故事》（第七集），南宁师范学校，1984年，第686页。

(二)布依族创世神话:盘古开天辟地与力戛撑天

在布依族民间,流传着有关开天辟地、万物来源的神话传说,如《盘古开天辟地》《力戛撑天》《盘果王》《盘古王》《力戛撑天》《伏哥羲妹》等。《盘古开天辟地》的传说是:

> 很古以前,没有天,没有地;没有山,也没有树;没有人,只有一个圆蛋。不知是哪一年,这个圆蛋见风就长,越长越大。蛋里有个人,名叫盘古,他随蛋而长,也越长越大,越长越高,盘古在蛋里头,睁开眼睛,啥也看不见;用脚一蹬,蛋壳裂开条缝,透点光亮;接着打了个呵欠,伸了个懒腰,刚想站起来,浑身有种黏乎乎的东西拉扯着,站不起来;他冒火了,双脚又猛一蹬,只听"轰"一声响,蛋壳破了,破成上下两瓣,敞亮了。不知过了多少年,蛋壳分开了,上边的变成了天,下边的变成了地。盘古顶天太久,累死了,他的心变成太阳,胆变成月亮,眼睛变成星星,气变成云雾,骨骼变成石头,肉变成泥土,毛发变成草木,血变成河流,筋筋变成道路。①

《力戛撑天》的传说是:

> 太初年代,力戛率领众人撑开了天地,为了不再使天和地靠拢,他拔牙当钉子把天钉牢,牙齿变成了满天星斗,他又挖出自己的眼睛,右眼化为太阳,左眼化为月亮,力戛在天上累了九九八十一天,筋疲力尽而死。②

《盘古开天辟地》显然是受到汉族地区盘古传说的影响,虽然在情节细节的描述方面有些出入,但大概架构差不多,盘古破蛋而出,上边变成天,下边变成地,盘古死后身体的各个部位变成了万物。在第二则故事中也有类似的传说,盘古变成了力戛,而天地的形成并不是力戛一个人开创的,而是力戛率领众人一起

---

① 布依族文学史编写组:《布依族文学史》,贵州民族出版社,1992年,第34页。
② 布依族文学史编写组:《布依族文学史》,贵州民族出版社,1992年,第34页。

撑开的，这可以反映出第二则故事一种以自己民族的理解来解释天地的形成，或者可以说是《盘古开天辟地》在布依族地区流传中逐渐民族化的过程。

（三）侗族创世神话：嘎茫莽道时嘉

在侗族的神话中，有关开天辟地的传说最著名的是《嘎茫莽道时嘉》，也译成《侗族远祖歌》。关于天地的形成，《嘎茫莽道时嘉》是这样叙述的：

> 远古那时光，天地苍茫茫，
> 天孔也无缝，混沌而洪荒。
> 天地紧粘连，处处凄凉凉，
> 黑暗又寒冷，无热也无光。
> …………
> 当初怎样生下天和地？没有人能述说周详，
> 只懂有个祖婆萨天巴，传说是天地的新娘。
> …………
> 没有水土泥沙，怎么叫万物盘根？
> 没有食物食料，怎么叫万类生长？
> 没有温暖光明，怎么有欢乐声响？
> 善良的萨天巴啊，她要开天辟地了。
> 贤明的啊，招呼诸神到身旁，
> 我要给天改个形状，我要给地改个模样。
> …………①

于是诸神在萨天巴的指挥下，开天辟地、创造万物。

这是侗族民间流传的《嘎茫莽道时嘉》关于天地形成的故事梗概。这个传说反映了侗族人民对天地形成、万物生长的一种看法，民族性地方性突出，从称呼和故事情节中看，显然受盘古传说的影响比较少，是真正的侗族自己的传说、自己的文化。

在壮侗语族中还有水族、仫佬族、毛南族等，其开天辟地、万物来源的传

---

① 杨保愿：《嘎茫莽道时嘉》，中国民间文艺出版社，1986年，第7页。

说，都有类似上述几个民族的故事情节，有的相似比较多，有的相似比较少，但同样反映了各个民族先祖对这一问题的认识，这里不再列述。至于傣族，则由于较早受印度文化特别是小乘佛教的影响，其开天辟地的传说已消失或跟同语族的已大为不同。

三、袍隆扣神话与同语族创世神话的比较

对于开天辟地、万物来源神话的研究，我国神话研究专家陈建宪教授认为，这种创世神话有两大母题："宇宙之卵"母题和"垂死化生"母题[①]。特别"宇宙之卵"母题作为创世神话最典型，不仅在中国许多民族如壮族、苗族、彝族、纳西族等都有传承，而且这一母题也是世界性的神话母题，在印度、希腊、芬兰等国家的神话中也有流传。

在这个世界性的"宇宙之卵""垂死化生"的两大母题中，我国各民族之间创世神话是相互交流和相互影响的。此类的创世神话，对于无文字民族来说，很难断定其产生的具体时间，而对有文字的民族同样也难以断定。比如汉族的盘古神话传说，最早的记录仅见于三国时期吴国徐整所著的《三五历纪》文献中，但不能因此就说其产生于三国时期。盘古神话传说肯定出现在三国之前，但这个之前是在哪个时期，已无法考证。

由于无法考证盘古传说产生的时间，因而有学者认为这个传说来自古印度，日本学者高木敏就是取这种观点。1904年高木敏在他所著的《比较神话学》一书中就认为盘古创世神话与印度《摩奴法论》中梵天金蛋创世神话以及《梨俱吠陀》中的原人布尔夏身化宇宙万物神话有极大的共同性，印度的这种神话产生时间远比中国盘古神话早，所以他断定盘古神话是在印度神话影响下产生的。高木雄的这个判断深刻影响了中国学术界百年来关于盘古神话来源和类型的研究。

我们不管盘古神话的来源是印度还是本土，也不管这个神话如何传播、如何影响中国南方各民族有关传说，此时我们所探讨的是黎族创世神话"袍隆扣"与我国壮侗语族群创世神话的异同。

---

① 陈建宪：《论比较神话学的"母题"概念》，《华中师范大学学报》（人文社会科学版）2000年第1期。

(一)黎族与同语族创世神话的异同

壮侗语族本身就包含黎族,但由于黎族居住在海南岛,与大陆同语族分离太久,后来的文化交流又不密切,所以在关于天地万物形成的神话中既有共同性也有差异性。

在黎族创世神话和壮侗语族相关创世神话中,黎族认为,创造天地万物是袍隆扣,袍隆扣先顶天,后射日月,再化万物,为男性;壮族认为,创造天地万物则是布洛陀和姆洛甲,布洛陀为男性,姆洛甲为女性,他们先造出拱屎虫和蜾蜂虫,然后拱屎虫和蜾蜂虫把巨石咬开,轻的一片往上飞变成天,重的往下沉形成了地,然后布洛陀撑天,姆洛甲压地,一个造太阳森林、一个造月亮田地。在布依族方面所选用的两则神话《盘古开天辟地》和《力戛撑天》中,汉族盘古和黎族袍隆扣极其相似,只不过在一些具体情节上有些增减,所以在此不再赘述。侗族认为,天地万物形成是在祖婆萨天巴的指挥下,由诸神共同来创造天地万物的,萨天巴为女性。

从上述的简单介绍可见,黎、壮、布依、侗等的神话传说的共同主题都是反映天地万物的形成,差异在于创世神的性别和名称不同,故事情节也有所不同。若从创世神的性别来结合人类社会的发展,我们可以认为,侗族创世神话反映的社会状态可能为母系社会,壮族为母系社会向父系社发展的过渡期,而黎族、布依族则已是父系社会,所以侗族的创世神话比黎、壮、布依等族的创世神话更为久远。

(二)同语族创世神话中的两性角色

透过上述民族创世神话的比较,可见每个民族对天地万物的形成都有自己的视野、理解和看法,各族在对神话故事进行阐的述过程中各有自己的情节安排。有的有自己民族的称呼如袍隆扣、布洛陀、姆洛甲、力戛、萨天巴等;有的直接采用汉族的称呼盘古;有的有盘古的影子如黎族的《袍隆扣》、布依族的《力戛撑天》;有的没有受到盘古神话传说的影响或者影响不大如壮族的《布洛陀》、侗族的《嘎茫莽道时嘉》等。

对于创造天地万物是由众神来完成还是一神来完成、是男性还女性等设置,黎族和布依族由一神来完成,而且为男性;壮族由男女两性的神共同来完成;侗族由妇女神领众神来共同完成。

据此，若从人类社会发展史中所反映的两性社会来判断，我们可以有这样的理解：

第一，关于天地万物的起源或形成是由妇女创造的神话传说故事，这类神话其产生的年代应该很久远，即是在母系社会。

第二，由男女两性共同来创造天地万物的神话故事应该出现于母系社会向父系社会过渡时期，或者虽然进入了父系社会，但妇女仍然占有一定的地位而备受社会的尊重。

第三，完全由男性来创造天地万物的神话故事，应该说出现在父系社会了。

基于这种认识，我们也即有了这样的理解：侗族神话《嘎茫莽道时嘉》最早应该出现于母系氏族时期，壮族神话《布洛陀》和《米洛甲》出现于母系社会向父系社会过渡时期，而黎族的《袍隆扣》和布依族的神话则是父系社会的产物。

其实在"混沌初开"以前，远古人类是不可能有"天""地""昼""夜"乃至"袍隆扣""盘古"的概念的。在长期与大自然的斗争中，大自然的各种变化迫使人类被动地去适应这种变化的规律，人类的思维能力得到进一步发展，语言不断丰富发展，这时人类才逐渐出现了相关的概念，天地日月、白天黑夜等相关概念的产生是人类非常了不起的"革命性的"进步。后来人类对身边的天地万物开始思考，探索天地万物的形成，这个时候才会出现像"袍隆扣""盘古"之类的神话传说。

随着氏族社会的出现，大量的"氏族部落"随即产生，随着人口的增多，氏族也就出现许多分支子族。最早的氏族社会无疑是母系氏族社会，所以创造天地万物当然是女性神，后来进入父系氏族社会男性神才出现。其实不管是女性神还是男性神，应该都是氏族部落中德高望重的老者或首领，他们靠聪明、智慧、机灵、强壮而立威服众，所以最后被族人默认和信服而成为领头人，他们去世后人们将他们神化，神化之后久而久之又被人格化，这样便逐渐成为人们口口相传的各种神话传说的来源。

〔高泽强：海南热带海洋学院海南省民族研究基地副研究员〕

稻作史诗与祭天史诗：
《布洛陀》与《崇般图》的比较研究

杨杰宏

南方史诗是与北方民族史诗相对而言的，主要指我国南民族中留存至今的活形态史诗。当下学界普遍认为南方史诗的类别界定主要有"原始性史诗""神话史诗""创世史诗""迁徙史诗""英雄史诗""复合型史诗"等类型。对此问题，笔者之前在《南方史诗类型问题探析》一文中有过探讨，文中认为这几种类型界定并未能准确、真实地反映史诗的本质特征，但文中也并未提出具体的史诗类型概念。[①] 基于对壮族史诗《布洛陀》与纳西族史诗《崇般图》的比较研究，本文对此问题再做些深入的探讨。

一、《布洛陀》《崇般图》——两部典型的南方创世史诗

"布洛陀"是壮语的译音，指"山里的头人""山里的老人"或"无事不知晓的老人"等意思，也可以引申为"始祖公"。是壮族先民口头文学中的神话人物，是创世神和道德神。《布洛陀经诗》是壮族巫教的经文，它唱诵壮族祖神布洛陀创造天地万物，规范人间伦理道德，启迪人们祈祷还愿消灾祛邪，追求幸福生活。这部经诗贯穿着自然崇拜、祖先崇拜的原始宗教意识。《布洛陀经诗》各篇都可以独立成篇。因其相当多的内容是创造天地万物的，可以说是壮族的创世史诗；因其唱词是民歌，又是在祭祀时喃唱的，故又可以说是壮族宗教文学。《布洛陀

---

① 杨杰宏：《南方史诗类型问题探析》，《民间文化论坛》2015 年第 6 期。

经诗》的内容从性质上大致可以分为三大部分：创世神话、伦理道德、宗教禁忌。它的内容包括布洛陀创造天地、造人、造万物、造土皇帝、造文字历书和造伦理道德六个方面，反映了人类从茹毛饮血的蒙昧时代走向农耕时代的历史，以及壮族先民氏族部落社会的情况。根据已整理的版本，全诗分为四个部分，共十九章。第一部分是开头歌，包括礼貌、回答歌、石蛋歌，第二部分是创造歌，包括初造天地、造人、造太阳、造火、造米、造牛，第三部分是治理歌，包括再造天地，分姓氏等。①

　　纳西族史诗是东巴教祭司——东巴用古老的纳西象形文字书写、记载于东巴经中，并在东巴仪式中演述的史诗。纳西族史诗以《创世纪》《黑白战争》为代表。创世史诗《创世纪》的纳西语称为《崇般图》，"崇"即人类，兼有种族含义；"般"即迁徙，兼有分支的含义；"图"即出世、由来之意。在不同纳西族区域有不同的称呼，在丽江坝区称为《崇般图》（Coqbertv），在迪庆州的三坝区称为《吐筶》（tvzzoq），而在三江口的阮可人区域则称由三部分组成——《梭梭科》（Soqsofkoq）、《卡汝此》（Kasseeceeq）、《利恩恩科》（Leeleeeekoq）。虽然称呼不同，但内容以开天辟地，创造万物，人类繁衍为主题。史诗的主要情节：远古时候，天地混沌，先有三样天地日月影子，三生九，九个出母体，出现真假虚实。然后依次发生变化，先后出生了日、月、碧石、白气、妙音、善神、白露、白蛋、神鸡，神鸡生下九对白蛋，孵出神与人，山上妙音与山下白气化成白露，露变海，海生海蛋，蛋里生出人祖恨矢恨忍。经过九代，传到崇仁利恩兄弟这一代。利恩兄弟姐妹相交配，秽气了污染了天地，招了洪祸。只有崇仕利恩躲进羊皮鼓，得以独存。利恩到天上寻求配偶，经过天神重重难题考验，终于娶得了天女衬红褒白命回到人间。衬红褒白命生了三个儿子，却一直不会说话，后经过举行祭天仪式，三个儿子同时用不同语言说出了同一句话："白马跑到地里吃蔓菁了。"老大说藏语，老二说纳西语，老三说白族语，后来形成了这三个民族的祖先，世代繁衍，万世昌盛。《创世纪》的中心内容是突出人类的代表崇仁利恩，描写他如何坚持与天神做斗争，与恶神做斗争，与洪冰做斗争，终于重建了人间，热情歌颂和赞美了人类不屈不挠的精神。

---

① 百度百科 "布洛陀"，https://baike.baidu.com/item/布洛陀/1217696?fr=aladdin. 2017-12-19。

二、《布洛陀》《崇般图》的文化共性

《布洛陀》《崇般图》同属于南方民族史诗,二者在语言上同属汉藏语系,史诗内容反映了农耕文明形态,涵盖了自然崇拜、图腾崇拜、神灵崇拜、祖先崇拜等原始宗教文化内容,但两部史诗绝不能视为原始性史诗,因为两部史诗都有完整的文字经籍,神灵体系、繁杂的仪式轨程,史诗主人公皆视为本民族的人文始祖,英雄祖先,这两部史诗与游牧民族史诗的娱乐型演述方式不同,是在民间宗教仪式、民俗活动中演述的,属于仪式中的演述。两部史诗作为南方民族史诗的典型代表,存在着诸多文化共性,这些文化共性的形成与共同的民族大家庭——多元一体的中华民族格局、共同经历的社会经济发展形态,尤其是长期处于农耕文明密切相关,而真正的决定性因素是二者深受中华民族文化价值观的深层影响。

(一)表现方式:仪式中的演述

纳西族的《创世纪》一般在东巴祭天、超度仪式中演述。祭天是纳西族自识的重要文化标志,历史上一直以"纳西祭天人"自称。祭天分为春秋两祭,春祭分为小祭、中祭、大祭,从除夕一直延续到正月十五。祭天仪式包含了吟诵《创世纪》《人类迁徙记》等东巴经典,仪式程序包含了①布置祭坛,除秽;②敬香请神;祭牲;④献神粮;⑤射箭驱鬼;⑥献饭;⑦施神药酒、分福泽枝;⑧顶灾,乌鸦献饭;⑨送神;⑩撤神坛,民间歌舞。仪式内容还包含了东巴舞、东巴绘画、东巴工艺、民歌等民间艺术。祭天文化涵盖了神灵崇拜、祖先崇拜、自然崇拜、生殖崇拜等多元文化主题。《创世纪》是在献牲仪式(纳西语称为"蒙增")中演述。此本经书是整个祭天仪式的核心经书,主要讲述了祭天的来历,阐述了人命由天命而得,是上天赐福给人类,所以人类通过行祭天仪式来表达对天地诸神的感恩之情。这本经书分为两部分,"蒙增"意为献牲,向天、地、天舅三神祭献牺牲,并赞颂三神的恩德。诵完此经后,众人开始杀祭天猪,清理完祭牲,东巴助手把猪胆、猪腰子、猪脾分别挂于象征天舅的柏树、天树、地树上,其余的肉一部分煮在锅里,另一部分分割成块,平均分配给祭天户。过去的祭天仪式程序比现在要复杂得多,比如以前东巴念诵《崇搬绍》经书时,各户家长站成排在旁边听经,当念至天神时,各户家长轮流向天神告白祭天的虔诚态度,举行仪式

时没有发生任何不妥行为及错误,祈求神灵保佑。

壮族的布麽通过各种法事仪式喃诵布洛陀经文,为民消灾解难、超度亡灵、赎魂驱鬼、纳吉求福等。《麽经布洛陀》便是"布麽"使用"古壮字"记录传唱布洛陀神话传说的经书。从其整个仪式看来,首先就是敬请祖神"布洛陀"降临,其次便是恭请"布洛陀"为主家禳除冤结、纳吉求福。祭祀品也比较简单,一些果品和鸡、猪、鱼肉,一碗米用来进香。颇为神秘的是,该"布麽"在喃诵经文时所用的一副骨爻卦,以及喃诵的咒文。祭祀布洛陀仪式每年举行两次,第一次是从农历二月十九开始一直延续到农历三月初九,历时二十天;第二次是秋收后的农历十月初十。两次朝拜季节分别是春季和秋季,即信俗所说的春祈秋报,两次朝拜除了季节不同外,时间长短、人数规模、祭祀内容、目的也不一样。春季是万物复苏的季节,人们通过祭祀祈求风调雨顺,生产丰收,生活富足。田阳敢壮山春祭布洛陀活动时间最长,规模最大,内容最丰富,歌圩最盛大。而秋祭布洛陀则带有还愿的性质,祭祀时间在农历十月初十,这时正是秋收完后尝新季节,敢壮山周围的壮族村寨由寨老率领各户长老挑着供品上敢壮山祭拜布洛陀,酬神还愿,感谢祖神布洛陀赐福。[①]

(二)英雄祖先崇拜所蕴涵的文化主题:慎终追远,自强不息

《崇般图》既是一部祭天经,也是一部祭祖经,叙述了祖先从天上寻找天女作为伴侣并生儿育女,繁衍人类的经历,塑造了一个顶天立地、惊天地,泣鬼神的英雄祖先形象。《崇般图》洋溢着强烈的民族自豪与自信,千百年来成为激励民族成员不断进取的不竭动力源泉,从而沉淀生成为民族文化精神——慎终追远,自强不息。《崇般图》以生动的神话故事说明了祭天习俗的来历,祭天也由此成为纳西族自识的重要文化标志,历史上一直以"纳西祭天人"自称,纳西族内部分为"铺笃""古徐""古哉""古珊""阿余"等五大祭天群,也是与他族相区分的文化标志。

壮语"布洛陀"的意思是"居住在山间弄场的通晓并会施法术的祖公或居住在岭坡谷地中通晓并会施法术的祖公"。布洛陀是本民族的人文始祖,被壮族人民奉为生产、生活、文化的开创之神,有关他的神话传说在壮侗语族各民族民间流传最广、影响最大。同时通过庄严的祭祖仪式,使每位参与者都强烈地感受到

---

① 王敦:《信仰·禁忌·仪式:壮族麽经布洛陀的审美人类学发微》,《广西民族研究》2011年第2期。

祖先与自己的血缘亲情，并由此产生出强大的亲和力，从而消溶宗族内部成员之间的隔阂，加强各成员之间的情感联系，增强家族、宗族乃至整个民族的凝聚力。①

（三）社会背景：反映了农耕文化为主体的社会经济生活

神话与史诗是现实生产生活的曲折反映，这两部史诗也反映了其特定社会发展条件中的农耕文化，具体说来，纳西族《崇般图》反映的是纳西族先民的高原山地农耕文化，而壮族《布洛陀》反映的是壮族先民的岭南山地稻作农耕文化。

《崇般图》里天神考验崇仁利恩的难题是让他在一天之内砍完九十九座山的树林、一天烧完九十九山的树、一天播种九十九山的地，一天捡回九十九片山地上的种子……这无疑是纳西先民刀耕火种的农耕历史场景再现。崇仁利恩到天上寻求伴侣，被天神子劳阿普发现后准备杀掉他，天女衬红褒白向天父求情："天不会不晴，天晴要搬粮晒谷；天不会不阴，天阴要理水清沟，留下他来晒谷子，留下他来理水沟。"崇仁利恩夫妇从天上返回人间时，他们所带的嫁妆里有九种牛、羊、猪、狗、鸡等畜禽、十样粮食种，以及偷取的猫和蔓菁籽，在东神和色神的共同帮助下历经凶神可兴可洛抢夺等艰难险阻而顺利回到人间定居生活的情节内容："东神手牵一条牛，装作路旁去挤奶，不让凶神哟，抢走利恩的牲畜。""色神背来一背麦，装作在路旁搓麦穗。不让凶神哟，抢走衬红的谷种。""五谷长得好快！粮食堆成山；牲畜繁殖好快啊！已有千千万。"狗、鸡、羊、猫是人类较早驯养的动物，小麦、水稻等谷物是农耕民族较早培育种植的农作物，以犁架犁头为工具和以牛等家畜为牵引力进行犁地是农耕民族的传统耕作方式，天晴时晾晒家中的谷物、天阴时疏通房前屋后的水沟是定居农耕民族典型家庭生活场景的描述，这些都是定居农耕社会的重要经济生活内容，是对纳西族先民历史上定居农耕和畜牧经济生活经历的生动描述与曲折反映。②

壮族的《布洛陀》是一部壮族的农耕文化史诗。《布洛陀》叙述的粮食作物包括粳米、灿米、糯米、旱谷、黑糯谷、小米、高粱等，还叙述开田造地、犁田、耙田、播种、移秧、灌溉、耘田、施肥、收割等一整套的耕作方法。特别叙述了布洛陀教人们到山上找野生稻种，加工山石做犁、制作木耙来耕作等，反映了原

---

① 黄慧：《壮族的祖先崇拜》，《河池学院学报》2007年第6期。
② 马国伟：《纳西族神话史诗〈创世纪〉研究》，中央民族大学博士学位论文，2012年，第47页。

始时代人类把野生稻驯化为栽培稻，创造了稻作农业以及人类最早使用石犁这些重大的发明创造。在《布洛陀造方唱本》中这样唱道：造田很顺利，造地也完成；没有种子播，想来想去也没办法，只好坐在路上哭，只好去路的尽头喊，恰好遇上布洛陀，恰好遇到姆渌甲。布洛陀就问，为什么到大路上哭？为什么到路的尽头喊？子民就回答，我们造了田，我们造了地，没有种子播，我们出生来天下，什么也没有，吃什么养命？我们无奈就出来，到大路上哭，到路的尽头喊。布洛陀就答，姆渌甲就说，你们莫用哭，无奈也不用喊。你们去巡走山边，你们去巡走坡岭，有一种野生稻谷，你们拿它来栽种，分种四方田，拿粪肥去秧田撒，拿火灰去苗根壅，到五月中间，你们就去田中间仔细看，你们就到墙角仔细瞧，禾苗根部得吸几个月火灰，田里的秧苗就变得禾稻。①

三、南方史诗类型的再思考

（一）关于"创世史诗"的概念范畴探讨

"创世史诗"，简言之，即关于创造世界的史诗。在学界，关于创世史诗的定义，主要与"原始性""神话"紧密相联。"创世史诗，也有人称之为原始性史诗或神话史诗。这是一个民族最早集体创作的长篇作品。它不但永远留下了这个民族在他的幼年时期对宇宙万物、人类社会的种种解释和看法……显示着这个民族在艺术创作上的智慧和才能。"② 新近出版的《中国少数民族文学基础教程》也沿用了旧义——"创世史诗，又称神话史诗或原始性史诗，它的主要内容是讲述开天辟地、人类起源、万物创造、民族起源和民族迁徙。中国南方民族中间流传着大量的创世史诗。"③

基于上述的比较研究可知，《崇般图》《布洛陀》虽同为创世史诗，但二者存在着巨大的文化及文本差异性，具体而言，两部史诗的主题及内容绝非能以"创世"来概括之，也就是说，这两部史诗不只是讲述"创世"的内容，也涵盖了诸多"非创世"内容。以《布洛陀经诗》为例，整个经诗共有七个篇章，从内容篇幅而言，属于造物神话与解冤经内容几乎各占一半，也就是说，这部经诗并非全

---

① 牟祥雷：《壮族布洛陀创世与"那文化"的传播》，《中国三峡》（人文版）2010年第10期。
② 李惠芳：《中国民间文学》（修订版），武汉大学出版社，1999年，第193页。
③ 钟进文：《中国少数民族文学基础教程》，中央民族大学出版社，2011年，第60页。

部属于创世内容，除了创世内容，还包括了伦理道德、宗教禁忌等诸多内容。以云南人民出版社于1960年出版的整理本《创世纪》（崇般图）为例，整个文本共分为"开天辟地""洪水翻天""天上烽火""迁徙人间"四大部分。[①] 创世内容也只占了一半内容，后半部分主要讲述上天寻找人生伴侣及从天上迁徙回到人间的内容，带有歌颂英雄祖先及迁徙历程的特征。《崇般图》在不同地区、不同仪式中存在异文现象，譬如三坝地区祭天仪式上吟诵的《创世纪》称为"土笮"，即"出处来历"，而在丽江境内祭天仪式念诵的《创世纪》称为《崇般绍》，两本经书从内容而言可以说是大同小异，各有侧重，前者突出讲述万物的来历，后者强调迁徙来历，但两部经书都包含了创世、英雄、迁徙的叙事主题，具有复合型史诗的某些特点，但不能简单称之为复合型史诗，因为创世、英雄、迁徙三个主题在不同文本中所占的文化分量、文本比例各有侧重。另外，这里的"英雄"与北方史诗中的"英雄"也有所不同，南方史诗中的"英雄"更突出英雄祖先、文化英雄的特征。钟敬文谈南方史诗时也谈到这个问题："以往研究史诗，主要是受西洋史诗理论的影响，比如以希腊史诗为典型，强调史诗一定要是民族的重大事件，一定要有战争。那么，现在从中国很多的史诗来看，特别是西南民族的，就不一定。那里更多的是神话史诗、创世史诗。神话性的创世史诗只是一个部分，其次呢，就是一些主要叙述文化英雄的史诗。某一些早期的创造文化的人物，比如教人家造房子。也有一些战争中英雄，比如打到民族的敌人。但南方英雄史诗不限于战争，更主要的是文化创造英雄，有神话色彩。像造房子、发明农耕、创造两性制度等等。"[②] "文化创造英雄"可以说是南方民族史诗中的一个关键词，核心主题，母题，也是理解"创世史诗"的一个切入点。创世史诗，不只是创造宇宙、世界万物，更关键在于创造文化！而每个民族因所居住的地理环境不同，所经历的历史不同，或者受周边国家、民族文化影响不同，他们的文化不可能是伦同的，即使是同名为"创世史诗"，但其文化主题绝不可能一模一样，如果说"创世史诗"是从文本主题的共性来定义不同的史诗，这一定义遮蔽了不同民族史诗中存在的文化差异性，也就是说"创世史诗"无法表征这一史诗所蕴涵的民族文化特质，无法彰显民族文化的多样性特征。

---

① 姜彬：《中国民间文学大辞典》，上海文艺出版社，1992年，第1128页。
② 钟敬文、巴莫曲布嫫：《南方史诗传统与中国史诗学建设》，《民族艺术》2002年第4期。

（二）祭天与稻作：《崇般图》《布洛陀》史诗的类型重新界定

《布洛陀》《崇般图》是南方民族的创世史诗，二者在文本结构、演述方式、故事范型等方面存在着诸多相似性，但在文化类型、核心主题、概念范畴方面存在着不同的旨归，概言之，《布洛陀》史诗突出了稻作文化特点，《崇般图》强调了祭天文化特质。相对于"创世史诗"这样一个较为笼统的名称，"稻作史诗"（《布洛陀》）"祭天史诗"（《崇般图》）更符合这两部史诗的文本主旨，更契合其历史文化语境。

1. 稻作史诗《布洛陀》

壮族是世界上早最发明水稻人工栽培的民族之一，稻作文化深深影响了壮族的历史及经济社会的发展进程中，《布洛陀》作为壮族传统文化的"百科全书"，稻作文化在史诗中同样得到了突出的叙述。《布洛陀》中叙述了在他开天辟地和创造了人类后，人类不会种地，濒临饿死境地，就向布洛陀求救，布洛陀教会了人们开垦田地，并给予稻种，传授种稻知识，使人们过上丰衣足食的生活。

稻作文化的形态表现在各种祭祀活动中，典型的如给稻谷、水牛、黄牛、猪、鸡、鸭赎魂。因为禾苗枯死，人们认为"稻魂在树根"，"稻魂埋灰下"，"稻魂压石下"，"稻魂陷土中"，于是人们举行招魂仪式，招呼"回来吧谷魂，下来吧谷魂，来给三合神，来跟土地神，连早稻粳谷，全部都回来。来莫住下村，下村田土差；莫球迷上村住，上村田草多。惟这家田好，有三峒鳄田，七峒保水田，旱十年不忧，旱四年不枯"。无牛耕地，人们无法进行耕作，"要鸡鸭赎魂，五分银赎魂。"人们请麽公诵经赎牛魂，赎鸡鸭魂。①

稻作文化也渗透到人们日常生活、伦理道德之中。以《布洛陀经诗》为例，谈到人际关系和谐时这样说——"王家和顺得像糍粑软和"②，或用来比喻顺心如意——"糍粑有人尝，背痒有人抓"③，婆媳关系紧张的原因——"媳妇回到自己的旧屋，糯饭藏在篮箱里，米饭藏在箱柜中，一点也不给公婆吃，一团也不给公婆尝"④，婆媳关系重修于好后——"拿糯米来泡，拿粳米来浸。蒸糯饭给外甥

---

① 梁庭望等：《布洛陀：百越僚人的图腾》，外文出版社，2005年，第114页。
② 张声震：《布洛陀经诗》，广西人民出版社，1991年，第957页。
③ 张声震：《布洛陀经诗》，广西人民出版社，1991年，第959页。
④ 张声震：《布洛陀经诗》，广西人民出版社，1991年，第907页。

吃，蒸米饭给公婆尝"①，后母用恶毒的话咒骂前妻的儿子——"田挨水泡，田埂同样挨水泡"②，交代冤怪来历——"原来并没有冤怪，牛践踏秧苗才产生冤怪，马闯进水田产生冤怪"③。民间宗教的禁忌也与稻作文化相关，如"王砍树去撞水坝，王的妻子就死掉，王去砍树拦水车，王的结发妻子就死去"④，平时开玩笑也离不开稻谷——"我来找谷种，我来找秧苗，播下的谷种不全，播下的谷种不够，来向你要谷种，谷种不够土地要丢荒。阿婆她喋喋地讲，阿婆她絮絮地答，别人的糯谷都已收割，别人的粳谷都已翻晒，各种杂粮也收成，现在还来找秧苗，捉弄人的话实在好笑"⑤，以小米来比喻远嫁的姑娘——"谁人愿意种小米，谁人愿意养女儿，女儿总得嫁出去；小米种在山崖边，女儿要嫁到远方"⑥，罕王兄弟二人斗法时也是以稻谷为说辞——"让地面旱三年，让地面烈日晒四年，若你罕王这么说，三千处有水车的旱田，六千处水田，我放水进去泡，让大家陈年米吃不完"⑦，"我养出七万只米虫，虫把陈谷都咬坏，虫把新谷全蛀空，使陈谷变成霉粉，使新谷变成虫粪"⑧，"我装来三万只公鸡，我赶来九万只大鸡，把公鸡放下田，把大鸡放下峒。我的公鸡会觅虫，我的大鸡会啄虫，吸吃田间的虫，叮死峒里的虫，我不怕你兄长造难"⑨。这种稻作文化对民族性格的形成也有深刻的影响。李斯颖认为，"稻作生产需要人们足够的耐心与细心。在长年累月的劳心劳力之中，壮族人形成了谨慎细心、温厚内敛的性格特征。他们说话慢声细语，脾气温和，行为举止端庄文雅。同样，布洛陀神话中叙事语气的温婉、平和，经诗吟唱的低温内敛，韵文押韵规律的复杂、细密、严谨，等等，都是日常生产生活内容的文化升华"⑩。

马克思认为"经济基础决定上层建筑"。文化作为上层建筑的形态，必然通过各种形式表现出其经济基础，以稻作为代表的农耕文明贯穿了整个壮族的历史

---

① 张声震：《布洛陀经诗》，广西人民出版社，1991年，第905、906页。
② 张声震：《布洛陀经诗》，广西人民出版社，1991年，第590页。
③ 张声震：《布洛陀经诗》，广西人民出版社，1991年，第596、597页。
④ 张声震：《布洛陀经诗》，广西人民出版社，1991年，第605、606页。
⑤ 张声震：《布洛陀经诗》，广西人民出版社，1991年，第620—622页。
⑥ 张声震：《布洛陀经诗》，广西人民出版社，1991年，第642、643页。
⑦ 张声震：《布洛陀经诗》，广西人民出版社，1991年，第754、755页。
⑧ 张声震：《布洛陀经诗》，广西人民出版社，1991年，第755、756页。
⑨ 张声震：《布洛陀经诗》，广西人民出版社，1991年，第766—768页。
⑩ 李斯颖：《壮族布洛陀神话研究》，中国社会科学出版社，2016年，第236页。

文化、社会生产与民俗生活，这在《布洛陀》史诗中得到了有力的证明。稻作文化为何成为壮族的特质文化？王明富、梁庭望等壮族学者把壮族的这一文化特质称为"那文化"。"那"（壮语：na），意为"田"和"峒"，泛指田地或土地。壮族先民适应江南主要是珠江流域的自然地理环境和气候特点，把野生稻驯化为栽培稻，是我国最早创造的稻作文化之一，所以壮族是稻作民族。壮侗语民族中称水田（稻田）为"那"。据"那"而作，依"那"而居，据此孕育的文化称之为"那文化"。[①] 那文化作为壮族的标志性文化不仅只是学者的自我命名，而是获得了壮族民众的广泛认同。按照"名从其主"原则，把《布洛陀》称为"稻作史诗"也是基于这一文化的广泛认同及史诗本身所表现的文化特质。

2. 祭天史诗《崇般图》

祭天是纳西族最大的事情，民谚说："纳西蒙布迪。"意即纳西族以祭天为大；纳西族以祭天为豪，"纳西蒙布若"，意即纳西人是祭天人；纳西族以祭天族（群）自称，"纳西蒙布化"，意为纳西祭天族（群）。从历史关系上看，祭天及其产生的文化贯穿了整个纳西族的历史发展过程，渗透到纳西族社会的各个方面。产生时间最早，在原始社会中后期产生，传承时间最长，至今仍在一些纳西族地区顽强保留着、延习着。

《崇般图》的主题就是祭天，祭天是纳西族的标志性文化，由此也奠定了《崇般图》在纳西族文化中地位及影响。这一史诗何以成为纳西族的标志性文化？首先它涵盖了纳西族社会发展的不同历史进程。"利恩五弟兄，弟兄无配偶，为同姐妹结缘而械斗，利转六姐妹，姐妹无伴侣，同兄弟结缘成对偶。"[②] 说明了纳西族社会中出现过的血缘家庭及群婚制。崇仁利恩兄弟姐妹的这种乱伦遭到了天神的惩罚——洪水滔天，整个世上仅剩下崇仁利恩一人。崇仁利恩为了繁衍人类，到十八层天上向天女衬红褒白命求婚，自后二人建立了家庭，其间也有与竖眼女、魔女之间的短期性婚姻，最后经过诸多磨难才巩固了与天女之间的夫妻关系，从中也可看出纳西族历史上所经历过的血缘婚、对偶婚、一夫一妻制过渡的历史文化。

《崇般图》以神话、史诗的形式反映了社会历史发展过程外，在具体的仪式中，则原生态地记录下来了一些历史事件，如在祭天仪式中有躲果洛兵，射杀果

[①] 《壮族的"那"文化》，中国民族宗教网，2012年11月1日。
[②] 丽江东巴文化研究所：《纳西东巴古籍译注全集》（第56卷），云南人民出版社，2000年，第161页。

洛兵的场景。纳西族的迁徙路线经过了现青海果洛县，可以推断，纳西先民在迁徙途中与果洛境的异族发生了战争，这个战争事件在纳西先民心中留下深刻印象，为了铭记这场场民族历史上的血战以示后人，东巴祭司就把这个战争事件搬到祭天仪式中，成为代代相传的历史活教材。

《崇般图》史诗反映了纳西族先民所经历过的自然崇拜、神灵崇拜、祖先崇拜的发展演变史。《崇般图》记述了人类祖先的由来：远古的时候，天地没有分开，先出现天影子和地影子，后面接着出现了日月星辰，山谷河流的影子，真和实变化出现了白天、太阳、实蛋、真气以及善神依古阿格；假如虚变化出现了黑夜、月亮、虚蛋和恶气以及恶神依古顶那。善神和恶神作变化，出现了白蛋、黑蛋，白蛋和黑蛋生出了董族的额玉额玛神鸡，术族的负及俺纳神鸡，两只神鸡孵出九对白蛋和黑蛋，分别生下了众多的天神和鬼怪。……杀了牛状怪兽后，董族建造了居那若罗神山，山上声音与山下百气化生百露，露成海，海生蛋，蛋里生出人类始祖海史海古，海古美古，美古初初，初初慈禹，慈禹初居，初居具仁，具仁迹仁，迹仁崇仁，崇仁利恩等共九代。[①] 这说明了世界万物皆是由天地中的物质演变而来，折射出纳西先民对天地自然的崇拜、敬畏心理。《创世纪》中的神灵崇拜也较为突出，"有困难，找天神"成为人类制胜的法宝，天神成为人类最有力的支持者、救世主，曲折地反映出人类意图通过神灵的力量改造自身及自然的愿望。人类在这种心理意识的背景下，祭天应运而生，成为纳西先民最早的文化起源点。人类是由天而生，在神灵的庇护下繁衍壮大，而神灵观念中掺杂了人的因素，神人同一成就了神灵祖先，神就是人类的祖先，祖先就是神灵，这种神祖合一的观念为后来的祖先崇拜奠定了思想基础。纳西族祖先是天神的后代，"敬天法祖"的人文观念沉淀到纳西先民的心理意识中，成为民族的一种集体无意识，并在以后的历史发展时期得到强化、固定，逐渐成为凝聚民族认同感的民族意识。

从这个意义上说，祭天坛其实也是祭祖坛。元明清时期纳西族的统治者木氏土司把自己家祖追溯列崇仁利恩一代，并写进家谱里；木增土司向明朝皇帝的上疏中，把"敬天法祖"列为首条。在《木氏家训》中强调"克恭克敬、勿亵尔神""孝亲至勤、祀神至诚"。木氏土司在白沙、黄山两地也设有祭天坛。从中反

---

① 丽江东巴文化研究所：《纳西东巴古籍译注全集》（第56卷），云南人民出版社，2000年，第143—158页。

映出祭天的内容已经演变成天神祖合一的祭祀形式,由此衍生的文化观念意识已成为纳西族普遍的道理准则和民族意识。

"麽些"是汉文献中对纳西族的称呼,基于纳西族传统文化变迁、东巴象形文字及纳西语的综合考察,笔者认为"麽些"可释义为"天之子民",是由"祭天人""敬天群"的称呼演化而来的,与纳西族的祭天传统有着内在的逻辑统一性,[①] 祭天作为纳西族的民俗,有两面性,一是作为文化传统渗透到纳西先民社会的各个方面,起到民族精神、民族意识的塑造作用;二是作为活形态的生活模式,在历史发展过程中代代相传、演述、起到了民族文化的传承、保护、丰富的作用。元朝李京的《云南志略风俗条》:"(麽些人)正月十五登祭天,极严洁,男女幼百数,各执其手,团旋歌舞以为乐。"直到现在,即使经历了战乱、文革、市场经济的冲击,祭天在纳西族社会中仍有鲜活的生命力,除了在丽江的大东、宝山、奉科、鲁甸、塔城、太安、金安、七河、白沙、大具等地在传承外,在迪庆州白地、四川省的俄亚、达祖、理塘,西藏盐井,维西塔城等地的纳西族社区也在延续这一传统。

基于此,笔者认为把《崇般图》称为纳西族的"祭天史诗"是符合史诗的定义尺度,也契合史诗反映的纳西族传统文化的特征。

四、探讨与思考:创世史诗的本质——创造了一个什么世界

史诗之所以成为史诗,首先它是历经无数传承艺人的千锤百炼而沉淀生成的口头传统,一般以韵文体诗歌形式在特定的文化空间演述,它综合了神话、故事、传说、格言、谚语等众多文类,它与其他文类最主要的一个区别在于其文化体积的重大性,也就是说史诗所表述的文化往往是本民族的标志性文化。史诗是滥觞于西方文类的一个学术概念,它以《荷马史诗》为典范,从古希腊时期的亚里士多德、柏拉图到现当代的帕里、洛德,从"荷马问题"到口头程式理论,在两千余年时间里持续研究,使史诗研究推向了一个广阔深远的学术之境。国内学术界在引介、实践这些理论过程中,极大推动了我国各民族的史诗研究,加强了与国际史诗学界的对话交流,提升了国内史诗学界的话语能力。"朝戈金借鉴民俗学三大学派(口头程式理论、表演理论、民族志诗学)共享的概念框架,结合

---

① 杨杰宏:《麽些考释》,《中央民族大学学报》2013年第3期。

蒙古族史诗传统表述的《史诗术语简释》和史诗文本类型；尹虎彬对西方史诗学术的尝试省视和中国史诗传统实践的多向度思考；巴莫曲布嫫提炼的'格式化'，演述人与演述场域，文本属性与文本界限，叙事型结构和叙事界域，特别是'五个在场'等，则大都来自本土知识体系与学术表述在语义学和语用学意义上的接轨，以及在史诗学理论建构上东西方融通的视域。其次，在方法论上对史诗传统的田野研究流程、民俗学意义上的"证据提供"和文本制作等问题做出了可供操作的学理归总。"① 毋庸讳言，国内史诗研究在不同程度上存在着过度依赖西方理论症状，未能在自身的文化土壤里建构起话语体系，关键一个原因是往往以西方理论来套，而不是从研究对象的实际情况出发。国内有些学者至今仍坚持南方民族不存在"史诗"的观点，主要是这些学者的史诗概念是以《荷马史诗》的范例。由此可见，以《荷马史诗》为范例的西方史诗概念来观照南方史诗，会产生诸多不适症状，这些症状也引起了一些学者的批判及反思。②

　　需要说明的是，笔者并不是反对使用"创世史诗"这一概念，而是重在强调"创世史诗"这一主题共性背后的文化差异性，因为"创世"主题并不能涵盖南方各民族的文化特质，由此遮蔽了对不同民族史诗深入认识。"创世史诗"之概念突出的是"创世"内容，而笔者在此强调的"创世"是"创造了一个什么世界"，《布洛陀》创造了一个稻作文化世界，《崇般图》创造了一个祭天文化的世界。除了上文中提到的纳西族与壮族的这两部史诗外，类似的史诗在南方民族中比较普遍的。譬如德昂族的创世史诗《达古达勒格莱标》始终以万物之源——茶叶为主线，讲述茶种的来历、茶树的栽培、茶叶的制作、茶叶的功效等，并以奇妙的幻想将茶拟人化。"茶叶是德昂的命脉，有德昂的地方就有茶山。神奇的传说流传到现在，德昂人的身上还飘着茶叶的芳香。"当大地一片混沌时，天上却"美丽无比，到处都是茂盛的茶树"，"茶树是万物的阿祖，天上的日月星辰，都是由茶叶的精灵化出。"③ 102片茶叶被风吹落到人间，幻化成52对男女，他们成为人类的祖先。最后因恶魔作祟整个人类只剩下一对兄妹，他们战胜了很多艰难困苦后结为夫妻，把茶树遍种于人世间，他们也成为了德昂族始祖。德昂族属于南亚语

---

① 朝戈金：《朝向21世纪的中国史诗学》，《国际博物馆》2010年第1期。
② 杨杰宏：《南方民族史诗的类型问题探析》，《民间文化论坛》2014年第6期；吴晓东：《史诗范畴与南方史诗的非典型性》，《民间文化论坛》2014年第6期；黄静华：《史诗文类视角中的拉祜族"古根"叙事传统》，《中国社会科学报》2015年11月6日。
③ 赵腊林演述、陈志鹏记录整理：《达古达楞格莱标》，《山茶》1981年第2期。

系孟高棉语族,世代居住在西南热带雨林地区,具有悠久的种茶、制茶、饮茶的历史,茶叶已经渗透到了他们的历史、文化与生活中,所以他们才自称为"茶叶的后代"。从这个意义上来说,《达古达勒格莱标》是德昂族的文化史,心灵史,茶叶滋养了这个民族的生命,他们赋予茶叶以灵魂,并以史诗的形式世代传承至今。对于这样一个自称为"茶叶的后代"的民族史诗,我们为什么不能称其为"茶叶史诗"呢?

从史诗得以产生、传承、演变的具体的文化生境出发,结合其文化特质、历史传统、审美特征、传承流布、文本类型、演述方式等多方面因素来界定不同民族的史诗类型,撇弃简单的概念生搬硬套,既是深入把握史诗类型的多样性与复杂性特征的有效途径,也是推进史诗研究的重要方法论。

〔杨杰宏:中国社会科学院民族文学研究所副研究员〕

中越民族神话的历史景深与文化生态
——以壮族岱侬族为例

黄 玲

一、引言

越南北部与中国南方地理交界、生态相近，自上古时代就有人类在此繁衍生息、迁徙往来，越南先民大多集中在今越南北部和中部的地域范围内。有观点认为越南古代早期文化是受骆越文化影响，越南史家陶维英曾说："在现今粤江流域地区的各民族中，则壮族可被视为百越人的嫡系后裔。为此，对壮族人的语言文化有所研究，就可以帮助我们了解百越人的文化，并且对壮族语言文化的研究又可以间接地有助于我们了解到我们的祖先骆越人的语言文化。"① 但另一种观点认为："由于东山古物之出现，考古学家认为，由于汉文化之传入，使得骆越文化逐趋衰微。"② 关于越南文化与骆越的关系，一直是越南学界讨论的焦点，孰是孰非，莫衷一是。最近越南民族主义有激化趋势，使得越南学界对骆越文化的看法产生偏颇，提出了骆越文化中心位于现今越南的观点。

越南对民族起源和国家历史的叙事，虽然存在多元的声音，但复线的历史叙事仍不可避免其主观性的"记忆""选择"与"建构"。历史的表现形态，除了文字著录文献记载，还有口述、仪式等许多传统需要关注，例如"在各地人群长期交

---

① ［越］陶维英：《越南古代史》，刘统文、子钺译，商务印书馆，1975 年，第 112 页。
② ［越］释德念：《中国文学舆越南李朝文学艺之研究》，大乘精舍印经会出版，1979 年，第 33 页。

流、交锋下产生的以各种媒介表述的'历史记忆'",尤其是"民族神话传说"。①因此从民间视角来观照历史与地方社会的联系,会凸显出不一样的历史景深。鉴于此,我们立足于人类学田野调查中的"主位"立场,通过参与观察和感受体悟那些活态传承的神话叙事及信仰仪式,将研究视野沉潜到文化的深层,来探寻越南民族文化与骆越的文化关联。

二、中越同源神话的文化原型与神话历史

"骆越"一词最初见于《汉书·贾捐之传》,而更早还可追溯到战国末年,《吕氏春秋·本味篇》其中就"越骆之菌"的记载。今所言之"骆越",专指一个族称,是古百越的分支。百越范围广阔,其中"交趾""九真""南海""日南"现位于与广西交界的越南。从考古材料可推知这一区域的人类活动早至新石器时代,那时还未有国家行政边界的划分。中国史籍的"交"或"交趾"是指中原南部地区的边缘,并非安南人,到公元前207年赵佗设交趾郡后,"交趾"方指东京一带,法国汉学家鄂卢梭指出:"我们若是要考究东京平原古代居民的种族同历史,应在交趾一名之外求之。此处部落有两个古名颇为重要,……这两个名称就是瓯骆。"②"瓯骆"是"西瓯"与"骆越"的简称。越南学者陶维英也认定百越之"雒越"是越南民族的直接祖先,西瓯与雒越毗连,因此"谈到瓯雒的社会与文化,当然是指古代我国在受中国文化的影响而产生变化以前的社会与文化"③。

越南早期人类多居住在越南北部和中北部,部分骆越先民迁入并与当地的族群人种结合,演化为当今越南的诸多民族。现今聚居在越南北部的岱族、侬族、山斋族与中国骆越族群有着深远的渊源。有学者论证:"越南岱族和中国壮族有密切的亲缘关系,同源于古代百越中的西瓯、骆越,在语言、装束、习俗、宗教信仰等文化特征的许多方面仍然是相同或大同小异的";侬族"多是在公元前10世纪前后由中国广西、云南迁来的,与左右江一带壮族的'布侬'是同一支系"④。而且,越南宣光省的部分岱族就是19世纪末广西刘永福黑旗军援越抗法后留居越南的后裔。岱族占据平原河谷、从事农业,经济较为发达;侬族多居住

---

① 王明珂:《英雄祖先与弟兄民族:根基历史的文本与情境》,中华书局,2009年,原序与谢词。
② [法]鄂卢梭:《秦代初平南越考》,冯承钧译,台湾商务印书馆,1971年,第121—122页。
③ [越]陶维英:《越南古代史》,刘统文、子钺译,商务印书馆,1975年,第126页。
④ 覃敏圣:《东南亚民族》,广西民族出版社,2006年,第7页。

在山林之间，农业不发达，经济也较岱族落后。居住在越南的岱人和侬人，分别讲岱语和侬语，属于汉藏语系壮侗语族的壮傣语支，如今越南岱、侬族是越南人口较多的少数民族。他们与中国壮族在民间频繁往来，跨中越两国国境而居，也称为"中越跨境民族"。中国壮族与越南岱侬等民族，由于相近的自然生态以及共同的文化渊源，在语言、传说和习俗等方面有着诸多相同或近似之处，具体表现为：敬奉生殖崇拜和女神信仰，祭拜稻神与铜鼓，以农耕为主要生计方式，居住干栏，擅长歌唱等等。古朴神话蕴含着原初的文化原型与丰富的族群信息，神话叙事也成为族群起源与民族演变的记忆与知识，围绕神话叙事展开的信仰与仪式，也会彰显出边疆族群的历史过程与文化实践。

（一）各民族起源神话

越南民族与骆越的关系可以追溯到神话传说时期，越南古代典籍《岭南摭怪列传》就提到越南民族与骆越的关系，越南民族就是通过神话叙事对其民族和国家的起源进行了合法性的解释。[①] 例如，"龙子仙孙"是越南广为人知的自我表述，在越南开国神话《鸿庞氏传》中把民族起源追溯到华夏文化中的炎帝，还将神农、龙君纳入了其先祖谱系，并把百越之始祖与"雄王"联结起来，并认定其为开国之先王。[②] "百蛋生百男"成为越南族群多元化的解释。在这个神话中，"百男"分两拨，一拨随母妪姬上山，一拨随父骆龙君入海。越南《八个南瓜生初民》神话讲述大洪水过后，两位天神在将8个南瓜带到地面分别放在8个地区，用8根擎天柱将南瓜捅开，里面走出了330个民族。[③]

在这些神话中，从南瓜中出来的人类不是原始初民，而是有各自的民族身份。如越南有一则神话《人类的起源》讲到从葫芦里钻出了一群小伙子：大哥走在前面，是达渥人；老二是云乔人；紧跟着又出来了埃德人、色当人和巴那人；第四批钻出许多体格健壮的人；有苗人、瑶人、岱侬人、策人等等；第五批由高棉人打头；跟在后面的是佬人、泰人；最后出来的是京人。每个从葫芦钻出来的人手中都握着一把五谷杂粮的种子。……他们的孩子后来又生儿育女，代代

---

① 黄玲：《越南文学的民族叙事与中国民族文化》，《江淮论坛》2012年第5页。
② [越]武琼：《岭南摭怪列传》，见陈庆浩：《越南汉文小说丛刊》（第二辑第一册），台湾学生书局，1992年，第30—56页。
③ 张玉安：《东方神话传说》（第六卷），北京大学出版社，1999年，第86—88页。

繁衍，集合成了今天的越南各个民族共同体。① 这个"葫芦生人"神话中有着最初的人类起源的"卵生"原型，又有"五谷杂粮种子"这一农耕文明符号，更有着今天不同族群的民族称谓，正如越南学者邓台梅所言："越北的少数民族如土族、傣族、儂族、芒族……，都还保存着关于世界创造，关于兄弟部族在各地的散居，关于火的发现，关于稻谷的种植，关于在神秘的森林中托身于树木、爬虫、鸟兽，或托身于秘奥的水泉中的水族的各类天神等可爱而天真的故事。"② 这些神话叙事呈现出古朴原初、层次叠合的特点。

与《鸿庞氏传》这一越南官方话语所认定的神话历史中不同，越南少数民族流传着的神话叙事偏向于讲述各民族起源以及在某种文化符号的聚合下形成的民族共同体。同样在中国壮族《布洛陀造人》的人类起源神话中，讲述洪水退后布洛陀和咪洛甲叫伏羲在上池洗澡、叫女娲在下池洗澡，之后女娲有孕分娩下一团肉，将肉团其剁碎撒向四面八方就有了360个姓③。《布洛陀造人》这样的神话故事在壮族地区有很多异文，例如《人类始祖歌》，其中的伏羲与女娲转换为伏羲兄妹。④ 神话中的大洪水、兄妹婚等亦是中越民族神话的共有原型，但发生了不同的衍化，伏羲女娲生出的人类不是各民族的始祖，而是以姓氏为单位的不同家族的祖先。壮族先民最早时候是有名无姓，汉代之后才逐渐采用姓氏，这个壮族神话也具备古朴原初、层次叠合的特点，而对汉族文化的吸纳尤为突出。

越南民族也和中国许多民族一样，在历史上都产生过族群的演化与融合，因此在越南的神话叙事中对其多民族构成的历史文化进行了解释，包括岱侬族在内的越南民族起源神话，多偏向叙述同源民族的形成原因与分化过程。但越南自封建立国以来强烈的民族主义，其历史充满了选择性建构，这必将遮蔽或遗落一些真实的历史和社会本相。我们沿着神话叙事对越南历史与骆越的关系进行探颐索源，以求凸显出越南民族与骆越文化的深层联系。

（二）动植物与人类复合的创生神话

在中越跨境民族的创生神话中，创世主体除了创世神话共有的混沌宇宙

---

① 张玉安:《东方神话传说》(第六卷)，北京大学出版社，1999年，第68—79页。
② [越] 邓台梅:《越南文学发展概述》，黄轶球译，见徐亮、王一洲、王李英:《黄轶球论译著选集》，暨南大学出版社，2004年，第461页。
③ 农冠品:《壮族神话集成》，广西民族出版社，2007年，第164页。
④ 农冠品:《壮族神话集成》，广西民族出版社，2007年，第332页。

（蛋、卵、肉包）等原型，还出现了包含有始祖神、动物和植物，呈现出多元性和复合性的特征。

　　壮族神话讲到天地形成之前是团大气，推动这团大气的是屎壳郎，第一个爬到这团大气的是裸蜂。大气被裸蜂用牙齿咬破后出现三个蛋黄，一个飞出去成天，一个飞出去成地，还有一个飞出去成水。于是女始祖神姆六甲令裸蜂修天、屎壳郎平地，并使屎壳郎做天地之间传话的使者。另一则壮族神话则讲了五色气体冷却成为三黄神蛋，经屎壳郎滚动、螟蛉子叮破，炸开而成了天界、地界和水域。裸蜂也叫细腰蜂，屎壳郎又称"拱屎虫"，即蜣螂。

　　越南高平地区的岱侬族神话中也出现了蜣螂这一动物的形象，这个天地分离的神话最初也是天地相离很近，后来天升高了的神话，除了舂米碰天的原因，还有说是天神的使者蜣螂传错口信，使得人类一日三餐消化排泄太多臭气熏天而导致天升高。[①] 这些动物都是富有生殖力和生命力的，这些创生神话中出现的创世动物与生殖崇拜有密切关系。因此，我们可以明晓壮族裸蜂神和屎壳郎这些动物崇拜的原因所在。

（三）稻作神话

　　相同的稻作文化，使得中越两国都流传着稻作神话和稻神崇拜。

　　壮族稻子神话中传说稻子是粘在九尾狗尾巴被带到了人间。《天地分离》[②] 也讲到从前天地之间的距离只有九尺，天地间可以自由来往，但地上人舂米时碓子总是碰到天板，天上神受不了就把天升高到二丈，这样地上人舂米时再也碰不着天板。由这些神话可知，在很早的时候，在人类的宇宙观形成的初期，天地并不是隔绝的，而且壮族先民就有了稻谷采摘和加工等生产活动。

　　在越南岱侬族的《布良君》神话里，祖先是称为"少该"的一位姑娘，是她在山上发现了一种"白粒青草"并带回播种，使得人类有了稻米。在越南的星门、科木、康等少数民族里，稻子收割季节时必须有一个女人扮作"稻母"先到田里捋稻子，之后每家每户才能收割。这一仪式据说是为了稳住稻魂，以免稻魂受惊而影响收成。[③] 在中越边疆地区，许多民族供奉的稻神、农神都是女性。从带回

---

① ［越］黄俊南：《Hoang Tuan Nam chu bien : Non Nuoc Cao Bang》，越南民间文艺协会、东西语言文化中心自印稿，2001年，第274—275页。
② 农冠品：《壮族神话集成》，广西民族出版社，2007年，第181—182页。
③ ［越］黎氏壬雪：《越南妇女》（第一集），越南外文出版社，1975年，第34页。

稻种到种植、耕作和收获,担任这一工作的都是女性,可见,越南的稻作神话与女神信仰是紧密结合的。

(四)花婆信仰

中国壮族和越南岱侬族都有"花婆"信仰。花婆,是壮族的生育女神,又称为花王圣母、花林圣母、花王神、送花娘娘等,壮族神话《创世女神姆洛甲》(之二)[1]送红花白花"洛甲管花山,栽培许多花",讲到花婆送红花生女孩,送白花生男孩,如果花婆将红花和白花栽在一起,人间男子和女子便结成夫妇;去世后这些人就回归花山还原为花。《中国各民族宗教与神话大词典》中的"花婆神"条载:"壮族信奉的司生育女神。壮族古代神话中的姆洛甲,就是花婆神的原型。据说旧历二月十九日是花婆生日,所以壮族妇女在这一天过节。"[2]《岭表纪蛮》一书记载了壮俗祭花婆的仪式:"僮(壮)俗祀圣母',亦曰'花婆'。阴历二月二日,花婆诞期,……又僮(壮)人乏嗣,或子女多病,则延师巫'架红桥','接彩花',乞灵于'花婆',斯时亲朋皆贺……"[3] 可见花婆信仰与女性生殖密切相关。很多跨境民族的文化传统中也有花婆信仰。越南民间家庭多设有供奉花婆的香炉,在越南的北件省有侬族供奉花婆神位,花婆灵位与祖宗灵位是平行供奉。[4] 花婆在这些族群的观念世界中非常重要,是生殖崇拜的体现,蕴含民众传宗接代、多子多福的祈愿,因此被尊为与祖先同等位置。

花婆的象征符号是花,花蕊即植物的生殖器,花婆崇拜包含着强盛的生殖崇拜与生命信仰的意蕴。在越南神话《人类的起源》中,葫芦生出的各民族是通过手中所握的五谷杂粮的种子来形成认同,形成了民族共同体;而在另一则神话异文中,则是以葫芦花来作为民族共同体的认同。粮食种子和葫芦花,一个象征给养生命的食物,一个象征繁衍生命的植物,都具有生殖功能,同时种子-花蕊、食物-鲜花,呈现为万物复苏、生生不息之生命力的象征。强盛的生殖力和生命力是女神信仰的一种体现。越南广泛流行的母道信仰也属于女神信仰。据学

---

[1] 农冠品:《壮族神话集成》,广西民族出版社,2007年,第21页。
[2] 中国各民族宗教与神话大词典编审委员会编:《中国各民族宗教与神话大词典》,学苑出版社,1990年,第762页。
[3] 刘锡蕃:《岭表纪蛮》(民国影印本),商务印书馆,1934年,第196页。
[4] [越]阮氏安:《越南岱、侬族民间信仰中的女神崇拜》,滕成达译,见《中国壮学》(第二辑),民族出版社,2006年,第74—75页。

者调查,越南的民间信仰可以大致分为三个方面:即繁殖信仰、对大自然的信仰和对人的信仰。①而在越南越族与一些少数民族的传统信仰中则盛行一种母道信仰,这些民族视母亲"为一种最高创造并管理宇宙、自然界,保佑支持人们达到健康、钱财、福禄的愿望的最高神灵"②。从越南民间母道信仰的内涵与功能不难看出,母亲、花婆与女神,这些信仰都共同尊崇神圣女性的生殖力和生命力,并随着世俗愿望的扩展而有所增加。花婆崇拜涵盖了壮、泰、傣、侬、岱等一大批民族。可见,女神崇拜是中越跨境民族共同的生命底色,其生命意识都与自然界的动植物的生殖繁衍有着相同的"文化编码"。

综上所述,壮族岱侬族的民间信仰和民俗传统对骆越的历史文化有深远的渊源关系,找出与骆越文化的相关重要信息,复原骆越历史文化的原貌,探寻其演变过程,这不仅有助于中国各民族彼此的了解与民族内外族群关系之改进,也将是中国历史记忆对世界的贡献。

三、中越同源神话的宇宙观念与信仰仪式

神话叙事是人类的宇宙观与诗性思维的结合呈现,人类在观照自然、繁衍生命、生产劳作等生存活动中产生了对天地神灵的想象与崇拜,并在现实中通过图腾崇拜、祭祀仪式、口传叙事和文字记载等方式代代传承。上文所提及壮族和岱侬族的神话叙事,从文化发生学视域我们都可以在骆越民族的原始信仰中找到其文化原型。哈里森就认为,神话都是源于对民俗仪式的叙述和解释,所有原始仪式都包括两个层面:"即作为表演的行事层面和作为叙事的话语层面,动作先于语言,叙事源于仪式,叙事是用以叙说和说明仪式表演的,而关于宗教祭祀仪式的叙事,就是所谓的神话。"③神话不仅仅止于叙事层面和口述行为,还有着祭祀仪式和社会展演等表现形态。

在原始时期,人类生命繁衍最基本的保障就是食物与生育,因此远古时代的神话叙事与地理生态和生产方式有密切关联。对于原始先民而言,随着大自然生命周期和季节循环而存在的野兽、飞鸟、植物,与人类自身的生命没有严格的

---

① 刘志强:《越南的民间信仰》,《东南亚纵横》2005年第6期。
② 王三庆、陈益源:《2007年东亚汉文学与民俗文化国际学术研讨会论文集》,乐学书局,2007年,第497页。
③ [英]哈里森:《古代艺术与仪式》,刘宗迪译,三联书店,2008年,译序第2页。

区分，他们常常根据其身处的地理生态条件，来关注与掌握农作物的生长现象与生产经验。早期骆越族群生活的区域范围位处亚热带季风气候区，属于稻作文明，其所处的地理生态和气候环境，非常适合稻米生长和食物供给，很早就形成了以稻作为主的农业社会，"骆越"与"雒田"与"雒民"有密切关联，是骆越初民根据自然气候变化来创造和调适其生产、生活与社会情境，《水经注·叶榆水》卷三七引《交州外域记》就记载："交趾昔未有郡县之时，土地有雒田。其田从潮水上下，民垦食其田，因名为雒民。"水的涨落形成雒田，稻田的耕作带来谷米，因此这一地区祭祀稻米或稻神的仪式能够流传至今。

而以稻作为主的农业资源和农业社会，使其形成一种文化生态和文化共性，骆越初民把太阳、河流、青蛙、龙蛇等与稻作生产紧密相关的天象和动植物进行祭拜，例如在越南出土的一些铜鼓上，都会发现鼓面或者浇铸有青蛙，刻有太阳光芒和水的波纹，头戴羽饰的人列队起舞。这样的图像表现与中国骆越铜鼓如出一辙，呈现出天-地-水三界结合的宇宙观。铜鼓是权势和神圣的象征，羽人列队而舞的盛大场面，可推知是正在举行祭祀仪式，当蛙声与雷声呼应，敲响铜鼓的声音即是向天神的祈愿与感恩。随着思维的抽象化，如今中国壮族和越南岱侬族等跨境民族形成了"天"的宇宙观念并进行祭祀仪式。据学者介绍，"天"的意思是"仙官"，祭祀"天"的仪式叫"做天"。"做天"也是祭祖，"（每年）农历正月初一至十五是最隆重的祭祖，各村或连村举行，目的是保佑今年风调雨顺，五谷丰登，人丁兴旺，六畜肥壮，祈福攘灾"[①]。据史书文献记载，现今举行的各种祭祀活动均有悠久历史，如《隋书·地理志下》载："其俗信鬼神，好淫祀，父子严或异居，此大抵然也"[②]；《安南志原》卷二载："交趾旧俗，信尚鬼神，淫祠最多。人有灾患，跳巫走觋，无所不至。信其所说，并皆允从"[③]。可见巫鬼信仰之风在中越边疆地区十分盛行。与书写传统不同，这些神话叙事和与祈福增殖的信仰仪式，成为民众生活的重要组成部分并延续至今。因此，唯有透过文献记载和文字著录的"纸背"，深入到更深远的历史场景、更原初的神话叙事，方能对中越跨境民族在族群记忆和社会历史的选择性建构进行把握与认知。

骆越先民的生产和文化都以稻作为中心，土壤和田地成为人生存的必要因

---

① 范宏贵：《同根生民族——壮傣各族渊源与文化》，光明日报出版社，2000年，第303—309页。
② 《隋书·地理志》，中华书局，1973年，第886页。
③ 转引自王彦：《儒、释、道在越南传播的特点》，见张玉安：《东方研究2007·东南亚研究专辑》，经济日报出版社，2008年，第322页。

素，由此女性在生产劳动和社会生活中作用尤为重要。活态传承的神话叙事是生命信仰的表述与传递。在壮族先民的神话叙事中，创造生命的始祖是女性神，在壮族创世神话《咪洛甲造三批人》讲到始母咪洛甲以各种办法来造出健康强壮的人类。还有生殖力和生命力兼具的花婆崇拜，甚至所生活的地理形态与自然风物都被赋予了女性化的特征。

上文提到的越南各民族起源神话中，葫芦生出的各民族始祖是男性，但孕育其生命的是葫芦（母体），手中所握的生命给养和族群认同是稻谷和花（女性）。还有，越南的稻神形象也多是女性。诚如越南学者所言，越南的女神崇拜，"主要是起源于古代妇女的具体的实际作用——生育儿女、管火、盖房、种桑种豆、做家族和氏族的首领"[①]。在原始时代的生产生活中，女性不仅繁衍生息，还负责采集、制陶等劳作，因此除对生殖力的自然崇拜外，还承担着原始农业发明者的文化功能，显现出鲜明的社会功利性。因此，越南女神崇拜的文化原型是生命创造者和农业发明者的复合体。

四、中越同源神话的历史心性与家园遗产

窃以为，我们对中越同源神话的理解和阐释，不能够仅仅停留在同源异流、同根异枝的梳理描述；如果到此为止，则只是成为取得共识的中越文化交流一个注脚。我们所要做的是将这些神话及其衍化纳入骆越文化这个社会系统中进行比较分析，诚如涂尔干所做的提醒："对社会学家和历史学家来说，社会事实始终随着它们所参与构成的社会系统的变化而变化；一旦这些事实脱离了社会系统，就无法理解了。"[②] 克罗伯也说："（现在的人类学家）把对一个群体或社会的研究放在它和与它相关联的大群体或大社会之间的关系的背景中去探讨。"[③] 为获得中越文化关系和历史本相的真实认知，我们要将中越同源神话置放在对中越族群长时段的历史回溯和整体性的观照视域中。换言之，我们希冀能够从中找到这些神话叙事与信仰仪式如何影响和塑造了跨境民族的族群记忆与社会现实，并经族群主体怎样的文化实践而代代传承，生生不息。

---

① [越]黎氏壬雪：《越南妇女》（第一集），越南外文出版社，1975年，第31页。
② [法]爱弥尔·涂尔干：《宗教生活的基本形式》，渠东等译，上海人民出版社，2006年，第89页。
③ [美]雷德菲尔德：《农民社会与文化：人类学对文明的一种阐释》，王莹译，中国社会科学出版社，2013年，第49页。

中越同源神话涵括了相近的自然生态、宇宙观念、信仰仪式和神话历史等，这些原生的文化基因成为中越跨境民族文化的生成性因素，并在历史进程中不断地发生着累递、衍化和调适，形成了古朴原初、层次叠合的内涵和多元性、复合型的特征。我们在列举了各民族起源神话、稻作神话、花婆信仰等神话叙事，经比较发现，各民族起源神话所发生的衍化最大。

中越跨境民族频繁的族群迁徙，当进入一个新的生存空间，就要对自然环境和人群进行适应和融入，此种需求使人类起源的神话叙事衍生出各民族起源的神话叙事。人们藉由地方感来界定自我，尤其是对不断迁徙的族群而言。一旦其民族身份以合法性解释后，安居乐业、落地生根、生息繁衍则成为人们最强烈的生存诉求。同样，传袭的稻作文化和农耕的劳动生计也形成人们安土重迁的心态，造就了跨境民族对安稳家园的守护。因此，对生命繁盛的强烈欲望，对安宁家园的朴素向往，使得稻作神话、花婆信仰等神话叙事更为丰富多元，并经跨境民族的信仰仪式和文化实践而活态传承。例如，反交（趾）抗宋（朝）的史实人物侬智高，不仅成为壮族岱侬族的英雄祖先，还被奉为祖先神、丰饶神和保护神。而保家卫国、抗法反殖的刘永福也被作为神圣人物供奉祭祀。

在涂尔干看来，宗教信仰是某个特定集体的共同信仰，原始信仰也不例外，信仰通过仪式进行表达，并在仪式的过程中，"集体成员不仅以同样的方式来思考有关神圣世界及其与凡俗世界的关系问题，而且还把这些共同观念转变成为共同的实践"。[①] 可见，这些文化传统不仅在民众的口述与记忆中，还通过祭祀仪式，风俗习惯和节日庆典活态形式在实践着，为中越跨境民族的现实生存和世代传袭提供了共享历史和家园遗产。

五、小结

中越跨境民族的同源神话和活态传承的神话叙事和祭祀仪式，不仅孕育了中越跨境民族共有的文化原型、共生的文化生态，还成为当今民族-国家的政治框架下共享的族群遗产。在全球化影响下，战争灾难的阴影虽然淡化，但民间文化遭受巨大冲击，如何维护文化生态和精神家园成为全人类共同面临和关注的问题。有幸的是，中越跨境民族的神话叙事和信仰仪式依然保持着活态传承，这些

[①] ［法］爱弥尔·涂尔干：《宗教生活的基本形式》，渠东等译，上海人民出版社，2006年，第39页。

源自骆越的文化记忆与活在生活中的文化实践，一定程度上会增强中越跨境族群的文化生态，从而维护边疆族群的和谐与国家的文化安全。

（文章刊登于《广西社会科学》2015年第6期）

〔黄玲：百色学院教授、文学博士〕

壮族布洛陀崇拜与黎族袍隆扣崇拜比较研究

韦 慎

壮族和黎族均为我国南方少数民族，属汉藏语系壮侗语族。据相关史籍记载，至少在春秋战国至公元前3世纪之间，长江以南至沿海的广大区域内，散居着众多的相互间有密切族属关系的部族，这些部族各有种姓，且各有不同的名称，史称越人，也称古越族。由于分布区域广阔，部族众多，因而又有"百越"之称，这里的"百"为多数、不确定数，即对南方各部族群落的泛称。其中分布于江浙一带的苏南浙北地区的称"吴越"，分布于浙江南部地区的称"东瓯"，分布于福建北部和浙江南部地区的称"闽越"，分布于湖南和江西的长江中下游一带的称"扬越"，以广东中部地区为中心的称"南越"，分布于广西西部的称"西瓯"，分布于越南北部、广西西南部至海南岛一带的称"骆越"。

中华人民共和国成立以来，我国学者根据史籍、考古资料及语言学、民族学、遗传学等方面进行论证，多数人认为壮族和黎族是两个亲缘关系非常密切的部族关系，是从我国古代南方的越族发展、演变而成，特别是与"百越"的一支——分布于越南北部、广西西南部至海南岛一带的"骆越"有着较为密切的渊源关系。自古以来，勤劳勇敢的壮族和黎族人民就分别繁衍生息在百越土地上，虽然是两个不同的民族，又隔海相望，却有着血浓于水的相类似的传统文化，两者既有相似性，又各有自己独特的文化特征。本文就壮族布洛陀崇拜和黎族袍隆扣崇拜中存在的相似性和差异性做个比较，不当之处，敬请指正。

一、壮族布洛陀崇拜和黎族袍隆扣崇拜存在的相似性

从壮族和黎族的地理分布、语言特点、生活习俗、文物遗物等方面看，两者的原始宗教信仰中布洛陀崇拜和袍隆扣崇拜都存在诸多的相似性。

(一)创世神的形成存在相似性

据相关资料显示，人类历史上最早发现的宗教，即在宗教学上通常称之为原始宗教或自然宗教、自发性宗教。随着原始社会不断发展，原始居民在严峻的生存环境中生活，因不能科学了解自然界各种变化莫测现象的因果关系，而产生了恐惧、猜疑、焦虑的心理，认为自然界的各种事物都存在着超自然的力量，能主宰和支配人们生活的方方面面。因此萌发对自然界中的事物如山川、天体、日月星辰、雷雨闪电等作拟人化加以崇拜，并希望通过祈祷、唱诵赞词、跳祭祀舞等形式以求庇佑，由此滋生了对大自然的崇拜，出现了原始宗教、自然宗教或自发性宗教。

祖先崇拜在原始宗教中占有很重要的地位，是我国壮、黎、侗、傣、苗、彝、鄂伦春等少数民族原始宗教的主要表现形式。从宗教信仰形态看，祖先崇拜作为壮、黎两族人民信仰生活中一种极为普遍的文化现象，其最初是在母系氏族社会向父系氏族社会的发展过程中，由图腾崇拜过渡而成，即在亲缘意识中萌生、衍化出对有血缘关系的本族祖先魂灵或氏族、部族的鬼魂作为崇拜对象。随着社会的不断发展，父权制得到了确立，原始家庭制度趋于明朗、稳定和完善，人们逐渐有了氏族和部族祖先中的鬼魂(灵魂)可以庇佑本家族(氏族、部落)成员，并能赐福子孙后代的观念，并开始将本家族(氏族、部落)的祖先神化加以祭拜、祈求其家族成员鬼魂(灵魂)的宗教活动，由此形成魂灵观念的祖先崇拜，也称部落宗教。

祖先崇拜是以魂灵为基础的，准确地说，其实是以鬼魂崇拜为基础的。这一时期的宗教是母系氏族社会时期的宗教基础上发展起来的，属于原始宗教晚期。这里必须说明的是，在原始社会晚期，先民们的观念中鬼魂和灵魂是有差别的，灵魂附于肉体之内，除了做梦和害病时才离开肉体，对他们而言没有形成利害关系而不予于崇拜。但鬼魂在人死后离开肉体，并加害于人或可保护、庇佑人，因此成为先民们的崇拜对象。在鬼魂崇拜基础上，先民们首先把家族内有血

缘关系的祖先鬼魂看成始祖身加以崇拜，接着又把本氏族、部族有贡献、有威望首领的亡灵看成本氏族、部族的始祖神加以崇拜，从而逐步形成原始宗教的祖先崇拜。因此，我们可以断定壮族布洛陀崇拜和黎族袍隆扣崇拜属于具有原始宗教性质的祖先崇拜，并推测布洛陀和袍隆扣是处于父系氏族社会时代对壮族和黎族先民氏族、部落有贡献、有威望的首领，他不仅是行政首领、军事首领，而且按照氏族部落社会的习俗，他兼有祭司的职能，是本氏族部落的宗教领袖，具有至高无上的权威，受到人们的尊崇，后来人便把本氏族部落的兴衰过程，本氏族部落所创造的业绩，例如钻木取火、疏通河渠、建造房屋、发明渔猎、发明稻作农耕等等，都集中到他的身上，使他成为本氏族部落的始祖神、创世神，并成为维系本氏族部落或更大的人们共同体团结的精神力量。以布洛陀和袍隆扣为代表的远古时期壮族先民和黎族先民对自然力的斗争和对理想的追求，是原始社会时期壮族先民和黎族先民处理人与自然、人与社会、人与人之间关系的生动写照。布洛陀是壮族先民口头文学中的神话人物，是创世神、始祖神和道德神，其功绩主要是开创天地、创造万物、安排秩序、制定伦理等；袍隆扣也是黎族先民口耳相传的神话传说中的创世神、始祖神，其功绩主要是开创天地，创造山川、重置日月数量与规律、美化自然界、造福人类等。特别需要强调的是，壮族和黎族宗教信仰基本相似，均信万物有灵，笃信凡自然界一切有生命及无生命的事物均有魂灵。而自然崇拜和祖先崇拜是壮族和黎族信仰的主要内容，祖先崇拜占据着重要地位。可见，壮族布洛陀崇拜和黎族袍隆扣崇拜关于创世神（始祖神）的形成存在一定的相似性。

（二）地理分布存在地缘亲近性

据相关史籍及地理学考证，壮族和黎族是居住于我国南方区域的两个亲缘关系非常密切的少数民族，是从我国古代南方的越族发展演变而成，特别是与"百越"的一支——分布于越南北部、广西西南部至海南岛一带的"骆越"有着较为密切的渊源关系。自古以来，勤劳勇敢的壮族和黎族人民就分别繁衍生息在百越土地上，形成诸多相似的文化特征。壮族是我国人口最多的少数民族，有1600余万人（据2010年第六次全国人口普查统计），其中1500余万人居住在广西境内。据史籍、考古资料及语言学、民族学、遗传学等方面的论证，当今壮族人的起源可以追溯至2000多年前"百越"中的两支群落——"西瓯"和"骆越"。海南岛位于中国的最南端，由琼州海峡和北部湾将其与中国大陆和中南半岛隔离，独特的地理位置和独立、封闭的地理环境使得其历史发展规律有别于中原地区乃至华南地区同时期的历史发展进程,为黎族社会内部比较完整地传延自己作为海岛民族独有的土著文化和社会形态提供了条件。黎族作为中国最古老的民族之一,是海南岛最早的居民和开拓者,现有140余万人(据2010年第六次全国人口普查统计),主要居住在海南岛。学界根据各方面材料考证,多数人认为黎族也是从"百越"的一支——"骆越"群落发展而来,信仰仍处在原始宗教阶段。因此,壮族布洛陀崇拜和黎族袍隆扣崇拜在地理分布方面具有地缘的亲近性。

(三)具有相似的神话传说

壮族和黎族两个南方少数民族的区域分布、语言特点、生活习俗、出土器物等文化特征都存在诸多相似性,下面我们从这两个民族创世神(始祖神)的神话传说谈起,并从神话传说的内容和情节中找出其相似性。

在叙说传说故事之前,我们先要了解壮族《布洛陀》和黎族《袍隆扣》的含义及其文化背景。"布洛陀"是壮语的译音,布洛陀的"布"是很有威望的老人的尊称,汉译是"公公"的意思。"洛"是懂得、知晓的意思,"陀"是多的意思,连起来意思是"懂得很多东西的长老"。"布洛陀"是壮族神话传说中"无所不知,无所不能"的创世始祖。壮民族的子子孙孙是布洛陀与母勒甲所生,并创造了适宜壮族子孙居住的山、水、树木、田地、水稻、猪、牛、羊等牲畜。从神话传说流传内容看,布洛陀应该是一位被神话的壮族创世始祖神。"袍隆扣"是黎语的译音,袍隆扣的"袍"是祖父之意,也是指很有威望的老人(奥雅)的尊称。"隆"是大、巨大的意思,"扣"是力气、力量的意思,连起来意思就是"大力的祖父","袍隆扣"是黎族神话传说中"体壮力大,勇敢智慧"的创世始祖,是黎族社会自母系氏族社会向父系氏族社会发展过程中,由图腾崇拜演变而成的黎族先民人格化的超自然的创造美好世界的非凡大力神,代表着勇敢和智慧,是黎族民众世代敬畏和膜拜的英雄。

壮族《布洛陀》神话传说:

在遥远的古代,天地还没有分开,也没有万物,后来,是布洛陀派下盘古王和天王氏,把天地分开,造日月星辰放在天上,造山川万物放在地上,从此才有了天空大地,有了天地之间的万物,形成了色彩缤纷的世界。虽然造天地的任务是盘古王和天王氏完成的,然而造天地的主意则是布洛陀定下的，造天地的命令也是由布洛陀发出的，盘古王和天王氏只是具体执行命令而已。因而，造天地的神是布洛陀。布洛陀造天地之后，仍觉得大地非常单调、枯燥，于是他又请天王氏来把天地和日月星辰安排、规整。接着让九头龙犁出河沟，使大地呈现高低不平的地形，既有山岭平地，又有江河沟溪，更有利于万物生长和人类居住。他又派各种神灵创造树木草类、飞禽走兽、虫蛇鱼虾，使形形色色的物种生长繁殖，使大地天空万类共生，使人类有各种各样的食物，世界因此变得色彩斑斓，生气蓬勃。

黎族《袍隆扣》神话传说：

相传在很久很久以前，天地距离很近，人站起来，头就触碰到天，而天上又有七个太阳和七个月亮，太阳和月亮轮番照射着大地，天地亮得没有昼夜，太阳则炙烤着大地，晒到江河干涸，大地寸草不生，人类也置身于水深火热之中，难于生存。有一位高大威猛的大力神名叫袍隆扣，非常同情黎民百姓所遭受的苦难，他起身用头和双手将天顶得高高的，于是就有了天地之分。然后用弓箭射掉六个太阳和六个月亮。为了让人类生存繁衍，袍隆扣于是取下天上的彩虹当作扁担，捡起地上的道路当作绳索，从南海挑来沙土，造山叠岭，地上的大小山岭是从他的箩筐里漏下来的泥土。他用自己的落发造森林，他洒下的汗水则在这些沟谷里形成了奔腾的河流，从此天地才有昼夜，才有山有水，有田有地，袍隆扣为黎民万物创造了美好的家园。完成创世伟业后，袍降扣因精力耗尽而倒下，临死前，他担心天塌下来会塌下来压到百姓，便撑开巨掌，将苍天牢牢撑住，神工巨掌化作巍巍的五指山。

这两则创世神（始祖神）神话传说的产生，是因为原始时代的先民对人类起源、自然界出现的各种现象、变化以及社会产生的各种矛盾等无法得到科学合理地解释，故而借助想象和幻想把大自然的动植物、山水及日月星辰等拟人化，其核心思想就是通过神话传说表述先民对自然力、社会矛盾的抗争和对理想的美好追求。从中我们不难发现，壮族和黎族关于创世神（始祖神）的神话传说存在相当多的相似性。神话传说中的两位主角——布洛陀和袍隆扣，都是看到自然界"天地无三丈之距，日月有七双之并，昼夜不分，炙如烈焰，江海干涸，地不生毛，生灵无以为寄……"①的恶劣环境及变幻莫测的自然现象之后，因"动恻隐之心，奋神威之力"②而造福于人类的。如造天地、造山水（万物）、造田地等等。神话传说表现了古代先民对自然斗争和对理想的追求。此外，这两则神话传说都体现了壮族和黎族先民对超自然、超现实神秘力量的虚幻信仰的观念，具有较明显的原始宗教特征。由此可见，壮族和黎族这两个不同民族的人民在长期的生产生活中创造了丰富的关于创世神（始祖神）的神话传说，在故事内容、核心思想、情感表达等方面存在着许多惊人的相似性。

（四）时代背景基本相同

从神话传说流传过程看，布洛陀和袍隆扣分别是无所不知、无所不能的民族创世始祖的化身，是聪明才智的民族的化身。据壮族的《布洛陀经诗》、田州民歌《布洛陀》叙事排歌中"古时没有犁，用石片掘田，用山石锄地……"的字句，以及黎族《袍隆扣》神话传说中"取虹为担，拾路作绳，磨石为刀，劈山石为斧……"叙述语推断，布洛陀和袍隆扣均为男性，在两族先民中享有崇高的地位，其所处时代是从母系氏族社会过渡到父系氏族社会时期，即新石器时代晚期。新石器的出现，标志着人类从穴居转为屋居，从靠渔猎采摘经济向原始农耕经济发展。这在壮族"布洛陀"和黎族"袍隆扣"的神话传说中依然残留着不少影子，如造屋、造路、造桥、造稻种等。神话传说是现实社会的反映，上述《布洛陀经诗》《布洛陀》及《袍隆扣》神话传说就或多或少地折射了现实生活的影子。因此，壮族布洛陀崇拜与黎族袍隆扣崇拜从神话传说情节发展演变的过程、历史阶段所反映的时代背景等方面看，基本上是相同的。

（五）创世神的形象基本相似

各民族先民在神话传说中创造了许多创世神和始祖巨人的形象，他们是各民族先民尊崇、膜拜、依赖的对象。这些创世神和始祖巨人又以各种方式集中表现了民族的气魄、力量，显示了民族的性格、精神。壮族布洛陀崇拜的神话传说中，布洛陀是一位"无所不知，无所不能"的创世始祖形象，他高大威武，力量

---

① 摘自黎族《袍隆扣赋》。

② 摘自黎族《袍隆扣赋》。

威猛，他造日月星辰放在天上，造山川万物放在地上，从此才有了天空大地，有了天地之间的万物，形成了色彩缤纷的世界。他能创造一切，指挥一切，派各种神灵创造树木草类、飞禽走兽、虫蛇鱼虾，能带领诸神找谷种、找火，使形形色色的物种生长繁殖，使大地天空万类共生。这些形象在不同程度上体现了壮族原始先民的品格。黎族先民在万物有灵论的观念支配下，其袍隆扣崇拜中的神话传说是通过天真奇幻的想象，塑造一位高大威猛、勇敢智慧、富有同情心的英雄形象，为创造一个适合人类安居的自然环境，他开天辟地，驱除灾害，最后付出自己宝贵的生命。人们不但崇敬和怀念他，还寄予最美好的祝愿，歌颂他无私奉献的精神和力量，他是黎族人民勇敢与智慧的化身。

此外，壮族和黎族神话传说中的创世神（始祖神）形象具有将本族祖先神化并对之祭拜、相信其祖先神灵具有超凡的威力、具有庇佑后代族人并能与之沟通互感的特点，这使得古代宗教从自然崇拜上升为人文崇拜。布洛陀神话传说表现了以布洛陀为代表的远古时代壮族先民对自然力的斗争和对理想的追求，是原始社会时期壮族先民处理人与自然、人与社会、人与人之间关系的生动写照，也体现了先民控制自然的强烈愿望，向人们展现出一个"无所不知，无所不能"的创世始祖形象。袍隆扣神话传说通过描述人与自然界的抗争过程和征服自然的事迹，歌颂了劳动人民爱憎分明的真实情感，表现了黎族人们理想中"体壮力大，勇敢智慧"的巨人英雄的形象。但从社会意识看，这种虚幻信仰观念的许多内容其实也是现实社会的反映，尽管这些反映存在过多的世俗性和势利性，是特定阶级利益和需求的反映。

二、壮族布洛陀崇拜和黎族袍隆扣崇拜存在的差异性

宗教作为一种文化现象，既有共性，也有差异性和民族性。每个民族的文化都有自己的独特之处，壮族布洛陀崇拜和黎族袍隆扣崇拜都有自己的民族性，让我们从两个民族的宗教崇拜中窥视其差异性。

其一，从内容上看，壮族布洛陀崇拜和黎族袍隆扣崇拜的创世神（始祖神）有以下差异：一是布洛陀和袍隆扣两者身份角色不同，布洛陀是壮族众多神话传说人物当中的一位，它身兼创世神、始祖神和道德神的职位，其功绩主要是开创天地、创造万物、安排秩序、制定伦理等。袍隆扣是黎族唯一的创世神（始祖神），它只为远古人类开创天地、创造美好家园，并为此付出了生命；二是从功

能上看，壮族布洛陀崇拜在精神文化和价值取向方面的差异尤为明显。布洛陀除了造天地、人类和万物外，还造土官和文字。造土官是壮族宗教随着社会生产力的发展，社会分工和私有制的出现，致使社会成员出现了阶级的分化和独立，因而壮族宗教出现了带有阶级性质的土官。"土官"是桂西少数民族地区封建王朝封赐的独霸一方能世袭的官员或统治者，具有明显的阶级性和封建社会严格的等级性。而造文字是宗教的文化交流功能和文化艺术功能在宗教的具体展现，即通过造文字以宗教文学的形式来发挥自身特有的文化功能。如壮族《布洛陀》也以古壮字书写的形式保存下来，其中有一部分变成壮族民间麽教的经文，即《布洛陀经诗》是壮族巫教的经文，它唱诵壮族祖神布洛陀创造天地万物，规范人间伦理道德，启迪人们祈祷还愿消灾祛邪，追求幸福生活；三是从形式上看，壮族布洛陀崇拜和黎族袍隆扣崇拜的神话传说体裁不同。布洛陀所记载的资料相对丰富、系统而完整，且民间还流传韵散两种不同体裁的异文。而袍隆扣则以口耳相传的神话传说这一体裁，内容极为概况，语言表达甚为简略，已基本失去了口头流传的生动性。

其二，壮族布洛陀和黎族袍隆扣创世神（始祖神）的统辖范围不同。从宗教发展的历史可推知，每个民族都有每个民族创世神（始祖神）的统辖范围。这些创世神（始祖神）具有代表全民族意志的权力，是一个民族部落或部落联盟首领或行政首领、军事首领被神化的结果。因此，壮族布洛陀崇拜和黎族袍隆扣崇拜创世神（始祖神）的统辖范围是有所不同的。当然，各民族"神的王国"不越界也是各民族"人的王国"不越界的反映。正如恩格斯指出："在每一个民族中形成的神，都是民族的神，这些神的王国不越出它们所守护的民族领域，在这个界线以外，就由别的神无可争辩地统治了。"①

其三，壮族布洛陀崇拜和黎族袍隆扣崇拜的人数和规模不一样。相对而言，壮族布洛陀崇拜比黎族袍隆扣崇拜的人数和规模大得多。大家都知道，壮族是我国人口最多的少数民族，有1600余万人（据2010年第六次全国人口普查统计），其中1500余万人居住在广西境内。而黎族现有140余万人（据2010年第六次全国人口普查统计），主要居住在海南岛。由此可见，壮族布洛陀崇拜的人数比黎族袍隆扣崇拜多，两者的规模是不一样的。

其四，壮族布洛陀和黎族袍隆扣创世神（始祖神）神话传说流传形式不一样。

---

① 《马克思恩格斯选集》（第4卷），人民出版社，1972年，第250页。

壮族先民在长期的生产实践和社会活动中，创制了"土俗字"，又叫"方块土俗字"或"方块壮字"。这种文字有的是借用汉字的偏旁部首重新组合而成，有的是借用汉字注壮语音义，有些是创造的类象形字。《布洛陀》和《布洛陀经诗》中称为"sawgoek"，意为本源书，即最古老的文字。壮族很多文学作品都是用古壮文记录下来并流行至今。古壮文对于壮族群众交流感情、丰富娱乐生活、保留民族传统文化等方面起到积极的作用。据考证，土俗字产生的年代，目前学术界大多认为是从一千多年前的唐代开始，大约从明代起，在口头传唱的同时，《布洛陀》也以古壮文字书写的形式保存下来，其中有一部分变成壮族民间的麽教经文。《布洛陀经诗》原手抄本全部是用古壮字书写，保留了好多古壮语、宗教语。中华人民共和国成立后，为了提高壮族人民的科学文化水平，帮助壮族人民创制了拼音壮文。黎族是一个有语言没有文字的民族。中华人民共和国成立后，党和政府帮助创制了拼音黎文，但尚处于推广普及阶段。因此其所有的神话传说、神话故事等口头文学作品均以口耳相传的形式流传下来。

其五，壮族布洛陀崇拜和黎族袍隆扣崇拜受汉族文化的影响时间、影响程度不同。从地理分布上看，壮族主要分布于华南沿海地区，北部与湖南相邻，因此，自古以来受楚文化影响较深。而黎族主要居住于四面环海的海南岛，其独立、封闭的地理环境使黎族社会受外来文化的影响相对较晚，因此较完整地传延了自己作为海岛民族独有的社会和文化形态。此外，从时间上看，中原王朝在壮族居住区设置管理机构比黎族居住的海南岛早，因此受汉文化影响时间不同。公元前214年，秦王朝征服了百越，并在岭南设置桂林郡、南海郡和象郡，桂林郡和象郡辖治区域大部分在今广西壮族自治区内。至于海南岛的黎族，直到公元前110年，汉王朝在岛上设置了珠崖和儋耳两郡，才逐渐接受中原汉文化的影响。

三、结语

人类的文化是多元的，既有共性，又有差异性和民族性。宗教作为一种文化现象，它在精神方面具有多种文化的功能。其中包括文化艺术交流功能、教育功能、宗教习俗功能、宗教礼仪功能等。探索、研究和解释自然界和人类社会发生的各种现象是人类文化领域中最为重要的任务之一，宗教文化在这方面起到解惑释疑的功能。祖先崇拜在宗教（严格来说是原始宗教）中占有重要的地位，也是我国各民族原始宗教主要的崇拜形式。壮族和黎族作为我国南方少数民族，在地理分布、语言特点、生活习俗、宗教信仰、文物遗物等方面都存在诸多的相似性和民族性。其独特的祖先崇拜——布洛陀崇拜和袍隆扣崇拜不仅起到民族情感寄托、文化传承、血缘纽带等功能,而且也调动、催化和满足了社会民众潜在的精神需求。

随着社会的发展,壮族和黎族祖先崇拜的动机和功能又有了新的变化,其动机即功利性逐渐减弱,民族情感寄托、文化传承、血缘纽带的功能被日益强化,祖先庇佑的主观愿望与道德约束的客观效果逐步得到社会的认可,祖先崇拜文化现象的独特功能日益显现。从这几年两族举行的祭祀活动中可见,上至政府各级官员以各种方式直接参与或间接参与祭拜,下至各阶层民众自发前来祭拜。两地间的祭祀仪式形式各异,时间有先有后,既无贵贱优劣之别,也无是非对错之争,各行其是,各取所需,各得其所,充分体现了两族祖先祭祀文化层面及民众信仰的包容性和多样化。特别是壮族的布洛陀和黎族的袍隆扣祭祀活动将祭典大礼与民俗活动有机结合,更是显示了民间祭祀活动的巨大生命力。

参考文献

[1] 赵沛霖:《祖先崇拜与中国古代神话——兼论中西神话不同历史命运的宗教思想根源》,《天津社会科学》1992年第6期。

[2] 王养民、马姿燕:《黎族文化初探》,广西民族出版社,1993年。

[3] 黄鹏:《论壮族的祖先崇拜》,《广西社会科学》2006年第8期。

[4] 过伟:《壮、侗、瑶创世女神的比较研究》,《广西师范学院学报》1986年第4期。

[5] 杨树喆:《壮族人类起源神话与汉族人类起源神话的比较》,《民族艺术》1992年第2期。

[6] 陈筱芳:《周代祖先崇拜的世俗化》,《西南民族大学学报(人文社科版)》2005年第12期。

[7] 章宗文、虞宁:《试论殷商时期祖先崇拜与祭祀形式》,《平顶山学院学报》2007年第3期。

[8] 刘莉:《中国祖先崇拜的起源和种族神话》,《南方文物》2006年第3期。

[9] 林耀华:《民族学通论》,中央民族大学出版社,1997年。

[10] 刘焕云:《台湾五谷宫神农信仰及其民俗》,《根》2014年第3期。

[11] 陈麟书:《宗教学基本理论》,四川大学出版社,1994年。

〔韦慎:海南省民族博物馆副研究馆员〕

壮族文化和黎族文化相似点探析

潘敏文

民族文化是一个民族在历史发展过程中所创造和发展的具有民族特点的文化，是民族精神的体现。壮族和黎族都是中华民族大家庭的成员，壮族文化和黎族文化都是中华民族文化宝库中的重要组成部分。壮族人民和黎族人民主要居住在我国南方，壮族文化和黎族文化有不少相似的地方。对此，本文对壮族文化和黎族文化相似点试做探析。

一、相似的对人文始祖的崇拜

古时候，由于科学不发达，人们难免会用宗教和神话的眼光看待自然和社会，认为世界是由无所不知、无所不能的大神创造的，因此对传说中的神产生敬畏和崇拜。在壮族民间，人们认为壮族人文始祖是布洛陀，布洛陀是一位无所不知、无所不能的始祖神、创世神、宗教神、智慧神和道德神。相传布洛陀能开天辟地，造人造物，为壮族先民安排秩序，排忧解难。《布洛陀经诗译注》中的《唱罕王》一文中说："王（指布洛陀，下同）创造了光明和黑暗，王创造了苍天和大地，样样都是王创造。"可见，布洛陀在壮族民间传说中是一位智慧无比的大力神。

在黎族民间，人们认为黎族的人文始祖是袍隆扣。相传袍隆扣能立地撑起万丈蓝天，以彩虹为担，以道路为绳，采沙石造山川，踢高山，凿沟壑，化汗水为江河，以毛发造森林，为黎民和万物创造了良好的生存环境。袍隆扣的传说与布洛陀的传说多么相似。对此，也有人说，布洛陀和袍隆扣其实是同一尊神，只是称谓不同罢了。

汉族有后羿射日的传说，而壮族和黎族也有射日的传说。在壮族民间传说中，从前天上有9个太阳，9个太阳每天照得大地干裂了，布洛陀便叫一个叫阿正的人射落了8个，留下了一个。在黎族民间传说中，从前天上有7个太阳和7个月亮，7个太阳照得地面炎热得不长草，江海干涸，袍隆扣就用弓箭射落了6个太阳和6个月亮，留下一个太阳和一个月亮。民间传说中的壮族射日和黎族射日，都是与本民族的人文始祖有关，这是多么的相似。

因为布洛陀是传说中壮族的人文始祖，所以受到壮族人民的崇拜。同样，袍隆扣是传说中黎族的人文始祖，所以也受到黎族人民的崇拜。壮族人朝拜布洛陀和黎族人朝拜袍隆扣，有不少相似地方。每年农历三月初七至初九，壮族人在敢壮山下举行朝拜始祖布洛陀的仪式，朝拜程序有：击鼓开堂、吹牛角号、上香、上供品、恭读祭文、向布洛陀行鞠躬礼、鸣放礼炮、唱《敬酒布洛陀》歌、舞龙舞狮、各朝拜队朝拜等。每年农历三月初三，黎族人在五指山下举行朝拜始祖袍隆扣的仪式，朝拜程序有：号角迎宾、击鼓鸣锣、肃立默哀、恭读祭文、代表献祭、向袍隆扣行跪拜礼、鸣放粉枪等。以上可见，壮族人和黎族人对始祖的朝拜，从内容到形式，有不少地方是相似的。

二、相似的对古老图腾的崇拜

不少民族都有图腾崇拜，壮族和黎族也不例外。而壮族和黎族的图腾崇拜，有不少是相似甚至是相同的。广西壮学会会长覃彩銮先生在《布洛陀神话的文化内涵、社会功能及其价值》一文中指出："壮族先民的图腾崇拜主要有虎、狗、牛、羊、蛙、鸟、图额（水神）、蛇、马蜂、鹿、竹、葫芦等。"每一种图腾，都有不同的象征意义：老虎象征威猛，狗象征忠于主人，牛象征耕田耙地，羊象征温和，青蛙象征粮食丰收，鸟象征自由自在高飞，图额（水神）象征水源丰富，蛇象征小龙，马蜂象征团结协作，鹿象征适应性强，竹象征生命力旺盛，葫芦象征吉祥好运。黎族的图腾崇拜有蛇、龙、鸟、狗、蛙、牛、猫、葫芦、水稻、木棉树等，其象征意义与壮族图腾的象征意义也有相似之处。

有些壮族图腾和黎族图腾，不仅名称相同，象征意义相同，连相关的故事也相同。比如"葫芦"都是壮族图腾和黎族图腾，其象征意义都是吉祥好运。在壮族民间和黎族民间都流传着相同的这样一则故事：在很久很久的时候，天下发生大洪灾，洪水把村庄、田地淹没了，把很多人淹死了。在那次洪灾中，有一对兄妹坐在一个大葫芦里在水面上漂流，幸运地活了下来。洪水退下后，兄妹俩从葫芦里走出来，结成夫妻，繁衍后代。这种惊人的相同，说明壮族和黎族可能早就有过文化交流，是同根同源的民族。以上所说的壮族图腾和黎族图腾，都与生产生活有关，都有明显的共同特点。

三、相似的民间歌谣

壮族的民间歌谣有山歌，黎族的民间歌谣有黎歌。壮族山歌是从生产生活中诞生和发展起来的，壮族山歌属壮族的原生态文化，是用本地壮话来唱的，曲调优美，很是动人。壮族山歌内容丰富多彩，有反映男女之间爱情的，如《连情歌》的"与妹结恩义，蜻蜓花开放，整年十二月，月月都做梦，梦结成夫妻"；有反映生产劳作的，如《贼歌》的"七月禾青青，八月禾灌浆，九月谷上场，粘谷排成排"；有反映生活的，如《问凳歌》的"一同煮早餐，一起做早饭，装篮做午饭，和妹去栽树"；有诉说自己不幸遭遇的，如《孤儿歌》的"辛苦不过哥，三岁当孤儿，哥流浪篱边，挣扎自找吃，天不容哥哥，身边空又空"；有表达喜悦心情的，如《花歌》的"有心同有心，有心戽干河，翻海使海裂，撕云使天开，与你育新花"；有对美好未来向往的，如《赞巷歌》的"新屋妹父建，雕儿子麒麟，屋柱用金垫，四柱斑王燕，满屋是花果"。壮族山歌套路多，仅田州山歌套路就有：赞歌、探路歌、赞村歌、赞公婆歌、赞巷歌、赞屋歌、谢凳歌、赞酒歌、赞菜歌、谢席歌、邀对歌、猜谜歌、相逢歌、孤儿歌、花歌、求巾歌、连情歌、钟情歌、槟榔歌、离弃歌、彩礼歌、嫁娶歌、贼歌、逃婚歌、离别歌、孝义歌、上殿歌等20多种。壮族山歌从内容到形式都是多种多样，别具一格，对唱山歌也就成了壮族男女的一种习惯和时尚。壮族男女赶集的时候对唱山歌，下田下地的时候对唱山歌，求偶的时候对唱山歌，交友的时候对唱山歌，赶歌圩的时候更是要对唱山歌，对唱山歌成了人们生活中不可缺少的一部分。壮族区域有不少歌圩，歌圩时间最早的是在农历二月，最晚的在农历五月，一般是在农历三月，其中以三月初三居多。每到农历三月初三，人们从四面八方赶来，参加多姿多彩的壮族歌圩，歌圩成为人的海洋，山歌的海洋。

与壮族山歌一样，黎歌也属于原生态文化，是用本民族的语言唱出来的。黎歌内容丰富多彩，曲调优美动听。如《黎家欢歌》："春月时节百花开，黎家山兰迎客尝。黎家青年跳竹竿，男女老少聚欢唱。黎家欢聚饮山兰，对对情侣结成伴，对对情人对山歌。"这首黎歌表现了黎族和谐、欢乐的环境和幸福美满的生活。又如《五指山招手迎客来》："三月三哎三月三，黎家山兰迎客尝。五指山招手迎客来，黎家欢聚聚欢歌。欢欢喜喜闹欢心，青年对歌起风浪。"这首黎歌热情奔放，听后使人仿佛来到美丽的黎乡。黎歌是黎族人民最喜爱的音乐之一，不少男女青年以歌交友，以歌相爱，以歌结为夫妻。每到逢年过节，或赶集、或劳作、或参加一些文化活动，人民都要唱黎歌助兴。特别是每年农历三月初三的黎族传统节日，人们穿着民族服装，高高兴兴地唱黎歌，充满了欢乐的节日气氛，这与壮族的三月三歌节是多么的相似。壮族与黎族的居住地，一个接近珠江源头，一个接近珠江出口。据不少专家考证，海南黎族是从古代越族发展而来的，与古代骆越有密切关系。骆越是壮族的祖先，也是黎族的祖先，由此可知，壮族和黎族是同根同源的民族，也难怪壮族山歌与黎歌有不少相似之处。

四、相似的婚姻习俗

过去，壮族民间婚俗有求婚、订婚、结婚、离婚、再婚等环节。求婚方式有自己看中然后托媒人去求婚、父母做主然后托媒人去求婚、对歌相爱然后自己主动求婚几种；订婚是男女双方父母和个人同意后，然后经过"八字"推断、互赠礼物，再选择吉日订下婚姻大事；结婚是订婚之后一段时间，男女双方不出现什么问题，就择日办婚礼；离婚是结婚之后，夫妻双方感情不和，经常骂架打架的，可以离婚；再婚是夫妻俩离婚后，或是丧偶后可以再婚。黎族民间婚俗有订婚、许婚、约婚、接婚、合婚、对婚等，这些婚俗与壮族婚俗大同小异。

壮族和黎族过去的婚姻习俗，还有一个共同特点就是"女子不落夫家"。这种习俗就是男女结婚后当晚，女子在夫家住一晚后，第二天就回到娘家住。有些女子由于结婚时年龄太小，当晚在夫家闹过洞房后，就由娘家的人来接回去，不在夫家过夜。结婚后一段时间，每到逢年过节，或是农忙期间，由夫家的小姑去请嫂子（新娘子）来一起过节，或是帮做农活，女子才以过节或帮做农活为名来夫家住几天，然后又继续回娘家住。这样反反复复，直到怀孕，女子才正式来夫家居住。这种结婚后"女子不落夫家"的习俗，在壮族和黎族民间，一直沿袭了好长时间。

五、相似的传统节日

除与汉族相同的春节、元宵节、清明节、端午节、中元节、中秋节、重阳节外，壮族与黎族相似的传统节日有以下几个：

（1）三月三节。壮族叫三月三歌圩，黎族叫三月三爱情节。三月三歌圩期间，壮族男女穿起民族服装赶歌圩，大家一起对唱山歌。有的歌圩只是一天，有的连续三天。在三月三爱情节期间，黎族青年男女穿上民族服装，或唱歌，或跳舞，充满着欢乐的节日气氛。

（2）牛节。壮族的牛节一般是在农历四月，黎族是在七月。每到牛节之日，壮族和黎族的活动内容基本相同，都是修补牛栏，给牛灌酒补身，割新鲜的草给牛吃，跳牛魂舞等等。

（3）谷魂节（禾节）。壮族先民和黎族先民都相信水稻有灵魂。每年晚稻收割后，都要过着与水稻有关系的节日，壮族叫谷魂节，黎族叫禾节。每到谷魂节，壮族民间家家户户都要用新米来做糍粑，庆祝粮食丰收。每到禾节，黎族各村都要举行招稻魂仪式，敲锣打鼓，跳招稻魂舞，庆祝丰收。

除此以外，壮族文化和黎族文化还有不少相似的地方，如民间舞蹈、生活禁忌等，这里就不一一指出了。

〔潘敏文：广西田阳县布洛陀文化研究会常务理事〕

论壮族麽经与壮族民间文学艺术之间的关系

陆青映

壮族麽经，是壮族麽教的经典古籍，也是壮族民间文学艺术的集中体现，它与壮族民间文学艺术有着千丝万缕的联系。无论是壮族神话传说、还是壮族民间故事，亦或是壮族山歌，在麽经中均有所体现，甚至是相依相生，如壮族山歌。在接下来的文章中，笔者将从壮族神话传说、壮族民间故事以及壮族山歌这三个方面来阐述壮族麽经与壮族民间文学艺术之间的关系。

所谓的民间文学艺术，即由特定地域、民族的群体或个人创作，反映某一群体的文化和社会特征与文化遗产的特性，并以口授心传等多种方式代代相传并处于不断发展的各种传统的创造性文学或艺术成果。那么，壮族民间文学艺术，简单地来理解，就是反映壮族文化和社会特征与文化遗产特性的，由壮民族集体或个人创作的，并以口授心传等多种形式不断传承发展的创造性文学或艺术成果。

从这个意义上来讲，壮族神话传说、壮族民间故事、壮族山歌、壮族花山崖壁画文化、农耕文化等，以及我们的壮族麽经，都属于壮族民间文学艺术的一部分。

壮族麽经，是壮族布麽根据麽教内容和法事需要进行创作的，原为口口相传，后经古壮字抄录成册。它属于宗教经书，以韵文体形式传承，由五言押腰脚韵诗体构成。（偶有三言或四言、六言、七言，绝大多数为五言）关于麽经的韵脚特点，也就是腰脚韵，在这一点上，壮族山歌，尤其是勒脚歌的表现形式和艺术特点与麽经相同，或者说是其承袭了麽经的韵法。当然，麽经与壮族山歌之间的关系，绝不仅仅体现在它们所用的韵法相同，还体现在它们之间的句式结构以及叙事性上。关于这一点，笔者会在下文做详细阐述。可以说，麽经是壮族原生态文化、宗教文化的经典古籍，也是壮族民间文学艺术之集大成者，具有壮族"根"文化性质，是壮族传统文学的根基所在。

一、壮族麽经与壮族民间文学

所谓的民间文学，就是民众在生活文化和生活世界里传承、传播、共享的口头传统和语辞艺术。从文类上来讲，民间文学包括神话、民间故事、民间传说、史诗、谚语等。当然，书面文献、经卷、唱本等也属于民间文学。上文我们提到，麽经是壮族民间文学艺术的一部分，是壮族传统文学的根基所在，那么麽经与壮族民间文学之间存在着怎样的关系？关于这一点，笔者将从壮族神话传说和壮族民间故事这两个方面进行阐述。

（一）麽经与壮族神话传说

神话，简单来说，就是关于神的故事。在民俗学上，神话是指关于人类和世界变迁的神圣故事。在广义上，"神话"可以指任何古老传说，是一个民族的意识形态用故事的形式表达出来。神话，同原始宗教一样，产生于原始社会时期，两者产生的思想基础是"万物有灵论"，人类通过推理和想象对自然现象做出解释。但是由于这时的认识水平非常低下，因此经常笼罩着一层神秘的色彩。

壮族，有着丰富的神话文化资源，并展现出其独特的神话发展谱系。在这一谱系中，布洛陀作为至上神，开辟了天地，创造了世间万物。关于开天辟地，天地形成的神话传说，世界上许多民族都普遍流传着。在《麽经布洛陀》中，关于造天地的神话，就有多个版本，有布洛陀和姆六甲的造天地说，有蝶蜂造天地说，蟆蜋造天地说，还有盘古、老君造天地说等等。

以布洛陀造天地说为例，麽经中《造天地》一章载道：

……请削一双山竹筷子，讲述起创造世界的故事；请削一支红木做的箭，讲述起从前的故事。那时还没有人类，天与地混合在一起；不分白天黑夜，不分高和低。还未造出大地，还未造出月亮和太阳，布洛陀在上方看一切，仙人在上边来作主，做成印把来传令，派来了盘古王，从此天分两半，从此天变两方。开一条路让盘古走下，造一条路让盘古前来。盘古造天地，盘古最先造地，盘古造石头，造出月亮和太阳，盘古样样造,盘古真能干。那时天界还未造得均匀,苍天还未造得完善,大地还未造得平整,大地造得还不够宽……布洛陀在上面看一切,仙人在上方来作主,做成印把来发令,派来了天王氏,天王氏造天,造了八百年才完善,天又高又宽,云雾才往上飘,变得又明又亮,云雾才随着消散,从此天体才完整,从此太阳有了位置,北斗星游乐儿方位,月亮定了位置,星星定了方位。造了一年又一年,造了一月又一月。天王最先来制造,天王样样造齐全,天王又回到了上界,天王又回到了天界,天王又回到了仙境。

这一章《造天地》讲述的是,布洛陀在天上看到下面还未造出大地,就传令让盘古下来造大地、造石头、造太阳、月亮和星星;让天王氏下来造天,把天造得又高又宽,把太阳、月亮和星星造得又明又亮。在这一章节里,虽然造天地的具体事宜是盘古和天王氏做的,但是造天地的主意是布洛陀定下的,盘古王和天王氏是奉布洛陀之命而行,因而,布洛陀是造天地的大神,是创造世间万物的创世神。这点,与流传于壮族民间的布洛陀造天地的传说相一致。

在壮族民间传说中,远古时期,尚未有天地,宇宙之间只有一团无边无际的大气在旋转,后来大气越转越快,变成一个鸡蛋形的东西。后来布洛陀派下盘古王和天王氏,把天地分开,造了日月星辰放在天上,造了山川万物放在地上,自此才有了天地。布洛陀不仅创造了天地,创造了万物,还赋予万物不同的性能,并按照万物各自的性能来安排万物的位置,从此世界井然有序,万物繁华,生生不息。

上文笔者提到,在壮族整个神话发展谱系中,布洛陀是作为至上神、创世神存在的,放之民间,他更是壮族人民心中具有多种神格的圣神。布洛陀神话在壮族整个神话体系中,流传最广泛,影响最深远。

壮族民间流传或保存的有关布洛陀神话的资料主要有两大类,一是民间口耳相传的神话故事,再一个就是由民间布麽将布洛陀神话编成的经诗唱本,也就是《麽经布洛陀》,如上文所举《造天地》的例子。

关于布洛陀的创世神话,在麽经中,往往以"创造万物"为开篇,除了上文我们提到的《造天地》之外,还有造人、造房屋、造火经、造牛经、造稻经、赎水牛魂等诸多章节。当然,麽经中所记录的壮族神话,远不止于此。像反映壮族人民生产、生活及其习俗等内容的神话,在麽经中亦有所记载,在此就不一一列举。正如赵志忠先生在其《麽经〈布洛陀〉与壮族神话》一文中提到的"神话与原始宗教历来难解难分,麽经中的神话故事,包括创世神话、洪水神话、射日神话等,这些神话,是壮族神话的重要组成部分,也是宗教与神话密不可分的证明"。可以说,壮族神话传说,尤其是布洛陀神话传说,主要集中在《麽经布洛陀》中,而《麽经布洛陀》更是以文字的形式,将这一神话体系记录成册,使其得以更好地保存和流传。换句话说,麽经不仅是壮族麽教的经书,也是一套系统而完整的壮族神话丛书。

(二)麽经与壮族民间故事

民间故事是民间文学的重要组成部分。广义上讲,民间故事就是劳动人民创作并传播的,具有虚构内容的散文形式的口头文学作品,是一种题材广泛而又充满幻想的叙事体故事。壮族民间文学,流传最多的是故事,有英雄人物故事、爱情故事、山水动植物故事等,内容广泛,形式多样,流传深广。

壮族的民间故事如同壮族神话传说一样,亦多集中在麽经中,例如在民间流传的关于童灵葬母的故事,在麽经中则有《唱童灵》一篇,其中载道:

……从前还没有伦理,当初还没有孝丧的礼仪,活鸟吃死鸟的毛,活人吃死人的肉,做房屋杀父亲吃他的肉,杀外甥的肉给外婆送礼。童灵是个乖孩子,白天在山坡牧牛,看到母牛又跪又扒,母牛生崽很辛苦,他回家告诉母亲,他回家诉说给众人听。母亲对他这样说:畜生生崽不算辛苦,妈生你们这些宝贝才艰难,小牛的头是尖的,分娩的痛苦一下就过去,人的胎儿头是圆的,分娩时痛苦三天四夜。童灵把妈的话记在心里,牢牢记在心坎上,童灵把话传给下三寨,童灵把话传到上五村,在上村他得了五块木板,在下寨他得了六块木板,那天他敲板子响的达,寨里的人来问他,问他修什么这么砰砰响,问他割什么这样响砰砰,童灵这样答众人,修整谷桶放早谷,修整米柜放禾把,修整栏子关猪羊,修整笼子关鸡鸭。童灵母亲死的时候,童灵母亲过世的那天,他用铁钉把棺材钉好,把棺材放到中堂来守灵,把棺材送到竹楼来守孝,童灵母亲肉烂了童灵才报讯,全寨的人都聚到一起,全寨的人都来催逼,追着要吃童灵母亲的肉,每人要分一点肉回家。童灵对众人的要求无奈何,童灵就这样对大家说:"我母亲的肉已发臭,你们说该怎么办才好,要吃父亲的肉我们不忍心,要吃别的肉我们来相送。"童灵讲的话很有道理,各人父亲的肉各人有,各人长兄的肉各人吃;童灵讲的话有礼仪,要牛肝来代替母亲的肝,要牛胆来代替父亲的胆,拿来向村里众人致意。这主张众人不接受,去问布洛陀,去问姆六甲,布洛陀就讲,姆六甲就说,水牛肝可替代母亲的肝,水牛胆可替代父亲的胆,用来向众人致意。于是童灵杀了水牛,他把甜酒坛打开,请众人来吃牛肉……

这段经文叙述的是古代有人死分肉吃的习俗,童灵在山坡放牛,因看见母牛生产辛苦,继而回家问母亲,得知母亲生自己更辛苦时,便将母亲的话牢记心间并传播出去。母亲去世后,童灵带头用棺材安葬去世的母亲,又用牛肉代替人肉招待全寨的人,不让众人分吃自己母亲的肉,童灵的做法得到布洛陀的肯定,此后大家便纷纷效仿,用棺材安葬死去的亲人。

童灵的故事在壮族民间广为流传。在壮族民间传说中,古时候的人不懂得安葬去世的父母,父母去世,整个寨子的人便全都赶来,分肉而食之。童灵是壮族历史上首创孝规的人,他第一个造棺材安葬自己去世的母亲,将母亲的棺材放到中堂,为母亲守灵守孝,成为壮族人后来普遍遵守的礼俗。

无论是民间流传的童灵的故事,还是麽经中记载的童灵的故事,它们的思想都是共通的,那就是孝敬父母;它们所反映所折射的社会发展、社会风气的变化也是一致的。孝敬父母是人最基本的伦理道德,童灵的做法得到了布洛陀的肯定,因此大家纷纷效仿,用棺材安葬自己死去的亲人,并且为其守灵守孝。这个故事其实就是人类基本伦理道德的最初觉醒,并且这种觉醒体现了社会的进步,那就是人死分肉吃的古代遗风渐渐被取代,社会风气发生了最初的质的转变,人们心中也树立起孝敬父母,生时敬养,死后安葬的人伦观念。

诸如此类的故事,在麽经里还有很多,如汉王和祖王的故事,即《麽汉王祖王》等,在这里就不多做列举。综上,我们不难看出,麽经汇集了壮族历史上各个时代的神话传说和民间故事,并以文字形式使其得以更好地保存和传承,成为壮族民间文学不可或缺的一部分,在壮族民间文学及壮族传统文学发展史上,具有非常重要且独特的文学价值。

二、壮族麽经与壮族山歌艺术

壮族山歌，简称"壮歌"，又称"壮族民歌"，一般是指壮族人民用壮话演唱的民间歌谣。壮歌，最早可以追溯到壮族原始社会时代狩猎时的呐喊。呐喊虽然不能算是歌，但它无疑孕育出了壮族山歌的种子。真正意义上的壮族山歌，应该是从壮族原始社会中的生产劳动和祭祀活动开始的。在这里，有一个很重要的信息——祭祀活动。壮族的原始宗教是麽教，而麽经则是布麽根据麽教内容和法事需要进行创作的，这其中，当然包括祭祀活动，因为在中国传统的宗教活动中，其核心内容就是祭祀。从这点上来讲，由祭祀活动而产生的壮族山歌，应该是麽经的一种衍生，或者说是与麽经相依相生，而壮族山歌经独立发展自成体系。

在文章开头，笔者提到壮族山歌是麽经的一种衍生，与麽经相依相生。麽经与壮族山歌之间的这种关系，体现在其韵法、句式结构以及叙事性上，接下来，笔者将从这三个方面详细阐述它们之间的关系。

（一）麽经与壮族山歌的韵脚对比

壮族山歌，主要有"话诌""话虽"和"虽条"三种，即"诗诌""唱歌"和"诗曲"，分无韵和押韵两种体裁。说到押韵，前文笔者提到了一个名词——"勒脚歌"。"勒脚歌"是壮族山歌的一种，它的表现形式和艺术特点在明代张祥河的《粤西偶记》中这样载道："俍人之为歌，五言八句，歌时叠作十二句。多用古韵，平仄互押，或隔越跳叶，曲折婉转，喃喃呢呢。"在这句记载中，"五言八句"解释为词有八句，每句五言。当然，此处虽如是记载，却并不是说明壮族的勒脚歌只有五言这一种形式，除了五言，还有七言。

麽经多为五言押腰脚韵诗体构成，罗汉田先生曾提到："麽经中，这种整齐匀称的五言句式对后世民间诗歌的影响，在近当代民间歌手创编的民间山歌里，有着明显的体现。"也就是说，后世壮族民间山歌的创作，正是承袭了壮族麽经的句式。

"多用古韵，平仄互押"，这两句话则点出了壮族勒脚歌的用韵特点：壮族山歌由宗教祭祀而生，是麽经的一种衍生，这里的"古韵"，很显然指的是麽经的韵法，也就是腰脚韵。所谓的押腰脚韵，则是下句的中间字（腰）与上句的末字（脚）的声韵互押。在壮族五言勒脚歌中，用的就是这样的韵法，即开头第一句的最后一个字与第二句的第三个字声韵互押；第四句第三个字和第三句最后一个字声韵互押；第四句和第二句最后一个字声韵互押。

举个例子：

夜睡不着觉，像跳蚤钻心。
一翻三呻吟，念绡金难过。
（注：绡金，壮语译音，姑娘的美称。）

这是一首反映壮族青年男女相思之苦的五言四句体情歌，第二句的"蚤"（腰部）与第一句的"觉"（脚部）相押，第二句的"心"（脚部）与第三句的"吟"（脚部）相押。第三句的"吟"（脚部）又与第四句的"金"（腰部）相押。押韵的同时还要讲究平仄，王力先生曾强调："平仄的规律非常重要，可以说没有平仄就没有诗词格律。"所谓的"平"，即平声，分阴平和阳平两个声调；而"仄"，即仄声，指的是上、去、入三声。在汉语诗词中，音节声调之间有着严格的搭配，王力先生还指出："在诗词写作上，只有让平仄这两类声调互相交错，才能使声调多样化而不至于单调，才能造就诗词的节奏美。"而深受汉语言文化影响的壮族，在诗歌等创作上亦是如此，从上述例子中我们不难看出，其韵脚之间的平仄关系，押韵的字必须平声对平声，仄声对仄声，且要平起平收仄起仄收。这使得歌的节调和韵律环环相扣，抑扬顿挫，无论是吟诵还是歌唱，都富于音乐感，朗朗上口，悠扬动听。

又如：

过河遇着水连天，岸边无船难渡江。
渔家不怕浪滔天，敢闯深渊擒龙王。

这是一首七言四句体的山歌，两句为一联。上联中，下句的腰，也就是"船"字，与上句的脚，即"天"字声韵互押；同样的，在下联中，下句的腰，即"渊"字，同上句的脚，也就是"天"字，声韵互押；同时，上下两联中，偶句的脚，也就是"江"和"王"字，声韵互押，如此韵脚，使得这首山歌声调和谐，极富音乐美，韵律美。

麽经以韵文体形式传承，由五言押腰脚韵诗体构成，而壮族山歌，尤其是勒脚歌，形式上分五言和七言两种，所用的韵脚与麽经一致，均为腰脚韵。在麽经中，如上述民歌例子中那比较完整标准的押腰脚韵形式虽不多见，但是较为严谨地遵循上下两句之间押腰脚韵的却也不少，比较典型的有《解父子冤经》一章：

壮文	汉译
Boh heuh lwg guhgwn	父亲叫儿子干活
Lwg lik fwngz dwk boh	儿子动手打父亲
Boh gwn haeux bae fai	父亲吃了饭去筑坝
Lwg gwn ngaiz liuh luengq	儿子吃了饭在村里玩耍
Boh gwn haeux bae mieng	父亲吃了饭去修水沟
Lwg gaem yienz liuh luengq	儿子拉琴在村里作乐
…………	…………

再如麽经中《解母女冤经》一章：

Daengngoenz ok fiengh doeng	太阳从东方升起
Daengngoenz roengz fiengh sae	太阳朝西边落去
…………	…………
Nangz ndeu rok mbouj daemj	一个女儿不织布
Nangz ndeu raemx mbouj aeu	一个女儿不挑水
Nangz ndeu faiq mbouj daz	一个女儿不纺纱
Nangz ndeu sai mbouj baenq	一个女儿不摇纺纱机
Nangz ndeu reih mbouj ra	一个女儿不种地
Nangz ndeu naz mbouj guh	一个女儿不种田
…………	…………

在上述两章节中，上下两句之间，上句末尾一个音节同下句中间的一个音节押韵，也就是上句的脚韵与下句的腰韵互押，两两一组，呈押腰脚韵形式铺陈开来。而这种不要求一韵到底的上下两句之间押腰脚韵的押韵形式，很显然是壮族山歌中标准腰脚韵的雏形。换句话讲，壮族山歌其标准的腰脚韵形式，正是在麽经这种上下两句之间押腰脚韵的基础上发展和完善的。

当然，麽经与壮族山歌除了上述常见的押腰脚韵外，还有一种押韵形式，那就是连环韵。所谓连环韵，其特点为每韵必转，不断转韵，环环相扣，句句粘连。关于连环韵，罗汉田先生在其《〈布洛陀经诗〉音韵格律对后世壮族民间诗歌的影响》一文中有详细论述，在此笔者就不多做举例。

综上而知，麽经为麽教内容和法事所需而创作，壮族山歌因宗教祭祀而生，通过"布麽"的宗教活动得以传承并发展，两者之间，宗教为纽带，相依相生。壮族山歌，承袭了麽经的形式和韵法，后经独立发展和完善而自成体系，形成了如今壮族独特而又意蕴深远的山歌文化。可以说，壮族山歌从最初的祭拜祖先到逐步推广到人们生产、生活的各个方面，它的传承和发展，已经成为壮族人民求知教育、传承文化、记载历史的主要形式。

（二）麽经与壮族山歌的句式结构对比

在阐述麽经与壮族山歌的句式结构之前，我们先来简单了解一下中国人的思维方式特点。一个民族的思维方式往往和他们的语言有着密切的关系，不同的语言文字体系反映了不同的思维方式。中国人的思维方式与西方人不同，西方人多是直线思维，一是一，二是二，开门见山，简单明了，直截了当。而中国人则不同，中国人多是复式思维，就是一句话说完了，还要用另一句话加以辅助说明，使其更为生动具体。这种思维，应用在汉语的行文上，则体现为骈偶对仗等修辞手法的大量使用。先秦诸子散文、汉代骈赋、唐诗宋词甚至明清的八股文、对联等等，皆是如此。

所谓的骈偶对仗，也就是我们通常所说的对偶，就是用字数相等、平仄相对、词义相当、结构对称、意义对称的一对短语或者句子来表达两个相对应或相近意思的修辞方式。对偶放之于修辞学和文艺学中，它是修辞手法或手段，同复沓和排比等修辞手法一样，而对于诗词学来说，它则作为诗词格律存在。这点，王力先生在《汉语诗律学》《诗词格律》等论著中均有论述。

壮族的语言文化由于历史等原因，深受汉语言文化的影响，壮族人民在说话行文上，也有着明显的复式思维特征，也就是对骈偶重述的使用。对偶在汉语的诗词学中，作为格律来论述，那么同样的道理，对于壮族民间山歌来说，它亦可看作是一种诗歌格律。作为格律的对偶，在壮族麽经与壮族山歌中，具体表现在两者的句式结构上。

首先来看麽经。以《解婆媳冤经》为例（例子为汉译文）：

从前的媳妇真妖野
　　从前的媳妇很浪荡
　　在堂屋与小叔同坐
　　讲话随意羞辱公婆
　　在堂屋和大伯同坐
　　讲话随意诋毁公婆
　　…………
　　别人的公公吃了饭就下田
　　这个公公却赖在家里躲懒
　　别人吃了饭去到谷仓底和江边去玩
　　这个贪吃的公公整天都不离开锅边
　　…………
　　媳妇退左脚回婆家
　　媳妇退右脚回婆家
　　媳妇回到自己的草房
　　媳妇回到自己的旧屋
　　糯饭藏在篮箱里
　　米饭藏在箱柜中
　　一点也不给公婆吃
　　一团也不给公婆尝
　　…………

　　这是一篇讲述壮族民间婆媳不和，闹得一家不宁后请巫师来祈禳解冤时念诵的经文，在上述列举的句子中，第二句和第一句，两两成对，句式整齐，结构统一，语言工整。第二句是第一句的重复，相当于汉语中的偶对句式。也就是说，麽经中这种公正的对仗形式同汉语中古体诗的对仗形式相同，例如"善无微而不赏，恶无纤而不贬"，又如"锲而舍之朽木不折，锲而不舍金石可镂"，再如"落霞与孤鹜齐飞，秋水共长天一色"等等，诸上对偶句，出句对句，字数相等，句法相当，对仗工整。这样的骈偶重述的句式，在麽经中比比皆是，成为其最具特点，使用最多的行文句式。

　　其次来看壮族山歌。壮族山歌由祭祀而生，是麽经的一种衍生，与麽经相依相生。麽经中使用了大量的骈偶重述句式，同样的在壮族的山歌中，也运用了大量的骈偶重述句式。举个简单的例子：

男：……
哥酒是旱枯粘谷酿的酒
哥酒是枯死小米熬的酒
不合青年人口味
不顺妹喉咙
…………
女：……
哥酒是水沟糯谷酿的酒
哥酒是田垌粳谷酿的酒
饮又醇又甜
喝又甜又烈
…………
男：……
哥酒是山顶野谷酿的酒
哥酒是深峪稗草酿的酒
哥没有甜酒
哥没有醇酒
…………

这是壮族民歌中的《赞酒》歌，从上述节选的歌词中我们不难看出其中的特点，那就是骈偶重述句式的使用："哥酒是旱枯粘谷酿的酒，哥酒是枯死小米熬的酒。""哥酒是水沟糯谷酿的酒，哥酒是田垌粳谷酿的酒。"上下两句，第二句是第一句的重复，两两成对，句法相当，整齐对仗，朗朗上口，为典型的骈偶重述句式。

通过上述两个例子，一经对比我们不难看出，麽经与壮族山歌在句式结构上是存在共性的，那就是使用骈偶重述句式。无论是麽经还是壮族山歌，都糅合了壮族人民的思维方式和审美特征，而这种思维方式和审美特征，以骈偶重述句式为表现形式，完美地展现在世人面前。

（三）麽经的叙事性与田州壮族排歌的叙事性对比

麽经汇集了壮民族历史上各个时代的神话传说和民间故事，从这个角度来讲，麽经可视为壮族的创世史诗或叙事诗。

在中国民间，叙事诗是一种具有比较完整的故事情节的韵文或散韵结合的民间诗歌，其中有个很重要的信息，那就是"韵文或散韵结合的民间诗歌"。麽经是以韵文体形式流传，由五言押腰脚韵诗体构成，壮族山歌亦是如此。麽经与壮族山歌在句式结构与韵脚的应用上，是存在共性的，也就是说，壮族山歌实际上也属于壮族的民间叙事诗。既为叙事诗，叙事性就是其最突出的特点，在民间叙事诗的创作和传播中，巫师、艺人、歌手等起到了尤为重要的作用。在接下来的文章中，笔者将重点阐述麽经的叙事性和壮族山歌中的田州壮族排歌的叙事性之间的对比。

1. 麽经的叙事性

叙事诗内容丰富，形式多样，按内容来分，有创世叙事诗、英雄叙事诗和婚姻爱情叙事诗三大类。就壮族而言，麽经可视为壮族的创世叙事诗，而壮族山歌则可视为壮族的婚姻爱情叙事诗。创世叙事诗产生较早，大多以开天辟地、人类起源、自然万物起源等为题材。以人类起源为例，在麽经中，关于人类起源，有《造人》一篇：

> 神仙布洛陀，飞来天下作主；做一枚印来传令，他第一放下鸡，第二放下狗，第三放下猪，第四放下羊，第五放下水牛，第六放下马，七放下人。那时地王已回上边，人还没有长得完全，头颅还未长出来，肌肉也未长出来，呼吸的喉管也没有，没有腮腺和下巴，没有脚也没有奶，要走就撞树，要动就打滚。布洛陀在上面看见一切，仙人在上面来作主，造出印把来传令，派下一个四脚王，四脚王来到地上造人。造了手又造脚，用坡上的茅草来烧，捏泥巴做头和颈，造出新人笑盈盈。男人嘴边放胡须，女人胸前放双奶，造出后生和老人，造出小孩和大人。从此地上有人烟，天下处处人繁衍。

在中国的创世叙事诗中，有不少作品把那些开天辟地之神作为文化英雄和本民族的始祖神加以歌颂，这篇《造人》即是如此。在上述的叙述中，有一个很重要的人物,那就是布洛陀。布洛陀他做了些什么?他创造了人类。他又是如何创造人类?他是在造鸡、狗、猪、羊、水牛和马的同时,创造了人类。然而布洛陀创造的人类并不是一次形成的,他只是造出了一个胚胎——"人还没有长得完全,头颅还未长出来,肌肉也未长出来……"造了胚胎后,布洛陀便回到了天上,回到天上后看到他在人间造的胚胎还未成人,于是便派了四脚王下来补造人类的头颈脸面、手脚四肢、胡须双奶还有其他部分,使之成为男人和女人。从此地上便有人烟,人类得以繁衍,生生不息。

在上述叙事里,人物有,事件有,情节有,叙述的内容是对现实世界人类起源的解释,描述的是布洛陀的行为及其造成的后果,也就是布洛陀造人这一行为,造成了人类得以繁衍、生生不息这一后果。整个故事结构完整,脉络清晰,叙事性强,带着鲜明的时代印记和壮民族的意识形态。

2. 田州壮族排歌的叙事性

排歌在壮族民歌里占有十分重要的位置。所谓"排歌"就是行数成排成排地唱下去,以完成每首歌的主题思想为止,可短至一二十行一首,也可长达几百行甚至千行以上一首。排歌的句数和行数是由内容规定的,其每行的字数基本上是以五言或七言为基础,而且其伸缩性都比较强。排歌的内容很多,有传授历史知识和劳动生产知识的排歌,又有哭嫁歌、送葬歌、逃婚歌等方面的排歌,最主要的还是爱情排歌,以田州爱情排歌《欢岸》为例,《欢岸》是一部著名的壮族长篇诗歌,可视为壮族的爱情叙事诗。排歌经过人们长期口头传唱,由壮族文人加工和改编,用古壮字记录在正规的格式上,并做成了适当规范的歌谣集。它内容丰富,结构完整,叙事性强,曲调优美而动听,是反映壮族人民在劳动、生产、生活、爱情、婚姻、历史等方面内容的传统民歌。

下面,笔者将节选《欢岸》中的《求巾歌》一章,来探讨一下田州壮族排歌的叙事性。

男:

浪游走哩流

飘游走哩林

来了妹玩耍

逢伶俐两妹

见妹俩有巾

哥想问要巾
问妹给不给

这是故事的开始,叙述了男子见到心仪的姑娘,便向姑娘求要巾。这里的巾,指的是毛巾。在壮族人民的观念中,毛巾是生活必需品,同时也是青年男女的爱情信物,男子见到心仪的姑娘,便问姑娘要毛巾,故事就开始了。接下来我们继续看:

男:
昨夜露水重
今晨下露早
没有巾搭肩
无衣裤遮身
哥与妹相逢
传妹有新巾
匆忙来问妹
尾巾给一条
女:
若哥想要巾
巾在星星上
巾在太阳角
想要就踮脚
踮不得就攀
别要石子扔

这里已经到故事的高潮部分,姑娘说毛巾挂在天上,飘在星星河上,挂在太阳角上。姑娘之所以如是说,实际上是姑娘对男方的百般考察。这一部分的叙述,结构紧凑,情节跌宕,字里行间表现了姑娘绝不轻易委身于人的独立人格魅力。接下来又发生什么?

女:

哥问妹要巾
跟妹种蓼蓝
与妹种棉田
同挖隘口地
与妹攀陡地
如陡坡种成
才有巾送哥

从故事的开头到高潮部分，再到这一节，层层推进，姑娘说要"哥"跟"妹"共同耕耘棉田，共同劳动，共同创造。只有共同创造的爱情，才是真挚的爱情，于是才有"若哥真有意，妹当真有巾"。那故事的结尾如何呢？

男：
哥一赞二赞
赞妹手巾好
好巾是妹织
安机择吉日
开工选良辰
择吉日织巾
选良辰上机
卯时打桩桩
早饭织新巾
女不懂妈教
巾不好怪我
棉不好怪哥
得妹巾到家
哥无礼还妹
难还客妹恩
妹恋哥真恋
妹真正钟情
让我怎梦忘

如哥还成人

不忘你红唇

  在这一节叙述中,"哥"已经得到了"妹"的巾,也就是说,"妹"从一开始的"哥"问要巾,到对"哥"进行百般考察,重重考验,从种棉、纺纱织巾,到染制巾布,到最后将定情信物——巾,赠与"哥",故事至此,已然完结。整个事件的过程,情节合理,内容丰满,叙述清晰,人物性格完整,形象鲜明,将壮族青年男女追求爱情的故事通过歌唱的方式自然而生动地向世人娓娓道来。

  综上,无论是麽经还是田州壮族排歌,它们所叙述的内容其实都是社会事件的过程。麽经叙述的是布洛陀造人的过程,而田州壮族排歌里的这首《求巾歌》,则叙述了壮族青年男女追求真挚、淳朴爱情的过程。这两个过程,都有结果——布洛陀造人,结果人类繁衍不息;男子向心仪的姑娘求巾,结果求得了姑娘的花巾。上述两件事情,相同之处在于两者人物、事件、情节等一应俱全,内容丰满,情节合理,叙事性强且带有鲜明的民族意识;唯一不同的是,田州壮族排歌在叙事之余,还带着主观的浪漫的抒情性。据此,麽经和田州壮族排歌作为壮族的创世叙事诗和爱情叙事诗,它们既存在共性又不尽相同,尤其是田州壮族排歌《欢岸》,是壮族情歌的集大成者,同时也是一部绚丽浪漫的壮族民间文学巨著。

  综合全文,笔者从壮族神话传说、壮族民间故事以及壮族山歌艺术三个方面的内容来阐述壮族麽经与壮族民间文学艺术之间千丝万缕的联系。当然,壮族民间文学艺术远不止笔者笔下这三个方面,而麽经与其之间的关系,从以上这三个方面来看,即见一斑,所谓窥一斑而见全豹。

  麽经与壮族民间文学艺术相互依存,相依相生,是壮族民间文学艺术的一种集中体现,是壮族民间文学艺术的重要组成部分,是壮族民间文学艺术的一个缩影;它们以文字的形式系统而集中地展现了壮族的民间文学艺术,并使其得到更好地保存和传承;它们以其独有的艺术表现形式向世人生动而浪漫地展示了不一样的壮族民间文学艺术,是壮族民间文学艺术的史诗传承,对壮族民间文学艺术乃至整个壮族历史文化体系,都有极高的研究价值。

〔陆青映:田阳县布洛陀文化研究会实习研究员〕

布洛陀译注与文本译介研究

壮族布洛陀文化典籍整理翻译的又一巨作
—— 简评三卷本《壮族麽经布洛陀遗本影印译注》*

黄中习

一、《遗本》内容简介

《遗本》为大16开本，有1004页共120多万字，篇幅宏大，分上中下卷。全书集中收录了田阳县本土新发现的13本壮族麽经，其原抄本来自广西壮族自治区百色市田阳县坡洪镇陇升村个强屯，是当地壮族麽公农吉勤一家祖传收藏的壮族麽教经书。抄本各有主题，自成篇章，自成系列。《遗本》有长达12页的长篇研究前言，比较详细地介绍壮族祖神布洛陀与姆六甲的来历、布洛陀信仰的基本情况、麽经布洛陀的语言文字特点和其文化价值。《遗本》的"凡例"介绍了本书的编辑体例、影印原则及方法、译注原则及方法、原行说明、直译说明及语音说明。

上卷共由351页，收录编译3个抄本，分别是《唝洛陀造麽叭科》《造万样》和《麽兵哏宿科》，有77个脚注。中卷有306页，收录编译5个抄本，分别是《麽兵麽叭共卷》《麽暮麽怀麽叭祖宗共卷》《目连经土语卷》《麽叭启始》和《麽全》，有34个脚注。下卷有347页，收录编译5个抄本，分别是《皇曹麽请土地》《麽塘降一卷》《麽六部下元》《麽尽除》和《麽叭冷鬼》，有60个脚注。

编译者的译注"严格遵守保持原抄本面貌的原则，对原抄本内容不做删除或

---

* 基金项目：2016年国家社科基金年度项目"民族志翻译视角下的壮族创世史诗《布洛陀》英译研究"（16BYY036）阶段性研究成果。

增补，以保持麽经真实原貌"，尽可能复制出原抄本的生存环境和内容特点。编译者对每个麽经都给出抄本提要，介绍抄本的来源情况、书名题解、内容概述和语音说明。接着就是经文的逐行翻译，分五行对照翻译，分别是第一行为古壮字，为麽经的原文；第二行为拼音壮文；第三行为国际音标；第四行为汉语直译；第五行为汉语意译。这种五行多语式对照翻译和国际音标同步标注的方式特点鲜明，保持了抄本文献的完整性与内容的真实性，既便于科学记录，又利于多层次、大范围的文化交流。

例如，卷一的《麽兵咟宿科》开篇四句就是这样分别以古壮字、拼音壮文、国际音标、汉语直译和汉语意译来编排译注，不加标点：

三个三皇记
Sam ga sam vuengz heij
ɬa:m¹ ka¹ ɬa:m¹ wuaŋ² hi³
三脚王 起造
天地水三界王造

四个皇已造
Seiq ga vuengz geij caux
ɬi⁵ ka¹ wuaŋ² ki³ ɕa:u⁴
四脚王 几造
天地水森林王造

王造阴造阳
Vuengz caux yaem caux yangz
wuaŋ² ɕa:u⁴ jam¹ ɕa:u⁴ ja:ŋ²
王造阴造阳
王造阴界造阳界

王造天造地
Vuengz caux dien caux deih
wuaŋ² ɕa:u⁴ tian¹ ɕa:u⁴ ti⁶

王 造 天 造 地

王 造 天 界 造 大 地

《遗本》编排上分原本的彩色影印和译者的黑白译注两部分。编者采取影印与译注同一扇面排版，影印部分在前页B面，译注部分在下页A面；影印页为竖排，译注页为横排，均自右向左翻阅，方便读者对照研读。这种编排体例显然不同于先前的姐妹篇《壮族麽经布洛陀影印译注》(2004年)。后者是原文对照译注在前，原抄本影印在后。

这些抄本很有壮民族传统文化的系统性和原生态特点，主要内容是歌颂壮族始祖神、文化英雄布洛陀的开天辟地、创造万物、开创农耕、制定人伦、安排秩序、驱妖祛邪、消灾解难和劝世教化的丰功伟绩。在绝大部分抄本中，布洛陀造化劝世的歌颂程序大都这样：布洛陀创造万物、创制世道古规、人天和谐有序——近世不遵从世道古规、招致灾祸——今人需要遵从布洛陀，循道守规，如此这般，便能驱邪纳吉，解厄攘灾，和好如初，幸福安康。麽经行文上体现了壮族歌谣体民间信仰的宗教文学和壮族文化经典史诗群的特点。

二、《遗本》的地方文化特色突出，贡献巨大

初览三卷本《遗本》，笔者发现该书至少有如下特点：

（一）《遗本》是田阳县各界人士团体协作和集体智慧的结晶

《遗本》篇幅宏伟，量大质优，堪称巨作，是在田阳县政府领导指导下完成的，是田阳县各界人士团体协作的劳动成果，是编委会集体智慧的结晶。自2006年《布洛陀》口传史诗被列入首批国家非物质文化遗产以来，田阳县就将县府门户网站更名为"敢壮山网站——田阳县人民政府门户网站"，开设"布洛陀专栏"，并采取各种措施，多渠道共同挖掘、开发与宣传布洛陀文化，努力打造布洛陀文化品牌。近年来，田阳县大力建设田州古镇，重点开发敢壮山布洛陀文化旅游景区，每年举办"百色市布洛陀民俗文化旅游节"，进行布洛陀祭祀大典、布洛陀文化学术研讨会、布洛陀山歌歌王争霸赛、舞狮技艺展演、歌圩体育运动会等活动，进一步弘扬壮族的歌圩文化、稻作文化、朝圣文化和神秘文化，凸显以田阳敢壮山为中心的布洛陀"绝对文化圈"（黄明标语）的地方风格和特色，促进壮民族传统文化的保护、传承与发展，努力把壮族原生态文化打造成为壮乡重

要的文化品牌。

麼经即是壮族民间宗教麼教的典籍，是壮族布洛陀文化的经典代表，包含有壮族发展历史与传统文化的精髓。挖掘、抢救、整理和创作布洛陀文化精品就是田阳着力打造布洛陀文化品牌的重要措施之一。田阳县坡洪镇陇升村个强屯是个有400多年历史、地处偏远山区的"麼公屯"，其麼经抄本就是在田阳县民族文化工作者对布洛陀麼经文化深入挖掘中发现的。《遗本》是田阳县人民多年来通力合作、深入研究壮族布洛陀文化的集体智慧结晶，难能可贵。近年来，田阳县共收集了布洛陀麼经抄本上百册，创作了180多个反映布洛陀文化内涵的文艺作品，在市级以上文学文艺比赛获奖50多个。其中，《壮族麼经布洛陀遗本影印译注》《布洛陀神话传说》《话说田阳》（壮话节目）、《壮族敬酒歌》和《敬酒布洛陀》等就是其中的优秀作品代表。

《遗本》由广西壮族自治区少数民族古籍整理出版规划领导小组办公室、田阳县文化和体育局、田阳县布洛陀文化研究会联合编译。《遗本》于2012年立项，由县领导韦正业、黄国哲、凌祖壮和韦胜担任顾问，由韦如柱和黄松良任编委会主任。编委会成员由韦如柱、黄松良、黄明标、杨兰桂等19名壮学专家组成，由黄明标研究员担任主编，广西民族报社总编辑、译审杨兰桂任副主编。编委会在《遗本》的后记中指出，《遗本》从立项到出版，整整经历八年时间；在《遗本》的搜集、翻译、整理和出版过程中，得到了广西壮族自治区少数民族古籍整理出版规划领导小组办公室，田阳县委宣传部、文体局、民族局在经费上的大力支持，这是《遗本》得以出版面世的最主要保障。的确，编委会成员个个是精兵强将，专家云集，上下团结，通力合作，自然就能够推出古籍整理的精品之作。

（二）《遗本》是田阳布洛陀文化研究会多年来对布洛陀文化探索的重大成果

田阳县布洛陀文化研究会成立于2008年，它由田阳县广大热心于研究布洛陀文化的爱好者自愿组成，是以布洛陀文化的创作和研究为主旨的非盈利性民间组织，其任务是对壮民族布洛陀文化进行系统研究、探索其发展规律、特点和趋向，以弘扬民族优秀文化传统、振奋民族精神，为壮族地区的改革开放和文化旅游事业的发展提供决策参考，为促进各民族的团结和共同繁荣服务。多年来，在会长黄明标研究员的带领下，田阳县布洛陀文化研究会成员亲力亲为，深入基层，不畏艰辛，走村串户，深度访谈，深入挖掘，收集整理布洛陀文化典籍，做了很多基础性及应用性的研究工作，制作出版了《布洛陀山歌》《布洛陀与敢壮山》《布洛陀神话传说》等布洛陀文化作品；积极帮助田阳县政府每年开展"百色市布洛陀民俗文化旅游节",举行布洛陀祭祀大典,召开布洛陀文化学术研讨会等活动;大力协作强势媒体和上级研究机构开发了一系列布洛陀文化专题片和研究丛书,如中央电视台的《寻找布洛陀》(《探索·发现》栏目)及《壮乡福地·田阳》(《民歌·中国》第213—218期),广西电视台的《布洛陀文化》(《广西故事》第46期),田阳县广播电视节目《敢壮山歌圩》《话说田阳》及《布洛陀艺苑》,广西壮学学会的《壮学丛书》,百色市社科联的《布洛陀文化探微》等。

　　田阳县布洛陀文化研究会的主要成员都参与了《遗本》的整理编译,可以说《遗本》的出版也是田阳县布洛陀文化研究会集体劳动和联合探索的结晶,这正如《遗本》后记所说的那样,研究会借来一辆快报废的面包车,大家上山下乡,进村入户,不遗余力,寻找布洛陀文化遗存的踪迹。从2008年至2012年初的五年时间里,田阳县布洛陀文化研究会的各位同仁,走遍了全县各乡镇的山山水水,不放过任何可能流传有布洛陀麽经抄本的村屯和住户,经过多方对比研究,最后才选定原抄本材料,开始繁重的编译工作。其中,会长黄明标研究员就是《遗本》主编,为《遗本》编译出版付出了大量的心血。黄会长是国内壮学研究的著名专家,主要研究领域包括文学、人类学及民族学等,主要从事文物保护、考古调查和民族文化研究工作,尤其是壮族语言文化与民俗研究。他历任田阳县人大副主任、县文化馆馆长和县博物馆馆长,是广西壮学学会副秘书长以及广西大学文学院的兼职教授,一直引领壮族布洛陀文化和瓦氏文化的深入研究,出版了一系列关于布洛陀文化研究及瓦氏夫人研究的开拓性作品,如《布洛陀与敢壮山·传说故事》《布洛陀祭祀歌集》《壮族人文始祖布洛陀祭祀大典》(壮族原生态祭祀仪式)、《瓦氏夫人研究》《瓦氏夫人论集》《田州岑氏土司族谱》等,还发表了《敢壮山布洛陀文化圈之成因》《试论布洛陀的神格——骆越始祖与至上王》《古田州治所辨析》《壮族古文字初探》《壮族古文字与汉字对比研究》等十余篇学术论文,为壮族传统文化的传承与外宣做出了很大贡献。

　　(三)《遗本》的地方语言文化研究深入独到,特色鲜明

　　壮族布洛陀信仰流传于红水河流域、左右江流域,以及云南省文山壮族苗族自治州各县和贵州省布依族、水族的聚居地,这是一个"大范围的布洛陀信仰相对文化圈"(黄明标,2006:288)。但有如俗话说得好,十里不同音,百里不同俗。不同年代、不同地方、不同传人的《布洛陀》抄本经文在内容篇幅、内容细节、书写格式、标记方式、方言发音等方面各有特点,各有差异。如前所说,《遗本》是八卷本《壮族麽经布洛陀影印译注》的姐妹篇。"姐姐"篇收录了广西和

云南的29种经文抄本及其影印资料，卷帙浩繁，大而全，其中11本来自田阳县右江北部地区，在原典的整理及译注研究上以全见胜，原典原样展示很有特色，开拓性强，饱受美誉，学术评价极高。但收录的原抄本却没有来自右江以南的山区地带壮族聚集地，尽管那里的民间麽教活动至今仍然活跃。"妹妹"篇集中而深入，本土语言文化研究深刻独到，弥补了"姐姐"篇的这一遗憾，有"小而深"的特点。

以田阳县敢壮山为中心的"布洛陀绝对文化圈以右江流域为中心，包括百色、田林、凌云、田东、平果、巴马、东兰、凤山、天峨、南丹、靖西、德保、那坡、马山、隆安等县，每年的农历三月初七至初九这几天，人们都来敢壮山朝拜布洛陀，认同布洛陀为本民族人文始祖（同上）"。《遗本》收录整理的抄本经文全部是来自田阳县坡洪镇陇升村个强屯的布麽世家农吉勤一家之祖传经籍，久远而集中，颇具系统性和原生态特点。根据《遗本》编译者的实地调研，这个布麽世家收藏祖传的各类经书有200多本，其中最早的一本是一世祖农布秋传下的《咘洛陀造麽叭科》（明丙辰年，1616年）。这个抄本比"姐姐"篇收录最早的一本经书《狼麽再寃》（清嘉庆十八年，1814年）早近200年，也打破了右江以南地区没有麽经的记录。

《遗本》的地方语言文化研究独到之处还体现在编译者对经文的深入解读和独到见解。例如，对于壮族人文始祖、创世始祖和文化英雄"布洛陀"和"姆六甲"的语音解读，不同的人有不同的看法。《遗本》编译者并不人云亦云，以讹传讹，而是根据田阳的风土人情、地方发音和抄本写法进行深入解读，坚持认为"布洛陀"就是指"在山谷中创业的祖公"或"在山谷里创造财富的祖公"，"姆六甲"是指"在山谷中与布洛陀结合的祖婆"，这很有创见，在行在理，可谓正解。很多壮族麽经都是唱诵布洛陀开天辟地、创造万物的神威功绩，开篇多从"三盖三皇制、四界四王造"的句式开始。对于句式内容的解读，大家一般都认为这是实指之意，即："三界"是指"天、地、水"三界，或指"上、中、下"三界；"三王"指雷王、布洛陀和图额蛟龙；"四界"指上界、中界、下界和森林界；"四王"指雷王、图额蛟龙、布洛陀和森林之王老虎。但《遗本》抄本却都是以"三个三皇记、己个皇己造"来开篇。对此，我们如何解读？经过深入的研究考证，编译者认为，"个"（壮文是ga）字是象形古壮字，它的来源是图符文字"🐟"，它不是20世纪50年代才推出的简化汉字"个"，而是最早出现在400年前抄写的《遗本》的《咘洛陀造麽叭科》之中。再者，根据田阳方言的语音和本地人士的意义解读，这个"个"的汉译是"脚""足""支"或"支柱"等意思。《遗本》的意译"天地水三界王制造，自然各界王制造"既符合当地人的语音和语义解读，又有编译者在语言文字上的科学分析和独到解释，足见编译者的民族语言文字功夫。《遗本》中像这样深入解读和独到见解的还有不少，凡此种种，不一而足。

总之，《遗本》量大质优，体例独到，特色突出，贡献巨大，很好体现了民族文化典籍整理与翻译的系统性与生态性，对民族文化典籍的整理翻译方法、壮族地方史料的多方研究、古壮字的深入研究、壮族布洛陀文化的深入探索、民族优秀传统文化的传承和国家社会的共同繁荣稳定都具有重要的理论研究价值和参考意义，值得推荐。

参考文献

[1] 黄明标:《敢壮山布洛陀文化圈之成因》,《宗教与民族》2006年第4期。

[1] 黄明标等:《壮族麽经布洛陀遗本影印译注》,广西人民出版社，2007年。

[1] 张声震等:《布洛陀经诗译注》,广西人民出版社，1991年。

[1] 张声震等:《壮族麽经布洛陀影印译注》,广西人民出版社，2004年。

〔黄中习：广东金融学院外国语言与文化学院教授、博士〕

论少数民族民间古籍手抄本发掘整理的文化价值
——兼论黄明标等《壮族麽经布洛陀遗本影印译注》*

王宪昭

中国是一个文化大国，汉族与55个少数民族共同创造了中华民族历史悠久光辉灿烂的文明史，并在漫长的历史发展进程中创造并积淀出丰富的传统文化。党的十九大报告明确提出："文化自信是一个国家、一个民族发展中更基本、更深沉、更持久的力量。"[①]能够支撑一个国家和民族"文化自信"的资源是多方面的，其中中华民族优秀的传统文化就是重要的一项。承担传统文化的载体非常丰富，既有以文字为载体的古籍文献，有颇具地域或民族特色的口头作品，也有历史文物、民俗活动等物质或非物质载体，长期以来，对于民族民间传统文化的发掘整理都是人文社科领域资料学建设一个值得关注的问题。在中华民族传统文化体的整体研究中，相对于经典文献与口头传统，那些收藏于民间的数量有限的手抄本往往更具有非常重要的文化意义和学术价值。本文以少数民族民间古籍手抄本的发掘整理为论题，以黄明标等主编的《壮族麽经布洛陀遗本影印译注》（上中下三卷本，广西人民出版社，2016年）为佐证，对弘扬中华民族优秀传统文化背景下的民族民间古籍抄本发掘与整理的文化价值及相关问题做些探讨。

---

* 基金项目：国家社科基金重大项目"中国少数民族神话数据库建设"（项目编号：17ZDA161）。
① 习近平：《决胜全面建成小康社会　夺取新时代中国特色社会主义伟大胜利——在中国共产党第十九次全国代表大会上的报告》，http://www.xinhuanet.com//politics/19cpcnc/2017-10/27/c_1121867529.htm，2017-10-27。

一、民间古籍手抄本发掘整理的民族文化资料学价值

民间古籍手抄本从性质而言，属于民间文献的范畴。虽然"民间文献"作为特定的文化产品样态，在当今学术界没有统一的概念厘定，但人们一般认为，它可以分为广义和狭义两种鉴别维度，其中，就"广义民间文献"而言，可以指保存在不同地区、不同民族民众手中的各种文字记载下来的文献，这些文献承载着一定的历史文化信息，既包括产生于民间自身的本土文献，也包括散失在民间的官方文献；与之相对应，所谓"狭义民间文献"就其生成、保存者与保存渠道而言，更注重其直接产生于民间的特征，它主要保存在民间的生产生活中，具有传承与使用的相对固定区域。本文所关涉的民间古籍手抄本基本上以狭义概念为主。

在印刷术没有发明之前以及印刷术没有普及的地区，手抄本是记载特定时期历史文化的最为主要的客观载体。特别是在广大的少数民族地区，手抄记录方式在日常文化传播中一直占据重要位置。这些手抄本的内容非常驳杂，不仅包括生产生活中经常用到的经文经典，记录传统经验、伦理道德、生产生活常识的家训乡约，也包括对外部一些文化产品的记录，这些作品往往兼有历史、文化、文学、宗教等学科特征，诸如数量众多的纳西族东巴经、瑶族的还盘王愿经、彝族的毕摩经、傣族的贝叶经等，不单单是狭隘意义上的经文，更多保留了本民族一些传统的优秀文化，成为非常珍贵的非物质文化遗产。手抄本在表现形式上，也有很大程度的地域性特点，会入乡随俗或因人而异，有的是原版抄录，有的是据情况增减，有的则可能是模仿性的再创造，因此也使抄本具有很强的灵活性与生命力。这些抄本会成为我们进一步深入了解民族文化生产与传播的重要参考。特别是对少数民族来说，许多民族由于特定的原因只有语言而没有形成本民族的文字，有些民族虽然形成了本民族文字但文字记录体系并不发达，有的民族则使用汉字或其他民族文字形成了本民族的抄本，等等。这与历史上留存的海量汉语文献相比，显得比较薄弱。从这个意义上讲，全面深入地发掘整理少数民族民间古籍手抄本，也是民族文化资料学建设的重要内容和有力支撑。由于民间古籍手抄本的数量巨大，而抄写的内容与质量也有很大差别。一般而言，只有通过认真鉴别并科学发掘整理的抄本，才能成为真正意义上可以利用的民族民间文化资源。在此，以《壮族麽经布洛陀遗本影印译注》为例，对少数民族民间手抄本的资料

学建设加以探析。

一是手抄本本身的文化价值。手抄本发掘整理的一个重要前提是选择一个好的蓝本。所谓的"好"有几个基本标准，即时间上具有相对久远的历史传承，内容上能够代表本民族优秀的传统文化，形式上表述清楚具有民族特色。这几个标准是使之成为研究民族民间经典古籍的客观基础。例如，从《壮族麽经布洛陀遗本影印译注》内容上看，布洛陀文化是壮族文化的代表性传统文化叙事之一，而"麽经"则可以算作是布洛陀文化的核心。该影印译注本通过对13部麽经经诗的细致整理，实现了对文化始祖布洛陀事迹相对完整的记忆与叙述，具体描绘了布洛陀开天辟地、创造万物、消解灾难、安排秩序、倡导伦理、规范道德、传授生产生活经验等方面的内容，塑造出布洛陀作为壮族文化始祖、无所不能的智慧神、倡导文明礼仪的道德神形象，较具体地"记录了人类从蒙昧时期走向文明社会的历史变迁，展现了壮族语言文字体系的原本风貌和源远流长的文学根基，反映了壮族麽教从自然宗教向人为宗教过渡的演化过"，全面呈现了壮族传统文化的发展轨迹。① 正如一些研究者所提出的"在民间文献中，蕴藏着一个国家和民族丰富的历史文化传统。同时，作为与社会实际生活息息相关的历史文化载体，民间文献是民众自我教育的生动课本，是提高国民素质的特殊教材，更是民众寻求文化归属与精神家园的丰厚资源。从这个意义上说，民间文献的功能和价值又远远超出学术领域，成为弘扬中华文化、建设中华民族共有精神家园的重要载体。"② 因此，麽经布洛陀所具有相应的文化价值和史学价值，将成为研究壮族文化传统的重要佐证性资料。

二是抄本的稀缺性。目前之所以要对民间抄本抢救性整理，一个重要原因就是它的稀缺性，而这种稀缺性又往往会导致它的濒危性。麽经抄本的使用与传承一般是由老一代麽公向下一代麽公单线式传授，以前在壮族农村地区麽公传抄布洛陀经书的情况较为普遍，但由于抄本一般纸质较差，容易虫蛀腐蚀，不利于长期保存，再加上人们生产生活方式的变化对手抄本重视程度不够，以及古老抄本不易识读等原因，造成历史上的手抄本大量遗失，目前各地存世的麽经已经非常少见，关于年代久远的原抄本更是凤毛麟角。值得欣慰的是，在广西壮族自治区田阳县南部大石山区偏僻的壮族村寨个强屯，发现了该村存世的232本抄

---

① 黄明标、杨兰桂：《壮族麽经布洛陀遗本影印译注》（上中下），广西人民出版社，2016年，第12页。
② 乔福锦：《挖掘民间文献的多重价值》，《人民日报》2009年7月17日。

本，抄写年代最早的《唂洛陀造麽叭科》，是400多年前农氏麽公班第一世祖农布秋在明朝万历四十四年（1616年）的抄本，最晚的《目连经土语卷》是民国十年（1921年）的抄本。《壮族麽经布洛陀遗本影印译注》收录的麽经抄本13本，均属于单一麽公家族世代传承的珍贵版本。对这些时间跨度数百年经书经典抄本进行抢救式整理，无疑会弥补麽经经书传承体系研究资料方面的很多缺憾。

三是手抄本整理体例的规范性。关于少数民族古籍整理，在学术界普遍认可并接受"科学本"的做法，即整理出的古籍要包括原文字、汉族直译、汉语意译和拉丁语注音几个部分。"麽经布洛陀"以方块古壮字抄写，但这种文字普及率不高，即使很多专业研究者在阅读中也存在困难。《壮族麽经布洛陀遗本影印译注》在影印译注中有以下做法值得关注，首先将手抄本原文照原样尺寸拍照影印，是读者能够了解麽经的原来面貌，保证手抄本的真实性。其次，与影印件相对应，在译注页分为五个层次：（1）译注页第一行是原文的印刷体古壮字，对原抄本内容忠实记录，对麽经原文不做任何删减或增补，让使用者在新语境下认知原抄本；（2）第二行为拼音壮文，让使用者能够了解壮语发音，为研究者对壮族麽经的语言、语研究提供相应的语料；（3）第三行为通行的国际拉丁语音标，以便于更多读者的准确拼读；（4）第四行设计为汉语直译，这样有利于读者了解抄本原文的语法规则以及壮文经诗的韵脚韵律；（5）第五行为汉语意译，有利于不熟悉壮语的读者更便捷有效地把握抄本所表达的意义。应该说，这种更加完善的译注，符合今后少数民族经典传统文化的数据库建设中多项指标要求，在少数民族古籍的资料学建设中值得学习和推广。

此外，民间手抄本整理作为一项科学的成果产出，兼采众长与集体参与也是重要的成功经验。任何一项重大的成果往往都是集体智慧的结晶，《壮族麽经布洛陀遗本影印译注》120多万字体现出集体学术攻关的强大力量。从参与者构成看，既有广西壮族自治区少数民族古籍整理出版规划领导小组办公室、田阳县文化和体育局、田阳县布洛陀文化研究会的指导与参与，有黄明标、杨兰桂等本土专业文化学者的精心整理与研究，有古籍手抄本保存者的沟通与建议，同时还有语言学、文字学、影印学等社会学术界的参与和互动等等。这种重学术又接地气的古籍抄本整理方法，最大限度地提升了最终文本的合理性和科学性，也在根本上保证了文本的资料学价值。

二、手抄本的发掘整理有助于文化探源与本土文化研究

纵观以往民族民间文化研究学术史，学人们对于民间古籍的关注特别是数量众多的抄本利用一直是一个相对薄弱的环节，这也可以说是文化探源特别是地方性本土文化方面的一个缺憾。2006年被国务院公布为第一批国家级非物质文化遗产保护名录中，就收录了广西壮族自治区田阳布洛陀口传史诗，布洛陀的经诗在广西、云南等许多壮族地区广泛流传，被誉为壮族文化百科全书和创世史诗。那么，如何将这一重要的文化遗产进一步挖掘利用，全面深入地展开研究，实现其创造性转化和创新性发展，可以说积极发掘尚未被人们广泛认知的民间手抄本应该是一个有效的路径。这些存世量日趋减少的手抄本，只有被科学地发掘整理出来，才能被进一步研究和利用。《壮族麽经布洛陀遗本影印译注》作为壮族传统民间古籍中留存至今的传统文化精华，也是壮族群众长期以来形成的集体智慧的结晶，这一珍贵的文化遗产是就像深埋在地下的金矿，只有深入发掘全面整理，才能发出金子的光芒。例如，其中叙事中提倡的规矩意识，对当今的行为规范仍具有训导意义；经诗中所涉及许多古老乡规民约，很好地体现人们尊崇自然、适应自然的生态保护思想，对深入理解当今国家提出的生态文明建设战略也具有借鉴意义；经诗中关于人类生产生活的智慧与经验的技术，对中华民族文化大繁荣背景下的民族民间文艺生产与文化创新也将大有裨益。诸如布洛陀经诗这样的古籍抄本，不仅是壮族民族文化的优秀代表，也是中华民族的特色文化资源和乡土文化财富，从某种意义上说，这种文化资源中具有取之不尽、用之不竭的创造力源泉，也是我们新时代打造民族文化品牌的重要文化依据。

关于发掘民间手抄本材料的重要性是不言而喻的。正如陈寅恪在《敦煌劫余录序》中说："一时代之学术，必有其新材料与新问题。取用此材料，以研究问题，则为此时代学术之新潮流。治学之士得预于此潮流者，谓之预流。其未得预流者，谓之未入流。此古今学术史之通议，非彼闭门造车之徒所能同喻也。"① 借助于《壮族麽经布洛陀遗本影印译注》所列抄本中的有关文化始祖的母题分析，我们可以发现中国各民族关于文化祖先塑造的一般规律。关于布洛陀经诗的资料采集，以往已出版若干出版物和研究成果，如张声震主编的《布洛陀麽经影印译

---

① 孙彦、萨仁高娃、胡月平：《敦煌学研究》（第1册），国家图书馆出版社，2009年，第36页。

注》（八卷本，广西民族出版社，2004年），覃乃昌主编《布洛陀文化寻踪——广西田阳敢壮山布洛陀文化考察与研究》（广西民族出版社，2004年），梁庭望、廖明君著《布洛陀——百越僚人的始祖图腾》（外文出版社，2005年），以及农冠品编《壮族神话集成》（广西民族出版社，2007年）等，《壮族麽经布洛陀遗本影印译注》中出现的许多母题都可以与以往成果形成相应的补充或印证，如描述的祖公布洛陀和祖婆姆六甲的"下凡结婚繁衍人类""下凡后造万物""开山造田""告诉后代做禳除"以及"布洛陀造天造地""布洛陀管人间""布洛陀制定秩序""布洛陀断案"等，在描述上既有共性，又有细节上的不同。而通过与其他地区流传的《布洛陀造人间天地》《布洛陀神功缔造人间天地》《布洛陀造火》《布洛陀造牛》《布洛陀造屋》《布洛陀造桥》《布洛陀的封将坛》《布罗托惩罚雷公子》等神话传说的对比，就会发现，无论是布洛陀作为开天辟地创世神的描述，还是布洛陀与万物起源和文化发明有关的非凡业绩，都表现出布洛陀文化在不同壮族地区的广泛流传，同时又存在叙事方面的某些地域性差异。

　　通过《壮族麽经布洛陀遗本影印译注》中的麽经手抄本，我们还可以发现壮族与汉族文化广泛交流与深度融合。诸如经诗中所描述的龙神、土地神、皇帝、金銮殿、目连救母、古人汉王造祭祀等等，字里行间反映出中华民族文化的高度认同。这种情形在其他有关布洛陀的民间口头神话传说中也可以得到印证。流传于广西壮族自治区河池市大化瑶族自治县壮族神话《姆洛甲叫崽女分家》中说，姆六甲生的12个崽女长大后，姆六甲为了让他们分家，各自创立家业，就拿出犁头、弓箭、书本、背篓、叉子等器物，让他们第二天随意挑拣，结果老大把犁头扛走，到田坝去犁田，变成壮人；老二摸对弓箭，变为猎人；老三摸对书本变成汉人；老四摸对背篓，变成傣人，等等。①流传于广西壮族自治区德保县的《盘古歌》则说，盘古造天地之后，神农造田地，鲁班造鱼虾，周公造道理，圣人造知识。把汉族中的许多神话人物与壮族的神话人物交织在一起。另则流传于广西壮族自治区百色市的神话《花和姓》中说，古代有叫"花"和"姓"的两兄妹大洪水后结婚繁衍人类，生黄色皮肤的孩子，取名黄帝，于是天下就有了黄帝的子孙。②这一观念的产生具有深厚的传统文化背景，表现出壮族神话的叙事传统

---

① 覃妈仰：《姆洛甲叫崽女分家》，中国民间文学集成全国编辑委员会：《中国民间故事集成：广西卷》，中国ISBN中心，2001年，第5—6页。

② 龙明朗：《花和姓》，农冠品：《壮族神话集成》，广西民族出版社，2007年，第348—349页。

具有骆越文化与华夏文化相融合的特征。笔者2017年对广西壮族自治区南宁市大明山一带的武鸣区马头镇元龙坡、安等秧等地战国古墓群遗址考察时，一些考古学者认为，这一带出土的大量青铜器铜卣和铜戈等，年代为商代晚期至西周早期，是骆越古地发现的最早和最大的青铜文化墓葬群，并且与商代晚期中原地区的青铜器物制作方法颇为相似，表明古代骆越民族在3300年以前的商周时期就与北方民族有着相应的交往联系。这种民族间的交往与文化融合反映在《壮族麽经布洛陀遗本影印译注》手抄本中是自然的事情。

一部优秀的民间古籍抄本其主体应该体现出中华民族共同的价值观，有利于群体的生存和发展。《壮族麽经布洛陀遗本影印译注》表现出的如下几个方面的传统文化值得关注，一是对世界万物的积极探索精神，如《造天地》《造牛羊造狗》许多篇章中都涉及天地三界、万物的产生，并以朴素的想象表达出对自然界和人类自身的积极思考。二是对文化祖先开天辟地的崇敬，如年代最早的《唃洛陀造麽叭科》开篇所说的"三个三皇纪"。三是对人生仪礼的阐释与弘扬，如《目连经》《皇曹麽请土地》《告诫子孙》对父母养育之恩的歌颂；如《婆媳生怨》《麽叭启始》《麽兵叭麽叭共卷》等篇章对尊老爱幼、家庭和睦、互帮互让的宣扬等。四是对人类要有所敬畏的劝导，在很多地方都流传着"头上三尺有神灵"的老话，意思是告诫人们时刻反省自己，不能心无约束，这在《造万样》《麽兵啥宿科》《麽尽除》等篇章中都有反映，诸如天惩不孝子、雷劈恶人等对维系良好的生产生活生态具有劝导作用。

当然，一个有价值的手抄本还往往蕴含大量的本土文化。我们在《壮族麽经布洛陀遗本影印译注》中，也可以看到许多值得研究的地域性的文化表达，如《目连经》的演述环境是布麽举行超度亡母灵魂，具体诵唱时则要历数母亲生前的恩德，告诉后人母亲含辛茹苦抚养子女的艰辛，包括诵唱"十月怀胎"歌，更是把母亲孕期遭受的痛苦表现得如泣如诉，从而达到教育后人多行孝道感激母恩的效果。而在《皇曹麽请土地》经诗中，与汉族以及其他民族地区的神灵概念也有区别，如"皇曹"即"王曹"，是水神与民间女子婚生的儿子，他长大后英勇善战，战死疆场而被奉为在阴间专门掌管非正常死亡灵魂的鬼王；再如该经诗中的"土地"也与汉族地区所说的土地神有所区别，在壮族民间信仰中他的职能是专门负责带路传令。由此可见，手抄本不仅保存了人类史前文明进程中的重要文化记忆，而且不少作品还反映了一个民族或特定群体的独具特色的历史叙事。壮族围绕人文始祖布洛陀积淀的一系列神话传说和相关联的文化，这些民间传统文化与壮族群众生产生活的各个领域息息相关，其本质是一种独特的具有民族特色的本原形态文化，可以作为研究地区性传统人文历史的重要依据。民间手抄本文献的这种基础性是理论探讨和理论创新的一个珍贵资源，也是当今学术强调"眼光向下"，关注基层，注重田野的必然要求。

三、手抄本的发掘整理是连接经典文献与口头传统的重要桥梁

对中华民族传统文化的学术研究，学术界一般认为有两个方面的重要路径，一个是阅读分析已经出版的历朝历代的相关文献，另一种则是通过实地田野调查了解观察活生态的口头资料。事实上，在已出版的文献与口头传统之间还存在像手抄本这样一种处于二者之间的文化载体，这个载体也可以看作是经典文献与日常口头之间的交集或桥梁。由于种种主客观条件的限制，很多学者对于大量散布于民间的少数民族手抄本资料很难做出全面系统的考察，这一方面与手抄本的保存、流传、发掘和利用的实际困难有关，另一方面也与学术界甚至文化管理部门对这类资料发掘整理的不重视不到位存在直接关系。

口头传统与文字文献之间的关系是十分复杂的，许多过度注重经院式研究方法的学者认为，在中华民族发展进程中以汉字为代表的文献书写代表了文化大传统；与之相反，也有学者认为："所谓文化大传统，就是先于和外于文字记录的文化传统。与之相对应，文化小传统就是文字书写的文化传统。这样重新定义文化的大、小传统，能够刷新我们对文化的认知，重建一种面向未来的新文化观。"① 事实上，无论文献还是口头传统，二者从来都不是井水不犯河水的生存状态，并且在文化发展中表现出超乎寻常的互动融合，并以润物细无声的形式将许多文化观念潜移默化在中华文明的构建中。由此看来，介于二者之间的民间手抄本可以在大、小文化传统的沟通中发挥出一定作用。

如果进一步观察口头传统与文字文献相互影响相辅相成的关系，我们不难发现民间手抄本在二者之间的重要作用。对此可以从许多民间抄本中发现经典文献与口头传统互动融合的蛛丝马迹，例如人们对明代罗贯中的章回体小说《三国演义》进行溯源分析时的结论，一般认为蓝本来源于西晋史学家陈寿所著《三国志》，而《三国志》所记录的三国故事在魏、吴两国时期已有史载，如官修方面有

---

① 叶舒宪：《依托文化大传统找寻文化根脉》，《人民日报》2017年1月25日。

王沈的《魏书》、韦昭的《吴书》，私撰文本有鱼豢的《魏略》，这些文献只能说是陈寿写作时依据的基本素材，更多的则是民间口传的一些史实。我们更不能忽略的一个重要问题，就是古人的许多文献都是以抄本的形态流传的，既然是抄本就会有不同的版本，有的在传抄中发生增减，也有的会融入抄写人的个性化成分。直至非常晚近的时期，抄本的形式在民间特别是少数民族地区的口传艺人中都非常普遍，这方面的实例举不胜数，诸如被列入国家非物质文化遗产的彝族的《梅葛》、阿昌族的《遮帕麻和遮咪麻》、瑶族的《密洛陀》、苗族的《创世古歌》《亚鲁王》、拉祜族《牡帕密帕》、纳西族的《黑白战争》等，都有不同的民间抄本或口头版本。再如蒙古族艺人传唱的乌力格尔、满族的说部等，也有不同的抄本，由此在抄本的基础上而形成新的文献或新的口头作品。就像罗贯中的《三国演义》，在不同民族传抄过程中会有新的加工，有的为了适应听众的审美需要会加入新的母题，有的则会的删减一些难以表述的内容，像蒙古族好来宝讲唱的本子对《三国演义》的许多情节根据本民族欣赏特点进行了更改，突出了活泼生动、机智幽默的特点，而自清代起，章回体《三国演义》里关于"长坂坡赵云救主"的故事就进入到达斡尔族和锡伯族说唱中，此后经过不同抄本的加工与改造，赵云形象在达斡尔族乌钦《赵云赞》、锡伯族乌春《救阿斗的故事》中都发生了明显的变化，对赵云的语言、服饰、行为等都做出相应的本土化改造，实现了内核不变前提下的再塑造，也共同成就了中华民族文化传统中勇士形象的民族认同。《壮族麽经布洛陀遗本影印译注》也是如此，为我们进一步观察研究布洛陀文化的古壮字文献和民间口头传统提供了很好的桥梁。

抄本在连接经典文献与口头传统的同时，也建构了中华民族传统文化的生成、传承与发展规则。如壮族作为中国少数民族中人口最多的民族，历史渊源悠远，早在先秦秦汉时期汉族史籍所记载的居住在岭南地区的"西瓯""骆越"等称谓。分布主要聚居在南方，东部的广东省有连山壮族瑶族自治县，西南的云南省有文山壮族苗族自治州，由于壮族的聚居区分布很广，造成了地理生态、生产方式、生活习俗等方面的很多差异性，再加上布洛陀经诗的抄写者、讲述人等方面的变化更迭，就自然造成导致布洛陀神话及传说的多种异文，如在不同的布洛陀麽经抄本中，关于"布洛陀"名称的汉字译文在不同版本也出现很大差别，如不同文本中常见的有"布洛朵""唝洛陀""抱洛朵""保洛陀""黼洛陀""布碌陀""布罗托""陆陀公公"等。不仅如此，由于抄本的流传渠道不同，整理者文化背景存在一定差异，对"布洛陀"本义含义的解读，在不同研究者的阐释中也有不尽相同的说法,如有的研究者认为,"布洛陀"的含义是指先民中的"头人",有的认为"布洛陀"侧重的是"山里的老人""山洞中的老人",也有的认为"布洛陀"指的就是"无所不知无所不晓的智慧老人",还有的将"布洛陀"三个字的字音解构,认为"布"是对"有威望的老人"的尊称,"洛"是"知道、知晓"的意思,"陀"表示"很多、很会创造",等等,种种不一。这种情形在其他民族文献与民间抄本也普遍存在,如中国各民族神话或传说叙事中,经常出现"盘古""伏羲""三皇五帝"等文化始祖形象,但在具体翻译整理中又出现很多不同的说法,像"盘古""盘王""盘瓠"的混用,像"伏羲""神农""炎帝"的互转,仅"伏羲"名称,在不同的写本中就出现了"牺""必羲""宓羲""庖牺""包牺""炮牺""牺皇""皇羲""太昊""太皞""瓠系""虑戏""虑羲""伏义""伏依""伏希""伏戏""伏牛羲"等20多种。至于"伏羲"的身份,在不同的文献、抄本中也发生了很多变化,如关于"伏羲"的来历,就有"地生伏羲""伏羲是地神的儿子""伏羲是神的儿子""伏羲是天师的儿子""伏羲是巫师的儿子""伏羲是玉帝儿子""大圣生伏羲""华胥生伏羲女娲"等,在壮族文献或口头传说中关于"伏羲"的就有"伏羲是种田人的儿子""伏羲兄妹生于穷人之家""伏羲是第四代神"等不同说法。这种现象表明印刷文献、手抄本与口头讲述之间的相互转化与互动是客观存在的,正是这种客观事实导致了中华民族传统文化的丰富性和博大精深。

如何深入研究各民族传统文化建构中对中华民族共同文化传统的吸收与贡献,以及对本土文化的积极探索与创新,关注民间手抄本不失为一种有效的方法。同时,值得注意的是,目前随着现代化进程的飞速猛进,许多残留于民间的古籍手抄本也面临着新的机遇与挑战。正如一些研究者所提出:"少数民族古籍工作起步晚、底子薄,古籍资源分散、文种多样、形制复杂,毁损流失情况严重。特别是在工作开展过程中,还面临着专业人才匮乏、基础设施落后、机构体制和工作机制不健全不完善等诸多问题。因此,少数民族古籍保护、抢救、搜集、普查、整理、修复、翻译等基础性工作的任务十分艰巨。"[①] 在新时代全面弘扬中华民族优秀文化传统的背景下,在积极推进我国由文化大国向文化强国的进程中,强化少数民族民间古籍手抄本的发掘、整理与利用,必然是一件值得关注的事情。

〔王宪昭:中国社会科学院民族文学所研究员、文学博士〕

---

① 李晓东:《保护少数民族古籍遗珍 弘扬优秀民族传统文化》,《中国民族报》2017年8月18日。

文本译注的学理性思考

——兼评《壮族麽经布洛陀遗本影印译注》

吴晓东

2016 年 7 月，黄明标先生主编的《壮族麽经布洛陀遗本影印译注》（以下简称《译本》）由广西人民出版社出版。这是继《布洛陀经诗译注》和《壮族麽经布洛陀影印译注》之后的又一成果，进一步丰富了壮族麽经的研究资料。无论是内容上，还是译注方式上，皆有其可圈可点之处。下面就文本译注的问题谈一点自己的思考。

一、互文性问题

《布洛陀经诗译注》1991 年由广西人民出版社出版，从搜集到的 22 本布洛陀经诗手抄本中选择较为古老较为完整的抄本作为基础，并分为序歌、造天地篇、造人篇、造万物篇、造土官皇帝篇、造文字历书篇、伦理道德篇、祈祷还愿等篇章。此后，2004 年 3 月，广西民族出版社又推出了《壮族麽经布洛陀影印译注》，此译注规模宏大，共 8 卷，是从搜集到的 39 个抄本中选择内容不相重复的 29 个抄本进行影印整理并译注出版的，分为《麽请布洛陀》《噝兵全卷》《广兵佈洛陀》《麽叭科仪》《九狼叭》《六造叭》《麽叭床䟿一科》《麽使虫郎甲科》《哑兵棹座启科》《麽兵甲乙科》《杂麽一共卷一科》《本麽叭》《狼麽再冤》《闹潲怀一科》《麽魂輝一科》《赎魂輝噝》《麽送彪》《布洛陀孝亲唱本》《占杀牛祭祖宗》《呼社布洛陀》《佈洛陀造方唱本》《汉皇一科》《麽汉皇祖王一科》《麽王曹科》《噝王曹噝塘》《麽荷泰》《正一·事巫书觧五楼川送鸦到共集》《麽破塘》《哑双材》等 29 个部分。在内容上，《壮族麽经布洛陀影印译注》除了造天地篇（三）、造人篇等一小部分之外，基本囊括了《布洛陀经诗译注》的抄本内容。

《壮族麽经布洛陀遗本影印译注》这一书名明显针对《壮族麽经布洛陀影印译注》而得，突出其"遗本"特性。《遗本》共收录了13个手抄本，"这些抄本都是遗存在社会上，未曾公布于世的个强屯农氏家族传了14代人的珍藏本"[①]。这些抄本分别是《布洛陀造麽叭科》《造万样》《麽兵唔宿科》《麽兵麽叭共卷》《麽獏麽怀麽叭祖宗共卷》《目连经》《麽叭启始》《麽全在后》《皇曹麽请土地》《麽唐降一卷》《麽六部下元》《麽尽除》《広叭冷鬼》。我们很难说这些遗本的内容在原来的《壮族麽经布洛陀影印译注》中都未曾涉及，其实，民间文本价值不完全在于其内容的"全新"性，在很大程度上在于其可比较性。同一类型的异文，相互之间构成了互文，只要其中有一些变异，研究者都需要对这些变异做出相应的阐释，追究其变异的原因，从中可以归纳出文本变异的规律。

一个民族的民间祭祀、禳解仪式，到底有多少，往往很难统计，这不仅由地域的差别所致，也有类别相互掺杂的原因，难以区分。也就是说，有的仪式是大仪式套小仪式，而各种仪式在不同地域又稍有变异，这导致了麽经唱本发生一些变异，这些变异的大小，是我们难以处理的重要元素，难以将其简单区分为不同的文本还是同一文本。正因为如此，不断地搜集民间文本，对研究都是有用的。除非完完全全雷同，否则不存在重复之说，细小的差异对研究来说都是值得重视的，我们需要阐释这些差异的缘由。也不存在完整与非完整之别，所谓的不完整，是学者比较了之后的一种感受，作为一个文本，其自身是"完整"的。为此，学者们期待更多的壮族麽经译注本面世，包括已经出版抄本的异文的面世。

二、文本整理与设定

在南方少数民族古籍译注、整理的过程中，有一种比较普遍的现象，即先设定所翻译的文本是一个什么性质的文本。从已有的情况看，译者们对"史诗"一词很感兴趣，也常常设定自己所翻译的文本为一部史诗。这种设定会对译注出来的成果产生很大的影响。

最大的影响就是对文本进行组合、删减。苗族史诗《亚鲁王》国家级传承人

[①] 黄明标主编：《壮族麽经布洛陀遗本影印译注》，广西人民出版社，2016年，第3页。

陈兴华曾经自己翻译整理出一部《亚鲁王》，他的初稿深受"史诗"概念的影响，所以他将自己认为是史诗的内容放在前面，构成一部"史诗"文本，再将自己认为不属于史诗的部分附在后面。在书稿交到出版社之前，我到紫云待了一个星期，对他做了较为深入的访谈，并建议他将自己整理出来的文稿按演唱语境——丧葬仪式的顺序排列，他表示同意了。《亚鲁王》的内容大多是符合"史诗"这一概念的，但我们也不能因为这个概念而丧失了当地丧葬仪式唱词的本真。

目前我们看到的阿昌族史诗《遮帕麻和遮米麻》是一部从开天辟地到战胜妖魔的史诗，其内容都与"史诗"这一概念紧密相连，但这一史诗其实从未完全脱离过仪式语境成为可以单独表演的唱本，换言之，它与其他祭祀内容是合为一体的，只是在翻译整理的时候，译者设定其为一部史诗，因而只保留了符合"史诗"概念的内容，其他的内容则删减了。笔者与其他两位同事曾经到阿昌族艺人曹明宽家里录制拍摄这一史诗，在他家整整拍了一个星期，所录制的内容远远大于目前所看到的纸质史诗内容。

关于壮族仪式的相关麼经，也有称其为史诗的。在很多学术论文中，都会称《布洛陀经诗》为创世史诗。《布洛陀经诗译注》在前言中也说："《布洛陀经诗》因其相当多的内容是创造天地万物的，可以说是壮族的创世史诗。"① 从《布洛陀经诗译注》里所收录的内容看，确实是有一些造天地万物的内容，但是，有一点值得我们注意，就是这些抄本不仅短，更重要的是这些抄本是相对独立成篇的。在民间，这些抄本也不是按照《布洛陀经诗译注》所编排的顺序来演唱的。什么是史诗？这是一个很难界定的概念，每一个概念都是一个范畴，在这个范畴中，有其典型成员，也有非典型成员。譬如"鸟"这个概念，麻雀、燕子都是典型成员，鸵鸟就是非典型成员，蜻蜓、蝴蝶、蝙蝠等都具有鸟的某些元素，某些族群的地方性知识也会把这些动物归结为鸟类，但是毫无疑问，它们绝对不是鸟类的典型成员。就"史诗"概念而言，可以说荷马史诗是其典型成员，与之相比，中国南方少数民族的很多"史诗"都不是典型成员。无论从篇幅还是内容看，《布洛陀经诗》都算不上"史诗"概念的典型成员。

《壮族麼经布洛陀遗本影印译注》虽然只收录了13个手抄本，但就其内容看，也不乏一些与"史诗"概念吻合的内容，比如有一些涉及万物起源的内容。涉及造天地万物的抄本主要有《唝洛陀造麼叭科》《造万样》《麼兵唅宿科》《麼兵麼叭

---

① 张声震主编：《布洛陀诗经译注》，广西人民出版社，1991年，第3页。

共卷》《麽獀麽怀麽叭祖宗共卷》。其中《造万样》这样描述造人的："造天下先造女人，九头婆造情网。从前未造女人够多，闫罗婆先造，分到各村不剩；从前未造男人生殖器，我们这代造了女人够多，分到各村就剩，全天下来分不够；造了男人生殖器，造男女结合在山上，女人够分到天下。"①除了造万物，这些手抄本也涉及伦理道德，社会文明的内容，讲述这些内容的合理性。所有这些，也足以有理由往"史诗"靠，但译注者并不这样做，没有将其比附为史诗。只是按本民族的传统称呼称其为"麽经"。这种做法比较客观与科学，每个民族都有自己的地方性知识，在民间文学方面，也有自己的分类，按照本民族的分类，应该是最为准确的，而按照外来分类的概念，很容易出现重新编排文本，割裂文本的现象。

三、附加信息与文本语境再现

　　《壮族麽经布洛陀遗本影印译注》可以说提供了详细的文本信息，包含了抄本收藏人、抄本搜集人，对抄本也有详细的描述，比如对手抄本《造万样》是这样描述的："不分卷，1册，26页。佚名撰，旧抄本。绵纸，册页装，古壮字，墨书，页面18cm×13cm，每半页8行，行10字。抄本今藏广西百色市田阳县坡洪镇陇升村个强屯退休教师农吉勤处。"②《译注》还将抄本拍了照附在译文中，让读者能直接目睹原文本的真容。

　　民族古籍文本的译注，一般除了提供文本本身所包含的信息外，往往还可以提供一些附加的信息。比如"原书无封面，封底、无题无年款，《造万样》是编者依据其主要内容所拟，意为创造天下万物"③。其中关于题名的信息十分重要，也是民族古籍整理中经常需要处理却很少有交代清楚的问题。就目前所见到的南方口头文本的译注，几乎都有这个问题，换言之，各民族口头演述的文本，往往没有一个题名，或者没有一个固定的题名，在译注的时候，译注者很少说明读者所见到的题名的来由与原文本的关系。书面文本也存着这种情况，在这一问题上，《遗本》的做法值得提倡。

---

① 黄明标主编：《壮族麽经布洛陀遗本影印译注》，广西人民出版社，2016年，第4页。
② 黄明标主编：《壮族麽经布洛陀遗本影印译注》，广西人民出版社，2016年，第73页。
③ 黄明标主编：《壮族麽经布洛陀遗本影印译注》，广西人民出版社，2016年，第73页。

南方少数民族的经书以及大多与祭祀有关的口头文本，主要都是在仪式中演述的。在翻阅《遗本》时，笔者最想了解的也就是这些手抄本是在怎样的仪式中被演述。《译注》对这一问题也有一些说明，比如对《麽兵哨宿科》的演述语境是这样描述的："该书在壮族布麽举行'麽哨宿'仪式（即禳解灶房殃怪）时唱诵。'麽哨宿'仪式一般在家里举行，主要请灶神助家人消灾除害，保人畜平安。"①对《布洛陀造麽叭科》的仪式描述更为详细一些："'麽叭'多在夜间的村头或屋边的岔路口进行。布麽蹲在地上，面前置一盏油灯、一只熟鸡、一个熟蛋、一筒米、三杯酒、一庹白布，还有主家或被殃怪缠身的人的一件衣服。"② 这些附加的信息为文本提供了一个生存空间，读者可以在脑海里有一个更为具象的印象。

　　《译注》收录了13个手抄本，但这并不意味着它们对应着13个仪式。比如《布洛陀造麽叭科》是在麽叭仪式中念诵，而《造万样》却不是在固定的一个仪式中念诵，它可以在"主家因起屋建房不择吉日，家里遭遇殃怪，起居不得安宁，女儿不孝，子孙不旺，家运败落而请布麽来做禳解仪式的过程"中念诵。也就是说，《造万样》这一经书在多种仪式中都能使用。反过来，一部经书在仪式中也不一定全部念诵完毕："布麽喃麽经文，也不是整本从头麽到尾的，而是根据主家的要求或主家发生的'殃怪'类别，由布麽有针对性地选择经文中对口的章节来念。念完所选的内容，一场'麽叭'法事即告结束。"③ 所以，如果能对当地的仪式有一个完整的介绍，让读者了解这些抄本怎样在仪式中被具体运用，了解全部仪式种类与这些抄本的关系，则是理想之举。

　　对于一部译注，提供文本的语境信息不是硬性要求，但如果能提供，则是锦上添花之举。《译注》提供的这些语境信息，难能可贵。笔者曾经观看过苗族《亚鲁王》的演唱语境即当地的丧葬仪式，但由于方言的差异，不明白每个仪式环节所演述的具体内容，而史诗《亚鲁王》第一个版本出版之后，由于没有提供相应的仪式语境，笔者也没能了解其中每一个部分具体是在什么仪式环节中演唱。直至陈兴华的版本出来，在对其进行了一个星期的访谈之后，才将文本的每一部分与仪式的每一个环节一一对应起来，建立起文本与仪式语境的有机结合，有了一个完整的立体的理解。

---

① 黄明标主编：《壮族麽经布洛陀遗本影印译注》，广西人民出版社，2016年，第179页。
② 黄明标主编：《壮族麽经布洛陀遗本影印译注》，广西人民出版社，2016年，第3页。
③ 黄明标主编：《壮族麽经布洛陀遗本影印译注》，广西人民出版社，2016年，第3页。

四、元文本问题

　　文本译注有一个问题需要考虑，即所翻译注释的元文本是什么。南方少数民族译注的文本，大多是口头文本，也就是译者先录下了演唱者所演唱的内容，然后再一句句翻译，这种情况大多是因为没有传统的民族文字，演唱者们一直靠口头传授，徒弟靠脑子记住师傅教授的内容，在仪式中才演述出来。记录口头文本，首选一般考虑用民族文字，但是，后期创造的拉丁字母民族文字都是拼音文字，拼音文字的特点是有标准音点的，南方少数民族往往是方言差异大，十里不同音，所以拉丁字母民族文字的作用十分有限，难以准确反映非标准音点的发音，所以，这时候又采用国际音标作为辅助手段，注上国际音标，能准确反映出这一文本的读音。另外，如果采录点是民族文字的标准音点，那么，国际音标也可以让不认识的人知道其读音。总之，国际音标具有两种不同的功能。

　　译注的另一种文本是书面文本。这种情况往往是发生在有传统文字的民族，在中国南方少数民族中，有文字的民族不多，除了傣族、纳西族、彝族使用传统的民族文字记录本民族文化之外，其他民族多是靠口耳相传，或借用汉字以其音来记录本民族语言文化，或稍加改造以成为本民族文字，壮族的古方块壮字即属于此类，属汉文系统文字。在北方，西夏文也属此列。

　　书面文本则与文字类型有关，文字分表音文字与表意文字，古方块壮文虽也有表音的一些功能，但总体上是一种表意文字，与汉字一样。表意文字是一种超语音的文字，方言差异再大也都能共用。古方块壮字在桂中、桂西以及滇东的文山壮族地区流行，流行区域达20万平方公里。与汉文流行区域相比，这个范围不算太大，但也比较可观了。在这20万平方公里的范围里，壮语的方言土语差异是有的，但作为一种表意文字，方块壮字显示了它超越方言土语差异的优越性，也就是说，无论说什么方言土语，都可以使用。《遗本》收录的13个手抄本就是使用古方块壮字写就的，所以说，此译著所译注的元文本是用具有超越方言土语性质的古方块壮字写就的书面文本，并非用当地土语演述的口头文本。

　　《遗本》延续了《布洛陀经诗》与《壮族麽经布洛陀影印译注》的译注主要方式，即五对照的方式：原文、拉丁壮文、国际音标、直译、意译，并附上手抄本全文图片。对研究者来说，其信息十分完整全面。但需要意识到，这种方式其实是延续了译著口头文本的方式。我们用国际音标所标注的音是文字文本来源所在地的音。可以设想，如果这些书面文本流传到另一个方言区，搜集地在另一个不同的方言区，我们标注的音自然是另一个方言区的音。其实麽经文本本身并没有固定携带这个地点的音，它是超方言的。具体而言，《遗本》收录的13个文本虽然来自广西田阳县坡洪镇陇升村个强屯，但它是一个书面文本，个强屯师公吟诵这个文本时虽然是用个强屯的音，但这个文本本身并不只代表这个点的音。我们可以设想，如果我们从河南某个村子搜集到一个用汉字写就的故事文本，这个文本本身并不带有河南音，因为汉字是超方言的，这个文本被广东人拿来用，师公所念诵的音就可能是广东口音。所以说，用个强屯的音来注释在此地所搜集到文本，只是我们将其设想为一个口头文本。

不过，即便译注的是一个超方言性的书面文本，能提供搜集地的读音也没有什么坏处。凡是译注，都有一个拟定的读者对象，对于壮族麽经的译注来说，那便是能读懂汉字的人群，其最终的意译是汉文。但这些麽经毕竟不是一部部文学作品，不仅仅供人们品读欣赏，我们译注，主要还是供学者研究之用。而在这些研究者中，壮族学者最多，这便是要添加拉丁字母的拼音壮文的原因。拼音壮文是一种表音文字，其缺点是只代表标准音点的音，难以反映出文本使用者当地的音。正是出于这一点，才需要用国际音标标注当地语音。具体来说，壮语分两大方言，即北部方言与南部方言，北部方言分7个土语区：桂北土语区、柳江土语区、红水河土语区、邕北土语区、右江土语区、桂边土语区、邱北土语区，南部方言分为5个土语区：邕南土语区、左江土语区、德靖土语区、砚广土语区、文麻土语区。《遗本》所搜集的点即广西田阳县坡洪镇陇升村个强屯属于北部方言右江土语区，而壮语标准音武鸣话属于北部方言的邕北土语区。也就是说，搜集点的音与标准音是有差异的，这就需要借助国际音标来进行标注。

翻译一个非标准音点的口头文本往往会遇到不少的麻烦，贵州紫云苗族《亚鲁王》的翻译便是如此。紫云不是西部方言的标准音点，其苗语发音与标准音点的发音还有很大差异，所以，用西部方言区的拉丁文字来记录紫云苗族史诗《亚鲁王》便难以实现。不得已，只好请专家对西部方言区的文字进行改造，以与紫云某地的苗语发音一致。其实这也是权宜之计，紫云各地苗语也有很大差别，而紫云苗族演唱《亚鲁王》的东郎来自各个乡镇，再进行改造的拼音文字，都无法真正满足与各地语音完全吻合的要求。与之相比，《译本》要好很多，因为它的搜集地只限于一个村子，当地语音是明确的。

用国际音标记录一个地点的音之前，先决条件是要先确定这个点的音位系统，即这个点有哪些声调，哪些声母以及有哪些韵母。每个地方的语音都可视为一个相对独立的系统，如果使用这个音位系统来记录语音，最好能直接向读者提供这套音位系统，因为国际音标的记音功能相对的，而不是绝对。就声调为例来说，并不是33调有一个绝对的高度，某一个系统的33调与另一个系统的33调不一定读相同高度的音，只有确定了音位系统之后读者才知道其相对读音。

〔吴晓东：中国社会科学院民族文学研究所研究员〕

神灵、祭祀仪式与民间叙事传统
——兼评《壮族麽经布洛陀遗本影印译注》的多元价值

杨杰宏

一、神灵与祭祀是民间叙事的原动力

神话叙事是民间叙事的主要类型。神话叙事离开不开神灵，神灵叙事与民众的信仰、崇拜行为紧密联系在一起，从而有了"神圣叙事"的意味，而这些"神圣叙事"往往借助祭祀仪式来实现，这在越是早期的神话叙事传统中就越明显。古希腊著名史诗《荷马史诗》相传最早起源于在城邦战争中牺牲的英雄的葬礼上的颂词，后来随着社会生产力的发展，神话与祭祀仪式逐渐脱离，《荷马史诗》在漫长的历史长河中不断创编、整合，演变成为长篇史诗经典巨著。中国第一部诗歌总集《诗经》的"颂"也是宗庙祭祀的舞曲歌辞，内容多是歌颂祖先的功业的，但其神话特征已经消失。"子不语怪力乱神"，在正统的官方文献中的神话记载与各少数民族神话相比只能说是断篇残章，但并不能掩盖民间一直未曾中断的神话叙事传统，流传于中原、北方的宝卷就是明证。尹虎彬在研究河北后土地祗崇拜中发现了大量的宝卷文本，这些宝卷"能唱、能演、有经卷、有仪式、有社火，有文化英雄，有神话传说故事、有日常民俗，有特定听众，也有稳定传承的时空环境"①。宝卷中的神灵叙事背后是民众的宗教信仰。民间信仰构成传统文化的核心，与神灵与祭祀有机联系在一起。在很长的一段时间以来，在西方神话

---
① 董晓萍：《从宝卷研究民间信仰——尹虎彬〈河北后土宝卷与地崇拜〉序》，《民间文化论坛》2016年第1期。

学、叙事学统摄影响下，国内的神话学研究偏向于文本研究，基本上以母题、类型、原型、主题、程式等理论范式来观照神话文本，近30年来人类学范式也介入到民族文学领域，文学人类学、民族志诗学也应运而生，但往往在人类学的理论概念丛林中不能自拔，仅从研究视角而言就出现了"自观""他观""人观""互观""凝视"等层出不穷的新名词。是理论先行？还是从实际出发来检验理论？这是一个没有解决的问题，也是一个常谈常新的问题，却是有必要接着谈的问题。正如一些从西方宗教概念出发来界定中国民间信仰，并堂而皇之认为中国人没有宗教信仰。这其实是典型的文化霸权主义的体现，只有符合西方基督教为范式的宗教才有资格称得上真正的宗教，否则便不是宗教，也就是没有宗教信仰的表现。"如果中国人没有宗教和信仰，那几千年的文明是如何延续的？中国历史上的宗法制度及其观念，三纲五常的伦理秩序，儒家式的社会理想等，也可以叫宗教，也可以叫理想，也可以叫信仰。这些传统在我们的社会里还是有根基的，信仰的根基还存在于民众的生活里。"① 赵世瑜指出："所谓民间信仰，则指普通百姓所具有的神灵信仰，包括围绕这些信仰而建立的各种仪式活动。他们没有组织系统、教义和特定的戒律，既是一种集体的心理活动和外在的表现行为，也是人们日常生活的一个组成部分。"②

尹虎彬在研究中发现"后土宝卷、后土灵验叙事、刘秀传说、洪崖山传说群，它们属于不同的民俗学题材样式，但是，它们互为文本，具有共享意义和共同的历史根源。它们都以地方性的民间叙事为文本特征，以后土崇拜为核心内容，以传统神话为范例。地方性的宝卷和民间叙事传统，是由本土的后土祭奠中发展起来的"③。基于深入的田野调查与文本研究，他提出一个观点——"神灵与祭祀是民间叙事的原动力"④。这也是本文要阐述的核心观点。相形于汉文献中言简意赅的神话记载，在中国少数民族地区大量遗存下来了在祭祀仪式中吟诵的神话与史诗。除了《格萨尔》《江格尔》《玛纳斯》为代表的三大史诗外，在壮族、彝族、傣族、哈尼族、壮族、傈僳族、布依族、白族、羌族等南方诸多民族的传统祭祀仪式中传承着众多的神话与史诗，壮族史诗《布洛陀》就是其中的代表之一。

---

① 尹虎彬：《河北民间后土地祇崇拜》，学苑出版社，2015年，第199页。
② 赵世瑜：《狂欢与日常：明清以来的庙会与民间社会》，三联书店，2002年，第13页。
③ 尹虎彬：《河北民间后土地祇崇拜》，学苑出版社，2015年，第199页。
④ 尹虎彬：《河北民间后土地祇崇拜》，学苑出版社，2015年，第199页。

二、《布洛陀》中的神灵、祭祀仪式与叙事传统

（一）无所不能的神灵——布洛陀

1. 布洛陀的身份

布洛陀无疑是《布洛陀》中的主人公，也是智慧超群、法力无边、无所不能的神灵。正由于布洛陀的多功能职责及功劳决定了其身份的多元性——"山里的头人""无事不知晓的老人""始祖公""创世神""道德神""壮族人文祖先""布麽的祖师爷""主管鬼神之神""壮族的太上老君"等等，据李斯颖田野调查，关于布洛陀的身份多达 11 种之多。①

布洛陀的多元身份与其名称的多元化解释有内在关联。大体来说，对"布"解释为"祖公"义并无多大异议，主要是对"洛陀"的不同解释，如有的把"洛"解释为"鸟"，"陀"解释为"首领"，那么"布洛陀"就成了"鸟的首领"，如果把"洛"解释为"知晓"，"布洛陀"就变成"无所不知的老人"，有的把"洛"解释成壮族的古称"驼（洛）越"，"布洛陀"就变成了"驼越的首领和大祭司"。② 虽然对"布洛陀"的名称有不同的解释，但其语义所指是壮族的始祖神、创世神，或者说布洛陀在壮族传统文化中是以英雄始祖、文化创造英雄祖先而存在的神灵。

2. 布洛陀的神性及贡献

按照《布洛陀》文本记载，可以说没有布洛陀这位神灵，就没有天地万物，也没有人类，是布洛陀开天辟地，创造了万物，创造了人类；创造万物之后世界一片混乱，人类没有礼义廉耻，所以他又专门制定了伦理道德和万物的生长规律及秩序。具体而言是有以下这些功绩：

开天辟地：原来的天地紧挨在一起，太阳出来晒死人，雷公打鼾震耳欲聋，布洛陀砍来老铁木，把天地撑开，给人类开辟了一片美好家园。

创造万物：天地产生，世间一无所有，布洛陀与麽六甲夫妻二人先创造了男女，并生育了众多的人类；洪水把人间田地全部淹没，人类面临饿死的厄运，布洛陀派了斑鸠、山鸡到天上去取回粮种，派老鼠到海里取回谷种；人类种稻谷没有耕牛，布洛陀用黄泥捏牛身，枫木做牛脚，红泥做肉，蕉叶秆做肠，奶果做乳

---

① 李斯颖：《壮族布洛陀神话研究》，中国社会科学出版社，2016 年，第 193—194 页。
② 李斯颖：《壮族布洛陀神话研究》，中国社会科学出版社，2016 年，第 194—195 页。

房,苏木水做血,夸木做牛角,干层皮做牛肚,风化石做肝,制造出了耕牛;以前古人住在岩洞里,布洛陀教会人们制造干栏式建筑;人类经常受到毒虫猛兽的袭击,布洛陀教人熔铸铜鼓,并敲打铜鼓来吓跑毒虫猛兽……

安定万物:从前人类和鸟兽混住在一起,都说同一种话,为了争夺地盘与食物,经常发生争斗,布洛陀把人类与鸟兽住处分开,语言也各自分开,使世间万物各归其位而安定下来。布洛陀还规定人类的起居饮食的规矩,如他看到人类成天地贪吃,就规定三天吃一顿饭,但屎壳郎传令错为一天吃三餐,被罚去滚屎球。

制定伦理道德:以前人类不懂伦理道德,胡作非为,鬼神共怒而惩罚人类,人类不堪其苦,布洛陀由此制定了文字及天文历法,制造了麽公与祭祀仪规,用于替人类祈福消灾,趋吉避邪,并教育人类尊老爱幼,家庭和谐,团结友爱。

从中可以看出布洛陀在壮族传统社会中不只是扮演了创世神、始祖神的角色,而且还承担起了"社会宪章"的职责,成为壮族的标志性文化。

(二)祭祀仪式

壮族的布麽通过各种法事仪式喃诵布洛陀经文,为民消灾解难、超度亡灵、赎魂驱鬼、纳吉求福等。《麽经布洛陀》便是"布麽"使用"古壮字"记录传唱布洛陀神话传说的经书。从其整个仪式看来,首先就是敬请祖神"布洛陀"降临,其次便是恭请"布洛陀"为主家禳除冤结、纳吉求福。祭祀品也比较简单,一些果品和鸡、猪、鱼肉,一碗米用来进香。颇为神秘的是,该"布麽"在喃诵经文时所用的一副骨爻卦,以及喃诵的咒文。祭祀布洛陀仪式每年举行两次,第一次是从农历二月十九开始一直延续到农历三月初九,历时20天;第二次是秋收后的农历十月初十。两次朝拜季节分别是春季和秋季,即信俗所说的春祈秋报,两次朝拜除了季节不同外,时间长短、人数规模、祭祀内容、目的也不一样。春季是万物复苏的季节,人们通过祭祀祈求风调雨顺,生产丰收,生活富足。田阳敢壮山春祭布洛陀活动时间最长,规模最大,内容最丰富,歌圩最盛大。而秋祭布洛陀则带有还愿的性质,祭祀时间在农历十月初十,这时正是秋收完后尝新季节,敢壮山周围的壮族村寨由寨老率领各户长老挑着供品上敢壮山祭拜布洛陀,酬神还愿,感谢祖神布洛陀赐福。[①]

也就是说,《布洛陀》文本并不是用来作为通俗读物而存在的,而是在仪式

---

① 王敦:《信仰·禁忌·仪式:壮族麽经布洛陀的审美人类学发微》,《广西民族研究》2011年第2期。

上吟诵演述的仪式文本。驱妖祛邪，消灾解难是布麽做法事的宗旨所在，而法事主要是在仪式上吟诵《布洛陀》。驱妖祛邪，消灾解难包括祈福、禳灾和超度亡灵三种形式。其中，属于祈福禳灾的麽经有《唭洛陀造麽叭科》《麽兵唒宿科》《麽兵麽叭共卷》《麽暮麽怀麽叭祖宗共卷》《麽叭启始》《麽尽除》《麽六部下元》《広叭冷鬼》《麽全在后》等。属于超度亡灵类型的麽经有:《皇朝麽请土地》《目连经》《麽塘降一卷》。其中，《皇朝麽请土地》《麽塘降一卷》既有祈福消灾，又有超度亡灵的内容。①

（三）布洛陀叙事传统的主要特征

布洛陀叙事传统的两个关键词——"布洛陀"及"叙事传统"，二者是主体与客体、内容与形式的关系，彼此联系，互为制约。"布洛陀"限定了这一叙事传统的主体及性质，由此与其他叙事传统相区别开来。"布洛陀"内涵所指包含了吟诵《布洛陀》的祭司——布麽或麽公、《布洛陀》经文、布洛陀崇拜、布洛陀仪式等相关因素；"叙事传统"则限定了与主体发生联系的对象性质，即与"布洛陀"相关的叙述活动及叙述模式。简言之，布洛陀叙事传统就是"讲述布洛陀故事的传统模式"。结合这两个概念限度，布洛陀叙事传统的特征可以概括为以下几个方面：

1. 宗教叙事

布洛陀被壮族人民奉为生产、生活、文化的开创之神，对布洛陀的崇拜、信仰及其祭祀行为一直延续至今。"广西田阳县百育镇敢壮山的祖公庙是壮族集中祭祀布洛陀的主要场所，每年到此处祭祀的人数愈万。仔细分析，不难发现，这是壮族不畏艰难、团结奋斗、勇于创新的民族精神在不断激励的结果。而在传承这种民族精神、凝聚民族各成员中，壮族祖先崇拜的作用不可低估。正是通过这样庄严的祭祖仪式，使每位参与者都强烈地感受到祖先与自己的血缘亲情，并由此产生出强大的亲和力，从而消溶宗族内部成员之间的隔阂，加强各成员之间的情感联系，增强家族、宗族乃至整个民族的凝聚力。"② 从中可以看出，壮族人民对布洛陀的认可、崇拜及从中衍生出来祭祀仪式构成了《布洛陀》叙事的原动力所在。这种民间的布洛陀崇拜、信仰行为明显带有宗教性特点，从布洛陀文本及

---

① 黄明标:《壮族麽经布洛陀遗本影印译注》，广西人民出版社，2016年，第5页。
② 黄慧:《壮族的祖先崇拜》，《河池学院学报》2007年第6期。

仪式内容而言，包含了自然崇拜、神灵崇拜、祖先崇拜三个信仰层面，具有浓郁的巫术、原始宗教及早期人文宗教的特征，由此，布洛陀叙事传统带有突出的宗教性特点，民间宗教叙事是其本质特征。这种民间宗教文化深刻影响了其叙事传统的形成与发展。布洛陀所教谕的伦理道德宗旨、文化主题全面渗透到布洛陀叙事文本中，使其成为宣传、传承民族传统文化的工具及载体。《布洛陀》文本及仪式是建立在上千年来壮族人民深厚的民间信仰土壤之中的，具有天然的神圣叙事、权威叙事的特点，反过来，叙事文本及仪式也是通过建构人们心目中的无所不能的神灵形象来制造权威，深化人们的信仰，二者是相辅相成的。布洛陀叙事文本结构中最为常见的"三段式"结构——开头讲述"王造天地万物"，中间为叙事主体内容——矛盾冲突导致难题出现，结尾为有难题找布洛陀，布洛陀教会人们举行法事来驱邪消灾，最后是皆大欢喜的大团圆式结尾，属于"灵验故事"，这与以宣扬宗教思想为宗旨的宗教叙事风格是相一致的；布洛陀叙事叙述内容中糅合了大量的仁义礼信，忠孝慈爱、三界六道、生死轮回、灵魂不死、阴阳相生相克等儒释道思想意识，尤其是道教影响更为突出，这些宗教意识形态通过文本叙事、仪式表演得以实践，并逐渐沉淀生成民众的信仰根基，促进了着布洛陀叙事传统的形成与发展；布洛陀借助宗教的超凡脱俗的神圣性达成自身的叙事权威地位。由此而言，布洛陀叙事传统具有浓郁的宗教叙事特征，并构成了叙事动力所在。

2. 民间叙事

宗教叙事并不意味着高居天堂，远离人间烟火。《布洛陀》的宗教叙事其实就是神灵叙事、神话叙事，神话就是现实生活的曲折反映。我们在《布洛陀》文本中看到的布洛陀与麽六甲两个神仙眷侣并非像王母娘娘、玉皇大帝那般养尊处优，颐养天年，而像两位村里闲不住的老农，忙着开天辟地，制造万物，安定秩序，给人类排忧解难。他们也像人类一样下田干活，起房盖屋，从事耕织，同样有着平常百姓一样的喜怒哀乐。说明布洛陀叙事传统的形成是与壮族的社会发展状况紧密联系在一起，反映了壮族古代社会的生产、生活状况。

《布洛陀》的文本内容，是讲述人类的生老病死、人生礼仪、社会生产、家庭生活，很少有称霸天下，征服异邦、统一四方的宏大政治叙事，也很少涉及类似征收赋税、安排劳役、兴建大工程、监狱法庭等方面的官方叙事，更多内容多为与壮族古代社会的生产、生活相关的动物、植物、农作物、生产工具、生活用品等，带有浓郁的民间生活文化色彩。还有一个方面是《布洛陀》的传承主体——布麽本身也是民间祭司的身份，他并没有离开生产劳动，祭祀活动只能说是"兼职工作"，祭祀活动也没有专门的庙堂殿宇，都是在田间地头，民房田舍中举行，参与者大都是本土本乡的农民。从这个意义上说，民间性是布洛陀叙事传统的传承形态特征。

3. 神话叙事

神话是人类早期的社会实践及意识观念的产物，讲述的是与神灵相关的故事，往往在祭祀仪式中演述，带有"神圣叙事"的特征，神话演述者与受众群体都对叙述内容信以为真，与宗教叙事具有重合性。

布洛陀叙事传统与神话的关系非同一般。布洛陀经书的内容基本上以神话内容为主，其中与自然崇拜、祖先崇拜、神灵崇拜相关的神话居多，这三类神话又呈现出复合型特征，如《造万样》叙述主题为"人类的生存危机与再生"，其间又融合了开天辟地、万物来历、人类起源的自然崇拜内容；主人公——布洛陀通过解决人类生存危机成为人类的始祖，他的英雄事迹成为整个故事的叙述主线，由此成为壮族的英雄祖先；人类生存危机的解决与天神的帮助密切相关，歌颂纪念布洛陀的丰功伟绩的祭祀仪式传统也由此产生。通过仪式中的神话叙事使布洛陀信仰得以深化，而民众的传统信仰使神话及其仪式得以世代相传。神话构成了布洛陀叙事传统的叙述内容及表现形式。

4. 仪式叙事

上面提及的布洛陀的祭祀仪式其实也是在讲仪式叙事特征。布洛陀叙事传统是镶嵌在仪式中的，也就是说布洛陀叙事文本是置于仪式文本之中的，仪式产生文本，仪式文本大于布洛陀经书文本。与布洛陀相关的仪式主要有赎魂仪式（包含稻谷、水牛、黄牛、猪、鸡、鸭赎魂），解冤仪式（包含解婆媳冤、父女冤、妯娌冤等），建新房安龙、扫寨、祭祖仪式、丧葬仪式、婚礼、禳鬼驱邪性质的治疗仪式等。仪式中使用符箓、神水、纸衣服、纸鞋等，忌荤食。

巫师在做道场开始时，请神要诵念"布洛陀经诗"的序歌，以表示自己的正统性和请诸神灵来神坛就位。巫师在消灾仪式上要喃唱"寻水经""造火经"；针对收成不好，要喃唱"赎谷魂经"；牲畜有病，则喃唱"赎水牛魂、黄牛魂和马魂经"；在安六畜仪式上要喃唱"赎猪魂经"；在发生鸡鸭瘟疫时，要喃唱"赎鸡鸭魂经"；在养鱼捕鱼的祈祷仪式上要喃唱"赎鱼魂经"；在丧葬仪式上要喃唱"唱童灵经"；在解兄弟冤恨时，要喃唱"唱罕王经"；此外还有"解婆媳冤经""解父子冤经""解母女冤经"，以及"祝寿经""献酒经""祈祷还愿经"等，都有很强的针对性,各有所用。请神念经、祈祷祭祀、借神消灾、许愿还愿,是巫教的主要宗教行为,它有一套复杂的宗教仪式,在人与神之间搭起交通的渠道,具有现实的可操作性。①

布洛陀的叙事传统是与壮族传统文化紧密联系在一起的,是互为表里,相辅相成的辩证统一关系,包括上述的四个叙事传统特征并非是孤立地发生作用,而是相互联系形成的有机体。除了上述特征以外,还存在着口头叙事、书面叙事、布麽叙事、稻作叙事等多种叙事传统特征,限于篇幅不再赘述。

三、每一本麽经都是有生命的:布洛陀文本的搜集与刊布的意义

布洛陀的叙事传统离不开对作为创世神、始祖神的布洛陀的崇拜信仰观念及相关祭祀仪式,同样也离不开传承上千年的口头及经籍文献文本,布洛陀文本的搜集与刊布在某种意义上是在抢救一个民族的传统文化生命,在呵护、珍藏一个民族的灵魂。毕竟在史无前例的现代文明冲击下,我们不得不面临这样一个窘境:布麽数量急剧减少,民间祭祀仪式趋少,布洛陀民间信仰也越来越淡化,而经历了多次兵荒马乱、政治运动劫难后幸存下来的经籍文本屈指可数,这些文本成为布洛陀文化基因,壮族传统文化密码。对这些珍贵的经籍文献及口头文本的搜集、整理、刊布的意义不言自明。

(一)《布洛陀》的搜集与刊布简况

《布洛陀》的经籍文献搜集、整理始于新中国成立后的20世纪50年代,在国家文化部门组织下对《布洛陀经诗》进行了全面的搜集、整理与刊布。广西壮族文学史编辑室于1958年刊布了在桂西搜集到的散文体《布洛陀》,当时文本定名为《陆驮公公》,后又改为《保洛陀》,这应该是此次搜集活动中比较完整的散文体《布洛陀》的版本。20年后(1978年)广西民间文艺协会陆续搜集到《布洛陀》的经典文本——《招谷魂》《招牛魂》,这两本都是由当地的师公演述记录的文本。1984年,何承文在右江及红水河一带搜集到散文体的《布洛陀》文本,并根据周朝珍口述记录整理公开发表。1985年,覃承勤在广西东兰、巴马搜集到的师公唱本《布洛陀》,整理出了韵文体的创世史诗《布洛陀》。在广西少数民族

---

① 牟钟鉴:《从宗教学看壮族布洛陀信仰》,《广西民族研究》2005年第2期。

古籍整理出版规划领导小组主持下，集中人力物力，翻译整理了在壮族地区搜集到的《布洛陀经诗》手抄本 22 本，并于 1991 年正式出版，这套整理本采取了原文古壮字、新壮文、国际音标、汉对译、汉意译五对照模式，有力促进了《布洛陀》研究的可持续发展。2004 年，张声震主编的《壮族麽经布洛陀影印译注》出版。林耀华、陈克进如是评价《布洛陀经诗译注》："学术界翘首以待的《布洛陀经诗译注》（简称《布洛陀》，下同），在广西诸多学者悉心协力、科学整理后终于公开出版了。《布洛陀》素有壮族传统文化'百科全书'之称。当我们逐字逐句把它读完后，深感这并非过誉。《布洛陀》不仅保留了独特的古壮语、古壮字，为壮语文研究提供了非常珍贵的资料，而且记录了壮族历史变迁的方方面面，为前人探索壮族的神话故事、社会结构及其性质、伦理道德、风土人情、生产习俗、宗教活动等等，以论证中华民族文化的多元性，解开南方少数民族古史中的一些'哑谜'，开辟了内容丰富的学术园地。"①

（二）《壮族麽经布洛陀遗本影印译注》文本的多元价值

由广西壮族自治区少数民族古籍整理出版规划领导小组办公室、田阳县文体局、田阳县布洛陀文化研究会编纂，广西人民出版社出版发行的《壮族麽经布洛陀遗本影印译注》是近年内布洛陀文本搜集整理的重大成果，是壮族传统文化的考古大发现。这一珍贵文本的整理、刊布具有多元文化价值。"相比原有的成果，该套书有四个方面的突破：一是麽经搜集范围在地域上的突破；二是麽经版本年代更早；三是内容有新突破；四是翻译整理方法的突破。"② 在此，谈点这一成果在传承与研究方面的多元价值。

1. 活形态文化的传承价值

我们知道，任何文化一旦失去了活形态传承就逐渐趋于灭绝，而一旦失去活形态传承，留存下来的文化往往"死无对证"，现在发现的古埃及文字、苏美尔人泥版文字、巴比伦楔形文字都需要研究人员艰难的考证就是明证。《壮族麽经布洛陀遗本影印译注》的文本搜集于田阳县坡洪镇陇升村个强屯的麽公世家，这个麽公世家的布洛陀经书文本最早的始传于明万历四十四年，即公元 1616 年，

---

① 林耀华、陈克进：《壮族传统文化的"百科全书"——读〈布洛陀经诗译注〉》，《广西民族研究》1992 年第 3 期。
② 赵德飞：《广西召开〈壮族麽经布洛陀遗本影印译注〉出版座谈会》，广西民族报网，2017 年 9 月 19 日。http://www.gxmzb.net/content/2017-09/19/content_22187.htm。

迄今已经有401年。"此次出版的《壮族麽经布洛陀遗本影印译注》(上中下三卷),共收录了麽经抄本13本,且是单一麽公家族世代传承的珍贵版本。这13个抄本全部出自个强屯,抄写年代最早的是《哂洛陀造麽叭科》,最晚的是《目连经土语卷》(民国十年,1921年)传抄。"① 这些珍贵的布洛陀麽经为何能够保存下来,尤其是经历了那么多次的劫难而得以幸存,最关键一个内因在于保存者心里强大的布洛陀信仰,正因为有这样的信仰,布洛陀神灵崇拜及其仪式的香火才袅袅不绝,那些发黄了的古籍文本才得以保存善终。也就是说,这套古本的价值不仅在于年代的古老,更在于它的活态性,这些文本是如何在仪式中演述的,当地人是如何理解文本与仪式的,他们的日常生活、岁时节日、伦理道德与布洛陀信仰是什么样的生存关系,文化逻辑关系,都可以在活着的人、活着的祭祀仪式、活着的文本中进行观察、访谈、验证,而非进行多方推理、虚构想象。可以说每一本麽经都是有生命的,几百年来一直伴随着每个村民的生老病死,构筑着他们的精神世界与生活世界。这些文本及祭祀仪式是如何传承下来的,对当代文化保护与传承有何启示?等等,这些方面蕴含了《壮族麽经布洛陀遗本影印译注》的传承价值所在。

2. 布洛陀文化的整体性研究价值

《布洛陀》是以古壮字写成的经籍文本,但不能简单把它归类到文献经典之中,因为它的产生、形成、发展过程无不与口头文本密切相关。《布洛陀》的书面文本其实是口头文本的记录本,而且是用来在祭祀仪式上念诵的,也就是它源于口头,又回归口头,口头性始终贯穿着布洛陀信仰的传承与流布。黄伦生认为《布洛陀经诗》虽具有古文献文本性质,但文人个人创作的可能性不大,因为在壮族人用方块字记录之前,类似《布洛陀》这样的唱本口头流传的时间已经久远,明显的改动很容易被当地的"布麽"发现,也不易于接受,忠实记录长久以来流传的文本原样,就成为记录者的唯一选择。当然,口传也会有变异,某个抄本只是记录了某一"布麽"麽唱的文本,但其变异只是在一些具体的细节或者语句方面,当地民间叙事的传统习惯显然不会发生大的改变。因此,文人事实上没有介入到叙事的内容和改变其语式语态。正是这两方面的原因,一方面壮族的文化传统得到了保持其稳定风貌的传承,另一方面也让我们能够通过书面的文本看到口

---

① 赵德飞:《广西召开〈壮族麽经布洛陀遗本影印译注〉出版座谈会》,广西民族报网,2017年9月19日。http://www.gxmzb.net/content/2017-09/19/content_22187.htm.

头叙事的原生面貌。而后者，在所有民族的典籍中恐怕不多见。①

壮族是个历史悠久、居住范围广大的民族，布洛陀的传承过程中因历时性与空间性因素而会发生相应的文化及文本变异。如《布洛陀》大部分抄本中都有大同小异的开头叙述模式："三个三皇记，四盖四皇造，皇造立造连，皇造天造地。"但具体如何造天造地，造人很少详细叙述，在个强屯发现的布洛陀经书抄本中对此有着生动详细的描述：

  天下没有养姑娘
  荒坡未曾长蕨草
  荒坡未曾生茅草
  还未铸刀具使用
  大多姑娘命不长
  祖婆未曾留下来
  祖婆留下造天地
  造天下才有女人
  光头婆创造婚配
  古时女人不够多
  阎罗婆先造女孩
  分到村寨没剩余
  从前男人没性根
  到这代女人够多
  分配到村有剩余
  天下来分还不够
  造出男人生殖器
  造男女上山幽会
  天下男女才平衡②

这种文本变异恰好说明了布洛陀的口头性特征，口头叙述因人因地因时因物

---

① 黄伦生：《"欢""唱""麽"——壮族民间诗性叙事类型及其功能》，《文化遗产》2010年第4期。
② 黄明标：《壮族麽经布洛陀遗本影印译注》，广西人民出版社，2016年，第80—84页。

而会发生的变异,这种变异通过书面文本记录下来,成为一份难得的民族文化记忆的活化石。任何一个民族文化都是和而不同,多元一体的,这从《布洛陀》的文本中得到了如实的反映,这也是不同异文本所具有的不可替代的文本价值及文化价值所在。个性与一般是辩证统一的,就是说不同时空沉淀生民的不同文本才构成了文本的整体性,加大对不同地区、不同时期的布洛陀文本的深入调查、整理,才能可持续地推进布洛陀文化的深层研究。

3. 对田野文献搜集工作的认识价值

从国家层面大规模地对少数民族文学及传统文化的搜集、整理工作始于20世纪50年代,并一直延续至80年代,期间公开发表、出版了大量的田野调查资料,为少数民族文学、文化的可持续发展奠定了坚实的基础。可以说没有这30余年来的持续搜集整理工作,我们的民族文学、民族文化研究不可能取得如此辉煌的成就。当时提倡的在田野调查中的"三同"(同吃、同住、同劳动),以及调查文本整理原则和方法——"全面搜集、忠实记录、慎重整理"至今仍具有现实意义。近年来发现的苗族史诗《亚鲁王》,汉族长篇叙事诗《黑暗传》就有力证明了这一点。近年来,有些学者提出"告别田野"的观点,认为当下搜集整理的材料已经堆积如山,而对这些资料的理论性研究仍处于空白或起步阶段,所以强调加强学科的理论研究,而不只是满足于材料学的搜集整理。这种观点是有一定道理的,毕竟任何学科的发展不可能只靠材料搜集、整理,学科之学主要指学理,学科的学术理论研究显然是重中之重。但这种观点也存在偏颇之处,侧重了学术大厦的上层建筑,而忽略了基础工作。学术材料的搜集与整理与学术理论研究并非是对立关系,而是辩证统一的,没有材料搜集整理,学科建设就成了空中楼阁,只强调材料重要性而忽略理论研究就会陷入"只见树木,不见森林"的学科局限中。布洛陀文化研究也是如此,我们既需要历史学、民族学、人类学、宗教学、文学、民俗学等多元学科理论来观照布洛陀文化,推动布洛陀文化的深层研究及学科发展,也需要源源不断地挖掘、搜集、整理出布洛陀文化的原材料,为多角度、多层次、多领域研究布洛陀文化提供原材料。如果认为布洛陀的搜集整理工作已经大功告成,可以暂告一段落,重点转向对布洛陀文本的理论研究,如果这种观点大行其道,或者成为布洛陀文化研究的指导思想,则意味着布洛陀文化研究工作的持续性必将中断,"浮夸风""大跃进"必将甚嚣其上。完全可以断言,只要我们研究工作者深入基层调查,类似于在个强屯发现的古文本还会层出不穷,更何况对这些古文本密切相关的演述者、祭祀仪轨、村落信仰、民俗传统等等方面的调查还需要深入，包括在个强屯发现这 200 多本布洛陀经书的编目、传承人、仪式场域、村落语境、传承现状等，都还处于空白，而这些"大文本"只能从文本的前言后记、注释中管窥一二。甚至可以这样说，《壮族麽经布洛陀遗本影印译注》的出版发行，只是完成了这项重大文化考古的第一步工作——"纸质文物的出土"，而对与之相关的有形及无形文化遗产的整体"考古报告"还处于未完成状态，而且这是一个永远不会完成的"文化考古"，也就是说不同学科的学者对这一文化遗存的考察、研究是没有终点的，这种研究从民族志层面上来说，或者是理论的田野检验或从田野中归纳理论，本身构成了学科发展的原动力，不存在田野与理论研究对立性问题。

　　回到本文讨论的原点，我们研究布洛陀是为了什么？是为了发现布洛陀的文本结构、文化范型、叙事传统模式，是为了研究它的文学、宗教、文化、民俗、历史等多元价值所在，是为更广泛意义上的学科研究、文化研究提供个案。譬如《布洛陀》是否能用作家文学的那一套阐释系统来解析？民众对布洛陀的崇拜观念及行为是否属于"宗教信仰"？布洛陀文化在多大程度上表现了与汉文化的和而不同？等等。尹虎彬认为，20 世纪 80 年代以来的国际民俗学出现多学科综合研究趋势，呈现出以下三个方面的特点：首先，民俗学出现了综合性研究的新趋势，从以文本为基础的研究转向以民族志为导向的田野研究。其次，民俗学者试图在民众的言语行为中确定文本、类型和表演，研究民间叙事在日常生活中的功能；同时研究者对于结构材料、建构意义所起的作用，注意研究者在田野作业中进行自我定位。再次，人们从民间文学的搜集、整理、传播和利用的学术史反思中，探讨其中蕴含的学术和历史政治意义。从大的历史视野中，从特定社区人们的生产生活、社会组织、民间信仰等多个方面，揭示传统社会的现代化过程，在文化遗产打造、展示和利用过程中研究国家及其知识精英与民众的互动。[①] 无疑，布洛陀文化研究的整体态势中也体现出上述的三个趋势，这种趋势加快了一族文化研究与一国乃至全球性文化研究相融合的进度与深度。

〔杨杰宏：中国社会科学院民族文学研究所副研究员〕

---

① 尹虎彬:《全球化时代的民俗学》,《民族艺术》2007 年第 2 期。

论少数民族古籍整理工作的挑战与机遇
——兼评黄明标主编《壮族麽经布洛陀遗本影印译注》*

黄金东

中国少数民族古籍是指中国 55 个少数民族在历史上所形成的古代书册、典籍、文献和口传古籍。55 个少数民族在长期的历史发展中都创造和积累了丰富多彩的历史文化,留下了卷帙浩繁的书面文献和丰富的口传古籍。[①] 整理少数民族古籍,大力发扬民族文化的优良传统,有利于促进各民族思想文化交流、加强民族团结、维护祖国统一;有利于让"书写在古籍里的文字都活起来",增强文化自信;有利于凝聚各族人民投身于中国特色社会主义建设的伟大事业。

一、少数民族古籍整理工作面临诸多挑战

(一)起步晚,底子薄

汉文古籍自古有整理、编纂目录的传统,从西汉时期刘向、刘歆父子编《七略》开始,直至清代的《四库全书总目提要》,历朝历代均有各种官私书目存世,基本理清了汉文古籍的存世状况和流传过程。大量的汉文古籍也因中华文明的延续性和盛世修典的传统而得以流传至今。然而,少数民族古籍的整理、编目却是

---

* 基金项目:"桂学研究院·协同团队";中央民族大学自主科研项目"中央民族大学图书馆藏云南少数民族图册版本考"(项目编号:2016KYQN28)。

① 《国家民委、文化部关于进一步加强少数民族古籍保护工作的实施意见》(民委发 [2008]33 号),国家图书馆研究院编:《我国图书馆事业发展政策文件选编(1949—2012)》,国家图书馆出版社,2014 年,第 235 页。

另外一种状况。由于历史上的民族压迫和民族歧视政策,少数民族古籍一直湮没于民间之中,历朝历代的中央政权从未对这些文化遗产进行过系统的整理和研究。这种漠视或歧视导致一些少数民族文字随着原来民族的消亡而成为无人可识的死文字,成了千古之谜。有的民族文字文献湮没在历史的尘埃中,世上竟找不到一本原来的古籍。① 在此情形下,少数民族古籍连最基本的保护都无法保证,更遑论整理和研究了。

真正意义上的少数民族古籍整理工作始于20世纪二三十年代少数专家学者的零星保护、抢救和挖掘工作。中华人民共和国成立后,我国实行各民族一律平等的民族政策,少数民族的经济、文化有了突飞猛进的发展。然而,少数民族古籍整理工作直至1982年才被提到国家重要的议事日程上。1984年4月19日,《国务院办公厅转发国家民族事务委员会〈关于抢救、整理少数民族古籍的请示〉的通知》(国办发〔1984〕30号)发布,其中特别强调:"少数民族古籍是祖国宝贵文化遗产的一部分。抢救、整理少数民族古籍,是一项十分重要的工作,各地、各部门要加强对这项工作的领导,并在人力、物力、财力方面给予支持。"少数民族古籍整理工作成为国家推动发展的一项重要工作。同年7月14日,全国少数民族古籍整理出版规划小组正式成立。自此,少数民族古籍整理工作才开始进入了有组织、有计划的发展轨道。

少数民族古籍整理工作起步晚,底子自然就薄,后续推进的工作就会面临诸多困难,甚至一些干部、学者对什么是少数民族古籍仍缺乏清晰的认识和理解。1986年5月,广西召开首次民族古籍整理工作会议,据张声震先生回忆,广西由于起步较全国其他省份晚,一些同志仍不知少数民族古籍为何物,尚需做启蒙。② 1997年,在十多年工作的基础上,张声震先生提出"把壮族古籍整理出版推向系列化的新阶段"的设想,并就如何整理、完成时间和步骤等提出了明确要求,但由于受当时领导对抢救整理民族文化遗产的认识程度和广西财政的制约而未能实施。③ 由此不难想象这项工作开展时的艰难情形。

---

① 史金波、黄润华:《中国历代民族古文字文献探幽》,中华书局,2008年,前言第2页。
② 张声震:《往事如斯》,中共党史出版社,2014年,第332—333页。
③ 张声震:《往事如斯》,中共党史出版社,2014年,第339—340页。

(二)专业人才匮乏，面临失传的危险

人才是少数民族古籍整理的关键因素。长期以来，专业人才匮乏严重制约着少数民族古籍整理工作的深入开展。由于历史上没有受到应有的重视，少数民族古籍的传承人大多为当地艺人、歌手、宗教从事者。如今，这些人员大多年事已高，加上一些传承人在"文革"中由于受到迫害不再从事传承工作，人才流失非常严重。1983年，云南丽江召开民族古籍座谈会时有60位东巴参加，如今这些古籍传承者已屈指可数，大多数已经离世。[①] 其他如藏族格萨尔说唱艺人、彝族毕摩、苗族师公等民间艺人、学者，有的年事已高后继无人，有的随着谢世也将他所掌握的那部分珍贵遗产带走。[②] 愿意投身少数民族古籍事业的年轻人数量有限，人才断层现象非常明显。一些院校培养的专门人才也由于待遇等原因而转投其他行业，如1993年中央民族大学专门开设的少数民族古籍专业本科班，最后真正从事少数民族古籍工作的只有2人。2007年，国务院办公厅发布《关于进一步加强古籍保护工作的意见》(国办发〔2007〕6号文件)，启动"中华古籍保护计划"时也认识到："少数民族古籍保护和整理人员极度缺乏，面临失传的危险。"

与专业人才匮乏，队伍青黄不接，断层现象明显状况相对应的人才培养机制尚未建立，是少数民族古籍整理工作面临的另一个更为致命的问题。目前，全国开设古籍保护相关专业的高校和研究机构只有50多家，与少数民族古籍相关的只有国家民委在西南民族大学设立的"少数民族古籍文献人才培养与科学研究基地"和中央民族大学少数民族语言文学系开设的"少数民族古籍文献班"等少数机构。不仅如此，现有的少数民族古籍人才队伍建设也存在诸多问题，如专业结构失衡，复合型人才偏少；职称和学历结构失衡，民族古籍高级职称人才偏少，学历偏低；文种失衡，保护重点多集中在藏文、纳西文等大文种，其他如尔苏沙巴文、古仡佬文等小文种基本处于无人问津，无人能识的状态。[③] 人才匮乏，导致少数民族古籍尚未建立起完整的学科体系，后继发展动力不足。少数民族古籍保护和整理工作涉及的知识领域较广，人才缺乏是民间和官方都存在的一个大问题。可以说，缺人才，尤其是懂汉语与少数民族语言的双语人才奇缺的状况，是

---

① 马子雷：《少数民族古籍要抢救保护与传承并举》，《中国文化报》2011年3月16日，第1版。
② 殷泓：《少数民族古籍，会消失吗？》，《光明日报》，2010年12月15日，第4版。
③ 李资源：《中国共产党与少数民族传统文化保护和发展研究》，人民出版社，2014年，第679—684页。

少数民族古籍整理工作需要克服的重要困难，而且这种"人才短缺造成的学术滞后，在短期内很难扭转"①。

（三）少数民族古籍保护状况及自身特性增加了整理难度

少数民族古籍大多保存在民间，尤其是边疆民族地区。这些地区保护设施一般较差，加之分散各处，不易集中管理，这些少数民族古籍大多出现了发霉、发脆、粘连、受潮等现象，并有不断加剧的趋势。一些少数民族古籍搜集到相关单位后，也未能科学保护，继续老化、破损。20世纪80年代以来，在对北京地区保存的彝文古籍进行整理过程中发现，所编目的659部文献古籍中保存完好的只占总数的37%，有残缺的占45%，完全无法整理的占18%。云南楚雄档案馆所藏彝文古籍中，前后残缺的占40%，严重残损无法修复的占4%。② 这些珍贵古籍如果没有得到及时保护，随时都有损坏丧失的危险。广西自20世纪80年代以来的调查也表明，壮族古籍收藏在民间的比例达90%以上，共5万多册（件），同时保存环境变化加剧，面临湮没的危险。③ 与此同时，当地民众保护意识较弱，一些珍贵的少数民族古籍常被用来陪葬、焚烧或者直接流入民间销售，遭到毁弃和流失。特别是在一些跨境民族地区，一些不法分子和境外文物贩子相勾结，非法收购、倒卖、走私民族古籍，更加剧了少数民族古籍的流失。据不完全统计，中国少数民族古籍每年仍以上千册（卷）的速度流失。④ 这种状况给少数民族古籍整理工作带来了非常不利的影响。

不仅如此，少数民族自身文种多，体系复杂，整理过程需要翻译环节等特征也给整理工作带来了不小的挑战。我国少数民族语言多样，一些民族甚至有多种语言，历史上曾创制或者使用过30多种少数民族古文字，如西北地区曾使用佉卢字、焉耆—龟兹文、粟特文、西夏文、察合台文等；北方地区有突厥文、契丹字、女真字、满文等；南方地区有彝文、藏文、东巴文、方块壮字、水书等。这些文字属于不同的类型，有象形、表意、表音等，从而形成种类多样，数量惊

---

① 张公瑾、黄建明：《中国民族古籍研究60年》，中央民族大学出版社，2010年，第5页。
② 张邡：《关注中国彝文古籍保存现状》，《中国民族》2005年第10期。
③ 韦如柱：《壮族古籍保护与发展报告》，黄建明、邵古：《中国少数民族古籍保护与发展报告（1982—2012）》，民族出版社，2013年，第232页。
④ 《保护少数民族古籍，传承民族优秀文化——访全国少数民族古籍整理研究室主任李冬生》，《中国民族报》2014年9月27日，第13版。

人,丰富多彩的民族古籍图书。① 此外,与汉文古籍相比,少数民族古籍的整理工作往往还存在一个翻译环节,纳西东巴文献和水书文献还需增加一道"释读"的环节,这些象形文字,但凭字形,很难准确、完整地解读出原义,需要专业人员对作者意图进行释读。② 可见,少数民族古籍整理工作的难度远大于汉文古籍。

二、少数民族古籍整理工作迎来新机遇

(一)整理体系初步建立

少数民族古籍整理出经过30多年的耕耘,取得了许多重大成绩。截至目前,全国已有28个省(市、区),百余个州、地、盟、县建立了相应的少数民族工作机构,其中满、蒙古、藏、壮、回等14个民族还建立了省区协作组织;据不完全统计,全国各地共抢救、整理了数百万种少数民族古籍,其中包括许多珍本、孤本和善本,并公开出版了5000余部;培养了专、兼职整理、研究人员3000余人,形成了一支训练有素、结构相对合理的专业人才队伍。随着《中国少数民族古籍总目提要》各卷相继出版,为今后一个时期深入开展少数民族古籍保护、抢救、整理工作奠定了坚实基础,提供了有益的经验。这些古籍的整理、出版反映了少数民族古籍整理的综合实力,集中体现了当代出版社少数民族古籍的专业层次和正确的价值取向,表明少数民族古籍整理出版研究体系已初步形成。③

(二)政策法规不断完善

完善的法律法规是少数民族古籍整理工作的依据和保障。党和政府历来重视民族古籍的保护工作。多年来,从宪法到地方法规,均有许多涉及民族古籍保护与整理工作的条目,构成了一个互相联系、互相协调的统一体。如《中华人民共和国宪法》第119条规定:民族自治地方的自治机关"保护和整理民族的文化遗产,发展和繁荣民族文化"④。以宪法为依据,《文物保护法》《档案法》《非物质文化遗产法》《民族区域自治法》等均对少数民族古籍保护和整理做出明确规定。少

---

① 史金波、黄润华:《中国历代民族古文字文献探幽》,中华书局,2008年,前言第2—3页。
② 张公瑾、黄建明:《中国民族古籍研究60年》,中央民族大学出版社,2010年,第8页。
③ 李冬生:《少数民族古籍的抢救、整理与发展》,《中国民族》2006年第5期。
④ 全国人大常委会办公厅联络局编:《中华人民共和国宪法及有关资料汇编》,中国民主法制出版社,1990年,第30页。

数民族较多的地区，在制定相关法规也都有保护和整理民族古籍的条款，如《云南省实施〈中华人民共和国文物保护法〉办法》《内蒙古自治区文物保护法》《广西壮族自治区非物质文化遗产保护条例》等。《关于进一步繁荣发展少数民族文化事业的若干意见》《关于进一步加强少数民族古籍保护工作的实施意见》等规范性文件详细规定了民族工作的指导思想、原则、任务和实施步骤等，指导性和操作性非常强。[1] 以上这些政策法规基本包括了民族古籍工作的各个方面，是发展民族古籍事业的法规基础。除以上所述外，随着政府及民众古籍保护意识的逐步提高，我国各级政府不断加大对古籍保护的经费投入，为少数民族古籍整理工作的进一步开展提供了有力的经费保障。如云南省出台《少数民族传统文化抢救保护专项经费管理暂行办法》，规定从2010年起每年拿出2000万元用于搜集、整理民族古籍等传统文化的抢救、保护与开发工作。

党的十八大以来，以习近平同志为核心的党中央高度重视中华优秀传统文化的继承和弘扬，并做出"要系统梳理传统文化资源，让收藏在禁宫里的文物、陈列在广阔大地上的遗产、书写在古籍里的文字都活起来"的重要指示，把弘扬民族优秀传统文化作为凝聚文化认同、增强文化自信、维护民族团结的重要纽带，推动创新发展与提升综合国力的重要战略资源。因此，少数民族古籍整理工作必将迎来一个新的历史发展机遇。

三、壮族古籍整理工作迈上新台阶

1986年3月，广西壮族自治区少数民族古籍整理出版规划领导小组成立，具体领导广西少数民族古籍的调查、整理和出版工作。经过30多年的努力，先后抢救、搜集了少数民族古籍1000多册（件），整理、翻译出版少数民族古籍800多种，包括《布洛陀经诗译注》《壮族民族古籍集成》《壮族麽经布洛陀影印译注》等一批有重要影响和价值的民族古籍。其中，《壮族麽经布洛陀影印译注》被学者誉为"南方少数民族古籍整理的典范""壮学研究的基石"，其成就获得业内的普遍认可。[2] 这些成果是壮族古籍整理工作不断探索和实践的产物，在整理方

---

[1] 李资源：《中国共产党与少数民族传统文化保护和发展研究》，人民出版社，2014年，第665—666页。
[2] 韦如柱：《壮族古籍保护与发展报告》，黄建明、邵古：《中国少数民族古籍保护与发展报告（1982—2012）》，民族出版社，2013年，第224页。

法、体例上逐渐趋于科学化和规范化，有力地推动了壮族古籍整理工作不断迈上新的台阶。黄明标主编的《壮族麽经布洛陀遗本影印译注》（以下简称《遗本》）即是在《壮族麽经布洛陀影印译注》的直接影响下壮族古籍整理的又一重大成果，二者犹如双星闪耀，共同构筑了布洛陀文化研究的基石。《遗本》由广西人民出版社于2016年7月出版，收录了从田阳县坡洪镇陇升村个强屯所搜集200多部经书中的13部抄本，分上中下三卷，120多万字。这批经书全部为当地麽公农吉勤一家祖传之物，抄本年代最早为明万历四十四年（1616年），最晚为中华民国十年（1921年），涉及各种麽文化的仪式。《遗本》的整理和出版，承载着广西壮学界专家学者和广大人民群众的深切期望，凝聚了许多专家学者和民间文化工作者的心血，把壮族古籍整理工作的水平推到了一个新的高度。

首先是起点高。布洛陀是壮族的人文始祖，在神话传说、民间故事、宗教祭祀、歌谣谚语、风俗仪礼中都有颂扬布洛陀神威和功绩的专题和形式，布洛陀的伟大形象浸透于壮族生活的各个领域，形成了独特的文化现象和观念文化体系，成为壮族传统观念文化的核心和标志。麽经布洛陀则是这一文化体系最集中的体现。[①] 麽经记载了布洛陀开天辟地、创造万物、安排秩序、管理天下的功绩，记录了壮族先民的生产、生活知识和哲学观念、信仰习俗等内容，堪称研究壮族历史文化的"百科全书"，对其进行整理，需要勇气和担当，更需要高起点，高标准。尤其是在《壮族麽经布洛陀影印译注》已经整理出版并引起国内外广泛关注，赢得无数赞誉的情形下，作为其姊妹篇，《遗本》的整理从开始就已经站在了一个很高的起点上。

其次是版本价值高。长期以来，壮族古籍基本都以抄本的形式流传，且大多没有标明抄写年代，给版本鉴定带来了不小的困扰，一定程度上阻碍了对其价值的揭示和认识。《壮族麽经布洛陀影印译注》所选29个版本中，抄写年代最早为清嘉庆十八年（1804年），最晚的为20世纪80年代重抄。[②] 付晓霞从古壮字的语音、词汇以及《麽经布洛陀》的流传情况等综合考证，认为《麽经布洛陀》的底本很可能出现于明代。[③]《遗本》所收麽经《唎洛陀造麽叭科》抄于明万历四十四年（1616）正月十五日，是目前所见《麽经布洛陀》各版本中时间最早的，由此将

---

① 张声震：《壮族麽经布洛陀影印译注》（第一卷），广西民族出版社，2004年，前言第35页。
② 张声震：《壮族麽经布洛陀影印译注》（第一卷），广西民族出版社，2004年，前言第43页。
③ 付晓霞：《〈壮族麽经布洛陀影印译注〉部分版本考》，广西大学硕士学位论文，2007年，第52页。

其版本年代向前推200年，也给付晓霞的考证提供了实物证据。《遗本》所收麽经有明确抄写年代的有七部，其他六部为旧抄本，均为从未公布过的本子，从某种意义上来说都算是孤本文献，其版本价值不言而喻。总之，《遗本》的整理出版对《麽经布洛陀》的版本鉴定、内容校勘以及流传过程等具有重要的价值。

再次是史料价值高。《麽经布洛陀》内容包罗万象，记载了不同历史时期的人物故事和历史事件，这对于历史上没有统一文字系统，缺乏历史记载或汉文记载有诸多不详且多有不实之词的壮族来说，麽经显示出了其特殊的文献学价值。对此，《壮族麽经布洛陀影印译注》从历史研究、宗教文化、伦理道德、民族文化、文学艺术、语言文字等方面对麽经的重要价值进行了详细论述。[①]《遗本》的整理出版，不仅进一步充实了研究的史料基础，而且在某些方面，其史料价值比《壮族麽经布洛陀影印译注》更胜一筹。如在叙述相关事件时增加了许多细节，描述栩栩如生，读来让人如临其境。在记述布洛陀造天地时，《遗本》一改以前各版本没有指明发生地的论述，直接指出"那濑人造天地"。那濑位于右江南岸三级阶梯上，有濑奎旧石器时代遗址，出土了众多的旧石器时代器物。经过考察研究后，有专家惊呼："那濑简直是百色古人类的首都。"文字记载和考古出土互相印证，凸显了《遗本》的价值。又如《遗本》保留了"个"（ga，汉译为"脚""足""支柱"）等许多古朴的古壮字，证实了古壮字是自成体系的文字系统，有其产生、形成和发展的过程，有力地驳斥了一些人认为壮族没有文字的说法。

最后是整理水平高。《遗本》的整理团队由长期沉浸于民族文化研究的黄明标负责，包含了杨兰桂、覃建珍、韦如柱等专家学者以及许多甘于奉献的业余研究者。团队成员在布洛陀研究、壮文翻译、古籍整理等方面均成就显著，经验丰富，最大程度保障了整理质量。《遗本》采用原样原尺寸影印，对原抄本的符号、蛀眼、污迹以及原书上的其他符号，也未做删除处理，保存了资料的原貌，符合古籍整理的规范和要求。在译注编排上，与《壮族麽经布洛陀影印译注》相比，《遗本》在前者古壮字原文、拼音壮文、国际音标、汉文直译四对照的基础上，增加了一行"汉文意译"，将壮语语序调整为汉语语序，便于读者理解原文内容；同时将影印文与译文一页对一页混编，而不是原来将影印件与译注分开单独编排的做法，方便了读者的对照和利用。总之，《遗本》整理水平高、编排合理、装帧精良、印刷美观、纸张细腻，让人赏心悦目，是壮族古籍整理的精品之作。

---

① 张声震：《壮族麽经布洛陀影印译注》（第一卷），广西民族出版社，2004年，前言第48—58页。

四、结语

少数民族古籍是我国传统文化的重要载体，是各族人民在历史发展进程中创造的文明成果，是维系民族情感的精神纽带和重要桥梁，为中华文明的薪火传承发挥着重要的作用。千百年来，少数民族古籍在我国社会主义文化和文明的传播交流过程中发挥了积极的作用。可见，对少数民族古籍进行整理，充分发挥其作用具有重大的意义。然而，少数民族古籍的整理工作由于受历史因素及自身特征的影响，需要付出比汉文古籍更多的努力，道路异常艰辛。

进入21世纪以来，在"中华古籍保护计划"的推动下，随着中华民族的复兴、民众文化保护意识的觉醒、国家投入的加大，少数民族古籍整理迎来了新的历史机遇。

黄明标主编的《壮族麽经布洛陀遗本影印译注》可谓适逢其时，是现阶段我国少数民族古籍整理成果的重要代表作，当中有民族文化研究学者的坚守，也有国家和政府的重视和关怀、广大人民群众对民族传统文化的热爱和保护意识的觉醒；有坚守过程中的无奈和无助，也有云开雾散，终见曙光的喜悦和期盼。《遗本》凝聚了多人的智慧和心血，它标志着壮族古籍整理由此进入了一个重质量、求精品的新阶段，是壮族重要的传统文化遗产，值得深入挖掘和利用。

〔黄金东：中央民族大学图书馆古籍部主任、博士〕

研究的深入从重视文本做起
——读《壮族麽经布洛陀遗本影印译注》有感

何思源

一

我小时候在一所叫"馱龙"("馱"读如"剁")的乡村小学读书。在我转学到县城小学去读书的时候,被老师告知我家乡的首字应该写为"驮",读如"驼"。当时只是想不明白:难道家乡的人这么写这么读,都错了?

那时候还不知道地名遵循"名从主人",不知道"古壮字"。当知道"馱龙"就是当地壮语"大河"的意思的时候,这个地名已经随着行政区划的变动消失了。

这似乎是我家乡历史遭遇的一个隐喻:本土的记忆一步步消散,后世的知识不断覆盖上来。世界文化遗产花山岩画也在我家乡,然而就算是山脚下村子里的人也说不清它的年代和来历;铜鼓是壮乡的一大文化符号,但整个县城竟然找不到一面现存的铜鼓(后来的旅游热兴起带来的仿古铜鼓另当别论)。

从研究角度看,这个左江上游的县城,面对后来的、外来的强势文化,出于生存策略考虑,早已采取了"模糊族群边界"的调适,"选择性遗忘"已经完成。所有的历史记忆,要么是语焉不详的,要么是"他者"的。虽说消失的记忆仍可以求诸民间,然古代称民间歌谣为"风",这"风"是多变而难以捉摸的,对民间记忆的采集有时候也难窥其原貌。相对而言,文字的属性使得它所承载的信息要牢固一些。这也是为什么那些散布于壮乡的方块壮字地名仍忠实地记录当地风物特点的原因。

当这些壮字不再孤立散布,而是连词成句积句成章,那就不是片鳞只爪信息的记录了。那些历史长河泥沼下的记忆逐渐浮出水面，那些藏匿在被刻意遗忘的角落的历史故事渐次复活，那些飘散在恒河沙数中的人物纷纷闪将出来，一幅幅广阔浩大的画卷慢慢展现在我们面前。

这就是我十多年前看到八卷本的《壮族麽经布洛陀影印译注》(以下简称《译注》)时候的心情：一扇新的大门开启了。虽然布洛陀研究及古壮字研究早就开始了，但把两者结合起来的集大成者是《译注》的出版。《译注》以影印的效果高保真地记录下 29 个抄本的原貌。保留了语言文字原初特质的文本，不断丰富和推进了学者们研究的广度和深度，在这个基础上，多学科、多视角的引进使得布洛陀研究取得了空前丰硕的成果。

《译注》收录的这些抄本，类别繁多，篇幅宏大，内容丰富，内涵深远，风格独特，自成体系。虽未经统一规范，但由于完整地保留了原抄本的经文风貌而显得弥足珍贵。无论从哪个角度切入研究，都能做大的专题。但研究者可能会遇到这样的问题：抄本的连续性、系统性不够。由于编撰的需要，不少同质性较强的抄本被排除在外，当我们想观照抄本时空坐标的连续性、内容的连贯性与叙事的"异文"性时，会由于抄本的数量有限而捉襟见肘。无论研究理论多么新颖前卫、研究方法多么先进有效，只要遇到"文本匮乏"这个瓶颈，就如巧妇难为无米之炊，任何深入的研究都只能止步。当然，这个"文本"不等同于经书抄本，民间口头叙述也是一个重要来源，然而历史行至当下，时代和社会飞速发展，壮族民众的社会文化生活已经发生翻天覆地的变化，很多传统生态基础已经基本消解，民间采风能采撷到的"文本"又有多少数量和可信度呢？

二

时隔十多年，《壮族麽经布洛陀遗本影印译注》(以下简称《遗本译注》)的出版极大地填补了"文本匮乏"的空白。壮族民间流传着数量巨大的麽经布洛陀抄本，《译注》只收录了相当有限的一部分。但此次《遗本译注》收录的抄本并不是随意而杂乱无章的。我们知道，《译注》收录的麽经抄本，其中有三分之一来自广西田阳。这一区域由于麽经数量丰富而被誉为"麽经书库"。《遗本译注》收录了这一区域的抄本也是众望所归。难能可贵的是，这些抄本都来自田阳县坡洪镇陇升村个强屯。《遗本译注》收录的 13 个抄本都是之前未曾公布于世的农氏家族传了 14 代人的珍藏本。

来自同一精确地点、历经 14 代有迹可循的传承，空间和时间坐标的有效交叉将为研究者提供了不可多得的珍贵样本，这是《遗本译注》最大的亮点。在对《译注》抄本的文字分析中，我们曾发现一个现象：同一抄本内部，表示同一个壮语音义的壮字，可以有若干个。排除抄写者抄写（或造字）随意的可能性之后，对这些不同字的分析发现，由于记录的语音有一定的差异性，表明这一抄本似乎由来自不同土语区的抄本杂糅拼凑而成。由于抄本本身不能提供更多的信息这一猜测得不到有效验证。《遗本译注》收录抄本的连续性、系统性非常强，这就给研究者提供当地壮语壮字的嬗变提供了非常扎实丰富的语料，我们得以从抄本壮字的字形字音推演当地壮语的变化。如很多抄本用汉字"肥"来表示壮语的"未，未曾"，现今当地壮语"未曾"读为 mi^3 显示了 f>m 的演变；下卷第 7 页"貢留 /tɕəŋ⁵lau²/ 我们（注：前一项为壮字原文，中间为音标，最后一项为意义，下同）"，表明当地壮语的"我们"曾经是 $tɕəŋ^5lau^2$，k>tɕ 是当地壮语的演变路径；下卷第 19 页，"剥 /tɕaak⁸/ 拆"表明在抄本年代当地壮语的"拆"应该为 $paak^8$ 或 $baak^8$，p, b>tɕ 是当地壮语的演变路径；同一个"苝"字，记录壮语"捞网"的时候音为 bak^7（下卷第 23 页），表示壮语"菜"的时候是 $tɕak^7$；同一个"结"，记录壮语"鱼"的时候读 $tɕa^1$，记录壮语"那"的时候读 kai^5 和 kia^2；表示壮语的"鱼"，有时候用的是"邑 /tɕa¹/（下卷 23 页），有时候用的是"结 /tɕa¹/（下卷 23 页）。所有这些似乎说明在抄本形成阶段当地壮语正经历着从舌根音到舌面音的过渡，当然也有可能表明同一个抄本其实并不是在同一时间抄就而成的，而是糅合了不同年代抄写人的语言特点。还有一些抄本，没有标明抄写年代，通过对一些用字的考释，可以推断抄本的年代下限。如中卷第 37 页，用"追"来记录壮语的"远"（$tɕai^1$），由于壮语 k>tɕ 是已知条件，这表明抄本的年代是相当晚近的。再看同一页用"聴"来记录壮语的 $tɕəŋ^1$，说明当地壮语经历了和汉语一样的从舌根音到舌面音的演变，也有可能表明抄本年代下限相当晚近。总之《遗本译注》丰富的语言文字材料为我们研究语言变化及抄本年代提供了可靠的佐证。

　　更多全新材料呈现，是《遗本译注》的又一显著特点。我们在抄本中找到很多"陌生"的壮字，如亍 /ɕeen²/ 钱（上卷 318 页），骽 /heeŋ⁶/ 小腿（下卷 327 页），跸 /heeŋ⁶/ 小腿（下卷 331 页），后 /kiaŋ⁶/ 镜子（下卷 101 页）等等。这些字未在《译注》及《古壮字字典》中出现，自创性与原生态共同造就了抄本用字浓厚的地域个性。一些字甚至打破了之前我们对壮字造字理据的结论，譬如，从哪一方面都解释不了"后"之所以为"镜",它似乎更像个象形字。在《遗注》收录抄本中我们还发现一些壮字似乎是借用了汉语方言字的结果。不少抄本用"喫"来记录壮语的 kən^1(吃),这在《译注》和《古壮字字典》中是没有的。从"喫"的形、音来看也没看出与壮语 kən^1 的关联,但当地汉语方言倒是用这个字来表示 het^7(吃)。这说明壮字与汉语方言字之间是在一定条件下是存在相互影响借用关系的。还有很多诸如此类的新鲜语言文字材料等着我们去发掘。

《遗本译注》的另一重要内容是注释。和《译注》一样,《遗本译注》也是克服了以往的布洛陀的搜集整理经过大通约的强势语言的翻译转换后的弊端,但相比《译注》,它的语言文字原生态呈现更加本真,翻译和注释既不为了凸显"民族性"而刻意"陌生化""晦涩化",也不会为了向通约语言、主流文化靠拢而牺牲本民族语言的原有面目。如对鸡卜和一些咒语、咒符的解释,因为这些文化现象是岭南很多民族共有的,因此对它们解释的就比较简短而中立。对壮语特有的一些文化词,则进行了详细解释,如"樮同"(上卷 141 页)直译为"墩柱",意译为"神柱",并解释因为它是置于干栏楼下的一截柱子,其意为替主家拦金截银,守护财富,故称神柱。这样的例子不胜枚举。值得指出的是,《遗本译注》对"布洛陀"这一名称提出了新的解释。我们知道,由于壮语方言的差异较大,在不同的壮族支系里"布洛陀"的发音和古壮字书写存在较大不同,各有特点。

如田阳县"布洛陀"写为"布绿陀",云南文山州广南县写为"不裸多",文山麻栗坡县写为"布六徒"等等。写法读法不尽相同其实表明"布洛陀"这一总名称内部应该存在意义的细微差别。但之前大家多默认这种解释:"布洛陀"壮语称为 pau^{5}lo^{4}to^6,意为凡事全部知晓的祖公,即智慧祖神;又称 pau^{5}lo^{4}to^2,意为通晓法术的祖公,即济世祖神。《遗本译注》在"前言"指出:"布洛陀"含义是"在山谷中创业的祖公"或"在山谷里创造财富的祖公"。这个解释看起来也符合布洛陀开创农耕、创造万物的历史背景。总之,《遗本译注》的翻译转换使一些原叙述语言中与生俱来的表达方式得以保留,族群叙事文化在获得普遍共享机会的同时也保持了独特的品性,注释的客观性则使得本民族语言可以向外界传达自己的原生文本,也实现了超越族群界限的文化共享。

三

那些流散于壮族民间的记忆,原本会按照固有的步骤走向湮灭,化为尘埃,最终被遗忘。幸而有那些可敬可爱的民间抄本搜集者、注译者，阻止了那个步伐，并揭开掩盖的神秘面纱，为我们展示一个又一个别样的世界。语言是思维的物质外壳，而文字又是凝固的语言。只有充分激活原本凝固的语言文字，才能使其变为生命的涌动。因为黄明标等各位老师的辛勤劳动和呕心沥血的解读，给我们奉献了这套《壮族麽经布洛陀遗本影印译注》，让壮族先民更多的文化信息穿过时间隧道来到我们面前。

文字文本有空间和语义的边框，因此本应不包括注解、标题、序言、出版信息。但如果这些注释与序言都参与了民族文字的意义生成，那最终的文化产品也可以看作是一个完整文本。我们经常强调"文本"的重要性，口头叙述与作为文字文本的经书抄本及注释都是"文本"。布洛陀因其产生和流传的族群文化和历史环境，特别是现存抄本的独特形式，而具有较高的原生特质，它的搜集、整理与研究，可以帮助我们了解一个族群的叙事品格乃至族群个性，而布洛陀口头叙事的品格和个性可以为我们认识布洛陀文化的多样性提供一个参照。它们作为布洛陀文化的不同记录形式相互促进，相互激发。在对布洛陀的研究中，我们可以大胆假设，但必须小心求证。研究结论必须要有质与量的信息资料的支持，而且所收集的信息资料必须有较高的信度与效度。

只有对文本进行踏踏实实地钻研，实事求是地解读，深入细致地鉴赏，恰如其分地评价，再以此为基础进行深化或者生发，才能避免各种架空分析，得出令人信服的结论，而不是表面上的热闹。

只要布洛陀文化的生态基础还在，民间之源不因传承人濒临断代而干涸，再有民族语言文学工作者潜心于文本的搜集与解读，我们相信，多民族布洛陀文化地缘圈、历史活动圈、宗教传播圈以及民族语言圈等相互交织构成一个完整的立体的而且具有国际性的布洛陀文化交流圈将在文本研究的基础上扩展、深挖并取得更大的成就。

（文章刊登于《百色学院学报》2018年第3期）
〔何思源：中央民族大学语言研究院讲师〕

壮族史诗搜集整理的历程与观念嬗变
——兼论《壮族麽经布洛陀遗本影印译注》的出版*

李斯颖

壮族史诗是壮族口头传统的重要部分，产生于特定的历史阶段，具有无可比拟的艺术成就与魅力。其内容古朴诡奇，与神话之间存在着争议不断的关联，同时又具有特殊的韵律形式，在传承之中熔铸了民族的独特品格。壮族史诗以创世和英雄史诗为主，形式较为多样，主要依托于麽教、师公教等民间宗教，以手抄本与口述两种主要形式流传。创世史诗中以"布洛陀""姆洛甲""盘古开天地""洪水淹天"等内容为主，英雄史诗以"莫一大王""布伯"等为主。对这些史诗文本的搜集、整理，经历了一个曲折前进的过程，搜集整理的理念也经历了与时俱进的转变。正如尹虎彬指出："中国大多数史诗是在 20 世纪 50 年代后才被陆续发现的；而史诗的搜集、记录、翻译、整理、出版，还是近 30 年的事情。我国史诗研究起步更晚一些，较为系统的研究开始于 20 世纪 80 年代中期。中国学术界把史诗认定为民间文艺样式，这还是 1949 年以后的事情。这主要是受到马克思主义美学和文艺学观念的影响的结果。20 世纪 80 年代后，学术界开始把史诗作为民俗学的一种样式来研究，其中受人类学派的影响最大。进入 20 世纪 90 年代中期以后，学者们开始树立'活形态'的史诗观，认为中国少数民族史诗属于口头传统的范畴。"①壮族的史诗搜集整理及其发展历程，脱离不了中国史诗

---

* 基金项目：2014 年国家社会科学基金青年项目"台语民族跨境族源神话及其信仰体系研究"（14CZW070）阶段性成果；2017 年国家社科基金重大项目"中国少数民族神话数据库建设"（17ZDA161）；桂学研究院·协同团队。

① 尹虎彬：《史诗观念与史诗研究范式转移》，《中央民族大学学报（哲学社会科学版）》2008 年第 1 期。

前进的框架,但又闪耀着基于民族历史与文化、地域等多种因素的特色,在此进行梳理。

一、壮族史诗整理的阶段划分

壮族史诗搜集整理的阶段可被划分为三段,即中华人民共和国成立到1966年之间的初步发展阶段、1977年到2000年的积淀厚发阶段,以及2000年至今迈向纵深的阶段。经历50余年的发展,壮族史诗的出版数量日益增加,内容更为丰富,并突破国界的限制,走向国际化。

(一)初步发展:1949—1966年

1949年中华人民共和国成立后到1966年,是民间文艺大发展的17年。在这一阶段,共和国采取了一系列引人瞩目的民族政策,注重国家初期的稳定和多民族团结。广西作为多个少数民族共同生活的省份,少数民族的族群意识得到了强化,对民族与国家的认同感在不断增强。由于少数民族地区本民族文字的缺失或非通用等特点,作为普通大众文艺形式象征的口头传统受到了格外的重视,尤其是对广西各类歌谣的搜集与整理,进入了一个突飞猛进的增长时期。这段时间搜集整理到的歌谣中,有一部分就是壮族史诗文本。

目前,能查询到的最早壮族史诗出版物是由壮族作家莎红、学者蓝鸿恩等搜集整理的英雄史诗《布伯》,出版于1959年9月。文本讲述,壮族民间英雄布伯上天与雷王斗争,生擒雷王,但由于布伯儿女伏依和且咪放跑雷公,导致天下洪水泛滥。布伯与雷王决斗失败,他的一对儿女成为世上幸存的人。伏依和且咪后来结成夫妻,繁衍人类。1960年,由杨焕典、蓝鸿恩等整理的两部汉文版《卜伯》刊登于《僮族民间歌谣资料(1)》中。那时,其他的史诗则没有受到太多关注,搜集整理工作也没有展开,仅有些片段保存在《僮族民歌选集》(1958)、《僮族民间歌谣资料(1—3)》(1959)、《广西壮族民歌选(壮文)》(1961)等歌谣资料当中。

与史诗人物、内容相关的神话叙事则出现在各类民间文学资料集与文学史中。比较重要的民间文学资料,如《铜鼓老爹:僮族民间故事集》(1955)、《红水河:僮族民间故事续集》(1956)、《僮族民间故事》(1956)、《僮族民间故事》(1958)、《风水先生:僮族民间故事》(1958)、《僮族民间故事资料》(1959)、

《勇敢的阿刀：僮族民间传说》(1960)、《宝葫芦：僮族民间故事选》(1960)、《布独和各单：僮族民间故事传说》(1960)等民间故事集中，搜集整理了一些史诗内容。1958年，为了写作《壮族文学史》，编写组在民间搜集到了布洛陀史诗章节，并将之整理为"陆陀公公"的神话，涉及开天辟地、创世等内容。①

在这一阶段，搜集到的壮族史诗材料虽然已经出现，但数量较少，除了《布伯》使用了长篇韵文的形式，其他的史诗内容以散体故事、短歌等形式出现。搜集到的材料以汉文为主，兼有极少量壮文资料。

（二）积淀厚发：1977—2000年

在十年动乱文化沉寂之后，有组织的民间文学资料搜集整理工作从20世纪70年代末开始得到了恢复。中国民间文艺界的三位泰斗——钟敬文、贾芝和马学良提出了要搜集完成"中国民间文学三套集成"的初步构想。1984年5月28日，中国国家文化部、民委和民协正式签发《关于编辑出版〈中国民间故事集成〉〈中国歌谣集成〉〈中国谚语集成〉的通知》，相关工作开始启动。在这种氛围下，对壮族史诗的搜集整理工作迈进了新的阶段，成果频出。

对史诗布洛陀的搜集工作在这20多年间有了长足发展，丰厚的资料搜集为相关出版物奠定了扎实的基础。1977年，覃承勤先生等搜集整理了第一部壮族《布洛陀史诗》（油印本），正式使用"布洛陀"这一汉语音译；1978年，广西民间文艺家协会的工作人员在民间搜集到布洛陀经诗"招谷魂""招牛魂"唱本，此后又陆续有新的收获。②1991年，广西少数民族古籍出版规划领导小组办公室搜集了史诗"布洛陀"的22个手抄本，并联合壮族古文字、民族历史、宗教、民间文学、壮文等方面的专家学者整理译出8万多诗行，出版了120万字的《布洛陀经诗译注》（1991年），初步展示了布洛陀史诗的整体面貌。由于布洛陀史诗多以壮族麽教经典的形式出现，又被称为"经诗"一直沿用至今。

1992年出版的《中国歌谣集成·广西卷》收录了《姆洛甲》《布洛陀造米》《布伯》《盘古歌》等史诗的内容，但仅有翻译成汉文的版本。同年，张元生、梁庭望、韦星朗先生编著的《古壮字文献选注》一书也收录注释了《吆兵布洛陀》482行，同样采用了古壮字、国际音标、壮文、汉语直译的对照原则，并对该手抄本

---

① 覃乃昌：《布洛陀文化体系述论》，《广西民族研究》2003年第3期。
② 覃乃昌：《布洛陀文化体系述论》，《广西民族研究》2003年第3期。

进行了相关文化说明。1998年，潘宗亮等主编的《糖罐花（民间叙事长歌集）》也收录了《斗雷王》等英雄史诗篇章。

除了单独出版的史诗译注外，布洛陀、姆洛甲、布伯等史诗内容还以神话形式出现在各类民间文学选集中。1982年，农冠品、曹廷伟先生编撰的《壮族民间故事选》（第一集）收录了20世纪60年代初由覃建才搜集的另一则神话《保洛陀》，"保洛陀"也即"布洛陀"的同音异译。时隔两年，蓝鸿恩先生在《壮族民间故事选》（1984）一书中收录了篇幅较长、内容较详尽的布洛陀神话，材料长达20页。1986年，广西民间文学研究会编印的《广西民间文学丛刊》（第五集）刊登了另一个神话《布碌陀》，"布碌陀"也即"布洛陀"同音异译。同年，云南省文山壮族苗族自治州出版的《文山壮族苗族自治州民间故事集》（第一集）也刊登了当地《布洛陀的传说》。

（三）迈向纵深：2000年至今

进入21世纪以来，壮族史诗的搜集整理与翻译工作又挺进了新时期。其中，布洛陀史诗依然是搜集整理工作中的重点。2004年，《壮族麽经布洛陀影印译注（八卷本）》出版，该译注集选壮族民间宗教麽经抄本29种，完整而系统地展现了壮族民间麽教经书的历史原貌。2016年，广西壮族自治区少数民族古籍办编写的《布洛陀经诗：壮族创世史诗》由中国国际广播出版社出版。2016年，由黄明标主编的《壮族麽经布洛陀遗本影印译注》出版，被视为《壮族麽经布洛陀影印译注（八卷本）》的"姊妹篇"。以《壮族麽经布洛陀影印译注（八卷本）》为代表的壮族史诗整理与翻译工作取得了丰硕的成果，2016年出版的《壮族麽经布洛陀遗本影印译注》更提高了史诗翻译整理的水平。

学界除了着重进行布洛陀史诗的整理之外，对其他史诗的整理力度也得到了加大。比如，对壮族英雄史诗"莫一大王"的整理和创作开始增多。2002年，河池市民族事务局编撰了《莫一大王叙事诗》，由广西民族出版社出版。2013年，韦文俊编著的《壮族古代英雄：莫一大王之歌》由广西民族出版社出版。作者在书中以诗歌的形式，将关于壮族古代英雄莫一大王的各种碎片化传说与故事串起来，通过"智斗获胜""进京揭榜""挥袖压日""龙归大海""日夜练武""神竹遭斩""三支神箭""洞中造兵"等章节，展现壮族古代英雄莫一大王的机智勇敢、不屈不挠、造福壮民的英雄气概，塑造了莫一大王闪光的民族形象。2016年，罗健民整理的《莫一大王：壮族英雄史诗》由中国国际广播出版社出版。遗憾的是，以上三部有关莫一大王的史诗，均是个人汲取了莫一大王史诗母题进行创作的产物。此外，农冠品主编的《壮族神话集成》（2008）、韦苏文主编《中国民间创世史诗集成（广西卷）》（2011）以及蒙元耀主编的《远古的追忆：壮族创世神话古歌研究》（2012）年采取了综合搜集、资料汇编的形式，将布洛陀、布伯、盘古等壮族民间创世与英雄的诸多史诗母题都囊括其中。

云南省文山州的壮族史诗整理工作也得到了大力推进。2004 年，何正廷主编的《云南壮族文化丛书·壮族经诗译注》出版，书中收录了云南壮族三大支系经诗各一部，即侬人支系的《摩荷泰》、沙人支系的《麻仙》和土僚支系的《德傣掸登俄》，内容均以创世、民族起源与发展为主，采用了壮语经诗国际音标、汉文直译、汉文意译的三对照形式。此后，文山州又按壮族支系出版了一些创世史诗篇章，包括《文山市壮族布傣诗歌》（2012）、《文山市壮族濮侬诗歌》（2017）等。

壮族史诗的整理工作还迈出了国门，走向国际化，布洛陀史诗的译介是一个起点。2003 年，当时在澳大利亚墨尔本大学亚洲研究院的贺大卫（David Holm）将布洛陀史诗手抄本中的"杀牛祭祖宗"篇章内容翻译成了英文，出版了 *Killing a Buffalo for the Ancestors: A Zhuang Cosmological Text from Southwest China* 一书。2004 年，他又将布洛陀史诗的"赎魂"篇章翻译成英文，出版了 Recalling Lost Souls: the Baeu Rodo Scriptures, Tai cosmogonic texts from Guangxi in southern China 一书。这是壮族史诗第一次以正式出版物的形态进入西方研究界的视野，意义重大。贺大卫对于壮族文化有深厚的研究，田野实践经历丰富，该书的出版获得了同行的肯定。除了外国学者对壮族史诗的翻译，国内的学者韩家权等也从本土文化的立场出发，对布洛陀史诗进行了英文翻译与推介，完成了《布洛陀史诗》（壮汉英对照）（2012）一书，被誉为"中国民间文学创作和民族典籍对外翻译的新纪元"[①]。

二、史诗搜集整理观念的嬗变与成熟

在不同的史诗搜集整理阶段，相关的理念与执行原则各有特点，跟随时代发

---

① 言志峰、黄中习:《中国民间文学创作和民族典籍对外翻译的新纪元——"〈布洛陀史诗〉（壮汉英对照）出版发行座谈会"综述》,《百色学院学报》2014 年第 1 期。

展而日益成熟。随着时间的推移,史诗整理工作日益规范化与科学化,研究工作得到推进,学科建设长足进步。

(一)综合整理、加工提升的理念阶段:1949—1966年

中华人民共和国成立后,党和国家十分重视少数民族地区的文化发展与建设,通过理论政策的宣传,少数民族文学的整理者和研究者把少数民族的真正解放与无产阶级的解放联系在了一起,推动着十七年时期少数民族文艺不断前进。在这种良好的语境之下,壮族史诗的搜集整理工作迈开了第一步。

这一阶段最早出版的《布伯》(1959)集中体现了当时史诗整理搜集的理念与方法。首先,由于民间史诗母题在手抄本之间存在诸多变异,故该出版物采取了综合若干版本进行加工改造的方式。编者在后记中说,"我们先后搜集到好几个'布伯'唱本,其中来宾师公老艺人黄永和的手抄本比较完整,于是我们就以这个唱本为基础,并参考其他地区有关布伯的传说及唱本,翻译整理成为现在的长诗'布伯'"[①]。在十七年时期,这种综合拼接的方式是一种主要的史诗整理方式,整理者试图通过这种方式展示民间多个抄本的丰富内容。其实,《布伯》的编者对于多个手抄本与综合整理本之间关系的理解是清晰的,他们在后记中使用了双引号来表示长诗"布伯",以此表示此集合概念与单个手抄本之间的区别。其次,搜集整理者对史诗内容进行了符合时代主流思想的调整与艺术化提升。《布伯》的搜集整理者为壮族作家莎红、学者蓝鸿恩等,他们都是壮族中的文化精英,具有较高的文艺审美水平,对于时代主流思想的理解和运用能力很强,"民族平等""与封建制度彻底决裂"等思想意识充分反映在他们的整理成果之中。他们"本着'取其精华、去其糟粕'的精神,进行严肃认真的整理加工,把应该突出的部分加以突出,把迷信部分删掉,并做了必要的补充,恢复了布伯的劳动人民的真实面貌,突出了他的英雄性格"[②]。同时,英雄史诗《布伯》中带有较为浓烈的敌我双方观念,突出了壮族人民与雷王的两极对立与斗争。编者并在史诗开头增添了"盘歌"一章,在史诗中添加了布伯上天的母题,为了丑化雷王而改变了雷王赠牙的内容,为了更"美"而将兄妹俩生的孩子模样从像"磨刀石"改成"乖又乖",诸如此类为了表明立场与实现更高审美追求的修改不少。再次,编者对史

---

① 莎红等:《布伯》,广西人民出版社,1959年,第66页。
② 莎红等:《布伯》,广西人民出版社,1959年,第67页。

诗原文采取了意译的形式，这使得史诗本来的韵律无法体现，原文的古壮字内涵也得不到展示。编者认为，史诗译文"基本上还是保持了原诗的风格，很多地方还是可以用壮族师公调来唱的"①。在文本的翻译问题上，编者意识到要尽量保持史诗的原有风格，但受时代观念的局限，史诗文本出版时没有原文、只有汉文意译的做法，使得史诗难免带上了更多的个人创作色彩。同时期的其他史诗搜集整理文本也或多或少的带有上述特征。

从史诗类型划分出发，《布伯》（1959）应属于"以传统为导向的口头文本"，"这类文本是由编辑者根据某一传统中的口传文本或与口传有关的文本进行汇编后创作出来的"②。从《布伯》管窥当时的搜集整理理念，是以综合整理、加工提升为主要方向。这与中华人民共和国成立初期民歌领域的大众化运动关系密切。它"不再是知识分子到民间去，而是要消融于'民间'，'民间艺人'与'作家'界限被打破，民间艺人与作家共同成为新的'社会主义文艺'新军"③。知识分子，尤其是不少作家，热情地投入到对民间文学的搜集整理与再创作之中，取得了不少成就。韦其麟根据壮族民间故事改写的长诗《百鸟衣》（1959）就取得了极大的成功。这种民间题材或原文与编者有意识地修改、润色相结合的整理方式，在史诗整理中较为普遍。在此阶段出版的布洛陀故事，也是民间搜集整理人员注重口传材料的体现。

（二）注重保持史诗原貌、科学记录的理念阶段：1977—2000年

如前所述，"中国民间文学三套集成"的展开对于民间的口头传统的传承来说意义重大。集成的完成涉及全国范围，深入基层，其组织与编撰工作深刻地影响了中国社会看待民间口传文化的方式，也影响了此后的壮族史诗搜集整理工作理念。集成强调了"科学性、全面性、代表性"原则，其"理念和规程是相当先进的。《中国民间文学集成工作手册》……中强调，搜集、记录和整理是整个'集成'工作的核心环节，'这个环节做好做不好，既直接影响到民间文化的保存，

---

① 莎红等：《布伯》，广西人民出版社，1959年，第66页。
② 巴莫曲布嫫：《"民间叙事传统格式化"之批评（下）——以彝族史诗〈勒俄特依〉的"文本迻录"为例》，《民族艺术》2004年第2期。
③ 毛巧晖：《越界：1958年新民歌运动的大众化之路》，《民族艺术》2017年第3期。

也影响到民间文学的建设,更影响到传世的民间文学的质量'"。① 集成在工作手册中还专门谈到了记录口述内容时要"忠实记录",甚至"逐字逐句地记,全面地记"。在这种重视民间传统的语境下,壮族史诗的搜集整理者愈发重视搜集民间史诗手抄本,对于"史诗"的定位更为明确。他们关注抄本自身的当地文化特点,积极解读手抄本运用的仪式、传承人等传承语境,使得壮族史诗的搜集整理工作在持续中不断推进,并出版了具有历史性意义的若干部史诗译注。

　　张声震主编的《布洛陀经诗译注》(1991)是这一阶段壮族史诗搜集整理工作最具代表性的成果。和十七年时期的史诗整理方式不同,该译注采取了现代的科学原则,遴选了较古老的、内容比较丰富的手抄本,以抄本为中心开展翻译工作。编者注重选择不同手抄本中的不同章节,涵盖了各方面的内容,向读者充分展示了壮族创世史诗的多方面母题。译注在篇章排序上从"造天地""造人""造万物""寻水经""造火经""赎谷魂经""赎水牛魂、黄牛魂和马魂经""赎猪魂经""赎鸡鸭魂经"到"造文字历书"等内容来进行组织,但并没有以损害手抄本原文内容来实现这种排序。每一部史诗章节依然保持了其被搜集到时在手抄本中的状态,没有做任何的改动和加工。译注采用将手抄本古壮字进行国际音标、壮文、汉字直译、意译等五种形式的对照,让读者一目了然。同时,在每一部手抄本的篇首,都详细说明了手抄本搜集到的地方、持有人、手抄本的具体情况以及地方方言的特点。在手抄本中,特殊语词的特定含义、民族文化意蕴等都得到了详细地注解。手抄本的末尾还对抄本的内容进行了阐释与说明。通过如此多方位的工作,译注再现了布洛陀史诗中社会、思想、信仰等丰富信息。这种保持史诗手抄本原貌的规范性译注既是时代的产物,实现了一定程度上的准确记录与翻译,充分展示了民族文化精髓,亦为后来的史诗译注提供了一个可以参照的范本,促进了壮族史诗搜集整理工作的质量。

　　这一时期,壮族史诗中"源于口头的文本"②——以布洛陀史诗手抄本为主——的部分开始得到高度重视,这些"源于口头的文本"来源于壮族口头传统,但大多数依然在麽教仪式中被演述,故又可以被称为"以仪式表演为取向的文

---

① 万建中:《〈中国民间文学三套集成〉学术价值的认定与把握》,《广西民族大学学报》(哲学社会科学版)2010年第1期。
② 毛巧晖:《越界:1958年新民歌运动的大众化之路》,《民族艺术》2017年第3期。

本"。① 对布洛陀史诗手抄本的整理翻译日渐成为主流，为下一阶段的史诗搜集整理工作奠定了基础。

（三）科学规范、内容多元、迈向国际化的理念阶段：2000年至今

尽管"非物质文化遗产"的概念早在1972年联合国教科文组织第17届会议上就已经被提出，但直至近20年才真正在国内受到重视和提倡，并日益深入人心。进入21世纪以来，联合国教科文组织在原先《保护传统文化和民间文化建议案》(1989)、《宣布人类口头和非物质文化遗产代表作申报书编写指南》(1997)文件的基础上，又发布了《世界文化多样性宣言》(2001)、《伊斯坦布尔宣言》(2002)以及《保护非物质文化遗产公约》(2003)等文件，强调了"口头和非物质遗产"的重要概念。这使进行口头传统文化搜集整理工作的人员从全新的角度审视他们工作的对象，认识到口头传统文化不但是"各民族阶段性成果以及他们继承和发展的知识、能力和创造力，他们所创造的产品"，而且还包括"他们赖以繁衍生息的资源、空间和其他社会及自然层面"，"对确认文化身份以及保护人类文化多样性和创造力具有重要的意义"。②

壮族史诗的翻译整理人员同样受到此理念的浸染，在其出版成果上则表现为整理形式愈加科学规范，对翻译的准确精益求精，对史诗语境的展示更为丰富，对史诗的方言、版本等问题愈加重视，对特殊语词的解释更为精确。搜集整理的史诗内容更为丰富多元，从布洛陀史诗向其他史诗扩展迅速。张声震主编的《壮族麽经布洛陀影印译注（八卷本）》(2004)可谓这一时期的代表性出版物。译注中收录的手抄本分别来自广西的百色市右江区、田阳、田东、那坡，河池市巴马、东兰、大化和云南省文山州西畴等县市。译注采用了古壮字原文、拼音壮文、国际音标与汉文直译依序并排的"四对照"译文形式，文后附上了原抄本的影印文本，让读者能够参照阅读，一目了然。在每一部手抄本的"编译说明"部分，编者对手抄本的来源、年代、面貌、流传地区、出版情况等都进行了详细说明，对书名进行了题解，概括了抄本的主要内容，对该抄本使用方言的情况进行了阐述，并对翻译过程中完成的原文校订进行了说明。该译注总字数达到527

---

① 杨杰宏：《多模态叙事文本：东巴叙事文本性质探析——基于东巴书面与口头文本的比较研究》，见《纳西学研究》（第一辑），民族出版社，2015年，第344—360页。

② 联合国教科文组织文件：《人类口头和非物质遗产代表作申报书编写指南》，http://www.chinesefolklore.org.cn/web/index.php? Page=1&NewsID=5441. 2003. 2017-9-18.

万。在第一卷卷首配有丰富的彩图,与布洛陀史诗有关的麽教仪式活动、挂图、神祇形象、演述者的着装、使用法器以及布洛陀史诗传承的环境、传说地域等,甚至翻译人员与手抄本使用者之间的互动都得到了栩栩如生的展示。译注通过加入各类照片,为读者提供了理解布洛陀史诗的更多维度。在《壮族麽经布洛陀影印译注(八卷本)》(2004)一书的基础上,黄明标主编的《壮族麽经布洛陀遗本影印译注(上、中、下)》(2017)体现了壮族史诗翻译整理工作的新成就。此次翻译的 13 个手抄本均来源于一个农氏麽公家族,最老的抄本已有 400 年历史,最晚近的抄本也有将近百年的历史。传承该抄本的农氏家族,已有 14 代传人。这使得经书的出版具有了个案的典型意义,同时蕴藏着历史的纵深信息,是学术界对"地方知识"理解加深之后的产物。该译注在《壮族麽经布洛陀影印译注(八卷本)》所使用的"四对照"翻译标准上,采用了五行对照的方法,依次为古壮字、拼音壮文、国际音标、汉文直译、汉文意译,使诗行的意思得到了更充分的阐释。《壮族麽经布洛陀遗本影印译注》(2017)的总字数亦达到了 121 万字。同时,文中采用了原样大小的影印扫描图与译文逐页相对照的形式,为读者对比使用提供了更多便利。

在国内外学术交流日益频繁的形势下,壮族史诗的英译工作也提到了日程,其中既有外国学者贺大卫的英译成果,也有本土学者韩家权等人的成绩。本土学者在英译过程中,对"总体审度"和"微观分析"、文化传递模式等问题进行了反思①,对今后的史诗搜集整理与外译提供了可借鉴的宝贵经验。

随着数字化时代的到来,影像存留成为史诗搜集整理的利器,对壮族史诗的摄录工作也逐步展开。田阳县布洛陀研究会曾内部发行单张《布洛陀古歌》(2003)CD 一张,2014 年,"中国史诗百部工程"子课题"壮族布洛陀史诗摄制"立项,都彰显了壮族史诗搜集整理工作在影音方面迈出了可喜的一步。

从总体上看,壮族史诗的搜集整理与翻译工作经历了一个循序渐进、日益科学化、地方化的发展过程。在搜集整理理念不断进步的情况下,专业的研究团队合作为史诗的整体搜集翻译做出了不可估量的贡献,这在《壮族麽经布洛陀影印译注(八卷本)》(2004)中体现得尤为突出。壮族史诗的整理出版为研究人员探

---

① 韩家权、黄国芳:《"总体审度"与"微观分析":论壮族典籍〈布洛陀史诗〉翻译策略》,《百色学院学报》2014 年第 1 期;陆莲枝:《壮族〈布洛陀〉英译中的文化传递模式——析〈赎魂经〉两个英译本》,《民族翻译》,2017 年第 1 期。

索壮族的社会历史、传统文化、思维方式、语言文字及宗教等都提供了其他口头传统难以存留的宝贵资料，是壮学研究的重要组成部分。在这个过程中，与史诗内容相似的相关散体神话也得到了广泛搜集整理，二者交相辉映。稍显遗憾的是，学界对壮族史诗中口耳相传的"口头文本"或"口传文本"的搜集整理工作似乎重视不够，口耳相传的史诗文本既有保守性，又有流变性，可提供与史诗手抄本进行比较研究的基础材料。随着时代发展，壮族史诗演述实践骤减，语境缺失严重，对其进行影像搜集整理是当务之急。

三、《壮族麽经布洛陀遗本影印译注》出版的意义

黄明标主编的《壮族麽经布洛陀遗本影印译注》（2016，以下称《遗本译注》）是当前壮族史诗搜集整理的最新成果。作为广西壮族自治区少数民族古籍整理出版规划领导小组办公室、田阳县文化和体育局、田阳县布洛陀文化研究会三方合作编纂的译注，它的出版凝聚了壮学界民族文化、考古、古壮字、壮文、语言学等多方面人才的诸多心血，耗时八年才得以完成。它的出版是在《壮族麽经布洛陀影印译注（八卷本）》（2004）搜集整理之经验基础上的一次飞跃。作为继往开来的坚实巨作，《遗本译注》的出版对于学术界甚至整个社会来说有着特殊的意义与贡献，亦有可提升的空间。

（一）作为学术资料的贡献

《遗本译注》的出版影响着壮学界内历史学、语言学、古壮字文献学、民族学、民俗学与民间文学等多学科研究的下一步发展。如前所述，《遗本译注》所选择的手抄本材料为田阳农氏麽公家族400多年来的精华之作，编者从该家族232本各类经书中将之遴选出来，涉及开天辟地、创造万物、倡导伦理道德、推进社会文明、驱妖祛邪、消灾解难等内容，[①] 其作为多学科基础学术资料的重要性可见一斑。《遗本译注》选择的是一个家族内部持续传承的古籍抄本，具有了时空维度纵深交汇的特点。其抄本的时间连续性与特定活跃地点的交叉，为壮学研究提供了诸多学术生长点。

在这400年间的稳定与持续传承、变异与突破之后，经诗抄本作为当下极少

---

① 黄明标：《壮族麽经布洛陀遗本影印译注》，广西人民出版社，2016年，第4—5页。

见个案的特殊性难以超越,是未来壮学研究界不可或缺的重要资料,承载着难能可贵的壮族文化记忆。从史学角度出发,《遗本译注》中包含着丰富的历史地理信息,如经文对田阳古人类遗址"那满"的强调,对右江河谷社会制度发展的描述,都为研究者提供了独家信息。从文献学角度出发,《遗本译注》中不少古壮字为首次发现,具有浓厚的自创性色彩,可供探究古壮字发展的原生动力,甚至对现有的古壮字结构理论提出了挑战。从民俗学与民间文学角度出发,《遗本译注》抄本中描述的各类麽仪式活动,成为管窥壮族传统民俗及其流变的一个极佳切入点。

(二)研究创见的贡献

《遗本译注》的主编黄明标先生是土生土长的田阳人氏,多年从事布洛陀及其他壮族历史文化研究工作。从田阳县博物馆馆长的职位上退休后,他依然笔耕不辍,促成了《遗本译注》的最终出版。《遗本译注》不仅具有史料价值,也展示着编者高屋建瓴的学术视野与渊博的学术积淀。

《遗本译注》前言中体现了编者审慎、独立的学术观点,让人耳目一新。编者从当地壮族文化的角度出发,跳出既有学术研究的局限,对布洛陀、麽渌甲的壮语含义给出了全新的释义,认为布洛陀的壮语含义是"在山谷中创业的祖公"或"在山谷里创造财富的祖公",而麽渌甲的壮语含义是"在山谷中与布洛陀结合的祖婆"。[①] 这与历史上壮族从事山地稻作农耕的历史有着密切关系,阐释有新见。编者结合译注史诗古壮字的经验,对古壮字的文化定位提出了独立看法,认为壮族古文字的产生可追溯到农耕产生时期,曾发展到"由图符兼顾到了象形"的阶段,"古壮字与汉字虽属同源,同属方块字,但古壮字自成体系,是有自己产生和发育成形的过程的"[②]。这一看法综合考虑了壮族文化的自我发展历程与文化适应性特点,较为客观公允。

编者对田阳本土历史文化了然于胸,在前言与扉页中以文字与图像方式向读者展示了布洛陀史诗抄本传承的自然语境。译注文本亦能极好地将地方性的布洛陀知识与抄本内容对应起来,让读者感受到布洛陀信仰在田阳悠久的积淀与传承的源远流长。关于布洛陀的习俗与风物传说在当地呈现四处开花的状态,彼此相

---

① 黄明标:《壮族麽经布洛陀遗本影印译注》,广西人民出版社,2016年,第1页。
② 黄明标:《壮族麽经布洛陀遗本影印译注》,广西人民出版社,2016年,第7页。

互呼应,为读者理解布洛陀史诗抄本内容提供了帮助。

编者对于《遗本译注》的翻译工作精益求精,对于手抄本中提到的各类麽仪式,编者都曾与手抄本传承人再三沟通、确认,追求还原民间仪式的真实面目,比如关于抄本中出现的"流"字,壮语里是"篱笆"的意思,但在实际操作中是一种"麽公在做法事活动时与事主背对背拔除篱桩、禳除邪怪"[①]的仪式。如此谨慎考证、解释,使《遗本译注》具备了很高的学术水准。正如广西壮族自治区民宗委副主任周健所言,该译注被认为"有四个方面的突破:一是麽经搜集范围在地域上的突破;二是麽经版本年代更早;三是内容有新突破;四是翻译整理方法的突破"[②]。

(三)启发壮族史诗搜集整理的发展趋势

《遗本译注》的发行让读者看到许多亮点,也带来很多启发。它对壮族传统文化的关注与认知,得益于中国自"五四运动"以来的思维变革。从"五四运动"开始,"眼光向下"的革命一直在进行,并"一改数千年的传统,把关注的对象从帝王将相和文化精英转向了普通的人民大众,已经引起了巨大的反响",[③]在近百年之后,这场革命依然影响并改造着我们看待民间文化的方式。《遗本译注》的编者与持有经文的农吉勤、农英松等麽公之间的互动交流十分频繁,保持了良好的私人关系,这使编者能够最大限度地从民间的角度、麽公的立场对史诗文本进行符合实际情况的翻译与释读。与此同时,编者在前言等部分发挥了"本土文化人"的优势,完成了对"地方性知识"最大限度地文化阐释。在今后的史诗搜集整理工作中,如何发挥本土知识精英的力量、更充分地展示地方"小传统"的真正内涵,将成为新的搜集整理发展方向。

随着数字化工作的发展,积极运用影音器材对史诗文本的演述活动进行记录,采集音声与图像等资料成为史诗搜集整理工作的必然趋势。依托于文化部民间文化中心的"史诗百部工程"项目,笔者对《遗本译注》中《麽兵喑宿科》文本在真实仪式语境下的演述进行了采录,通过仪式再现,可以看到《麽兵喑宿科》的演述语言包括了壮语、汉语桂柳方言两种,二者穿插进行。在仪式过程中,麽

---

① 黄明标:《壮族麽经布洛陀遗本影印译注》,广西人民出版社,2016年,第4—5页。
② 陈海峰:《〈壮族麽经布洛陀遗本影印译注〉出版》,http://www.chinanews.com/cul/2017/09-18/8334251.shtml,2017-9-18。
③ 赵世瑜:《眼光向下的革命——中国现代民俗学思想史论》,北京师范大学出版社,1999年,第6页。

公如何配合不同环节进行烧香、打卦、上贡品等活动得到了较为清晰的展示。随着现代化进程的加快，诸如此类的史诗演述仪式日益消亡，老艺人也大多离世，只留下太多关于史诗的谜。在笔者拍摄完史诗《麽兵唅宿科》的仪式演述几个月后，麽公农吉勤先生因为身体原因溘然长逝，其后人亦无法演述祖传的部分史诗经文，留下了不少遗憾。故此，充分运用现代科技手段，加快抢救濒危的史诗演述与文本材料，成为史诗搜集整理的一个重要方向。

〔李斯颖：中国社会科学院民族文学研究所副研究员、文学博士〕

试论布洛陀经诗的翻译

覃祥周　韦运益

"布洛陀"是汉文译音，壮文写为"Baeuqroxdoh"，其意是"无所不知、无所不会的智慧老人"。布洛陀是壮族民间崇拜的智慧始祖神，"baeuq"是对德高望重老者的尊称；"rox"是"会、懂得、知道"；"doh"是"都、全面、遍及"的意思。合起来可翻译为"无所不知、无所不会的智慧老人"。"布洛陀"各地壮语读音不同，有的叫作"Baeuqloxdoz"，有的叫作"Baeuqloegdaeuz"。布洛陀经诗也叫布洛陀麽经，壮语叫作"Sawmo Baeuqroxdoh"，是中国壮族民间重要的古籍之一，是壮族巫教文化的重要经文。它唱诵壮族始祖神——布洛陀创造天地万物，规范人间伦理道德，启迪人们还愿消灾祛邪，追求幸福生活等内容。这部经诗贯穿着自然崇拜、祖先崇拜的原始宗教意识。布洛陀经诗各地都有不同的古壮字手抄本，版本多，容量大，过去主要是供巫师在从事各类宗教活动时唱念的经诗。广西人民出版社1991年出版了《布洛陀经诗（译注）》（张声震主编），广西民族出版社于2004年出版了《壮族麽经布洛陀影印译注》（八卷本，张声震主编），广西人民出版社于2016年又出版了《壮族麽经布洛陀遗本影印译注》（上中下卷，黄明标主编、杨兰桂副主编）。这些出版物一般都采用三种文字对照（古壮字、拼音壮文、汉文）和国际音标标注的形式，有些还加了汉语翻译或注释，便于不同层次的读者阅读、学习和研究。庆幸的是，广西人民出版社2012年还出版了《布洛陀史诗》（壮汉英对照，韩家权等译著），让布洛陀经诗第一次走向世界，此书于2013年荣获第十一届中国民间文艺山花奖·民间文学作品奖。

布洛陀经诗篇幅宏大，内容丰富，可以说是壮族历史文化的百科全书，是壮族文化的瑰宝。其中，《壮族麽经布洛陀影印译注》是布洛陀经诗中的代表作，它是根据已搜集到的几十个手抄本综合整理而成的。流传于各地的布洛陀经诗，版本比较古老，内容比较完整。它们相当多的内容是创造天地万物，可以说是壮族的创世史诗。因其唱词是民歌，又是在宗教活动时喃唱的，所以，又可以说是壮族的宗教文学。它是以诗的语言和形式，生动描述了布洛陀造天地、造日月星辰、造火、造谷米、造牛等的"造化"过程，满腔热情地歌颂了这个半神半人的壮族祖先布洛陀创造人类和自然的伟大功绩，自古以来以口头形式在广大壮族地区（尤其是田阳、东兰、巴马、大化等地）传承着。目前，不少专家学者对布洛陀经诗感兴趣，进行了卓有成效的收集整理和研究，专家学者们仁者见仁，智者见智，成果不断，相得益彰。然而，在经诗的翻译方面，却很少见到相关论文和译著，成果少之又少。布洛陀经诗不仅具有本土价值，它的文本结构、文化范型、叙事传统模式，以及它的文学、宗教、文化、民俗、历史等多元价值都是属于世界的。所以，对布洛陀经诗的翻译研究也应得到重视。本文试图对布洛陀经诗的翻译进行初步探讨，提出笔者对经诗翻译的一些经验和感悟。文章先阐述布洛陀经诗独特的艺术形式和价值，再多方面探讨其翻译策略和方法。

一、布洛陀经诗的艺术特点

布洛陀经诗手抄本全部是用古壮字书写的。在形式上，经诗基本上是壮族民歌五言体，也有七言体，但是为数不多。大多数押腰脚韵或脚头韵，对偶句较多，不少章节运用了有规律、有条理的重叠、对仗、排比等修饰手段，语音节律和谐，经诗念唱起来朗朗上口，节奏感强，韵味十足，充满诗意。由于千百年来的传唱加工，语言精练工整，其中保留了许多古壮语和宗教语，为当今所无。

（一）经诗的语言特色

1. 经诗的"腰脚韵"或"脚头韵"

壮族经诗是壮族民间师公（麽公，Bouxmo）口头创作的诗歌作品，是壮族人民表达自己思想、情感和愿望的一种文学艺术形式。壮族经诗的一个特点，是它把诗与歌，用民族语言与音乐和谐结合的形式表现出来，一旦有诗，便能用民族语言去歌唱，也就是说，诗即歌，歌即诗。各地丰富多彩的壮语方言表现，使得经诗的传唱形成了烂漫多姿，情趣迥异的地方风格。壮族经诗的格律结构严谨，声律讲究，平仄和谐，寓意深邃，世代传唱，具有自己鲜明的民族特色，为世之所罕见。经诗格律有三个基本要素：一是有一定的数字行数；二是押韵；三是讲究平仄。这三个要素缺一不可，违反了其中一个要素就不能吟唱，即使勉强吟唱起来，也是异常拗口，不能丝丝入扣于曲调，歌唱者感到别扭费劲，听众也觉得不顺耳，艺术感染力不强。

壮族经诗是押韵的作品。所谓押韵，就是在有关的行数一定位置的字（本文所说的"字"在壮语里是音节，为表述方便，简称为字，下同）的韵母要求相同或相近，就是说押韵是韵母与韵母相押，与声母无关。在押韵规律上，壮族经诗普遍要求腰脚韵（第一句尾字押第二句能停顿的地方，一般来说，五言体中的第二、三字，七言中的第四、五字），也有的押脚头韵。我们先以一段五言四句体经诗为例，看看它的押韵规律。

    Bae haemq Baeuqloxdoz, / 去问布洛陀，
       △
    Bae haemq Moloxgap; / 去问麽六甲；
     △ □
    Baeuqloxdoz cix ap, / 布洛陀就讲，
       □
    Moloxgap cix naeuz. / 麽六甲就答。①
      □

经诗的押韵方式用图示如下：

   ○ ○ ○ ○ ○
   △
   ○ ○ ○ ○ ○
   △ □
   ○ ○ ○ ○ ○
   □
   ○ ○ ○ ○ ○
       □

---

① 张声震：《壮族麽经布洛陀影印译注》（第五卷），广西民族出版社，2004年。

上面的图示中，符号"○"指经文中的字，第一个"△"所指向的是经诗第一句的"脚"，第二个"△"指向的是经诗第二句的"腰"，第一个和第二个"□"分别指第二第三句的"脚"，第三个"□"指第四句的"腰"。上述五言四句经诗有五个"韵点"，即"脚腰脚脚腰"韵。

布洛陀经诗中，也有不少章节是押脚头韵的，例如：

Ngoenzneix cingj mwngz ma, / 今日请你来，
　　　　　△
Ngoenzneix ya mwngz daeuj. / 今日找你到。
　　　△　　　　　　□
Ma gyiz nix gwn laeuj, / 来这里喝酒，
　　　　　□
Daeuj gyiz nix gwn noh. / 来这里吃肉。①
　□

这段经诗的后两句是押脚头韵的。

布洛陀经诗，大部分是"两句式"押韵。如：

Gonq mbouj ciq viz laux, / 从前伦理还没有，
　　　　　△
Nduj mbouj cauh viz dai. / 当初还没有葬礼。
　　　△
Loeg dai loeg gwn bwn, / 鸟死被鸟连毛食，
　　　　　△
Vunz dai vunz gwn noh. / 人死被人分肉吃。②
　　　△

平仄是构成格律"经诗"的重要元素之一。壮语第一调和第二调是平声，第

---

① 张声震：《壮族麽经布洛陀影印译注》（第五卷），广西民族出版社，2004年。
② 韩家权等：《布洛陀史诗（壮汉英对照）》，广西人民出版社，2012年，第112页。

三到第六调是仄声，塞音韵尾的词也属仄声（第七、八调）。与押韵相比，平仄规律更为重要。可以说，没有平仄规律就没有格律"经诗"。一段格律"经诗"中，如果只讲究押韵而不讲究平仄，那吟唱起来也是异常拗口的，缺乏抑扬顿挫之感。传统的优秀"经诗"讲究平仄的规则和平仄的配置，因此，可以创造出"经诗"节奏美的艺术特点。

2. 经诗语言的共时和历时研究价值

经诗采用壮族人民喜闻乐道的言语，将壮族的神话、宗教、伦理、民俗融为一体，用两两押韵的句式和格律诗的要求，以五言诗句的形式，凝练成口耳传唱的唱本，其节奏明快、便于吟诵，具有十分鲜明的口语特色。据现有的研究资料显示，经诗中汉借词较少，较之现代壮语汉借词比例有时可达30%的情况，在经诗里，只有少量早期壮语的老借词。例如"王""皇帝""会"等等。这些词汇以单音节居多，而且大部分已融入了壮语的基本词汇序列，这些老借词已成了壮语词汇的有机组成部分。经诗词汇异常丰富，包括宗教、生产、生活等方面的词汇，加上经诗有各地方言多种版本，让这些词汇呈现出不同的方言表达，为壮语的历时研究提供非常宝贵的材料。此外，接近口语的表达，也为语言研究提供了古壮语语法的研究参考。

二、布洛陀经诗的艺术价值

布洛陀经诗是在壮族地区这块以歌唱文化著称的丰沃土地上结出的硕果，其艺术价值具有人类审美的共性，又具有壮族本体个性。

首先，经诗把壮族人对自然、社会、人生的认识，用丰富的比喻、奇异的夸张、神奇有趣的情节和细致的情景描写凝练成便于传颂的经文，表达人类抽象思维能力的独具匠心。如：

①异彩纷呈的想象创造出迷人的意境。如：

Bag hin gueg song gep, / 磐石破开成两片，
Gep ndeu hwnjbae gwnz, / 一片高飘往上升，
Cauh baenz mbwn cux byaj, / 造成雷公管的天，
Cauh baenz fwj doxlienz, / 造出云彩一片片，

Baenz ndau'ndiq caxyeh. / 造出星星闪烁烁。①

②大胆奇妙的夸张令人回味无穷。如：

Byaj gaem baenz gonj hin, / 雷王抓起石一块，
Byaj gaenx baenz gonj lanx. / 捏成一块大磐石。
Baenz gonj hin dingh mbanj, / 磐石稳定了大地，
Baenz gonj lanx dingh biengz. / 磐石稳定了天下。②

其次，句式的两两对应相辅相成，使经诗在叙述中便于对比。如经诗中在说到美与丑、善于恶\勤于懒时，往往采用这种对比方式，使其所要表达的主题在句式的对比中得到强化。壮语是典型的分析型语言，直到现在，还是以单音节词居多，单音节词占优的特点，适用于五言句来表达，这种形式节奏短促、明快、顺畅，很符合壮族人对语音节律的审美思维，经诗能长久传唱，其经诗的形式功不可没，这也体现了经诗审美价值的本土特色。

此外，经诗在叙述风格和技巧方面，也具有极高审美价值。布洛陀经诗虽然是一部带着神巫气息的宗教文学作品，但它并不像一些宗教文学那样古奥难懂，或充满着神秘和恐惧，而是到处洋溢着一种世俗人间的浓郁风情，到处涌动着人间大地悠远深长的生活激情。并以它古朴典雅的艺术韵味，浪漫夸张的艺术风格，趣味横生的艺术情调，为壮族民间文学，特别是诗歌文学的审美发展奠定了基础。经诗经常通过异彩纷呈的想象，奇妙大胆的夸张，生动贴切的比喻，神奇有趣的情节等，把生活中具有本质特征的情感、动作、事物或环境、场面、意境等，进行十分微妙有趣的描绘，从而给人们十分浪漫豪迈、趣味横生的艺术享受。

总之，布洛陀经诗具有丰富的内容，除表现在以上几个方面外，壮族语言和壮族文学等内容在经诗中也有反映。由于布洛陀经诗内容的广泛和丰富，因而被人们称为壮族的"百科全书"，对人们研究壮族古代社会、宗教信仰、哲学思想、伦理道德、风俗习惯、壮族语言和文学等，都具有重要的价值。

---

① 韩家权等：《布洛陀史诗》（壮汉英对照），广西人民出版社，2012年，第14页。
② 韩家权等：《布洛陀史诗》（壮汉英对照），广西人民出版社，2012年，第12页。

三、布洛陀经诗的翻译

布洛陀经诗是一部伟大的作品，目前，尽管整理出版了一些版本，但还是凤毛麟角，还有很多工作要做。诸如是否已充分挖掘，搜集是否完全，如何整理得更好，研究如何深入，如何较好地进行翻译等问题，还有待于我们大家去思考、去努力。特别是翻译问题，其成果很少。今天，我们先谈谈翻译的一些问题。

壮族经诗之所以是一枝奇彩异花，是因为它植根于壮族劳动人民生活的土壤之中，具有浓厚的民族特色。研究壮族经诗独特的艺术形式，把壮族经诗翻译介绍给其他民族，这绝不是一件容易的事情。现以布洛陀经诗的一些诗句为例，将笔者的一些见解进行综合性的叙述，仅供麽经翻译者和经诗爱好者参考。

经诗非常难译，但并非不能译。难在哪里？笔者从大量的经诗翻译材料对比中，悟出一些道理，难处在于掌握经诗的意境、神韵，译出经诗的内容与形式的统一和谐。一般地说，一篇译文要达到"信、达、雅"才算标准。"信"就是忠实于原文，"达"是通顺流畅，"雅"是生动优美。我们翻译壮族经诗要达到"信、达、雅"，就一定要做到三法：行家译诗、以诗译诗、钻进跳出。

（一）行家译诗

这是翻译人员的问题。翻译经诗，最好是熟悉经诗的师公、歌师歌手或者精通经诗的专家。也就是说，译者要懂得经诗，尤其是要懂得壮族语言和经诗的押韵规律等问题。对于翻译工作者的要求，除了通晓两种文字外，还要具备专业知识。翻译科技文章，要具备该门科学的知识，翻译文学作品，也要具备文学修养。翻译壮族经诗，除了需要懂得汉文或英文外，自然要求懂得壮族经诗，如要求懂得壮语、古壮字、拼音壮文、壮语经诗押韵等。

（二）以诗译诗

这是翻译形式的问题。原文是诗歌，译出来也应该是诗歌。翻译时，把表达思想内容的语言外壳改变，而把原思想内容保留下来，把原经诗的押韵规律变为译出经诗的押韵规律，使内容和形式不可分割地联系着，形成统一的、完美的、和谐的诗章。我们先举一首五言四句壮歌为例：

Haemh ninz da mbouj laep,
Lumj duzmaet con sim;
Baez loq heuh ok sing,
Siengj saugim hozget.

我们知道，汉诗的押韵规律是："一、三、五不论，二、四、六分明。"（刘坡公《学诗百法》）。壮族民歌之韵事又如何？民歌虽然是群众口头创作的，但韵律也非常严格，有关押韵规律前面已经论述过。有人把上面这首山歌译为：

夜睡不着觉，
像跳蚤钻心；
梦里喊出声，
念娟金难过。

改变了语言外壳，保留了思想内容，也保存了壮族民歌的朴素的美，这是译得好的。作为译诗，押了壮歌的韵，壮人拿去读可以朗朗上口，但是不符合汉诗的押韵规律，无汉诗韵味，所以上面这样译出来的这首诗还不能说是完好的译诗。正确的翻译，应以七言四句的汉歌形式来翻译。笔者试译如下：

每天晚上睡不着，
好像跳蚤钻心窝；
半夜做梦出声喊，
念到娟金难过多。

有一年，河池市在巴马县举行壮语山歌大赛，人山人海，热闹非凡。来自某县的歌手上台唱道：

Swcungz swnghcanj cwzyinci,
Bouxiq bouxlaux caez ndeimaez;
Mbouj lwnh bouxgyawj caeuq bouxgyae,
Bouxboux ndeimaez youq daej dungx.

那位翻译人员是这样翻译：

自从生产责任制，
老女老少个个都高兴；
不论近的和远的，
个个高兴在肚底。

这样的译法让在场的人捧腹大笑，人们笑他翻译得太直太白了，没有韵味，又不符合平仄，像念讲话稿，没有采用"以歌译歌"的形式。其实，上面这首山歌可以这样来译：

自从生产责任制，
老女老少笑眯眯；
不论远方和近处，
个个心里甜如蜜。

布洛陀经诗大部分是"两句式"押韵，在句意上也大多是每两句叙述一个话题，这不同于汉诗的韵律与格式，但从现在的一些译本上看，其翻译也有讲究押韵和对仗的例子，如：

Okbae loh gyaeuz mbwn, / 来到路口问苍天，
Okbae loen gyaeuz sien, / 出去路边问神仙。[①]
Doq gueg longz gyaeuj hin, / 马蜂做窝石头下，
Dinz gueg longz gyaeuj laiq. / 黄蜂筑巢河滩边。[②]
Saem vuengz daih fanznaeuq, / 头人心里好烦恼，
Vuengz caeux daih daeuhiq. / 首领忧虑也不轻。[③]

---

① 韩家权等：《布洛陀史诗》（壮汉英对照），广西人民出版社，2012年，第28页。
② 韩家权等：《布洛陀史诗》（壮汉英对照），广西人民出版社，2012年，第38页。
③ 韩家权等：《布洛陀史诗》（壮汉英对照），广西人民出版社，2012年，第220页。

这样的译文，不仅在句意上能准确传达原文的意思，还能让读者读起来朗朗上口，富有艺术感染力。

由黄明标主编、杨兰桂副主编的《壮族麽经布洛陀遗本影印译注》（广西人民出版社，2016年）在这方面也有不少恰到好处的例子：

Cienz caiz dauq rim hoq, / 钱财满箱粮满仓，
Bya noh dauq rim ranz. / 鱼肉时常满屋香。①
Dwenh ma naez gveuj noh, / 狼狗天天爱缠肉，
Bak mboq gveuj bya mwnh. / 泉水幽幽缠鱼仔。
Rin baenz gveuj bak cax, / 磨石时时缠刀具，
Hak rox gveuj congz saw. / 官吏时时缠书桌。
Buh luz gveuj liengh heiq, / 蒲卢株株缠唢呐，
Gveuj baenz gaeq mak it. / 缠得好比葡萄串。②

译文用诗或是类似于排句的形式把原文意思恰到好处地表达出来，读之抑扬顿挫，充满艺术美感。

（三）钻进跳出

这是翻译技巧的问题。翻译经诗的人必须要有"钻进去，跳出来"的功夫。经诗翻译者在确定要翻译的经诗以后，首先必须很好地阅读思考原文（话），全面地理解原文（话），也就是说，要"吃透"原文。这种阅读思考和我们平时的读书不一样，平时我们读书往往只大体能看懂这篇文章或这本书的大意就行。对要翻译的经诗则必须全面地、彻底地弄懂原经诗的每一句话，把原经诗所描绘的各个方面，看得清清楚楚，不仅要弄懂原文的表面意思，甚至还要从原文的字里行间看到作者的言外之意。然后用翻译语言恰如其分地复述给读者，这就叫"钻进去，跳出来"。布洛陀经诗的请"主神"有这样一段：

Sam gaiq sam vuengz ciq, / 万事皆由神安置，

---

① 黄明标、杨兰桂：《壮族麽经布洛陀遗本影印译注》，广西人民出版社，2016年，第143页。
② 黄明标、杨兰桂：《壮族麽经布洛陀遗本影印译注》，广西人民出版社，2016年，第171页。

Siq gaiq siq vuengz cauh. / 万物都是神创造。
Vuengz cauh laep cauh lienz, / 创造白天和黑夜，
Vuengz cauh dien cauh dih. / 创造苍天和大地。①

在这译文当中，作者并没有把经诗翻译成"三界三王予，四界四王造，王造黑造白，王造地造天"，而是把经诗描写的内容用通俗易懂的方式展现给读者，经诗第一第二句的"sam gaiq 三界"和"siqgaiq 四界"抽象地指万事万物，"王"其实就是"神"的意思，第三第四句主要讲述的"cauh 造"的对象和事物，所以译者抓住了这些重点，并融入了译者对原经文的正确理解，用更符合韵律和节奏感的七言句去翻译经诗，让读者对经诗的含义一目了然，读之也抑扬顿挫。

2001年3月，联合国教科文组织一行六人到巴马县采访，当地女歌手们在村口动情地唱道：

Ndwenngeih ndwensam va hai moq,
Coiq ciengq sanhgoh youq giz raeuz;
Angqcoux bouxhek gvaqdaeuj youz,
Caez gwn laeuj gyaeu Bahmaj Yen.

当地一位小学老师担当翻译人员，他是这样翻译的：

二月三月开新花，
我唱山歌在我村；
欢迎客人过来游，
齐喝巴马长寿酒。

这样的翻译是直译，缺乏韵味，而且押韵、平仄都不对，来自巴黎、东京、北京的客人听了，反应平平，不置可否。当时，巴马县文化局马局长急中生智，叫巴马民族师范学校一位熟悉山歌的教师来翻译。这位山歌教师，熟悉壮语，汉语功底也不错。他这样翻译：

---

① 韩家权等：《布洛陀史诗》（壮汉英对照），广西人民出版社，2012年，第2页。

> 阳春三月百花开，
> 盘阳河畔搭歌台；
> 敬杯巴马长寿酒，
> 唱起山歌迎客来。

这样的翻译，意思完整，押韵严谨，平仄和谐，很符合汉歌的押韵平仄规律，唱来丝丝入耳，读来朗朗上口。来自北京的客人听了，非常高兴，立刻用英语翻译给联合国教科文组织官员木卡拉听，木卡拉笑逐颜开，连连说道："Wow！Excellent！"（哇！太棒了！）

很明显，巴马民族师范学校这位山歌教师是有山歌功底的，他采用"钻进跳出"的翻译技巧来翻译这首歌。他吃透了原话的意思后，根据汉歌的押韵特点，用汉语巧妙地把第三句和第四局颠倒翻译出来，这样的翻译，意思完全保留，又符合汉歌的特点。

"钻进去"是把原文的意思领会透，把作品中涉及的各个方面事物弄明白，包括语言（方言、俗语、谚语）、典故、人情风尚、地理、天文等。"跳出来"是在全面了解原作以后，用本民族的语言进行思索和翻译，在这个过程中最忌忠实于字句，最忌按照字数行数复写式的翻译方法。"跳出来"是要求译者能跳出原作字句框框，又要准确地、贴切地、生动地表达原著。如今，在这方面，韩家权教授在《布洛陀史诗（壮汉英对照）》中，一些译法值得我们学习。如：

Byaj cauh raemx cauh fwj, / 雷王造云又造雨, /then the God of Thunder cteates clouds and rains,

Cauh gueg fwj laep ndeu. / 造出黑云和青云。/And creates black clous and blue clous also.

Cauh gueg geu laep mok, / 造出浓雾白茫茫, /The God and Thunder creates dense fogs white and white,

Cauh byaj gyet lumzmwnz. / 造出雷电轰隆隆。/And the lightening and the thunder rumbling and rumbling.

Byaj cauh raemx ok mbwn, / 造出雨水落纷纷, /He craetse rain falling on and on,

Cauh raemx lij raemx lueg. / 造出溪水流山间。/And creates stream

Water running and running through valleys.[①]

这里译者跳出了原文字句框，又能把原诗的神貌如实地传达了出来，使人们看到雷王造云雾雷雨的各种奇异自然现象，在英文译文中，作者并非囿于壮汉字面意义，而是用英语惯用的表达式表达出来，可谓匠心独具。再如：

Sam gaiq sam vuengz ciq, / All things are arranged by Baeuqloxdoh,
Siq gaiq siq vuengz cauh. / And the myriad creatures are created by him as well.
Vuengz cauh laep cauh lienz, / It is Baeuqloxdoh who makes day and night,
Vuengz cauh dien cauh dih. / It is Baeuqloxdoh who creates the heaven and the earth.

这里作者同样跳出原文字句，用英语通俗易懂的语言表达出了原文的意思，通过英文，人们很容易理解到文中的"Baeuqloxdoh 布洛陀"就相当于英语语境中的"创世祖"，让拥有不同文化背景的人们更容易理解和接受文意，这是值得肯定的。当然，"跳出来"的翻译，意思准确了，但有时音节数太多，难以用原来的歌调进行吟唱。在缩短音节数方面，广西玉林师范学院副教授杨洋博士的译法可谓值得借鉴，统一对上一段的英译，他的译法颇为新颖：

3rd king made 3rd domain,
Fourth king made fourth realm.
Kings halved time day and night,
Kings cut world earth and sky.

这样，在不失文意的前提下，把音节数减少了，这就更适合其在曲调的搭配下传唱。布洛陀经诗本是唱本，如果能将译文翻译成便于传唱的形式，那对于布洛陀经诗走向世界，无疑是一种积极的推动作用。

---

① 韩家权等：《布洛陀史诗》（壮汉英对照），广西人民出版社，2012 年，第 42—43 页。

不论是翻译山歌和经诗，都是形象思维诉之于语言文字的工作。译者务必通晓两种以上的语言文字，还必须译得"信、达、雅"，又还必须有专业修养，对文本特殊的艺术法则有透彻了解，方能做好翻译。

说实在的，目前已翻译出来的布洛陀经诗，还存在着翻译不准、押韵不当、平仄不对、译词太长、无法用原歌调套唱等问题，很有必要进行研究和整改。但是，布洛陀经诗属于大部头民族语言作品，其艺术语言、艺术风格独特，不是一下子就能可以翻译得很成熟，很完美。有些事，今天的我们也许完成不了，就留给下一代去完成，我们的子孙后代会比我们聪明得多。但是，我们今天也应尽自己的能力去做我们应该做的事情，比如全面收集整理、保存版本、编辑出版、研究分析、力所能及的翻译等。

过去壮族人民虽然没有自己的正式文字，然而，用壮歌形式传唱的山歌和经诗，却是壮族文化发展的重要标志之一。千百前来，他们过着"以歌代言、以歌传情、以歌会友"的生活。日常生活的人和事，无不诉之于歌。每遇歌节，处处是花和歌的海洋。农村老少妇孺，无人不识歌。壮族，可谓是歌唱的民族。今天，壮族有了自己的正式文字，把歌唱的民族文化介绍给世界，把世界上好的诗歌，介绍给我们歌唱的民族，交流彼此之间的文化，是壮族知识分子义不容辞的责任。壮族的经诗和山歌都是以相似的句式通过口头传唱的方式流传下来的，所以山歌和经诗的翻译，在翻译方法和翻译技巧方面，有着内在的一致性。在文学艺术领域里，经诗和山歌都占有重要的地位，它们源远流长，如今又被赋予新的时代含义，在提倡文化自信的今天，它们应当也必将以更为科学的方式走向世界。可见，对布洛陀经诗的翻译，掌握好翻译理论和翻译方法技巧至关重要。

〔覃祥周：广西三月三杂志社总编、译审，广西山歌学会会长；

韦运益：广西三月三杂志社壮文版编辑部副主任、编辑〕

《壮族麽经布洛陀遗本影印译注》汉译译注研究*

黄中习

一、引言

改革开放以来，壮族典籍的保护抢救、搜集整理及译注出版的工作取得了丰硕成果，其中，布洛陀文化典籍译注主要成果包括《布洛陀经诗译注》(1991)、《壮族经诗译注》(2004，云南壮族文化丛书之一)、《壮族麽经布洛陀影印译注》(2004)、《布洛陀史诗》(2012)和《壮族麽经布洛陀遗本影印译注》(2016)等。

"中国文化典籍的整理与注译，包含了文化典籍文本本身的分类与版本的鉴定，即一般所谓古籍整理和文献的注释与疏解，也即所谓的古文今注今译。这两个方面的工作是古文外译的基础，也构成典籍译注的基础。"（王宏印，2010：127）推而论之，民族典籍译注也是如此。民族典籍译注可谓是双重翻译——民语与汉语的注释和民汉翻译，甚至包括民语的古今阐释，以雅各布逊（Jakobson）的话来说，它兼有语内翻译（intralingual translation）和语际翻译（interlingual translation）的特点，其高难度可想而知。当前，在民族文化典籍的研究与翻译方兴未艾之际，译注方法的探讨值得关注。本文拟在回顾前人研究的基础上，以《壮族麽经布洛陀遗本影印译注》汉译译注为例，认为民族典籍译注更多属于研究型翻译的范畴，译者注释必不可少，译注内容可包括译者说明、文本内容和文化内涵等，译注形式包括文内译注及文外译注两种，希望相关探索对少数民族典

---

* 基金项目：2016年国家社科基金年度项目"民族志翻译视角下的壮族创世史诗《布洛陀》英译研究"（16BYY036）阶段性研究成果。

籍翻译有所借鉴。

二、译注研究的回顾

译者注释，简称"译注"，是翻译中一种常用手段。中国语言学大家吕叔湘先生指出："必要的注释应该包括在翻译工作之内。鲁迅先生译书时就常常加注，也常常为了一个注文费许多时间去查书。"(转引自林煌天，1997：845)但是，兼有作者、译者、编者和读者多重身份的编译者究竟需要译注什么？这很值得思考深入探索。从表面上看，译者添注到翻译文本中，似乎是译者认为有参考作用，但具体到典籍译注中，在译文可读性的基础上，译者添加什么注释，才能既保存民族文化、又能将民族文化特色译介给读者呢？

（一）译注的定义

译注就是指"译者添加到翻译文本中的自己认为有用的内容（A note that translators add to translated texts in order to provide information they consider to be useful.）"（Delisle et al，2004：145）。这个定义简洁明了，人所共知，无须赘述。笔者认为，译注就是译者在翻译过程中为了完整地传达原文语义和风格的一种补偿方法，尽可能地达到翻译等值而采用的辅助手段。译注是译文的释文、解惑或补正，或曰翻译的"副文本"（paratext）。严格来说，译注不属于对原文的表达范围，但有益于译文读者全面而正确地理解原文的意义和译者的翻译决策，有益于读者深入了解原文的语言文化特色。有不少严谨的典籍译本，就像正规学术专著那样，还包括后置的相关考证研究之"术语解释集"（glossary），因为"关键术语的'综合性注释'作为译文正文的必要补充"（王宏印，2010：130）。这是典籍翻译主要面向学者群体的研究性翻译。

（二）译注的性质

译注是翻译中一种变通和补偿的手段。方梦之认为，加注是译者在翻译过程中为了完整地传达原文语义和风格的一种补偿方法，是为了尽可能地达到翻译等值而采用的辅助性手段。（转引林煌天，1997：845）夏廷德（2006：210）的翻译补偿研究将译注归为"分立补偿"的范畴，这些是多数译者所认同的观点，无须多论。

(三)译注的形式

根据柯平,变通和补偿手段包括加注、增益、视点转换、具体化、概略化、释义、归化和回译,译者所加的注释基本上有两种形式:(1)音译附加注释或说明。如"太极拳"——taijiquan(a kind of traditional Chinese shadow boxing)。(2)直译加注。(转引林煌天,1997:316)马红军则将补偿手段划分为显性补偿和隐性补偿,前者指明确的注释(包括脚注、尾注、换位注、文内注以及译本前言、附录等);后者包括增益、具体化、释义、归化等手段,指译者充分利用各种译入语手段对原文加以调整。(转引韦忠生等,2004:95)一般来说,译注可分前注、后注、前后注和脚注四种。在被注释结构最后一个字的右上角标出注释符号。常用的注释符号有阿拉伯数字和星号"*"两种。(林煌天,1997:177)

(四)译注的原则

根据阎德胜,翻译加注总地来说有两大原则:一要体会原文作者用语的意图;二要照顾译文读者理解的需要。翻译中按照这两项原则对原文有关语言单位予以必要的注释诠释,(林煌天,1997:177)这也是多数译注者遵守的原则,不必赘述。

(五)译注的作用

译注有多元功能,不仅能为普通读者及专业读者的阅读或研究提供便利,还有助于译者构建作为译者、作者、编者和读者的译者多重身份。根据方梦之,译者加注主要用来释文、解惑和补正。(1)释文是译者对译文的自我解释:为什么这样译,而不那样译?为什么原文的字面意义是这样,而译入语不照字面意义却另辟蹊径?(2)解惑是试图解除读者可能对译文产生的疑惑。译者为了照顾原文形式,保留原文风格,再现原文神韵,往往不得不顾其形而隐其义,只得用括号或脚注注出词义。此外,一些新词(科技新词)最初照字面译出,不易为读者理解,另注其义。(3)补正即对原著的创作特性予以补充说明,或对原著的错误或不当之处予以澄清或修正,或对原著的某些观点与内容提出异议或加以充实。(林煌天,1997:845)根据 Jan de Waard 及 Eugene Nida 关于"翻译就是翻译意义"的见解,赖余、段文认为,译文过多地增加注释,会影响它的流畅和可读性,给读者带来不便。(林煌天,1997:332)《大中华文库》汉英对照系列的不少典籍翻译版本也不用译注。有评论家则认为,译者用注就"等于承认译者的失败",也有观点认为,"采用笔注可以保持知识的完整性,同时也显示了译者负责任的专业精神,因为译者考虑到了目的语受众的需求并希望提高目的语文本的可读性"。(Delisle et al,2004:145) 19世纪英国著名传教士翻译大家理雅各(James Legge)的《中国典籍》翻译、我国当代译者谭时霖的陶渊明诗文英译就是坚持考证严谨、用注详尽原则的典型例子,其中不少注释还显示译者作为学者对原文研究独有见解。

(六)译注内容

译注内容"既可是文本内容,也可是与文化或文明有关的事实。这些事实或者被认为是不可译的,或者是译者预测目的语受众不熟悉的。有的情况下,译注是译者对自己做出的选择说明,或者突出源语文本的特征"。(同上)柯平以直译加注常用的三种场合解释了译者注释的内容:(1)翻译经典著作或学术著作时,译者一般比较注意保存原文的多重意义,包括字面意义,因而较多地采用加注的方法来补偿直译带来的意义损失,例如我国外文出版社的《毛泽东选集》的英译本中,就普遍采用了这种办法;(2)当原文词语具有多重意义,而其中的某种意义又与其直接上下文相呼应时,一般只能保留原文词语的字母形式,并附加注释,说明情况;(3)直译加注主要还是为了向译语读者介绍原语文化的有关知识,以增进对原文的了解。(转引林煌天,1997:316)

这里笔者不厌其烦地回顾学者对译注的定义、性质、内容、形式、原则和作用的观点,目的就是要指出,自古至今,典籍译注和典籍翻译的译注实有存在,但也并非理所当然,译注方法各异,学者相关研究也存有争议,这也是翻译研究必须正视和解决的问题。

三、《壮族麽经布洛陀遗本影印译注》汉语译注原则及其举隅

(一)《壮族麽经布洛陀遗本影印译注》简介

麽教是壮族民间宗教,其神职人员叫"布麽"或"麽公",意为"做麽法事的人"。"麽经布洛陀"是指壮族祖神和文化英雄布洛陀创编的壮族麽教经书。2016年,我国知名壮学专家、田阳县布洛陀研究会会长黄明标研究员完成三卷本《壮族麽经布洛陀遗本影印译注》(以下简称《遗本》)的主编工作,并由广西人民出

版社出版发行,"这是对壮族布洛陀文化典籍挖掘、收集、整理、研究、翻译和保护的重大成果,是壮族布洛陀文化典籍整理翻译的又一巨作,为壮族语言文化的深入研究与翻译添上又一大型参考书,弥足珍贵"(黄中习,2017:46),值得深入研究。

与其姐姐篇《壮族麽经布洛陀影印译注》相仿,《遗本》以诗歌语言、多语分行对照、原文注音的形式,生动描述布洛陀造天、造地、造太阳、造日月星辰、造火、造谷米、造人伦制度、造禳解消灾习俗、功成还愿的形式等等造化过程,告诉人们天地日月形成、人类起源、各种农作物和牲畜来历,以及远古时期人们的生活习俗、人伦规范等,歌颂壮族祖神布洛陀这个半神半人的文化英雄创造人类自然、规范人文伦理的伟大功绩。在内容上,麽经布洛陀融壮族的神话、宗教、哲理、伦理和民俗为一体,有丰富深邃的壮族文化思想。

作为壮族传统历史文化的经典译注本,麽经布洛陀体现壮族先民从生活实践中所遇到的各种事象而生发的意欲诉求,它集合理的想象和精神上的寄托及共同愿望之大成,反映壮族原生态的信仰观念、生活哲理、道德观念、文化心理、感情体验、行为方式、功利追求和道德规范,折射壮族先民从蒙昧时代进入文明时代、由晚期原始社会过渡到阶级化、秩序化社会的漫长历程和生动图景,绝不是什么封建毒瘤、宗教残渣、闲阶花草,而是壮族传统精神文化的历史纪录,史性和诗性兼备,是壮族先民的一部原生形态文化的百科全书,是我国一份珍贵的民族文化遗产,具有重要的历史价值、文化价值、学术探索和翻译研究的价值。

(二)《遗本》汉译译注原则

翻译是两种不同语言之间交流的形式,其实质更是两种不同的文化之间的交流。文化差异构成翻译的一大障碍,而且"通常越是经典的东西,这种情形便越是严重,因其包含了更多的文化内涵,受文化因素的制约就更为明显"(Baker,2000:229)。民族典籍翻译概不例外。翻译其实就像走钢丝,编译者得处理好作者、译者、读者、编者、出版商等方面的不同需求。民族典籍译注就像联合国教科文组织的《译员指南》论说翻译那样,译者就是在努力创造"在拉紧绳索上行走的永恒壮举"(a perpetual feat of tight-rope walking)。民族典籍编译者要译注并行,兼顾翻译与解说的功能。

《遗本》编译者在"凡例"中指出,译注严格遵守保持原抄本面貌的原则,对原抄本内容不做删除或增补,以保持麽经真实原貌……各抄本内原有汉文部分,因不属于麽经正文,译注部分不再收入,但影印部分仍保留,保持原貌本书的注释方法采用页末脚注,同一词条的一般只做一次注解,但如有他义的,下文则另作注释……各个抄本的译注部分均设辑封,注明抄本书名,抄本来源地点、收藏人、抄本翻译整理人员名单。编译者这样做,目的就是尽可能复制出原抄本的生存环境和内容特点。

编译者对每个麽经都给出抄本提要,介绍抄本的来源情况、书名题解、内容概述和语音说明。接着就是经文的逐行翻译,分五行对照翻译,分别是第一行为古壮字,为麽经的原文;第二行为拼音壮文;第三行为国际音标;第四行为汉语直译;第五行为汉语意译。这种五行多语对照翻译和国际音标同步标注的方式特点鲜明,保持典籍抄本的完整性与内容的真实性,既便于科学记录,又利于多层次、大范围的文化交流。

笔者以为,《遗本》编译者还遵守少注、脚注和简注的原则,或者说主要使用直译方法,适当加上译注,在译文内释译和译文外译注,并注意译注简洁要约。在编译过程中,我们对原文中重要的语言单位予以必要译注。三卷本《遗本》洋洋洒洒,1000多页,仅有100多个译注。编译者尽量少用译注,隐身到作品后,以传译原文意义和精神为第一要务;对于必须用注的地方,编译者尽量简洁表达,适可而止,对必须注释的地方,只提供简要事实说明。译注使用脚注形式,免去翻查阅读的麻烦,以助于读者阅读译作的连续性和流畅性。为了翻译的传神达意、通顺流畅,关照读者顺畅阅读,原文中更多关于壮族特色文化词汇的解释传译则体现在译文中灵活多样的汉译表达之中。只有对那些有着重要文化内涵的词语表达,才不得已使用译注说明。

(三)《遗本》汉译译注举隅

《遗本》译注大致可以分为两大类,包括壮族民间麽教各种神名圣名、法事仪式、神人圣地等词语,以及壮族传统民俗文化的特色术语。其中,壮族民间宗教信仰术语的译注共有107个,包括29中麽经法事仪式称谓,鸡卜卦名25个,神灵名称23个,神圣地名30个,占比高达63%,宗教特点凸显,固有壮族麽经布洛陀之称。

1.壮族民间麽教术语有78个指神人圣地词语和29个麽经法事仪式名称

上卷收录第一个抄本《唝洛陀造麽叭科》的"开篇"头两句是:"Sam ga sam vuengz heij 天地水三界王造 / Seiq ga vuengz geij caux 天地水森林王造"(拼音壮

文和汉语意译对照，下同）。编译者的注释是："个"（ga），原意指"脚""支系"；"三个"，指自然天、地、水三界。自然界由三个自然神管理，天界为雷神，地界为布洛陀，水界为水神图额，三足鼎立支撑宇宙，这三神通称"三王"，再加上森林界及森林之王，就是"四界""四王"。

《遗本》各抄本有不少神圣地名，如那濑、集良、咘陇、安圩、安定、郎寨、泗城等，有祖王、汉王、莫一大王、岑逊王、王曹、郎汉、娅皇等各路神仙的指称。

凡遇上天灾人祸或迎来不幸不顺之事，很多麽经抄本都有这样求神解脱的句式："Mbanj miz vuengz cam vuengz 村有族长问族长 / Biengz miz baeuq cam baeu 地方有祖公问祖公 / Bae cam Baeuq lueg doz 去问祖公布洛陀 / Bae cam Mo lueg gyap 去问祖婆姆六甲"。基于田阳本土习俗及本地读音，编译者分别这样注释：布洛陀是传说中的壮族人文始祖。按抄本所在地民间说法，"布"，公公、祖公之意；"洛"，山谷，坡谷之意；"陀"，谋生、挣钱，创业之意。"布洛陀"（原抄本为"布六畐"），汉译即在山谷里创业谋生的祖公。姆六甲（原抄本为"麽六甲"）即传说中壮族人文始祖母，布洛陀的妻子。为与上句末字"doz"押韵（腰脚韵），"麽"壮语读为"mo"。实际在包括田阳县在内的右江土语区，"麽六甲"习惯读为 mehlueg gyap。这两个译注在行在理，可谓正解，助力人们走出对"布洛陀"和"姆六甲"多种读音解法的误区。

根据编译者的译注，下卷收录的首个麽经抄本《皇曹麽请土地》的"皇曹"即"鬼王"王曹，或"水府王曹"，是水神图额和民间女子结合所生的儿子，长大后武功盖世，英勇善战，被官府征召去攻打"反贼"，死在疆场上，成为阴间专司非正常死亡灵魂的鬼王，又称"太生神"。壮族民间认为，凡是因落水、跌崖、刀砍、火烧、虎伤等意外殇亡的人，其尸体不能抬进家门，甚至不准进村，只能就地埋葬。这些文本译注有助于读者深入了解壮族传统丧葬文化。

《皇曹麽请土地》讲述各种殇死亡魂执意跟随王曹，经文反复说道："Lwg gou gaemh ndij Cauz 死后定去随王曹"，"Lwg gou lij ndij Cauz 死后也要跟王曹"，"Lwg gou goj ndij Cauz 死后要去随王曹"，"Lwg gou gwq de ndij Cauz 死后也要跟王曹"。（PP.75-79，下卷）对此，经文译注这样解说：由于殇死亡魂不能认祖归宗，只能在阴间四处游荡。这些亡魂野鬼因得不到安宁，不时就会回来作祟，祸害家人。为了抚慰那些非正常亡者的游魂，把它们解救归宗，家人必须请布麽来做"破狱"法事，唱诵《皇曹麽请土地》经文。例如，经文有这样的唱述："Bae ndij boh Vangz Cauz 去跟随王曹大王 / Bae ndij yah vuengz daeq 去跟随玉皇仙奶 / Cingj hwnj gwnz daeng 请各位高凳入座 / Cingj naengh gwnz cenh 请各位竹桌入席 / Doengh doih naengh yiet naiq hai yienh 坐好稍歇即开祭"。(P.85，下卷)如此这般，超度亡灵，赎魂归宗，祭祖敬神，主家便可相安无事，安康富足。

《遗本》提到的麽公主要做法仪式包括 yo（扶持）、soq（疏）、hwnj（兴起）、homq（遮盖）、goemp（扶持）、gyaeu（长寿）、gveuj（缠绕）、coih coenz（理句）等。编译者的多处注释分别指出，"初"（yo）：原义指扶助、扶持，此指布麽举行的一种民间宗教法事，通过"扶持"仪式，使人物事变好和顺，也为事物之间相互依存、相互促进，达到和谐共处的目的；"麽疏"（mo soq）是指布麽举行的法事仪式之一，目的理顺关系，排解纠纷和矛盾；"恨"（hwnj）：原义指上、起、兴起的意思，指壮族布麽举行的一种法事仪式，目的是使事物兴旺，发展更好，可译为"兴旺""高升""得到"等，如"Dauh hawj yo naeuz yo 道公给扶就说扶 / Mo hawj hwnj naeuz hwnj 麽公说兴旺就兴"（P.293）；"理句"（coih coenz）：原义指理顺话语，为布麽举行的一种法事仪式，通常是在说错话、口舌生非时举行，通过仪式向神灵忏悔，祈求原谅。（P.151、225、293，上卷；P.49，中卷，等）这样的注释简洁明了，深得要领，有助于读者了解壮族麽文化特色。

又如，"架桥"（guh giuh）也壮族民间的一种宗教仪式，常见有中老年人添粮补寿架桥、为妇女求花（子）架桥等祝福形式，但民间对骂的时候，说为活人架桥，那就是诅咒此人快死，如"Guh doeg mieng hawj dai 作恶叫她折寿死 / Guh giuz hai hawj giuj 架桥开路让她死 / Heuh coh noih daengz mwngz 无后就叫她小名 / Heuh dingj nding daengz ciuh 无后叫乳名到死"。（P.33，上卷）编译者前后比对，区别对待，精研深考，严谨治学，用心良苦。要是没有这样的译注，读者往往就会误读经文内容。

再如，编译者在多处译注中指出，"的鸡"（dwk gaeq）是指壮族古老的占鸡骨卜。鸡骨卜，简称鸡卜，是流传于我国南方及西南地区壮、布依、侗、水、黎、傣等越裔民族的古老占卜术。现存记载鸡卜情况的史籍，最早的是汉代司马迁《史记》，宋代范成大《桂海虞衡志》和周去非《岭外代答》记述更详。壮族鸡卜的方法：取小雄鸡的股骨定卦像，左股骨在右，代表己方（主体），右股骨在左，代表彼方（客体），两股骨相背靠紧，两两对应；用竹签插入股骨侧所有的血窍，形成竹签数量不同、位置和方向不同的各种卦象，以此来卜测吉凶。壮族民间有事前占鸡卜预测的习俗，凡遇不祥之事必举行法事禳解，认为可趋利避害。壮族鸡卜依据卦象可分为六个基本卦类，民间称为"母卦"，它们分别是龙卦、衫卦、修卦、楼卦、崩卦、林卦。每个"母卦"又可衍生出一系列"子卦"。加卦即为修卦衍生的"子卦"。

《遗本》共提到"鸡加、鸡娄、鸡执"等25种鸡卜卦名。由于壮族鸡卜占卜术流行年代久远，现基本失传，有的鸡卜名称、隐语婉言、古词术语、文本异体字等今已难解，甚至无解，因此编译者译注时实事求是指出，"鸡执"（gaeq gyaep）、"鸡记"（gaeq gaiq）等卦名"具体含义不详"，（P.197、201，上卷）而非胡解乱注，这也体现编译者严谨求实的学术风格。

2. 壮族民俗文化特色术语共有18个译注

《遗本》内容包含很多农耕稻作文化的特点，充满壮族民间民俗文化的特色表达法，这是壮族传统精神文化的历史纪录，是壮族先民的一部原生形态文化的百科全书。对这些内容重要、人无我有的壮族特色文化，编译者在翻译中采取了文内、文外传译的方法，力图在翻译中传承表达这些特色表达法，文本脚注就是其中一个方法。在文化译注方面，编译者对一些词汇空缺的文化因素进行注释，包括生活环境、生活经验、风俗习惯、宗教信仰、客观世界认识等方面。笔者认为，编译者有责任、有义务将这些壮族传统文化内涵介绍给读者。《遗本》译注就有18个这样的文化译注，稍做解释说明，有助于读者了解壮族民俗文化的精髓。将《遗本》这类译注和部分经文诗行串联起来，读者就可以描绘出一幅田阳壮族传统民俗文化的风情画：

"天地水三界王造，天地水森林王造，王造阴界造阳界，王造天界造大地"，"黑夜谁人造，集良人先造"，"谁人先造天地，那濒人造天地"，"那赖最早造奴仆"。"田州土城在壮安，故城原先在那濒"，"那濒人造天地"，"甫安古时先造牛"。（甫安即田州人）

按照壮族先民风俗，男女结婚前要请算命先生来合生辰八字（包括"字婚"，即干支历日期，以及"字命"，即金木水火土），男女八字相合则好，相尅则家庭不美满。"Ciuh gonq caux saw vaen 从前结婚合八字 / Ciuh gonq conz saw mingh 从前婚配合字命 / Aeu saw mingh daeuj conz 生辰八字要全合 / Aeu saw vaen daeuj hab 生辰八字来合命 / Cih ndij cih doengh laeh 字和字相对不克 / Doiq ndij doiq doengh hab 金木水火土来合"。（P.289，中卷）

古时壮族住房为干栏楼，下层关牲畜放农具，二楼住人，所以人上下均走楼梯。故迎娶新娘第一次进新家叫"奵模恳梯"（新娘上楼梯）；出嫁离家叫"奵模落梯"（新娘下楼梯）。

按照传统风俗，结婚时候，新媳妇进门时，还要用青竹叶或芭芒尾扫除身上邪气才能进门："Fwx doz cienz aeu dauq 我挣得钱娶妻归 / Fad faex loi dauq bien 竹叶扫邪过一次 / Raeuz doz cienz aeu dauq 我们挣钱娶妻归 / Fad faex giu dauq mbanj 芭芒扫邪才进村"。（P.17，上卷）接着就是夫妻双双喜结连理的描述：

"Gvan baz caemh hwnj lae 夫妻同上楼梯来 / Gvan baz caez hwnj nauh 夫妻共同闹洞房 / Caemh bwnz sat de ringx 共张竹筵同入寝 / Caemh bwnz mbinj de ninz 共张草席同入睡 / Doh ciuh seng youq ndei 一世幸福又温馨 / Doh bi seng vaiq vued 年年生活真快乐"。（P.290，中卷）

"布洛陀创造祭仪"，"麽六甲创造布麽"。无论红白喜字，起房下葬，集庆祛灾，人们往往要做麽消灾，请麽师道公做法，麽寿、麽初、麽疏、麽兴、麽盖、麽遮，或麽绞，通过各种做麽仪式，娱神慑鬼，驱邪禳灾，以求安康。

壮族民间信奉主管生育的女神——花婆神，她赐给白花就生男孩，赐给红花（或英台花）就生女孩。婚后夫妻生育后不能直呼小名，改称"某爸"或"某妈"，而无后之人只能叫小名到死。为祈求生育儿女，传宗接代："Bae coh daiq gouz va 你去找岳母求花 / Bae coh da gouz fuk 你去找岳父求福 / Daiq hawj mbuk lienz nda 岳母送抱被背带 / Da hawj vaq lienz moeg 岳父送裤子被褥 / fwx cix hawj va hau 别的亲友送白花 / Va Yingh daiz dwk bat 送英台花多成盆 / Gou cix hawj va suen 我就接花进花园 / Cien nienz haeuj dungx meh 千年姻缘入母肚"。（P.95，下卷）妻子喜得身孕，换言之，就是"Ndang nangz baenz ndaej ndang 妻的身体有了孕 / Ndang nangz raek song naj / 妻身挂着两张脸 / Ndang nangz bax song ndang 妻的身体变俩身"。（P.155，下卷）

婴儿出生称之为"笃扶（doek fag）"，因为旧时壮族居干栏木屋，睡在竹片编的竹垫上。故以新生儿出生叫"笃扶"，意为落到竹垫上："Cam daengz mwh neix coh dok seng 说到这时儿降生 / Seng daeuj doek fag daej bak nduj 婴儿落床哭声声"。（P.229，中卷）

孩子出生后要"报单"（即报喜）——向外婆家报喜，百日后要"报初"——给新生儿取名："Sam haet dawz roengz riengh 三早抱儿出厅堂 / Seiq haet cuengq roengz lae 四早抱儿出门外"，"Gaj vaiz laux bauq an 杀牛给祖宗报喜 / Gaj vaiz faen bauq coh 杀头种牛报名字"。（P.47，下卷）

妇女若不幸因难产而死，其亡魂将进入阴间充满血水的血塘——"塘降"

("红塘")而遭难,"Dai guh vuengz daemz cangq 死后去做血塘王 / Gwnz mbwn cib ngeih gvaq 天上要过十二关 / Laj deih cib ngeih gvaengh 下地要过十二坎"。(P.159,下卷),变成离宗的野鬼游魂,"Youq daemz nding vaih ndang 住在红塘坏身体 / Youq daemz cangq vaih vunz 住在血塘不成人"。(P.251,下卷)有的遭受痛苦煎熬,有的虽自得其乐,但不能享人间香火,故不时给阳间兴灾作难,其家人须请布麽来做破塘法事,诵唱《麽塘降》经文,才能将其灵魂解救归宗,享用家人的供奉,"Ngoenz neix ndei baenz goeng 今天成功归祖宗……Ciuh ciuh ndang cwx caih 世世代代得自由"。(PP.251–252,下卷)

四、结语

"语言是文化的载体,语言的交流不仅仅是为了传达信息,更多的是为了获取新知识,扩大文化占有量……如果我们真的能设身处地地为读者想一想,并把传播中国文化为己任深深地印在脑子里,就不会怕麻烦,为中译外的作品多加几个脚注。"(崔永禄,2001：414)民族典籍译注也是如此。诸如麽经布洛陀之类的壮族典籍译注更多属于研究性翻译,应主要使用直译方法,加上分行意译,并适当加上译注,在文内释译和文外译注中坚持少注、脚注和简注的原则,其目的就是能够既保存原典中壮民族文化内涵和精神实质,又将壮族文化的特色译介给读者。当然,在具体翻译上下文语境中,在可能出现词不达意或可能引起误解的时候,编译者也可使用意译及音译的方法,来传达壮族文化的特色,有时候还要灵活多变,兼用不同译法来处理。即使同一个多次出现的概念术语在不同的行文中也可能采用不同的表达方式,并不拘泥于某一种方法,努力使翻译的创造性表达在忠实性和可读性之间寻找平衡,达到传神达意的文化翻译效果。

参考文献

[1] Baker, Mona. *In Other Words：A Coursebook on Translation*. Shanghai Foreign Language Education Press, 2000.

[2] Delisle, J.. et：《翻译研究关键词》,孙艺风、仲伟合编译,外语教学与研究出版社,2004年。

[3] 崔永禄：《文学翻译佳作对比赏析》,南开大学出版社,2001年。

[4] 黄明标等：《壮族麽经布洛陀遗本影印译注》,广西人民出版社,2007年。

[5] 黄中习:《壮族布洛陀文化典籍整理翻译的又一巨作——简评三卷本〈壮族麽经布洛陀遗本影印译注〉》,《桂林师范高等专科学校学报》2017年第5期。

[6] 林煌天:《中国翻译词典》,湖北教育出版社,1997年。

[7] 王宏印:《中国文化典籍翻译——概念、理论与技巧》,《大连大学学报》2010年第1期间。

[8] 韦忠生、胡奇勇:《不可译现象和翻译补偿手段的应用》,《福建医科大学学报》2004年第10期。

[9] 夏廷德:《翻译补偿研究》,湖北教育出版社,2006年。

〔黄中习:广东金融学院外国语言与文化学院教授、博士〕

民族典籍翻译的生态语言分析
——以《布洛陀》两个译本为例*

陈树坤　黄中习

一、引言

少数民族典籍主要指他们的民歌、叙事长诗、史诗等诗歌以及活态的口传作品，具有鲜明的原生态特征。少数民族典籍翻译实践与理论研究在近十几年间也发展迅猛，得到学界广泛关注。其中大多数研究者同时也是民族典籍的译者，他们基于自己的实践经验对民族典籍文本特征和翻译策略进行探讨（如王宏印、邢力，2006；黄中习等，2008）。也有学者从民族志诗学（段峰，2012；李敏、杰朱薇，2017）和民族志翻译的角度（Sturge，1997、2007；本德尔，2005；段峰，2014；王治国，2015；黄中习，2016）对民族典籍翻译范式进行探讨。但是，从"生态"的角度去谈民族典籍翻译的不多，研究较为零散，如苏慧慧（2013）讨论少数民族典籍翻译在语言生态保护方面的意义。李明（2015）提出少数民族典籍应在维持本民族生态的同时力求在异族生态中得以传承。这些研究为民族典籍翻译的生态化转向做出了初步努力，但"生态"在这些研究中主要是一种隐喻。"生态"一词源于"生态学"，是研究生物体与其周围环境相互关系的科学。随着地球生态环境的日益恶化，人们越来越关心生态问题，各学科出现一种泛生态化转向，生态语言学也应运而生。生态语言学涵盖两种视角，可把语言隐喻性地看作

---

* 基金项目：2016年国家社科基金年度项目"民族志翻译视角下的壮族创世史诗《布洛陀》英译研究"（16BYY036）阶段性研究成果。

一个生态系统,也可把语言视为影响人们生态意识的手段,即探讨语篇如何建构现实、影响生态环境。在后者非隐喻的视角下,我们提出几个研究问题:

少数民族典籍的生态哲学如何?

少数民族典籍翻译在体现原文的生态哲学方面做得如何?

生态语言学为少数民族典籍翻译带来什么启示?

本文首先介绍生态语言学和生态翻译学的研究路径,然后对少数民族典籍的生态哲学做简单归纳,以此论证民族典籍翻译的生态价值,并在此视角下对《布洛陀》的两个译本进行生态语篇分析,考察不同的翻译策略对译文生态价值的影响,最后总结生态语言学给少数民族典籍翻译的启示。

二、生态语言学与生态翻译学

近年来,学科的生态化现象越来越明显,出现了很多与生态学交叉或相关的学科。其中生态语言学是语言学科的新兴研究范式(黄国文、陈旸,2017)。按照 Alexander & Stibbe(2014:105)的定义,生态语言学是研究语言如何影响人与人、人与其他生命体和物理环境之间的生命可持续关系的学科。其研究旨在保护生命的可持续关系。语言与生态的关系可以从多个角度考察,而现在学者普遍认同,生态语言学有两大研究路径,语言生态路径和生态语言路径,前者研究语言与它的环境的关系,后者研究语言如何影响生态环境(Fill、A. & P. Mühlhäusler,2001;Stibbe,2015;范俊军,2005;王晋军,2007;黄国文,2016)。

语言生态路径反映的是豪根模式,即把语言隐喻性地视为一种生态系统,认为语言与生态环境有许多相似之处,世界语言就如生物种群一样有其发展的生态规律,每种语言有其生态位,语言之间会接触、语言如生物会进化和消亡。研究语言的生存状态、多样性以及对濒危语言的保护是语言生态学的核心议题。另外,从语言与环境关系角度看,可从三个视角进行观察:语言的自然环境、语言的社会环境和语言的心理环境(Steffensen、Fill,2014;黄国文、陈旸,2017)。

生态语言路径反映的是韩礼德模式,是非隐喻模式。该模式提倡对我们身边的话语和行为进行生态审视和批评,批评是基于一定的生态哲学(ecosophy)。Stibbe(2015)提出尊重所有物种生命、心存感恩、关注环境极限、提倡社会公正等生态观。基于某种生态哲学,我们鼓励生态有益语篇,反对生态破坏语篇,揭示一些潜在破坏生态、误导大众的意识形态(如公司报告的表面生态或绿色营销行为），并且以生态哲学指导我们的一言一行（黄国文，2016）。

在生态语言学的发展过程中，翻译研究也出现了生态化转向。胡庚申在2001年首先提出从达尔文的适应选择论去研究翻译，并提出生态翻译学的构想。如今该理论已成为具备一定国际影响力的翻译研究范式（胡庚申，2013、2017；陈白圣，2017）。生态翻译学以生态整体主义、东方生态智慧以及适应选择理论为理论基础，研究翻译生态（翻译环境）、文本生态（译本）、翻译群落生态（译者、读者、出版商等）之间错综复杂的系统关系。生态翻译学把生态学的概念移植至翻译研究中，以自然生态类比翻译生态，属于上述两大研究途径中的语言生态途径，即隐喻模式。虽然生态自然的绿色翻译也是其研究内容，但不是生态翻译的研究重点（胡庚申，2013：11）。

近两年有学者对生态翻译的非隐喻模式，即"实指"研究给予关注。陈月红（2016）指出，在当今生态环境日趋恶化的背景下，翻译研究应当在夯实人们的生态意识方面发挥应有的功能。这种研究视角不再把翻译与生态进行类比，而是探讨翻译实践如何影响生态环境。陈月红（2016）认为，生态翻译可遵循三条原则：（1）选择有生态价值的文本进行译介；（2）翻译策略应有助于保存原语的生态观；（3）以增强目的语读者的生态意识为翻译目的。她还特别强调，西方主动译入中国具有生态价值的文本，如禅宗和道家学说和田园山水诗等。从这个角度看，生态翻译应成为对外传播中国文化的主要推动策略。同理，在少数民族典籍翻译实践中，我们也可重点关注文本的生态价值，保存或适当突显隐藏于少数民族典籍中的生态观，以契合西方读者的生态期待。

三、少数民族典籍的生态哲学

少数民族典籍是少数民族传统文化的重要组成部分，其中史诗、神话、叙事作品蕴含着丰富的哲学观念（参见佟德富、宝贵贞，2006）。有学者专门从生态哲学的角度去研究少数民族文化，如廖国强（2010）指出，中国大部分少数民族认知范式的核心是人类与自然万物"同源共祖"，在他们的观念中，人类与自然万物是同母所生或同父异母的兄弟姐妹，是亲密的亲人和伙伴，人类与自然都不是世界的中心，真正的中心是虚无的"神灵"。即少数民族信奉的是"虚体中心论"而非"实体中心论"。白葆莉（2007：6—13）从生态伦理的角度探讨少数民族神话中体现的生态观，其中与本文相关的可归纳为以下几点：

天人合一的自然观：少数民族人民认为人与自然不仅是资源关系，还是同源关系。

　　人类源于自然物：保护自然即是保护人类。

　　人神兽同祖的生态意识：人与自然是母子关系，人只是母亲众多儿子中的一个。

　　大自然有自己的意识、情感和发展的权力。

　　感激自然的伦理意识：感激养育自己的土地，感激救助自己的生灵。

　　保护自然的伦理义务：主张节制，限制开发，淡化财富欲望。

　　在世界环境日益恶化的今天，人类中心主义被普遍认为是罪魁祸首。少数民族的这种非人类中心主义观点无疑使得民族典籍成为有益于生态的文本，按照生态语言学的观点，是语言学者应该鼓励的生态有益语篇。从这个意义上讲，对其进行翻译就属于非隐喻意义上的生态翻译。从语篇分析的角度看，我们可以关注不同少数民族的典籍中如何以不同的方式给族人植入生态观。而在翻译研究中，我们可以关注少数民族生态哲学如何再现。下面以壮族《布洛陀麽经》为例，对两个译本进行生态对比分析，考察其生态价值差异。

四、译本介绍

　　《布洛陀麽经》是壮族的创世史诗。该史诗通常由壮族民间宗教神职人员"布麽"通过一定的祭祀仪式来诵读。"布洛陀"是壮语的译音，其中的"布"是祖公、造物主或很有威望的老人的意思，"洛"是知道、知晓的意思，"陀"是很多或很会创造的意思，"布洛陀"是指"山里的头人"或"无事不知晓的老人"。经诗歌颂布洛陀开天地、定万物、排秩序、定伦理、取火种、治洪水、生谷物、造耕牛、教蓄养、射烈日、造铜鼓、驱虫兽等等，为子孙后代创造良好生存环境的丰功伟绩，折射出壮族源于物质的世界观、物我合一的生命观、共存转化的事物观。布洛陀麽经中蕴含丰富的壮族传统生态哲学，有广阔的生态语言学研究空间。

　　本文关注的是《布洛陀麽经》中有关赎魂的篇章（下称《赎魂篇》）。《赎魂篇》是壮族人民在其收成欠佳或播种畜牧之前让布麽进行念诵的章节，目的是避灾驱害，祈求丰收。目前我们手头上有两部公开出版的译本，一是我国学者韩家权等译著的《布洛陀史诗》（下称《布》），一是澳大利亚学者 David Holm 译著的《回招亡魂：布洛陀经文》（下称《回》）。

《布》是一部以诗译诗、原文注音、国际音标注音的壮、汉、英三语对照版本，2012年由广西人民出版社出版。全书共11篇，277页，长达30万字，诗行共计3118行，各分五行对照（古壮字、壮文拼音、国际音标、现代汉语译文、英语译文），其中古壮字15590个，现代汉语译文约两万余字，现代英语译文约近三万词，五种文字加起来共计15590行诗行。各章节见表1。本文重点关注第十篇《赎魂》，包括赎稻魂、赎牛魂、赎猪魂、赎鸡魂、赎鱼魂共五节。

表1 《布》章节标题汉英对照

标题汉译	标题英译
0.《序诗》	Prologue
1.《造天地》	Creation of Heaven and Earth
2.《造人》	Creation of Human Beings
3.《造万物》	Creating the Myriad Creatures
4.《稻作之源》	Origin of Rice
5.《制度与人文》	System and Humanization
6.《抗击自然灾害》	Fighting against Disaster
7.《童灵的觉醒》	Doenglingz's Awakening
8.《祖王与罕王》	Prince Cojvuengz and Prince Hanqvuengz
9.《解怨》	Reconciliation
10.《赎魂》	Redeeming of Lost Soul
11.《献酒祈福》	Toast-Offering and Blessing-Entreating

《回》于2004年由泰国的白莲出版社出版发行，全书共310页，主要内容包括译本序言、原抄本说明、音译说明、缩略语说明、随书光盘简介、研究型前言、译文正文、原注英译、民族志注释、术语索引，并附有插图资料。《回》是典型的民族志翻译，译者以显微研究的文化解读和"博物馆"式地描写把文本置于丰富的语言文化环境之中（见黄中习，2016）。《回》的译文共有12章，每章译文之前都有简短的背景内容简介，译文后有原注的英译和译者的民族志注释。译文各章标题及其壮文标题、汉语翻译和英语翻译见表2。

表2 《回》章节标题汉、壮、英对照

壮文标题	标题汉译	标题英译
1. Mo beng congznaengh it go	《麽兵床能一科》	Ritual of Prayer before the Domestic Altar
2. Rangh mo cauh mbwnndaen	《造天地经》	Scripture on the Creation of Heaven and earth

续表

壮文标题	标题汉译	标题英译
3. Mo ra raemx	《寻水经》	Recitation on the Search for Water
4. Mo cauh feiz	《造火经》	Recitation on the Creation of Fire
5. Mo rouh hoenz haeux	《赎谷魂经》	Scripture on the Redemption of the Rice Spirit
6. Mo rouh vaiz cwz max	《赎水牛魂、黄牛魂和马魂经》	Recitation for the Redemption of the Souls of Water Buffalo, Oxen and Horses
7. Mo rouh hoenz mou	《赎猪魂经》	Scripture on the Redemption of the Souls of Swine
8. Mo rouh hoenz bit gaeq	《赎鸡鸭魂经》	Recitation for the Redemption of the Souls of Ducks and Chickens
9. Mo rouh hoenz bya	《赎鱼魂》	Recitation for the Redemption of the Souls of Fish
10. Rangh mo cauh ranz suen muengz	《造房屋、园子、渔网经》	Scripture Reciting the Creation of Houses, Gardens and Fish-nets
11. Rangh mo cauh saeq vuengz	《造土官皇》	Scripture Reciting the Creation of Native Chieftains and Emperors
12. Rangh mo cauh cih saw	《造文字历》	Scripture Reciting the Creation of Books and Writing

从表1和表2可见，《布》的第十章大体上对应《回》的五到九章。两个译本的翻译策略存在较大差异。《布》的翻译策略主要以传神达意的翻译标准来指导，力求忠实传神而又通俗易懂的文化翻译效果。"灵活使用各种翻译方法与技巧，使译文通俗化，尽量保存原典的民俗文化意蕴。"（黄中习 2008）《回》的翻译"不以保持原文的押韵格式和诗意效果为目标，而是尽量使译文诗句的关键词数目相等或对应，行文顺序基本一致，以达到准确而地道的翻译效果"（Holm，2004：39）。下面我们对《赎魂篇》中折射的生态哲学进行分析，并以此为切入点对两篇译文的生态价值进行对比分析。

五、《赎魂篇》译文的生态语篇分析

回招亡魂的经文主要讲述祖神布洛陀和乜洛甲指点下，壮族先祖创造世间万物的方式方法，但古人不懂世道，吓走各种动植物的魂魄。因此，要消灾解祸，就需要搭建神台,做麽施法,招魂回归。总的来说,经文旨在教育壮族人民如何处理好人与自然的关系。具体而言,《赎魂篇》反映的生态观有三点:(1)万物皆有魂;(2)敬畏生命;(3)维持生态平衡。

(一)万物皆有魂

所谓"万物皆有魂",即是一种非人类中心主义的观点,打破人与物之间的二元对立关系。从《赎魂篇》的各个章节标题即可看出,植物有魂、动物也有魂,这与西方的只有人类有灵魂的观点截然不同。这种万物皆有魂的思想也体现在"物我互换"的语言之中,例如在《童灵的觉醒》中,童灵为亡亲戴孝,连饭箕米桶和碓子簸箕也跟着戴孝。要体现这种万物皆有魂的生态观,需注意麽经中对万物的情感抒写。我们通过《赎稻魂》中开头的几句来说明。译文如下:

序号	《布》壮原文	《布》汉译文	《布》英译文	《回》英译文
1	Daengz vunzlai hwnq romh	黎民百姓起得早	The common people get up very early.	Everybody gets up early.
2	Cin daih' it gvenghgviq	杜鹃啼叫报春归	The cuckoos cuckoo announcing the return of spring.	In the first node of Spring the cuckoo cries.
3	Cin daih ngih bid laez	蝉虫鸣唱道春来	And the cicadas chirp telling the arrival of spring.	In the second node of Spring the cicada sings.
4	Gvenghgviq heuh gueg naz	杜鹃啼叫催犁田	The cuckoos cuckoo urging folks to plough fields.	The cuckoo calls people to work in the fields.
5	Bidhaz laez doek gyaj	蝉虫鸣唱促播种	The cicadas chirp hurrying people to sow seeds.	The cicada in the tall grass calls people to transplant the rice-seedlings.
6	Mbungmbaj cuz daeh bwnh	蝴蝶起舞催送肥	And the butterflies dance urging people to deliver manure.	The butterfly invites people to transport manure to the fields.

系统功能语言学的及物性理论(Halliday、Matthiessen,2014)认为,小句有三大核心成分:过程、参与者与环境。例如,在"The common people get up very early"中,"The common people"是参与者,"get up"为物质过程,"very early"为表示时间的环境成分。在生态语篇分析中,可把参与者进一步区分为人类生命

体参与者、非人类生命体参与者、物理性参与者和社会性参与者（参见何伟、魏榕，2017）。一般而言，言语过程和心理过程的参与者是人，如果参与者为非人类生命体，则可视其为拟人化修辞。放在《布洛陀》当中，这种修辞手法是"万物皆有魂"的生态思想体现。我们可以看到，两个译文都很好地保留了这种及物性结构，在《布》译文中，参与者都是非人类生命体（"The cuckoos""the cicadas"和"the butterflies"），过程成分主要为言语过程（"announcing""telling""urging""hurrying"）。在《回》译文中，参与者类似，言语过程则用了"cries""sings""calls"和"invites"。两部译文都保留了原文的生态特征，但《布》译文的"urging"和"hurrying"体现了动物对人类耕种的关切心情。《回》译文所选用的动词更偏向于物质过程，少了些情感因素。另外，《布》的译文把壮语原文中第二、三句的时间环境成分"Cin daih' it"和"Cin daih ngih"转换为小鸟和蝉虫的言语内容，凸显了人与动物之间的交流，把原文进一步生态化。因此《布》更能体现自然界的情感与意识，具有更高的生态价值。

（二）敬畏生命

《赎魂篇》的基本叙事逻辑是：壮族先民不懂得善待非人类生命，把它们的魂魄吓跑，魂魄反过来化身为灾害降临到先民，先民祈求让魂魄回来。所谓"魂魄飞散化身为灾害"蕴含着壮族人民古老的生态智慧，即天地万物具有复杂的不可言说的整体性。生命之间无贵贱之分，人类要懂得敬畏其他非人类生命体，不可简单地把其视为人类的工具而肆意妄为。这种生态观在科技发达的今日更具教育意义。Stibbe（2015：14）认为，尊重所有物种的生命是生态语言学所提倡的中心思想。诚然，物种为了生存，无可避免地会出现生命交换，但生态伦理要求我们学会同情、悔恨和感恩，而不是把被我们伤害的物种看作低人一等。而麽经中的"赎魂"就是引导人们对所伤害物种感到悔恨和感恩。在翻译中，译者的不同用词也会体现其对动物的同情或对伤害动物行为的谴责。以《赎牛魂》中壮民对水牛的虐待行为为例：

序号	《布》壮语原文	《布》汉译文	《布》英译文	《回》英译文
1	Vaiz haeuj naz vuengzdaeq	水牛闯进首领田	And the buffaloes break into the chieftain's paddies.	The buffalo got into the wet-fields of the Emperor.
2	Gamjga caeux bae laeh	敢卡就去把牛追	Thus Queen Gamjga goes to drive them off.	So Gamga went and drove it out.

续表

序号	《布》壮语原文	《布》汉译文	《布》英译文	《回》英译文
3	Vuengzdaeq caeux bae faenz	首领就去把牛砍	And the chieftain rushes to cut them down.	So the Emperor went and cut them down.
4	Vaiz caeux laemx daznai	水牛径直倒地下	The buffaloes fall down straight on the ground.	The buffalo then collapsed on the ground.
5	Vaiz caeux dai dazleh	水牛死得真凄惨	And then die there painfully and piteously.	The buffalo of the king died on the spot.
6	Gyaeuj vaiz ce haenz naz	牛头抛弃在田埂	The heads are thrown on the field ridges.	They left the buffalo's head on the ridge between wet-fields.
7	Saej vaiz bad gyang doengh	牛肠丢弃在田峒	And the guts are abandoned around the fields.	The buffalo's guts rotted in the fields.
8	Hoen vaiz vuengz siqsanq	牛魂从此四处散	The buffalo souls are scattering all over.	The Soul of the king's buffalo was scattered in Four Directions.
9	Hoen vaiz vuengz banh bae	牛魂到处把路逃	And fleeing away in all directions.	The Soul of the king's buffalo wandered off.
10	Baenz gyat ok nyinx ma	变成殃怪来这里	Then the buffalo souls turn into the evil spirits coming here.	A great bane issued from this event.
11	Hoen haeuj bak vaiz hau	变成灾难去那边	And into the disasters going there.	Disorder flowed from this point.

总体来说，《布》译文比《回》译文更加凸显首领等人对水牛的残暴。具体体现在两方面：（1）《布》译文中的水牛是复数（buffaloes），表达水牛在一定数量上被杀害。而《回》译文中只有一只水牛被杀害（但第三行的译文中用了"cut them down"，使得数量上前后不一致）。（2）《布》译文中出现了评价词项，如第五行的"died painfully and piteously"。考察壮语原文，其对应部分"dazleh"是拟声词，与第四行的"daznai"形成配对关系，指"噗通地"倒在地上和"噗通地"死去，这种拟声词的含义可做多种解读，《布》译文凸显其惨烈之意。相比之下，《回》译文中用了较为客观的叙述"died on the spot"。《布》译文在过程动词选择上也间接地表达了首领等人的粗暴行为，如把牛头扔（thrown）到一边，把牛肠丢弃（abandoned）一旁。这类特殊的经验意义选择也间接地表达了作者的

态度(参见 Martin、White,2005:66),此处反映的是译者对粗暴行为的负面评价。而《回》的译文则较为中性,如把牛头放(left)在一边。牛肠则是自己腐烂(rotted)。因此,在《布》译文中,被残害的水牛带着怨恨变为恶灵,化身灾害。而在《回》的译文中,整个残暴行为化作一件事件(issued from this event),或一个时间节点(flowed from this point),似乎真正的起因是水牛踏进首领田,而非对生灵的暴虐行为。从警醒世人敬畏和感恩生命这个角度看,无疑《布》的译文在这一小节中的生态价值更高。

(三)维持生态平衡

在《赎牛魂》和《赎猪魂》中,对动物的残暴行为导致了灾害发生。而在《赎鸡魂》和《赎鱼魂》中,生态失衡则是更为主要的诱因。在《赎鸡魂》中,由于小鸡繁殖过多而跑进田地破坏,进而被民众追打,老鹰乌鸦也趁机抓捕小鸡。在《赎鱼魂》中,导致灾害的原因是壮民在捕鱼过程中使上下游的鱼错位变成蛟龙。这里的生态观是维持生态平衡,不能让人类活动影响到生态链。无论是鸡还是鱼所隐喻的是人类对自然生态系统平衡的破坏。破坏自然界的生态平衡最终受害的还是人类,因此人类应尽量顺应生态平衡以保持整体可持续发展。因此,翻译过程中需要考虑是否能把这个逻辑更加清晰地传达。《赎鸡魂》和《赎鱼魂》中描写生态失衡的片段如下:

序号	《布》壮语原文	《布》汉译文	《布》英译文	《回》英译文
1	Lam coq ndang vuengz daeuj	首领身扛鸡笼归	And the chieftain also carries the cage home.	The king had them brought back on a pole.
2	Dwz ma fungh gueg vaen	拿鸡回家留做种	The chickens are raised for breeding.	He brought them back and penned them in for breeding.
3	Ce cib meh guj bux	公鸡母鸡繁殖多	And the cocks and the hens are breeding more and more.	They bred ten hens and nine cocks.
4	Gaeq lwg riengz lai daih	小鸡一个接一个	The chickens go out one after one.	There were soon a great many chicks following them.
5	Ok hog bae saiq nengz	离开鸡舍去扒虫。	To claw for the worms outside the cages.	They came out of the pen and scratched around for insects.

续表

序号	《布》壮语原文	《布》汉译文	《布》英译文	《回》英译文
6	Giz hawj saiq mbouj saiq	该扒地方它不扒	They don't claw where they are allowed to.	They didin't scratch around in the places they were allowed to.
7	Duz gwnz deuz bae laj	上游鱼儿逃下游	The fishes in the upper reaches flee to the lower.	The fish above fled down below.
8	Duz laj deuz bae gwnz	下游鱼儿到上游	While those in the lower reaches run away to the upper.	The fish downstream fled upstream.
9	Liemz mbouj roengz gya mbwk	鱼梁拦不到大鱼	For this the weir can't trap big fishes any more.	From that time no fat fish came down onto the fish-bed.
10	Liemz mbouj doek gya laux	鱼梁没有大鱼落	And there is not any big fish trapped in the weir.	No big fish came down into the fish-traps.
11	Sam haet bienq sam naj	三朝变三面鱼路	The headman changes the fish trap three times in three mornings.	In three mornings the big fish went through three transformations.
12	Haj haet bienq haj loh	五日成五面鱼路	And the chieftain moves his fish trap to five places in five days.	In five mornings it changed five ways.
13	Bienq baenz ngieg aen sueng	鱼到江河成图额	The fish swims to the river and becomes a Ngieg.	It became the serpent in the ditch.
14	Bienq baenz lungz aen haij	游到大海变蛟龙	And to the vast sea it grows into a dragon.	It became the Dragon in the Sea.

总体而言,《回》译文在生态失衡逻辑上展现得比《布》译文更清晰。在《赎鸡魂》中,《回》译文意思是种鸡生出十只母鸡和九只公鸡,然后生出大量(a great many of)的小鸡(见第三、四行)。而《布》译文把原文中的数词(cib 十和 guj 九)进行虚化处理为越来越多(more and more),然后"大量小鸡"处理为具体动作事件(go out one after one),未突出数量大引起生态失衡这一逻辑。再看《赎鱼魂》,《回》与《布》在理解上有很大出入(见十一、十二行),《回》译文描写鱼在生态错位后发生变异(three transformations、changed five ways),进而变成蛇和蛟龙,整体逻辑上更加清晰,展示了生态失衡后各种鱼经过的变异过程。而《布》的译文描写首领由于捕不到鱼而不断改变鱼路。译者(2012:248)在注

释中说明，三面鱼路（three routes of fish）意思是不断变换水路的方向，目的就是要捕到鱼。诚然，由于壮语原文中两行诗句皆无主语，会导致不同的理解。但我们认为，《回》译文把焦点放在鱼的变异上，比《布》译文把焦点放在捕鱼方法的改变上更具生态价值。

六、少数民族典籍的生态翻译模式

从上文分析可见，《布》和《回》译文在生态价值体现方面各有得失。《布》译文在情感和态度方面更加丰富，更能体现万物有魂、敬畏生命的生态观。《回》译文则在抓住生态失衡的发生过程方面更加突出。这与翻译策略有一定关系，《布》的翻译追求"以诗译诗"，故情感态度更加丰富。而《回》的译文追求民族志方法，因此对原文逻辑的把握更加准确。从宏观层面讲，生态语言学对少数民族典籍翻译有以下几方面的启示：

我国少数民族典籍折射出不同的生态哲学，各具特色，可深入挖掘。而以生态哲学的角度为切入点进行译介传播可达到类似中国古代田园诗词的效果，会引起西方学者的极大兴趣。因此我们在选择少数民族典籍时，应该重点关注那些描写各种生态环境的文本。本文所关注的《赎魂篇》只是描述了人与其赖以生存的物种关系，而人与人之间的生态关系，文化与文化之间的生态关系在各种民族典籍中如何体现也值得进一步研究。

应有意识地挖掘少数民族典籍中的生态哲学，并在翻译实践中以一定的策略予以保留甚至凸显。从生态价值的角度看，翻译的意义已经超越了所谓的忠实原文，而可能是一种生态改写。这在典籍翻译中尤为突出。上述对比分析可见，少数民族典籍中由于年代久远而许多文字意义难以确定，又因译者的背景知识和研究视角不同而产生不同的解读，因此忠实原文这一要求在解读原文阶段便出现困难，但我们可以从生态语言学的视角去解读原文，选择有利于生态的意义。

从生态语言学的视角看待民族典籍的具体翻译策略，似乎可以得出一点结论：附带态度意义的翻译更具生态价值（例如《布》译文对自然生态的情感和对残害动物的谴责更为明显）。也就是说，态度意义与经验意义的对等同等重要，甚至在态度意义方面要做显化处理。这一点需要进一步观察考究。

综上所述，少数民族典籍的生态翻译模式为：分析典籍生态哲学→以该生态哲学去解读原文的缺失→分析体现该生态哲学的语言→选择保留或凸显该生态哲学的翻译策略→以生态哲学为宣传点进行对外传播。其中生态哲学贯穿整个翻译过程。

七、结语

在生态语言学的视角下，少数民族典籍蕴含独特的生态哲学，其核心是非人类中心主义，属于生态有益语篇，此特点可成为向西方传播的主要动力。因此，在翻译策略选择上，应采用生态翻译原则，尽量凸显原语的生态观，增强译文读者的生态意识。通过壮族《布洛陀麽经》的两部译文对比发现，翻译策略的选择确实会影响原文生态观的凸显度以及译文的生态价值。《布》的翻译更倾向"以诗译诗"的方式，其中有许多译者的情感态度表达，因此大自然在《布》的译文中更具情感，而壮族先民对动植物的残害亦更加受到谴责，可以说是一种生态显化策略。而《回》的翻译采取民族志方法，在许多文化细节上进行考究，对生态失衡过程的描述更加准确。因此两部译文各有千秋。我们从中得到的启示是：以生态语言学为指导进行典籍翻译可以帮助译者做出有益生态的译文。据此我们提出了少数民族典籍的生态翻译模式。少数民族典籍翻译的生态化取向是一种翻译策略，也是一种传播策略。

参考文献

[1] Alexander, R. & Stibbe, A. From the analysis of ecological discourse to the ecological analysis of discourse. *Language Sciences*, 2014(41).

[2] Fill, A. & P. Mühlhäusler (eds,). *The Ecolinguistics Reader*: *Language*, Ecology and Environment. Continuum, 2001.

[3] Halliday, M. A. K., & Matthiessen, C. M. I. M.. *Halliday's Introduction to Functional Grammar*. London and New York: Routledge, 2014.

[4] Holm, D. *Recalling Lost Souls*: *The Baeu Rodo Scriptures Tai Cosmogonic Texts from Guangxi in Southern China*. Bangkok: White Lotus, 2004.

[5] Martin, J. R., & White, P. R. R. *The Language of Evaluation*: *Appraisal in English*. London: Palgrave Macmillan, 2005.

[6] Steffensen S V & Fill A. Ecolinguistics: the state of the art and future horizons. *Language Sciences*, 2014(41).

[7] Stibbe A. *Ecolinguistics: language, ecology and the stories we live by.* Routledge, 2015.

[8] Sturge K. Translation Strategies in Ethnography. *Translator*, 1997(1).

[9] Sturge K. *Representing Others: Translation, Ethnography and the Museum.* Manchester and New York: St. Jerome Publishing, 2007.

[10] 陈月红:《生态翻译学"实指"何在?》,《外国语文》2016 年第 6 期。

[11] 陈圣白:《中国生态翻译学十五年文献计量研究》,《上海翻译》2017 年第 5 期。

[12] 白葆莉:《中国少数民族生态伦理研究》,中央民族大学博士学位论文,2007 年。

[13] 范俊军:《生态语言学研究述评》,《外语教学与研究》2005 年第 2 期。

[14] 韩家权:《布洛陀史诗:壮汉英对照》,广西人民出版社,2012 年。

[15] 胡庚申:《若干生态翻译学视角的应用翻译研究》,《上海翻译》2017 年第 5 期。

[16] 何伟、魏榕:《国际生态话语之及物性分析模式构建》,《现代外语》2017 年第 5 期。

[17] 胡庚申:《生态翻译学》,商务印书馆,2013 年。

[18] 黄国文:《生态语言学的兴起与发展》,《中国外语》2016 年第 1 期。

[19] 黄国文、陈旸:《作为新兴学科的生态语言学》,《中国外语》2017 年第 5 期。

[20] 黄中习:《贺大卫:壮民族志研究型译者》,《桂林师范高等专科学校学报》2016 年第 5 期。

[21] 黄中习、陆勇、韩家权:《英译〈麽经布洛陀〉的策略选择》,《广西民族研究》2008 年第 4 期。

[22] 李明:《论少数民族典籍外译的伦理原则》,《青海民族研究》2015 年第 3 期。

[23] 廖国强:《生态哲学:从"实体中心论"走向"虚体中心论"——以中国少数民族生态文化为视点》,《思想战线》2010 年第 5 期。

[24] 马克·本德尔:《略论中国少数民族口头文学的翻译》,《民族文学研究》2005 年第 2 期。

[25] 段峰:《声音与形式再现中的他文化呈现——民族志诗学与翻译研究》,《外国语文》2012 年第 1 期。

[26] 段峰:《民族志翻译与少数民族文学对外译介——以羌族文学为例》,《西华大学学报(哲学社会科学版)》2014 年第 2 期。

[27] 李敏杰、朱薇:《民族志诗学与少数民族典籍英译》,《山东外语教学》2017 年第 2 期。

[28] 苏慧慧:《"语言生态"视角下的广西少数民族典籍英译》,《四川民族学院学报》2013 年第 5 期。

[29] 佟德富、宝贵贞:《中国少数民族哲学专题研究》,中央民族大学出版社,2006 年。

[30] 王晋军:《生态语言学:语言学研究的新视域》,《天津外国语大学学报》2007年第1期。

[31] 王宏印、邢力:《追寻远逝的草原记忆:〈蒙古秘史〉的复原、转译及传播研究》,《中国翻译》2006年第6期。

[32] 王治国:《〈布洛陀史诗〉对外传播的文化阐释与深度翻译》,《民族翻译》2015年第1期。

〔陈树坤:广东金融学院外国语言与文化学院教师;
黄中习:广东金融学院外国语言与文化学院教授、博士〕

布洛陀文化的当代传承与意义

论布洛陀文化的当代价值

覃彩銮

布洛陀是珠江流域原住民族——壮侗语族及其先民的人文始祖,是先民们将其文明开创成就集于一位传说的英雄人物身上的结果。人文始祖布洛陀信仰穿越了数千年历史时空,随着壮侗语民族的不断发展而世代传承下来,形成了以布洛陀麽经和布洛陀祠为载体,以布洛陀神话和崇拜信仰为核心,以布洛陀祭祀习俗和麽经传承为依托,构成内涵丰富、底蕴深厚的布洛陀文化体系,不仅在壮族文化及其信仰中占有重要地位,而且在中华民族多元一体文化中也占有重要地位。布洛陀文化已得到我国壮侗语民族及东南亚台语族的认同,成为我国与东南亚民族联系的纽带,架起了与东南亚台语民族人民友谊的桥梁,对我国实行"以邻为善、以邻为伴"的外交方针和"一带一路"发展战略,维护国家统一,边疆稳定,促进广西民族团结进步事业,发展民族文化旅游产业,都具有积极的作用。

一、布洛陀文化的起源、传承与发展

世界文明的起源和发展规律告诉我们,人类生存离不开水,与大江河流域密切相关。因而,世界上大凡大江河流域,总是早期人类聚居之地和文明起源地,都曾产生过灿烂文化和创世神话。如非洲东北部的尼罗河流域,孕育了古埃及文明和创世神阿蒙;西亚的两河流域(即发源于底格里斯河和幼发拉底河)孕育了古巴比伦文明和创世神安努;欧洲的爱琴海诸岛,孕育了古希腊文明和创世神宙斯;印度河流域孕育了古印度文明和创世神因陀罗;而中国的黄河流域则孕育了中华文明和始祖黄帝,长江流域孕育了灿烂文明和始祖炎帝;珠江流域孕育了灿烂文明和始祖布洛陀。因此，黄河、长江、珠江三大流域共同构成了中华民族文明的摇篮，形成了中华民族多元一体、源远流长的古老文明。

　　进入原始社会末期的新石器时代晚期，随着生产力的提高和原始农业的发展，男子在农业生产活动中发挥着重要作用，其社会地位也随之提高，成为氏族的领导者。随着社会的发展，由若干个父系氏族组成部落，进而又由若干部落组成部落联盟，并且由年富力强、经验丰富、德高望重的男性长者担任部落或部落联盟首领，成为部落或部落联盟的组织者、领导者或指挥者，为部落或部落联盟的生存与发展做出巨大贡献，因而受到全体部落成员的尊重和拥戴。考古资料证明，当氏族或部落酋长逝世后，丧葬仪式会特别隆重，从墓坑到随葬品，都会与众不同，不仅受到部落成员的崇拜，而且其历史功绩会受后人的敬仰和传颂。人们会把部落集体的智慧和文化创造集于其一身，赋予其神奇的创造力。早期的英雄神话乃至始祖崇拜便是在这样的历史背景下产生和发展起来的。始祖布洛陀及其神话传的产生和形成规律也当如此。据研究，始祖布洛陀崇拜及其神话传说，大约产生于距今约四五千年的部落联盟时代。先民们把布洛陀塑造成一位智慧超群、富于创造、德高望重的部落首领，当其社会发展进入方国（相当于部落联盟）时代，布洛陀被尊为方国的王者。在壮侗语族诸民族的传说中，人们把部落的文明开启、文化创造集于其身，尊奉其为始祖，其崇拜和信仰经世代传承形成布洛陀文化。如同我国传说的黄帝、炎帝和开创农业文明的神农和后稷，发明钻木取火和保存火种的燧人氏，发明种桑养蚕织布的嫘祖，发明早期文字的仓颉一样，人们把早期文明的开创之功集于其身上，敬奉为祖神，学者称之为"文化英雄"。正如潜明兹在《中国古代神话与传说》一书中所说："文化英雄在人类学上被认为'是指在民俗学上具有光荣的人物，他们被认为对古代的特殊生活方式具有教化之功'。在神话学上被认为是在古代文明创建的过程中有杰出贡献者，即神话传说中的发明创造者。他们集中体现了上古人民的智慧和才能，推动了人类文化的进程，代表人类文明的曙光，因此被大家纪念和歌颂。希腊神话中的普罗米修斯是著名的文化英雄，我国古代神话传说中类似的英雄也不少，他们的事迹，很值得中华儿女传颂，并发扬光大。这一类神话传说，在原始社会的每个阶段都能产生，从中可以了解人类文化的进程。"

　　随着民族的不断发展，始祖布洛陀崇拜及其神话世代传承下来。在其崇拜信仰和神话传承过程中，不断增加具有时代特征的新内容。如春秋战国时代以后，壮侗语族先民骆越人掌握了青铜铸造技术，开始铸造和使用青铜器，出现了自己的青铜文化，而后又铸造和使用铁器。随着铁器日益广泛使用于农业生产中，包括挖渠引水灌溉农田、使用牛犁耕作、保留谷种、挖塘养鱼以及伐木修改干栏房屋，等等。在布洛陀神话传说中，有布洛陀开创种植稻谷、寻找水源、挖渠引水、修建干栏之功。进入唐宋元明时期，随着汉文化的传播以及越来越多的壮族文人学会并掌握汉字，出现了壮族文人使用汉字的"六书"构造方法，创造了古壮字，并且开始出现使用新创的古壮字来抄写记录布洛陀经诗，出现了布洛陀安排社会秩序、规范伦理道德的内容。随着此类经诗的不断增多，内容也日愈丰富，上自天文地理，下至地上或人间万物，形成了卷帙浩繁的史诗经诗。使布洛陀文化通过经诗和人们信仰心灵得以传承，布洛陀的神格也由早期的始祖神发展演变为宗教神、道德神、英雄神和智慧神，其崇拜信仰深植于人们的精神信仰之中，对人们的社会生活产生深刻的影响。无论是民间麽公或巫师施行法事，还是歌圩中歌手们开台唱歌前，都要设坛上香祭拜、敬祭始祖神布洛陀，诵唱赞颂布洛陀功德经文，祈求护坛保佑。广西田阳、云南文山等壮族乡村，建有布洛陀祠堂，每年农历三月定期举行盛大的祭祀活动。2005 年，学者开展对布洛陀文化的调查与研究，对布洛陀文化记忆进行建构，为百色市政府在田阳敢壮山举行布洛陀民俗文化旅游节提供了历史依据和学术支持，完成了新时期对布洛陀文化的保护、传承、发展、整合与创新。

二、我国壮侗语族及东南亚台语同源民族对布洛陀文化的认同

关于我国壮侗语族诸民族及东南亚同源民族对布洛陀文化的认同问题，应与诸民族具有共同的历史渊源的关。如前所述，壮侗语族诸民族及其先民是世代居住生活在珠江流域的原住民族。其早期历史可以追溯到距今数千年前的新石器时代乃至数十万年前的旧石器时代。在广西崇左市江州区木榄山、广东曲江马坝，分别发现有距今 10 多万年的"木榄山人""马坝人"古人类化石；在柳江新兴通天岩，发现有距今 5 万多年的"柳江人"化石；在桂林、柳州、来宾、河池、南宁、崇左、百色、钦州以及广东等地，都发现有距今约 2 万年的古人类化石；同时还发现大批旧石器时代遗址。这些发现表明，早在距今 10 多万年的旧石器时代，珠江流域已经有古人类居住，其遗迹已遍及各江河流域。进入新石器时代，原始居民的活动范围进一步扩大，人口增多，在珠江流域各江河流域，都发现有新石器时代遗址，而且分布密集，数量大幅度增加，遗址面积大，堆积丰厚，不

仅发现的居住遗址，而且还有大批氏族墓葬，文化遗物的数量和种类丰富多样，具有鲜明地方特色的器物增多，如有肩石斧、有段石锛和形体硕大、造型别致、磨制精致的大石铲以及绳纹陶器，流行屈肢蹲式葬；出现了原始稻作农业、家畜饲养业、制陶业和玉器加工业，产生了第一次社会大分工——农业与手工业的分工，表明这一时期珠江流域原始社会发展的连续性。

进入商周至春秋战国时期，居住在珠江流域的居民属百越族系统的西瓯、骆越和南越分支。其中西瓯主要分布在今广西东北部地区；骆越集中分布在今广西西部、广东西部、海南岛及越南北部地区；南越集中分布在今广东中部及南部地区。三者都是由前期的新石器时代居住在珠江流域的原始居民发展而来。

秦始皇统一中原，建立封建集权制的秦王朝后，调集数十万大军，开始了统一岭南的战争。经过六年多的"不解甲驰弩"的艰苦征战，付出巨大牺牲之后，击溃了西瓯部族的顽强抵抗，终于统一了岭南。大批南征的秦军被留下戍守岭南，防范岭南越人的反抗。秦末汉初，爆发了声势浩大的陈胜吴广农民起义，中原陷入战乱之中。此时，原驻守在南海郡龙川县赵佗受南海尉任嚣之托，派兵占领通往内地的关隘，击并桂林、象郡，建立南越国政权。汉元鼎六年（公元前111年），因南越国丞相吕嘉诛杀汉朝使臣，拒绝归附汉朝，于是，汉武帝调集20万大军，水陆并进，一举消灭了南越国武装，平定南越政权，岭南复归统一。汉建武十六年（公元40年），交趾征侧、征贰姊妹因交趾太守苏定暴政，率众反抗，相邻的九真、日南、合浦等地越人纷纷响应，攻占岭南60余城，征侧自立为王，雄踞岭南，朝野震惊。次年十二月，光武帝刘秀调兵遣将，令马援为伏波将军，率军南征交趾，很快就平定了"二征"的反抗斗争。唐宋时期，岭南地区不断爆发反抗地方封建政权的斗争。每一次反抗斗争，都被封建王朝派兵镇压而告失败。而封建王朝每一次派兵残酷镇压，不仅围剿、诛杀反抗力量，而且还株连与反抗队伍有关的无辜平民，造成社会动乱，给当地人民群众的生命财产遭受极大损害。因此，自秦朝派兵南征以来，使得居住在岭南的部分越人为避难而相继向西迁移，经云南进入今东南亚地区的老挝、缅甸以至泰国，开辟新的安居之所。老挝老龙族、缅甸的掸族、泰国的泰族，就是自秦代以来相继从岭南骆越分布地区西迁的结果。这些与中国壮侗语族有着历史渊源关系的诸民族，至今仍保持古壮语，与中国壮族语言相通，许多古老的骆越文化，包括从事稻作农业、以稻米为主食、居住干栏、保留"曼""那"地名等。但是，由于老挝老龙族、缅甸掸族、泰国泰族长期受来自印度的佛教文化影响益深，包括始祖布洛陀信仰等底层文化被后来的佛教文化所覆盖，原有的历史文化记忆已淡化、中断乃至消失了。

另一方面，居住在中国岭南地区的越人（包括西瓯、骆越和南越），汉代以后，其名称开始演变为乌浒、俚或僚人。随着中原人的不断迁入"与越杂处"，汉越民族在接触、交往、交流过程中，逐渐相互交融。这种交融的局面，以地势平旷、水源丰富、土地肥沃、交通便利广西东部和南部为甚。与此同时，越人后裔族群也在不断发展、演变和重组。唐宋以后，广西地区的俚僚族群开始分化为壮、侗、仫佬、毛南、水等民族；向西迁移至云南西部的一部演变成傣族，而居住在海南岛的一支则演变成黎族。由于这些壮侗语族诸民族居住的地理环境不同，受中原汉族文化影响的程度也不同。居住在广西东部、北部、南部的壮侗语族诸民族，因受汉族文化影响较深，包括始祖布洛陀信仰及神话等一些古老的底层历史文化记忆，随着风貌的流逝而淡化或消失了。而广西西部及毗邻的云南东部和贵州南部，因地方僻远，山重水复，交通闭塞，汉族迁入的时间较晚，人数相对较少，因而受汉族文化的影响较小，其民族的原生文化（包括始祖布洛陀信仰及神话）得以较为完整地保存下来，使得这一地区成为壮族古老文化记忆的储存地或富矿区，田阳当之无愧地成为布洛陀文化圣地，而敢壮山因历史上建有祖公布洛陀祠，并且一直保持着祭祀始祖布洛陀的传统习俗，因而是布洛陀文化圣山。

民族历史文化学者的使命和任务，就是运用相关学科的理论与方法，对民族历史文化进行专题性的深度调查，对民族历史文化资源进行深入挖掘，对调查收集的资料及其反映的历史文化信息进行细致梳理，尤其是捕捉其中有关其民族的原生或底层文化信息，并将这些信息进行汇总，寻找其中的规律，形成信息链，旨在恢复其民族古老的文化记忆，完成对其历史文化的重构。源远流长的布洛陀文化，就是学者们遵循这一原则和方法，以田阳为中心，扩展至红水河中上游地区及云南文山、贵州望漠等地的壮、布依和水族民间世代传承的始祖布洛陀信仰、神话及麽经布洛陀进行长期调查、深入研究与重构的结果。

随着田阳敢壮山布洛陀文化遗址的发现、《壮族布洛陀经诗》《壮族麽经布洛陀影印译注》（八卷本）的出版及媒体的广泛报道，引起海内外特别是同源诸民族的关注，学界掀起了布洛陀文化考察与研究热，前往田阳考察的国内外学者纷至沓来，各种研究论著相继发表或出版。2005年4月，在自治区原副主席、广西壮学学会名誉会长张声震研究员的谋划和领导下，广西壮学学会与百色市人民政府在田阳县隆重召开"布洛陀文化学术研讨会"，来自区内外（包括与壮族同源的侗、布依、水、傣、黎、仫佬、毛南等民族）130多位专家学者出席研讨会，参加了布洛陀祭祀大典。研讨会，来自国内外同源民族的专家学者，对始祖布洛陀信仰的起源、发展生传承，对麽经布洛陀及其文化的内涵、特点、意义与价值以及如何拓展和深化布洛陀文化研究等问题，做了全面、深入的探讨，取得了共识。来自贵州的布依族、水族和海南黎族的专家学者还介绍了布依族、水族和黎族民间保存有大量麽经布洛陀抄本及布洛陀信仰习俗。这次会议，标志着布洛陀文化研究已由前期的广西壮学界扩展到云南壮学界、贵州布依族学界、水族学界、海南黎族学界以及泰国泰族和越南侬、岱族学界，同时也标志着布洛陀文化研究的广度和深度开始进入新的发展时期。

此次研讨会之后，国内外专家学者根据研讨会上提出的研究任务和目标，对各自地区和民族的始祖信仰、麽经及布洛陀文化开展深入的调查与研究工作。2010年，广西壮学学会学者专程前往越南、老挝、缅甸、泰国进行考察，同该国同源民族专家学者进行交流。经过充分筹备，在田阳召开2011年布洛陀文化学术研讨会，来自国内外的150多位专家学者出席研讨，其中除了广西的壮、侗、仫佬、毛南等民族的学者外，还有来自云南的壮族学者、贵州的布依族、水族学者和海南的黎族学者，同时还有来自越南侬族、岱族和老挝老龙族、缅甸掸族、泰国泰族及印度阿含族等学者，这是第一次我国壮侗语族和东南亚台语族等同源民族学者齐聚的盛会，与会学者参加布洛陀祭祀大典，共同朝拜始祖布洛陀，深切感受数十万群众隆重祭祀始祖布洛陀的盛。始祖布洛陀及其文化得到源民族学者的共同认同。正是这种文化认同，使始祖布洛陀信仰和布洛陀文化的当代价值和意义，超出壮族、超出广西，走向世界，成为广西乃至中国与东南亚国家和民族联系的纽带，架起了与东南亚相关国家和民族友谊的桥梁，对构建广西作为我国与东南亚国家文化交流的中心，进一步深化与东南亚国家的交流与合作，促进中国—东盟博览会和东盟自由贸易区的繁荣发展和中国"一带一路"发展战略，都具有重要意义和深远影响。

三、布洛陀文化的当代意义

布洛陀文化当代意义，是由麽经布洛陀重要的历史、文化、艺术和学术价值、布洛陀文化遗产的保护与开发利用价值、布洛陀文化所蕴含及其反映的民族精神以及构建和谐社会的价值、布洛陀文化的神圣性、感召力和壮侗语乃至东南亚台语诸民族对布洛陀文化的认同价值、布洛陀文化在中华民族多元一体文化、始祖文化中的重要地位等多重价值所决定的。

卷帙浩繁、内容丰富、流传广泛的《麽经布洛陀》及布洛陀神话，是开展布洛陀文化研究的基础资料。为全面、深入开展布洛陀文化研究提供基础资料，早在 20 世纪 80 年代，广西少数民族古籍整理与出版办公室就组织学者开展民间保存的用古壮字抄录的布洛陀经诗进行调查、收集和整理，对其中有代表性的重要版本或章节进行译注，并于 1991 年出版了由张声震主编的《布洛陀经诗译注》一书。学者们根据出版的该经诗的内容进行研究，发表了系列文章，揭开了布洛陀经诗及其文化的序幕。接着，广西、云南的民族古籍研究学者做了更加广泛、深入的调查，搜集了大量珍贵的民间抄本，经过桂滇两地专家团队近 10 年的艰辛努力，终于完成了八卷本共 300 多万字的《壮族麽经布洛陀影印译注》整理和译注的浩大工程，2004 年由广西民族出版社出版，并于 2004 年 6 月 15 日在北京人民大会堂广西厅举行首发式，全国政协副主席李兆焯，中国文联副主席覃志刚，国家民委、文化部、国家文物局等有关部门的领导，广西壮族自治区政府领导及自治区政府原副主席张声震，泰国驻华大使馆代办派吞，来自首都、云南和广西的民族学、文化学、人类学、考古学、图书馆学等方面的专家学者及新闻界人士近 100 人出席了首发式。

该八卷本麽经是在收集的数百卷本中精挑出有代表性的 28 卷原抄本整理而成。出版时采用原文、汉意、国际音标、拼音壮文和英文五种文字相对照，同时与影印原件相对应，以便于人们阅读、理解和学者们研究。该八卷本麽经内容，基本反映了麽经布洛陀的面貌和历史文化价值，同时也为开展布洛陀文化的研究提供了丰富、翔实的资料。学者们通过对《壮族麽经布洛陀影印译注》的内容及其反映了壮族社会、历史、文化、生产、生活、价值观、道德观等做了全面梳理，认为《麽经布洛陀》内容包罗万象，涵盖古今，从布洛陀开天辟地、创造万物到开创文明、安排秩序、制定伦理以及为民排忧解难，其丰富的内容，堪称是壮族的百科全书。由于麽经采用五言体诗的形式和韵律，故被称为壮族创世史诗，是壮族及其先民创造并留下的一项十分宝贵的历史文化遗产，对研究壮族乃至同源民族的关系及历史文化具有重要的历史、文化、艺术和学术价值。正因为如此，促成了 2006 年麽经《布洛陀》成功列为第一批国家非物质文化遗产保护名录。

布洛陀文化作为壮族及其先民创造并留下的宝贵文化遗产，挖掘和利用内涵丰富、底蕴深厚、特色鲜明的布洛陀文化资源，培育和打造布洛陀文化品牌，扩大和提高广西在海内外和知名度和影响力，促进地方民族文化旅游产业的发展，具有重要的现实意义。2003年，广西壮学学会组成多学科考察组，前往田阳开展布洛陀文化的调查与研究，考察与研究成果结集成《布洛陀寻踪》一书，于2004年由广西民族出版社出版。书中内容包括布洛陀文化遗存、信仰民俗、神话传说、布洛陀文化资源的挖掘、保护与旅游开发、文化定位等，其文化定位为布洛陀是珠江流域原住民族的人文始祖，田阳是布洛陀文化圣地，敢壮山是布洛陀文化圣山，敢壮山祖公祠是布洛陀文化圣府。这一研究成果，为田阳县开展布洛陀文化保护，打造布洛陀文化品牌，建设敢壮山布洛陀文化园，发展布洛陀文化旅游产业等，提供了理论依据和学术支持。2005年，百色市和田阳县人政府决定，每年四月布洛陀诞辰日，在敢壮山举办百色市布洛陀文化旅游节，期间举行布洛陀祭祀大典、布洛陀文化学术研讨会、歌圩和文艺、体育竞技等丰富多彩的活动，吸引了数十万八方群众、游客慕名而来，盛况空前。从2005年至今，百色市布洛陀文化旅游节已连续举办了12届，布洛陀文化已经成为田阳、百色和广西一项亮丽的民族文化品牌，极大提高了田阳、百色和广西在海内外的知名度、美誉度和影响力，有力地促进了田阳和百色市的对外开放和经济文化的发展。

在《麽经布洛陀》中，"开天辟地，创造万物，排忧解难，制定伦理，安排秩序，构建和谐"，是人文始祖布洛陀的伟大历史功绩，也是学者们对布洛陀文化精髓的归纳与提炼，既反映了壮族的开放、包容、亲和、进取的民族精神，同时对形塑壮族的开放、包容、亲和、进取的民族品格，提升壮族的民族认同和国家认同，具有重要作用。壮族有1700多万人口，是我国人口最多的一个少数民族，自古以来一直居住生活在我国南部边疆。壮族又是一个稻作农业民族。而稻作农业生产方式，塑成了壮族安土重迁、开放进取、亲和包容、团结互助、遵规守德、诚信守义的民族品格。在布洛陀文化精神的潜移默化的熏陶和感召下，壮族的民族精神和国家认同意识得到了加强和提升。正是这种精神，不断推动民族的发展，为维护国家统一、边疆稳定、民族团结、社会和谐，促进广西民族团结进步模范区建设，做出了重要贡献。

〔覃彩銮：广西民族问题研究中心研究员〕

非物质文化遗产与民俗节庆文化的建构
——基于广西百色市布洛陀民俗文化旅游节的考察

毛巧晖

2006年，中国的非物质文化遗产保护全面开启，至今已有十余年。非物质文化遗产在学界搭起了一个新的平台，民俗学、文学、戏曲学、艺术学、人类学、建筑学等多学科在这一学术话语交融共筑，形成了新的研究领域。在这一领域中，民俗学研究者积极活跃，成为带动民俗学发展的一个重要话题与推手，在民俗学中形成了新的研究视野。尽管"非遗是块唐僧肉"，但不同领域在"吃法"上有不同理路。民俗学因为关注非遗，逐渐将"民""俗""民间"转入国家话语空间，其对非遗的研究涉及：保护内容、保护原则、保护方法、保护伦理等，这一过程呈现了民俗学者在非遗研究中渐趋深入的学术历程。而对于学术问题的探究，亦经历了"本真性""原生态""文化保护区"以及非遗关注（政府、学者、文化承载者）不同层面的问题、传承人（传承主体）等，上述问题的演化恰恰反映了非遗的学术史历程以及理论的内在变迁，同时也呈现了非遗研究的发展路径。随着非遗研究理论渐趋深入与成熟，初起之时"非遗运动"的喧闹渐趋转入理性的学理分析与思考。民俗节庆作为民俗学研究的重要内容，历来受到学者的高度关注。2016年二十四节气进入世界非物质文化遗产名录，它在社会中的关注度进一步提升。在众多话题中，民俗节庆在当下社会的发展这一话题引起了社会各领域的热议。传统社会的大部分节庆都是农耕社会的产物，在新的时代语境中，它们何去何从？非物质文化遗产如何改变了民俗节庆的传统样态，它对民俗节庆的未来发展有何意义，等等。学者的关注点有节庆与公园文化、节庆与旅游、节庆的对外传播，用"传统的发明""嵌入理论""脱域与回归"理论视野予以观照。① 这些对于节庆研究而言，都超越了传统的单向度与平面化研究，但是对于非遗语境中民俗节庆有哪些新的生长点，它们的发展如何更好地契合新的趋势，"这种遗产保护意识的产生有一个先决条件，即'地方性的生产'……正是在这种情况下才出现了遗产的生产，不论是遗址、文物、实践或理念；这种遗产的生产能够恰如其分地被视为一种'传统的发明'。"② 广西百色市布洛陀民俗文化旅游节即是其中之一，它算是一种新兴民俗节庆模式，其依托于壮族古老的布洛陀文化，在新的文化场域（广西田阳敢壮山）建构了壮族文化"新节庆"。

一、源起：古老地域的文化新路向

布洛陀民俗文化旅游节从2004年开始举办第一届，至今已经举办14届，现在已经发展成为广西具有较大影响力的一个民俗节庆品牌。对于这一从21世纪初兴起的民俗节庆活动，众说纷纭，有认为其属于新节庆的"发明""非物质文化遗产的生意"，也有对其从文化遗产角度的分析，亦有对这一节庆进行条分缕析、层层剥离探索其兴起的过程与本质，等等。③ 但是无论研究者如何阐述，这一民俗节庆活动都进入了广西百色，尤其是田阳民众的生活。这一新的节庆兴起之源是田阳的"春晓岩"（敢壮山），其相关事件则是壮族著名作家古笛在田阳看到"敢壮山"，他认为"敢壮"就是"布洛陀故居"之意。之后这一消息在《右江日报》《南宁日报》《人民日报》等地方和中央的官媒相继报道。"布洛陀文化遗址的

---

① 相关研究甚多，"发明"主要是借鉴霍布斯鲍姆《传统的发明》，顾杭、彭冠群译，译林出版社，2004年；"嵌入理论"主要有马威：《嵌入理论视野下的民俗节庆变迁——浙江省景宁畲族自治县"中国畲乡三月三"为例》，《西南民族大学学报》（人文社会科学版）2010年第2期；"脱域与回归"主要参见成海：《传统民俗节庆的脱域与回归——以云南新平花腰傣花街节为例》，《旅游研究》2011年第3期。
② 艾哈迈德·斯昆惕：《非物质文化遗产及其遗产化反思》，马千里译，巴莫曲布嫫校，《民族文学研究》2016年第4期。
③ 参见刘大先：《非物质文化遗产的生意——敢壮山布洛陀的神话塑造和文化创意》，《粤海风》2009年第2期。时国轻：《广西壮族民族民间信仰的恢复和重建》，中央民族大学博士学位论文，2006年。

发现"逐渐在电视、网络大规模报道。① 这一话题掀起了对于壮族布洛陀文化的关注。首先在源起地田阳召开了"田阳县敢壮（春晓岩）布洛陀遗址研讨会"，这次会议上就发起了"打响布洛陀文化品牌"的动议。这一时间节点是 2002 年，当时非物质文化遗产还只是初露端倪，国家尚未关注，田阳政府能有此决策，某种意义上来说，还是走在前列，当然政府所秉持的更多的依然是 20 世纪八九十年代兴起的"文化搭台，经济唱戏"的理念。

田阳历史久远，古属百越之地。早在 3000 多年前，这一带生活的壮族先民就已进入了文明社会，他们形成了自成一体的文化体系。花山岩画、骆越铜鼓和《越人歌》可谓壮族先民超凡想象力与艺术力的代表。花山岩画通过图像表达了壮族先民社会的灵魂体系，这一体系与《壮族麽经布洛陀影印译注》中的灵魂表述体系直接相关，"与《麽经》中的灵魂叙事存在着宏观对应关系"②。他们共同为壮族先民建构了宇宙发展的秩序。铜鼓既是壮族工艺智慧的体现，也是其审美文化的结晶。他们在远古社会象征着权力，同时"又是造型之美与声乐之美的文化源泉"③。《越人歌》则是壮族先民诗性文化的文字存证，它最早见于刘向《说苑·善说》，"今夕何夕兮，搴洲中流。今日何日兮，得与王子同舟。蒙羞被好兮，不訾诟耻。心几顽而不绝兮，得知王子。山有木兮木有枝，心悦君兮君不知"④。无论花山岩画还是铜鼓文化，抑或是《越人歌》，我们都能看到在远古时期，壮族先民发达的文化以及他们的艺术才能。而田阳被认为是壮族的发源地之一。她在战国时归属于楚国，秦国建立中央统一王朝后，她隶属于象郡，属于较早被纳入中原王朝的边地之一。在漫长的历史过程中，她行政隶属会有变动，但文化则沿着历史的河床奔涌向前。到了现代中国，她为红军和新中国的缔造做出了新的贡

---

① 2002 年 6 月 26 日，壮族著名诗人、词作家古笛先生到田阳，专程赠送《古笛艺文集》。在田阳期间，古笛先生要求前往春晓岩，田阳县委宣传部部长、县人大常委会副主任兼县博物馆馆长黄明标、县文联副主席以及田阳籍著名作曲家李学伦先生等陪同到春晓岩。在考察中，他提出"敢壮"是"布洛陀的故居"的看法。2012 年 6 月 30 日，古笛回到南宁，将自己的发现告知自己的弟子若舟，若舟则将消息告知彭洋，在彭洋的推动下，召开了田阳布洛陀遗址的座谈会，有《南宁日报》特刊部主编谢寿球和农超参加，彭洋认为"这个发现可与乐业天坑媲美，可以说是民族文化的'天坑'"。参见毛巧晖：《非物质文化遗产视域下的文化传统与文化记忆——兼论广西田阳布洛陀文化的重构》，《贺州学院学报》2016 年第 2 期。
② 林安宁：《壮族〈麽经〉灵魂叙事与花山岩画研究的新途径》，《2017 年布洛陀文化研究座谈会论文集》。
③ 覃德清：《论壮族诗性传统的生产与演化》，《民族文学研究》2017 年第 4 期。
④ 刘向撰，卢元骏注释：《说苑今注今译》，天津古籍出版社，1977 年，第 366—367 页。

献。但是随着经济发展，其文化优势渐趋被经济发展所挤压，以农业为主的田阳不再具有优势地位。而到了 21 世纪初，这次"布洛陀文化遗址的发现"为其经济发展提供了文化新契机。政府联合学者，期冀在古老大地开掘文化新路向。第一次座谈会后，政府确定了"布洛陀文化品牌"的基调后，紧接着田阳政府邀请百色地区旅游局、宣传部长、政协领导等对春晓岩、布洛陀文化进行考察，积极争取上一级政府以及文化领域的各方领导的支持。2002 年 9 月，田阳政府除邀请本地的壮学、历史学、考古学研究者外，还邀请了国家层面的学者代表，如中国社会科学院、中央民族大学壮学与民族学研究者，经过实地考察与学术研讨，在会议结束后媒体的报道中，其结论为"专家考察团经实地考察并查阅相关资料后一致认为，从那贯的地理位置、地质条件、文物资料，敢壮歌圩的规模，周边群众的信仰，布洛陀始祖庙及众多的民间传说等方面来综合分析，可以确定，那贯山是壮族文化的发祥地和精神家园"①。"壮族文化发祥地"与"精神家园"就成了田阳打造布洛陀文化的"新路向"。这一过程从当时民众的反应与参与亦可得知。在布洛陀文化遗址发现与新的文化构建过程中，民众对其也极为关注。有民众在田阳贴吧发帖子讲述了自己在春晓岩所见情况："南天门"字样被铲掉，"春晓岩"介绍的碑文亦被除去，他预测这有可能会换成"敢壮山"或"布洛陀遗址"等；另外就是神龛和牌位进行了更换，在各个岩洞换上了"布洛陀守护神位""母勒甲姆娘神位""布洛陀（浦）祖神位"②。这些既折射了田阳政府建构布洛陀文化的过程，同时也反映了其所依托的"信仰核心"——布洛陀人文始祖。恰是这一"信仰核心"为布洛陀民俗文化节的"建构"奠定了共识的前提，这一节庆是新的"发明"，但是布洛陀信仰却是壮民族由来已久的。

二、人文始祖：节庆的信仰依托

"布洛陀"是状语读音的汉字写法，也曾写作"保洛陀""保罗陀""布洛朵""布罗陀"等，它被视为壮族民间最高的神祇，是壮族的创世神、祖先神、智慧神、道德神和宗教神。

---

① 《经权威专家学者考察后确定 壮族的根就在那贯山》，《右江日报》2002 年 9 月 9 日。
② 时国轻：《广西壮族民族民间信仰的恢复和重建——以田阳县布洛陀信仰研究为例》，中央民族大学博士学位论文，2006 年。

布洛陀神话叙事在壮族民间依然留存，其传承与存续主要有两大类，"一是民间口耳相传的神话故事，再一个就是由民间布麽将布洛陀神话编成的经诗唱本，也就是《麽经布洛陀》"①。而口耳相传的神话故事，也是依托于麽教，一般布洛陀神话的讲述者都是从麽公诵经时听来的。民间口耳相传的布洛陀神话叙事，其内容主要围绕布洛陀在壮族文化中的"发明创造""秩序规定""伦理规范"展开，具体而言则有不同的母题。如"大灾难后人类再生"，《布洛朵》②中"娘侄通婚"，"雨从东方来，雨从西方出。雨颗有大有小，小的落高山，大的降低凹。小雨颗像罐子，大雨颗像坛子。雨下了五天，雨落了七夜。水碓窝冒洪水，水碓尾有洪水冲。大地浪连天。水淹七年那么久，水淹八年那么长。天下只剩娘侄俩没被淹死，只有一个大葫芦还漂着，娘侄俩躲入葫芦里。风吹往西，葫芦漂往西，风吹往东，葫芦载娘侄俩往东。"后来，布洛朵出现了，他让娘侄两传人烟，他们不能接受，后经过穿针、和磨盘、合烟等，结合后生了个肉墩，按照布洛朵的教导，将肉墩切碎，撒向四方。落大坝水头的变布汉、布侬；落高山深箐的变布苗、布孟；落箐头林间的变布瑶、布泰。③其他如"开天辟地""制造万物"等发明创造更是比比皆是，如流传在巴马县《布洛陀》《布洛陀取火》等。此外还有"定两性""分雌雄"等性别秩序的规范，如流传在云南西畴的《布洛陀》中"称万物"等；人与人之间的社会秩序及人与动物之间的宇宙秩序，如《壮族神话叙事史诗——布洛陀的传说》中："画上一只肥壮的雄鸡／让它五更起床／面向北方报晓／提醒北方以北村庄的人早起／南方以南地广人多，村庄密集／但大多都目不识丁／你又在那座山上／画上一位圣人／圣人手持一卷厚厚的圣书／面朝南方。"④

《麽经》中也有"造天地""造日月星辰"等万物山川，如："那时还没有人类，天与地混合在一起；不分白天黑夜，不分高和低。还未造出大地，还未造出月亮和太阳，布洛陀在上方看一切，仙人在上边来作主，做成印把来传令，派来了盘

---

① 陆青映：《论壮族麽经与壮族民间文学艺术之间的关系》，《2017年布洛陀文化研究座谈会论文集》。《麽经布洛陀》，一般文本都参照《壮族麽经布洛陀影印译注》（张声震主编，广西民族出版社，2004年），以下简称《麽经》，索引内容不再单独标注。
② 农冠品编注：《壮族神话集成》，广西民族出版社，2007年。另，文中所引有关布洛陀的神话文本资料主要由中国社会科学院民族文学研究所王宪昭研究员提供，在此特别感谢！
③ 布汉：壮语，指汉族；布侬：壮语，指壮族支系中的"布侬"；布苗：壮语，指苗族；布孟：壮语，指彝族支系中的"孟武"；布瑶：壮语，指瑶族；布泰：壮语，指壮族支系中的"土族"。
④ 黄诚专：《壮族神话叙事史诗——布洛陀的传说》，http://hongdou.gxnews.com.cn/viewthread-3293330-1.html，2017-05-25。

古王,从此天分两半,从此天变两方。"《麽经》中有关灵魂的叙事,包纳了世界万物,具体而言涉及人类、动植物以及其他自然界万物如火、铜鼓等,在灵魂叙事中,更多体现了远古壮族先民的宇宙秩序观。

从经籍文本到民众的口传叙事都可看到始祖神"布洛陀"在壮族的重要位置,同时布洛陀文化也是我国壮侗语族以及东南亚台语同源民族共同的文化认同。

在田阳发现"布洛陀文化遗址",田阳政府积极参与遗址的论证,经过政府与学者的共同努力,布洛陀作为"人文始祖"成为此"民俗节庆"之核心。正如首届布洛陀民俗文化旅游节的相关报道中所强调的,"中国广西在壮民族祭祀祖先布洛陀的地方——百色市田阳县敢壮山举办首届布洛陀民俗文化旅游节"①。人文始祖是各民族在远古时代都存在过的"文化英雄","他们被认为对古代的特殊生活方式具有教化之功","在古代文明创建的过程中有杰出贡献者,即神话传说中的发明创造者。他们集中体现了上古人民的智慧和才能,推动了人类文化的进程,代表人类文明的曙光,因此被大家纪念和歌颂"②。每个民族都有自己的"文化英雄",他们共同为中华民族的文化发展做出了贡献。同时这一新的节庆在时间节点上嵌入了"三月三"这一壮族民众的"时间观"③。这一新的节庆与"布洛陀"信仰结合,以"三月三"为时间嵌入点,其内在理念恰如哈马贝斯所说:"与古人相比,人的现代观随着信念的不同而发生了变化。此信念由科学促成,它相信知识无限进步、社会和改良无限发展。"④尤其是2006年,《布洛陀》被列入国家第一批非物质文化遗产名录后,布洛陀文化与相关信仰引起了学界和社会的关注,笔者根据中国知网的数据统计(见图1)⑤,2003年与2008年都是布洛陀文化研究的峰值。可见,布洛陀民俗文化节虽然是从2004年新出现的民俗节庆,但是由于其根基布洛陀信仰,每年的民俗文化节都举行盛大的布洛陀祭祀庆典,使得这一新的民俗节庆并不是"脱域"而生,也不是"脱域"发展。虽然这一节庆不

---

① 《广西举办首届布洛陀民俗文化旅游节》,http://gb.cri.cn/41/2004/04/21/81@136000.htm,2017-05-24.
② 潜明兹:《中国古代神话与传说》,中国国际广播出版社,2010年,第92页。
③ "三月三"作为一个民俗节日广泛存在于诸多南方少数民族中间。壮族、苗族、布依族、黎族、白族、瑶族、彝族、侗族、畲族等都盛行在农历"三月三"举行各具特色、内涵各异的庆祝活动。而嵌入理论是1944年波拉尼在《大变革》一书中提出的,后被应用到文化变迁理论。参见马威:《嵌入理论视野下的民俗节庆变迁——浙江省景宁畲族自治县"中国畲乡三月三"为例》,《西南民族大学学报》(人文社会科学版)2010年第2期。
④ 王岳川、尚水编:《后现代主义文化与美学》,北京大学出版社,1992年,第13页。
⑤ 笔者主要按照关键词进行检索。

是壮族历来就有的，但她与把某一民俗节庆与民俗文化语境脱离不同，如云南新平花腰傣花街节，这一节庆有坚实的文化信仰基础，这推动了布洛陀民俗文化旅游节的发展前行，成为其铸造新的节庆之必要条件。

图1　布洛陀文献数据图

新的节庆出现，在古今中外都比比皆是，尤其是在非物质文化遗产发展的今天，文化与经济紧密相连；旅游成为现代人的生活方式与精神追求，经济的发展不能忽略文化，同样文化的发展也与经济紧密相连。在这一文化语境中，新的节庆出现倒不意外，只是她如何能熨帖地进入民众的生活才是关键。

三、文化展示：节庆进入日常生活

根据《非物质文化遗产公约》，民俗节庆属于第三类，即"社会实践、仪式、节庆活动"。而对于何为遗产，学者众说纷纭，有学者提出了遗产只是建构出来的，瞬间遗产在世界各地遍地开花等。相较而言杰姆斯·克利福德（James Clifford）的说法相对于这些更有说服力。他认为"遗产本身是一种传统意识"。艾哈迈德·斯昆惕（Ahmed Skounti）进一步对其进行了阐释："遗产涉及诸多利害关系。首先是对遗产进行干预所带来的经济上的后果：创办企业和创造就业岗位、投资、旅游业和外汇收入等。其次是政治上的后果。因为广义上的遗产被用于选举，会激起群体和个人之间对权力的争夺；这种权力的争夺和分配建立在与群体和个人相互之间真实的或假设的经济地位相对等的基础上。再者，对社会的后果体现在这些同样的群体和个人同时对社会声誉、对'显著化'（notabilisation）和象征性资本的追求上。最后，在文化上的后果体现在对遗产的干预确定了一种强烈的认同。这种同质化的、永恒不变的认同有时会被当作动员民众的工具。"①

　　为使中国的非物质文化遗产保护工作规范化，政府从行政规范到法律条文都进行了具体规定。② 这些政策、措施与法律都是为了规范非遗保护，但是它要贯彻到全国行政各个层级。地方各级政府部门将非遗视为"文化展示"的契机，同时也是"有利可图的资源"③。布洛陀民俗文化旅游节，是田阳市政府将文化作为政府保护文化传统的"政绩展示"，同时也将其视为田阳"经济提升"的契机。在政府所展示的文化中，民众的参与度以及如何转换进入民众的"传统节庆观"与"时间观"，这恐怕才是这一节庆借助非物质文化遗产《布洛陀史诗》能够存续之根本。"三月三"这一时间节点成为民众接受"布洛陀民俗文化旅游节"的契合处，同时由于 2014 年起这一时间段正式进入广西民众的假日系统，这就更加为此提供了良好机缘。因为对于文化的传承，其根本在于"传承主体"④。民众恰是这一节庆的主体，当然对于民众的"文化身份"⑤而言，并不是铁板一块，他们的文化承载也不是均质化的。

　　民众中，民俗精英的文化身份以及他们的文化主动性与普通民众不同。在田阳布洛陀文化遗址发现以及推广过程中，民俗精英起到了很大的作用，他们在向外来知识人（学者）推广布洛陀文化就是其文化选择的结果，他们推介什么以及

---

① ［摩洛哥］艾哈迈德·斯昆惕：《非物质文化遗产及其遗产化反思》，马千里译，巴莫曲布嫫校，《民族文学研究》2016 年第 4 期。
② 国务院发布《关于加强文化遗产保护的通知》，并制定"国家＋省＋市＋县"四级保护体系。对于非物质文化遗产代表性传承人也实行申报和评审制度。在个人申请、当地文化行政部门审核、省级文化行政部门审核评议推荐的基础上，按照国家级非物质文化遗产项目代表性传承人评审工作规则和文化部办公厅《关于推荐国家级非物质文化遗产项目代表性传承人的通知》（办社图函〔2007〕111 号）要求，分门别类逐项审议。中华人民共和国第十一届全国人民代表大会常务委员会第十九次会议于 2011 年 2 月 25 日通过了《中华人民共和国非物质文化遗产法》，并于 2011 年 6 月 1 日起施行。
③ ［美］贝拉·迪克斯：《被展示的文化：当代"可参观性"的生产》，冯悦译，北京大学出版社，2012 年，第 126 页。
④ 朝戈金：《非遗保护应把传承主体放在首位》，《人民日报》2017 年 6 月 8 日。
⑤ Yep 认为身份是个体在特定的社会、地理、文化和政治语境中的一种自我观念（self-concept），是身份赋予了个体以人格和自我。参见 Yep, G.A. *My Three Cultures: Navigating the Multicultural Identity Landscape.in* J. N. Martin, T. K. Nakayama and L. A. Flores, eds, in Readings in Intercultural Communication. Mc-Graw-Hill, 2002。

如何推介极大影响了外来调查者。① 而对于当地普通民众而言，他们原初对于布洛陀文化并不知晓，据时国轻当时考察，田阳春晓岩一带的神话传说中并未出现"布洛陀"，他们也没有布洛陀与姆六甲的信仰。布洛陀文化旅游节所推广的"布洛陀文化"，其作为被重构的"地方性知识"，不仅要向外来者推广，同时也要向内推介。当地民众也从最初的"不知晓"渐渐融入其中，每年的布洛陀祭祀大典、歌圩参与者众多，这一大型祭祀与文化娱乐引导了民众的文化认知，他们由"文化他者"转向"文化承载者"与"文化传承主体"，积极向外来者展示"布洛陀文化"，并将其转换为"我者"文化的标志。布洛陀民俗文化旅游节也逐渐从"无人知晓"成为田阳的"文化标志"，再加上每年度的壮学论坛有关布洛陀的文化研讨，从学术上更进一步提升了这一"新兴节庆"与"文化品牌"。

总之，在政府组织的文化展示中，民俗精英积极重构新的"地方性知识"，学者则从文化理念探寻其文化特性，并在一定意义上导引其发展。在民俗节庆繁多，新节如雨后春笋般出现的时候，哪些节日能伴随历史的车轮存续在民众生活中，哪些节日在未来的世界能沉淀下来进入传统节日系统？布洛陀民俗文化旅游节有可能是其中之一，但是在未来的发展中，还是要借鉴国内外的经验。国内的如端午民俗节庆的嘉兴模式，香港如何将民俗节庆与旅游结合等。国外诸如日本韩国的民俗节庆新理念、新模式，都可以作为经验借鉴。但最根本之处就是结合田阳的文化特色，在未来的布洛陀民俗旅游节中进一步强化文化核心与信仰支撑，相关的学术研讨会如能契合这一主题最好。布洛陀民俗文化旅游节兴起之时的定位极好，希冀其能成为国内民俗节庆的新模式之一，并在未来发展中一定要警惕文化脱域。

〔毛巧晖：中国社会科学院民族文学研究所研究员〕

---

① 黄明标2002年陪同古笛到春晓岩，考察过程中黄明标给古笛"介绍了极其重要的情况，据他所知，春晓岩这一名字是明代一位过往的风水先生（江西秀才郭子儒）所题，而自古以来这一带的人都叫这座山'敢壮'。此山以西原在'祖公庙''母娘岩''望子岩''鸳鸯泉''圣水池''蝗虫洞'……有诸多亭、台、阁、塔等名胜古迹，可惜早于1958年'大跃进'时大都被人为毁掉"。见古笛：《布洛陀故居及壮族歌圩发祥地探访》，《古笛艺文集》（十一卷），中国广播电视出版社，2004年，第5页。黄明标的介绍本身就是一次文化过滤。

浅谈布洛陀文化权属与保护传承

赵明龙

《布洛陀》作为民间文学，它的表现形式为布洛陀史诗、布洛陀神话、布洛陀民间故事、布洛陀歌谣、布洛陀经诗等五类，流传较广，主要流传在以广西壮族自治区田阳县为中心的百色盆地右江河谷地区。除此之外，在广西红水河中上游地区的河池市东兰县、巴马瑶族自治县、大化瑶族自治县，云南省文山壮族苗族自治州的马关县、富宁县、广南县、西畴县等地也广泛流传。据越南文化体育部文化艺术研究院透露，该院也在越南河江省搜集到中文版《布洛陀》手抄本2本。可见，布洛陀手抄本的分布区域主要在中越边境地区。布洛陀神话主要集中在《布洛陀麽经》手抄本中，截至2017年12月底，广西壮族自治区少数民族古籍整理办公室收到手抄本100多本，其中广西和云南文山州各一半左右；在广西的手抄本，主要分布为：田阳27本，巴马瑶族自治县11本，田东1本，百色4本，巴马11本，东兰6本，大化1本，那坡1本。主要集中在右江河谷和红水河中上游地区。从布洛陀遗产分布区域来看，与古代骆越族群分布的区域大体相同。古代骆越族群分布一般以红水河为界，红水河以南为骆越古国族群分布疆域，以北则为西瓯古国疆域。从这一点来说，骆越族群地理与布洛陀遗产地理分布是基本吻合的。

一、布洛陀文化的基本特征

布洛陀虽然有不同的文学体裁、不同的版本，但共性特征是：

(一)从口头到文字

作为骆越文化遗产之一的布洛陀文化,虽然版本多种,体裁多样,但原先都是口传文学,后来随着文字的出现,汉字的传入,才逐步用汉字创造壮族土俗字,并把口传转换成手抄本,以便传承。目前,能收集到最早的手抄本至今也有400多年。可见,这些经诗是一代一代手抄传承下来的。

(二)传承载体多样

研究初步发现,布洛陀文化的传承,古代先是通过越巫由巫师传唱,后逐步转成麽经用于民间宗教,专为超度亡灵法术等用,限通常所说的巫教。这是第一种传承形式,也是用得最多的一种。第二种,传诵、歌唱。当作通俗文学的经诗,平时如同诵经一样传唱给广大民众,世代传承下来。第三种,逢年过节,或举行祭祀活动,专门请巫师、麽师念经诵唱。如大型敢壮山布洛陀祭祀活动等。

(三)麽经教逐步成熟

主要表现在:(1)麽教团队有半职业化的神职人员,但没有固定的传教场所。布麽平时还参加劳动,只是有人请才去做麽,主持法事。(2)麽教有自己的基本教义和教规。入教要接受培训,有见习期,出师后方能入教当布麽。善待他人,不计报酬,有求必应。(3)麽教传承有较系统的诗经典籍,但经典仍不完全规范统一。上述特点表明,骆越后裔壮族麽经还保留着较为原始的民间宗教和神话。

(四)神祇与多神并存

布洛陀、麽六甲最早由自然神演化成社会神,又从始祖神演化成民间宗教神,为自古以来壮族民间普遍信奉的创世神和劝世为善、驱恶消灾、济世降福的最高神。但是,布洛陀作为麽教主神尚未发展到排斥其他一切神祇、唯我独尊的阶段,在其神谱中还并存雷神、天神、地神、祖王、汉王,表明布洛陀麽教离真正的人为宗教还有较长一段距离。

二、布洛陀文化的主要价值

研究表明,布洛陀文化有重要的历史研究价值、宗教文化价值、学术思想价值、文学艺术价值、语言文字研究价值等，是我国壮族百科全书大典。

（一）历史研究价值

也许人们认为，布洛陀文化的载体为神话、故事、经诗、麽经等，它不是正史，只是草根文化，其内容不可信。其实，这种认识有片面之处。布洛陀文化不管是哪种载体，它是壮族民间历代用文字记载传承的较系统的经典古籍，虽然它不是历史著作，但它却集中的全面的记载了壮族先民骆越族群等历史文化，人们可以从中看到、体会到壮族先民历史的"影子"。如布洛陀经诗所提到的祖公的岩洞、兄妹成婚造人、布洛陀听狗和老鼠偷谷种植稻、用柴炼铜、皇帝土官等都与骆越先民社会发展史上的柳江人、顶狮山文化、对偶婚、稻作文化、铜鼓文化和骆王、土司文化等历史——"对号入座"，这说明布洛陀经书记载的内容带有历史的烙印，对骆越历史研究有重要参考。

（二）宗教文化价值

《布洛陀麽经》作为壮族宗教经典具有重要的研究价值。长期以来，人们都认为壮族没有宗教，其实麽教就是壮族宗教重要内容。壮族麽经起源于巫教，而巫教起源于神话。神话是原始（或称蒙昧）思维的产物，是原始宇宙观的形象概括，是原始神祭的语言遗存，神话就是巫话。[①] 早在原始氏族社会，布洛陀神话正处于蒙昧思维的"神话"阶段，这是一种原始的宗教现象，是原始的唯心主义，因而它是一种"巫话"，而原始的神祭，最核心的就是人神对话。到了人神对话表明壮族原始宗教逐步由巫变麽。因此，布洛陀麽经根植于本民族的原生态历史文化中的民间宗教沃土上，并逐步发展成民间宗教体系。这个体系，包括布洛陀管人管地，雷神管天，水神管水界，神职分工明确。因此，布洛陀麽经是壮族重要的宗教教科书。

（三）思想道德价值

布洛陀文化体现哲学思想和伦理道德理念。麽经反映了不同时代哲学思想体系，折射出骆越族群先民的哲学思想。如"三盖三王至，四盖四王造"，说的是三样自然界（天、地、水为"三界"），四样自然物体就是天地水和森林。"三界"

---

① 黄惠焜：《神话就是巫话》，《云南民族学院学报》1994年第2期，第23页。

是壮族先民对宇宙观的把握与认识。而三界的产生与"劳动创造一切"的哲学思想有关。如造天地、造火、造水稻、造牛、造鸡鸭猪狗、造干栏屋等都是劳动创造的，表明壮族先民骆越族群从野蛮走向文明的人类发展过程。麽经也蕴含着伦理道德思想。如麽经在"古事""古规"来劝导和规范道德行为，让人们从布洛陀的训诫中，抑制和修正自己的行为。麽经倡导从勤劳、俭朴、尊老爱幼、相互帮助等美德，通过鞭挞、批判、讽刺懒惰、贪馋、虐待长辈、损人利己等不道德行为，以寻求通过"福"与"祸"的方式来体现。尤其是在麽经中有专门就解婆娘冤、父子冤等篇章来调解家庭矛盾，规范家庭道德生活，体现"家和万事兴"的传统伦理思想。[①]

（四）文学艺术价值

从布洛陀文化传承的载体来看，它既是一部神话大典、宏大的史诗和叙事诗，又是一部民间故事、民间宗教的麽经或诗经，具有较高的文学价值。《壮族麽经布洛陀影印译注》（简称"麽经布洛陀"）是壮族民间宗教和古代神话的圣书，它与古埃及《亡灵书》、印度《吠字母本集》《往世书》、希伯来《旧约》等著名经典一样著名。布洛陀神话破除了中国无创世体系神话的旧说。如《造天地》《麽叭科仪》和民间传说《天地分家》中讲述的布洛陀造天地的故事都是壮族先民骆越族群创世神话体系中的核心故事，表明布洛陀是主导创造世界和人类的第一大神[②]。布洛陀麽经有不少"神人同形""人神对话"的生活图景，构成了以布洛陀为主神的神族系统。布洛陀麽经运用文学夸张等表现手法塑造神和人，从造天地、再造人类、射日、造火、造稻谷、造耕牛、找铜矿铸铜鼓，到改变解尸吃肉旧俗、男女分姓婚配等创世题材，想象丰富，形象生动、神奇感人。总之，布洛陀麽经是具有较高的艺术价值。

（五）具有世界意义

《麽经布洛陀》在神话史诗、民间宗教麽经等方面具有世界意义。我国著名学者段宝林先生撰写的《神话史诗〈布洛陀〉的世界意义》一文摘要中，归纳写道："壮族麽教经诗《布洛陀》作为民间宗教麽经的经典，可以视为'神话史

---

① 张声震主编：《壮族麽经布洛陀影印译注》（第一卷），广西民族出版社，2004年，第51—52页。
② 潘其旭：《壮族布洛陀神话破除中国无创世体系神话的旧说》，《广西民族研究》2011年第2期。

诗'";"该史诗反映了全人类社会文化历史的一般情形,具有普遍的世界意义";"而作为民间信仰麽教的代表,揭示了民间宗教信仰之类,也具有世界意义。《布洛陀》是非常珍贵的文化遗产,对人类学、民俗学、历史学、神话学、社会学、宗教学等学科研究有巨大的科学价值,它不仅是壮族珍贵的文化遗产,也是世界珍贵的文化遗产"。① 笔者认为,段宝林先生这一评价是科学的。

三、布洛陀文化权属研究

布洛陀文化保护与传承涉及权属主体问题。那么,如何界定布洛陀文化的权属呢?这里主要通过理论与实践进行讨论和界定。布洛陀文化遗产载体较多,应分类来谈布洛陀文化的权属问题。

(一)公开出版物

包括张声震执行主编的《布洛陀经诗译注》、张声震主编的《壮族麽经布洛陀影印译注》、黄明标主编的《壮族麽经布洛陀遗本影印译注》,以及农冠品编注的《壮族神话集成》、广西壮族自治区民间文艺家协会编的《中国民间创世史诗集成》所涉及的布洛陀神话、史诗等作品,是目前收集整理公开出版的布洛陀作品,其权属纳入我国《著作权法》进行确权保护。

(二)民间抄本作品

据调查,目前在广西、云南境内收藏的涉及布洛陀经书手抄本还有不少,在广西古籍办收藏的滇桂布洛陀古籍手本约100本,而在民间有多少,需要做全面普查才能清楚。为此,对这一部分的权属只能原则性确定,即对布洛陀经书手抄本收藏者确定为遗产持有者或传承者予以确认。如依法从其手中获得手抄本并整理出版,按我国《著作权法》规定权属。

(三)民间口传作品

目前,民间口传作品的布洛陀传唱仍然存在,但不是很多。对其权属确定,应按以下原则确权:(1)对以语言形式表现的民间文学艺术作品的著作权归属口

---

① 段宝林:《神话史诗〈布洛陀〉的世界意义》,《广西民族研究》2006年第1期。

传者;(2)对以语言形式表现的民间文学艺术作品的著作权属,如在确权有争议的,暂时先归属所在地特定的民族、族群或者社群;确权事实清楚的明确权属为民族、族群或社群。

(四)涉外作品确权

目前,已知越南河江省发现有2本布洛陀手抄本,属于布洛陀文化系列的非遗,其收藏者身份尚未清楚,作品内容也不了解。按照国际法,非遗作品确权由越南政府处置。

四、布洛陀文化遗产保护利用建议

(一)抓紧抢救布洛陀经书

目前,滇桂壮族地区流传的布洛陀麽经手抄本应不在不少,仅云南初步调查的线索有3000多条,其中属于布洛陀经书的约占一半,而广西壮族地区各地也还有不少民间收藏的手抄本。为此,当务之急还是加强对布洛陀经书的抢救工作,政府职能部门、高校、科研机构都应高度这一工作,从国家文化安全和保护传承中华民族传统优秀文化大局出发,加强这一抢救工作,优先安排足够的经费和精干的人员,重点深入边境地区和偏远山区,抢救布洛陀手抄本经书,并建档立卡,建立布洛陀经书资料库,防止布洛陀麽经流失,为研究和保护打下良好基础。

(二)加强翻译人才培养

"文革"中,田阳县布洛陀传承遭受严重破坏,布麽被批斗,麽经被收缴烧毁,传承受到巨大损失。这种一直延续到改革开放以后的20世纪80年代。进入到21世纪后才真正获较多重视与保护。然而,由于受到价值观、市场和外来文化冲击,目前广西和云南布洛陀文化传承遇到不少困难,最大的困难是整理和翻译专业人员青黄不接。据不完全统计,目前广西对布洛陀麽经手抄本比较精通,能胜任整理和翻译的专业技术人员不到20个,云南就更少。由于专业人员缺少,目前有50本左右的布洛陀麽经手抄本无法启动整理与翻译,有钱使不出,影响整理翻译与出版。为此,建议广西古籍办与相关高校科研机构组织一个班子,开班对滇桂有关部门办布洛陀麽经整理翻译培训班,边学边干,力争三五年内培训一批专业整理翻译人才。也希望各级政府文化部门，安排有一定文化基础的在编人员参加培训，促进布洛陀麽经专业技术人才的成长壮大。

（三）加强民间布麽培养

民间布麽是布洛陀的传承与保护最重要的保护传承人。然而，目前像黄达佳那样掌握布洛陀经书诵唱传统的布麽寥寥无几，初步掌控布洛陀经书的布麽也不多，年轻人不喜欢传承，基本上还是依靠退休干部、教师、村干等"半路出家"的"老文化人"来学习传承，老艺人所剩无几，传承面临后继乏人，这是一个非常突出的问题。如何破解这个难题？一是"近亲繁殖"。保护传承布洛陀文化首先从传承人世代相传开始，这是最快最好的传承。因此，政府应该鼓励布麽跨代传承，并给予一定的奖励。二是从退休老干部、退休老师或村干中特色培训传承人。这些退休老干部、退休老师或村干，他们党性强，热爱本民族文化，而且也有文化积累，生活也有保障，因而他们可以无忧无虑地安心去学习和传承布洛陀麽经，并在最短的时间内实现预期目标。三是以老带新。在普查的基础上，政府应对各乡村布麽进行分类，原则上在每个自然屯安排以老带新，建立布洛陀麽经师徒传承模式，培养一批年轻的布洛陀文化传承人，为壮族麽经布洛陀传承与保护奠定发展基础。

五、结语

布洛陀文化是我国南方重要的优秀传统文化，其文化特征独特，文化价值重要。然而，当今保护传承还存在一些问题，需要各级文化部门、高校和科研机构的高度重视，并采取措施给予扶持。当务之急就是及时抢救布洛陀经书，培养大批专业的整理与翻译人员，加强民间布麽人员的培养，力争三五年内破解重点难题，为保护传承布洛陀文化做出贡献。

〔赵明龙：广西社会科学院民族研究所研究员〕

布洛陀文化与壮族社会和谐

黄明标

我国壮族是一个有着1700多万人口的民族，在全国56个民族中，壮族仅次于汉族为人口第二大民族。在全世界2000多个民族中排列第60位，也是比较大的民族。壮族主要居住在我国广西及周边的云南、贵州、湖南和广东，是这片土地上的土著民族。壮族与汉族和其他少数民族杂居，壮族有自己的语言、宗教和文化。其传统文化观念的核心和重要标志是布洛陀文化。受布洛陀文化传统观念的影响，几千年来壮族与其他兄弟民族世代和睦相处，没有发生什么大的纠纷和骚乱。本文试就布洛陀文化与壮族社会和谐之间的关系做些探讨，供热心于民族文化研究的诸位师尊参考。

一、布洛陀与壮族

（一）布洛陀其人

布洛陀，这是壮族神话传说中的人文始祖。相传很久以前，在神州大地还是空空无物的时候，布洛陀与母六甲受上苍派遣，下凡人间创造万物世界。那一天，布洛陀挑着一对大箩筐，箩筐的一头坐着五个孩子，另一头装着被褥，来到田阳这块地方上空。突然天空乌云密布，狂风大作，电闪雷鸣。滂沱大雨中响起一声炸雷，劈断了布洛陀肩上的铁木扁担。霎时，装着被褥的箩筐跌落下来，变成了敢壮山；装着孩子的箩筐落在西部，五个孩子变成了五座小山，世称"五子山"。孩子没有了，布洛陀与母六甲在敢壮山岩洞中住了下来，在这里生儿育女。后来，布洛陀和母六甲又把儿女们送到新的山头去，儿子又有孙子，子子孙孙遍布各地，布洛陀便成为这块土地上的人类始祖。

"布洛陀"，"布"字并非姓氏，而是壮民族传统上对本宗族最受尊敬的长老的尊称。"布"为借汉壮语，汉译即"公公""祖公"之意。"布洛陀"这个名字，根据地域的不同而称谓不同，有的地方叫"布洛陀"，有的则叫"布渌途""布碌途""布六途""布弄图"。不管怎么称呼，都指同一个人。"布洛陀"（Baeuq lueg doz）三个字是古壮字，"布"的规范古壮字为"甫"；"洛"字实际上是古壮字"渌"的异体字，"洛"民间又有两种解释：第一种是山弄的"弄"，而不是读成"懂不懂"的"洛"。其意思是指"布洛陀"是石山弄场里本民族最早的祖公；二是"渌"，指山谷田垌。因为布洛陀所产生的时代背景就是农耕时期，农耕早期的水稻就是移栽在水源丰富的山谷里，所以我们老祖宗的名字就打上了"渌"的烙印；"陀"这是汉字壮语谐音，其壮语的意思并不是多少的"多"，而是寻找钱财、创造家业的壮语"托"。三个字连起来，意为在山谷里开天辟地创造万物，创造财富，无所不知无所不能的始祖公。在右江流域一带，民间说法基本认同"布渌途"或"布弄陀"。布洛陀是否壮民族有血缘关系的始祖？目前无法做血缘考证。但是，民族始祖可以有血缘关系，也可以无血缘关系。只要得到本民族的认同，他就是民族的人文始祖。黄帝和炎帝得到整个中华民族的认同，所以他们是中华民族的人文始祖。布洛陀得到了壮民族的广泛认同，所以，他是整个壮民族的人文始祖。

（二）布洛陀崇拜

民族崇拜产生于民族心里，这种民族心里就是寻根问祖、尊崇祖先的心里。壮民族认同布洛陀是本民族的创世始祖，世间的一切都是他制造，因而出现了历经数千年而不衰的信仰崇拜和神灵崇拜。

1. 信仰崇拜。壮族对布洛陀的信仰崇拜，主要表现在两方面。一是壮族先人是布洛陀与母六甲制造。相传很久以前，布洛陀与母六甲来到敢壮山以后，有一天，母六甲在母娘岩里的一堆黄土上屙了一泡屎，捏了五个泥人。泥人活起来了，但是没有头发和眉毛，布洛陀割来龙须草栽在泥人头上和眉弓上，头发和眉毛长出来了；没有喉结，没有肠衣，布洛陀又找来芦苇节做喉结，通心草做肠衣；女人没有奶就用柚子装上；男人没有胡子，用烧黑的茅灰贴上。没有生殖器怎么办？布洛陀又找来杨桃和红辣椒，抢到辣椒的泥人变成男人，抢到杨桃的变成女人。

布洛陀和母六甲造出了泥人，也生出了许多孩子，孩子长大以后，布洛陀把他们送到各个山头去，创造新的世界，造出了一个又一个村寨。这些村寨，布洛陀都一一给取了名，例如"那贯、那了、那务、那笔、那宁、那塘、那怀、那骂、那菜、那厚、那豆、那化……"

壮族信仰布洛陀不仅能造人，而且还是万物的创造者。他看到孩子们用木叉挖地很辛苦，就造出黄牛水牛犁田耙地；接着又造"厍斗"厍水灌田，造家猪给那务屯养；叫小鸟飞过江河高山，寻找野生稻来播撒；用云母岩石击打造火，砍木造干栏屋……万物造出来了，世界造出来了，布洛陀给世间安排秩序。老虎生性凶狠，他派老虎进深山守老林，规定不得下山侵害人类和其他生灵；毒蛇被限制在地洞里，守着邻居的老鼠，不让老鼠出来偷粮食；人以为自己掌管世间一切就高傲，吃东西没有节制，而且吃多屙多，到处屙屎不卫生。布洛陀认为这样子下去会坐吃山空，规定只能一日三餐；从前太阳成天挂高空，没有白天黑夜，害得人畜不得休息。布洛陀叫太阳十二时辰里只能辰时升起，酉时下山，这才有了天黑天亮，人畜才能睡觉休息。

2. 神灵崇拜。人世间本来没有神，"神"是人们在长期的社会活动中，对那些为人类做过许多好事、很了不起的英雄人物的崇拜而上升为神。神是完美无缺，神力无比的。壮族先民尊崇布洛陀为始祖，自己是布洛陀的子孙。为了表达对老祖宗的孝敬，大家以布洛陀降临敢壮山的那一天，作为布洛陀的生日来纪念。每年到这一天，人们都涌到敢壮山拜寿。后来，人们对布洛陀的认识又有了升华，认为布洛陀不仅只是始祖，而且还是创造万物的创世神；无所不知、无所不能的智慧神；倡导伦理道德的道德神。随着壮族民间麽教的产生，布洛陀又被推崇为麽教的主神，从而成为人人倾仰的至高无上的大神。于是，在没有文字和绘画的古代，人们在布洛陀和母六甲居住过的母娘岩里立起了两尊大石头，作为布洛陀母六甲神像来供奉，每年布洛陀生日这天，大家从四面八方涌来母娘岩朝拜布洛陀。由于人太多，他们一边排队等候一边烧香，香火从山脚一直烧到山上，形成一条壮观的香火长龙。到了三月初七，朝拜进香基本结束了，可是大家总觉得还不能表达内心对老祖宗的崇敬之情，于是，以敢壮山为轴心的各村各寨，不约而同地抬着三牲祭品，汇集敢壮山脚举行祭祀，形成了一年一度的"万民祭祖公"的始祖祭祀大典，人数少则三四万，多则三十几万。

壮民族崇拜布洛陀大神，这种崇拜不仅出现在敢壮山和田阳，在其他壮族地区均有布洛陀神灵崇拜，建有布洛陀庙，还有布洛陀神山、布洛陀神树，有固定的布洛陀祭祀日。云南马关县仁和镇阿峨新寨东南面有座布洛陀神山，山上有四棵高大的布洛陀神树，当地人叫"美洛陀"，每年农历五月二十九日大家都来这里祭祀布洛陀。这种布洛陀神树遍布壮族各村各寨，无村不有。神树为榕树，大多种在村头村尾，而且分有"公母"树，公树为大叶榕，壮语"个隆"，为布洛陀的化身；母树为小叶榕，壮语"个厘"，为母六甲的化身。神树的功能一为镇妖驱邪守村寨，二是为人禳解灾难。因此，每月初一十五，壮人都要给神树上香，逢年过节各家各户必定抬祭品去供奉，祈求大神保佑平安。如果谁家有病有难，则请麽公到神树前做麽，喃诵《麽经》，请布洛陀降临消灾解难。

壮民族对布洛陀的崇拜由来已久，深入人心。就是在20世纪特殊的历史时期，这种崇拜也没有间断，只不过形式和规模不同而已。这种旷日持久的民族崇拜，催生了壮族民间祭祀文化、宗教文化，形成并丰富了独特的布洛陀文化及其经典标志——《麽经布洛陀》。

二、布洛陀文化与《麽经布洛陀》

布洛陀文化是壮族文化的重要组成部分，其内容包含神话传说、民间故事、歌谣谚语、风俗礼仪和宗教祭祀等。《麽经布洛陀》是布洛陀文化的精髓和经典。

（一）《麽经布洛陀》的主要内容

《麽经布洛陀》（以下简称《麽经》）是流传于壮族民间的古壮字手抄本麽教经书，以自制土沙纸抄写，封面封底过桐油，其文体为五言体腰脚韵壮族民歌体句式，由麽教神职人员代代传承珍藏，在麽公做法事仪式时喃诵使用。《麽经》广泛流传在壮族民间，侗族、毛南族、水族和傣族、布依族、仡佬族、仫佬族、黎族也有流传。但是，由于长期受"左"的思想影响，人们没有认识到《麽经》在民族文化遗产中的地位和价值，一度被扣上封建迷信的帽子而屡遭搜缴焚烧。因此，幸存的《麽经》只有在偏远的山区农村才能找到。目前，广西区内仅搜集到35本，区外云南5本，其中汇编成《麽经布洛陀》出版的有29本。田阳是布洛陀文化的重要发祥地，20几年来已经收集到的《麽经》各种版本有31本，上送广西古籍办28本，有15本被汇编进《麽经》或《布洛陀经诗》出版发行。

"麽经"的"麽"为象声词，即麽公在做麽法事活动时，轻声喃诵经文发出的声音。由此延伸，从事这一壮族民间宗教法事活动的神职人员就叫"麽公"或

"甫麼","甫"是壮语"人"的意思,汉译即"从事麼事活动的人",其宗教教名叫"麼教",其经文即"麼经"。"麼经"和麼教大约产生于秦汉时期,但是,由于秦汉时期壮族文字还未发育成熟广泛使用,壮族麼教经文只能靠口头背诵传承。唐宋时期是中华文化的兴盛时期,这时的壮族文字在原有象形文字的基础上,发展成有别于汉字的古壮字,这才有了《麼经》手抄本在民间传抄。《麼经》手抄本有不同的版本,虽然因地域不同,内容略有差异,但总体是一致的。

1. 创造万物。"创造万物,开天辟地"是《麼经》的一个主要内容,约占全书500万字的四分之一。这些章节有:《创造天地》《造雷雨》《造火》《找水》《造天地万物》《造水和江河湖海》《造做麼》《寻水》《人造兰麼》《麼造兵》《麼造弄造渌》《造干栏》《造牛》《布洛陀造麼》《创造万物》《造田种谷》《创业兴家》等。这些不同的章节,从不同的角度记述布洛陀开天辟地造万物的过程。

2. 开创有序社会。从原始社会过渡到文明社会这一过程,是人类历史上的"无政府状态"时期。这个历史时期人们群龙无首,社会纷乱繁杂,动荡不安。于是,布洛陀就"造头人来掌印,造土官来管地方,造皇帝管国家"。还造文字历书,制定古律规矩,开创有序和谐社会,使土官有章可循,照"官书"行事,百姓守"官规"。这部分的章节内容有:《造皇帝造土司》《造土官》《造文字历书》等。在这些章节中,布洛陀诏告天下子民,天下由"皇帝"管理,"十二国"的人全听他的;各地方建有府、州、县、峒,设土官管理地方,地方的人全服从土官管理。这里所说的"十二国",是指壮族十二支系,"皇帝"实际上指的是部落首领。这是壮族历史上主张设立国家政权组织,建立和谐有序社会的最早文字记录。因为有了"皇帝和土官",才有人来治理国家,社会才得以安定,人民才安居乐业。

3. 倡导伦理道德、孝敬长辈。《麼经》中另一个突出的内容,就是进行伦理道德教育。远古时期,人是没什么伦理道德可言的。"家公与媳妇同床,大伯与弟媳同睡";儿子打骂老子,媳妇不给家婆吃饭。更为不能让现代人接受的是,父母死了,全村人来分吃死人肉;盖房子没有肉,杀父亲给众人吃,杀外孙给外婆送肉。布洛陀改变了由野蛮社会带来的这种陋习,教育人们讲伦理道德,男女不能乱伦;儿女要孝敬父母,媳妇要善待家公家婆;晚辈要尊老爱幼,做孝贤孙;兄弟要亲如手足,妯娌情同姐妹;邻里美言相对,以礼相待,和睦相处。布洛陀倡导伦理道德的代表经文有《唱童灵》。《唱童灵》讲的是放牛娃童灵的故事。童灵是个孝子,经常帮着父母放牛。有一天,他看见母牛生产很痛苦,好不容易才把小牛生了下来，回到家里他把看到的情况告诉母亲。母亲听了深情地说："儿哟，母牛生产辛苦，而我怀你九个月才生下来更辛苦。"听了母亲的话，童灵在心里反思，父母亲生我养我这么辛苦，将来老了死了，还要吃她的肉，太残忍了。于是，他动手找木板来钉一口棺材。不久，童灵妈去世了，他把妈的尸体装进棺材停放在中堂守灵，等到尸体全部腐烂了才给邻里报丧。村里人听说童灵妈死了，大家像往常一样集中到童灵家，准备吃童灵妈的尸肉。面对邻里乡亲，童灵流着泪说："各人都有各人父母亲，父母生养我们不容易，我们怎能吃自己父母的肉？"童灵要拿牛肝来代替母亲的肝，拿牛胆来替代父亲的胆给众人吃。这个主张众人不接受，他就去找布洛陀。布洛陀说：人生在世很辛苦，死了不能吃他的肉，可以用牛肝代替。子孙要坐在棺材两边守灵戴孝，用白布包头遮耳，捻麻做孝衣，三天不得说话、不唱歌、不敲铜鼓、不打皮鼓；有手镯不能戴，耳环不能戴，红衣长衣不能穿。于是，童灵杀了自家的水牛，以牛肉代替母亲的肉分给大家。牛肉分完了仍然不够，童灵有六兄弟姐妹，一个卖身换水牛来杀，一个当身买棺材葬父亲。从那时开始，人们就以牛肉代替父母亲的肉，不再吃死人肉。后来，随着人们伦理道德观念的升华，每当丧事吃牛肉时，自然联想到这是父母亲的肉，再也吃不下去了。所以，壮族地区每逢丧事都禁忌吃牛肉，只吃些竹笋、木耳、豆腐之类的副食品。父母亲死了要以棺葬，儿女要披麻戴孝，儿子要剃光头，女儿披头散发，120天才能脱孝，初一十五还要上香祭亡灵。

4. 惩恶扬善，消灾解难。一是解冤经。所为"冤"，实际上并非字意上"冤枉"的"冤"，而是指社会生活中人与人之间的矛盾纠葛。壮族麽教认为，家庭成员或者社会上人与人之间产生的各种矛盾纠纷，都是因为平时供奉神灵不够，导致神灵不满离去，使妖怪魔鬼乘隙而入作祟，因此必须安神龛，祭三牲来驱邪赶鬼，与妖鬼决裂，解除人与人之间的各种冤仇，家庭才能和睦。

二是"赎魂经"。所谓"赎魂"，是指把被鬼怪掳去的魂魄赎回来。"赎魂经"主要是针对禽畜和农作物进行的法事活动。壮族信奉动物、植物有灵魂，动植物神在，灵魂在；神不在灵魂也失去。没有了灵魂，六畜五谷就衰败。因此，壮族有固定的禽畜谷物祭日，每年大年初一开始，正月初一鸡、初二鸭、初三猪、初四羊、初五牛、初六马、初七人、初八稻谷、初九豆类、初十灯开花。凡到祭日这天，人们都要分别在鸡笼、鸭棚、猪栏、羊、牛、马棚、米缸、豆坛上贴红纸条，上香祭祀。此外，每年三四月瓜田第一次出瓜蕾时，就要给瓜蕾送"襁褓"，留住瓜蕾灵魂不落蒂。每年六月初六举行"赎谷魂"仪式，那天各家各户送上贴着红纸条的芦苇枝条到田里去,每块稻田插一根芦苇小枝条,顺手摘一片稻叶,带回家祭祖神,赎谷魂保丰收。

除上述内容外,《麽经》中还有诸如"婚姻家庭""修路架桥""分宗开亲""创业兴家"以及为人处事等,社会生产生活方方面面的内容,涉及壮族社会的各个领域。

(二)《麽经》的社会用途

《麽经》是布洛陀文化体系的核心和重要标志,具有很高的社会应用价值和广泛的社会用途。其主要用途有三个方面:

1. 麽公做法事活动的经书。壮族《麽经》为传世手抄本,首先作为麽教的经书,在麽教神职人员中代代传承,是麽公做麽时必须喃诵的经文。所以,麽教神职人员都把《麽经》视为传世珍宝,有些老麽公临死还不肯留给徒弟。

2. 民间山歌的歌本。《麽经》全文基本上为壮族田州山歌五言体腰脚韵歌书,其内容除部分章节只有做麽时才用得上的以外,其余都可作山歌歌本,在社会上或歌圩上传唱。例如,"布洛陀造天地造万物""造皇帝造土司""造文字历书""造火""唱汉王""唱汉王祖王""孝仪传歌""十月怀胎"……这些章节与右江河谷的田州山歌叙事排歌句体相同,各种场合都可以唱。田阳县壮族民间歌王黄达佳是祖传布洛陀古歌的第七代传人,他一口气能唱布洛陀古歌三天三夜,就是一个例子。

3. 布洛陀神话传说故事的蓝本。布洛陀民间传说故事与《麽经布洛陀》有千丝万缕的联系。在壮文字还未发育成熟的年代,人们在生产劳动之余就有讲故事叙说历史传说人物的习惯,可以肯定,布洛陀民间传说神话故事要比"麽经"早。但是,口头传说因为时间的推移或地点的不同而会有差异,而有文字抄录的"麽经"显得更翔实更规范。因此,后来的民间传说自然而然地又以"麽经"为蓝本,讲起故事来才不至于遗漏或添加。实际上,"麽经"中的《造万物》《造火》《造谷种田》《寻水》《童冈》《汉王与祖王》《射太阳》《布洛陀出世》都是非常好的故事蓝本。

三、布洛陀文化对壮族的影响

布洛陀文化体系产生于久远的年代,在漫长的历史跋涉过程中,布洛陀文化熏染着一代又一代的壮族子民，对壮民族的性格特征、社会形成，在思想上和行为上产生了重要的影响。

（一）崇尚"艰苦奋斗创造世界"的思想影响

翻开《麽经布洛陀》卷首，在"创造天地"一章里有一个故事：古时候天地是一块很大的磐石，所以天地没有日月生辉，没有动植物生灵。布洛陀就造了两只大螺蜂和两只大蛣蜋，螺蜂的嘴巴像鸭嘴长，像大刀利；蛣蜋的爪子像鹰爪，像锯子。他要螺蜂和蛣蜋来啃磐石，整整咬啃了七个月才咬成一条缝。布洛陀又造了成百上千的人共同来掰大石头，终于把磐石掰成两片，上面的一片成了天，下面的一半成了地，这才把天地造出来……

螺蜂和蛣蜋咬磐石，这是不可思议的神话，是不对称的挑战。但是，螺蜂蛣蜋硬是靠着坚忍不拔的顽强精神，向磐石挑战，用意志把大磐石掰开，造出了天和地。螺蜂蛣蜋咬石头的精神，正是布洛陀文化精神，是壮族艰苦奋斗创造世界的民族精神。壮民族正是靠这种精神思想，从双手刨地、石头翻土开始，一步一步走到今天。

首先，在新石器时代，人类社会开始进入农耕时期，壮族先民在华南、西南这片贫瘠荒芜的土地上开荒造田地，首先遇到的困难是没有生产工具。先人们靠着削光了的木叉，和旧石器时代遗留下来的石器"手镐""手斧"来掘地，滴在地上的汗水比挖出来的泥土还多。但是，聪明的先人从旧石器工具中得到启发，创造出了具有时代最先进技术的磨制石器生产工具：石铲、石斧、石锛、石刀，替代木凿和手斧手镐，从而大大提高了生产力。特别是石铲的出现，石铲北方称"石耜"，其形状与今天的"锹"相同，是翻土深耕的好农具。石铲在壮族地区壮语叫"烈"。壮族先民使用石铲作农具有据可查：其一，"布洛陀经诗"中记载："从前没有犁，用什么犁地，用什么耕田？""从前没有犁，用山石犁地，用石烈耕田。"其二，在广西的壮族地区，已查明遗存有400多处新石器时代文化遗址，其中有36个县116处文化遗址出土大石铲。其中，田阳发现新石器时代遗址8处，出土大石铲4件；临近的百色革新桥新石器时代遗址，2002年发掘出土磨制石器1000余件；壮族聚居的隆安县，仅大龙潭新石器文化遗址一处，就出土了大石铲231件。据中国社会科学院考古研究所C14实验室对1978年出土的大龙潭石铲进行测试，其年代距今为4735±120年，树轮校正距今为5300±150年，这个年代测定结果正是农耕时代早期。父系氏族初期与农耕社会早期同期，这个时期也是布洛陀文化形成的时期，两者年代吻合，证实遍布在广西壮族地区的 400 多处新石器时代文化遗址，正是壮族先民艰苦创业的历史遗迹。

大石铲的时代已经过去，我们再也用不着"双手刨地石挖土"了。但是，正是这种"双手刨地石挖土"的精神造就了我们的民族，形成了壮族人崇尚劳动，以苦为乐的民族传统。说到劳动，我们的祖先总是把一天的时间安排得满满的，不知从哪一代哪一年开始，壮人就养成了"寅时吃早餐，栏下解牛栓；卯时天微明，夫妻同下田；中餐在地头，一刻不偷闲"早出晚归的习惯。每天早上天不亮就煮好一大锅粥，够全家吃大半天；天刚亮就打着一竹筒粥下地干活，一干到天黑。今天，我们虽然看不到竹筒，插秧时也用不着"面朝黄土背朝天"，但是依然看到了起早贪黑、吃苦耐劳的新一代壮人。2005 年，笔者在田阳县城郊凤马村度立屯参加考古发掘，看到这里的农民住着楼房，看着大屏幕彩电，手里玩着手机，可我怎么也想不到，在这么美好的生活环境下的现代农民，干起活来也是玩命的。在半年时间里，我看到他们一天的安排是：夜里三四点钟起床，男下地，女煮饭菜；天微明拉菜到县城卖，回来匆匆扒两碗饭，8 点钟到工地上工；中午下工休息时间，民工不是回家而是进菜地去，有的淋菜，有的喷农药，有的种菜；下午 2 点钟回家吃午饭，3 点钟上工；晚上 6 点收晚工时，男的下地干活，女的回家做饭。在他们身上，壮族先辈们吃苦耐劳的精神一点也没有消退。

（二）注重"文明礼貌"的思想影响

壮族人讲文明、讲礼貌，是一个热情好客的民族。他们重礼仪，尊老爱幼，人际之间讲究互助互爱，相处融洽。

1. 重礼仪。壮民族重礼仪，人与人见面要打招呼，如果不打招呼则视为无道德行为，没教养。如果有客人，就是从未谋面的生人，也得叫客人进家里坐一坐喝碗粥。敢壮山下的几个村子，可为典型的礼仪之村，每年三月朝拜布洛陀时，村里各家各户都准备饭菜，做米粉留给客人。那几天谁进家里，不管认识与否都接待，而且不收饭钱。

壮族人重礼仪，讲礼貌的另一个特点，就是人与人之间除小孩外，均不直呼其名。如果直呼其名则被视为对人不恭。在称呼对方时，如果是尚未生育的男女，则在对方名字前加上辈分称。例如，对年纪比自己大的同辈则称"哥（姐）××"，对前辈的称"叔（婶）××、爷（伯）××、公（爷）××……"对辈分高年纪小的人，即使是三岁小孩，晚辈人同样要按辈分称呼对方"叔或姑 ××，公（爷）或婆（奶）××"。而少年小前辈对大龄晚辈的称呼，首先要按年龄称对方为哥或姐，然后，如果与对方是父辈关系的则称为"哥（姐）侄"，是孙辈的称"哥（姐）孙"。对于已当了父母的人则避讳喊名字，其称谓改为"爸××、妈××"。就是其生身父母、祖父母，他们对儿子、儿媳，孙子孙媳妇，同样改称"爸××、妈××"。在同辈人之间，年少称大的为"哥××、嫂××、姐××"，但是这个后面的名字"××"，已经不是对方的名字，而是换上对方小孩的名字。同样，当了爷爷奶奶的祖辈，其"公（爷）、婆（奶）"后面的名字"××"则换上长孙男女的名字。这里需要说明的是，由于壮语语法与汉语语法是反位的，所以壮语尊称在前，名在后。例如，壮语"哥××"，汉语是"××哥"。在辈分称呼里，壮人称伯父为"爷"，称爷爷为"公"，奶奶为"婆"。

2. 尊老爱幼。最突出的表现是做生日。每个人都有自己的生日，每到这一天都庆贺一番。但是壮族与其他民族不同，壮族人过生日只有几岁以前的小孩和49岁以后的老人才过生日。小孩生日是父母给做的，其意思是小孩小命薄，要做生日祈请祖神保佑小孩健康成长；49岁意味着人生已走过了半辈子，如果是盏灯，油已耗去一半；如果是米缸，也已经空了半截。同时，这个时候已经有了儿孙，儿孙为了孝敬父母，就给父母做49岁生日，俗称"49补大粮"。49岁以后是61大寿、73大寿、84大寿、95大寿等。青壮年和少年不能做生日。因为做生日是"尊老爱幼"，不老不幼就没有资格过生日。

3. 互助互爱。壮人热衷于交往，邻里之间有酒同喝，有好菜同吃，有事互帮。平时，谁家盖房子，大家都来帮工，而且不要报酬。农忙时你帮我，我帮你，互相换工。每逢红白喜事，全村人都来帮忙。对于鳏寡家庭或残疾人，生产生活上有困难会有人自动帮助。每逢过年过节，邻里都摊上好菜，送上粽子、糍粑、糕点。对孤儿，长大后邻居叔伯还会张罗着给成家。

（三）注重"团结和谐"的思想影响

受布洛陀文化的思想影响，壮族非常注重社会的团结和谐。

1. 讲究以邻为善，邻里和睦相处。中国是一个多民族的国家，在960万平方公里的范围内，居住着56个民族。这就注定，哪一个民族都不可能单一存在，都是我中有你，你中有我。即使是在某个民族人口占支配地位的地区，也会有人口较少的其他民族存在。这些共同生活在一个地方的几个民族，如果不能友好相处，势必矛盾不断，纠纷不停。壮族是一个温和而宽容的民族，凡是壮人居住的地方，无论其人口占多数还是少数，都不与兄弟民族争荣誉地位，更不排外，做到了《麽经》中所创导的"人敬人十分，才成恩和谊"。以田阳为例，田阳县境内居住着壮、汉、瑶三个民族，总人口33万人，其中壮族29万人，分布在全县10个乡镇153个行政村中的151个村，是土著民族；汉族3.3万人，除城镇居民外，分布在全县的30个行政村中，与壮族杂居，其中只有2个纯汉族村；瑶族仅有1047人，住在山区中的三个行政村，同样与壮族杂居。汉族和瑶族不是土著民族，但是壮族不排汉，也不排瑶，特别是汉族。汉族除了两个村为高山汉以外，其余全部居住在富庶的右江两岸。然而，历史上从未发生过土著民族驱赶汉族的事件。壮、汉同饮一江水、同住一条村，甚至同在一个屯，都没有发生过碰碰撞撞的事。两个民族以礼相待，相互通婚。出门相见时，彼此非常礼貌地主动用对方民族语言打招呼，显得非常亲切、和谐。

2. 注重社会秩序，维护行政权威。壮族是以种植水稻为主的农耕民族，由于水稻生产的需要，壮族先民追求稳定，崇尚社会有序，较早就开始定居。但是，人们开始定居时还处于"群龙无首"状态，定居点经常发生打架斗殴、抢劫的事，社会混乱无序。后来布洛陀发话："天下无主会动乱，地方无官有恶人。"必须"造个土官管地方，造个皇帝管天下。"定居点这才有了首领，后来的村、屯才有了族长、屯长、村长来管事，坏人坏事才少起来。平时如果发生了什么事，人们就找官人或官府解决，不喜欢闹事。这种自然、古朴的民风一直得以传承至今。20世纪20年代初，奉议县（今田阳县）知县曾伯龙贪赃枉法，欺压百姓，民愤极大。该县的壮族人民没有聚众围攻、谩骂官府，而是以联名上书的办法，状告曾伯龙。当时的广西省政府顺应民意，严查处决了曾伯龙，没有引起什么社会骚乱，维护了政府威信。

3. 注重国家利益，维护中华民族统一。中国是个多民族国家，国家的统一、民族的团结是首要问题。但是，由于受历史的局限性，历代的封建王朝对处于从属地位的少数民族，都带有歧视性或偏见。要维护国家的统一、中华民族的大团结，汉族和各少数民族必须从国家统一的大局出发，不理会非主流的民族歧视或偏见，主动搞好民族团结，任何情况下都不能动摇国家的信念。壮族就是一个国家观念非常强的民族，在任何历史条件下对国家都忠贞不二，不搞民族分裂。田州岑氏土司是广西壮族最大的世袭土司氏族，从北宋开始到清光绪元年统治田州长达780多年，历经28代，但是没有一代土司起兵反朝廷，即使受委屈亦无叛心。明嘉靖五年（1526年），田州十三世土司、田州府指挥同知岑猛被两广总督盛应期诬陷反朝廷，上疏奏调八万官兵征剿田州。在大兵将至之际，手握万名土兵的岑猛"裂帛状陈军门"，派长子岑邦彦亲往陈述田州并无反心。同时下令部属："兵至，无与交锋。"新任两广总督姚谟明知岑猛确无反心，仍指挥八万官军兵分八路杀进田州。岑猛喊冤，父子双双遇害，至死坚持不与官军动一刀一枪。后来，新建伯王守仁总督两广军务，亲赴广西处理田州后事，查实岑猛确实不反朝廷才予以平反，肯定田州"岑氏乃五百年忠孝之家"。

　　壮族人民忠于国家，有较强的国家意识，认识到没有国家就没有民族。因此，能不遗余力维护国家统一，一旦受到外国入侵，壮族做到绝对服从国家调遣，忠贞报国。嘉靖三十三年，倭寇大举入侵我国东南沿海，留都南京危在旦夕，朝廷急诏田州俍兵御倭。当时田州旧主岑芝应诏海南御敌，刚刚阵亡五年，其长子岑太寿年幼不能掌兵事，田州土司上下不肯出兵。田州十三世土司岑猛遗孀瓦氏夫人力排众议，58岁代曾孙率五州俍兵6873人、战马450匹，赴江浙抗倭，授参将总兵衔。瓦氏夫人在江浙参加了著名的"王江泾大战""金山保卫战"等八次大仗，连战皆捷，战功卓著，被江浙人民誉为"石柱女将军""宝髻将军"，受到明皇两次诏赏，特封二品夫人。在田州，岑氏土司数百年间奉调出征不仅有瓦氏和岑芝，其中为国尽忠或战功卓著、被朝廷加官晋级者还有：元朝延祐年间，田州四世土司岑世兴的三弟岑世元为国尽忠，授修武郎，赐建"岑三爷庙"；明永乐田州知府岑永通，晋授指挥使；成化田州知府岑镛，授布政使司右参政；嘉靖二十九年田州知州岑芝为国尽忠，赐奉训大夫，赐祭；万历田州知州岑懋仁，授参将加总兵服；清乾隆田州知州岑宜栋为国尽忠，授中宪大夫，赐建"昭忠祠"。

　　田州岑氏土司为国立功、为国尽忠的英烈不仅这些。以嘉靖三十四年江浙御倭为例，当年随同瓦氏夫人出征的田州战将有24员，仅漕泾一战就有"头目钟富、黄维等十四人俱死，兵众失亡甚众"（《明世宗嘉靖实录》卷4）。瓦氏夫人的爱侄岑匡小将，在金山一战中以一敌六而与敌同归于尽。这些英烈，是壮族人民的优秀代表。他们用鲜血和生命，把壮民族与国家凝结成一体，溶化在中华大地的青山绿水之中。

　　布洛陀文化是壮族传统文化体系的重要组成部分。布洛陀文化现象浸透在壮族社会的各个领域，形成了独特的观念文化体系，成为壮民族观念文化的核心，影响壮民族的世世代代民众，塑造出一个勤劳善良、热情好客、善解人意、有包容心的壮民族。布洛陀文化体系是倡导社会团结和谐的传统理论基础。

参考文献

[1] 黄桂秋:《朝圣纪略：敢壮山祭祀布洛陀的历史成因及其活动内容》,覃乃昌主编:《布洛陀寻踪》,广西民族出版社,2004年。

[2] 张声震主编:《壮族麽经布洛陀影印译注》,广西民族出版社,2004年。

[3] 张声震主编:《布洛陀经诗译注》,广西人民出版社,1991年。

[4] 黄明标:《布洛陀与敢壮山》,广西民族出版社,2004年。

[5] 谢光茂:《广西旧石器时代考古回顾与瞻望》,《广西考古文集》(第二辑),科学出版社,2006年。

[6] 李珍:《广西新石器时代考古七十年述略》,《广西考古文集》(第二辑),科学出版社,2006年。

[7] 梁庭旺、罗宾:《壮族伦理道德长诗传扬歌译注》,广西民族出版社,2004年。

〔黄明标：广西田阳县布洛陀文化研究会会长、研究员〕

壮族布洛陀文化"走出去"路径研究

陆 勇

一、引言

十八大以来,党中央高度重视中华文化"走出去"工作。"十二五"规划纲要草案提出,"要传承优秀民族文化,创新文化'走出去'模式,增强中华文化国际竞争力和影响力,提升国家软实力"。近年来,这一战略目标得到了较好实施,中华文化的"走出去"有了长足进步。例如,《大中华文库》通过组织中外专家学者选择具有代表性的中华文化经典作品成功地进行翻译、出版、发行。如今中国特色社会主义进入新时代,文化自信更是得到了极大的彰显,党的十九大报告又提出,"要加强中外人文交流,以我为主、兼收并蓄"。由此可见,国家非常重视中华文化"走出去",因为它是提高中华文化国际影响力、竞争力,是实现中华民族伟大复兴进程中需要解决好的一步棋,同时也顺应了丰富世界文化、维护文化多样性的时代要求。

壮族布洛陀文化是中华文化多元一体文化的重要组成部分。据专家调查,在珠江流域流传着的布洛陀神话不仅具有创世性、始祖性、智慧性、道德性及民间宗教性的特征,而且流传的地域最为广泛,产生的文化影响最大,是珠江流域西瓯骆越先民及其后裔传统文化的核心和标志。壮族布洛陀文化浩如烟海、灿若星河、博大精深,其最初研究始于20世纪50年代,1958年《壮族文学史》收录民间故事"陆陀公公",开启了布洛陀文化研究整理最早的记录。多年来,国内外学者对壮族布洛陀文化已做了大量研究,取得了三个突破:一是布洛陀资料收集整理译注取得突破;二是布洛陀文化研究初步取得突破;三是布洛陀文化保护与开发取得突破。然而,如此优秀、灿烂的壮族民族传统文化没有起到它应有的国际影响力,究其原因,还是在壮族布洛陀文化在"走出去"的路径上研究不够、投入不足,宣传的力度也不够。值我国经过40年改革开放之后中华文化"走出去"蓬勃发展之际,壮族布洛陀文化也应借帆起航,通过文化译介和文化交流的路径"走出去",使这一民族文化瑰宝更好地走出国门、走向世界、融入世界,提高壮族布洛陀文化国际影响力,从而服务新时期国家"一带一路"建设倡议。

以下本文将尝试从壮族布洛陀文化译介和人文交流两方面来探讨壮族布洛陀文化"走出去"的路径。

二、壮族布洛陀文化译介路径

首先,这里要明确的是壮族布洛陀文化译介,不仅包括壮族布洛陀文化典籍文本的译介,也包括壮族布洛陀文化文学作品文本的译介,还包括能够展示当代壮族布洛陀文化的哲学社会科学研究文本成果的译介。壮族布洛陀文化有根、有源、有脉,这些都体现在壮族布洛陀文化的典籍中。因此,推动壮族布洛陀文化"走出去",首先要关注壮族布洛陀文化典籍文本的译介。

(一)壮族布洛陀文化典籍的译介路径

关于壮族布洛陀文化的典籍,最有代表性的典籍是壮族"经典史诗群"的《布洛陀》了。20世纪50年代以来从民间收集整理的《布洛陀经诗》的版本有:1958年《壮族文学史》收录民间故事"陆陀公公";1964年《民间文学》发表覃建真收集整理《通天晓的故事》;1977年覃承勤等收集整理并油印《布洛陀史诗》,正式使用布洛陀;1978—1982年,广西民间文学收集整理到《招谷魂》《招牛魂》等唱本、神话传说《保洛陀》《布碌陀》《布洛陀的传说》等。1991年广西少数民族古籍整理出版张声震主编的《布洛陀经诗》译注,梁庭望等译注的《古壮字文献选注·布洛陀》;2004年,张声震主编的《壮族麽经布洛陀影印译注》(八卷本);2004年,黄明标先生搜集整理的《布洛陀与敢壮山(传说故事)》和《布洛陀与敢壮山(祭祀歌)》;2016年黄明标主编的《壮族麽经布洛陀遗本影印译注》(上中下三卷)等等。这些不同版本的布洛陀经诗典籍,反映了壮族布洛陀经诗典籍文本各个时期不同的研究成果,是壮族布洛陀文化典籍的精髓,因此,壮族布洛陀文化"走出去",做好壮族布洛陀文化典籍文本译介工作至关重要。从译介的方式上划分，笔者认为壮族布洛陀经诗典籍译介可以采取全译、节译、摘译、编译、民族志翻译及深度翻译等路径。

1. 全译（complete Translation）。全译，顾名思义，指将原文原封不动地翻译出来，没有任何删节，是翻译的最基本方式。全译本也包括全英文译本、英汉对照全译本、壮汉英对照全译本等等。全译本利于译文读者全面了解、获取原文本的完整文献信息，特别对于研究学者研究原文资料具有重要参考价值。就目前来看，壮族典籍创世史诗《布洛陀经诗》外译的全译本仍未有人翻译，甚是遗憾。

2. 节译（Episodes Translation）。节译是指对原文进行局部的删节性翻译，允许译者有所删节，但应保持原文内容相对完整。2003年至2004年，澳大利亚墨尔本大学亚洲研究院著名汉学教授贺大卫（David Holm）翻译的《杀牛祭祖》（Killing a Buffalo for the Ancestors）（2003）、《回招亡魂》（Recalling Lost Souls）（2004）就是从壮族"经典史诗群"《布洛陀》选出的节译本。他是第一位外国译者研究与英译壮族《布洛陀》典籍，第一次在国外出版英语版壮学研究著作，在国际壮学研究与翻译方面确有首创之举和翻译实践创新之功，对壮族文化典籍的对外翻译与传播富有开拓意义（黄中习，2016）。

3. 摘译（Selective translation）。摘译指根据特定目的摘取、翻译原文的部分内容，以利译文为读者更方便、更快捷地获取所需原文文献信息的方式。目前仍发现有《布洛陀》典籍的摘译本，假以时日，为方便读者更快捷地获取所需原文信息，根据特定目的、特定读者群而翻译的《布洛陀》典籍的摘译本定会大放光彩。

4. 编译（Translation with Reconstruction）。编译是指译者把一个、甚至几个文本的相关内容进行编辑加工，形成新文本。2012年，由韩家权、潘其旭、黄中习及笔者等国内学者整理编译的《布洛陀史诗》（壮汉英对照），就是从《布洛陀经诗译注》（张声震主编，1991）和《壮族麽经布洛陀影印译注》（张声震主编，2004）中精选编译而成的精选译介本，即通过对两个版本长篇原作进行精选编译，以期译文读者对壮族布洛陀长篇文化典籍有快捷，全景式的了解。通过诸多研究专家的共同努力，《布洛陀史诗》（壮汉英对照）荣获第十一届中国民间艺术最高奖——"中国民间文艺山花·民间文学作品"奖，它的出版发行标志着中国民间文学创作和民族典籍对外翻译事业的新纪元，是壮族古籍整理、翻译和出版的新突破，对壮民族文化的深入挖掘、文化传承和广泛传播并走向世界具有深远的意义和影响（黄中习，2016）。因此，编译做得好也是一个不错的"走出去"的好方法。

5. 民族志翻译（Ethnographic Translation）。近年来，在翻译少数民族文学典籍中，民族志翻译方法深受不少学者、译者如段峰（2014）、王军（2014）、黄中习（2016）等在著述中都倡导民族志翻译是少数民族典籍外译的有效途径。其实早在2003年以前，澳大利亚墨尔本大学"亚洲研究院"著名汉学教授贺大卫（David Holm）翻译的《杀牛祭祖》（Killing a Buffalo for the Ancestors）给我们树立了非常好的民族志翻译研究型文本的典范。民族志翻译基于他族语言文本，又远远超越他族语言文本，其阐释、修辞和写作的特点远远大于忠实于原文和等效于原文意义的翻译标准[①]。因此，我们才看到贺大卫他在完成的"民族研究型译本"（ethnographic-study version）《杀牛祭祖》里有长篇的研究导言、民族语言文化介绍、双语或多语对照译文、原文注释译文、译者的民族志注释，以及附录的译文演唱资料，包括实地演唱仪式介绍、演唱者介绍、演唱现场录音、唱词的语言学标音、字对字直译和相关术语解释等，有的附上光盘说明[②]。不得不说，采用民族志翻译途径，通过充分的"阐释"和"表征"，译本才能最大化地贴近原文本，并保持原文本的"活态"特征[③]。

6. 深度翻译（Thick Translation）。"深度翻译"这个概念是美国翻译理论家奎姆·阿皮尔（Kwame Anthony Appiah）参照文化人类学中"深度描写"一词提出的。他在Thick Translation（1993）一文中，提出了三个理论要点：第一，强调意图的重要性。第二，强调语境的重要性。阿皮尔认为，要了解说话者的意图，就要把握语境，需要"深度语境化"（thick contextualization）。第三，充分关注差异。阿皮尔认为，一部好的文学翻译作品，尤其是用于教学的作品，必须保留一切值得教学的特征。因此，他明确提出了"深度翻译"的方法。他所说的"深度翻译"指的是一种"学术"翻译，即通过注释将文本置于丰富的文化和语言环境中，使原语言文化的特征得以保留。2004年，贺大卫通过深度翻译方法，完成了壮族典籍《布洛陀》节选《回招亡魂》（Recalling Lost Souls）的翻译，黄中习（2016）称之为典型的"深度翻译式译本"（thich-translation version）。2014年，贺大卫与国内学者蒙云耀教授合作，采用深度翻译方法完成出版了壮族典籍《布洛陀》节选《汉皇与祖皇》（Huanveng: The Goose King and the Ancestral King），原文虽只有

[①] 段峰：《民族志翻译与少数民族文学对外译介》，《西华大学学报》2014年第2期。
[②] 黄中习、贺大卫：《壮民族志研究型译者》，《桂林师范高等专科学校学报》2016年第9期。
[③] 王军：《民族志翻译——少数民族典籍外译的有效途径》，《贵州民族研究》2014年第11期。

1536行字，但通过显微研究文化解读"深度描写"（thick description）的方法，以注释及附属词表现形式将文本置于丰富的文化和语言环境中进行深度翻译（thick translation），洋洋洒洒的51万字巨著又问世。

（二）壮族布洛陀文化文学作品文本及哲社科文本的译介路径

前面已说明，壮族布洛陀文化译介不仅包括壮族布洛陀文化典籍文本的译介，也包括壮族布洛陀文化文学作品文本的译介，还包括能够展示当代壮族布洛陀文化的哲学社会科学研究文本成果的译介。

壮族布洛陀文化文学作品可谓丰富多彩，有神话、传说、民间故事、民歌、长诗、歌圩、壮戏、说唱文学等等。哲社科文本更是数不胜数，同样，以上翻译典籍文本所采取的全译、节译、摘译、编译、民族志翻译及深度翻译等路径在译介壮族布洛陀文化文学作品文本及哲社科文本中都可行。数十年扎根于壮族地区的美国语言学博士白丽珠女士在译介壮族布洛陀文学作品上就走在了前面，2000年，经过整整6个春秋的收集、整理、翻译，《武鸣壮族民间故事》（壮汉英对照）由广西民族出版社出版，为壮族布洛陀文化文学作品"走出去"做出了典范[①]。2008年，在澳大利亚亚墨尔本大学亚洲研究院杜立平博士诸多专家及广西壮学会的大力支持下，完成了《广西壮族地区的医药文化及药材贸易》（Medical Culture and Trade in Materia Medica in the Guangxi Zhuang Region）（英汉对照）对外译介工作，为哲社科文本"走出去"指明了方向。

综观上述，从翻译的目的性来说，由于目的不同、需要不同、受众对象不同，路径的选择也应该有所不同。大体上讲，如果是为了让外国读者更快速、更便捷地了解壮族布洛陀文化典籍文化，节选、摘译、编译的路径更适合，一般外国读者更易接受，更受欢迎，当然这也涉及所使用的翻译策略是归化或异化等问题，如《红楼梦》两个翻译版本，英国汉学家霍克思·闵福德采用归化策略翻译的版本在海外大受读者的欢迎，而杨宪益、戴乃迭夫妇采用的异化翻译策略的版本虽在国内一直是被翻译界推崇备至，视为中译英的经典译作，而在国外却少人问津。而从为保持文化传真，保持原文本"活态"方面来考虑，采用民族志翻译及深度翻译路径更适合典籍文本翻译。

---

① 白丽珠：《武鸣壮族民间故事》，广西民族出版社，2000年。

三、壮族布洛陀文化人文交流路径

党的十八大以来，以习近平同志为核心的党中央高度重视人文交流工作，中外人文交流事业蓬勃发展，谱写了新的宏伟篇章，为我国对外开放事业的推进做出了重要贡献，有力推动了全球范围内的人文交流与文明互鉴。

2017年7月，中办、国办印发《关于加强和改进中外人文交流工作的若干意见》，要求"重点支持汉语、中医药、武术、美食、节日民俗以及其他非物质文化遗产等代表性项目走出去"。壮族布洛陀文化是国家非物质文化遗产，"走出去"责无旁贷。因此，我们应该借着国家加强对外人文交流的东风，配合国家讲述好中国故事、传递好中国声音，设计好壮族布洛陀文化"走出去"的人文交流路径。

笔者认为，壮族布洛陀文化"走出去"人文交流方面主要路径有两条，一是政府要主导，二是企业、民间团体并进。

（一）政府的主导作用

1. 文化译介方面，政府要加强与国外机构、汉学家合作，设立专项基金，或采取招投标形式，鼓励国外机构或汉学家参与。中标后按合同要求，译文作品必须在海外出版发行。

其实这方面的合作之前早有先例，著名汉学贺大卫（David Holm）教授翻译的《杀牛祭祖》(Killing a Buffalo for the Ancestors)(2003)、《回招亡魂》(Recalling Lost Souls)(2004)就是一个例子。1993年，贺大卫到南宁拜访张声震及蓝鸿恩两老，商讨要做一个《布洛陀经诗》的英语国际版，于是就与广西古籍办（当时全称为：广西壮族自治区少数民族古籍整理出版规划领导小组）签订了一个协议来完成这项工作[①]。经过多年心血劳作，贺大卫终于于2003、2004年完成了这两部译著，由泰国的白莲花出版社（White Lotus Press）出版发行，反响巨大，用美国北伊利诺伊大学（Northern Illinois University）外国语言文学教授John Hartmann的话来说，贺大卫的研究型译作《杀牛祭祖》和《回招亡魂》堪称

---

① David Holm. *Recalling Lost Souls*: *the Baeu Rodo Scripyures*, *Tai Casmogonic Texts from Guangxi in Southern china*. Thailand: White Lotus Press, 2004.

国际"壮学研究中的一个里程碑"。

2. 由政府牵头，与海外国家建立姐妹城市，开展城市间人文交流活动。广西地处中国南大门，毗邻东盟国家，由于文化同源、民俗相近，便于对外开展人文交流活动。2015年，百色市就与泰国南部的甲米府建立姐妹城市，但这远远不够，政府在这方面需要大力加强投入，引导更多的城市与海外国家建立姐妹城市。

3. 充分利用各种博览会、节假日，大力开展"请进来"和"走出去"的文化交流活动。这方面广西区政府主办的每年东盟博览会以及引导的几大壮族传统节日如广西"壮族三月三""百色市布洛陀文化民俗旅游节""崇左花山文化节"等等，都开展得有声有色，深受国内外游客的喜爱，对宣传、弘扬壮族布洛陀文化起到不小的作用。在"请进来"方面，据笔者多年观察，以"百色市布洛陀文化民俗旅游节"为例，自举办旅游节以来，除2011年邀请东南亚十多位专家学者参会以外，其他年份寥寥无几，在民间舞狮比赛倒是经常请来了越南、马来西亚等国的舞狮队来参赛。在"走出去"方面，应该是少之又少。可喜的是，近几年来，广西"壮族三月三"各地都有举办节庆活动，内容丰富多彩，风生水起。比如去年南宁市举办的"中华一家亲——桂台各民族欢度'壮族三月三'"活动、钦州市举办的"歌飞三月三·情满八寨沟"壮乡嘉年华系列活动，特别是崇左市举办的"中国（崇左）－东盟青年贝侬大联欢"，往年参加的东盟国家嘉宾只有100多人，2017有近500人参加花山文化节[①]。因此，政府加强"请进来"和"走出去"的工作是必要的。在"走出去"方面，比如东南亚泰国的宋干节（又称泼水节）、水灯节等，都可以有组织地走出去交流互动。

4. 加强开展各种国际青少年夏令营的文化交流活动。青少年是国家未来的建设者，民族文化的传承者，壮族要"走出去"，必须从青少年抓起。2012、2013年海外华裔青少年"中国寻根之旅"——美丽广西百色营由百色学院组织开展，效果很好。像这样的活动，可以多在姐妹城市中举办，可"请进来"，也可"走出去"。

5. 成立"壮族布洛陀文化译介与文化交流研究中心"，专门从事壮族布洛陀文化译介与文化交流活动。并与百色学院合作，培养急需人才和后备人才。

总之，广西壮族自治区一级机关应当关注和支持壮族布洛陀文化的弘扬，制定文化走出国门的路径与对策。大力对外展示、宣传壮族布洛陀文化。

---

① 《广西壮族三月三：走出去请进来　民族文化传四海》，《广西日报》2017年5月2日。

(二)充分发挥企业、民间团体的作用

当今国际人文交流领域的趋势是减少政府参与,淡化官方色彩,民间团体力量大有可为。

1. 充分挖掘海外、港澳壮乡侨领及壮乡企业家的引领作用,开展"寻根问祖"或"祭祖"活动,或开展"经济搭台","文化唱戏"的文化交流活动。

2. 充分借助海外各种平台进行宣传。如借助国外著名的电影节、电视节、艺术节、书展、博览会等平台,积极鼓励、推动各企业、民间团体"走出去",宣传壮族布洛陀文化。

3. 加强与国外演出公司合作,让壮族布洛陀优秀剧目"走出去"。壮族有很多优秀的歌舞剧,如《刘三姐》《壮锦》《百鸟衣》《金华银花》等这些艺术精品,可以借助国外演出公司平台"走出去"。

4. 大力开发、推动国内、国际壮族布洛陀文化旅游线路。可以开发布洛陀养生游、布洛陀生态游、布洛陀美食游、布洛陀自然观光游等等,大力发展布洛陀文化旅游活动,这是布洛陀文化宣传最立竿见影的途径。

5. 加强国内网络平台和国外网络的合作。2016年岁末,起点中文网与美国一家以翻译中国网络小说为主的网站宣布合作,签署十年翻译和电子出版合作协议,开启了中国网络小说对外输出的新模式。受此启发,"壮族在线"网站可以和国外网站合作,输出我们优秀的壮族布洛陀文化译著作品。

6. 充分发挥壮族布洛陀文化民间艺人的宣传作用。这些民间艺人有山歌传承人、有器乐传承人、有经诗传唱人、更有一批现代壮语歌手一如既往地用壮语创作、歌唱布洛陀文化。比如壮族著名歌手陆益就是其中典型的代表,他一直致力于壮族布洛陀文化的创作与宣传,代表作有《母亲的祈祷》《新年好》等饱含深情、脍炙人口的壮语歌曲。我们应该多多支持他们,给他们提供更广阔的施展舞台。

四、结语

以上从文化译介及人文交流两方面对壮族布洛陀文化"走出去"路径做了粗浅的探讨。在文化译介方面,提出了全译、节译、摘译、编译、民族志翻译及深度翻译等六种路径;在人文交流方面,主要提出了两条,一是政府要主导,二是企业、民间团体并进。由于资料有限,只能从宏观上略加分析探讨,见笑

方家了。

又一喜讯，2017 年 12 月，《布洛陀史诗》入选教育部国家项目《中华经典资源库》，作为全国高校教材，面向全国、世界推广，这是壮族布洛陀文化的又一盛事。在大力挖掘中华文化，向世界展示中华文化魅力的今天，壮族布洛陀文化也会更积极、主动加入这个潮流。相信在各级政府、诸专家同仁的共同努力下，壮族布洛陀文化一定会在世界文化大舞台上走得更远，更好。

〔陆勇：百色学院副教授〕

神圣与世俗

——"圣""俗"观念下的敢壮山布洛陀祭祀

彭冬宁

壮族是一个拥有 1700 多万人口的民族，现主要分布于珠江流域粤、桂、滇、琼四省。根据 2010 年全国人口普查数据，广西壮族自治区 1444.85 万人，占总广西区人口比例 31.39%。① 壮族拥有光辉灿烂的文化，也拥有自己的语言文字、风俗习惯、宗教信仰。作为壮族最重要的宗教典籍，《麽经布洛陀》拥有其独特的历史地位与研究价值。

伊利亚德是罗马尼亚重要的思想家、宗教学家、宗教现象学家，他在考察其他民族的原始宗教与多神信仰后提出"神圣"（scared）与"世俗"（profane）两个互相对立又互相关联的宗教学术语。对于伊利亚德"神圣"与"世俗"的研究，有利于新时代中国特色社会主义历史背景下壮学的深入研究。

一、"圣"与"俗"概念提出

（一）鲁道夫·奥托的"圣""俗"观

在叙述伊利亚德的"圣""俗"观念前，不妨了解一下对伊利亚德思想影响颇大的鲁道夫·奥托的思想。鲁道夫·奥托在其著作《论神圣》（*The Scared*，中译版又作《神圣的观念》）中论证宗教经验的非理性部分。他认为，非理性部分是神圣

---

① 广西壮族自治区统计局：《广西 2010 年第六次全国人口普查主要数据公报》，http://www.stats.gov.cn/tjsj/tjgb/rkpcgb/dfrkpcgb/201202/t20120228_30385.html，2012-2-28。

剔除理性部分后的剩余物,是宗教的根基。奥托把这种剔除了理性部分的宗教非理性部分称为"神秘感"(numnous)。这种"神秘感"是一个二元对立的范畴,一方面是"恐惧感",即是对超自然威力(divine wrath)的恐惧,由此产生"造物感"与"绝对依赖感";另一方面是对于神往感,即对超自然威力的向往,希望成为超自然的一部分。这种"神秘者"自我表征为超验的、最基本但与人类其他体验完全不同的全然的他者(wholly others)。对全然他者的认识,人类无法用自然语言描述超验的存在,只能做暗示性的表述。①

鲁道夫所坚持的是:宗教不仅是一种自然的东西,也是一种悖论的东西。宗教是关于某个存在者的真正的知识,也是与这个存在者的真正人格的交往。

(二)伊利亚德的"圣""俗"观

伊利亚德也曾说:"只有我的全部作品才能揭示我工作的意义。"② 这就使关于伊利亚德思想的研究造成一定难度。关于伊利亚德神宗教的神圣与世俗观念的结构,简单地概括为两个要点:首先,"神圣"及其在历史上的显现,或译作神显,是伊利亚德研究的重要范畴。"神圣"是"世俗"的反面,宗教生活就是世俗生活的对立面。对宗教研究者而言,"神圣"是宗教中不可化约的因素。"神圣"通过"世俗"表征自己,这个世俗物体就是"显圣物"(hierphany)。其次,人类的生存因与"神圣"相遇而具有现实的真实存在的意义。宗教徒看来,我们所存在的空间是非均质的。③

伊利亚德的思想深邃,此处不做赘述。下面以此理论为出发点,分析田阳敢壮山大典的"神圣"与"世俗"。

二、敢壮山:圣山与宇宙中心

敢壮山位于广西田阳县百育镇,距县城18公里。据壮学家考据,田阳敢壮山是壮族麽教布洛陀的圣地,是珠江流域文化的发祥地。

世界各个民族均有自己的圣地文化,如基督教、犹太教、伊斯兰教把耶路撒

---

① 鲁道夫·奥托:《论"神圣"——对于神圣的非理性因素及其与理性关系之研究》,成穷、周邦宪译,四川人民出版社,2003年。
② 《迷宫考验》,芝加哥大学出版社,1982年,第187页。
③ 米尔恰·伊利亚德:《神圣的存在》,晏可佳、姚蓓琴译,广西师范大学出版社,2008年,第8—9页。

冷视为圣地,朝鲜族把长白山视为圣地,藏族把青藏高原视为圣地,印度教把恒河视作圣地,云南白族把阿诗玛石头视为圣地等。即使在现代主义泛滥的今天也有这种理念的遗存,如恋爱时初次见面的地方、对自身有着特殊意义的某个地方。伊利亚德在解释这种现象时认为:

对于宗教徒而言,空间是非均质的(homogenous)。日常的空间可以通过某种中断而进入一个神圣的空间,这个神圣空间与其他空间有着本质的不同。耶稣对摩西说,"把你的鞋脱下来,你说站立的地方就是圣地"①。

由于圣的显现,这块土地成为具有强烈的、有重大意义的空间,而其他空间是没有结构的、没有一致性的空间,是一片混沌。②

敢壮山崇拜某种程度上符合这个神圣-世俗的二元结构。伊利亚德《神圣的存在》中,对圣山崇拜有如下描述:

"世界中心"的象征表述本身表现为三种互相联系、相互补充的部分:圣山,天地相交之处,位于世界的中心。

每一座神庙或者每一座宫殿,广而言之,每一座神圣的城市和王室居住所等同于一个圣山,因此也变成了一个中心。

作为世界之轴穿越处的神庙或者圣城则被认为是天堂、人间、地狱交接的地方。③

敢壮山被视为圣地,处于世界的中心,是神圣的山脉。壮族先民敢壮山是连接人间与神界的相交之处。山上有敢布洛陀、姆娘洞、鸳鸯泉、将军洞、祖公祠等景观。壮族先民认为,他们的祖先布洛陀、乜洛甲以及布洛陀、乜洛甲的守护使者将军居住于此。作为世界之轴穿越处的敢壮山被视作是天堂、地狱、人间的连接处,是宇宙三界的交汇之处。"这一中心定向的空间经验说明了领土、聚集、居住处所以及其宇宙象征的范式性(paradigmatic)划分与分配的重要性。"④

圣山这一象征是神圣的,不容侵犯的。因此,在敢壮山上专门有一个山洞名

---

① 《旧约·出埃及记》。

② Mirrcea Eliade.*The scared and the profane—The nature of religion*.Harcount Brace Jovanovich, 1987.

③ 米尔恰·伊利亚德:《神圣的存在》,晏可佳、姚蓓琴译,广西师范大学出版社,2008年,第353页。

④ 米尔恰·伊利亚德:《宗教思想史 第一卷:从石器时代到瓦琉西斯的秘仪》,吴晓群译,上海社会科学院出版社,2004年。

为将军洞（壮语名称是"敢睇"，意思是守护者），用于守卫这一圣所。敢壮山是有秩序的、结构的宇宙，与其他的空间有所区别。在踏上这个空间后，壮族先民体验到与布洛陀、乜洛甲同在的临场感。这种感觉是与现实生活体验完全不同的、完全圣化了的体验。

这种对于圣山崇拜的观念是各个民族宗教所共有的。如印度人的信仰中，妙高山位于世界的中心，北极星在山巅闪耀。这个观念也在乌拉尔－阿尔泰民族、伊朗人以及日耳曼人所共有。在希腊神话里，奥林波斯山是诸神共在的圣山。而在日本神话《古事记》中，诸神居住的高天原是一个漂浮在海上、云中的岛屿，有别于地上八大洲。在基督徒的眼中，基督在登上山后发表"登山宝训"，向门徒宣扬"八福"。他登上的这座山又被称为"八福山"，被信徒视为是世界的中心，处于这个世界的中轴。

三、洞穴崇拜：丰产与生殖

在田阳敢壮山上，有几个重要的洞穴：敢布洛陀、鸳鸯泉、姆娘洞和将军洞，每个洞穴都有丰富的宗教含义。

（一）敢布洛陀

壮语译音，意即布洛陀居住的岩洞。因洞内有直通云天的小洞口，又称为通天岩，位于敢壮山顶部。洞内有一形似男根的粗壮钟乳石，被尊称为布洛陀生殖器，传说布洛陀在此住过。

（二）鸳鸯泉

壮语译音，为奶水之意，俗称鸳鸯泉。池水呈半月牙状，泉水终年不竭。相传池中之水是乜洛甲的奶水，故而得名。该泉位于敢壮山山腰。

（三）将军洞

壮语称为"敢睇"，意即守山人住的山洞。相传为避免遭受妖魔鬼怪、豺狼虎豹的袭击，布洛陀从天上请天兵天将进此山洞，把守敢壮山，保护群众安全，将军洞因此得名。

（四）姆娘岩

"洞穴"在敢壮山中具体体现为对生殖力的崇拜。不论是姆娘洞、敢布洛陀还是鸳鸯泉，都有十分明显的生殖崇拜的痕迹。洞穴于壮族先民而言有某种神圣性。洞穴对于先民而言可以看作是一种圣所，神圣者居住于此。进入这个圣所，先民产生某种神秘感，或者是如鲁道夫·奥托所言的被造感。这种强烈的感觉把洞穴内的空间与洞穴外的空间相分割。先民的宗教礼仪可能在洞穴的最深处完成，通过这个洞穴与外界空间隔绝，完成某种神圣的"入会礼"。

洞穴的隐喻带有某种浓烈的仪式性、巫术 - 宗教化的意义。通过洞穴，壮族先民获得某种通过感。而洞穴本身又带有原始的生殖崇拜遗留。每个洞穴均有浓烈的生殖崇拜含义，如鸳鸯泉是乜洛甲的乳汁，敢布洛陀是布洛陀的阳具等。若把宇宙比作一个形象化的人，那敢壮山的每一个洞穴都象征着这个宇宙最隐蔽的部位。先民相信生殖器有某种神秘力量，通过对生殖器的崇拜，重现自己生命开端的场景，得到神灵的帮助。在麽经中也有关于"洞穴"的记载：

祖公的甲在下面岩洞，
请到下面岩洞。

生殖崇拜、洞穴崇拜往往与土地崇拜的神灵模式交织在一起。伊利亚德认为，在原始直觉思维下，大地之神与生殖崇拜往往是交织在一起的。大地的神显具有宇宙的形式。在了解怀孕原因之前，人们认为生产是将孩子直接插入母亲子宫所致。这就产生一个观念，即：母亲在乡村与周边某种物体或动物相接触，婴孩得以被安置到母亲子宫内。在某些神话体系中，人类的诞生模式往往是比喻性的，不是由水生动物带来的（青蛙、鳄鱼、天鹅等），就是在岩石、深渊里的洞穴生长的，通过巫师的某种法术带回到母亲的子宫内，或是诞生之前。通过这种仪式，生命重回人类诞生前的宇宙，得到某种复归。

洞穴与女性的子宫有某种相似性，在壮族民间，乜洛甲往往也被描述成拥有巨大女性性器的神灵，壮族先祖是从山洞走来的。"洞穴"实际上是对女性生殖器的某种隐晦的、象征性的隐喻。这种洞穴 – 大地 – 子宫的神话模式在其他民族神话中也有体现，如柏拉图著名的洞穴隐喻，反应的实则是当时希腊人某种秘教仪式，秘鲁人相信他是石头与大山的后代，亚米尼人认为"当男人要诞生的时候,大地就成了母亲的子宫"。① 东兰地区每年正月初一会过蚂蜖节,演出人员扮演青蛙的模样对神灵献祭。壮族民众相信,通过巫术,可以把自身带回到自己母亲的子宫里,生命得到重塑,大地得到丰产。

洞穴、大地是对女性生殖力的某种隐喻,对壮族而言,大地意味着收成,意味着财富。壮族通过对洞穴的崇拜,自身生命得到复归,同时又象征着大地复归,来年丰产。

四、欢敢或敢壮山歌圩:酬神仪式下的狂欢

对于欢敢或敢壮山歌圩,学者黄桂秋在《壮族麽文化研究》中指出:欢敢,壮语汉译即岩洞歌圩或岩洞山歌,在这里又特指壮族敢壮山歌圩及歌手演唱的歌。敢壮山周边的壮族群众把每年敢壮山歌圩叫作"很敢","很"是上去,"敢"是岩洞。敢壮山岩洞是祖神乜洛甲居住的地方,男女老少都要先上岩洞烧香祭祀布洛陀、乜洛甲,然后才举行聚会,聚众对歌。②

山歌是壮族人民在劳动中的创造,最早的山歌带有明显的宗教色彩。"布洛陀古歌"是欢敢的重要内容,涉及布洛陀造万物、造天地、造猪、造人、造狗、造牛、造稻谷等。③ 古歌运用歌唱的形式歌颂祖公布洛陀开辟天地、创造万物的神话功绩。

作为进入农耕社会较早的文明,对于壮族先民而言,粮食、土地、饲养的猪、牛、狗等是重要的生产资料。先民通过这种方式祈求神灵降下神力,祈求来年物产丰盈、庄稼丰收。

壮族麽经关于布洛陀创世的记载中,亦有布洛陀创造农业、农产品的章节。如:《祈请布洛陀》有创造天地、造雷雨、造皇帝土司、造文字历书、造火、造水、造禳解、具叭法等章节,讲述的是布洛陀作为创世神创造世间万物的经过。在欢敢或是麽公作法过程中喃诵布洛陀造万物的经过,并通过这种喃颂,复归到布洛陀创造时间万物的过程中,重新参与布洛陀造人的这一过程。通过这种复归参与神圣者的创造过程,先民获得某种神秘的力量。对于这种时间的永恒回归,

---

① 黄桂秋:《壮族麽文化研究》,民族出版社,2006年,第120页。
② 黄桂秋:《壮族麽文化研究》,民族出版社,2006年,第120页。
③ 黄桂秋:《壮族麽文化研究》,民族出版社,2006年,第124页。

伊利亚德有这样的认识：

> 对于宗教徒而言，时间也空间一样，既是非均质的，也不具有连续性。一方面，在时间的长河中存在神圣的时间阻隔，存在着节日时间（他们中间大部分都是中断的）；另一方面，也有着世俗的时间，普通时间的连续。在这种世俗的时间之中不存在任何宗教意义的行为，当然在这两种意义时间中间，有着连续性的中断。不过，借助宗教仪式，宗教徒也能够毫无危险地从普通的时间持续过渡到神圣的时间。①

而对于壮族先民而言，每年在参拜布洛陀前后进行欢敢的对唱，把自己对布洛陀的某种崇敬之情外露出来。根据学者黄桂秋的考究，田阳县敢壮山歌圩最早起源于唐代，历史悠久。所谓"歌圩"，意即歌曲的集市，是壮族民间以歌会友的一种形式。敢壮山歌圩固定每年二至五月初进行，最早的是农历二月二的古美歌圩，最迟的是农历五月初五的五村歌圩。② 在白天的歌圩中，一般是歌颂对布洛陀创造天地万物的歌曲，通过歌唱以及一系列的民俗、民间活动，重新复归到布洛陀造万物的时代，以获得神灵的某种神力，保护自己以及农作物。而在晚上的歌圩中，男女歌手三五成群，或在野外摆开歌场，或到附近农家通宵达旦地唱山歌。③ 晚上的山歌兼具酬神以及男女社交的形式，通过这种方式寻找伴侣，抑或宣泄自己对异性的倾慕，以获得一时的欢愉。

这种歌会带有狂欢的象征。在农忙后，通过这一场大型的狂欢聚会，大地复归到应有的秩序。狂欢常与某种神族婚姻相对应，天与大地在此时间中相媾，人与人也应在此刻相媾。

正如弗氏在《金枝》中所言的模仿论一样，壮族先民通过模仿这一自然规律达到与自然相和谐的结构。农历二月到五月期间正是岭南地区降水量最丰润的地区，大自然生生不息，人类也渴求通过某种狂欢推动神圣力量流转。通过对自然的模仿，完成这一宗教结构。

壮族社会在中原文化进入之前，很长一段时期是自由婚配，人们享有性自由，不理人伦地自由交配，《麽请布洛陀》记载：那时"家公与大伯同睡，大伯与弟媳同床"。而在中原文化传入后，这种乱伦的情形得到明显好转，天地始安置。

---

① 米尔恰·伊利亚德：《神圣与世俗》，王建光等译，华夏出版社，2001年，第32页。
② 黄桂秋：《壮族麽文化研究》，民族出版社，2006年，第120页。
③ 黄桂秋：《壮族麽文化研究》，民族出版社，2006年，第121页。

但是离中央统治区较远的岭南地区，还是遗留下某种原始时期的观念，如歌圩便是这样的遗留物。

随着时代的变迁，中原人口逐渐迁移到岭南地区，壮族由原来的性开放逐渐过渡到相对封闭阶段。男女交往的概率越来越小。而岭南地区山多路窄，男女交往不便，山歌成为男女沟通的重要渠道。通过敢壮山歌圩，人与人之间建立了联系，进而完成婚配。

可以说，敢壮山歌圩带有某种狂欢的色彩，具有某种原始宗教的狂欢性。敢壮山歌圩狂欢的特点从这场仪式的壮语名字可以窥见——欢敢。通过歌圩短暂地脱离世俗的生活，与神相通，与人相交。狂欢散却后，大地复归到和谐，人自身也回归到世俗。

五、敢壮山祭祀大典：民族认同与旅游开发

上文提到，敢壮山崇拜、洞穴崇拜、敢壮山歌圩或欢敢带有浓重的原始文化信仰色彩。由于中原汉族不断内迁，这种带有浓重原始性的崇拜逐渐去除，再加上外来宗教不断进入，各地壮族的麽教出现了衰落。中华人民共和国建立时，壮族民间麽教濒临衰亡的境界。[①]

近年来，随着各级政府对宗教文化加强发掘整理与保护，壮族麽文化深刻的内涵得以重新发掘。百色田阳县把敢壮山视作"敢壮山布洛陀文化圣地"，并赋予此文化更多深刻的内涵。很多宗教仪式在历史的长河中也逐渐被去魅，人们传承该宗教仪式仅仅是出于民俗的、文化的目的。仪式的去魅使宗教发生某种流变，作为人类认识的因素，宗教思想以文化、民族遗传了下来。

田阳县政府近年来加大了对布洛陀文化的保护力度，如田阳县有布洛陀广场、布洛陀研究中心，田阳县人民政府的官方网站被命名为"敢壮"。布洛陀祭祀大典作为田阳县旅游文化的一部分被保留了下来。每年的布洛陀祭祀大典有舞龙、舞狮、抢花炮、打陀螺、拔河、圣女池摔跤、推车比赛、斗牛比赛等民族文化节目，各村派代表敬祝布洛陀，参与祭祀。宗教因素从在布洛陀祭祀大典中占主要位置变为从属地位。

布洛陀信仰的复归，一方面使得壮族文化在新时代得以复归，另一方面又加

---

① 黄桂秋：《壮族麽文化研究》，民族出版社，2006年，第280页。

强了壮族作为中华民族的民族认同感。如张声震在2005年布洛陀公祭布洛陀大典宣读的《公祭壮族人文始祖布洛陀》，既体现了壮族作为中华民族一员的自豪感，又体现了壮族与中华各民族和谐相处，共建中华。全文摘录如下：

> 威威吾祖，功德何隆。开天辟地，创造万物，安排秩序，排忧解难。逐雷于天，逐虎于林，降额于水，三界之主，公甫大地，繁衍人类。创千秋之伟业，启万代之文明……世纪更新，改革开放，中华复兴，壮乡兴旺。布壮男女，民族精英，智士能人，普通百姓，秉承祖训……

六、结语

布洛陀文化有最基本的宗教信仰、宗教模式，即宗教的神圣方面。作为一名在校硕士生，能与诸老师一起交流十分荣幸。论文试图从他者视角进入，以伊利亚德宗教现象学角度对田阳布洛陀文化进行解读。能与各位老师交流，实在诚惶诚恐。由于地域局限，对壮族布洛陀文化的接触仅停留于文献分析，田野调查的确不够扎实，若有疏漏，恳各位专家老师斧正。

〔彭冬宁：上海社会科学院宗教所宗教学专业硕士研究生〕

广西地域文化研究的争论问题刍议

黄家信

地域文化是研究特定空间范围内人类活动的现象与规律，涉及人类学、历史学、地理学等多学科的理论与方法。与之相近似的学科，应该是区域史。区域史研究一定空间的人类活动历程，既可以是自然形成的地理空间，也可以是人为划分的行政空间，只要具备同质条件，即可归类为特别的研究对象——"区域"。地域文化也是如此，只要具备一定同质性质的空间，即可成为研究的对象，被人们加以描述。无论在学术研究领域，还是在民间"打口水仗"，事实上存在着许许多多的"地域分子""地域攻击""地域歧视"等等复杂的社会现象。本文拟梳理今广西行政区划范围内的一些明显的地域文化研究论争，提出初步的解决意见，以抛砖引玉。

近年来，随着中国经济实力的增强，各地经济发展迅速，人民生活水平有较大提高，各地纷纷打造文化品牌，千方百计招商引资发展旅游业。伴随而来的，是各种各样的文化资源之争，其中又以名人文化资源之争表现最为突出。名人文化之争，有历史人物之争，有小说人物之争，有传说人物之争。历史人物的出生地、葬地、行游之地之争，特别是河南、河北、山东、安徽、湖北等大省对名人故里之争，没完没了，此方唱罢彼登场，有上古时期的炎、尧、舜三帝及老子、姜尚，三国时期的诸葛亮、赵云，唐代李白，清代曹雪芹，都有多地相争。其他省区，也有争论，并付诸行动，比如福建尤溪县、南平市和武夷山市跟江西婺源市，为争朱熹故里，各地投入巨资，建设朱熹文化项目。甚至反面人物如西门庆等，都有争夺，如山东阳谷县狮子楼旅游城每日上演"西门庆初遇潘金莲"节目，山东阳谷、临清与安徽黄山三地争夺西门庆故里。小说人物之争，如山西娄烦县建设"孙大圣故里花果山景区",占地7000多亩。公开宣称为孙大圣故里的城市有江苏连云港、福建顺昌、山西娄烦、湖北随州等20多处。有传说人物之争,比如广西、广东许多地方,就有关于刘三姐故里之争。这些形形色色的争论,有人用文化乱象、经济绑架、无序竞争等词语来概括,显得忧心忡忡,致力寻找良方。

据笔者所知,今天广西境内,广西与周边地区之间,事实上存在着较多的区域文化争论问题。2002年,黄伟宗在《岭南文史》发文,认为珠江文化的始祖是舜帝。2004年,覃乃昌发表《布洛陀:珠江流域原住民族的人文始祖》,基本上奠定了布洛陀作为珠江流域人文始祖的地位,获得学术界的广泛认同。但是,2010年,蒋武生将南越王赵佗定位为"岭南始祖"和"客家先祖"。近年来,崇左市宁明县在农历三月三举办"骆越始祖公祭大典",南宁武鸣罗波镇在每年三月三歌圩期间举办"骆越始祖王公祭大典",来宾市举办"壮族始祖麒麟山人公祭"。各类"始祖"的公祭及其故里纪念建筑,成为此类争论的标配,在中国许多地方方兴未艾,较为普遍。2013年6月21日,首届"中华始祖文化研讨会"在甘肃省天水师范学院举行,《天水师范学院学报》专门开设"始祖文化研究"专栏。"始祖"文化研究、讨论,已然成为全国性问题。

战国到秦汉时期,今桂滇交界地区有一个句町国,其国都在广西西林县的普合苗族乡,还是云南省广南县?句町国都是固定的,还是有前期、后期之分?同时期的骆越王城,在武鸣、崇左,还是今越南北部某地?秦朝存续时间较短,桂林郡治在哪里,在今贵港还是桂平境内?

唐代以后,许多地方都有关于刘三姐的传说,刘三姐是哪里人?壮族、汉族还是瑶族?右江流域岑氏土司及其后裔,大多数人认为其始迁祖为岑仲淑,他跟随狄青平定侬智高起义之后,留守南方,繁衍后代,历史上有无岑仲淑其人?岑氏土官及大多数壮族土官,他们的始祖(始任土官者)是跟随狄青南下征讨侬智高起义的将领,还是壮族土著?侬智高在哪里出生?他是中国宋朝人还是安南人?韦昌辉、石达开是汉族还是壮族?当代体操王子李宁是柳州人、来宾人还是南宁人?

明代广西"蛮七民三",1953年全国第一次人口普查,汉族占63%,几乎可以说是"汉七蛮三",颠倒过来了,原来的少数民族到哪里去了?那么多的汉族怎么来的?当代,去自治,复行省,是广西经济、社会更快发展的必由之路吗?

广西还有许许多多大大小小的区域文化争论问题,不必一一列举。学术界、官方、民间，对于实际存在的广西区域文化争论问题，应该采取什么样的态度？如何引导？这里聊列三点，以作为大家批判的靶子。

第一，允许百家争鸣。岭南文化，特别是壮族文化，有一个断裂与重建的过程。上古时期的原始社会、古国、方国时期，岭南先民与中原人民一样，各自创造出特色鲜明的地域文化，如北鼎南鼓、北龟卜南鸡卜、北粟南稻、北马南牛、北羊南鱼等完全可以互相媲美的生产、生活与文化符号。但是，秦汉统一之后，岭南文化传统不得不被纳入更强势的中原文化系统之中，出现断裂。近代以后，特别是最近一二十年，随着壮学、瑶学等学科的兴起，人们开始关注岭南的原生文化，试图重构属于该区域原来的文化传统。这时，面临着中原汉族已有数千年的发展完整的大一统文化，想要从中重构区域文化，难度较大，难免千头万绪。此时，有人趁势拜山头，拉大旗，于是社会上出现真真假假、鱼龙混杂的种种学说与行为。作为区域管理者、学者，在区域文化重构过程中，可以大度一点，允许各种各样学说出现、并存，学术界、管理部门可以采取"兼容并包"之策，放水养鱼，这是前提。如果从源头上管控扼杀，严禁各种不同声音与行为，结果不言而喻，区域文化很难繁荣昌盛。区域文化是靠创造、靠交流出来的，不是靠施舍、靠一家独大获得的。

第二，保证主流不走样。百家争鸣不是放任自流，而是要有管控与弘扬的渠道，让区域文化基本上能够在正确的方向上前进。

2005年4月7日下午，笔者在忻城县城考察莫氏土司文化，根据线索，前往拜访当时已经73岁的莫树春。他原来是忻城县人民政府组成部门的一位局长，退休之后，热衷民间文化整理工作，当时正在编纂第五版忻城《莫氏族谱》。他说，前三版《莫氏族谱》都是官谱，第四版虽然官民结合，但缺少了"半边天"，不符合时代要求，此次编谱，要将家族中的女性都编进谱。在第五版的"莫氏源流"里，他写道："水有源，树有根，人有祖先。揭开香火堂（即钜鹿堂——引者）的秘密后，顺藤摸瓜，直找到四千六百多年前有文字记载的老祖先——黄帝。""据《史记》载：莫氏源头在陕西，上古时的五帝纪、周部落、西周皇（王——引者）朝都在陕西，周平王东迁洛阳为东周，由河南到河北，由河北到江苏，由江苏来广西，我们这支莫氏的流向大体如此。"他认为新谱把莫氏先祖上溯到黄帝，既是特色，也是他的功劳。前几谱都是以明洪武时期的莫保为始迁祖开始记载，这下可好，一位退休多年的县政府干部，直接把自己家族的祖先向古代推进了3200年，若要问他有什么根据，人家还引用司马迁《史记》做证据。

壮族大约有 1700 万人口，按户均 3.5 人计算，大约有 457 万户，如果按每 100 户编有一部族谱（或家谱）计，就会有 4.5 万部谱牒。加上历史上保存下来的谱牒，总数 5 万部左右，这是保守的数字，但已经是一个庞大的数字了。随着文化的普及，信息、技术条件的改善，几乎每个受过正规教育的壮族人，只要具备小学教育程度的成年人，都能胜任编撰谱牒的能力。其中，哪怕有百分之一、千分之一的壮族谱牒，攀附汉裔，述说其祖先从中原迁徙来到壮族地区，世代繁衍，学者拿到这样的谱牒，要去证明这种种白纸黑字的祖先故事纯粹是"妄援世次""无稽之谈"，可能就难了。在这样的背景下，学术界不可能一一批驳，只能在正式出版物中，比如在《壮族通史》《广西通史》《壮族土司史》等著作中，还原历史真相，以作为全社会认知这段特殊时期的历史真实。

20 世纪 80 年代以后，百色大种芒果，许多地方都以"芒果之乡"自居，品牌杂乱，消费者无所适从。近年来，百色市政府引导统一打造"百色芒果"品牌，每年还统一发布不同品种芒果的"开采上市日"。比如，2017 年 5 月 16 日，百色市人民政府以百政发〔2017〕8 号文件《百色市人民政府关于 2017 年百色芒果开采上市日的通知》，具体列出 6 月 1 日至 8 月 18 日之间，不同品种芒果的开采上市时间，要求种植户、销售商遵守，各级政府、农业、工商、质监、商务等职能部门认真执法检查。让消费者有知情权，明白消费，逐渐消除原来的市场乱象。受此启发，广西各地的地域文化争论，只要有较为权威的研究成果发布，随着时间推移，民众可能就会逐渐接受正确的内容，舍弃原来的错误信息。这就是比较成功的案例。地域文化的合流，是否也可以采取同样的办法？

第三，职能部门监管。地域文化表现较为复杂，不可能划一处理。像壮族汉裔攀附现象，不仅民间广泛流行，一些知名学者也保持认同态度，根本不接受学术界的研究成果。因此，仅靠学术研究、讨论，以取得一致看法，形成统一认识，还是不太可能。个人的思想、意志、行为，别人无法干涉，管理部门也无法监管。难道就任其大行其道，别人无可奈何？众所周知，一种思想、行为，只在内部流行，影响不大，危害不重，怕就怕在社会上造成泛滥，形成潮流。职能部门，一是提倡主流文化，二是禁止不当文化。像壮族始祖文化，监管部门坚决支持田阳敢壮山布洛陀的地位、活动，从规划、经费、宣传、人员等各方面全方位支持，形成合力，造成压倒性优势，永远是主流，自然而然就会获得大多数人的支持与拥戴。其他地域文化虽然也提始祖文化，但职能部门从研究、社团、经费、宣传等各方面，行使监管责任，不开绿灯，不和稀泥。万一各地依靠民间力量，也能够做成个别的传世文化项目，那也是地方之幸，民族之幸。

参考文献

[1] 黄伟宗：《珠江文化的始祖——舜帝》，《岭南文史》2002年第1期。

[2] 覃乃昌：《布洛陀：珠江流域原住民族的人文始祖》，《广西民族研究》2004年第2期。

[3] 罗树杰：《中华民族始祖争论与民族团结》，《中央民族大学学报》（哲学社会科学版）2007年第2期。

[4] 张凤琦：《"地域文化"概念及其研究路径探析》，《浙江社会科学》2008年第4期。

[5] 樊江涛：《故里经济背后是区域发展之争》，《中国青年报》2010年5月17日。

[6] 蒋武生：《赵佗：岭南人文始祖和客家先祖》，《河源日报》2010年7月2日。

[7] 仇中阳：《防止名人故里认定无序竞争，加强历史文化的保护传承》，《人民政协报》2010年7月5日。

[8] 曹硕：《人文始祖旅游发展研究》，四川师范大学硕士学位论文，2013年。

[9] 豆红桥：《首届中华始祖文化研讨会述评》，《天水师范学院学报》2013年第6期。

〔黄家信：广西民族大学民族学与社会学学院教授、博士生导师，广西壮学学会副会长〕

重构布洛陀文化的历史依据和当代价值

陈洪波　陈佳男

经过多年努力，布洛陀文化已经成为当代壮族文化发展中最具影响力的内容之一，在政治、经济、文化、国际关系等各个方面都有重大价值。布洛陀文化有一个长期的演化过程，今天的重构和体系化是这一历史过程的延续，也代表了壮族文化在新时代条件下的繁荣发展。本文主要根据考古资料，对布洛陀文化的历史渊源做一番探索，并进一步说明建设布洛陀文化的当代价值。

一、布洛陀传说的原真性

尽管这些年来布洛陀文化的建设和宣传已经取得了很大的成绩，但其影响力仍不乐观。即使在广西本地，不知道布洛陀为何者仍然大有人在。[1] 即使对布洛陀有一定了解者，也有人怀疑布洛陀文化的原真性。例如有学者表示，在田阳县进行田野调查的时候不止一次听到当地老百姓说："都是记者炒出来的布洛陀，原来我们根本没有听说过。"[2] 甚至有人质疑，"布洛陀"只不过是由一些壮族文化精英"创造"出来的"民族文化神话"。还有学者认为布洛陀只是很晚近时期的一种建构，属于被发明的传统，并举了苏格兰的例子：风笛、氏族格纹图案等最具有"苏格兰传统特色"的苏格兰高地部落的象征物，实际上是19世纪早期的产

---

[1] 以笔者所在大学为例，笔者在历史文化课堂上询问学生是否知道布洛陀时，只有极少数学生表示听说过。

[2] 时国轻：《广西壮族民族民间信仰的恢复和重建——以田阳县布洛陀信仰研究为例》，中央民族大学博士学位论文，2006年。

物，而这一传统是由乐于创造"苏格兰性"神话的那些人构造而成，其目的是为了使得这一传统能够适宜地融入所谓的"不列颠王国"的整体文化语境中。① 按照这个说法，布洛陀可能也是近世民族主义觉醒的产物。

布洛陀并非一种被"发明"的传统，而是有深厚的历史渊源的，当今布洛陀文化的体系化，应该被视为基于历史传统的"重构"。这一传统是如此深远，足以为"重构"提供强大的事实依据和心理支持。

覃丽丹认为，布洛陀神话的传承主要通过六种方式：1. 语言传承，即口耳相传，通过民间一代接一代对布洛陀神话的讲述的传承方式；2. 典籍传承，也叫文字传承，即通过使用古壮字抄录的经书或歌本的传承方式；3. 仪式传承，有学者称之为"行为传承"，即通过举行各种形式的布洛陀祭祀仪式，使以布洛陀神话及其信仰为核心、以布洛陀经诗为载体，以布洛陀祭祀仪式和信仰习俗为表征的布洛陀文化体系得以世代传承下来；4. 心灵传承，这是所有传承方式中最为关键、最为核心的，但也是人们通常没有观照到的一种传承方式；5. 信仰物质载体的传承，这里所说的物化载体是指作为布洛陀文化重要载体的布洛陀庙及其神像，这是布洛陀信仰传承的重要支点和聚焦点；6. 民俗文化旅游节活动的传承。②

以上所列六种传承方式，最能构成历史证据的其实是典籍传承。大约从唐代开始，壮族先民文人借用汉字偏旁部首的"六书"构字方法，创制了音义相合的方块字（后称"古壮字"，史书称为"生僻字"），各地壮族民间广泛使用这种方块字来记录麽公师公或道公经文、歌词、契约、卜辞等。据调查，使用方块壮字记录的《布洛陀麽经》，遍及壮族聚居的红水河、左江、右江和云南文山地区，在贵州的、布依族、水族民间也普遍使用这种方块字记录《布洛陀麽经》，其卷本数以千计。仅田阳县就保存有数百本。2004 年出版的《壮族麽经布洛陀影印译注》（八卷本共 527 万字，广西民族出版社，2004 年）就是广西古籍收集整理专家历时多年调查，从广西百色市右江区、田阳、田东、那坡，河池市巴马、东兰、大化和云南省文山州西畴等县市收集的大量壮族民间麽教经书抄本中遴选出有代表性的 29 种汇编而成，并采用原文影印方式，使读者看到经书的文字原貌。③

---

① 刘婷：《布洛陀文化的当代重构及其实践理性》，中南民族大学博士学位论文，2012 年。
② 覃丽丹：《壮族人文始祖布洛陀信仰的传承与重构》，《广西民族研究》2011 年第 2 期。
③ 覃丽丹：《壮族人文始祖布洛陀信仰的传承与重构》，《广西民族研究》2011 年第 2 期。

这些经书的内容所呈现出的古老性令人震惊，是反映布洛陀传说原真性的最佳证据。特别是这些记载，恰与壮族地区的历史发展进程相吻合，可与考古发现相互印证，是体现王国维二重证据法的好材料。

以郑超雄先生曾经讨论过的内容为例。在《布洛陀经诗译注》中，罕王被贬后，即与祖王展开争夺权力和财产的斗争。"争夺天下争抓印，争夺百灵鸟印把子，争夺父王的钱财，争夺出产斑鱼的泉水，争夺父辈的金银，争夺流出银珠的泉水，争夺三揽长的拦江网，争夺平头的奴仆，争夺四耳锅，争夺十人划的大船，争夺聪明的青年男子，争夺磨刀石，争夺摆发的姑娘，争夺留鬓发的美女，争夺伶俐的人。"罕王与祖王之争，村里长老起到了决定性的裁决作用。在诗文中，罕王和祖王虽然是掌管人间大印的统治者，但他们还是要受到"村里长老"和"地方长老"的节制。村里长老和地方长老由必须按照布洛陀的旨意来判决诉讼。这说明神权掌握在氏族和部落手里。这里表现出的社会生产关系是非常明显的文明社会初期的社会关系。其中磨刀石和四耳锅是权力的象征。这段话表明的是尚未进入青铜时代的情况。[①] 这种对原始社会末期社会性质的深层次反映，是后世之人仅凭想象无法编造的。

通观布洛陀经诗的内容，可得出以下认识：

第一，布洛陀神话的形成也是一个如顾颉刚所说"层累形成的历史"，从远古至今，逐渐加入新的内容，并舍弃或遗忘一些内容。至于加入什么，舍弃什么，由现实需要所决定。例如，作为女性始祖的姆六甲地位逐渐下降，而男性始祖布洛陀地位逐渐上升，就与男权社会有密切的关系。关于布洛陀的神话传说的产生和发展，在流传过程中不断得到融汇和充实，从而由早期结构及内容简单的片断性神话（即"原生态神话"）汇合成内容丰富、结构完整的体系性神话（即"次生态神话"），通过口耳相传和编写成经诗，世代传承下来，成为壮族贯穿古今的一条文化链。[②]

第二，布洛陀神话受到华夏神话很大的影响，很多故事构成和华夏的神话故事结构是一样的。例如姆六甲造人的故事和女娲造人故事简直如出一辙。这反映出中原汉文化对于边疆地区的强大影响，同时也包含边疆地区对于汉文化攀附的一面。伏羲兄妹的故事则另有来源，明显受到了西方诺亚方舟故事的影响。

---

① 郑超雄、覃芳：《壮族历史文化的考古学研究》，民族出版社，2006年，第193页。
② 覃彩銮：《布洛陀神话的历史文化内涵》，《广西民族研究》2004年第1期。

第三，布洛陀作为壮族始祖神获得越来越尊崇的地位形成比较晚，实际上与现代壮族的形成过程是一致的，是一个很晚近的事情。壮族传统民间宗教是麽教，信仰对象多种多样，很复杂。布洛陀是麽教中的一个重要神祇，是壮族土著神，但并不是最高神。布洛陀作为珠江流域人文初祖这个概念是今天提出来的。在早期的麽教诸神中，布洛陀虽然重要，但可能还没有获得唯我独尊的地位。甚至到了现代，黄现璠、张声震分别主编的两部代表性的《壮族通史》都没有明确提到布洛陀。① 当然，这可能也如覃丽丹所说，是布洛陀信仰发生了断裂、松散、变迁与失忆。②

第四，布洛陀神话似乎是主要流行于以田阳为核心的右江流域，然后向外扩散。可能右江流域历史上是壮族稻作农业的一个中心地带。布洛陀神话应该发源于稻作农业的兴起，正如覃乃昌先生所说，布洛陀文化就是稻作农业文化，而布洛陀就是农业神。岭南西部最早的农业核心区域在桂南，在考古学上对应的就是大石铲文化。一直有学者认为东亚稻作农业起源于左右江交汇地区，③ 并且后来自然科学家还真的拿出了基因研究的证据，中国科学院上海生命科学院植物生理生态研究所的科学家们通过水稻基因组测序发现，水稻的驯化是从中国南方地区的普通野生稻开始的，经过漫长的人工选择形成了粳稻。分布在广西的普通野生稻与栽培稻的亲缘关系表明，桂南周边地区左右江一带很可能是最初的驯化地点。这项研究结果在 2012 年 10 月 4 日以 "水稻全基因组遗传变异图谱的构建及驯化起源" 为题，全文在线发表在国际顶尖学术期刊《自然》杂志上④。这个说法虽然尚未获得学术界的一致认同，但也是一种不可忽视的观点。大石铲文化的存在至少说明在新石器时代晚期，这里是华南及东南亚稻作农业最发达的地区。

第五，大石铲文化与布洛陀传说关系最为密切，可能是农业之神布洛陀形象最早的发源地，这一点几乎是学术界和文化界的共识。例如，谢寿球先生提到他寻找布洛陀的历程时说，找布洛陀遗址的思路是以大石铲集中分布的左江和右江交汇处为重点的，但是这些地方布洛陀文化遗存较少，经过数年的努力，20 世纪过去了，寻找布洛陀文化遗址仍然是一个梦。在壮族的创世史诗《布洛陀经诗》

---

① 张声震主编的《壮族通史》在论述宗教信仰的时候简略提到了陆陀公公。
② 覃丽丹：《壮族人文始祖布洛陀信仰的传承与重构》，《广西民族研究》2011 年第 2 期。
③ 覃乃昌：《壮族稻作农业史》，广西民族出版社，1997 年。
④ Huang X, etc. A map of rice genome variation reveals the origin of cultivated rice and domestication-associated genes. Nature. 2012, pp.497-502.

中，布洛陀是神化了的壮族稻作文明的始祖，布洛陀文化显然是壮族稻作文明的产物，因而布洛陀文化的发源地应是壮族地区最古老最重要的稻作区，但是红水河流域以险峻的喀斯特峡谷为主的自然环境显然不适宜发展大规模的水稻生产，因而也难以产生灿烂的稻作文化。新石器时代晚期的大石铲是学术界公认的广西地区古稻作文化的标志性文物，在广西各大流域中，红水河流域是出土大石铲最少的流域之一，大石铲的主要出土地区是左、右江流域，而以左、右江交汇处最为密集。① 郑超雄先生也持这个观点，他认为大石铲文化对应的应该是布洛陀神话系统中的罕王时期，隆安、扶绥发现的大型石铲祭祀场应该是罕王一级君王掌祭，而分散的石铲祭祀分场应该是小的"山录国"君王掌祭。从石铲文化的分布情况及出土情况看，当时的宗教在社会生活中已经占有突出的地位。石铲祭祀具有很大的凝聚力和号召力，掌祭者拥有至高无上的神权，神权通过严密的组织形式和世俗权力密切结合，进而严密控制了整个社会生活的运行。整个桂南地区在距今四五千年前都是石铲文化分布区，也就是说石铲祭祀的宗教信仰已经统一了这个区域，在壮族神话中，布洛陀是这里最大的神，也是流行在这个区域内，两者是吻合的。布洛陀神话故事应当是以石铲文化为背景的史实。只有统一的宗教才会产生统一的君王。到了方国时期，这个地区出现了一个势力强大的集团实体——骆越国，也是历史必然。② 这个学术观点明显是很有见地的。

第六，自史前时期开始，稻作文化就一直向南扩散，从华南直达东南亚，扩散的程度惊人，路线也是很清晰的，这方面考古学研究有很坚实的成果。考古学家 F. 雷斯伯里认为，在大约 2000BC 前后这一个时期，在包括中国华南和泰国、柬埔寨、越南在内的大陆东南亚广大地区，广泛流行刻划纹和压印纹陶器。这个普遍存在的文化特征支持了一个假说——可能在新石器时代晚期确实存在着一个所谓"东南亚文化交流圈"。雷斯伯里认为，这一类陶器应该是一个"新石器文化集合体"（neolithic package）的组成部分之一。这个"新石器文化集合体"在距今 7000～5000 年之间从长江中游地区扩散而来。稻作人群从长江中游这个核心区域出发，通过湘江和沅江，沿着广西和广东西部的河流南进，在距今 5000 年左右最终到达了大陆东南亚的北部。这个"文化集合体"的内容，包括屈肢葬葬俗、

---

① 谢寿球：《布洛陀文化遗址的发现与广西古文化沉积层的分布规律》，载《历史的启示——右江流域民族历史文化与经济开发研讨会暨广西历史学会第十次会员代表大会论文集》，2003 年。
② 郑超雄、覃芳：《壮族历史文化的考古学研究》，民族出版社，2006 年，第 211 页。

稻作农业、动物饲养、磨制石器、制作蚌器、陶器制作和装饰技术等等，其中毫无疑问也包括稻作族群及其语言。[①] 雷斯伯里的这个观点，尽管他定的时间点略早，但说明一个问题，那就是在新石器时代晚期，华南和东南亚地区已经形成了一个有自身特征的文化圈，在考古学上表现为相同的器物，而在精神和习俗方面也一定会有相同之处。这个文化圈可能有比较接近的宗教信仰，布洛陀或其原型应该是其中之一。这也能够大致解释为什么布洛陀信仰会在越南、缅甸、老挝、泰国等东南亚广大范围内都发现有踪迹。根据稻作农业传播的路线，我们还可以大致推测，布洛陀信仰应该是从华南传播到东南亚的，最主要的方式就是稻作人群的迁徙。人群迁徙不仅带去了农业生产技术，更带去了一整套精神文化。

第七，布洛陀神话系统中，和其他文明最有对比意义的是布伯、伏羲兄妹时期的"大洪水事件"，这个事件和东方的大禹治水、西方的诺亚方舟都有对应性，应该体现了东西方对于距今4000年前后全球环境巨变事件的共同人类记忆。这个记载应该比较可靠，是布洛陀神话系统中比较可靠的一个支点。由此可知，布洛陀神话系统的时间区间应该在距今4000年上下，也就是新石器时代晚期到青铜时代。也就是稻作农业产生、发展到早期农业方国产生的时期，但神话主体内容的形成应该在骆越之前，因为布洛陀神话所表现出的社会发展阶段水平并不是很高，尚未体现出早期国家的形态。

第八，布洛陀神话没有在珠江流域取得类似中原地区的华夏祖先黄帝那样的地位，和壮族地区没有统一的文字有很大关系，而没有统一的文字，又是社会发展程度较低的表现。中原地区的文字统一，有赖于秦始皇的功劳，而珠江流域一直没有出现类似秦朝那样的统一政权，自然也难以形成统一的文化形式和意识形态。今天，布洛陀被定义为珠江流域的人文初祖，甚至定义为中华民族第三个伟大祖先，可能是布洛陀神话历史上的第一次。

二、布洛陀传说的年代

布洛陀神话传说的年代跨度很长，从史前时期一直延续到青铜时代甚至是铁器时代，涵盖的历史内容至少在5000年以上。据蓝鸿恩先生考证，壮族神话谱

[①] F. Rispoli. The Incised and Impressed Pottery Style of Mainland Southeast Asia: Follwing the Path of Neolithization. *East and West*, Vol. 57, 2007, pp. 235-304.

系共有六代。第一代是米六甲,是壮族的母神;第二代神是布洛陀;第三代神是布伯;第四代神是伏羲兄妹;第五代神是罕王和祖王;第六代神是莫一大王。①

壮族的神话谱系与汉族神话传说十分近似,明显受到汉文化的影响,应该是后世不断整理的结果,但里面仍然有很多可信的深层次历史信息。考察每个阶段的可靠内容,可以对每一代神话所代表的时代有一个大致的判断。

第一代神米六甲代表的是最古老的母神。类似的母神形象在各个民族、各个区域都存在,汉文化中的女娲形象也是代表。这个阶段明显反映的是新石器时代早中期,具体到珠江流域,可能是5000年之前的历史内容。上限应该是距今7000年,也就是岭南地区最早出现农业的时候。整个布洛陀神话都是稻作农业文化的结果,包括米六甲在内。米六甲神话可能也有旧石器时代晚期母神崇拜的渊源,但主体还是在新石器时代中期,其经济基础应该也是稻作农业。

第二代神布洛陀反映的是部落联盟时期的历史内容,这时早期国家尚未产生,部落首领并没有后世所谓的"王权"。布洛陀经诗称其为"王",仅仅是借用了历史时期"王"的概念而已。布洛陀虽然被称之为珠江流域人文共祖,但他并不能与黄河流域的黄帝完全对应。黄河流域社会组织形态发展比珠江流域快得多,黄帝显然比布洛陀拥有更大的权力。但从父系氏族社会这个发展主线来看,两个神话形象所处的历史时期大致是同时的,可能布洛陀和布伯分别对应了黄河流域的五帝时代,在考古学上称之为"仰韶时代",也就是距今7000～5000年。

第三代神伏羲兄妹的神话内容如果用来判定时代的话最为可靠。类似的故事流行于全世界,体现了全人类对于距今4000年前后全球气候巨变中大洪水的记忆。这个故事的中国版本则是大禹治水。所以,我们可以比较准确地把第四代神伏羲兄妹的年代定在距今4000年上下。但布洛陀神话系统中伏羲兄妹故事的真实性实际上很可疑。距今4000年虽然发生了全球性气候突变事件,但并不太可能全世界每个地方都发生了大洪水。圣经中诺亚方舟的故事发生在中东的黑海地区,大禹治水的故事发生在黄河流域。这两个地方纬度相近,差不多在北纬30°～40°之间。另外一个有大洪水传说的苏美尔神话也发生在这个区域范围内。而在接近亚热带的南方,从来没有一个地区流行这种神话。所以,布洛陀神话中的伏羲兄妹故事很有可能是从其他文化中借用而来的,其故事结构与诺亚方舟类

---

① 蓝鸿恩:《壮族的宗教与神话》,见《中国各民族宗教与神话大词典》,学苑出版社,1990年。

似，说明这很有可能是来自西方的一种传统。同时这也说明，伏羲兄妹这一段神话内容形成的时间较为晚近。

关于第五代神罕王和祖王，郑超雄先生论述甚详，十分精到。《唱罕王》是《布洛陀经诗》中的重要篇章。罕王的父亲没有具体的名字，笼统称王。王死去了妻子，生活很艰难："王当鳏公整整六年，自己打柴自己烧，自己挑水自己吃，卷袖自己动手煮饭。"这就是部落时期酋长的形象，他也是普通人，也要参加生产劳动，同时他又是部落中的组织者和领导者。"王要甩掉众人的事不管，王要逃离自己的家园。众人的事要垮让它垮，地方要乱让它乱。村里长老来商量，地方长老来斟酌。"尽管王是领导者，但不能独断专行，重大事情还得由长老会议研究决定。"村里长老"是有血缘关系的氏族实体，"地方长老"则是多个氏族的联合体，是一个区域的联盟实体。[①] 罕王神话反映的是部落联盟时期的历史内涵，时代在新石器时代晚期，年代在距今 4000～3000 年。从时代、地域判断，罕王神话反映的主要是大石铲稻作文化。

第六代神莫一大王的神话已经进入到历史时期，其核心内容是反映的与中原王朝的惨烈斗争。岭南西部民族与中原王朝发生直接战争自秦始皇开始，历朝不断，多以当地人民遭到残酷镇压、首领被杀结束。莫一大王的神话可能是综合了多次历史事件形成的，包括了青铜时代和铁器时代的诸多内容。

总起来看，布洛陀神话反映了非常久远的区域民族历史，从史前一直延续到历史时期。里面有旧石器时代母神崇拜的渊源，但主要还是稻作农业文化的结果，反映了岭南西部农业人群的历史记忆，其主体内容的形成过程至少经历了 5000 年的历史。

三、重构布洛陀文化的当代价值

布洛陀现象受到学术界高度关注，至今已经产生了两篇专门的民族学博士论文。两篇论文都有较为深刻的观察和剖析。

如中央民族大学时国轻的论文认为，布洛陀信仰的重建是以改革开放以来变迁中的中国社会为大背景、以壮族知识分子的成长、壮族文化的复兴、壮族民族意识增强为动力、以田阳县浓厚的民间信仰传统为基础的复杂社会现象，是特定

---

① 郑超雄、覃芳：《壮族历史文化的考古学研究》，民族出版社，2006 年，第 191—203 页。

社会历史时期的产物。布洛陀信仰的重建并非是对麽教这一壮族原生性民族民间信仰的完全意义上的复兴,是一种有选择的建构传统,以适应现代的过程,是壮族传统文化现代化的一种新的探索和努力。①

中南民族大学刘婷的论文认为,传统文化当代重构是一个普遍的现象,特别是在文化产业发展的背景下,这种重构已成为各地政府发展地方经济的重要手段。布洛陀文化是壮族优秀的传统文化,2006年被列为第一批国家级非物质文化遗产。在壮族人民心中,"布洛陀"是创造万物之神,同时也是排忧解难的救世主。在"文化经济"浪潮席卷人类的时候,至高无上的"布洛陀神"也成为人们操弄旅游经济的资本。布洛陀文化在文化产业化背景下的重构是民族文化当代重构的缩影。②

布洛陀文化,建构的是对当今壮族族群生活"深具意义的历史"。布洛陀和敢壮山的当代构建类似于黄帝和黄帝陵的历史构建,都是因应时代和社会的需要,在国家力量的参与之下建构起来的,反映出国家统一、民族凝聚的现实需求。这种构建是世界范围内的常见现象,对于国家和地方、政治和经济都具有积极意义和正面价值,是一个多赢的结果。并且这个构建也具有远古根源和各种依据,并非凭空捏造,因而可以逐渐获得广泛认可。

布洛陀的构建实际上符合国家和地方的双重利益。国家层面,体现出民族区域自治政策,维护边疆稳定,并可以在东南亚发生国际性影响。在当前政治格局之下,地方神祇的树立并不威胁到中央政权,而是对国家正祀群像的有益补充。对于地方来说,将地方小传统纳入国家大传统范畴中来,以提升其地位和价值,可以带动地方社会经济发展。

考察布洛陀文化的重建过程,地方政府和学术界的态度颇能说明问题。地方政府一开始并不热心,主要是因为政治顾虑,但后来借鉴其他民族地区的经验,大胆决策,以经济发展为目标,打造布洛陀品牌,成为整个事件的主要推动力。学术界一开始认为此事并无学术依据,不愿参与,但后来开始大力介入,除了政府力量之外,可能认识到了此事对于民族团结、民族发展的重大意义。在这场重建运动中,政府、商人、学者、群众发挥了各自的作用,商人率先发起,政府介

---

① 时国轻:《广西壮族民族民间信仰的恢复和重建——以田阳县布洛陀信仰研究为例》,中央民族大学博士学位论文,2006年。
② 刘婷:《布洛陀文化的当代重构及其实践理性》,中南民族大学博士学位论文,2012年。

入主导,学者逐渐接受,群众参与。其中,作为一种民族文化的重建和塑造,以广西壮学会为代表的一批壮族优秀知识分子发挥了无可替代的重要作用,从学理上把布洛陀文化体系化,并提供了强有力的历史依据。

布洛陀有一个寻找的过程,这个寻找和塑造英雄祖先的行为,在时代背景之下,在多个民族中都广泛存在。布洛陀文化的重建,可能受到了其他民族史诗收集整理的影响,例如三大英雄史诗——藏族的《格萨尔》、柯尔克孜族的《玛纳斯》、蒙古族的《江格尔》。这三大史诗都具有重大影响,习近平主席也曾经给予高度评价。对这些民族史诗的重视,与国家进行非物质文化遗产保护的大背景有关,主要的民族史诗已经被国家统一定为国家级非遗。壮族作为人口数量最大的一支少数民族,推出自己的代表性英雄祖先适逢其时,而布洛陀是壮族诸多神祇中最合适的一个构建对象。事实上,直到1990年代之前,布洛陀的形象还远不是如此重要,即使在壮族中也是如此。例如,两部最重要的《壮族通史》中都没有明确提到布洛陀。作为地方政府,更看重布洛陀的经济价值,地方官员曾经明确提出,要学习云南打造阿诗玛文化产业的方法,打造布洛陀文化品牌,来开发布洛陀文化产业,这些年也基本上走的是这个路线。各个社会阶层,各有各的观点和贡献。其中壮族知识分子的工作可能影响更为长远,作为民族文化精英,体现出历史担当。

作为民间信仰的布洛陀,与当下国家大力提倡保护的文化遗产相勾连,从而改变了它的民间地位,进入政府视为正向价值看待的民族传统文化,布洛陀信仰也从民间信仰的地位一跃成为壮族民族传统文化的代表和象征,受到整个社会的重视,并被有效地资源化。"布洛陀"经过产业策划,成为了具有现实文化意义和经济价值并受到国家相关部门保护的对象。[①] 2006年6月,《布洛陀》以史诗身份顺利入选国家第一批非物质文化遗产名录,这是一个具有决定性意义的事件,这意味着布洛陀的形象已经摆脱了以前的民间地位,正式获得国家认可,从民间信仰一跃成为国家正祀,这对于保存和发展壮族文化显然意义非凡。

重构布洛陀文化,还具有重大的国际战略价值。布洛陀信仰在东南亚地区广泛分布,可以借此寻求东南亚各个国家和民族之间的文化认同。特别是在越南大力宣扬雄王信仰的大背景下,加强布洛陀信仰的研究和宣传,可以起到对抗和分

---

① 徐赣丽:《民间信仰遗产化之可能——以布洛陀文化遗址为例》,《西南民族大学学报》(人文社会科学版)2010年第4期。

化雄王信仰的重大战略作用。已经有多位学者分析和对比过布洛陀和雄王信仰之间的关系，并对于布洛陀信仰在骆越文化研究上的现实价值提出了重要建议。①

总之，寻找布洛陀，发现布洛陀，重建布洛陀，无论对于国家和地方，无论是从政治、经济、文化，以及民族团结和地区安全稳定各个方面考虑，都具有重大价值。布洛陀已经获得了国家的正式认可，具有了越来越强大的影响力和认同度，这是当代壮族文化建设一个了不起的成就。

〔陈洪波：广西师范大学历史文化与旅游学院教授；
陈佳男：广西师范大学历史文化与旅游学院硕士研究生〕

---

① 黄桂秋:《壮族布洛陀祭祀与越南雄王祭祀之比较》,《广西师范学院学报(哲学社会科学版)》2016年第1期；赵明龙:《中越民间始祖信仰重构比较研究——以布洛陀信仰和雄王信仰为例》,《广西民族研究》2011年第3期。

民族文化当代重构的实践理性
——以壮族布洛陀文化为例

刘 婷

传统文化当代重构是一个普遍的现象。在文化产业发展的背景下，这种重构已成为各地政府发展地方经济的重要手段。布洛陀文化是壮族优秀的传统文化，2006年被列为第一批国家级非物质文化遗产。在壮族人民心中，"布洛陀"是创造万物之神，同时也是排忧解难的救世主。在"文化经济"浪潮席卷人类的时候，至高无上的"布洛陀神"也成为人们操弄旅游经济的资本。布洛陀文化在文化产业化背景下的重构是民族文化当代重构的缩影。本文以布洛陀文化为个案，在田野调查的基础上，运用布迪尔（又译作布迪厄）的实践理论，对民族文化在当代语境下重构的参与力量及其关系网络、参与重构的主体间资本的转换与交换过程中所采用的策略与体现的权力等问题进行分析。众所周知，民族文化的当代重构作为一种实践行为，有其自身的内在逻辑。本文借鉴法国哲学家、社会学家、人类学家布迪尔的实践理论，关注民族文化当代重构中的文化再生产、实践、场域、惯习、资本与权力等概念，可以帮助我们理解与解释民族文化文化重构现象，也是我们认识与分析其内在逻辑的有效路径。

一、实践理性核心概念辨析

实践理性问题是一个复杂的哲学问题，也是一个复杂的人类学问题。在西方哲学史上，最早提出实践理性的是德国哲学家康德。康德将人类理性区分为理论理性和实践理性，并认为实践理性是指行为的规范，其目的是探求和实现人的意志自由所需要的东西。显然，康德的实践理性突出的是道德实践。黑格尔同意康德对理性所做的区分，但认为康德的实践理性并未超出理论理性的最后观点——形式主义。黑格尔是从主体和客体的统一上把握实践理性，认为实践理性是实现善的冲力，亦即意志或观念的实践活动。无论是康德还是黑格尔所理解的"实践理性"，实质上都是精神自我意识的活动。① 马克思所理解的"实践理性"则指向改造世界的实践活动。马克思早期将实践视作世界的本体，在实践与认识的关系上，把实践置于逻辑优先的地位。这一实践哲学进路由西方马克思主义着力加以阐发，并在新时期中国学界得到发扬。②

人类学、民族学对实践问题的关切无疑拓展了实践理性的研究视域。美国人类学家萨林斯从"生产行动"这一特定实践出发，详细分析了在其之前的人类学、民族学实践理性与文化理性的争论。进化论学者摩尔根、默多克、斯图尔德等和功能学派的马林诺夫斯基以及马克思主义民族学家大多认为实践决定文化，萨林斯将这种观点称为"功利论"。同样是新进化论代表人物的萨林斯在实践问题上选择了与实践理性不同的另一种理性，即"象征理性或意义理性"。这一理性认为，"人的独特本性在于，他必须生活在物质世界中，生活在他与所有有机体共享的环境中，但却是根据由他自己设定的意义图式来生活的——这是人类独一无二的能力"。"文化的决定性属性……并不在于，这种文化要无条件地拜伏在物质制约力面前，它是根据一定的象征图式才服从于物质制约力的，这种象征图式从来不是唯一可能的。因而，是文化构造了功利。"③ 萨林斯的象征理性虽然对文化工具论进行了批判，但其自身并未摆脱二元论的矛盾，且具有将象征意义的作用无限放大的危险。

布迪尔与萨林斯是同时代的人类学家，并在马克思实践论的影响下建构了自己的实践理论。布迪尔试图打破西方传统的主客二元对立的固定思考模式，建构一种"反思的社会人类学"，其实践理论主要包含在以下几个核心概念之中。

（一）文化再生产（lareproduction culturelle）与实践（pratique）

布迪尔"文化再生产"理论是其在反思人类学文化研究传统时提出的。以往

---

① 王炳书：《实践理性问题研究》，《哲学动态》1999年第1期。
② 徐长福：《实践哲学的若干进路及其问题》，《天津社会科学》2002年第6期。
③ [美]马歇尔·萨林斯：《文化与实践理性》，赵丙祥译，上海人民出版社，2002年，第2页。

人类学对于文化的研究往往过多地看到文化作为一种"产物"(产品)的性质,无论是泰勒代表的英国人类学早期传统,还是后来出现的功能论、结构论的人类学研究,都具有这种特征。布迪尔所处的时代正是晚期资本主义社会或消费社会出现的时代,这个时代出现了"都市文化、科学技术、政治经济生活的管理、信息网络的处理、两性自由选择、人工智能、生化遗传工程、教育改革、市民日常生活方式、生活风格、大众文化以及文学艺术的自由创作"①等新课题。在现代性的发展中,文化再生产现象普遍存在。因此,人类学研究应从传统关注文化产品转而研究文化生产、再生产过程或文化实践。

布迪尔的文化再生产是一个复杂的概念,它与场域、惯习、资本、权力、象征等具有密切的关系。文化再生产的核心内涵包括:其一,文化生命的最根本的特点是它的自我创造性与超越性,这一性质决定了文化再生产的不可避免性。"文化生命以自我创造为其基本的表现形态,同时也是靠自我创造作为其存在的基本动力。"②其二,一切人类实践活动都是创造和更新文化的活动,或者说,人类的一切文化生产和再生产活动,具有一般的人类实践活动的特征。其三,当代社会文化再生产问题的关键,就是占据社会权力的集团及其社会成员,试图以当代文化再生产制度和组织,通过文化再生产的运作机制,玩弄一系列象征性策略手段,保障他们一代又一代地连续垄断文化特权。这在学校教育系统文化特权再生产等方面表现得尤为明显。③

布迪尔认为,以文化再生产为中心的人类实践是一种象征性实践,象征性实践是人类实践的基本形式,社会是文化再生产的象征性实践的产物。不过,布迪尔的"实践"与马克思等人所说的实践(praxis)不同,它是指人的"实际活动","是人类一般性活动,其中包括生产劳动、经济交换、政治、文化和大量的日常生活活动"④。"我之所以提出一套实践理论,把实践活动看作是一种实践感的产物,是在社会中建构的'游戏感'的产物,就是要说明实践的实实在在的逻辑(the actual logic of practice)。"⑤"客观主义把行动理解成'没有行动者'的机械反

---

① 高宣扬:《布迪厄的社会理论》,同济大学出版社,2004年,第15页。
② 高宣扬:《布迪厄的社会理论》,同济大学出版社,2004年,第31页。
③ 高宣扬:《布迪厄的社会理论》,同济大学出版社,2004年,第70—71页。
④ 高宣扬:《布迪厄的社会理论》,同济大学出版社,2004年,第109页。
⑤ [法]皮埃尔·布迪尔、[美]华康德:《实践与反思——反思社会学引论》,李猛、李康译,中央编译出版社,1998年,第64页。

应；而主观主义则把行动描绘成某种自觉的意图的刻意盘算、苦心追求，描绘成某种良知自觉之心，通过理性的盘算，自由地筹划着如何确定自己的目标，使自己的效用最大化。我从一开始就想摆脱这两种思路，以便说明在最细微、最平凡的形式中体现出来的那些实践活动——比如各种仪式、婚姻选择、日常生活中的世俗经济行为等等。"①

（二）场域（champ）

场域是布迪尔针对社会这一概念的空泛本质设定的概念。场域的基本特征主要包括：

其一，场域是一种社会关系的网络。布迪尔将场域定义为"在各种位置之间存在的客观关系的一个网络，或一个构型"②。

其二，一个场域就是一个行动者斗争的社会空间。"作为一种场域的一般社会空间，一方面是一种力量的场域，而这些力量是参与到场域中去的行动者所必须具备的；另一方面，它又是一种斗争的场域，就是在这种斗争场域中，所有的行动者相互遭遇，而且，他们依据在力的场域结构中所占据的不同地位而使用不同的斗争手段，并具有不同的斗争目的。"③

其三，每一个场域都有自身的逻辑与规则。布迪尔研究了政治、权力、经济市场、高校、艺术、学术、宗教、法律、居民住宅建设等形形色色的场域，他认为："一个场域并不具有组成部分和要素。每一个子场域都具有自身的逻辑、规则和常规，而在场域分割的每一个阶段（比如说文学创作的场域），都需要一种真正质的飞跃（比如你从文学场域的层次降于小说或戏剧的子场域的层次）。"④

其四，场域的存在与疆界不容许任何先验的回答，"场域的界限只能通过经验研究才能够确定"。

---

① [法]皮埃尔·布迪尔、[美]华康德：《实践与反思——反思社会学引论》，李猛、李康译，中央编译出版社，1998年，第164页。

② [法]皮埃尔·布迪尔、[美]华康德：《实践与反思——反思社会学引论》，李猛、李康译，中央编译出版社，1998年，第133—134页。

③ 高宣扬：《布迪厄的社会理论》，同济大学出版社，2004年，第138页。

④ [法]皮埃尔·布迪尔、[美]华康德：《实践与反思——反思社会学引论》，李猛、李康译，中央编译出版社，1998年，第142页。

(三)惯习(habitus)

布迪尔提出"惯习"① 这一概念的宗旨"主要在于摆脱唯智主义的行动哲学。这种哲学尤其体现在把人看作理性行动者的经济人理论里"②。布迪尔还力图将惯习与习惯(habitude)进行区别,习惯往往显示为自发性的、重复性、机械性的或惰性方面,而惯习则兼具建构性、创造性、再生性和被建构性、稳定性、被动性两方面的心态双重结构。③

惯习在布迪尔的实践理论中是一个内涵丰富、表述复杂的概念。高宣扬将其内涵总结为:不只是用来表示同人的行动始终相伴随,并指导着行动始终的那种精神状态,而且还用来强调与社会结构共时并存、同时运作的行动者秉性系统;不只是指那些指导着社会区分的区分原则,而且也是实际地起区分化作用的区分活动本身;它不只是单纯已形成的内在化的行动者主观心理状态,而且是同时积累着行动者历史经验和凝缩社会历史发展轨迹,并不断地在客观世界中外在化的"生存原则"。④

惯习的价值与作用必须将其放在与场域的关系中才能加以正确地理解。布迪尔认为,惯习与场域是一种双向的模糊关系。"所谓惯习,就是知觉、评价和行动的分类图式构成的系统,它具有一定的稳定性,又可以置换,它来自社会制度,又寄居在身体之中;而场域,是客观关系的系统,它也是社会制度的产物,但体现在事物中,或体现在具有类似于物理对象那样的现实性的机制中。"⑤ 惯习与场域虽属两种系统,但两者密切地交织在一起,场域是有惯习的场域,惯习是在场域中的惯习。"社会现实是双重存在的,既在事物中,也在心智中;既在场域中,也在惯习中;既在行动者之外,又在行动者之内。"⑥ 惯习与场域是本体论

---

① 高宣扬将 habitus 翻译为"生存心态",考虑到使用的便利和不影响对其内涵的理解,本文仍使用"惯习"这一译名。
② [法]皮埃尔·布迪尔、[美]华康德:《实践与反思——反思社会学引论》,李猛、李康译,中央编译出版社,1998年,第163页。
③ 高宣扬:《布迪厄的社会理论》,同济大学出版社,2004年,第116页。
④ 高宣扬:《布迪厄的社会理论》,同济大学出版社,2004年,第113页。
⑤ [法]皮埃尔·布迪尔、[美]华康德:《实践与反思——反思社会学引论》,李猛、李康译,中央编译出版社,1998年,第171页。
⑥ [法]皮埃尔·布迪尔、[美]华康德:《实践与反思——反思社会学引论》,李猛、李康译,中央编译出版社,1998年,第172页。

的对应关系。惯习与场域的关联有两种作用方式。一方面,这是种制约关系:场域形塑着惯习,惯习成了某个场域(或一系列彼此交织的场域,它们彼此交融或歧异的程度,正是惯习的内在分离甚至是土崩瓦解的根源)固有的必然属性体现在身体上的产物。另一方面,这又是种知识的关系,或者说是认知建构的关系。惯习有助于把场域建构成一个充满意义的世界,一个被赋予了感觉和价值,值得你去投入、去尽力的世界。[1] 当然,惯习与场域也有不吻合之处,即不同的场域有不同的惯习。从历史的角度,惯习与场域是一种动态的关系,这种动态的关系是通过"实践"为中介而生成和建构的。从这点上说,惯习、场域及其关系的逻辑即是实践的逻辑,惯习与场域的关系体现了实践的逻辑或实践理性的特点。

(四)资本(capital)与权力(pouvoir)

资本是一个与场域有着密切关系的概念。场域始终是个人的或集体的行动者运用其手握的各种资本进行相互比较、交换和竞争的一个斗争场所,是这些行动者相互间维持或改变其本身所具有的资本,并进行资本再分配的场所。反过来,场域是各种资本竞争的结果,只能靠其中的各种资本的反复交换及竞争才能维持。[2] 为此,布迪尔把在场域中竞争的资本,进一步分为经济资本、文化资本、社会资本和象征性资本四大类。行动者手中拥有的资本不同,决定了其在场域中的地位差异。

场域又是靠权力关系也维持和运作的。布迪尔认为,凡是有社会关系和社会力量存在的地方,就有权力的存在。权力可以是政治的、也可以是社会性的、经济性的或文化性的等等。决定着权力的性质的,是组成特定相互关系的各个社会地位上的行动者所握有的实际资本的力量总和。也就是说,各个场域中的权力关系,是由各个行动者所握有的资本种类及其总量所决定的。[3]

布迪尔正是通过以上概念及其相互关系的阐释,建构了他的实践理论。布迪尔实践理论强调的实践理性或实践运行的逻辑。简言之,主要包括:其一,实践理性是象征性实践,而不是经济人理性;其二,实践是场域与惯习双向关系的实践,惯习在实践中的作用不可替代,惯习使实践成为建构的实践,为实践提供了

---

[1] [法]皮埃尔·布迪尔、[美]华康德:《实践与反思——反思社会学引论》,李猛、李康译,中央编译出版社,1998年,第171—172页。
[2] 高宣扬:《布迪厄的社会理论》,同济大学出版社,2004年,第148页。
[3] 高宣扬:《布迪厄的社会理论》,同济大学出版社,2004年,第154—155页。

动力原则；其三，实践是资本运用和权力斗争的实践。

二、布洛陀文化当代重构的实践理性

布洛陀文化当代重构作为一种文化实践，有其自身的内在逻辑，布洛陀文化当代重构所体现的实践理性，亦可借鉴布迪尔实践理论及相关概念予以分析，同时还可结合布洛陀文化重构实践反思布迪尔实践理论及相关概念。

（一）布洛陀文化当代重构的场域

布洛陀文化当代重构的场域（以下简称"重构的场域"）包含在场域的重构之中。因为，"重构的场域"是一个动态的、历史的过程。"重构的场域"或"场域的重构"，必须同布洛陀文化传统场域（以下简称"传统场域"）进行对照才能获得完整的理解。

布洛陀传统场域主要为宗教（祭祀）场域。这一场域为麽公、壮族民间信众建立的关系网络，这一社会空间是以村落社会为基础的社会空间，包括麽公与信众、麽公与麽公、信众与信众等多重社会关系。布洛陀传统场域建构纽带是对布洛陀创世神、始祖神、智慧神、道德神、宗教神的信仰与祭祀，其功能是祛除不祥，驱逐鬼魅，禳灾纳吉。因此，无论是麽公，还是信众，都具有宗教信仰的神圣秉性。从语言、符号运用，到行为和心理，布洛陀传统场域中的行动者以宗教祭祀的惯习展演着他们对布洛陀的尊崇，共同构筑一个与世俗生活区分的特殊世界。

当然，麽公在这一场域中，拥有了一般信众所没有的资本与权力。他们拥有与布洛陀等神灵沟通的能力，这一象征性资本，使他们在祭祀场域中居于主导地位，占据有利位置。他们还拥有对麽经的学习、认知、解释和使用的能力与权力，这一文化资本使他们与神灵的沟通能力具体化，从想象转变为行动，加强了他们的主导地位。他们的成长与仪式活动得到布洛陀的信任、师傅的帮助和地方长老的支持，拥有着丰富的社会资本。当然，麽公多为兼职或半职业化，祭神禳灾仪式活动使他们获得由信众馈赠的物品，乃至货币。麽公用自己的象征资本、文化资本和社会资本换取一定的经济资本，实现经济利益的再分配。麽公与麽公之间的差异化，使麽公们形成了一种斗争的场域。为了获得更多信众的信任与崇敬，他们的策略就是宣称身份的正宗，与神灵沟通方式的正当，以及法力的强大与有效等。

信众虽然更多地依靠一定的经济资本获得麽公的认可和神灵的眷顾，以达到驱凶纳吉的目的。但信众在这一场域中并非始终处于被动的地位，他们拥有对麽公的选择权和对仪式效果宣称的主动权。这些迫使麽公不得不采取灵活的策略施法，以得到信众的认可。

布洛陀文化重构的过程，即是布洛陀文化场域重构的过程。重构的场域包括了一系列复杂的社会关系网络和社会空间。从重构的事实看，主要有学术场域、政治场域、经济场域、艺术场域、宗教（或祭祀）场域。

1. 学术场域

学术场域是由从事壮族文化、布洛陀文化研究的学者和其他相关学术研究人员组成的关系网络。这一关系网络的核心是壮族学者，包括田阳县本土学者和来自广西壮族自治区、北京等地高校和科研机构的壮族学者。此外，进入学术场域的还有汉族等其他民族的学者以及各类有学术倾向的媒体人。学术场域所涉学科极其复杂，有文学、考古学、历史学、民族学、人类学、文化学、民俗学、宗教学等。学术场域是重构的场域的基础性场域，其功能在于发现和论证田阳县布洛陀文化中心和敢壮山作为布洛陀古居的正当性与合"法"（此法可指法规，但更多的是指特定的规则）性和合逻辑性。换言之，学术场域功能主要在于通过田野调查和研究，确认敢壮山布洛陀文化遗址的神圣地位。敢壮山布洛陀文化遗址"正统"地位的确立，是布洛陀文化当代重构的基本前提。

2. 政治场域

政治场域由田阳县、百色市、广西壮族自治区政府以及国家相关部委、田阳县周边各县市及与布洛陀相关的各县市政府及其工作人员组成的关系网络。田阳县政府是这一网络的中心。政治场域既是一个有形的社会空间，也是一个无形的权力网络。有时政治权力并不是由一个具体的政府部门来体现。政治场域的功能主要组织学界专家"论证"敢壮山布洛陀文化遗址的神圣地位，确定敢壮山作为布洛陀古居的合"法"性与合逻辑性，进而通过行政手段组织人力、物力、财力保护和开发布洛陀文化，通过"文化搭台"，实现"经济唱戏"，促进地方经济社会发展。就田阳县县委、县政府而言，其主要实践行动包括：召开敢壮山布洛陀遗址学术研讨会、举办历届布洛陀文化旅游节，特别是开幕式、祭祀大典和文艺晚会。而百色市及广西壮族自治区高层领导的介入，特别是2011年首次官方公祭布洛陀，向全体壮族人民宣告了自治区人民政府对敢壮山布洛陀的完全认可。

当然,在政治场域中,还应该包括新闻媒体。因为新闻媒体在布洛陀文化当代重构中起了极其重要的作用,而介入报道的中央电视台、人民日报、人民网、广西日报、南宁日报、右江日报等都是党和政府的喉舌,其报道的政治立场不言而喻。

3.经济场域

经济场域是一个由市场经济人组成的关系网络,其中最主要的是旅游经济开发中所涉公司、商家和个体的经济人。经济场域的功能在于开发布洛陀文化产品,并参与建构布洛陀文化空间与设施。

4.艺术场域

艺术场域是由艺术团体、艺人及相关的艺术家组成的关系网络。艺术场域的功能在于创作和展演布洛陀艺术文化产品。

5.宗教(祭祀)场域

宗教(祭祀)场域是由麽公、仪式专家和民间信众等组成的关系网络。其功能在于主持、参与敢壮山布洛陀祭祀活动。

上述各种场域在布洛陀文化重构中不是独立存在的,它们以学术场域为基础,以政治场域为中心,形成了一个各种场域相互关联的场域系统或复合场域。其基本的系统结构图如下:

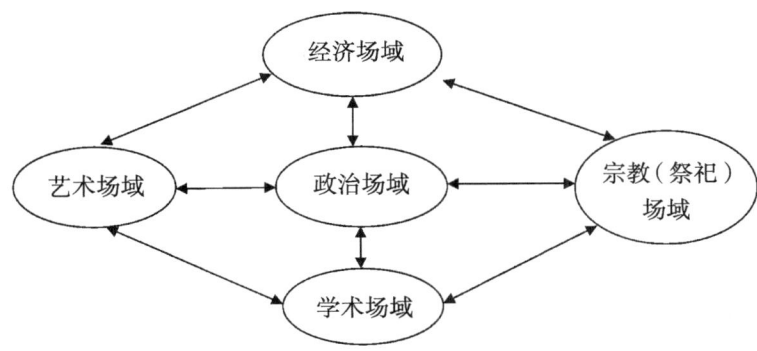

在这个特定的场域系统中,学术场域是基础,经济场域是利益的目标,政治场域是中心,艺术场域和宗教(祭祀)场域是学术场域和经济场域联结的中介。

(二)布洛陀文化当代重构中的惯习、资本与权力

重构的场域只是布洛陀文化重构实践行动者的斗争、利益分配的场所,各类行动者惯习表现、资本与权力的运用是这一场域生成与维持的基础。

布洛陀文化重构中的各种场域，其惯习表现，资本与权力的运用均不相同。在学术场域中，学者们围绕壮族文化和布洛陀文化内涵、布洛陀发源地与敢壮山作为布洛陀古居的合法性、合逻辑性等问题展开长期的学术研讨与争论，学术人展现求证、思辨、学理分析的基本惯习，同时壮族学者还呈示了民族自尊与文化自豪的情绪与情感和族群价值自我认知的集体意识。由于各种学者拥有的资本不同，决定了他们在这种学术场域中的不同地位，最终，拥有更多资本的学者拥有了确定上述学术问题结论的话语权。古迪是壮族的著名学者、诗人，其所拥有的社会资本、文化资本和象征资本使其在布洛陀古居的"发现"中拥有极大的话语权。古迪主要是以一种诗人的秉性宣称敢壮山就是布洛陀的发源地和古居，并没有提供足够的证据和进行充分的论证。这种"发现"得到京城和广西本土部分具有同样资本的学者呼应，这种呼应一部分是以提供历史学、考古学、民俗学、民族学、人类学等学科的论证为形式，一部分则出于壮民族的集体意识。然而，大凡创世始祖和人文始祖均是神话的想象，它的神格和事迹具有先民生活世界的整合性，其古居难以确证，也无须确证。壮学领域的另一部分学者则对敢壮山是布洛陀古居遗址的"先发现、后论证"的学术路线和证据以及布洛陀是珠江流域人文始祖的观点提出质疑，形成一种"证伪派"的学术力量。由于这派力量拥有的资本与权力要远逊于前派力量，在学术论辩中尽管力求证据，且在证据上略占上风，但最终布洛陀作为"壮族人文始祖""珠江流域人民共同的人文始祖"和"敢壮山作为布洛陀古居"的合法性经历多次学术研讨后得到认定。

在政治场域中，行动者是掌握着社会公共权力、可以合法地调配社会资源，并按照一定的社会理想进行社会改造的机构和个人。这些行动者的惯习并没有得到充分的研究和恰当的表述。从中国政治场域的实际看，行动者的惯习表现了极大的权力感，行政思维的"实用"与"权变"特点极其明显，他们往往注重形象与事件的结果。这些惯习在布洛陀文化重构的政治场域中也得到了充分的体现。基于这些惯习，在布洛陀文化重构的政治场域中，行动者进行了资本与权力的分配、再分配和争夺。在田阳县内部，为了保证布洛陀文化顺利重构而采取统一领导，部门协调的工作方式，重大活动（学术研讨会、旅游节等）由田阳县主要领导主持，宣传部是整个布洛陀文化建构的核心领导、协调部门，其他部门分享不对等的权力和成果。显然，在政治场域中，职位资本与部门资本在权力运作中发挥了重要的作用。对外，田阳县的策略是争取上级领导与部门的支持与认可，并加强与周边各县市的协调与沟通，特别是与布洛陀流传地的协调与沟通，以强化田阳县是布洛陀中心的地位。

经济场域展示了市场经济人（经济场域的行动者）的经济人理性，在经济场域中，市场经济人以盘算为主要特点，包含着诚信、互惠的惯习表现得淋漓尽致。市场经济人拥有着丰富的经济资本，但其进入场域还必须具备特定的社会资本，在布洛陀文化产品的开发上，文化资本和象征资本也能发挥重要的作用。市场经济人正是利用着各自拥有的资本获得布洛陀文化开发的准入资格，但资本的多少与大小又决定了各种市场经济人在经济场域中的地位与利益分享程度。

艺术场域中的艺术家基于其艺术创作的敏感、个性、创造、自由风尚等惯习从事着以布洛陀为中心的艺术创新与表演，但无论是布洛陀广场设计，还是敢壮山神像的制造，抑或是文艺汇演中各种与布洛陀有关的乐舞创作，都包含了艺术家各类资本的利用与话语权力的争夺。在这个过程中，投标竞争或组织安排考虑的均是创作者的学历、艺术素养及其他资质，最终拥有较多资本的艺术团体、艺人和相关艺术家获得了布洛陀艺术创作的权力。

宗教（祭祀）场域的麼公、仪式主持人和民众基于布洛陀信仰的集体意识与惯习参与着敢壮山的祭祀活动。但与传统布洛陀祭祀不同，敢壮山祭祀神灵更加明确为布洛陀，这样使布洛陀祭祀由传统的村落祭祀圈转变为地方性的重要祭典，祭祀的关系网络也得以扩大，包含了传统的民间香客、外来游客乃至政府官员等。在历次祭典中，官员、嘉宾、当地民众和外地一般游客依据其拥有的资本的差异形成了祭祀等级序列，排在等级序列前列的成员拥有着依次粉墨登场的权力，而广大香客则在场域的边缘以各种复杂的心情维持着场域的边界。

如前所述，布洛陀文化重构的场域是一个系统。在这个系统中，场域间各种力量相互影响、相互作用、相互制衡，形成了具有策略性的博弈关系。在这场力量的博弈中，学者的力量是基础性力量，政治力量是关键性力量。

学者承担着关于布洛陀文化相关问题合法性和合逻辑性的论证，这种论证必须得到政治力量、民间力量和其他力量的支持与认可，才能转化为艺术的、商业的产品。因此，当古迪宣称"发现"敢壮山布洛陀古居后，一部分学者即谋求在政府和商人的资助下召开布洛陀文化的学术研讨会，以求增加学术研究的实践价值。为了获得地方政府乃至民众的认可，学者们的策略是寻找证据，解释碎片化的事件以使证据链条完整化，甚至对布洛陀文化进行必要的加工，以提出"科学的""正确的"学术观点。

政治力量是一种实用与敏感的力量，当古迪宣称在田阳县发现布洛陀古居，乃至学者宣称田阳县就是布洛陀文化的中心，田阳县政府立即意识到，这是利用布洛陀文化发展文化旅游和其他文化产业、提高田阳县知名度的绝佳时机。政府虽是国家权力机关，拥有比学者、商人乃至民众多得多的各类资源，但又不是封闭的权力系统，政府的权变特性促使其利用学者、商人和民间的多种力量以实现自己的实用的目的。在政府与学者之间的博弈中，政府利用了学者的学术活动为发展文化产业造势，增加文化产业的合法性、合理性基础，同时政府组织和主持了一系列学术活动，直接参加学术活动或以学者身份出现，发表学术见解，以提高政府的学术品质，政府还进行了一系列的布洛陀文化遗产的搜集、整理和出版工作，以展示田阳县布洛陀文化的底蕴和发展布洛陀文化产业的文化基础。在文化设置如博物馆的建设中，政府大量展示相关学者的照片，介绍学者们与田阳县的关系，其意也在于增加田阳县布洛陀文化的学术价值。政治力量与学术力量的博弈中，政治力量主张的是学术奠基，文化搭台，经济唱戏。因此，政府从政治场域中走出，逐步渗透到其他各种场域。如利用招商引资，使商人投资建设布洛陀文化设施，开发布洛陀文化产品；利用艺术家的艺术创作，提升布洛陀文化品格，演绎布洛陀文化精神；政治力量更是向祭祀场域渗透，甚至操控祭祀场域，在大型祭典中，均是由政府出面组织，地方官员悉数登场，使布洛陀祭祀由民祭演变为不折不扣的官祭。

经济唱戏的主角是商人。商业力量在这场博弈中虽不是决定性的力量，但一开始就是一个推动的力量。作为文化商人的彭洋正是在古迪的"发现"中看到了商机，展开了一系列的商业运作，不仅支持学者的学术研究，而且参与到布洛陀文化产业的一系列的活动之中。可以说，商人带着他们的经济资本加入布洛陀文化的重构之中，而政府通过招商引资也正是利用了商人的经济资本。商人与政府具有共同的目标，商人为了获得商业利益，政府为了发展地方经济，他们形成了一种互惠的关系。

艺术力量与民间力量并不是独立的力量，他们与其他力量发生着复杂的关系。艺术家有的来自政府工作部门，有的为商业公司工作，他们的艺术表达加入了尊重艺术规律之外的内容。艺术家的艺术表达首先是权力的表达，承载着权力者的意图，而失去其独立性。如布洛陀神像制作参照了炎帝像的相关要素即是政治力量的作用。艺术家的艺术表达又是商业算计的结果，他们在制作艺术产品时，受到有限成本的制约，因而体裁、材料和制作方式等的选择均已超越了艺术本体。

民间力量是布洛陀文化传统得以生成和传承、发展的重要力量，在布洛陀文化当代重构中，这种力量仍然是基础性力量。民间力量散布在多种场域中，但以宗教（祭祀）场域为主。以祭司或祭祀主持人身份出现的民间力量依附于政治力量而存在，其职业化特点使其与一般民众相区别。大多数民众是以香客的身份参与到宗教（祭祀）场域之中。民众以捐献和宗教消费等方式获取布洛陀等神灵的庇护，他们在宗教（祭祀）场域的交换性行为是象征性的。在宗教（祭祀）场域之外，民众为学者的学术研究提供历史记忆和传统资源，他们是商人生产的布洛陀文化产品的消费群体，尽管这种消费是选择性消费。民众多听从于政府的社会动员，并为政府文化重构提供声援，但向政府索要的回报是算计的和功利的。总之，民众虽不具有丰富的资本，但他们在各类行动中仍然进行着权益表达。

三、几点思考

由于布迪尔的实践理论试图在主观主义、客观主义二元论之外寻找一种对社会解释的路径，为我们解释包括布洛陀文化当代重构在内的文化实践的运作逻辑提供了很好的概念与工具。但布迪尔实践理论的解释效度是有限的。从布洛陀文化当代重构实践来看，至少在以下几个方面值得我们对布迪尔实践理论进行进一步的思考。

（一）文化再生产内涵的局限性

布迪尔把文化再生产看作是人类实践的基础性概念，但其文化再生产理论具有明显权力再生产的倾向。这在其对于高等教育的权力再生产与分配机制的研究中表现得较为充分。在现代化的背景下，文化，特别是传统文化的自我生成、创造能力在下降。因此，文化重构成为当代人类另一种重要的实践。本文使用文化重构，基于其与布迪尔文化再生产的如下区别：

1. 文化再生产是文化自我创新，是文化内在力量作用的结果，传统布洛陀经诗的汉文、古壮文抄录及其传播等均可视为文化再生产；文化重构主要为外在力量对文化的重新建构，当代布洛陀文化的生产属于文化重构现象。

2. 文化再生产不需要解构，而文化重构有一个文化解构的过程，即文化重构的前提是文化的解构。

3. 文化再生产可以借用外来文化元素，但并未对传统结构产生根本性的破坏，而文化重构则是大量借用外来文化元素，重构新文化使传统文化发生了结构性的转变。

尽管文化重构与文化再生产具有较大的区别，但文化重构与文化再生产也具有一定的关联性，如果用布迪尔文化再生产涵盖文化重构，文化重构可以补充文化再生产的内涵与形式。我们可把文化重构看作是文化再生产的一种方式，文化重构与文化自我创造一样，成为人类实践的一种基本形式。由此，布迪尔的文化再生产的内涵不再仅仅局限于文化的自我创造，它还包括文化的重构。

（二）复合理性的存在与价值

目前学术界关于实践理性的思考多是单面向的，在强调一种理性的同时，否定或忽视实践的其他理性，经济理性、社会理性、政治理性、文化与象征理性均是这类概念。布迪尔的象征性实践理性一方面并未实质性地超越萨林斯的象征理性内涵，另一方面也未能对普遍实践事实进行精确反映。从布洛陀文化重构实践来看，实践理性表现为一种复合性。因此，本文提出"复合理性"概念，以对布迪尔的相关概念进行补充与修正。

1. 复合场域

从以上关于布洛陀文化当代重构的场域分析来看，重构的场域虽然存在如布迪尔所论的具体社会关系网络或社会空间，如学术场域、政治场域、经济场域、艺术场域和宗教（祭祀）场域等，但这些场域又共同组成了重构的大场域。它是一种复合的场域或扩大的场域。布迪尔提出场域的概念，其目的是反思"社会"概念的抽象性，但其场域概念太过具体，以至于影响了这一概念的解释力。从布洛陀文化重构实践的具体事实中，我们看到了一个比布迪尔场域要大，比社会要小（当然也不同于芝加哥学派的社区）的社会关系的网络或社会空间，这就是复合场域。从这个角度看，这一复合的场域，也可称为社会的中层结构。社会的中层结构为我们提供了分析社会结构和文化结构的重要概念与工具。

2. 复合理性

在复合场域中，实践逻辑表现了自身的复杂性与复合性。在这里，我们看到多种理性的并存和相互作用。学者研讨表现了明显的理论理性和象征性理性倾向，在理论理性上，他们试图论证布洛陀文化相关问题的合法性与合逻辑性，但他们的学术讨论又超越了知识建构即理论理性的范畴，更多地具有象征意义。政府的行动逻辑则表现了工具理性或经济人理性和象征性理性并存的特点。从政府实用惯习和开发布洛陀文化的目的来看,他们把布洛陀文化看作是一种发展地方经济的资源,这种工具理性色彩导致田阳县政府对待布洛陀文化的态度是为我所用。但政府毕竟是一方民众的代表和民族文化的代言人,在开发利用民族文化的同时,他们以一种特殊的力量主导着文化保护,只是这种保护是适度保护,而开发是过度开发。如果说文化保护尚不足以表现政府的象征性理性,那么在重大文化活动中,特别是布洛陀祭祀仪式中,政府官员的悉数出场则完全是象征性行动,此行动将民间祭神活动上升到地方性祭典。商人的理性更明显地表现了工具理性或经济人理性,他们主要以追求经济利益最大化为目的来参加布洛陀文化的建构,但在这一过程中也不排除少数文化商人对布洛陀文化的自觉与尊重。对于民众而言,他们参加布洛陀文化的各类活动一方面出于功利目的,如三月三歌圩中的商品交易,但另一方面又带有象征意味,如敢壮山祭祀中的求子求财求寿以及三月三的对歌等。

总之,我们不能简单地将布洛陀文化重构的实践理性归结为某一种理性,特别不能将其归结为如布迪尔所说的象征性实践理性,它是在复合性的场域中展现出来的复合的理性。正是这种复合的理性使我们找到了当代文化重构实践的内在运行逻辑。

〔刘婷:中南民族大学民族学博物馆馆员〕

城镇化背景下布洛陀信仰实践的转变及其建构的困境[*]

潘云峰　蓝　武

一、关于布洛陀信仰建构及其实践形式的讨论

布洛陀信仰最初的形态始见于《布洛陀诗经》中的神话故事，而后逐渐演变成以广西田阳县敢壮山为中心，以布洛陀为创世始祖的少数民族祭祀文化及信仰体系。从对布洛陀信仰已有的研究来看，对神话人物、祭祀文化以及宗教信仰是当前布洛陀研究三个主要的研究方向。[①] 而如何将这个三种方面进行整合，从而建构起符合当地社会经济与文化发展的一种典型的本土信仰模式，是当前壮学界着力在思考与解决的重要内容。

从文化重建的意义上来看，由于壮族民族文化主体意识的不断增强，以及壮族传统文化与时俱进的创新性，由此形成了布洛陀文化重建的一种驱动力。[②] 而文化重建目的在于民族文化的延续，对于布洛陀文化延续的策略目前则是通过申遗的途径来完成这种文化的传承和保护。从具体路径策略来看：布洛陀文化是广西少数民族民间信仰类型中的典型代表，具有重要的文化保护价值，因此学界大力推动、政府组织协调、民间活态传承、群众主体性的充分发挥则成为当前有效

---

[*] 基金项目：广西师范大学 2017 年教育教学改革项目"中华优秀传统文化进民族地区高校课堂的探索与实践"（项目编号：2017XJGZ03）。

[①] 李向平：《广西壮族布洛陀信仰——信仰社会化，还是社会"被"信仰了？》，《中国民族报》2012 年 2 月 7 日，第 8 版。

[②] 牟钟鉴：《从宗教学看壮族布洛陀信仰》，《广西民族研究》2005 年第 2 期。

的文化保护与传承的路径。① 从操作层面上来看，开发影视文化作品、旅游文化节，开展学术研讨活动，以及保护和培养文化传承人等则是目前各界比较认同的操作策略。② 从平衡政府、学者及民众三者关系稳定与发展的角度来看，以发展旅游产业来推动布洛陀文化的发展，则容易形成"三赢"局面，因此大力大展以布洛陀文化为卖点的旅游产业能够契合当前的社会发展；③ 其次，布洛陀文化的旅游开发则需要政府的支持，这样才能有效地形成保护性旅游开发的途径，形成文化的可持续发展，使布洛陀文化得到更好的传承和发展；④ 再者，布洛陀文化的中心广西田阳县本身拥有丰富的人文资源、自然资源及民俗资源，三者相互结合所形成的自然景观和人文景观为布洛陀文化的开发与利用提供了资源优势。⑤ 因此，布洛陀的非物质文化遗产保护与旅游开发结合在一起，显然成为当下传承布洛陀文化传统的重要且有效的实施手段。从文化整合的角度来，推动布洛陀文化的建构与发展，形成布洛陀文化的全局保护，使其与中华文化体系形成价值共识，但最终的目的还是要将之纳入我国多元文化体系当中⑥，从而完成壮族传统文化的发展与传承。

二、布洛陀信仰的实践转变及其建构困境

布洛陀从民间文学及口传资料中走出来演变成为壮族族群的创世者，最后形成以其为核心的布洛陀信仰体系，其建构过程除了多方不遗余力的推动，更深层的原因在于：改革开放以来，信仰文化的重建与发展离不开市场经济这根杠杆，更离不开族群认同、地域认同的本质需求，同时信仰文化的建构更有利于民族团结，使壮族自身的传统文化不被时代与制度"悬置"，进而与社会经济文化的建

---

① 刘婷:《"后申遗"时期我国非物质文化遗产传承与保护研究——基于壮族"布洛陀"文化的调查》,《广西民族研究》2013 年第 2 期。
② 李志强:《城镇化背景下少数民族乡村文化的保持——以壮族布洛陀文化为例》,《广西民族研究》2010 年第 2 期。
③ 覃丽丹:《壮族人文始祖布洛陀信仰的传承与重构》,《广西民族研究》2011 年第 2 期。
④ 贺剑武、陈炜、黄玲芳:《广西壮族非物质文化遗产保护性旅游开发研究——以百色布洛陀文化为例》,《广西社会科学》2009 年第 4 期。
⑤ 蓝武:《布洛陀文化开发与利用的优势与机遇》,《广西民族师范学院学报》2012 年第 1 期。
⑥ 李志强:《城镇化背景下少数民族乡村文化的保持——以壮族布洛陀文化为例》,《广西民族研究》2010 年第 2 期。

设有机统一起来。

然而，随着城镇化的发展与推进，传统村落社会结构逐渐发生转型，农村人口大量往城市聚集。人们远离农村，自身角色、生产生活方式出现了转变，同时人们的经济水平、职业以及价值观等也不断出现分化。在这样的背景下，人们对待传统信仰的方式也出现了改变，实践方式注入了许多现代因素，人们不再遵从传统的信仰模式。虽然这对于传统信仰的权威及仪式是一种挑战，但从当前社会发展与人们认知转变的角度来看，特别是在城镇化发展的背景下，信仰转型则是民族传统文化发展及延续的一种策略，但同时摆在我们面前的还有一个重要问题，即如何使当前民间信仰继续"走"下去？另一方面，由于国家在场，使得人们不得不对传统的信仰方式做出调整，使其与中国传统信仰体系的实践及建构机制相一致。对于布洛陀信仰而言，在当前文化重建的思路下，其信仰体系的建构和实践方式如果要适应城镇化的变迁，就要转变传统农耕社会中民间信仰固有的实践模式及其权威体系。而这一转变过程则透射出当前以布洛陀信仰为代表的广西少数民族民间信仰在当中所面临的一些困境。

（一）"公私"博弈下信仰主体的实践困境

自古以来，人们都是围绕土地来构建自己的生产方式、社会关系、宇宙观和价值观的，耕作则是延续这些因素的重要实践方式。在《布洛陀诗经》中有讲述到，布洛陀的圣职则是教人们造田种谷，延续后代，这也形成了壮族特有的稻作文化。在众多关于布洛陀文化的研究和民间典籍当中，因为布洛陀的这些"事迹"，人们都把布洛陀看作是壮族社会起源和发展的"造物神"，并由此而形成了以布洛陀为中心的祭祀活动和信仰体系。长久以来，布洛陀是维系壮族社会稳定和发展的重要象征。随着城镇化的推进，代表着以土地为核心的乡土社会逐渐瓦解，随之而来的是农村人口大量流动，人们的生产方式发生改变，同时工业化的手段也改变了人们传统的农耕模式。对于布洛陀文化而言，先进的生产方式使得人们的信仰模式发生转变，有的甚至放弃了信仰。布洛陀作为壮族社会文化的创世神，其神圣权威也受到这一变迁的挑战。诚然，由于历史的原因，布洛陀文化发展一度受到限制，但改革开放以来，城镇化给农村社会结构带来了改变，同时国家对少数民族政策的倾斜，可以说是给布洛陀信仰的重建带来了一种契机。许多研究者和相关部门又开始对关于布洛陀的资料进行收集、整理和研究，为布洛陀信仰的重建提供了充分的理论依据。另一方面，社会结构的转型使得人们不再依附于土地，因此布洛陀信仰失去了依托空间，纵使有了丰富的资料进行支撑，它的建构空间与路径仍然是个需要解决的问题。

虽然城镇化带来的先进生产技术改变了人们传统的耕种模式，使得大部分农民退出了田地，选择另外一种生产生活方式，但同时城镇化也带来了国家建设需求下的城市扩张，并且农民的身份也发生了转变，进而人们传统的信仰模式发生了根本性的改变，并失去了原有的依托空间。[①] 2001年以来，在有关学者的牵头下以及多方资源动员的推动之下，布洛陀信仰的"基地"顺利完成了"迁移"，即形成了以广西田阳县敢壮山为中心的布洛陀信仰"基地"。经过多年来的发展与建设，布洛陀信仰形态逐渐完成了"转型"，形成了以集会、祭祀、旅游为主要形式的信仰体系。这一过程也有学者认为，布洛陀信仰这样一种转型，为当地社会发展实施"文化搭台、经济唱戏"的目的提供了实践路径，实现了从"文化布洛陀"向"旅游布洛陀"的转变。[②] 然而这一转变需要面对的另一个问题是：当地民众在这一转变过程当中在很多时候是缺席的。

在文化重建的视角下，布洛陀信仰重建的实践主体仍是民众。在神话故事和民间自撰的资料当中，布洛陀的"创世"功绩得到了当地民众的认同，为壮族社会结构的稳定和社会发展提供了精神支撑。当地人相信，有了布洛陀的存在，就能保佑大家年年五谷丰登，各自的社会关系也能得到延续。同其他民族一样，最初壮族社会的发展同样依赖的是土地，土地作为一个民族和社会存续的根基，布洛陀从产生之初就是同土地紧紧联系在一起。自改革开放以来，少数民族文化得到了蓬勃发展，各地都在重建自己民族的文化符号和"根"，布洛陀信仰的重建自然也在其中。在"文化搭台、经济唱戏"路径的指导下，政府和学者在论证和设计之初虽有经过周详地论证和深入地调研，但民众在其中发挥的作用并不明显，而信仰的传承和发展恰恰更依靠的是民众。

从人神的关系角度来看，民众或以信仰受众，或以仪式专家、仪式承包者的身份与布洛陀建构的是一种人神互动模式，通过祭祀神灵获得个人或精神、或物质的需求，这个过程是一种私人信仰的表现。而政府和学者的介入，使布洛陀信仰有了国家在场的特征，私祭变成了公祭，人与神的互动转化为了人与神、神与

---

① 张祝平：《论民间信仰的城镇化空间——个异地城镇化村落传统信仰重建的考察》，《民俗研究》2017年第6期。

② 时国轻：《壮族布洛陀信仰研究——以广西田阳县为个案》，宗教文化出版社，2008年，第77页。

神以及人与人的多元互动。从这个方面去看，民众以公祭的形式参与祭祀的活动就变成了一种象征性的行为，并且在政府指导、监管，以及学者的推动下，结合当地社会的发展以及经济、文化特色，整合多方的资源，使布洛陀信仰有了一种市场运作模式。民众在其中除了人与神的互动，更多的是人与人的互动，并且这种人与人的互动关系是建立在经济消费机制的基础上的。由于放弃了土地内核，放弃了民众的本质需求，这种传统的人神互动模式的信仰阐释和布洛陀本身的神圣权威才变成了形式化与象征化。

"公私"博弈历来是中国信仰或宗教文化建构的核心问题。公私二者关系的虚实决定于公权力介入的深浅，所以如何协调信仰实践下的公私关系，则是一个信仰文化建构的关键。于布洛陀信仰而言，公权力的介入使得这种信仰模式同黄帝信仰、炎帝信仰等类型一样，具备了公共性和私人性的双重特征。如何公私兼容，也就成为布洛陀信仰在建构过程中所面临的另一个困境。

也就是说，布洛陀信仰经过政府及学者的公共性建构使人们对布洛陀的祭祀上升到了公祭的层面。这种公祭模式在一定程度上带动了当地经济、文化的发展，并且为了将这一模式"合法"化，当地把每年的壮族"三月三"定为布洛陀"公祭日"，从而使布洛陀信仰成为壮族民间信仰类型的核心得到了进一步的确认。同时围绕这一模式，近年来当地政府还整合了瓦氏土司文化、壮族歌圩文化、红色革命文化等元素打造了田州古城这一典型的文化旅游综合项目，进一步推动了布洛陀信仰体系的发展。田州古城文化项目包含了布洛陀神话、布洛陀史诗、布洛陀始祖、布洛陀宗教、布洛陀歌谣等文化元素，这进一步完整了布洛陀信仰体系，使人们逐渐树立起对类同于黄帝、炎帝信仰的布洛陀"创世始祖"的认同。

因此，这一过程是通过公权力对民众祭祀布洛陀的私人朝向进行了整合，并将之嵌入到公共信仰体系中，变成一种公共朝向，但民众在布洛陀信仰中的私人需求，本质上有了一定程度的缺失。对神的祭拜本是一种人与神的关系互动，也是个体的获取私人需求的途径。传统社会中，人们在自己的家中祭拜布洛陀或集体对布洛陀进行祭祀属于私人层面的表达。改革开放以来，城乡二元结构对立形成，公权力统合和规范了这种私人信仰，使布洛陀得以走出文本、走出乡土，出现在公众面前，成为公众信奉的对象。与广西桂中地区的师公信仰不同，师公信仰缺少的一种社会化建构，没有公权力的介入就无法实现公共资源的整合，也就难以形成由人与神的互动转为人与神、神与神以及人与人的多元互动的信仰共同体，所以师公信仰无法行"正祀"之为。然而正是由于国家在场，布洛陀信仰在某种意义上被纳入了国家祀典，获得了公共表达的空间。

一方面，私人信仰能够通过公权力而得以建构成为公众信奉的对象，另一方面，私人信仰却又无法超越公众权力的控制。① 因此，"淫祀"就无法成为国家信仰体系中的一部分，个体的私人信仰表达也就无法融入公共信仰体系中。当然，这对于在城镇化进程中社会结构快速转型的壮族社会而言，在一定意义上能有效保护壮族自身的文化基础，创新、传承布洛陀文化，使壮族的文化资源逐步纳入国家的信仰体系之中，从而推动当地经济的发展与文化的繁荣。但尽管如此，在中国，信仰依旧是一个被建构起来的世界。② 从这个意义上来说，布洛陀信仰的建构也就不再是单个人或一个族群的信仰表达，而是社会在协调公私关系的过程当中做出的合理性、整合性的调整，亦或说在这个过程中，公共性的信仰被建构了起来，而私人信仰却被这一调整悬置了起来，从而也就形成了个体信仰如何在公共空间进行表达并获得需求的困境。

（二）城乡二元结构分化下仪式专家的身份建构的困境

仪式是民间信仰的一种实践，人神互动则是通过仪式展现出来的。而仪式往往是由仪式专家或者仪式承包者建构起来的，他们作为人鬼神的中介，为各式的民间信仰提供仪式服务，并集仪式操办技能、知识和权威于一身。有什么样的仪式专家，就会建构出什么样的信仰表达方式，而仪式专家具有什么样的身份，就会呈现与其身份相一致的信仰实践特征。③ 因此，仪式专家对民间信仰的起源、建构和发展有着重要的影响。

麽公是布洛陀信仰体系当中的仪式专家，是壮族麽教当中典型的代表人物。麽教源于越巫，《史记·孝武帝本纪》有载："越人信鬼，而其祠皆见鬼……乃令越巫立越祝祠……"因此"越巫"乃其原型，而后演化成为现在的"麽公"。就其宗

---

① 李向平：《当代中国的"私人信仰"陷阱》，《江苏行政学院学报》2017 年第 1 期。
② 李向平：《信仰是一种权力关系的建构——中国社会"信仰关系"的人类学分析》，《西北民族大学学报》（哲学社会科学版）2012 年第 5 期。
③ 赵翠翠：《仪式专家的身份特征及其困境》，《河北学刊》2018 年第 1 期。

教类型而言，壮族的麽教是一种弥散性宗教。①《壮族麽经布洛陀影印译注》②多处均有关于麽公与布洛陀关系的描述。在信仰体系中，布洛陀为麽教主神，麽公为麽教的执事者，也就是仪式专家，麽公通过仪式建立起人与布洛陀及其神灵系统的互动。同时，诸多研究和资料表明，麽教有自己的教义教规、组织结构、传承方式、神灵系统、经籍、服饰、法器和神像，更有既定的仪式操演。③由此可见，布洛陀信仰的宗教特征非常明显，是为一种原生型宗教④。从麽公的仪式内容来看，麽公主要从事祈福类法事、超度类法事、解冤类法事和赎魂类法事等仪式活动。⑤这些法事与壮族传统社会当中的稻作文化息息相关，其法事内容主要围绕壮族人的生产生活以及社会关系的延续而开展，所以民众对麽公自然而然产生认同感和信赖感，其自身权威也就因此而建立起来。

而城镇化进程推进之后，农村人口大量流向城镇，人们不再固守土地，对日常的生产生活需求更多地依赖于现代性技术。这时，布洛陀信仰也走出了田地，进入了公共空间。这种信仰形态的改变，使得以麽公为代表的布洛陀信仰的仪式专家也面临着如何融入新的布洛陀信仰体系中的困境。着眼于社会适应的视角，这种困境的产生主要在于在中国社会结构转型的背景下，民众的信仰需求日益多元化，当地的仪式专家要如何适应这样的变化，以达到当下民间信仰形态转变的实践要求？这种转变实质上对当地仪式专家的要求是有所提高的，是官方主动地引导，以增进他们的文化自觉，从而适应当前信仰机制的改变，还是让他们被动地接受这种变化？这都是当前需要直面的问题。

安土重迁的思维对于乡土社会而言，是人们生产生活的精神支撑，民间信仰也必然依赖这样的思维、依赖土地。因此，人们也时常祈求神灵保佑，为的是大家生活的这片土地一切安好。为了与神沟通，人们把这个重任委托于仪式专家，通过仪式专家操持仪式，让人们对神灵进行祭拜，构建起人与神沟通的桥梁，这

---

① 杨庆堃在其著作《中国社会中的宗教》中，将中国的宗教类型分为制度型宗教和弥散型宗教，制度型宗教主要表现为普世性宗教，如基督教、佛教、道教等，而中国原始的本土宗教统一归为弥散型宗教。
② 张声震主编:《壮族麽经布洛陀影印译注》，广西民族出版社，2004年。
③ 梁庭望:《壮族原生型民间宗教调查研究》，宗教文化出版社，2009年。
④ 梁庭望在其研究中论述到：壮族的宗教包括原始宗教、原生型民间宗教和外来创生型宗教三个层次，其中原生型民间宗教——麽教和师公教具有代表性。原生型民间宗教是由越巫演化而成的准宗教，也是由原始宗教到创生宗教之间的过渡性宗教。见梁庭望:《壮族原生型民间宗教结构及其特点》，《广西民族研究》2009年第1期。
⑤ 梁庭望:《壮族原生型民间宗教调查研究》，宗教文化出版社，2009年，第285—291页。

种以农耕为核心的祭拜，是仪式专家产生权威的主要原因。放眼当今的农村社会，负责操持仪式的仪式专家在当地农村都具有一定的威望。就布洛陀信仰而言，在城镇化背景的影响下，农村的生产生活方式发生了结构性转变，同时在各方的推动下，布洛陀信仰体系也随之发生转变，但民众的信仰需求并没有因为城镇化的推进而发生本质的改变，民众对麽公这类仪式专家的需求以及仪式专家的权威、生存空间依然存在；另一方面，由于布洛陀信仰进入了公共空间，反而扩大了麽公的队伍，使其无论在农村还是城镇都拥有巨大的潜在市场。

主要原因在于，城镇化的推进形成了城乡二元结构对立，麽公这一群体也形成了二元分化。由于布洛陀信仰的社会功能得到官方认可，其祭祀功能被作为民族特色文化来建构，使得一部分麽公受当地政府和学者的邀请出现在布洛陀的公祭仪式上，身份转变为"祭司"，其权威性由农村向外辐射，获得了更大的话语空间。某种程度上麽公操持的"公祭"仪式具备了社会整合的功能，起到促进民族团结、推动地方经济、文化建设和发展的作用。而麽公本身也是农民，因此另一部分麽公则仍然留守于乡土间，为当地人操持祈福、超度、解冤和赎魂等仪式，同时没有提供仪式服务的时候，麽公则回归原来的身份变为农民，继续从事生产活动。而由于受城镇化的影响，人口流动加剧，农村社会结构也发生改变，麽公这一群体也受到了影响，其权威性也有所减弱，相较得到官方支持的麽公，他们缺少的是公共话语权。由于公共空间缺失，农村的仪式则从一种神圣化的祭祀变为一种世俗化的，且具有技术性和职业性特点的活动，主要表现在麽公通过操持仪式来赚取报酬。这时的麽公本质地演变为一种职业，与当地民众产生的不再是神圣的互动关系，而是直接的经济互动关系。

麽公本身掌握着仪式操持技术，又有良好的资源动员和社会整合能力，然而这一群体呈现二元分化的趋势表明，麽公的身份如何建构已经成为布洛陀信仰实践过程的一个重要问题。仪式专家身份建构的社会学本质在于，仪式专家担当了人神关系的神圣中介，私化了人与神之间的关系，在信奉超自然神灵的大众那里，便是一种极为私人化，甚至是一种私密化的信仰表达。[①] 而由于城镇化的推进，这种"私密化的信仰表达"逐渐公众化，进而直接影响了民众传统的信仰表达方式，也给麽公这类仪式专家的身份建构提出了新的时代要求。同时，其中需要协调的问题也随之而来：

---

① 赵翠翠：《仪式专家的身份特征及其困境》，《河北学刊》2018年第1期。

首先，布洛陀信仰的公共性建构有着商业化、休闲娱乐化以及功利化等特点。仪式专家所操持的仪式在这些因素的影响下也就逐渐变得形式化和符号化，民众和神灵的互动也随之缺少了神圣性。同时诸多现代性元素可以为人们解释和构建更为庞大社会关系和互动模式，从而使人神之间的关系互动变得较为脆弱和模糊。这也使得一些仪式专家进行分身转换或者回归其农民的原始身份。同时矛盾的是，传统乡土社会的信仰建构仍然需要维系，这时就需要他们继续转变回麽公的身份，通过提供仪式服务换取经济利益，麽公和民众之间就形成了一种市场供给关系。仪式专家作为供给方提供的是有偿的仪式服务，民众作为需求方需要的是因仪式所形成的经济或权力的互惠关系，至于因仪式而形成的神圣性，则不是需求方主要关注的。[①]

其次，城镇化使传统的民间信仰脱离了土地，把人神关系进行分离，使得民间信仰的实践越来越形式化。尽管在布洛陀信仰重建的过程当中，每年壮族的"三月三"都会具体大量的民众、游客前来祭拜或旅游，而且田州古城的游客每天也络绎不绝，但由于人神关系的断裂，也使得民众对布洛陀的信仰观念逐渐淡化。这种信仰观念的淡化与城镇化所带来的人们职业性质、价值观念、社会结构的转变不无关系。这种变化直接形成了仪式专家的生存困境。

再次，仪式专家代际传承出现脱节。时代在进步，人们对世界的认知水平也逐渐在提高。当代的民众对于民间信仰的实践也有自己的理解和实践方式，这种理解和实践方式则是站在一种私人化的立场的。大家都把这种私人化的立场转化为对现代性资源的索取，并相继放弃对传统信仰的坚守。特别对于仪式专家而言，放弃了坚守也就面临着自己掌握的仪式技能无法传授给下一代，得不到有效的传承，仪式和信仰也就无法建构和延续。传统的信仰实践在转变为经济利益的交换后，就变得是有价位的。相比其他职业而言，这种价位显然没有达到当代民众，特别是年轻人群体的期望，加之互联网技术和科学技术的发达及快速发展，人们获取资源的途径日趋多元化和便捷化，人们更多的是抛弃传统的信仰表达，追求新的价值观和新的实践方式。在这种情况下，年轻人对于传统仪式的依赖就没有这么强烈，也就没有多少人想要愿意去继承这一传统仪式、建构这种信仰，这对仪式专家以及背后的信仰体系的权威无疑是形成了巨大的挑战和困境。

---

① 潘云峰：《广西壮族师公信仰建构及其问题探究》，《贺州学院学报》2016 年第 12 期。

三、价值共识的建构困境

城乡二元结构分化是城镇化进程当中必须要面对和解决的一个核心问题。传统社会结构的转型和变迁都是由于这种分化而引起的。无论是制度性宗教，还是弥散性宗教，"公私"博弈并非在今天才产生，其实践方式在当下的城乡二元结构分化的背景下，宗教或民间信仰实践的私人性表达和公共性表达的双重性特征显得尤为突出。那么，如何在完成民间信仰的公共性建构的同时，实现信仰主体的私人性表达，亦或说如何将公共性表达和私人性表达二者进行统合和规范，是当下布洛陀信仰在实践过程中要思考和解决的一个重要问题。

由于仪式专家的分化，一部分麽公进入到公共空间主持公祭仪式，一部分麽公仍然活跃在乡村为民众的个体需求提供仪式服务，布洛陀信仰体系自然而然地也形成分化，一种信仰体系具备公共形态，并获得公共话语权，另一种信仰体无法获取公共资源而缺乏资源配置的条件。从当前各方掌握到的文本来看，布洛陀是作为一位"创世神"出现在我们的视野中的，在神话史诗中的描述里能看出，布洛陀的功绩与类同于盘古、女娲和黄帝、炎帝对中华民族的影响，所以布洛陀所具有的这些元素，已经本质揭示了壮族起源和发展的过程，并具有公共解释力。因此，布洛陀信仰与师公信仰不同，布洛陀被纳入到了公共话语体系当中，才使得以使壮族构建起了真正意义上的，能够代表壮族文化特色的民间信仰共同体。从这个层面上来说，对于当下布洛陀信仰分化的局面，统合和规范是有必要的。两种信仰形态从分化至今，本质上并没有产生冲突，只是个体的私人表达并没有在资源配置的有效运作下，融入公共体系的表达规则之中。关键在于，这种信仰体系在一定的结构化视域中能否很好地运用各类关系，把握相应资源，建构宗教信仰本有的规则体系，进而在公私关系的转换中获得宗教组织资源及其信仰共同体的社会性的表达规则。[①]

民间信仰一旦上升到公共层面，就不再是个体的私人信仰表达，而是一种公共信仰的表达。建构公共信仰的意义不仅在于弘扬民族文化，最重要的是把个人的私念整合"国家－社会"大框架内，将自己的价值观凝聚到民族普遍价值观

---

① 赵翠翠:《信仰方式的私人性与公共性——以民间信仰与基督教为例》，《江苏行政学院学报》2017年第1期。

的体系中，这也是维系整个社会的向前发展的动力。而中国人常说"推己及人"，实质上就是要让自身一方面使自己的行为符合乡土社会中的道德评价体系规范；另一方面则通过自己的信仰实践来确保"波纹"不断，且越"推"越大，以此寻求社区认同。① 因此，个人的信仰表达则是维系他身后的社会关系、家庭关系的延续的重要基础，在公共价值观与个人价值观当中寻求共识已经成为当前一个民族乃至一个国家信仰实践的重要策略。

对于个体信仰而言，由于公共空间的缺失，建立的只能是一种私人的、非理性的表达，其信仰实践逐渐演变成一种充满市场供求关系的世俗化活动。由于城乡二元结构分化，布洛陀信仰相对于佛教、道教等制度性宗教而言，在技术上需要解决的仍是价值共识。特别对于"留守"于农村的那些布洛陀信仰而言，虽然在当地是公认的基本社会互动机制，然而从公共的视角来看，民族文化的存续光是区域认同是不够的，而是需要上升到公共的社会认同，从而形成蕴涵"人－神""人－人"关系特质的信仰共同体。

尽管目前各界对于布洛陀信仰的溯源和重建的相关理论和实践路径的合理性阐释仍存在一定分歧，但从当前城镇化不断推进的视角去看，布洛陀信仰的重建则让人们开始正视壮族文化的发展，同时也强化、规范了壮族人民自身的价值认同和道德规范。个人信仰朝向变为公共信仰朝向并非坏事，它本质地实现了信仰资源的共享。这对于民间信仰的发展而言，这样的建构机制，无疑对民族文化的传承和发展起着至关重要的作用。

城镇化的推进不仅要实现社会的城镇化，也要完成信仰的城镇化，更重要的是实现人的城镇化，可见人是这个过程的主体。在当前社会主要矛盾已经转化的背景下，公私信仰的表达如何平衡，如何寻求共识，则是每一个人实现其信仰需求的关键。也就是说，实现信仰城镇化是促进人的城镇化的一种有效策略。因此，我们需要思考的是，如何通过实现信仰的现代化转型来实现人的现代化转型。这无疑是当下民间信仰实践的所面临的又一个困境。

四、余论

民间信仰的公共性表达，并非是一种宗教意识形态的建构或扩大化，而是形

---

① 潘云峰：《广西壮族师公信仰建构及其问题探究》，《贺州学院学报》2016 年第 12 期。

成一种价值共识，使其行"正祀"之为，从而与中华民族的信仰体系相融合。虽然每一个人的信仰需求不一样，但建构公共信仰是要形成公私统一的，即完成一种信仰形态转型和升华，最终形成私人理性和公共理性的统一。构建公共信仰也并非是私人信仰的终结，而是要把个人的信仰价值体系同公共的信仰价值体系相结合，形成具有民族特色的信仰文化，从而有效地保护和传承民族文化。

对于布洛陀信仰而言，它是广西少数民族文化发展过程中不可或缺的组成部分。只有认识到这一点，才能将布洛陀信仰同壮族传统文化建设以及广西少数民族文化建设有机统一起来。信仰建设是一个长期而系统的文化工程，立足于国家，立足于社会，才能有效地促进信仰实践。个体的信仰实践在社会发展过程中，只有整合到公共信仰体系当中才能获得传承的空间。城镇化的推进也并非是民间信仰的终结，恰恰是为其提供更多的发展空间，所以应该保有一种由文化自觉向文化自信延展的信仰理性。

中国改革开放近40年，中华民族的伟大复兴正在一步一个脚印、有条不紊地实现。每个人的信仰需求和对社会认知已与往时不大相同，对于广西少数民族传统信仰的建设和发展正是一个大好契机。在政府与社会层面，应更多的是以一种开放、包容和尊重的姿态来对民间信仰进行分层分类地加强政策引导和社会引导，使参与者从文化自觉走向文化自信；① 另一方面，信仰需要保护，更需要传承，因此以布洛陀信仰为代表的广西少数民族文化的构建应坚持走从"民间"走向"社会"，再从"社会"回归"民间"的路径。这一过程需要政府、学者及民众"三位一体"的共构，任何一方都不能缺场。通过三者的共构，让在这个信仰体系当中的每一个人都能获取本质需求，形成由静态向动态的建构，这样才能使无论是个体的信仰表达还是公共的信仰表达，都不会被时代和制度"悬置"，使布洛陀信仰与社会、经济、文化建设有机统一起来，成为当地社会、经济、文化建设的基本资源，这样才能正确引导布洛陀信仰与当前社会发展相适应，进而让更多的人共享其建构成果，树立民族文化认同与文化自信，推动民族宗教、民族文化工作的创新与发展。

〔潘云峰：广西师范大学助理研究员；蓝武：广西师范大学历史文化与
旅游学院教授，历史学博士、硕士生导师〕

---

① 张祝平：《仪式专家的当代图景及价值引导》，《河北学刊》2018年第1期。

布洛陀文化遗产的保护与传承浅析

陆青映

文化是国家和民族的灵魂,文化的复兴与崛起,很大程度上决定了国家和民族的复兴与崛起。在外来文化纷繁复杂且飞速发展的今天,保护和传承我们国家、我们民族的优秀传统文化尤显重要。习近平总书记在中央政治局第十三次集中学习时强调:要培育和弘扬社会主义核心价值观,必须立足中华优秀传统文化,博大精深的中华优秀传统文化,是我们在世界文化激荡中站稳脚跟的根基。这就表明,中华民族优秀传统文化,实际上就是国家进步和发展的基石和强大动力,只有保护和传承中华优秀传统文化,我们才能立足根本,站稳脚跟,才能走得更远。同样的道理,就我们壮民族而言,保护和传承布洛陀文化,才能永葆我们民族的魅力,才能让我们的民族走向日益辉煌的明天。

壮族是一个有着古老历史和丰富文化积淀的民族,壮族的布洛陀文化,是其最古老、历史最悠久的文化,已发育成一种内容全面、品种多样、门类齐全、浸透面积广且风格独特的文化。覃乃章先生在其《布洛陀文化体系述记》一文中提道:"布洛陀文化,是壮族及其先民崇奉布洛陀为创世神、始祖神、宗教神和道德神,并遵从其旨意调节人与自然、人与社会、人与人之间的关系,祈求自身的生存和发展的观念性体系。"[①] 布洛陀文化,包括壮族神话文化、壮族史诗文化、壮族民间宗教文化、壮族人文始祖文化、壮族歌谣、歌圩文化等,可谓是壮民族文化的集大成者,是壮族文化的代表。布洛陀文化之于壮民族,如同根与枝叶的关系,它是壮民族的精神支撑,是壮民族的灵魂所在。

---

① 覃乃章:《布洛陀文化体系述论》,《广西民族研究》2003年第3期。

自 2002 年，广西田阳县敢壮山被发现为布洛陀文化遗址以来，全国掀起了布洛陀文化研究热潮，自此，布洛陀文化在保护与传承上取得了一定的成绩，如每年的布洛陀文化学术研讨会，布洛陀文化旅游节等，这些，都在一定程度上对其传承起到了积极作用。但是，在经济全球化、外来多元文化猛烈冲击下的今天，它的传承与发展仍然举步维艰。如何更好、更有效地保护与传承布洛陀文化，成了当今壮民族布洛陀文化保护传承工作中的重中之重。

上文提到，在保护和传承布洛陀文化上，我们取得了一定的成绩，下面，笔者就此做简要叙述。

自 2002 年广西田阳县敢壮山布洛陀古居遗址被发现后，引起了海内外各界人士的广泛关注；2004 年，市委市政府介入，敢壮山民俗文化活动正式定名为"百色市布洛陀文化旅游节"；2006 年，布洛陀文化被国务院列为首批国家级非物质文化遗产；2017 年，由中国社科院民族文学研究所李斯颖副研究员担纲的"布洛陀史诗"科研项目，入选文化部"中国史诗百部工程"，田阳县布洛陀文化研究会会长黄明标携布洛陀史诗研究新成果《壮族麽经布洛陀遗本影印译注》进京，参加教育部拟定的国家项目——《中华经典资料库》的录制，这标志着壮族创世史诗——布洛陀史诗，同中国古代经典史诗《易经》《礼记》《诗经》《孟子》《楚辞》等一道，随着《中华经典资料库》进入全国高校殿堂。

从遗址的发现，到市委正式定名，到列入首批国家级非物质文化遗产名录，再到入选教育部拟定项目进入全国高校殿堂，15 年的时间，壮民族的布洛陀文化以其独特的魅力吸引着各界人士的目光，在保护与传承布洛陀文化这一道路上，我们也借助学术界的力量，以布洛陀学术研讨会为基础平台，将布洛陀文化的研究、保护与传承提升到学术空间中，使得布洛陀文化，乃至整个壮民族文化得到了更权威的认证，更有效地保护和传承。

上文提到，布洛陀文化是壮民族最古老、历史最悠久也是内容最全面的文化，它形式多样、内涵丰富，包含了布洛陀神话文化、史诗文化、宗教文化、始祖文化、歌谣文化等，它具有极为宽广的学术研究空间和极其重要的学术研究价值。自 20 世纪 50 年代开始，就已经陆续展开布洛陀文化的收集整理工作，从布洛陀神话传说的收集研究，到《布洛陀经诗译注》（广西人民出版社，1991 年）的出版，再到张声震先生的《壮族麽经布洛陀影印译注》（八卷本，广西民族出版社，2004 年）；从《布洛陀与敢壮山·祭祀歌》到《布洛陀与敢壮山传说故事》（广西民族出版社，2004 年），再到《壮族麽经布洛陀遗本影印译注》（上中下三卷，广西人民出版社，2017年）等著作的整理出版，这些都是学术界在布洛陀文化研究上取得的重大成果。在文化的传承和保护上，学术界所起到的作用是无可替代的，传统文化的保护与传承，需要学术作为智力支撑，关于这点，笔者会在下文做详细阐述。总而言之，学术上的研究，推动了布洛陀文化的传播和发展，也促进了布洛陀文化的传承。

虽然这些年来，在布洛陀文化的保护和传承上取得了一定的成绩，但是在经济全球化以及外来文化冲击不断加重的今天，我们的民族传统文化的发展与传承仍然举步维艰。那么，布洛陀文化的保护与传承，面临着什么样的问题呢？下面笔者就此做粗浅的分析。

一、经济利益下的商业冲击

当今社会是一个经济、文化等各方面飞速发展的社会，随着经济全球化进程的加速，国与国之间，地区与地区之间的经济、文化交流日益频繁，这给我们的文化发展提供了一定的有利条件。但是，事情的发展总是有两面性，经济全球化给我们的文化发展提供有利条件、注入新鲜血液的同时，也带来了经济利益之下巨大的商业性冲击。

以我们布洛陀文化为例，李萍老师在《布洛陀文化传承视野中的特色歌圩构建》一文中提道："歌圩是传承布洛陀文化不可替代的理想载体。"[①] 换句话来讲，就是在布洛陀文化的传承中，歌圩作为布洛陀文化传承的载体，占据着尤为重要的地位，壮族歌圩的流传与发展，实际上就是布洛陀文化的流传与发展，这也是对壮族布洛陀文化的一种保护和传承。

然而近年来，随着布洛陀文化研究的盛行和深入，"布洛陀"成了众多商家眼中的"香饽饽"。在历年的布洛陀文化旅游节中，众商家为了最大限度的吸引游客，打着"布洛陀"的旗号，披上民族特色文化的外衣，增设各类游戏竞技及商品贸易活动。这类活动确实吸引了大量游客的眼球，很大程度上为商家带来了巨大的经济利益。利益为首，利字当头，这是最直接也是最猛烈的商业冲击，而我们的歌圩，与之相比，就显得尤为冷清久而久之，势必就会留给世人这样一个

---

① 李萍：《布洛陀文化传承视野中的特色歌圩构建》，《湖北民族学院学报》（哲学社会科学版）2011年第1期。

印象：所谓的布洛陀文化旅游节，不过是商家谋取利益的噱头，而它的真正的内涵、真正目的是什么，恐怕已鲜有人知。缺少了真正的民族文化内涵的旅游节，如何能够向世人展示壮民族布洛陀文化的魅力？更谈何保护与传承？

二、传统文化传承的断层

对于传统文化传承的"断层"，刘婷在其《"后申遗"时期我国非物质文化遗产传承与保护研究——基于壮族"布洛陀"文化的调查》一文中提到了一个词——"断代危机"。所谓的"断代危机"，通俗来讲，就是后继无人，传承断代。在刘婷的文中，说的是在布洛陀文化的传承上，"传承人几乎都有着'冰火两重天'的共同境遇和'后继乏人'的忧虑"。[①] 而关于这个"后继乏人"，笔者有两个切身感受：

（一）壮族山歌的尴尬处境

壮族山歌，最早可以追溯到壮族原始社会时代狩猎时的呐喊，真正意义上的壮族山歌，应该是从壮族原始社会中的生产劳动和祭祀活动开始的。它是布洛陀文化的一个组成部分，是壮族麽经的一种衍生，或者说是与麽经相依相生，只是壮族山歌经独立发展而自成体系。

同许多传统文化一样，壮族的山歌也经历了一个由兴盛到衰落的过程，个中，除了特定时代、特定因素限制外，有的，便是当下多元文化带来的巨大冲击，这点，上文笔者已做阐述。笔者有一段时间，随着田阳县布洛陀文化研究会的各位老师一起，收集整理壮族山歌中的一个分支——田州山歌。在这一过程中，山歌传承人老龄化，传承面临断代的问题尤为突出。虽然2009年歌王黄达佳就被认定为国家级非物质文化遗产传承人，也有几个学生跟随，但这只是杯水车薪，并不能解决传承人老龄化以及面临断代这一问题。壮族山歌的处境尴尬，其发展与传承，亦是举步维艰；再一个就是，笔者在整理翻译田州山歌的过程中，所遇到的最大问题是听不懂、难理解。

田州山歌中包含了许多内容，如哭嫁歌、问巾歌、问鞋歌、相逢歌、求爱

---

① 刘婷：《"后申遗"时期我国非物质文化遗产传承与保护研究——基于壮族"布洛陀"文化的调查》，《广西民族研究》2013年第2期。

歌、天旱歌等等，歌词中，包含着许多壮族古老的民间俚语、俗语，而在此之前，笔者对于这些俚语、俗语几乎闻所未闻，更谈不上理解。听不懂，再加上难理解，便容易产生厌烦心理，推己及人，再结合当下情境，也就是在多元文化日益兴盛的今天，还有多少人会对我们的传统山歌感兴趣？连听的兴趣听的欲望都没有，又谈何保护与传承？

作为布洛陀文化不可或缺的部分，作为布洛陀文化传承的一个理想载体，山歌的尴尬处境，其实也从侧面显现了布洛陀文化传承的艰辛。换句话说，就是山歌传承的断层，也必将会影响到布洛陀文化的传承与发展。这是一个链条式的反应，环环相扣，这一环出现了断裂，那么整体也必将受到破坏和影响。

（二）壮话的"消失"

壮话即壮族的语言。我们知道，语言是文化的载体，是人类文化艺术的结晶，语言在人类的生产生活中扮演了必不可少的角色，一个民族没有了自己的语言，就相当于一个人没有了灵魂，是不能够完整存在的。语言和文化是紧密联系在一起的，没有文化，就不可能产生语言，同样的，没有语言，文化也无法传承。

"田阳县是壮族始祖布洛陀的发祥地，壮族人口占全县总人口的89.7%。在田阳，不管是壮族，还是汉族，亦或是其他少数民族，80年代以前的常住人口，90%以上的人都会讲壮话。"壮话成为人们社会交流的主要用语之一。当然了，这是在以前，那么现在，壮话的形式如何呢？田阳县布洛陀文化研究会会长黄明标先生曾说过："目前，田阳县已经出现了壮语危机，党政机关、企事业单位之间人们很少用壮话交流，特别是年轻人，会讲也刻意不讲，而小孩呢，包括农村小孩，很多已经不会讲壮话了……"① 这是在普通话全面普及下，壮话的现状，它正面临着"消失"。

回到壮族布洛陀文化保护与传承这一主题上来，壮族的布洛陀文化有很多是经过口口相传延续下来的，例如上文提到的壮族山歌，当然，除此之外还有壮族的麽经、经诗等，也多是口口相传。那么，在这样一种传承方式中，语言，即壮话，成为最重要的传承媒介。壮话是布洛陀文化最直接的传承媒介，它保留了壮族本土文化最原始、最本真的韵味，是壮民族历史、人文风情的直接体现。试问有哪个少数民族的文化不是借助自身语言来传承和延续的？

---

① 杨兰桂、黄明标：《布洛陀文化的虔诚传承人》，《广西民族报》2017年9月15日。

而如今,就我们田阳县而言,其传承文化最直接的媒介——壮话,正在渐渐退出我们的日常生活。教育从娃娃抓起,文化的传承,其实也应该从娃娃抓起,可是我们的娃娃,还有多少人能说一口流利的壮话?连说都不会说,又如何要求其能够传承?

三、对布洛陀文化遗产的保护与传承的建议

(一)以学术为支撑,充分发挥布洛陀学术论坛的作用

"非物质文化遗产是民族文化文明的载体,蕴含着先民在漫长的历史进城中形成的生活智慧、文化心理。"[①] 自2002年田阳敢壮山布洛陀古居遗址被发现后,田阳的布洛陀文化引起了相关学者的兴趣和关注。学者们通过田野调查、学术研究等手段,介入到田阳布洛陀文化的保护与传承中,在全国范围内掀起了研究布洛陀文化的热潮,这是学术界在对民族优秀传统文化的传承与保护中所起到的积极而巨大的推动作用,它让原本默默无人识的布洛陀文化一下子吸引了全国的目光,它肯定了布洛陀文化的历史价值与学术价值,并将其发扬。朱立春先生在其《非物质文化遗产传承保护与学术支撑》一文中提到这样一个观点,即"非物质文化遗产传承保护呼唤学术智力支撑",并就此观点做了详细的论证。[②]

田阳县自2003年以来,举办布洛陀文化学术研讨会,至今已有16个年头,在这16年当中,国内外专家学者积极参与布洛陀文化研究,涌现出大批优秀的论文,为保护和传承布洛陀文化做出了积极贡献,为后人进一步研究布洛陀文化提供了重要经验和宝贵的参考资料。基于此,田阳县应该更加充分地发挥与利用布洛陀文化研讨会的作用,以此为基地为平台,吸引更多的专家学者,还有年轻的研究生、博士生等加入其中,甚至培养一批具有高素质的管理、抢救、保护和研究的专门人才,为布洛陀文化的研究、保护与传承注入新鲜血液,提供源源不断的后续保障和智力支持。

---

① 朱立春:《非物质文化遗产传承保护与学术支撑》,《广东技术师范学院学报》(社会科学版)2012年第6期。

② 朱立春:《非物质文化遗产传承保护与学术支撑》,《广东技术师范学院学报》(社会科学版)2012年第6期。

（二）利用好布洛陀文化旅游节，打造属于壮民族的布洛陀文化精品

民族传统文化的保护，除了需要有学术界作为支撑外，还有一个重要途径，就是旅游业。民族文化是地方旅游业发展的灵魂，是旅游资源的重要内容。反过来讲，旅游的发展又是文化发展的依托，两者相互包容，互惠共赢。因而，只有把二者更加紧密地结合起来，才能形成一个长效的且极具生命力的发展机制。如广西桂林的《印象刘三姐》、云南丽江的纳西族大研古城、西双版纳的傣族泼水节、杭州的宋城等等，这些都是文化与旅游互惠共赢的典型例子。

回到布洛陀文化保护与传承这一问题上，田阳县的布洛陀文化旅游节，自2004年市政府介入，正式定名为"百色市布洛陀文化旅游节"开始，至今15年，从一个单纯的群众性自发的祭祀始祖布洛陀仪式发展成如今的一个综合性的文化旅游盛会，每年的祭祀大典，也俨然成了能够窥探、了解壮民族传统文化和精神风貌的一条途径，或者说一个剪影。但是，旅游节过后，又归于沉寂，又是一如既往的冷清。我们没有以布洛陀文化为基础的精品文艺节目，没有一台能够拿得出手的、走出广西走向全国的布洛陀文化艺术精品，相比云南文山州西畴县，他们就有基于"女子太阳节"的精品文艺——西畴童谣，唱出了云南，唱响了国际。

基于这一现状，综合上述所言，布洛陀文化想要得以更好、更有效的保护与传承，就必须充分利用好"布洛陀文化旅游节"这一平台，县委、县政府等有关部门亦要着眼未来，将布洛陀文化的保护与传承提上议程，建设以祭祀布洛陀与展示壮民族游戏传统文化的综合性旅游景区，打响布洛陀文化旅游这一品牌，打造属于壮民族的布洛陀文化精品，使其产生巨大的文化效益、经济效益及社会效益，以此唤醒本民族对保护、传承民族文化的认识和觉悟，从而更加自觉地去保护、去传承和去弘扬。

（三）重视文化传承主体的作用

上文提到，传统文化的传承出现"断代危机""后继乏人"的忧虑，要排除这一忧虑，解决这个问题，就必须重视传统文化的教育，换言之，就是传统文化的教育要从小抓起，文化主体意识亦要从小培养。

所谓的文化主体，其实就是人。人民群众是非物质文化遗产的创造者，也是其保护者和利用者，在文化传承问题的研究上，我们需要重视这一问题。"不从人的主体角度出发，而是把文化传统当成外在于主体的存在，只是一种非科学的方法。"人是文化的创造者，也是文化的传播者、传承者。一种文化，是否能够成为民族优秀的传统文化，取决于熟悉这种文化存在或者受这种文化影响的主体是否愿意接受并将其传承下去。这也恰恰体现了在文化的保护与传承中，主体的重要性。

《人民日报》曾有文章指出："为让非遗保护工作沿着健康的轨道前进，联合国教科文组织保护非物质文化遗产政府间委员会在2015年底的第十场常委会上，审议并通过了《保护非物质文化遗产伦理原则》……伦理原则把社区、群体和个人置于核心位置。"[①]《保护非物质文化遗产伦理原则》从理论上肯定了社区、群体以及个人在文化遗产传承中的核心地位，也就是肯定了"人是文化传承的主体"这一观点。既然如此，就布洛陀文化而言，在对布洛陀文化的保护与传承上，就要努力提高我们自身的文化主体意识，广泛地组织和动员群众积极参与，"把保护和利用非物质文化遗产的过程，变成提高民族的文化自主意识的过程"[②]。如此，形成自觉而良好的社会风气，达到普遍的文化认同，从而更有效地保护与传承，甚至是利用我们优秀的传统文化。

布洛陀文化是壮民族文化的瑰宝，它包罗万象，形式多样，内涵丰富，它具有极高的历史文化价值和学术研究价值，是壮民族文化的集大成者，也是中华民族优秀灿烂文化不可或缺的一部分。自布洛陀文化研究热潮兴起以来，在保护和传承布洛陀文化的道路上，我们取得了一定的成绩，但也存在着许多不足，诸如传统文化遭受外来多元文化冲击、商业冲击、传承人老龄化、传承面临断层等等，都需要而且应该引起人们的重视，保护与传承，依然任重道远。

〔陆青映：广西田阳县布洛陀文化研究会实习研究员〕

---

① 朝戈金：《非遗保护应把传承主体放在首位》，《人民日报》2017年6月8日，第19版。
② 宋笑飞：《努力提高民族的文化主体意识——谈非物质文化遗产的保护和利用》，《三门峡职业技术学院学报》2017年第3期。

布洛陀文化与越人、百越民族之民族精神

罗祖虞　罗洪庆　陈　燕　罗源泰

一、麽文化典籍中关于人文始祖布洛陀的记载

"布洛陀，一个早已载入史册的名字，一个鲜为人知的世界文化核心的精灵。在人类社会文明发展史上，布洛陀乃是文明奠基者的化身。要揭开世界文明、中华民族起源之谜，离不开对布洛陀起源的研究，布洛陀是中华民族的始祖神、道德神、万能神的象征。一切数字易卦的起源都和其与辅之姆洛甲文化有着非常直接的关系，它代表阴阳文化的先进方向，一直隐藏在中国文化底蕴的深处而不为人们所知。"[①]

据壮族、布依族、水族麽经记载，远古时候人文始祖布洛陀及姆洛甲（女）"开天辟地，造万物，造人，造火，造干栏、造稻谷、造牛、造工具等"，在发展生产及生活过程中，创造出越人先民优秀的"物质文化"和"精神文化"，是创世始祖神，从古流传至今。

在史诗《布洛陀》中，叙述了布洛陀寻找、驯化及种植多种野生稻谷和小米、高粱等；以及开田造地、犁田、耙田、播种、插秧、灌溉、施肥、收获等一整套农耕稻作方法。

在《麽经布洛陀》中，特别叙述了布洛陀教人们到山上找野生稻种，加工山石做犁，制作木耙来耕作等。还叙说布洛陀创造和规定了氏族部落制度、习俗、伦理道德、宗教观念、风俗习惯、爱情及家庭中如何处理各种人与人之间关系等等。

[①] 黄懿陆：《中华布洛陀神史》，云南人民出版社，2013年。

以上这些，都表现出布洛陀所具有的浓郁的创世性人文始祖及其文化的特质。

二、布洛陀及其文化的产生和时代背景探索

布洛陀及其文化是人类在漫长的历史长河中，逐渐形成的拟人化的至高无上、无所不知、无所不能、开天辟地、创造人类、规范人间一切行为准则、受人们顶礼膜拜的英雄人物，其形成时间漫长且文化内涵丰富。从麽经文献中所描述的资料，我们来探寻布洛陀文化和民族精神，及其所产生的时代背景及漫长过程。

（一）从戌、越人到百越民族的形成、发展与布洛陀及其文化

根据分子人类学、分子遗传学的研究，特别是通过Y染色体、线粒体DNA、常染色体及单核苷酸多态性等多种遗传标记和分型手段，对东亚人群广泛研究，结果都证明：东部亚洲现代人（即晚期智人）具有共同的非洲起源特征，并通过对Y-DNA单倍型的变异速率，推算出大致在距今约6万～1.8万年，东部亚洲现代人（即晚期智人）来源于非洲；又根据东亚地区南方的广西柳江人等考古资料最新研究：晚期智人（现代人－新人）的平均脑量为1400ml，而柳江人的脑量为1567ml，远大于晚期智人（现代人－新人）的平均脑量，佐证柳江人应属于现代人－新人（晚期智人）。据2001年对柳江人最新年龄测定为：7万年，因此，最早的非洲新人－现代人（晚期智人）人群走出非洲，应在6万～7万年以前。

大约6万～7万年以前（即旧石器时代中晚期），最早一批非洲新人－现代人人群，从东非沿印度洋沿岸东进（当时印度洋海岸线比现今海岸线低120m左右），来到纬度较低，气候及自然条件相对较好的东南亚泰、老、越及中国北部湾两广地区，即具有Y染色体单倍型H1、H5人群，最先到达此地并驻留下来。当时虽然处于晚更新世后冰期，但由于纬度较低，当地气候及自然条件相对较好，他们经历了漫长岁月，孕育了很长一段时间。自然界对这批现代人人群初民，虽然是很严酷的，但这群远道来的具有发达脑量的早期现代人群，凭借他们的聪明才智和勤奋、努力，不仅逃脱了被毁灭的命运，而且在与大自然的相处和斗争中取得了主动权，在"开天辟地，造万物，造人、造火、造干栏、造稻谷、造牛、造工具等"发展生产及生活过程中，经济生活得到改善，人口得以极大发展，留下了许多灿烂的文化遗址。大约在旧石器时代晚期的（晚更新世）后冰期消融，至新石器时代早期至中期，在漫长的岁月中，具有多态性的Y染色体单

倍型 H5 的人群，逐渐演化发展成 H6、H7、H8（？）、H9、H10、H11、H12 的 Y 染色体单倍型人群，并逐步向四方扩展，占领了中国南方和东南部及东部沿海的平原地带，形成以农耕稻作为主体，辅以渔业为经济生活的"古越文化圈"。至新石器时代中期，"百越民族"逐渐形成；再后又快速地向东南亚的缅、马来、印尼、菲律宾及东亚的中国台湾、日本、朝韩和南太平洋诸岛扩散；直至晚期，逐渐形成"泛越"文化圈，创造出了以人文始祖布洛陀及姆洛甲为代表的越人先民优秀的"物质文化"和"精神文化"，并流传至今。

（二）人文始祖布洛陀及姆洛甲文化产生的时代背景探索

1. 以民间原始的数字易学出现来判别

根据 1982 年第 16 期《科学通报》揭示的考古成果及抚仙湖水下考古资料，黄懿陆教授研究判断：成熟的数字易卦出现在距今 28135～1330 年之间。

布洛陀、姆洛甲是从天而降的雌雄神鸟，以后鸟类驯化成家禽之后，越人即以鸡卦占卜，从古至今。

鸡卦占卜是数字易卦的来源，数字易卦出现在距今 28135～1330 年之间。因此，布洛陀、姆洛甲出现应在距今 28135 年以前，即旧石器时代晚期及其以后。

2. 以布洛陀教百姓引种稻谷的时间来判断

根据麽经记载及民间流传：远古时代过着采摘及狩猎经济生活，人口多了，野果及野兽肉不够吃，生态破坏了，是布洛陀、姆洛甲教大家开荒种地，引种、驯化野生稻谷等，从此进入农耕稻作时代。

又根据古代越人分布地区稻谷考古资料：（1）在湖南与广西毗邻的道县玉蟾岩文化遗址发现 14801～12320 年前的稻谷及陶片，即旧石器时代晚期。（2）江西万年仙人洞文化遗址发现 14000～12000 年前的稻谷及陶片。因此，布洛陀、姆洛甲出现应在 14801～12000 年以前，即旧石器时代晚期或之前。

3. 以越人特有的"戉""有肩石斧""有段石锛"及几何印纹陶器出现来判别

"戉""有肩石斧""有段石锛"，是公认的远古时代越人农耕族群发明的最早的特有的农耕生产工具；几何印纹陶是越人特有的生活用具。

根据考古资料：（1）浙江上山文化遗址发现石斧、稻谷及几何印纹陶的年代为 11000～9000 年前；（2）江西万年仙人洞及吊桶环二处文化遗址的几何印纹陶的年代为 12000～10000 年前；（3）湖南道县玉蟾岩文化遗址中几何印纹陶的年代为 14810～12320 年前；（4）广西桂林甑皮岩文化遗址穿孔石器及几何印纹陶的年代为 12500 ～ 11400 年前。

麽经记载及传说：这些生产工具及生活用具都是布洛陀、姆洛甲造万物时，创造并教百姓使用的。因此，布洛陀、姆洛甲出现应在距今 14810 ～ 9000 年前左右，即旧石器时代晚期至新石器时代早期。

4. 以越人在晚期智人（即"新人－现代人"）阶段之前期的考古文化遗址资料来判别

从分子人类学研究得知：大约 6 万～ 7 万年前，早期非洲"新人－现代人"人群，从东非来到东南亚泰、老、越及中国北部湾两广地区，他们属晚期智人。他们最先到达后并驻留孕育了很长一段时间，先后创造了独具特色的越人物质文化及精神文化，并留下了灿烂的文化遗址。

以广西柳江人文化遗址、广西百色右江阳圩百达人文化遗址、越南和平文化遗址、泰国夜丰颂仙人洞文化遗址及贵州兴义猫猫洞人文化遗址等为代表，现简述于下。

（1）广西柳江人文化遗址

1981 年在广西柳州柳江发现，柳江人的古人类学名为"中国新人化石"，有颅骨、脊椎骨、肋骨、骨盆及大腿骨多块，经中国科学院古脊椎动物与古人类研究室吴汝康教授鉴定，定名为"柳江人"。地质年代是第四系晚更新世，距今 4 万～ 5 万年，是迄今为止，在中国发现的现代人化石，为一中年男子，脑壳容积远大于现代人平均脑量 1400ml，为 1570ml；形态与现代人特别是两广人、壮族人相似，时代属旧石器时代晚期。吴汝康教授认为："柳江人是中国以致整个东亚迄今所发现的最早的晚期智人。"

中国著名民族学家黄现璠教授认为："柳江人所在区域，恰好是壮族先民活动区域，也是今天壮族聚居地。鉴于此，壮族也是这些古人类后裔。"

1984 年日本有关专家研究认为："日本人的祖先可能是柳江人的一个分支。特别是港川人简直与柳江人像极了"，"日本人的起源要到中国南方去找"。

（2）广西百色右江阳圩百达人文化遗址

百达人文化遗址 2004 年发掘，该文化遗址出土文物 5 万多件。可分为上下两套连续过渡的文化层，上部为新石器时代文化层，距今 9000 ～ 7000 年；下部为旧石器时代中晚期文化层，时间为距今 10 万～ 9000 年。

新石器时代文化层出现以石斧、石锛及绳纹陶器为特征的大量石器；还发现骨针、骨锥、用火遗迹、螺壳堆积层及动物植物遗存；还发现石器制造场、建筑群（柱洞群）遗址及墓葬地，工能分区明显。

旧石器时代文化层见有石制品：石锤、石核、石片等；器型有砍砸器、手镐、刮削器等等；时代小于10万年，属旧石器时代中晚期。

百达人文化遗址是华南地区旧石器时代向新石器时代过渡的第一处文化层遗址，文化层堆积厚，遗物丰富，跨越时代长，对研究古文化的发展演变，构建中国南方及东南亚地区史前年代框架及文化发展演化系列具有重大意义；对研究华南古人类体质特征及壮民族的起源、分布、葬俗及经济生活、生存环境等具有重要价值，应进一步发掘及研究。

珠江流域上游右江地区类似此类的文化遗址比比皆是，不胜枚举。据相关资料，旧石器时代文化遗址在右江流域目前有57处以上，以田东高岭坡文化遗址、百色百谷文化遗址为代表；而新石器时代文化遗址分布更广，每个县都有，以那坡感驮岩文化遗址、百色新格桥新石器时代文化遗址为代表。

（3）越南和平文化遗址

和平文化分布于越南北部和平省及老挝北部、泰国东北部地区，年代为距今20500～8000年前，属旧石器时代晚期至新石器时代早期。

和平文化居民主要从事采集、狩猎、捕捞，并制造和使用石器；大约在9000～7000年前，越南北山地区出现石斧或几何印纹陶。

（4）泰国仙人洞文化遗址

位于泰国西北部夜丰颂府迈桑南村仙人洞，年代为距今11690～8750年前，属旧石器时代晚期至新石器时代早期。

仙人洞人制造和使用石器，驯养猪畜等，并采集各种植物种子；晚期约距今8142～7622年前，制造石锛、几何印纹陶，并种植葫芦、瓜类、豆类、菱角等作物。

（5）贵州兴义猫猫洞人文化遗址

位于兴义顶效猫猫洞，1974年发现，年代为距今12000年前左右，属旧石器时代晚期，地质年代属晚更新世后段。有七件猫猫洞人类化石，属晚期智人（新人－现代人）。猫猫洞人制造和使用石器、骨器、角器及动物化石达4000多件，有用火遗迹。

中国科学院古脊椎动物与古人类研究所张森水教授在《贵州的新发现及其对我国旧石器考古学的意义》中指出："台湾长滨文化与兴义猫猫洞文化有密切联系，虽然我们还不能说猫猫洞文化是长滨文化的直系祖先，至少可以说，猫猫洞文化类型为寻找台湾远古文化之源。"①

5. 结论

综上所述，越人族群的先民属于较早的晚期智人（即早期的"新人－现代人"），他们从东非沿印度洋沿岸东进，最先到达并驻留东南亚北部及中国北部湾地区后，孕育了很长一段时间，先后创造了独具特色的越人物质文化及精神文化，并留下了灿烂的文化遗址。这一批人群脑量发达，远大于1400ml，聪明能干，很快取代及交融了滞后不思进步的"早期智人－古人"遗子（如马鹿洞人、隆林人等），经济生活及人口大力发展，在新石器时代早期至中期，逐渐形成以农耕稻作为主体，辅以渔业为经济生活的"古越文化圈"；又向四方扩展，占领了中国南方和东南及东北沿海的平原地带，新石器时代中期"百越民族"逐渐形成；再后来，又快速地向东南亚的缅、马、印尼、菲律宾及东亚的中国台湾、日本、朝韩和南太平洋诸岛扩散，直至晚期，又形成了"泛越文化圈"。

这批人群来到东南亚及中国北部湾地区以后，经历了大约7万～1万年左右的漫长岁月，"开天辟地，造万物，造人类，规范伦理道德，造工具等，发展生产……"当时正处于晚更新世后冰期，在人文始祖布洛陀、姆洛甲的带领下，在艰难困苦的生存竞争环境中，团结奋进，与天斗、与地斗，与恶劣的自然环境斗，披荆斩棘，克服困难，向前发展，创造了越人独特的物质文化和精神文化。布洛陀、姆洛甲就是这群越人人群的佼佼者、代表者及英雄，并成为越人及其以后形成的百越民族、泛百越文化族群所崇拜敬仰的人文始祖，古今流传。因此，人文始祖布洛陀、姆洛甲文化是具有创世性、始祖性及顶礼膜拜的宗教性文化。

三、从越人到百越民族的民族精神的形塑

人文始祖布洛陀及姆洛甲带领百姓，团结齐心、艰苦奋斗，培养及塑造了充满团结奋斗、开拓进取、拼搏创造的越人、百越民族精神。

（一）团结一心、艰苦奋斗的民族精神

1. 与天斗

大约6万～7万年前，越人先民即新人－现代人人群，从东非来到东南亚泰、

---

① 张森水：《贵州的新发现及其对我国旧石器考古学的意义》，《贵阳师院学报》1983年第3期。

老、越及中国北部湾两广地区。他们经历了地质历史时期中的第四纪晚更新世第二个漫长的全球冰期岁月，长途跋涉，饥寒交加，战胜各种艰难困苦，最后来到东南亚泰、老、越及中国北部湾两广地区，繁衍生息。团结一心、凝聚一起，共同艰苦奋斗的精神绝无仅有，令后人赞佩。

2. 与地斗

越人先民从东非来到东南亚泰、老、越及中国北部湾地区后，在漫长的全球冰期岁月中，随着人口增多，从艰难的采摘、狩猎、捕捞，逐步转向创制农具，开荒种地，农耕稻作，他们团结一心，艰苦奋斗，解决了吃的问题，其精神令后人赞佩。

3. 与人斗

始祖时代是大约6万～7万年前，非洲晚期智人人群从东非来到东南亚泰、老、越及中国北部湾两广地区，他们脑量发达，远大于1400ml，聪明能干，要与滞后不思进步的当地"早期智人－古人"遗子斗，并最后征服、取代及交融了"早期智人－古人"遗子（如马鹿洞人、隆林人等）。经济生活及人口大力发展，并向四方扩展，占领了中国南方和东南及东部沿海的平原地带，形成以农耕稻作为主体，辅以渔业为经济生活的"古越文化圈"；其后又快速向东南亚的缅、马、印尼、菲律宾及东亚的中国台湾、日本、朝韩和南太平洋诸岛扩散，形成"泛越"文化圈。

4. 与恶劣的自然环境斗

越人先民从东非来到东南亚泰、老、越及中国北部湾两广地区之后，距今约7万～1万年前，世界进入晚更新世"末次冰期"，一方面要战胜严寒，另一方面又要与毒蛇猛兽做斗争，他们要团结一心，开荒种地，创造农具……其精神可嘉。

（二）开拓进取、拼搏创造的民族精神

1. 开拓进取，发明有肩有段石斧、有段石锛及几何印纹陶

越人先民，从东非来到东南亚泰、老、越及中国北部湾地区之后，据麽经记载：开动脑筋，创造石器、木器农具等；创造几何印纹陶等生活用具，开拓性及创造性从事农业生产活动，从此进入农耕生产社会，人类历史向前跨进一大步。

2. 拼搏创造，发明农耕稻作

据麽经记载：布洛陀教百姓去寻找、驯化及种植多种野生稻谷和小米、高粱等；引导百姓开田造地，并创造犁田、耙田、播种、插秧、灌溉、施肥、收获

等一整套农耕稻作方法，从原始的采摘、狩猎、捕捞时代，向前跨进农耕稻作时代，使人类社会又向前跨进一大步。开拓进取及拼搏创造的民族精神难能可贵。

3. 开拓性及创造性的规范人间伦理道德和行为准则

越人先民在东南亚泰、老、越及中国北部湾两广地区扎根之后，经历了漫长岁月，孕育了很长一段时间。据麽经记载：是布洛陀领导百姓开拓性及创造性的规范了众多人群、氏族社会的制度及人与人之间的伦理道德和行为准则，古人类社会有序地又向前跨进了一大步。不断革命、永远前进的探索进取精神值得赞赏、弘扬、传承。

（三）古骆越文字的发明证明

美国人类学家摩尔根指出："文字的使用是文明伊始的一个最准确的标志。"大约在新石器时代中晚期，据麽经记载：人文始祖布洛陀又开拓性创造发明了目前中国最古老的古骆越文字。根据对古骆越文字的释读证明：在 4000～6000 年前，中华大地上，南方古骆越人地区，已经产生了有大量文字记载的文明古方国：古骆越国，古越人建立了自己的国家，进入了古骆越国发展及繁荣昌盛的文明时代。[1]

四、结语

人文始祖布洛陀、姆洛甲文化，是具有创世性、始祖性及顶礼膜拜的宗教性文化。他们带领百姓，团结齐心、艰苦奋斗，培养及塑造了充满团结奋斗、开拓进取、拼搏创造的越人、百越民族之民族精神。

〔罗祖虞：云南民族大学教授；陈燕：云南民族大学图书馆副馆长、副研究馆员；罗洪庆：云南省布依学会副会长、河口县布依学会会长；罗源泰：云南省应用技术研究所资源开发分析研究员〕

---

[1] 笔者在《从人文始祖布洛陀创造古百越文字的释读中探寻古骆越国行踪》一文中对此进行了专门讨论。

布洛陀族群与华夏文化构建

王仲坤　王　键

布洛陀（抱洛陀、保洛陀、保罗陀、布洛朵、密洛陀等始祖名），是壮侗语族族群即主要分布在中国南部和东南亚的壮、布依、水、傣、侗、黎、仫佬、毛南等同根民族共同的人文始祖。关于布洛陀的文化记忆多流传在壮侗语族族群中的神话故事和物化的传说中，比如神话故事《布洛陀赶山》《布洛陀造屋》《布洛陀造牛》《布洛陀射太阳》《布洛陀造铜鼓》，风物传说如贵州安龙县龙广布依大寨的《抱洛陀石》，龙广布依柘崘寨的《抱洛陀犟崴山》，硐广布依箐边报洛陀万年书山等。

布洛陀成为壮侗语族族群的文化始祖，是一种特定的文化信仰，所以对于布洛陀神话的塑造和传承，是为族群不忘历史。正如《左传·昭公十五年》之说："籍父其无后乎？数典而忘其祖。"

一、单一族群先祖的构架

布洛陀是否真有其肉身"人"？至今没有发现有史书典籍的记载，都是来源于广泛的神话传说。布洛陀在壮语、布依语中的读音是"bao ruo duo"，"布"的意思是人或老者；"洛"是知道、懂得；"陀"是多、广阔。合起来即是一位无所不知、无所不能的智慧老人。

如果从布洛陀的精神层面来寻找蛛丝马迹，应该是伏羲氏的化身。伏羲氏在典籍中有模糊的记载，可以看作信史。

伏羲又作包牺、庖牺、伏戏、宓羲，亦称皇羲、牺皇、太昊。《史记》中称伏羲是中华民族人文始祖。又相传他是古代东夷部落的杰出首领。

查《山海经》并没有关于伏羲的记载，最早记载伏羲的是战国时期的《庄子》，所说的伏羲亦虚亦实，亦人亦神，《庄子》一书之中，伏羲名号有三种记法，"伏羲""伏牺""伏戏"，前后不统一，身份混乱，或人或神。① 在古代帝王中序列没有定论，或置禹、舜、黄帝之后，或在其前。这说明在公元前369～前286年间，伏羲尚在传说时段和塑造过程中，是一个不确定的、尚未定型的人物。《庄子》之后的典籍，如《管子》《荀子》《商君书》所记伏羲，或为由《庄子》移入，或为秦汉所掺。

《易·系辞下》详细记载伏羲功业："古者包牺氏之王天下也，仰则观象于天，俯则观法于地。观鸟兽之文与地之宜，近取诸身，远取诸物，于是始作八卦，以通神明之德，以类万物之情。作结绳而为网罟（gǔ），以佃以渔，盖取诸离。"《史记》不为伏羲作传，所记伏羲均系引前人所言。《太史公自序》："余闻之先人曰：'伏羲至纯厚，作《易》八卦。'"司马迁治史非常严谨，由于当时对伏羲传说多有谶语，难以辨识，虽不否认，但记之存疑。到了东汉，班固《汉书》才突破《史记》的界限，将上古帝王从黄帝推至伏羲。至此，伏羲开始登上官修正史。

伏羲根据天地间阴阳变化之理，创制八卦，即以八种简单却寓意深刻的符号来概括天地之间的万事万物。在田野调查时，贵州省安龙县纳桃布依族王康懋藏"布依族甲骨文"，准确地说是古越文，其中就有如下字：

　　ㄓ　　（乾）

　　ㄩ　　（坤）

　　癸　　（巽）

　　ᄃ　　（坎）

　　᎒𐌗　（离）

　　ᓂ　　（艮）

有包牺、庖牺之名及古代东夷部落杰出首领的说辞，布洛陀神乃壮侗语族族群的人文始祖的文化建构就不奇怪了。布洛陀在民间被尊为创世神、始祖神、宗教神，布洛陀的核心是创造、有序、和谐。壮族、布依族民间麽教经书《布洛

---

① 见《庄子·人间事》《庄子·大宗师》《法言·问题》。

陀》是壮族布依族的创世史诗。广西经过翻译整理，于2004年出版了《壮族麽经布洛陀影印译注》，当年在北京人民大会堂举行了隆重首发式，邀请了全国政协副主席李兆焯以及北京学术界的著名专家学者及泰国驻华大使、泰国艺术大学校长参加，在国内外产生了重要的影响。"布洛陀口传史诗"也于2006年被列入第一批国家非物质文化遗产保护名录。

二、祭祀操演强化壮侗语族族群记忆

布洛陀祭祀活动在中国壮侗语族大抵是选在每年农历的三月三，这也只是大体的祭祀时间，许多地方不一定就是三月初三这一天，而是选择地支日的辰（龙）或巳（蛇）日。

祭祀布洛陀为什么都是在三月初？三月上旬乃是春分后祖国大地岸柳青青、莺飞草长、小麦拔节、油菜花香的桃红李白时节，民间活动正式开始，祝福活动希望天神看到，以进入农事季节。一年季春始，人们也祈求家宅安宁，身壮力健。

岭南地区把春季祭祀活动视为守护神农的重要活动。宋祁《季春八日喜雨答李都官》诗中有："戴响饶农笠，眠声羡钓船。罅云时露日，迷岫旋埋烟。酌酒聊相劳，斯仓伫有年。劳君歌闵雨，予志谢先贤。"

布依族地方的寨神供的是抱洛陀及妻摩来娅，寨民称之为"老人"。神棚建在寨边或立于寨中，门框上的对联多为：视之不见求之应／听则无声叩则灵，横联：风调雨顺。安龙德卧镇一神棚的对联尤为奇特，上联：日昌晶朢(yuán)通天下，下联：月朋屓(jīng)朤(lǎng)正乾坤。

安龙县龙山镇坡老寨祭祀抱洛陀时念的麽经颇具特色，真乃"族群记忆"的祭祀文化。麽经文原文及汉译如下：

原文：　　　　　汉译：
黄龙又来鲁，　　先得到了皇位。
黄龙宥来贯，　　又得到了皇权。
黄龙又四府，　　是红府路来的。
鲁龙宥南方，　　是从南方来的。
贯共若门龙，　　见你是龙王。

哐半去猪，	走进城市里。
搞哐串去吗，	城门请你进。
搞哐耍看并，	里面有柑橘。
搞哐花看界，	里面有鸡肉。
宜妈门出，	吃饱了请回。
搞哐太金昴，	你往南方走。
儿门你甫收哐同，	再往田坝行。
甫冲丰崇流，	有胃口你再吃一桌。
儿门你甫党哐同，	有人带你过田坝。
甫莞额宗旷，	同来的吃了同回那地方。
广宋败郎莞，	一路走好摸耽搁。
梯早资江纳，	美丽的花开在田间。
梯花贺江洞，	彩虹的桥搭在溪涧。
拉逢鲁造令，	顺着花径走。
那早参败了，	踩着拱桥去。
板眉王汉王，	寨子有大王。
傍眉抱洛陀，	大王是抱洛陀。
败汉抱洛陀，	神坛住的抱洛陀。
败汉摩来妇，	神坛住的摩来娅。

也有不同的布依族姓氏祭祀自己的"主神"，如岑氏祭祀的岑彭、马武有别于布洛陀的祭祀，留在下一节讨论。

历史心性及滚雪球的中国壮侗语族族群布洛陀祭祀，产生族帮边界。著名挪威籍学者弗里德里克·巴斯的边界论重点关注对族群边界的维持。作为族群文化重要标识的宗教信仰，因为不同的宗教文本阐释、仪式演示及传承模式，构筑成难以跨越的族群文化藩篱。[①] 中国壮侗语族族群就是用布洛陀祭祀仪式来强化集体记忆，显然仪式的特征对于塑造和维持族群共同记忆和族群认同起着主要作用。

---

① 弗里德里克·巴斯:《族群与边界》，高崇等译，《广西民族学院学报》（哲学社会科学版）1999年第1期。

三、内拓外引融入华夏文化

布洛陀是壮侗语族族群同宗共祖的血缘集团的历史图鉴,是标志性的文化符号,也是内族的集体记忆。又是判定华夏民族从属标准即是为外族群所认可。巴斯说:(由于)往往在长期密切的生产与生活交往过程中,很多体现着族群文化的习俗内容都会向彼此族群传递,如语言、饮食、娱乐、节庆等。历史上不乏不同部落、种族、民族相互借用、接受其他文化内质并转化增添成为自身文化因子的事实。^① 例如壮族、布依族、水族、傣族的春节、端午、七月半不都是与汉民族相同吗?与壮族、布依族、水族、傣族共寨或近邻的汉民族也跟随着过"三月三"节呢。

族群边界不是僵化的,是可以被突破的。壮(布依)方块字就是先民利用汉字有关形、音、义的规律,仿汉字"六书"的造字法,创制的一种与壮(布)族语音相一致的"方形壮(布)字",俗称"土俗字",乃是中国壮侗语族族群内拓外引的鲜明例证。

中国壮侗语族族群是一个普遍存在的独立族群,他们企图转移到华夏文化圈,在寻根溯源时,便把始祖追远到发祥汉地。王姓的太原氏,吴姓的京兆氏,罗姓的襄阳氏等,尤以岑姓最典型。

土官诗人岑云汉于明崇祯十一年(1638年)在凌云县五指山摩崖镌刻泗城州《岑氏宗支世系》,其实并不可信。浙江大学教授束景南先生认为:《泗城土府世系考》非伪作,其考定土州之岑氏乃源出绍兴余姚岑氏主要是基于政治上的需要,戳中要害。思恩军民府土官岑瑛于明成化十一年(1475年)摩崖镌刻"岑顺山",题名"骠骑将军舞阴后裔书",但未落款祖籍或郡望,可证当时广西岑氏对其始迁祖由浙江何处迁来也尚无定论。至光绪初,云贵总督岑毓英辑订族谱时,为弄清广西岑氏宗支由来,向余姚同宗求宗支谱系,终获浙江岑氏族人岑在镕续修本《余姚岑氏章庆堂宗谱》,再次追认始祖为岑彭。

真实的岑氏始祖应该只追溯到岑世兴,而非岑彭,也不是岑仲淑。元代末,岑世兴崇拜元姓,元仁宗皇庆二年(1313年),他的四个儿子分别取名岑贴木儿,守田州;岑阿剌兰,守思州;岑怒木罕,守泗城;岑阿剌辛,守镇安。元天历

---

① 弗里德里克·巴斯:《族群与边界》,高崇等译,《广西民族学院学报》(哲学社会科学版)1999年第1期。

元年（1328年），朝廷宣岑怒木罕为来路军民总管兼泗城宣慰使。元至正年间岑怒木罕平定右江四大蛮有功，被元皇封为泗城土司并世袭，建立府署，开创岑氏管辖红水河流域的历史，成为泗城始祖，并四处立"岑官庙"祭祀，强化岑氏族记忆。

无独有偶，安龙县鲁沟现存"岑官庙"供奉敕封司主岑官光裕神位碑。土司辖地奴民后裔为土官死后建祠立碑。岑光裕乃土知州岑峰之子，明万历四十三年（1615年），其父被奴民三郎兄弟杀害，光裕请贵州巡抚派兵征讨又袭土官职，土司辖区民众迫于威权，称豪杰死后筑宅祭祀。当地岑氏也依样画葫芦，把自己的始祖认定是岑彭，一样建官厅祭祀。

准确地说，中国的壮侗语族族群祖先是土著民，当然也不排斥汉民进入并居其壮侗语族族群里而同化，或与壮侗语族族群通婚而改变血缘关系。

中国境内壮侗语族族群融入华夏文化乃是大势所趋，是历史的必然。考查中国历朝历代民族的融合情况：秦朝征服越族后，迁徙50万中原人到珠江流域，与越族杂居；三国时期，为躲避战乱，北方人民大量南迁，同江南人民一道，共同开发江南；自西晋末年起，大批北方农民迁居南方，这一过程一直持续到南朝。北方农民的南迁，为南方增加了劳动力，带去了先进的生产工具和技术，同南方人民一起开发江南地区；元朝统一后，许多汉族人民迁入中原和江南，同壮侗语族族群杂居相处。各民族间的友好交往和经济文化交流，丰富了各族人民的物质文化生活，促进了生产和科技文化的进步，从而构成了我国古代民族关系的主流。在民族融合的过程中，不免有一些负面的影响，如民族间的矛盾加剧。

中华人民共和国成立后，这些历史上存在的民族问题已经得到解决。中国共产党民族政策的有效执行，实行民族区域自治，民族共同繁荣。改革开放后的户籍松弛，人口自由流动，促进了民族间的通婚，改变了血缘基因。服饰的趋同、先进文化的共享也成为潮流。

四、结语

民族融合是实现华夏大同以后，民族特征与民族差别逐渐消失，形成一个突破民族界限的历史过程。民族融合是多民族国家的普遍现象，是历史发展的必然。民族共同体的形成、变化、发展，都与民族融合正相关。从我国的民族关系来看，不是通过政治强制使一个民族合于另一个民族，而是通过经济、文化的作用使一个民族自然地融合于另一个民族,是民族间经济、文化以及生活习惯密切联系的结果,是一个互相渗透的过程。

中国壮侗语族族群在凝聚文化记忆的同时,也要与时俱进,保留自己布洛陀文化的内涵,恰如顾颉刚先生所言:古史观认为,时代愈后,传说中的中心人物愈放愈大,对于古史虽不能知道某一件事真确的状况,但可以知道在传说中的最早的状况。布洛陀文化体系传导的族群记忆,活化了壮侗语族族群的敬畏信仰。壮侗语族族群突破民族边界的樊篱,融入华夏大家庭,共筑中国梦。

〔王仲坤:贵州省安龙县布依学会副会长;王键:黔西南州布依学会理事〕

广西田阳县布洛陀文化信仰及当代价值研究

杨奕鸿　覃翠柏

一、概念界定及研究方式

文化信仰是一个比较抽象的东西，对于文化信仰这一概念的认识到现在仍旧没有统一的说法，不少学术界的专家与学者有着不同角度的概念界定。总结起来，有以下层面：第一，文化信仰是人们对某种集体人格的推崇，并将其奉为言行规则和指南的主观心理状态，这种心理状态能够指导人的精神价值和生活方式。[①] 第二，文化信仰可以理解为对民族精神文化的极度相信和重视。[②] 第三，文化信仰是一个国家、一个民族自古到今，无具象却蕴涵无穷力量的"精神种源"，它是民族自我尊重、自我认同以及自我提升的重要指归，是民族文化性格和民族精神取向的"凝晶"。[③]

不难看出，在众多学者与专家的观点中，文化信仰是凝聚民族精神与民族认同于某个神格或人格身上的精神依托，将崇拜文化内涵内化于心以调节自身的心理状态与引导行为方式的一种无具象精神种源。恰恰壮族先民就是以信奉布洛陀为神祇，视布洛陀为精神依托并遵其旨意调节人与社会、人与自然、人与人之间关系，祈求自身的生存和发展观念，这些现象刚好符合文化信仰的特征，那么可否称此为布洛陀文化信仰呢？

---

① 刘平海：《重构文化信仰：促进文化大发展的首要诉求》，《文学教育》2012 年第 9 期。
② 国宁：《文化信仰缺失下的网络文化暴力思考》，《人文天下》2015 年第 11 期。
③ 谭竺雯：《文化信仰与文化自觉刍议》，《人民论坛》2012 年第 29 期。

笔者认为，从广义角度可将此现象称为布洛陀文化信仰。首先，王宪昭在《论布洛陀神话的文化价值》一文中曾提及"布洛陀文化信仰"一词，其观点认为是壮族人民围绕布洛陀积淀的一系列神话传说造就了布洛陀文化信仰的形成[1]，这一概念的提出解决了两个疑问，第一证实了布洛陀文化信仰概念存在的真实性，第二定格了布洛陀文化信仰大概形成的时间段为布洛陀神话流传时期。其次，布洛陀文化与布洛陀文化信仰两者间存在千丝万缕的关系，当前布洛陀文化被定义为以布洛陀神话及其信仰为核心的观念性体系[2]，而布洛陀文化信仰大约在布洛陀神话传说流传时期形成，两者共同围绕布洛陀神话传说，其中必然存在一定关联性与互通性。

目前现存的布洛陀神话传说文献主要分为两大类：一类是民间口耳相传的神话故事；另一类是由民间麽公将有关布洛陀的神话传说编成经诗唱本[3]。综观田阳县敢壮山一带的布洛陀神话传说，从内容上看，可谓丰富多彩，其主要包括天地形成、万物由来、创造发明、民间信仰等，从文化思想角度上看，反映的文化特征有创世性、始祖性、宗教性、延续性、民间性与广泛性等[4]，其中创世性、始祖性与宗教性所体现的思想不但让人陶熔鼓铸，更是与布洛陀文化信仰息息相关，创世性指的是布洛陀具有无所不能的本领，能够造牛、造火、造稻谷等万物，是壮族人民开始塑造本族精神依托的表现；始祖性指的是在布洛陀神话中人是布洛陀创造出来的，壮族认同布洛陀为最早的祖先，开始信奉并尊称布洛陀为始祖神，逐步形成民族认同；宗教性指的是部分壮族先民将布洛陀神话编成经诗，创设了原始宗教，原始宗教的传承依靠神话传说而传承[5]，随后原始宗教演变成现在的"麽教"，"麽教"的建立意味着布洛陀开始由始祖神演变成为宗教神[6]。

这三个文化特性的思想是壮族先民凝聚所有想象通过神话造就出一个创造万物的强大神祇——布洛陀，是民族认同与民族信仰的精神体，结合"文化信仰"概念，此时布洛陀文化信仰已经形成。随着布洛陀身份的不断增多，布洛陀文化

---

[1] 王宪昭：《论布洛陀神话的文化价值》，《百色学院学报》2016年第3期。
[2] 覃丽丹：《壮族人文始祖布洛陀信仰的传承与构建》，《广西民族研究》2011年第2期。
[3] 覃彩銮：《布洛陀神话的历史文化内涵》，《广西民族研究》2004年第1期。
[4] 覃乃昌：《布洛陀：珠江流域原住民族的人文始祖》，《广西民族研究》2004年第2期。
[5] 覃彩銮：《布洛陀神话的历史文化内涵》，《广西民族研究》2004年第1期。
[6] 覃乃昌：《布洛陀：珠江流域原住民族的人文始祖》，《广西民族研究》2004年第2期。

信仰不断丰富，正如布洛陀神话传说不断被注入新的内容，思想日渐多元化，从早期的"原生态"（也称"片段性"）神话逐渐发展到"次生态"（也称"体系性"）神话。神话的演变，既是传统社会演变的蜿蜒反映，亦是原始思维进化的结果。①而宗教性这一文化特征的产生可以推测出该时期的文化信仰开始呈现多元化趋势，壮族人民开始分离对布洛陀的群体性崇拜，产生了另一种形式的文化信仰，一部分继续崇拜布洛陀的人随着时间演变成"职业"传承者。李斯颖曾指出：布洛陀神话得以传承至今的重要载体是布洛陀神话的演述者，该演述者既包括民间陈说布洛陀散体神话和演唱布洛陀古歌的演述者，又包括麽教中演唱布洛陀经诗的布麽。其中，在各种麽教仪式活动中充任神职人员的布麽是布洛陀神话传承的最主要力量。②换言之，"布麽"是布洛陀文化信仰最主要的传承者，而"布麽"传播思想的载体为布洛陀经诗（也称麽经），麽经内容主要有解冤经、招魂经、超度经等，麽经里的故事极富感染力，体现祷请祖神布洛陀辩明事理，通过古事秘诀训导和调解人与自然、人与人、人与社会的矛盾纷争，祈求禳解降福，以达其所愿。③

综上所述，布洛陀文化信仰是由布洛陀神话时期衍生出来的产物，它可以概括为是以壮族人民为主崇拜始祖神布洛陀与其相关文化的一种精神信仰，主旨是为了调节人与社会、人与自然、人与人之间的关系，是壮族人民自我团结与民族自信的象征和表现。

从广义角度界定，布洛陀文化信仰既是庞大的布洛陀文化体系蕴含多重含义的思想结晶，也是布洛陀文化的一个思想体系。它既存于壮族祭祀仪式中又不拘泥于宗教般的外在形式来传达自己信仰，是信仰和内心理性的相辅相成，是依靠信仰带来的人文教化而衍生出的一种良好的行为方式的精神种源。

本次调查研究分两个部分，第一部分是重点，在百育镇六联村的敢壮山景区附近展开调查，以提纲回答与访谈方式进行布洛陀文化信仰相关问题的调研，实际访谈40人，有效访谈26人；第二部分以田州古镇为中心展开问卷形式调查，实际分发150份，有效问卷136份，初步达成预期目的。

---

① 潘其旭：《壮族布洛陀神话破除中国无创世体系神话的旧说》，《广西民族研究》2011年第2期。
② 李斯颖：《试析布洛陀神话叙事的演述者——布麽》，《广西民族研究》2011年第4期。
③ 潘其旭：《壮族〈麽经布洛陀〉的文化价值》，《广西民族研究》2003年第4期。

二、广西田阳县布洛陀文化信仰发展现状分析

(一)布洛陀文化信仰发展特点

1. 布洛陀文化信仰发展具有曲折性

从传播手段上看,布洛陀文化信仰主要经历了由民间口头相传转变为以文字为主两个阶段。这两个阶段的分界点就是古壮字的诞生。在唐宋以前,壮族是没有本民族文字的,布洛陀文化信仰在当时只能口头相传,而历代统治者的正统文化为汉文化,对很多少数民族文化嗤之以鼻,鲜有载入史册者,这给布洛陀文化信仰的发展盖上了一层神秘的面纱,深入其中会发现,布洛陀文化信仰的发展具有曲折性。

首先,壮族先民及其所在地区曾经历无数次战争。例如布洛陀文化信仰发源地的田阳县在明清时期就经历多次土司内部的争夺,土司黄氏家族在明朝初期的奉议州(今广西田阳县)崛起,其祖黄志威,原是元朝田州路(今广西田阳县)军民总管,因明朝取代元后,黄志威率部归附,朱元璋大喜,准许其长子黄世武任都康州知州、次子黄世铁任向武州知州、三子黄世或任富芳县知县。1355年,向武州知州黄世铁叛乱反明,其子黄嗣隆带领奉议州响应叛乱。1395年明朝平定奉议州后,将叛乱者黄世铁与黄嗣隆等人及其部属处死,并废除叛乱土州,以官兵镇守,改置守御千户所。但其后又恢复置州,先以黄世或长子黄嗣弥继任奉议州知州,但黄嗣弥代表的黄氏土司与田州府土司发生矛盾冲突,旋被田州府土司所杀。①《明史·广西土司列传·奉议州》曾记录嘉靖四年(1525年),奉议州土司黄氏参与田州岑氏土司兵变,被镇压后特赦其戴罪立功。然而不久,土知州死,黄氏绝嗣,此后朝廷便不设知州,代之以流官州判,隶属思恩府。在此期间,因土司利益纠纷而引发的战争数不胜数,其中黄氏土司所在区域涉及广西田阳县,必定造成当地民众流离失所,生命与财产遭受威胁与损失,其家园及庙宇毁坏也在所难免,更是对发展中的布洛文化信仰造成严重危害。

其次,近代中国"新桂系"统治广西时期开展的改良风俗运动的部分民族政策对布洛文化信仰发展也起到了一定的阻碍作用。20世纪20年代后期,以李宗仁与白崇禧为代表的"新桂系"开始通令广西各地破除封建迷信,将寺庙一概捣

---

① 刘佑平:《中华姓氏通史:黄姓》,东方出版社,2000年。

毁，按规定只留孔庙、关岳庙供人敬拜，此外还严厉禁止巫觋出来做法祛病消灾与超度亡魂，其中更将广西少数民族风俗之一的赶歌圩与唱山歌视为淫邪陋习，《广西改良风俗规则》条文规定："凡群集歌圩唱和淫邪歌曲，妨碍善良风俗，或引起斗争者，得制止之，其不服者，处以一元以上五元以下之罚金，或五日以下拘留。"① 客观来说，新桂系策划的改良风俗运动中，绝大多数政策是对当时开放风气与革除旧习有进步作用的，但是政策实施得过于简单粗暴，并没有保持宽容的心态面对真实情况。如唱山歌一般只是青年男女抒发情感的情歌小曲，算不上淫邪曲目，但条文的规定致使这一现象突然停止，很容易引起民众的反抗。据相关文献记录，为解散歌圩聚会，警兵曾多次与民众发生冲突，站在维护少数民族文化资源的角度上看，此类行为对少数民族的文化信仰是极大的破坏。

最后，即使在开明的中华人民共和国成立后，也会因为错误的政策致使民族文化信仰被视为异端与封建迷信。就如"文革"时期，破坏性之大，涉及范围之广，使不少正统的汉文化信仰也被冲击，被排斥的民间文化信仰只能流传于小部分虔诚人的内心，他们不敢传播与宣扬，而作为少数民族文化的布洛陀文化信仰更是被列入扫除行列。后来，由于新民族政策积极保护少数民族文化，布洛陀文化信仰才逐渐在壮族地区慢慢复苏。

2. 布洛陀文化信仰发展具有融合性

布洛陀文化信仰的形成最早大约是口耳相传的布洛陀神话形成时期，在这个时期里，存在两个主要的神话人物：姆六甲和布洛陀。

早期布洛陀神话中，姆六甲是一名创世女神，由于创造了人类，壮族先民称她为创世女神。姆六甲是在天地分开后从花蕊中出世，由于感触大地毫无生气，有一次她双脚站在山坡上，风吹过后感觉有尿意，便撒尿，用尿与泥巴仿造自己模样造就了人类（此时姆六甲为布洛陀的母亲），这就是姆六甲造人的神话故事。在这时期，很多神话视姆六甲为生育始祖，究其根本，这是当时壮族先民对女性生殖崇拜的一种现象，折射出女性崇高的地位，反映那时的社会为母系氏族时代。随着男性地位的提升，布洛陀神话开始产生微妙的变化，姆六甲的地位开始与布洛陀并存，成为布洛陀的妻子，此时姆六甲属于从属神，同时逐渐开始演化成象征生育的"花神"，这一阶段折射的是父系氏族社会慢慢代替母系氏族时代的过程。从散碎的布洛陀神话中，我们能体会到壮族先民重要的文化记忆，从布

---

① 尤真化、梁上燕：《改良风俗的实施》，民团周刊社，1938年，第32页。

洛陀开始成为男性始祖神形象开始，壮族围绕布洛陀积累沉淀了一系列的神话传说，最终形成了具有地方民族特色的布洛陀文化信仰，[①] 此时的布洛陀文化信仰是较为纯粹、不包含其他民族文化侵蚀的思想结晶。

后来，这具有壮族民间特色的布洛陀文化信仰从纯粹的原始宗教信仰（即自然崇拜、鬼魂崇拜、生殖崇拜、图腾崇拜和祖先崇拜）逐渐转化为夹杂有其他民族文化印记的信仰。影响力最为深刻的便是汉族的儒、佛、道文化思潮，《布洛陀经诗》涉及的民族神祇粗略估计有100多位，其中一部分由汉族的神祇移植而来[②]，如盘古、太上老君、北辰等人物，佛家倡导的道德伦理规范与孝丧之礼等思潮便是其代表。此外唐宋时期，壮族先民社会的巫觋受到道教影响，开始从分散的巫公逐步向小团体化发展，于明清时期形成准宗教巫教[③]，这也是外族文化信仰融合布洛陀文化信仰的体现。

总地来说，壮族先民并没有为了维护本地文化而排斥其他外族文化，布洛陀文化信仰是一种能够接纳其他民族文化信仰并与之共存的较为宽广的思想体系。

（二）布洛陀文化信仰当代价值分析

布洛陀文化信仰是中华民族文化信仰中的一个分支，在历史长河中经历破碎与重构而浴火重生，其蕴含不可估量的价值。

1. 布洛陀文化信仰具有伦理规范作用

布洛陀文化信仰是一笔宝贵的精神财富，特别强调伦理规范与重视祖先。其中饱含布洛陀文化信仰的"麽经布洛陀"中的篇章《解父子冤经》《解母女冤经》《解婆媳冤经》《唱童灵》《唱旱王》等诸多手抄本中，阐述的是子女不孝与儿媳不孝将会遭受天谴，面临天打雷劈与断子绝孙的下场，提倡遵循布洛陀的旨意与每个人友善相处，才能幸福美满。此外还提倡要营造出"有吃一起吃，有酒一起喝，见面要相互打招呼，客人到来需请屋喝酒喝粥"等和睦氛围。这一系列倡导的积极的伦理行为，不但规范了壮族人民的行为，更是推进了壮族文明的和谐。

2. 布洛陀文化信仰具有历史文化价值

布洛陀文化信仰是一座璀璨的文化宝库，从20世纪50年代人们开始收集

---

① 王宪昭：《论布洛陀神话的文化价值》，《百色学院学报》2016年第3期。
② 覃彩銮：《布洛陀神话的历史文化内涵》，《广西民族研究》2004年第1期。
③ 梁庭望：《壮族文化概论》，广西教育出版社，2000年，第451—456页。

布洛陀神话与相关史实，收获了散文体《保洛陀》，"招牛魂""招谷魂"的师公唱本，长篇神话《布洛陀》《布洛陀经诗》等等一系列壮族民间文化瑰宝，每一部布洛陀文化系列中的作品无不透露着壮族人民当时的布洛陀文化信仰，其中布洛陀神话就是典范。壮族先民从巫术与农耕生产中，创造了布洛陀造天地与万物的传说，其意图是壮民借布洛陀这一形象，通过祭祀仪式与巫术营造出能驾驭气候与战胜灾难的决心，以抚慰自我无力对抗未知危险的恐惧，求得族内在布洛陀守护下繁荣昌盛、风调雨顺。艺术性表达了壮族先民对布洛陀的崇拜以及布洛陀文化信仰的价值取向，是折射壮族历史文化的一面镜子。

3. 布洛陀文化信仰是田阳县发展的催化剂

布洛陀文化信仰是推进本地发展的催化剂。自2004年起，百色市田阳县政府极力探索与整合布洛陀文化资源，慢慢打造出特色的壮族文化品牌，特别是敢壮山一地，政府更是花费心思，至今已连续举办了13届"百色布洛陀民俗文化旅游节"。在这13届文化旅游节期间，除了传统的布洛陀文化信仰传承仪式即祭祀布洛陀典礼外，还不断加入了极具时代特色的民俗艺术活动，诸如狮王争霸赛、山歌擂台赛、圣女池摔跤、抬"花轿"竞赛、摩托"箩"拉竞赛、夫妻挑抬西红柿竞赛、斗牛、抢花炮、抛绣球等项目。这些项目不但带有浓厚的壮族民间特色，还融入了新时代的元素与思想，使布洛陀文化与当代社会思潮相契合，让其带有新的质态与鲜活的生命力，吸引了更多人开始对布洛陀文化产生兴趣，也愈发能使人体会到布洛陀文化信仰不是一成不变的，而是有时代性特征的信仰，重组的布洛陀文化形式对传统布洛文化信仰传承形式是一种进步与突破。据田阳县旅游局2017年上半年的旅游数据显示，田阳县累计接待游客149.2万人次，同比增长19%；旅游总消费达14.26亿元，同比增长25%。[①] 以上的大数据显示了田阳县旅游事业都呈上升趋势，说明了结合当代元素特征的布洛陀文化信仰对田阳县的经济起着催化剂的作用。

（三）布洛陀文化信仰维护现状

1. 布洛陀文化信仰未广泛化

布洛陀文化信仰是壮族先民遗留下来的宝贵精神财富，为此，笔者前往田阳

---

① 莫有合、马妮娅：《布洛陀民俗文化旅游节旅游消费壮文化概论》，http://xianqu.bsyjrb.cn/tianyang/content/2017-04-06。

县展开了实地调查与问卷访问,以下是数据的报告结果:

在调查的136人当中,有75.74%的人只了解一些布洛陀文化信仰,其中绝大部分被调查者都认为布洛陀文化信仰就是前往敢壮山祭拜始祖神布洛陀的一种行为,诚心祭拜完毕即可获得布洛陀神灵的庇佑,仅有11.76%的人表示了解布洛陀文化信仰。但根据访问提纲进一步提问时,大多数调查对象并没有顺利回答,除了敢壮山景区附近六联村在石凳休憩时的老人可以口述零碎的布洛陀传说与故事外,对于布洛陀文化信仰的概念还是处于模糊状态,还有17%的人群对布洛陀文化信仰毫无概念,当提及敢壮山时,该群体才醒悟敢壮山的神灵为始祖神布洛陀。

故此可以简单地推测,布洛陀文化信仰在广西田阳县并没有广泛化,绝大部分祭拜布洛陀者都是带着功利性目的或以凑热闹的心态前往敢壮山。

2. 布洛陀文化信仰传承者高龄化

布麽可以说是远古时期壮族部落巫术的继承者,如今称布麽为布洛陀文化信仰的最直接的传承者也不奇怪,拥有世代相传的麽经抄本,保留有布麽做法喃诵的仪式与独一无二的手法,若不是有心传授,外人是偷学不来的。然而在当今,麽公群体却开始呈现出老龄化的趋势(参考表1),表中109位被调查者均为田阳县户籍本地人,其中布麽在60岁以上者达到70.64%,中壮年阶段布麽为18.35%,年轻布麽仅占12%。

表1 田阳县关于布麽是否高龄化统计表

	样本数	样本比例	合计
属于,大多数布麽都在60岁以上	77	70.64	77
不属于,大多数布麽都在40到50岁	20	18.35	20
恰恰相反,大多数布麽都比较年轻	12	11	12

此外,为了探究不同年龄层对于布洛陀文化信仰传承者的看法,笔者将调查资料整理形成表2,其中40岁以上的被调查者均认为,当地布麽人员为年纪稍大的男性担任,并认为布麽的年龄越高越有经验,对于法事仪式更为熟练与严谨,如果自家需要,更热衷于选择年老的布麽。对于传承问题的看法,此年龄段表示布麽的传承有一定准则,不同地方的传承各有差别,有的地方爷爷辈的布麽可以传给家中的老大,而有的地方自家的布麽不允许传给带有血缘关系的直系,还有的布麽需要推算传承者的命理,相符才愿意传授。对于20~40岁的田阳县本

地人，他们认为布麽的传承跟文化传承其实相类似，不是简单的教与学的关系，麽教经书是布麽代代相传的宝物，入麽教需要修行与遵循教规并熟悉喃诵麽教经书。在现代社会，布麽虽然在村里一直被敬重，但一般的布麽处于半职业性质，即闲时忙于农活种植，有需求时才开始自己的布麽工作。因此对年轻人来说，这样的生活模式并不是他们想要的，加上传承需要接受考验才能入麽，也打消了一些人的念头，导致现今布麽者呈现老龄化趋势。20岁以下的大部分被调查者认为，现今的主要任务为学习，对于布洛陀文化信仰传承与布麽了解不是很多，相比接受布洛陀文化信仰传承，更倾向于向外闯荡而不是留在村里。

表2 田阳县关于布麽是否高龄化调查年龄分段统计表

	样本数	样本比例	合计
20岁以下	33	30.28	33
20—40岁以下	49	44.95	49
40—60岁以下	19	17.43	19
60岁以上	8	7.34	8

总地来说，由于现代观念的影响以及长时间对外界的接触，在更好经济条件和发展平台的刺激下，年轻一代选择在外工作与学习是一种比较普遍的现象，但对布洛陀文化信仰的传承却是一个强大的冲击，是促使布洛陀文化信仰逐渐陷入后继无人尴尬境地的一个重要原因。

三、当代弘扬布洛陀文化信仰对策

（一）完善宣传渠道，促进文化信仰良性传承

布洛陀文化信仰是壮族对祖先历史记忆的传承与延续的一个思想体系，凝聚着壮族的文化自豪与认同，拥有无可比拟的学术价值与现实价值。但是在当今，这种信仰并没有得到广泛的理解，很多人仍然保留着对布洛陀最原始的记忆。

如实地访问在敢壮山山下卖香火的阿姨时，阿姨只描述说："布洛陀是以前的一代人，去拜拜很灵验的。"就没有了下文，其他问题只是摇头并未能回答。在附近生活的居民尚不能将布洛陀表达清楚，又怎么可能将布洛陀文化信仰真正的内涵广而告之呢？所以第一步就是必须做好深入宣传工作，先让敢壮山区域里的居民理解何为布洛文化信仰，然后以部分带动整体共同理解布洛陀文化信仰，

从而达到整个田阳县的壮族同胞拥有共同的民族文化信仰。当一个民族的人们开始逐渐拥有共同认知，那么这个民族的凝聚力就会愈发强大，而民族的自豪感就会愈加强烈，民族的振兴与衰退将会共荣辱，这样的理想状态就是布洛陀文化信仰需要宣传的缘由。

从具体措施来讲，政府应当作为表率，以官方的形式宣称布洛陀文化信仰为田阳县合法的民间信仰，该信仰建立于人文教化的基础之上，无须拘泥于宗教般的外在形式，而是信仰和内心理性的相辅相成，依靠信仰带来的人文教化而衍生出的一种良好行为方式，即是当代布洛陀文化信仰的内涵。其宣传方式可分三个层面：第一层面，针对年轻人，应当以网络的方式通过发布布洛陀文化信仰专题视频与趣味性漫画，让年轻一代知晓布洛陀文化信仰的基本概念，并开设布洛陀文化信仰兴趣窗口以答题有奖竞赛的形式吸引年轻一代；第二层面，针对中年人，应当以歌舞剧形式呈现布洛陀文化信仰特征，辅以文字传单与单独咨询台强化讲解，以艺术形式吸引这一群体；第三层面，针对老年人，要耐心听其对布洛陀文化的历史记忆，通过历史记忆了解布洛陀，同时倡导当代的布洛陀文化信仰，询其建议，从而得知老年人对布洛陀文化信仰的认识，再根据其认识引导老年人参与其中。

完成三个层面的宣传后，等于初步完善宣传渠道，但要使布洛陀文化信仰深入壮族人民的心中，仍需要政府与社区和群体的共同努力。

（二）构建布洛陀文化信仰传承奖励机制

布洛陀文化信仰绝大部分都是以口传与文字形式遗留下来，由信奉布洛陀为主神的"布麼"一代又一代传承下去。但是随着价值观的变化，民间"布麼"开始慢慢淡化出现代社会，而现存的"布麼"又呈现出逐渐老龄化的局面。面对这一系列传承危机，应当采取必要的举措来激发布洛陀文化信仰的良性传承。

笔者认为，构建布洛陀文化信仰传承奖励机制是一个行之有效的手段。首先，布麼具有民间性与地域性，这两个特点界定了布麼活动的范围，即愈靠近城区，布麼的痕迹就愈难寻觅，而恰恰城区的发展条件和机会比民间区域更为繁多与丰富，城区与民间的收入经济差异，是当代布麼后继无人一个非常重要的原因，故构建布洛陀文化信仰传承奖励机制中应当有物质形式奖励这一环节，通过物质嘉奖，最大程度上刺激区域布麼们传承的积极性。其次，该传承奖励机制还应当含有荣誉的表彰，是身为布麼才能独享的表彰，该荣誉是政府对布麼传承行为的一种重视，更是提高布麽们对自身身份的认可。最后，传承奖励机制应当一年一次总结评定，选取各区域优秀的布麽传承者进行经验交流与评比，通过评比选取区域比例的一定人数，于每年一度的布洛陀祭祀大典上开设一个据点，专门作为布洛陀文化信仰的传承宣传点。这样的机制既有激励布麽进取的作用，又有借给予名誉的契机在布洛陀祭祀大典上进行布洛陀文化信仰宣传与传承的作用，为有意愿接受传承的年轻一代提供了解与入门的机会。

（三）联结区域优才，重塑特色旅游

文化信仰的保护与传承需要的不只是政府与制度上的支持，高素质人才的融入也是不可或缺的一个环节。布洛陀文化信仰是一个比较抽象的概念，引进高端人才既是为了更顺利传承壮族特色的文化信仰，也是强化打造布洛陀文化信仰旅游品牌的一个重要举措。众所周知，田阳县的敢壮山是布洛陀的源头，每年节日都会有大批的游客与壮民前往，然而，对于首次在非节日情况下前往旅行的游客的服务体验却不是那么尽善尽美。首先，从田阳市区到达敢壮山的公车不但速度缓慢，而且车次数与时间观念也不是很理想，一般情况下往敢壮山方向的公车于下午3点左右即为最后一班，此后便没有车次从敢壮山返回市区，给第一次前往敢壮山的游客造成极大的不便；其次，当游客到达敢壮山后，游客自我游玩和祭拜的放任管理模式，虽提供了游客高度的自由，但壮族特色文化旅游的体验就不复存在，对游客而言布洛陀可能只是壮族敬仰的一位神灵罢了，丝毫感受不到布洛陀文化信仰的精神魅力；最后，敢壮山周边的基础设施也不能满足不同档次游客的需要，从住宿到饮食等等的不完善都透露着敢壮山旅游区巨大开发的潜能。

笔者认为，要想持久发展以布洛陀为品牌的敢壮山旅游业，在改善交通条件的同时，关键还是要引进两种不同类型的人才：一方面要大力招揽精通壮语的本地人才并加以培训，这一类型的人才主要协调村民之间的关系，对于基础设施的筹建用地进行语言沟通与协商，同时灵活运用壮族语言以布洛陀文化信仰的精神内涵方式包装敢壮山旅游点，以独特的壮族文化风情寄予游客深刻的印象，引领游客遨游于布洛陀精神世界中，领略布洛陀文化信仰的兴衰与重振，让游客产生"二次旅游"的念想；另一方面要引进高素质的实干精英，这一类人才一部分负责钻研布洛陀文化信仰与时代价值吻合的潜在元素，利用这些元素改善田阳敢壮山旅游区，在保持浓郁的壮族文化气息下添加现代人的喜好，激发游客的兴趣感，提升敢壮山旅游的趣味性与新鲜感，另一部分负责敢壮山旅游区外围基础设

施的设计方案，营造出布洛陀独特的民俗氛围，例如住宿方面可以与六联村那贯屯若干户人家商量，共建壮族民风式布洛陀主题客栈，由政府或其他企业注入资金，建成后留下管理能手与那贯屯人家进行合作交流，通过淳厚的民风与微商业化结合，完善敢壮山的基础设施建设，从而达到既能满足游客需求，又能在最大程度上保持布洛陀文化的纯粹性，取得双赢。

四、结语

在中国，流传于民间的信仰问题总是避而不谈，害怕被冠以"封建迷信"的帽子，西方就曾质疑中国无信仰、无准则约束自我。其实不然，中华文化源远流长，其文化信仰遍地开花，每一个分支都具有独特韵味，壮族的布洛陀文化信仰便是约束行为的无形法宝，是壮族凝聚力的表现，是壮文化思想结晶的精神体现。社会主义核心价值体系曾提及："一个国家的强盛，离不开精神的支撑；一个民族的进步，有赖于文明的成长。"布洛陀文化信仰属于广西田阳县的一种民间信仰，是壮族独特的文化传承，是具有积极意义的思想体系，对壮族先民而言是原始精神的支柱，在当今更是有独特的精神、文化和推动经济的潜在作用。然而至今，大部分的田阳人身在布洛陀文化的摇篮中却不知其文化信仰及当代价值意义，不得不让人感到叹息。若我们想要布洛陀文化信仰继续弘扬下去，单靠政府之力是远远不够的，我们应当去体会布洛陀文化信仰的当代魅力并贡献出自己的一份力量，让这种目前只局限于壮族的民间文化信仰突破地域的限制，走向中国大片河山乃至世界各处。

〔杨奕鸿：百色学院人文教育专业2014级学生；覃翠柏：百色学院副教授〕

壮族布洛陀文化大众传播分析

周伊辰

布洛陀是壮族人文始祖,有关布洛陀的神话传说在珠江流域流传甚广。神话传说中,布洛陀是创世神,创造了天地;是始祖神,创造了人类;是道德神,安排了人间的伦理与社会秩序。因此布洛陀在壮族地区具有崇高的地位和广泛的影响力。

2002年6月,壮族著名诗人、词作家古笛先生与壮学专家、媒体记者等一行来到田阳敢壮山考察,布洛陀的传说流传于岭南各地,而古笛先生发现敢壮山的布洛陀文化尤其浓厚,他意识到敢壮山有可能是布洛陀的遗址。

经过三次座谈会,专家组一致认为敢壮山即布洛陀的遗址。这一发现具有重大意义,对于布洛陀文化的传承是一个新的撬动点,因此在充分认识其价值的基础上,专家组提出了敢壮山布洛陀文化遗址保护和开发的若干建议。[1]

一、布洛陀文化概述

据相关统计显示,自2002年6月古笛先生提出敢壮山即布洛陀文化发源地以来,敢壮山就成了专家学者们研究布洛陀文化、进行田野调查的首选之地。经过不断考察和反复验证,专家学者们在布洛陀文化的内涵、价值与意义等方面逐步达成了共识。

---

[1] 刘婷:《壮族布洛陀文化的当代重构》,《广西民族研究》2012年第10期。

（一）布洛陀文化体系的形成

广西民族研究所所长覃乃昌在《布洛陀文化体系述论》一文中提到，布洛陀文化是指壮族及其先民尊崇布洛陀，并奉其为壮族的创世神和始祖神的文化，布洛陀拥有过人的智慧，创造了伟大的功绩，人们根据他的旨意生活，适应与大自然和社会的关系，以谋求自身的生存和发展。[①] 根据这一研究结果，布洛陀文化共分为布洛陀史诗文化、布洛陀人文始祖文化、布洛陀歌谣文化和布洛陀民间宗教文化等，它们具有深刻的历史文化内涵，具有紧密的逻辑结构，共同构成了布洛陀文化体系。

（二）布洛陀文化的价值

布洛陀文化是壮族传统文化的精华所在，同时也是中华民族传统文化宝库当中的重要组成部分。作为一种创世文化及始祖文化，布洛陀文化的出现弥补了壮民族根源性的空白，而且布洛陀文化当中所涉及的有关社会生活方方面面的内容，不仅是壮族先民劳动智慧的宝库，也是外界了解壮族社会的一个窗口。

一个民族在其形成过程中创造的文化既是重要的民族标识，同时也是历史传统的集中体现。[②] 壮族学者梁庭望教授将布洛陀文化的精神总结为16个字，即开天辟地、创造万物、安排秩序、排忧解难。他认为布洛陀文化的核心在其创造和创新的精神，这种创新精神不仅适用于古代，更是现代迫切需要的精神，甚至是一个民族生存和发展的必备条件。从这个角度看，布洛陀文化具有十分重要的现实意义。

（三）布洛陀文化的现实意义

从根源上说，布洛陀文化的出现解决了壮族"无根"的难题。如果没有布洛陀文化，那么整个壮族社会即将陷入一种无根的状态当中，整个文化体系将会是散乱的、不成形的文化碎片。因此可以说布洛陀文化是壮族文化的核心，同时也是壮族的文化命脉，透过布洛陀文化，人们能够很清晰地看到壮族文化的构成、流向，从而了解和认识整个民族。

---

① 覃乃昌：《布洛陀文化体系述论》，《广西民族研究》2003年第3期。
② 益西拉姆：《中国西北地区少数民族大众传播与民族文化》，兰州大学出版社，2002年。

总结起来，布洛陀文化即壮族先民的精神脊梁，它使人们敢于与大自然斗争，善于吃苦耐劳、团结协作，并勇于开拓创新。布洛陀所创导的人类进步、社会发展的理念和他所追求的积极进取、开拓创新的境界，时刻鼓舞着壮族人民，对壮族区域产生了广泛而深刻的影响。

二、布洛陀文化的主要传播方式

对于像壮族这样语言丰富却没有文字的少数民族来说，布洛陀文化的传播面临更为严峻的考验。从对当地进行实地调查的结果显示，布洛陀文化的传播方式主要有以下几种：

（一）人际传播

在田阳当地流传着许多关于布洛陀的传说，这些传说经过口口相传得以保留下来。但这种口口相传的方式是最原始同时也是传播效果最差的传播方式，时间和空间的限制使得这种传播方式发挥不出良好的效果。尽管存在诸多不利因素，田阳当地仍然组织了相关专家，对那些具有"布洛陀活化石"之称的民间艺人给予支持与保护。据统计，自20世纪80年代以来，在广西境内搜集到39本《麽经》古壮字手抄本，其中15本出自田阳。

（二）组织传播

在田阳当地，最为流行且广受群众认可的宗教是麽教。根据《麽经布洛陀》的记载，人们只要遇到困难就会想到要去找麽公解决。麽公在根据人们的需要做法，在做法时，要先通过仪式请出布洛陀，这样布洛陀就会根据人们的请求为人间消灾解难。这种宗教信仰直到今天仍被信奉为田阳壮族当地的最高信仰。

（三）群体传播

布洛陀文化的群体传播主要体现在民族节日上。节庆往往凝结着一个民族最精华的部分，是一个民族传统文化的最为形象的展示。当人们置身于节日其中时，会被节日形成的浓重而热烈的氛围所影响，并自觉遵从和沿袭节日的种种规范，自觉成为本民族文化的传承者。每年农历的二月二十九，相传是布洛陀诞生的日子，人们从那天开始就自发地前往敢壮山祭拜布洛陀，一直持续到三月初七至初九,这样的祭拜活动最终形成了广西境内最大的歌圩——敢壮山歌圩。每年的这个时候也成为当地壮族最隆重的节日之一。

(四)大众传播

从2002年开始,大众媒体有意识地介入布洛陀文化的报道,使布洛陀文化广为人知,为布洛陀文化的传承与发展提供了良好的舆论环境。近年来,随着媒介技术的进步,布洛陀文化能够通过更多大众传播平台进行展示,取得的效果是前面几种传承方式所不可比拟的,这也说明了大众传播在文化传承上的强大优势。

三、布洛陀文化大众传播的现状

(一)从时间维度考察大众媒体的报道变迁

以2002年敢壮山遗址的认定为起点,综合分析考察大众媒体对布洛陀文化的报道,可以从时间上分为三个阶段,即认定过程中的报道、旅游宣传时期的报道以及民俗文化旅游节的常规报道。这三个阶段的报道角度和内容都各有侧重点,下面将结合具体内容分类阐述。

第一阶段主要为敢壮山被认定为布洛陀遗址过程中的报道,经过媒体的宣传,使得当地政府认识到了布洛陀的文化价值;第二阶段的报道转向旅游宣传,时任百色地区行署副专员的刘侃同志发言一针见血点出了媒介的重要性:"说要形成品牌、树立精品、吸引客商、提高效益,当务之急——宣传!"第三阶段的报道趋于常规化,主要集中于自2004年以来每年举办一届的布洛陀民俗文化旅游节。

(二)从报道内容分析大众媒体的报道重点

本文涉及的大众媒体,主要是指报纸、电视和网络三种,这是因为在布洛陀文化的报道中,这三种是最常参与的大众媒介,其他的媒介虽也有参与,但因为没有形成规律,故不在本文的研究之列。

以《右江日报》的报道为研究对象,以2011—2013这三年时间为研究时段,并以一则报道为一个分析单位,对媒体在民族文化传播中所发挥的功能进行考察。

据统计,这期间《右江日报》共发表关于布洛陀文化的稿件60余篇,其中以消息体裁为主，达37篇，均超过当年报道数量的50%，其他体裁如通讯、特写、深度报道以及评论等则所占比重较小。

从文章字数来看，近三年的报道以中长消息为主，500字以下共有16篇，500～1500字的有30篇，1500～2000字的有6篇，2000以上的共8篇。

从文章主题来看，《右江日报》对布洛陀文化的具体报道内容大致可分为旅游节宣传、活动、文化建设、旅游效益、招商引资和其他，其中活动和旅游宣传占主要比重。

新闻图片是新闻报道当中的点睛之笔，可以帮助读者迅速地获取信息，还能起到美化版面的作用，特别是目前我们处于"读图时代"，新闻图片被提升到一个更高的高度，因此图片的运用也直接影响着传播效果。《右江日报》在近三年的报道当中较少适用配图，一个最主要的原因是版面限制。在2011年的报道中，16篇当中有11篇无图，2012年27篇中有21篇无图，2013年17篇中有13篇无图。

在报道频率上，《右江日报》对布洛陀文化的报道主要集中于每年的3、4月份，即一年一度的布洛陀民俗文化旅游节举办期间。其他时间的报道所占的比例非常小，这也说明大众媒体还没有形成一种传统文化报道的长效机制，仅仅依靠每一年的活动报道是远远不足的。

四、布洛陀文化大众传播存在的主要问题

自2002年起，得益于媒介技术的进步和媒介从业人员水平的提高，布洛陀文化的报道无论在数量还是质量上都呈现上升的趋势，但从传播效果的角度考量，仍然存在不足的地方。本文将在上一章报道总结的基础上，分析布洛陀文化报道目前存在的主要问题，并结合布洛陀文化现处的媒介环境，提出布洛陀文化大众传播的优化策略。

（一）传播主体

根据拉斯韦尔的"5W"模式，处在第一位置的是"Who"，即是谁进行传播，传播主体的决策关系到整个传播过程的效果。在布洛陀文化大众传播过程中，大众媒体作为传播主体，其报道直接影响着整个传播过程。根据上一章的分析结果，作为传播主体的大众媒体主要存在以下问题：

1. 报道载体以本地为主,影响力难以产生辐射效应

由于布洛陀民俗文化旅游节的知名度与影响力逐年上升,因此每年应邀前往报道的媒体数量也呈逐年上升的趋势,但从历次的邀请名单上看,参与的媒体大多以广西区内媒体为主。以下表格是2011年布洛陀民俗文化旅游节期间邀请的媒体人员名单,一共32人:①

表格1 田阳县旅游局2010年邀请媒体名单①

编号	单位	姓名	职务
1	新华社广西分社		
2	中新社广西分社	王刚	记者
3	中央电台广西记者站		
4	人民日报广西记者站		
5	中国健康报广西记者站	韦锦田	站长
6	中国教育报广西记者站	周祖臣	站长
7	广西日报摄影部		
8	广西日报文艺部		
9	广西日报百色站	张东安	站长
10	广西日报百色站	黄万程	
11	南国早报		
12	当代生活报	苗丽	记者
13	广西电视台新闻中心		
14	广西电视台新闻中心		
15	广西电视台新闻中心		
16	广西电视台体育频道	刘刚	导演
17	广西电视台体育频道	唐增然	摄像
18	广西电视台体育频道	梁艳	主持
19	广西人民广播电台百色记者站	易建涛	记者
20	右江日报	周信实	摄影部主任
21	右江日报	王玉华	记者部记者
22	百色电视台	覃政	新闻部副主任
23	百色电视台	黄颖庆	记者
24	百色电视台	覃建强	记者

---

① 名单由田阳县旅游局提供。

续表

编号	单位	姓名	职务
25	百色电视台	崔嘉慧	主持人
26	百色电视台	李沅宗	司机
27	百色人民电台	雷永茂	新闻部主任
28	百色人民电台	罗继若	司机
29	广西工人报	曾寿梅	记者
30	广西工人报		记者
31	当代广西		
32	中国国际广播电台国际在线广西网	赵荣芳	记者

从规模上看，2010年参与报道的媒体共有15家，但是将这些媒体进行分类汇总后发现，这15家媒体均属于区域媒体或者全国媒体的广西分点，影响力难以辐射全国；媒体的类型单一，以纸质媒体和电视媒体为主，未能充分发挥网络媒体的优势。

2.除本地媒体外媒体的报道积极性不高

每年布洛陀民俗文化旅游节的举办是外界了解布洛陀文化的契机，大众传媒除了受邀参与活动的报道外，更应该趁机向受众传播更多有关布洛陀文化的信息，但从近三年媒体的报道为例，除了本地媒体表现得比较活跃，其他媒体的积极性并不高。

同样以近三年的布洛陀民俗文化旅游节举办期间为研究时段，在查阅广西其他的报纸时，关于布洛陀文化的报道不仅数量较少，而且比重很小。以广西日报传媒集团下属的《广西日报》《南国早报》和《当代生活报》的为例，这几家区级媒体即使受邀参与，但对布洛陀民俗文化旅游节的报道积极性并不高。

表格2 《广西日报》《南国早报》《当代生活报》2011—2013年报道情况

媒体	时间	标题	体裁	版面位置
广西日报	2011/3/31	布洛陀文化遗址景区初具规模	消息	9版右中
南国早报	2011/3/28	布洛陀民俗文化旅游节4月9日开幕	消息	6版中下
当代生活报	2011/3/29	百色布洛陀民俗文化旅游节下月开幕	消息	34版右下
广西日报	2012/3	未见报道		
南国早报	2012/3	未见报道		

续表

媒体	时间	标题	体裁	版面位置
当代生活报	2012/3/8	田阳将举办"布洛陀民俗文化旅游节"	消息	32版左上
广西日报	2013/4	未见报道		
南国早报	2013/4	未见报道		
当代生活报	2013/4	未见报道		

3. 媒体从业人员的文化自觉性不够

媒体记者是稿件的撰写者，他们直接决定了新闻稿件的主题与角度，如何加强布洛陀文化的传播效果，增加新闻信息的可读性，很大程度上取决于新闻记者的文化自觉。但是从目前掌握的数据以及分析结果来看，相当一部分媒体从业人员并没有真正意识到布洛陀文化的价值所在，因此在报道上难免产生敷衍的心理，许多活动稿件通常在主办方提供的通稿基础上修改完成，缺乏独立的思考与挖掘。甚至有的记者直接"窃取"别人的劳动成果，如关于2013年布洛陀文化学术论坛的报道，直接照搬了2012年的标题《中外专家学者为布洛陀文化发展"把脉"》，且报道角度与陈述也大同小异，只在时间和具体会议议程上做改动。

（二）传播内容

1. 新闻信息总量少，可读性较差

在上一章的分析中，《右江日报》作为本地媒体，由于版面的约束与报纸定位等原因，导致布洛文化的信息总量在整个报纸的报道当中所占的比重很小，而且报道形式单一、内容重复，每年的主题都围绕布洛陀民俗文化旅游节展开，角度大同小异，大体沿着"布洛陀之夜——开幕式——祭拜布洛陀"这样的程序。此外，报道体裁多以消息为主，而最能体现新闻报道可读性与深度的深度报道、评论等所占的比重也很小，缺少专题策划。电视媒体对布洛陀文化的报道，除了2006年中央电视台的《传奇中国节 放歌三月三》曾经在当年引起广泛回响外，关于布洛陀文化的电视节目数量少且质量不高。

2. 偏重活动报道，对文化资源的开发不足

通过上一章对报道主题的归类与划分，可知无论是本地的媒体还是区内其他的媒体，对布洛陀文化的相关报道主要围绕民俗文化旅游节期间的活动展开，报道时段集中，报道内容流于活动表面。而关于布洛陀文化的内涵与外延，媒体则较少涉及这一部分的内容。

对于文化资源的开发不足所导致的后果就是缺少可转化的新闻资源，即"无料可曝"。布洛陀文化是一个完整的体系，其中涉及壮民族长期以来形成的劳动、饮食、着装、住房、婚俗、丧葬等等多种文化。而活动期间的内容，只能说仅仅代表了布洛陀文化的一部分内容，关于布洛陀文化其他优秀灿烂的文化，还要依靠大众媒以活动为切入点，对布洛陀文化进行一个完整的、系统的阐述。

任何一种文化能够为民众广泛接受的前提是对这种文化的充分认识，大众媒介并不是单纯的报道活动，而是应该在"告知"的过程中伴随有对事件的解释，通过它所传达的信息提示人们应该相应地采取何种行为反应。① 从这点看，媒体的重点就不应该仅仅集中于活动报道，而是通过长期的报道在潜移默化中向受众传递有关布洛陀文化的信息，使人们了解布洛陀文化的全貌，并能据此对布洛陀文化有所反应，参与到布洛陀文化的相关事项当中。

3. 策划与创意能力不足，缺乏体验式报道

新闻策划是最能体现编辑能力的报道方式，这种报道方式一般会预设一定的主题或者目标，围绕这些对新闻采编的全过程进行事先决策和谋划，并通过一系列的报道，深度挖掘出新闻的事实或者隐藏在新闻事件背后的更内在、更深层次的东西。② 通过新闻策划，可以将零散的新闻材料整合为一个完整的报道整体，同时也能够充分展现编辑的水平以及整合新闻资源的能力。

策划性报道的报道选题和角度是经过事先精心选择和设计的，不同于单篇报道，策划报道在方式上采用多篇新闻稿件，全方位多角度进行报道，具有整体效果大于局部之和的传播效果。而且报道方式灵活多样，编辑可以根据需要自由组合，通过连续式报道、系列式报道、组合式报道、读者参与式报道、媒介介入式报道等多种报道方式，丰富报道内容。在对《右江日报》进行分析时，发现整版的专题报道很少，而且稿件内容大多为主办方所发的通稿，没有从受众的角度考虑什么是受众想要看到的，即缺乏"体验式报道"，体验式报道的好处是能使读者或观众产生一种身临其境的感觉，《传奇中国节　放歌三月三》就是一个体验式报道的典型，在这一方面，报纸媒体的报道内容有待加强。

---

① 张杰：《呼唤媒体的守望功能》，《光明日报》2011年6月9日。
② 马淑梅：《浅谈编辑如何提升策划能力》，《新闻天地》2010年第6期。

(三)缺乏新媒介技术的运用

最近几年，参与布洛陀民俗文化旅游节的网络媒体在不断增加，与报纸和电视等媒体相比较，网络媒体在新闻采编方面的优势很明显，能够充分发挥全媒体多平台的特点，利用图文、音视频、互动论坛、手机报等多个元素完成宣传报道工作。除了上一章分析过的新华网，参与布洛陀文化报道的网络媒体还有广西新闻网、百色新闻网等，这三个网站是活跃程度较高的网络媒体。

从2010年开始，新华网广西频道在布洛陀民俗文化旅游节期间推出专题报道，这一尝试使得布洛陀文化在网络上的影响力得到进一步提高。作为一种在报道时效和内容上都要优于传统媒体的新媒体来说，网络的参与会极大地丰富布洛陀文化报道的强度和力度。从时效性来说，无论是报纸、电视还是广播，从新闻到采集到输出，中间都会有一定的时差，从而引起信息的滞后。依赖于计算机技术的网络传播则不会有这样的缺点，新闻信息从采集到输出只需要短短几分钟甚至更短的时间；从内容上来说，网络传播内容的海量性以及开放性也是传统媒体所不可比拟的。

同报纸和电视媒体的情况类似，网络媒体的报道也多是以布洛陀民俗文化旅游节的报道为主，而关于布洛陀文化的专门网站则没有出现。而与布洛陀文化现象类似的巴蜀文化、河洛文化、岭南文化等都开辟了专门的文化网站，分别从文化溯源、民间技艺与艺术、民俗民风等方面进行介绍。

此外，网络媒体的传播是一种双向的传播过程，能够增进传者与受者之间的交互性，但无论是广西新闻网还是新华网广西频道，在对活动进行报道时均采用的是单向传播，而没有注重网络媒体的互动优势。2013年新华网加入了微博转播的形式，但并未充分调动其作用，体现不出互动反馈的环节。在这一点上，网络媒体的报道应注重互动功能，在最短的时间内实现线上线下的交流，增加传受双方之间的互动与反馈。

五、布洛陀文化大众传播的优化策略

(一)布洛陀文化所处媒介环境分析

一个地区的社会与经济发展水平必然会制约媒介所处的环境，从而作用于新闻媒介的发展水平。我国目前地区发展不平衡，东部地区的经济和社会发展水平

要远优于中西部地区,这就直接反映在了新闻媒介的发展上,东部地区的新闻媒介无论从经济实力还是人才储备上都要先进于中西部尤其是少数民族地区,新闻媒介水平的差距最终会直接体现在新闻报道上。① 受制于相对落后的媒介环境,布洛陀文化的报道缺乏创新,难以取得突破。

布洛陀文化的报道目前正面临内外交困的局面,一方面是外部媒介环境的制约,导致布洛陀文化的报道难以充分利用大众媒体的传播效应;另一方面是对自身文化资源的挖掘力度不够,可转化为新闻资源的素材较少,从而导致了大众媒体的报道积极性不高。如何在现有媒介环境下充分开发布洛陀文化的新闻资源,并最终形成媒介产品,成为布洛陀文化报道亟待研究的问题。

(二)布洛陀文化大众传播的优化策略

1. 运用培养理论构建报道机制的长效均衡

培养理论的代表人物是美国学者G.格伯纳,在这种理论当中,认为生活在现代社会中的人们,其实广泛受到大众媒体提示的"象征性现实"的影响,大众媒体能够作用于人们对世界的认识和理解;并且,这种影响是一个长期的"培养"过程,在潜移默化当中影响人们对客观世界的看法。② 将这个理论套用到布洛陀文化的传播中,大众媒体所要做的是提供一种倾向性,使公众在不知不觉中接受媒体的"培养",从而真正接受并了解布洛陀文化。

布洛陀作为一种民族文化现象,要想成为一个统一有机的整体得到生存和发展,则需要得到社会成员的广泛"共识",这种"共识"不是强加的,而是客观存在的,只有社会成员都有了大体一致的认识,这种文化才能得到协调发展。而大众媒体正是提供这种"共识"的最有利工具。如果大众传播能够长期地、重复地提供某一方面的内容,那么人们对于此种文化的现实观和价值观将在潜移默化当中形成。这就要求大众媒体对布洛陀文化的传播采取一种长期而均衡的、并非短期而集中的报道机制。

在上一章的分析中提到,目前布洛陀文化的报道主要集中于布洛陀民俗文化旅游节举办期间,在每年的3—5月份达到一个峰值。但是除了这一期间的报道

---

① 蔡雯、李勤:《论我国少数民族地区党报新闻资源开发现状与对策——对五家少数民族自治区党报的抽样分析》,《当代传播》2004年第2期。
② 郭庆光:《传播学教程》,中国人民大学出版社,1999年,第225—227页。

外,其他时间有关布洛陀文化的报道则少之又少。这种片段式的、间接式的报道方式不利于养成公众的习惯,更不用说培养公众的"共识"。因此培养这种共识以构建起长效均衡的机制是布洛陀文化报道中必须解决的主要问题之一。

2. 运用"议程设置"优化报道方式

"议程设置"是由美国传播学者M.E.麦库姆斯和D.L.肖提出的一种理论假设,在这种假设中,他们认为大众传媒有为公众设置"议事日程"的功能,也就是说,大众传媒在进行新闻报道或其他信息传达活动时,会直接影响人们的判断,主要原因在于媒体事先赋予了各种"议题"不同程度的显著性,人们会根据媒体的提示,确信媒体所列出来的这些议题的显著性程度就是事件的重要程度。[1]

目前布洛陀文化的报道方式对于议程设置的运用明显不足,从近些年来大众媒体对布洛陀民俗文化旅游节的报道过程来看,报道内容被活动的议程"牵着走",有什么活动就报道什么内容,缺乏事先的整体策划与议程设置。

具体做法上,报纸可以通过醒目的标题、字体字号的设置、色彩的搭配等方法改进,电视可以采用不断提醒的方式加深受众的印象,而网络则需要海量的信息数据,提高布洛陀文化的易得性。

"议程设置"理论的另一个内容就是大众传媒可以安排事件的先后顺序,从这一点上得到的启示是,要想受众尽可能多地触到布洛陀文化,那么大众媒体就应该在编排上尽量使布洛陀文化居于首要位置,通过调整版面位置、调节篇幅长短等手段,强调布洛陀文化的重要性,使之成为公众议论的一个优先议题。

3. 强调媒体和从业人员的文化观念与意识

如何利用好大众传播的信息优势,推动布洛陀文化的传承与发展,是摆在大众传媒尤其是当地媒体的一道难题。事实上,少数民族地区的大众传媒不仅是信息载体,同时也是民族文化的载体,受众通过媒介获取信息时,会在民族心理的驱动下做出与自己精神文化生活相关的选择,从而产生满足感与认同感。因此,以传统媒体为主流媒体的当地大众传媒应有意识地确立布洛陀文化理念,将布洛陀文化与当地的生产生活实际结合起来,使传统文化与时代文化融合起来,积极主动地传播文化,强化大众传播的文化引导功能。

长期以来,关于布洛陀文化的传播仅仅依靠每年旅游节的举办,这样就会造成缺乏创新的局面。很多记者认为,布洛陀民俗文化旅游节的采访非常简单,因

---

[1] 郭庆光:《传播学教程》,中国人民大学出版社,1999年,第214页。

为每年的流程都大同小异,有前辈们的稿件参考和当地旅游局提供的新闻通稿,自己再删减修改,一篇采访稿轻而易举就能完成。长此以往,从业人员渐渐淡化了大众传播的专门性与创造性的传媒意识,极易产生消极应付心理。因此,当政府在注重加大大众传媒硬件投入的同时,也要注重软件的建设,有计划地培养专业人才,有意识地强化相关人员的民族文化意识。

4. 利用新媒体和自媒体渠道扩大传播效果

传统媒体的传播过程是单向式的,传播方式生硬且死板,而新媒体的优势就在于双向过程中的"反馈"环节,有利于受传双方实现角色交替,在这种情境下,受众的需求越来越受到重视,公众能够有选择地参与到传播过程当中来,实现传者与受者之间的良性互动。

布洛陀文化目前仍缺乏专门的网站,互动便无从谈起。而缺乏公众的积极参与和互动,意味着布洛陀文化的网络传播达不到良好的效果,因为在网络平台上,布洛陀文化所进行的仍然是一种单向的传播制式。在这一点上,布洛陀文化应效仿其他先进的地域文化,利用网络平台构建专门网站,以达到更好的宣传效果。

除了网络媒体,手机媒体的影响力亦不容小觑。人们越来越多地利用手机终端接收信息,手机报、手机广播、手机视频以及手机上网等业务已成为人们日常生活中不可缺少的一部分。手机通过媒介融合的形式,演变成了一种多功能的媒体,在布洛陀文化传播的媒介策略制定上,必须充分考虑手机媒体的作用与影响力,并加大在手机媒体资源开发上的投入力度。

近几年来,微博、微信等自媒体的兴起,对传统媒体发起了又一轮猛攻。区别于传统媒体,微博的操作很简单,为公众提供了开放、平等的互动平台。在这些平台上,使用者可以通过短短几行字就能发出自己的声音,信息的发布和获取变得非常便利。这些技术的兴起给信息交流带来了深刻的影响,公众一方面可以利用这些媒体来获取信息以认知世界,更重要的是,大众传播不再是单一的由媒体面向大众的传播,在这种传播方式下,可以实现人与人之间的交流与互动,大众传播由最初的大众化模式向人际、群体以及大众等多种综合传播形式转化[1]。

微信是一种即时通讯工具,但其功能又不止于即时通讯,还包括了信息推送功能。用户可以根据自身需求订阅相关账号,即时获取推送信息。信息当中可以

---

[1] 李卓澄:《探析大众传播视阈下微博文化社会影响力》,《中国传媒科技》2012 年第 24 期。

涵盖文字、图片、语音、视频等多种方式，这些立体化的沟通方式打破了时间和空间的限制，其冲击力和影响力比单纯的手机报要强烈得多。

这给民族文化的传承提供了新的思路。微博、微信的实时性与互动功能可以随时对布洛陀文化进行传播。遗憾的是，目前尚无有关布洛陀文化的任何微博、微信账号。在新浪微博搜索中输入"布洛陀"，没有相关的微博用户。田阳当地用以宣传布洛陀文化的微博平台为田阳旅游局官方微博，但从其微博发布情况来看，不仅发表微博数量少，影响力低，信息更新慢，而且从2013年9月注册至2018年1月，这个官方微博没有为争取粉丝、扩大影响力做过任何改变。

图1 田阳县旅游局微博界面

5. 成立文化传播机构深度挖掘文化资源

新闻资源的开发是新闻传播活动的重要内容，直接关系到新闻媒介产业的发展。从定义上说，新闻资源开发是指由新闻媒介主体，包括新闻传播的传者、媒介管理者和经营者通过自主设计，运行起来的一项系统工程。[①] 但是在实际操作中，把文化传承的功能全部寄希望于大众媒体又是不可能的，因为媒体除了文化功能之外同时还兼具了其他的功能。在这种情况下，就需要有相应机构来负责挖掘文化资源，并利用大众媒体进行传播，变被动为主动。

目前布洛陀文化仍然面临对自身文化资源的挖掘力度不够的问题。在旅游方面，田阳县成立了布洛陀旅游开发有限公司，对旅游资源进行全面的整合与配置，在文化方面，田阳成立了布洛陀文化研究会，但人手少，资金不足，缺少相应政府机构的引导。在与田阳县旅游局工作人员访谈中得知，旅游局也非常重视宣传报道，并且会主动向媒体提供新闻信息，但由于人手不足，并且缺乏相关专业人才，在媒体宣传领域并没有取得良好的效果。这也说明了目前成立专门的布洛陀文化传播机构的必要性和紧迫性。

---

① 蔡雯:《论新闻资源的开发》,《新闻战线》2003年第3期。

六、结语

长期以来,由于缺乏对新闻资源的深度整合与挖掘,布洛陀文化的报道主要依赖活动平台,导致报道切入点单一,造成了长期被动的局面,不利于布洛陀文化的传播,从保护与传承的角度来说,取得的效果也不理想。

从媒体的角度来说,单纯强调媒体的主观能动性在实际操作中似乎并不可行,媒体虽然肩负文化传承的使命,但就媒体自身而言,还承担了其他的功能,而且还要兼顾利益问题。因此如何整合布洛陀文化资源,使其从文化资源转化为新闻资源,需要寻求一条更为切实可行的路径。

结合本文所提出的策略,布洛陀文化的大众传播可以沿着这样的思路进行:首先应成立相关文化传播机构,挖掘文化资源;其次建立文化数据库,将文化资源整合成新闻资源;最后利用大众媒体平台进行传播。在这种思路下,布洛陀文化的大众传播就不仅仅依赖于媒介的主动性,而是能够形成一种主动机制,确保文化资源顺利转化为新闻资源,一方面为大众媒体提供丰富的文化报道题材,另一方面也达到传播文化的目的。

〔周伊辰:广西右江民族医学院辅导员〕

后 记

　　中国社会科学院民族文学研究所注重各少数民族地区的口头传统研究与保护工作。2004年，民族文学研究所与田阳县人民政府合作共创的田阳布洛陀文化田野基地成立，该基地成为研究所的十大田野研究基地之一。经过十余年的合作发展，基地搜集了以布洛陀文化为主的各类壮族影音、文字资料，掌握了当地口头传统传承者的情况。这对于保护和宣传布洛陀文化、壮族文化有着重要的意义。民族文学研究所的院级课题"少数民族文学资料库建设"也将布洛陀文化信息的搜集整理工作列入其中，收录了研究所工作人员在田阳搜集到的丰富资料，并内部出版了《壮族布洛陀史诗传统考察报告》等。研究所网站上有专门的田野基地介绍版面，及时刊登关于田阳基地的动态信息，以期产生更大的文化影响和社会效益。本研究所曾参与主办了多届布洛陀学术研讨会，在推进学术交流、增强民族文化影响力方面效果显著。随着广西田阳县布洛陀文化研究会的成立和各项工作的推进，今后，民族文学研究所将继续与田阳县布洛陀文化研究会以及广西壮学学会、百色学院等地方文化发展力量进一步开展合作，充分调动多方资源，把已列入我国非物质文化遗产名录的布洛陀文化的保护和开发工作向前推进，挖掘其中的深层文化内涵，促进民族文化及相关产业的发展。

　　田阳县布洛陀文化研究会的前身是布洛陀民俗文化旅游节祭祀组，其主要职能是主持一年一度的旅游节"祭祀大典"。为了深入研究布洛陀文化，持久地推动布洛陀文化发展，中共田阳县委、县政府决定成立布洛陀文化研究会，并于2008年4月旅游节期间正式成立。研究会为民间组织，其宗旨除主持一年一度的"始祖布洛陀祭祀大典"外，主要从事搜集、抢救、整理"壮族麽经布洛陀"及其他非物质民族文化遗产的工作。先后出版了《布洛陀与敢壮山·祭祀歌》《布洛陀与敢壮山·传说故事》《瓦氏夫人研究》《田州岑氏土司族谱》；与广西壮学学会合作出版了《布洛陀寻踪》，与广西少数民族古籍整理办公室合作、由研究会会长黄明标主编并翻译、广西人民出版社出版了《壮族麽经布洛陀遗本影印译注》上中下卷。在学术方面，于2004年开始至今，与中国社会科学院民族文学研究所、广西壮学会联合主办一年一度的"布洛陀文化学术研讨会"，同时于2017年创办，由学苑出版社出版一年一辑的《布洛陀文化研究文集》。为了提高学术水平和研讨会质量，去年又邀请百色学院加入，共同主办一年一度的"布洛陀文化学术研讨会"和《布洛陀文化研究文集》，促进、推动了布洛陀文化研究的深入开展。此次论文集的统稿工作由黄明标、李斯颖完成。

此次论坛增加了百色学院作为会议主办方。百色学院位处壮乡红城——滇黔桂三省交界的百色市，是2006年教育部批准成立的普通本科高校，其历史可追溯到1938年成立的广西省立田西师范学校。随着"一带一路"倡议的提出和左右江革命老区振兴规划等国家发展战略的实施，百色学院迎来了跨越式发展的历史机遇，正在"植根百色，服务广西，面向全国，对接东盟，建设具有百色精神的高水平应用型大学"的道路上阔步前进！多年来，百色学院充分利用地方特色资源，以服务区域支柱产业、基础教育、民族文化为职责，在科学研究方面实现了从纯粹学术研究型向彰显区域特色的应用研究型的转变、从规模扩张向规模效益并举的转变；学科建设实现了从单一型向多科型的转变、从被动学科设置向择需学科组建的转变。2018年，适逢百色学院80周年校庆，能够作为会议主办方，担负起弘扬民族传统文化、推进壮学发展的使命，全校师生深感荣幸。此次论坛是百色学院构建民族文化特色学科的成果展现，也是学校开展应用型科研、校地合作、服务地方的有效体现。2019年，百色学院还将作为东道主，与中国社会科学院民族文学研究所、广西壮学学会等单位联合继续举办论坛，目前正在积极筹备中。2019年6月，在稻谷丰登、芒果飘香的时节，我们将以饱满的热情、丰富的内涵和周到的服务欢迎各位专家学者的到来！

会议承办过程中，百色学院科研处、学科发展中心、学报编辑部全体成员积极筹备、团结协作，为论坛的圆满召开、论文集的顺利出版付出了辛勤的劳动，在此感谢黄玲博士、史兵方博士、曹阿林博士和张建春老师。

编者
2018年10月